D1745342

Kohlhammer

Beiträge zur Wissenschaft
vom Alten und Neuen Testament
Zehnte Folge

Herausgegeben von

Walter Dietrich
Christian Frevel
Reinhard von Bendemann
Marlis Gielen

Heft 17 · Der ganzen Sammlung Heft 197

Arnd Herrmann

Versuchung im Markusevangelium

Eine biblisch-hermeneutische Studie

Verlag W. Kohlhammer

Für Andrea

Gedruckt mit Unterstützung der Evangelischen Kirche im Rheinland.

Reproduktionsvorlage: Andrea Herrmann
Umschlag: Gestaltungskonzept Peter Horlacher
Gesamtherstellung:
W. Kohlhammer Druckerei GmbH + Co. KG, Stuttgart
Printed in Germany

ISBN 978-3-17-022024-9

Inhalt

Vorwort

Die vorliegende Arbeit wurde im Sommersemester 2010 von der Evangelisch-Theologischen Fakultät der Friedrich-Wilhelms-Universität Bonn unter dem Titel „Wachet und betet! Die Versuchungen Jesu und seiner Jünger im Markusevangelium" als Dissertation angenommen. Für den Druck ist sie überarbeitet und an mehreren Stellen ergänzt worden.

Das Thema „Versuchung im Markusevangelium" hat in doppelter Hinsicht einen besonderen Reiz. Das hat zum einen damit zu tun, dass Versuchung zu den elementaren Grunderfahrungen des Menschen zählt. In ganz spezieller Weise gilt dies für den *homo religiosus*. Exemplarisch sei in diesem Kontext auf MARTIN LUTHER verwiesen. Laut eigenem Bekunden hatte der Reformator zeitlebens immer wieder mit Versuchungen zu kämpfen. Der Legende nach soll er in seinem Zimmer auf der Wartburg sogar einmal ein Tintenfass nach dem Teufel geworfen haben, als dieser allzu zudringlich wurde. Aber obwohl LUTHER einerseits unter den ständigen Versuchungen litt, hinderte ihn das nicht daran, sie andererseits in den höchsten Tönen zu preisen. Das begründete er so: „Es ist uns gut, dass Gott uns lässt versuchen und erfahren, durch unsern vergeblichen Rat und Anschläge, Zappeln und Zweifeln unsere Not lehret erkennen; sonst dächten wir nicht, dass wir sein bedürften, und lerneten nimmer, weder glauben noch beten" (LUTHER, *WA* 22,127).

LUTHER zufolge ist Versuchung also durchaus ein ambivalentes Phänomen. Dabei sprach aus dem Reformator nicht nur die persönliche Erfahrung, sondern auch die Erkenntnis des biblischen Theologen. Das Thema Versuchung zieht sich durch die Heilige Schrift gleichsam wie ein roter Faden, von der jahwistischen Schöpfungsgeschichte bis zur johanneischen Apokalypse. Die vorliegende Arbeit nimmt die Versuchungsthematik im *Markusevangelium* in den Blick. In der Fokussierung auf das Markusevangelium liegt der zweite Reiz des Themas. Lange Zeit wurde diesem Werk nur wenig Beachtung geschenkt. Die Schätze, die in ihm verborgen liegen, beginnt die Forschung erst in den letzten Jahrzehnten nach und nach zu heben. Meine Arbeit versteht sich als ein Beitrag dazu. Dabei leitet mich die Überzeugung, dass sich über die Versuchungsthematik auch ein vertieftes Verständnis des Evangeliums insgesamt gewinnen lässt.

Den Anstoß, mich näher mit dem Markusevangelium zu beschäftigen, verdanke ich Prof. Dr. Günter Röhser, den ich im Rahmen meines Kontaktstudiums im Sommersemester 2007 an der Universität Bonn kennenlernen durfte. Er war es auch, der als Doktorvater über mehrere Jahre hinweg meine Dissertation mit seinen stets hilfreichen Anregungen und seiner konstruktiven Kritik intensiv begleitet hat. Es war für mich eine Freude, mit ihm zusammenzuarbeiten und von ihm zu lernen. Dafür möchte ich ihm an dieser Stelle von Herzen danken. Mein Dank gilt auch Prof. Dr. Michael Wolter, der das Zweitgutachten erstellt hat.

Für die Aufnahme der Arbeit in die Reihe BWANT danke ich Prof. Dr. Reinhard von Bendemann und Prof. Dr. Marlis Gielen. Ihre präzisen Wahrnehmungen und weiterführenden Empfehlungen zur Überarbeitung sind mir von großem Nutzen gewesen. In den Dank schließe ich auch Herrn Florian Specker vom Kohlhammer-Verlag für seine gleichermaßen freundliche wie kompetente Betreuung ein.

Vielfache Unterstützung habe ich in der Entstehungszeit der Arbeit durch meine Kolleginnen und Kollegen, die Seelsorgerinnen und Seelsorger an der Universitätsklinik und am Luisenhospital in Aachen, erfahren. Herzlichen Dank dafür.

Danken möchte ich ebenfalls der Leitung der Evangelischen Kirche im Rheinland und dem Kreissynodalvorstand des Evangelischen Kirchenkreises Aachen, die mir nach vielen Jahren der beruflichen Tätigkeit in Gemeinde und Universitätsklinik die Möglichkeit zum Kontaktstudium gegeben und auf diese Weise den Weg zur Dissertation erst geebnet haben. Der rheinischen Landeskirche habe ich darüber hinaus sehr für einen namhaften Druckkostenzuschuss zu danken.

Mein besonderer Dank aber gilt meiner Frau Andrea. Sie hat mein Vorhaben von Anfang an unterstützt und mir bis zu seiner Vollendung in vielfältiger und sensibler Weise zur Seite gestanden. Nicht zuletzt hat sie sich mit großer Sorgfalt um die Erstellung der Druckvorlage gekümmert. Ihr sei diese Arbeit gewidmet.

Die jahrelange Beschäftigung mit der Dissertation hat mich persönlich sehr bereichert. Die Versuchungsthematik im Markusevangelium hat eine Tiefe und Bedeutung, die sich nur dem aufmerksamen und geduldigen Leser erschließt. Die Bedeutung geht weit über das hinaus, was der Schriftsteller und Kabarettist Joachim Ringelnatz einmal äußerte. Auf das Thema Versuchung angesprochen, meinte er lapidar, gegen dieses Problem kenne er im Grunde nur zwei probate Mittel: Geldmangel und Rheumatismus. Vielleicht hätte er doch einmal das Markusevangelium studieren sollen.

Würselen, im August 2011   Arnd Herrmann

1   Einführung

Das Markusevangelium steht nun schon seit längerem im Fokus des Interesses der Forschung. Dieses Interesse hat eine große Zahl von Kommentaren, Monographien und Aufsätzen hervorgebracht. In den letzten Jahren haben insbesondere die Impulse aus der Erzählforschung die Interpretation angeregt und wesentlich dazu beigetragen, das Verständnis für den besonderen Gehalt dieses schmalen Buches zu erweitern und zu vertiefen.

Hier wird eine neue Untersuchung vorgelegt, die speziell die Versuchungsgeschichten im Markusevangelium in den Blick nimmt. Zwar existieren im deutschsprachigen Raum schon mehrere Beiträge zu einzelnen markinischen Szenen, in denen die Versuchungsthematik eine bedeutsame Rolle spielt[1], aber es gibt noch keine zusammenhängende Darstellung, die das Evangelium als Ganzes von diesem Gesichtspunkt her beleuchtet. Innerhalb der amerikanischen Forschung hat S. GARRETT einen entsprechenden Versuch unternommen[2]; sie gelangt jedoch in mancherlei Hinsicht zu anderen Ergebnissen als die hier vorliegende Arbeit.

Der Zugang über das Versuchungsmotiv wird bewusst gewählt. Zum einen zählt es zu den wichtigsten Motiven der Bibel überhaupt.[3] Das hat damit zu tun, dass Glaube ohne Versuchung nicht zu denken ist. Um es mit J.H. KORN zu sagen: „Versuchung ist eine Grundtatsache im Leben des religiösen Menschen."[4] Zum anderen taucht der Topos „Versuchung" innerhalb des Markusevangeliums immer wieder auf, sei es explizit oder doch sach- und sinngemäß. Insofern bietet er einen vielversprechenden Ansatz für die Interpretation des Evangeliums insgesamt.

Dessen Gesamtverständnis ist nach wie vor umstritten. Was ist das zentrale Thema des Markusevangeliums? Ist es die Christologie mit dem Leitgedanken der (verborgenen) Identität Jesu, die im Laufe der Erzählung enthüllt wird? Ist es die Soteriologie, wie unter anderem die zahlreichen Heilungs- und Rettungswunder und die breit angelegte Darstellung der Passion Jesu nahelegen? Oder ist es möglicherweise der Gedanke der Nachfolge, der Intention und Konzeption des Evangeliums bestimmt? Die vorliegende Arbeit möchte einen eigenen Beitrag zu dieser Diskussion liefern, indem sie Sinn und Bedeutung der markinischen Versuchungsgeschichten für die Fragestellung fruchtbar macht.

Im Markusevangelium ist sowohl von Versuchungen Jesu als auch von Versuchungen der Jünger als seinen Nachfolgern die Rede. Beide haben ihr eigenes Gewicht, werden vom Erzähler aber auch in bemerkenswerter Weise zueinander in Beziehung gesetzt. Dies trägt entscheidend zur Textwirkung bei den intendierten

---

[1]   Vgl. z.B. MAHNKE, *Die Versuchungsgeschichte im Rahmen der synoptischen Evangelien* (1978), 17–50; FELDMEIER, *Die Krisis des Gottessohnes* (1987).

[2]   Vgl. GARRETT, *The Temptations of Jesus in Mark's Gospel* (1998).

[3]   Vgl. SEESEMANN, Art. πεῖρα κτλ., in: ThWNT VI, 24, der zu Recht feststellt, dass „der Gedanke der Versuchung zu den wesentlichen Gedanken der Bibel gehört."

[4]   KORN, *ΠΕΙΡΑΣΜΟΣ*, Vorwort.

Lesern[5] bei. Deren Lebensbedingungen zur Zeit des Jüdischen Krieges (66–73 n.Chr.) haben die inhaltliche Ausrichtung des Werkes maßgeblich beeinflusst.

Im Einzelnen geht die vorliegende Untersuchung den folgenden Weg:

Im zweiten Kapitel werden in einem groben Überblick wichtige Ansätze und Entwicklungslinien der Markusforschung aufgezeigt.

Im dritten Kapitel wird der literaturgeschichtliche Ort des Markusevangeliums im Verhältnis zu möglichen antiken Vorbildern bestimmt. Dies ist insofern von Interesse, als die vom Autor gewählte Form Rückschlüsse auf seine erzählerische Intention zulässt.

Das vierte Kapitel referiert den bisherigen Ertrag der Forschung zur markinischen Versuchungsthematik, ein Ertrag, der primär den Bemühungen der anglo-amerikanischen Forschung zu verdanken ist.

Das fünfte Kapitel dient der terminologischen Analyse. Untersucht wird die Semantik der griechischen (und hebräischen) Schlüsselbegriffe zur Versuchungsthematik sowie verwandter Wortgruppen sowohl in der antiken Gräzität als auch in der Hebräischen Bibel, in der LXX und im NT.

Aufgrund der im fünften Kapitel gewonnenen Bestimmungen und Unterscheidungen wird im sechsten Kapitel der traditionsgeschichtliche Hintergrund der Versuchungsthematik detailliert erarbeitet.

Das siebte Kapitel erläutert den Stellenwert der Versuchungsthematik im NT.

Im achten Kapitel wird das Markusevangelium historisch verortet.

Das neunte Kapitel enthält grundlegende Gedanken zur Erzählweise des Markus und zu Struktur und Anlage seines Werkes.

Das zehnte Kapitel gibt Rechenschaft über die Auswahl der Textbasis für das Versuchungsthema im Markusevangelium und über die Methodik, mit der die Texte behandelt werden.

Dem folgt im elften Kapitel die Untersuchung der ausgewählten Texte.

Das zwölfte Kapitel stellt den Ertrag der Arbeit fest. Dies geschieht in dreifacher Hinsicht. Zunächst wird die Eigenart des markinischen Versuchungsverständnisses benannt und unter verschiedenen Gesichtspunkten profiliert. Vor diesem Hintergrund wird anschließend die Frage nach dem Leitthema des Markusevangeliums beantwortet. Ein letzter Abschnitt skizziert in wenigen Strichen die bleibende Relevanz des Markusevangeliums für die aktuelle Gegenwart und Gesellschaft aus meiner Sicht.

---

[5]   In dieser Untersuchung wird das Maskulinum als *generisches* Maskulinum gebraucht. Mit anderen Worten: Das Maskulinum inkludiert auch weibliche Personen und geschlechtlich gemischte Personengruppen. Auf eine Beidnennung („Leser/Leserinnen") wird um der besseren Lesbarkeit des Textes willen weitgehend verzichtet.

2 Das Markusevangelium in der Forschungsgeschichte

2.1 Vorbemerkung

Die Literatur zum Markusevangelium ist mittlerweile so zahlreich und vielfältig, dass es im Folgenden nur darum gehen kann, einige grobe Linien der Markusforschung aufzuzeigen. Ein detaillierter Überblick über sämtliche Wege, Seitenwege und auch gelegentlichen Irrwege der Forschung würde den Rahmen dieser Untersuchung bei weitem sprengen. So gilt mein Augenmerk primär den zentralen Entwicklungslinien, die für die Markusforschung wegweisend geworden sind.[1]

2.2 Die Anfänge: Markus – mehr als ein Sammler?

Lange Zeit stand das Markusevangelium eindeutig im Schatten der anderen synoptischen Evangelien und auch des Johannesevangeliums. Was die anderen Evangelien an gedanklicher Aussagekraft und theologischer Tiefe besaßen, das wurde bei ihm weitgehend vermisst. Das Markusevangelium galt als fade, wenig inspiriert, ja geradezu langweilig. Dazu schienen auch der relativ einfache Erzählstil des Werkes und seine schlichte Sprache zu passen.

Als sich gegen Mitte des 19. Jahrhunderts die Überzeugung von der zeitlichen Priorität des Markusevangeliums durchsetzte, hatte es den Anschein, als könne das Werk nun aus seinem Schattendasein heraustreten. Und tatsächlich fand es zunehmend das Interesse der Forschung. Aber dieses Interesse galt weniger ihm selbst, seiner erzählerischen Qualität oder seinem theologischen Gehalt. Das Markusevangelium war eher ein Mittel zum Zweck, indem es der geschichtlichen Rückfrage nach den frühchristlichen Entwicklungen dienstbar gemacht wurde, vor allem der nach dem „historischen Jesus". Zu einer wachsenden Wertschätzung des Evangeliums selbst trug diese Fragestellung kaum bei, zumal sich die mit der Frage verbundenen Erwartungen letztlich nicht erfüllten.

Einen neuen Impuls gab es zu Anfang des 20. Jahrhunderts. W. WREDE stellte erstmals die Frage nach der theologischen Konzeption des Markusevangeliums. Er beantwortete sie mit der Theorie des „Messiasgeheimnisses". Allerdings schrieb er diese Theorie weniger dem Autor als vielmehr der vormarkinischen Jesusüberlieferung zu.[2] So bedeutsam und anregend WREDES Ansatz auch war –eine wirkliche Würdigung des Evangelisten war damit nicht verbunden.

---

[1]   Zur Forschungsgeschichte vgl. u.a. SCHNELLE, *Einleitung*, 255–260; HAHN, *Theologie I*, 488–492; GNILKA, *Mk I*, 17–35; BECKER, *Markus-Evangelium*, 11–36.

[2]   Vgl. WREDE, *Rückblick*, 40f: „Ist die Anschauung vom Messiasgeheimnis die Erfindung des Markus? Das ist eine ganz unmögliche Vorstellung ... Historisch ist der Gedanke aus Markus unmittelbar ... gar nicht zu verstehen. Er ist fertig da, Markus steht unter seinem Zwange." Nach WREDE diente das Messiasgeheimnis dazu, einen widersprüchlichen Sachverhalt zu erklären. Einerseits bekannte sich die Urchristenheit zu Jesus als dem Messias; andererseits

Die „Säulen" der Formgeschichte taten dann ein Übriges, um die Geringschätzung des Markus noch zu verfestigen. So urteilte M. DIBELIUS, dass er die Synoptiker nicht als „schriftstellerische Persönlichkeiten"[3] gelten lassen könne, sondern lediglich als „Sammler, Tradenten, Redaktoren."[4] Ähnlich äußerte sich R. BULTMANN. Er hielt Markus zwar zugute, dass er als erster ein Evangelium verfasst habe (durch „die Vereinigung des hellenistischen Kerygmas von Christus ... mit der Tradition über die Geschichte Jesu"); dennoch sei kritisch festzustellen: „Markus ist eben noch nicht in dem Maße Herr über den Stoff geworden, dass er eine Gliederung wagen könnte."[5] BULTMANN lehnte es darum ab, aus der Komposition des Markus auf theologische Leitgedanken des Verfassers schließen zu wollen.[6] K. L. SCHMIDT bekräftigte diese Einschätzung mit seinem Urteil, Markus habe „im Grunde Einzelperikopen nebeneinander[ge]reiht"[7]; von einem eigenständigen Theologen wollte also auch er nicht sprechen. Davon abgesehen, stellte er den Wert des Markusevangeliums als historischer Quelle nachdrücklich in Frage.

Die Dominanz der Formgeschichte führte dazu, dass die Markus-Forschung vollends in ein theologisches Abseits geriet. Das änderte sich erst mit dem Aufkommen der redaktionsgeschichtlichen Fragestellung nach dem Zweiten Weltkrieg, die die Komposition der Gesamttexte durch die Evangelisten in den Blick nahm und sie auf ihre jeweilige theologische Eigenart hin prüfte. W. MARXSEN war Mitte der fünfziger Jahre der erste, der das Markusevangelium redaktionsgeschichtlich analysierte. Er würdigte Markus als „Schriftstellerpersönlichkeit"; das Evangelium sei „ein planmäßig angelegtes Werk" und lasse „sich keinesfalls als Vollendung der anonymen Stufe der Tradierung verstehen."[8] MARXSEN ging auch auf die historische Situation des Autors und seiner Gemeinde ein. Seiner Meinung nach war diese Situation bestimmt durch die Erwartung der baldigen Parusie Jesu in Galiläa und des Weltendes.[9] Auch wenn diese These alsbald auf Widerspruch stieß[10], lieferte die Untersuchung MARXSENS wichtige Impulse für die weitere Markus-

---

sei man sich aber durchaus darüber im Klaren gewesen, dass Jesus zu Lebzeiten selbst keinen messianischen Anspruch erhoben habe. Folglich fehle dem Messiasgeheimnis eine historische Basis; es handele sich vielmehr um ein gemeindliches Geschichtskonstrukt.

[3]   DIBELIUS, *Formgeschichte*, 3.

[4]   Ebd. 2.

[5]   BULTMANN, *Geschichte*, 372f.375.

[6]   Vgl. ebd. 374f.

[7]   SCHMIDT, *Rahmen*, 317.

[8]   MARXSEN, *Evangelist* ([1]1956), 9. MARXSEN konnte sich für diese These auf Überlegungen von E. LOHMEYER berufen. LOHMEYER hatte schon Mitte der dreißiger Jahre sowohl in seinem Buch „*Galiläa und Jerusalem*" als auch in seinem Kommentar zum Markusevangelium darauf hingewiesen, dass sich durch das gesamte Evangelium bestimmte geographische und sachlich-theologische Schemata zögen (vgl. z.B. LOHMEYER, *Mk*, 8). LOHMEYERS These war 1938 in England von LIGHTFOOT aufgenommen worden (vgl. ders., *Locality*).

[9]   Ebd. 142: „Die Ausrichtung nach Galiläa und die dort erwartete nahe bevorstehende Parusie bilden das Gestaltungsmotiv. Auf diesem Hintergrunde muss also Markus verstanden werden."

[10] Gegen MARXSENS These wurde eingewandt: Wieso unterzieht sich Markus der Mühe, ein ganzes Evangelium zu schreiben, wenn er mit dem nahen Weltende rechnet? Vgl. in diesem Sinne z.B. LÜHRMANN, *Mk*, 19: „Schriftlichkeit rechnet doch mit einer gewissen Dauer der Zeit." Ob dieses Gegenargument allerdings wirklich zwingend ist, sei dahingestellt.

Forschung. Markus rückte in seiner Eigenschaft als Theologe in den Blickpunkt des Interesses. Ausdruck der neuen Wertschätzung war unter anderem der Aufsatz von E. Schweizer im Jahre 1964 über „die theologische Leistung des Markus", in dessen Rahmen sowohl einzelne Themen wie auch der Gesamtaufriss des Evangeliums bedacht wurden. Nach Schweizer bestand die Leistung des Evangelisten darin, das Evangelium von Jesus Christus in der Weise darzustellen, „dass darin Gottes Geschichte mit Israel, wie sie die Propheten ankündigten, zu ihrer Erfüllung gekommen sei."[11] Die Elemente des Messiasgeheimnisses und seine theologische Intention führte Schweizer – anders als Wrede – auf Markus selbst zurück.[12] Die Funktion des Geheimnismotivs erkannte er darin, dass sich Jesu Identität und Wirken erst vom Kreuz her verstehen ließen.[13] Außerdem verknüpfte er das Messiasgeheimnis mit dem Motiv der Nachfolge: „Geglaubt ... werden kann ... nur in der Nachfolge, in der der Jünger ebenso leibhaftig, wie Gott ihm begegnet, sich mit ihm einlässt und Schritt um Schritt hinter Jesus herwandert. Diese grundsätzliche Verborgenheit Gottes, die sich nur dem Nachfolger öffnet, ist mit dem Messiasgeheimnis gemeint."[14]

Schweizers Hochschätzung des Evangelisten als eines eigenständigen Schriftstellers und Theologen fand durchaus Zustimmung, insbesondere im Zuge der Entwicklung einer narratologisch ausgerichteten Exegese.[15] Aber es gab auch Widerspruch. H. Räisänen etwa gestand 1976 dem Evangelisten zwar eigene theologische Gedanken zu, „aber ein irgendwie befriedigendes einheitliches Gesamtbild seiner Theologie lässt sich ohne gewaltsame Kunstgriffe des Interpreten kaum gewinnen. So wird man es sich gefallen lassen müssen, im ältesten Evangelisten mehr einen Tradenten und weniger einen Theologen bzw. Hermeneuten zu sehen."[16] Mit dieser Einschätzung kehrte er im Prinzip zum Urteil der Formgeschichte zurück. Auch der umfangreiche Markuskommentar von R. Pesch tendierte in dieselbe Richtung. Nach Ansicht von Pesch hatte die Redaktionsgeschichte den Evangelisten weit überschätzt; sein Redaktionsverfahren sei konservativer Natur.[17] So wenig wie die Theorie vom Messiasgeheimnis auf ihn zurückzuführen sei, habe er eine eigene christologische Konzeption entwickelt: „Die Christologie seines Evangeliums ist wesentlich durch die Christologie seiner Traditionen bestimmt."[18]

Dies wiederum sah zum Beispiel T. J. Weeden vollkommen anders.[19] Seiner Meinung nach stand Markus vielmehr den ihm zugeflossenen Jesus-Überlieferungen zumindest teilweise äußerst kritisch gegenüber. Dies gelte insbesondere für die Wunderüberlieferung, in der Jesus nach dem Vorbild frühjüdisch-hellenistischer Wundertäter als θεῖος ἀνήρ („göttlicher" oder „vergöttlichter Mensch") dargestellt

---

11 Schweizer, *Leistung*, 165f.
12 Vgl. Schweizer, *Mk*, 26: „Da es sich um eine Konstruktion des Markus handelt, haben wir umso genauer hinzuhören, was er damit sagen will."
13 Vgl. ebd.
14 Schweizer, *Leistung*, 182.
15 Vgl. dazu den folgenden Abschnitt 1.2.
16 Räisänen, *„Messiasgeheimnis"*, 168.
17 Vgl. Pesch, *Mk I*, 15f. Ähnlich das Urteil von Köster, *Evangelienliteratur*, 1479: „Markus [war] mehr Sammler und Herausgeber als Schriftsteller."
18 Pesch, *Mk II*, 41.
19 Vgl. Weeden, *Häresie*, 238ff.249.

worden sei. Gegen diese Häresie, die in Gestalt eingedrungener Missionare auch die markinische Gemeinde bedroht habe, wende sich Markus, indem er bewusst Jesu Menschlichkeit und sein Leiden hervorhebe. Die Gegner des Markus glaubte WEEDEN in den pneumatisch bewegten „Pseudochristoi" und „Lügenpropheten" zu erkennen, vor denen der Erzähler in Mk 13,21f warnt. WEEDENS Thesen gewannen großen Einfluss, vor allem in der angloamerikanischen Markus-Forschung. Tendenziell in dieselbe Richtung wie WEEDEN wies etwa die Vermutung von N. PERRIN, „dass es Markus darum gehe, eine falsche Christologie zu korrigieren, die in der Kirche seiner Zeit vorherrschte."[20]

Die redaktionelle Arbeit und Leistung des Evangelisten wurden also in der Forschung sehr unterschiedlich eingeschätzt und beurteilt. Das Grundproblem war und blieb dabei, dass eindeutige Kritierien für die Erhellung des Verhältnisses zwischen Tradition und Redaktion fehlten und allen Vorschlägen zur literarischen Dekomposition entsprechend stets etwas Spekulatives anhaftete. Vor diesem Hintergrund war die ernüchternde Bilanz von U. LUZ im Jahre 1980 nur zu verständlich: „Die Markusforschung scheint ... in einer Sackgasse zu stecken."[21] Es gab sogar Stimmen, die das Ende der historisch-kritischen Methode überhaupt ausriefen. So urteilte W. WINK kurz und bündig: „Die historische Bibelkritik ist bankrott."[22] Auch wenn dieses vernichtende Urteil sicherlich überzogen war, so schien doch der Zeitpunkt gekommen, die Monopolstellung der historisch-kritischen Methode zu überwinden und nach Alternativen zu suchen.

2.3   Der neue Ansatz: Das Markusevangelium als Erzählung

Die Krise der historisch-kritischen Methode in den siebziger Jahren bereitete den Boden für eine grundlegende Neuorientierung in der Exegese. Die bisher gebräuchliche Methode war diachron ausgerichtet gewesen; sie hatte nach der Genese der Texte, ihrer Entstehung und Entwicklungsgeschichte gefragt. Der neue Ansatz machte nun Ernst mit der Überzeugung, dass Markus und mit ihm auch die anderen Evangelisten als Theologen und Autoren kohärenter Erzählungen zu würdigen seien. Wenn dies aber so wäre, dann müsste die exegetische Bemühung dem auch verstärkt Rechnung tragen. Besonders die angloamerikanische Forschung machte sich diese Position zu eigen. Geradezu programmatischen Klang hatte die Forderung von N. PERRIN im Jahre 1972: „If the evangelists are authors, then they must be studied as authors, and they must be studied as other authors are studied."[23]

Diese Forderung beinhaltete, dass Modelle und Methoden aus der Linguistik und Literaturwissenschaft in der Exegese verstärkt Berücksichtigung finden sollten. Unter den Impulsen, die aufgenommen wurden, sind vor allem zwei zu nennen: die *Erzählforschung* (*Narratologie*) und die *Rezeptionsästhetik*. „*New Literary Criticism*" lautete der Oberbegriff für den synchronen Neuansatz, der sich nicht mehr für die Quellen hinter dem Text, sondern für dessen Endgestalt im Sinne einer autosemantischen

---

[20]   PERRIN, *Christologie*, 364.
[21]   LUZ, Markusforschung, 643.
[22]   WINK, *Bibelauslegung*, 7.
[23]   PERRIN, *Evangelist*, 9f.

Größe interessierte, die aus sich heraus zu interpretieren ist.[24] In den Mittelpunkt der Analyse rückte damit die Gesamterzählung mit ihren spezifischen Strukturen und Elementen.

Wegweisend für die narratologisch orientierte Exegese wurde vor allem die Erzähltheorie des französischen Strukturalismus, als dessen wichtigster Vertreter G. GENETTE zu nennen ist.[25] GENETTES Anliegen war es, für die sprachlichen Wege und Strategien sensibel zu machen, die ein Erzähler beim Erzählen seiner Geschichte benutzt.[26] Konkret gilt das Augenmerk dabei dem der Erzählung zugrundeliegenden Plan (*„plot"*), der Erzählperspektive bzw. Fokalisierung (*„point of view"*)[27], der Rolle des Erzählers, den Erzählmitteln, dem topographischen *Setting*, den unterschiedlichen Zeitebenen, dem Aufbau der Szenen, der Charakterisierung der Erzählfiguren und anderem mehr. Wichtig ist innerhalb der Erzähltheorie nicht zuletzt folgender Gesichtspunkt: Beim literarischen Erzählen geht es nicht oder zumindest nicht nur um die Wiedergabe äußerer Fakten (z.B. eines historischen Geschehens); es liefert zugleich mit dem Erzählten auch eine bestimmte Sinndeutung. Um es mit P. MÜLLER zu formulieren: „Im Vorgang des Erzählens sind deshalb Bericht und Deutung eng miteinander verwoben; die Deutung ist nicht sekundärer Zusatz, sondern im Bericht schon enthalten, und schon die Art des Berichtens ist Deutung ... Erzählen bildet die Wirklichkeit nicht ab, sondern erschließt sie."[28]

Die Rezeptionsästhetik verbindet sich in ihren Grundlagen besonders mit den Namen des Romanisten H. R. JAUß und des Anglisten W. ISER.[29] Sie geht davon aus, dass der Sinn eines Textes nicht allein aus den Textstrukturen abgeleitet werden kann. Vielmehr werde dessen Essenz bzw. ästhetischer Gehalt erst im Akt des Lesens, in dem dynamischen Prozess der Kommunikation zwischen Text und Leser, hervorgebracht: „Im Dreieck von Autor, Werk und Publikum ist das letztere

---

24   Die Synchronie befragt die Texte also nicht nach ihrem geschichtlichen Werden, sondern geht von ihrer vorliegenden Gestalt aus und nimmt diese zum Ausgangspunkt für den aktuellen Prozess des Lesens und Verstehens (vgl. BERGES, *Synchronie*, 250).

25   Neben GENETTES grundlegendem Werk „*Die Erzählung*" verdient noch besonders F. STANZELS „*Theorie des Erzählens*" Erwähnung.

26   Wie es J. ZUMSTEIN einmal zutreffend ausgedrückt hat: „Es gibt weder eine Erzählung ohne Erzähler noch eine Geschichte, die sich von selbst erzählt" (zit. nach: EISEN, *Markusevangelium*, 139). Entsprechend unterscheidet CHATMAN, *Story and Discourse* grundlegend zwischen dem, *was* erzählt wird („*story*") und der Art und Weise, *wie* erzählt wird („*discourse*"). SCHUNACK, *Interpretationsverfahren*, 42 differenziert in adäquater Weise „zwischen der erzählten ‚Text-Welt' und den narrativen, rhetorischen Mitteln und Strategien, durch welche die Erzählung zu verstehen gegeben wird."

27   Vgl. dazu SCHMID, *Narratologie*, 129: „Ohne Perspektive gibt es keine Geschichte ... Jegliche Darstellung von Wirklichkeit [impliziert] in den Akten der Auswahl, Benennung und Bewertung der Geschehensmomente Perspektive."

28   MÜLLER, *Jesus*, 14.172. Die Subjektivität der Erzählinstanz ist keine neue Erkenntnis. Schon im Jahre 1910 schrieb FRIEDEMANN: „[Der Erzähler] symbolisiert die uns seit Kant geläufige erkenntnistheoretische Auffassung, dass wir die Welt nicht ergreifen, wie sie an sich ist, sondern wie sie durch das Medium eines betrachtenden Geistes hindurchgegangen [ist]." (vgl. dies., *Rolle*, 26).

29   Vgl. JAUß, *Literaturgeschichte*; ISER, *Appellstruktur*. Beide Publikationen erschienen erstmals im Jahre 1975. JAUß und ISER gelten als die „Väter" der „Konstanzer Schule", einer Forschergruppe, die sich aus Literaturwissenschaftlern, Historikern und Philosophen zusammensetzte.

nicht nur der passive Teil, keine Kette bloßer Reaktionen, sondern selbst wieder eine geschichtsbildende Energie."[30] Mit anderen Worten: Der Leser ist an der Entstehung des Textsinns selbst beteiligt, indem er das im Text angelegte Wirkungspotential aktualisiert. Die rezeptionsästhetische Forschung fragt nach dem Anteil des Lesenden im Prozess der Bedeutungsentstehung. „Literatur kommt erst im ‚Akt des Lesens‘ (Wolfgang Iser) zu sich selbst."[31] Beim „Leser" ist dabei nicht nur an die reale Leserschaft (von der Antike bis in die Gegenwart) zu denken, also an die faktischen Rezipienten, sondern auch an die im Text selbst intendierte und vorgestellte Leserschaft, die Adressaten als Teil der Textstrategie.[32] Entsprechend stellt die rezeptionsästhetisch orientierte Analyse Fragen wie diese: Wie lenkt der Text den Leser? Welche Erwartungen weckt er in ihm und wie erfüllt bzw. korrigiert er sie? Welche „Appelle" richtet der Text an den Leser und wie kann dieser das in der „erzählten Welt"[33] aufgezeigte Sinnpotential für sich produktiv rezipieren und aktualisieren?[34]

W. H. KELBER war 1979 einer der ersten, die das Markusevangelium auf der Grundlage der narratologischen Exegese interpretierten. Er würdigte es als eine einheitliche und geschlossene Gesamterzählung.[35] Ein zentrales Bindeglied für die innere Geschlossenheit des Werkes erkannte er im Motiv des „Weges": Markus erzähle seinen Lesern den Weg Jesu und lade sie ein, sich selbst auf diesen Weg einzulassen. In gemeinsamer Arbeit wandten der Neutestamentler D. RHOADS und der Literaturwissenschaftler D. MICHIE die Methoden der Erzählforschung auf das Markusevangelium an.[36] E. BEST legte ebenfalls einen Entwurf vor: „The Gospel as Story".[37] B. VAN IERSEL stellte fest, „dass Markus als Buch überliefert ist und eine derartige Einheit bildet, dass man das Buch nur verstehen kann, wenn man es als Ganzes liest und zu verstehen sucht und dabei nicht vergisst, dass es die Form einer Erzählung hat."[38] Im deutschen Sprachraum setzte 1984 die Monographie

---

30   JAUß, *Literaturgeschichte*, 127.
31   KLAWITTER/OSTHEIMER, *Literaturtheorie*, 74.
32   Vgl. SCHMID, *Narratologie*, 43: „Der Adressat ist der vom Sender unterstellte oder intendierte Empfänger, derjenige, an den der Sender seine Nachricht schickt, den er beim Verfassen als vorausgesetzte oder gewünschte Instanz im Auge hatte, der Rezipient ist der faktische Empfänger, von dem der Sender möglicherweise – und in der Literatur in der Regel – nur eine allgemeine Vorstellung hat." ISER spricht vom „impliziten Leser" und führt dazu aus: „[Der] implizite Leser [besitzt] keine reale Existenz; denn er verkörpert die Gesamtheit der Vororientierungen, die ein fiktionaler Text seinen möglichen Lesern als Rezeptionsbedingungen anbietet. Folglich ist der implizite Leser nicht in einem empirischen Substrat verankert, sondern in der Struktur der Texte selbst fundiert" (ders., *Akt*, 60). ECO bevorzugt den Ausdruck „Modell-Leser" (vgl. ders., *Lector*, 76). Zum Ganzen vgl. auch FRITZEN, *Gott*, 96.
33   Vgl. SCHMID, *Narratologie*, 41: „Die erzählte Welt ist jene Welt, die vom Erzähler entworfen wird."
34   Vgl. in diesem Zusammenhang den Hinweis von LEINHÄUPL-WILKE, *Erzähltextanalyse*, 184: „Über die Handlungsrollen und die Figurenkonstellation setzt der Text ein hohes Maß an Identifikationspotenzial frei, das letztlich ganz entscheidend ist für das Verstehen des Textes und seine Bedeutung für die jeweilige Erzähl- und Erinnerungsgemeinschaft."
35   Vgl. KELBER, *Story*, 11.16ff.
36   Vgl. RHOADS/DEWEY/MICHIE, *Story* (²1999). Vgl. auch RHOADS, *Narrative Criticism* (1982). Darüber hinaus verdient TANNEHILL, *Gospel* (1980) Erwähnung.
37   Vgl. BEST, *Gospel* (1983).
38   VAN IERSEL, *Mk*, 50.

von P. DSCHULNIGG zu „*Sprache, Redaktion und Intention des Markusevangeliums*" erste Maßstäbe, indem sie die narratologische und theologische Kohärenz des Werkes zu erschließen versuchte.[39] Andere Forscher nahmen diese Anregungen auf. So lieferte die von F. HAHN herausgegebene Aufsatzsammlung „*Der Erzähler des Evangeliums*" eine Reihe von erzähltheoretischen Beiträgen zum Markusevangelium.[40] Mit dem wachsenden Interesse an der Erzählstruktur des Evangeliums ging die Verlagerung von der diachronen auf die synchrone Interpretation des Textes als einem autonomen Sprachgebilde, einer eigenen Textwelt, einher. D. LÜHRMANN legte 1987 einen Kommentar zum Markusevangelium vor, der entschieden den Primat der Synchronie gegenüber den historisch-kritischen Fragestellungen vertrat.[41] Insgesamt aber zeigte sich die deutschsprachige Exegese bei der Anwendung der synchronen Methoden eher zögerlich; erst nach und nach setzte sich die Einsicht von ihrem unbestreitbaren Wert und ihrer Berechtigung durch. Wegbereiter für eine dezidiert an narratologischen Gesichtspunkten orientierte Auslegung des Markusevangeliums wurden im deutschsprachigen Raum mit ihren Arbeiten – in je eigener Weise – unter anderem Forscher wie H.-J. KLAUCK und der schon erwähnte C. BREYTENBACH.[42]

Spezifisch rezeptionsästhetische Aspekte („*reader-response criticism*") für die Exegese des Markusevangeliums nahm in grundlegender Form R. M. FOWLER auf.[43] FOWLER kam im Zusammenhang mit einer differenzierten Leseranalyse des Markusevangeliums zu der – vielleicht zunächst etwas verblüffenden, aber gleichwohl höchst anregenden – Behauptung, das primäre Anliegen des Markus sei nicht etwa das Schicksal Jesu oder seiner Jünger innerhalb des Evangeliums, sondern das des Lesers außerhalb der „*story*".[44] Für die Bedeutung von rezeptionsästhetischen Aspekten für die Exegese trat auch entschieden P. MÜLLER ein: „Der Erzählcharakter des Werkes bezieht sich ... nicht nur auf die Textebene, sondern ebenso auf die Ebene der Rezeption, er zielt gleichsam auf den ‚Vollzug' des Textes im Lesevorgang ... Bei der Interpretation des Textes muss deshalb seine Hörer- und Leserorientierung immer mitbedacht werden."[45] M. MAYORDOMO-MARÍN entwickelte die leserorientierte Evangelienexegese am Beispiel von Mt 1–2; in enger Anlehnung

[39] Vgl. DSCHULNIGG, *Sprache*.
[40] Vgl. HAHN (Hg.), *Der Erzähler des Evangeliums. Methodische Neuansätze in der Markusforschung*. Aus der Sammlung hervorzuheben sind besonders die Beiträge von VORSTER, „*Markus – Sammler, Redaktor, Autor oder Erzähler?*" (ebd. 11–36) und BREYTENBACH, „*Das Markusevangelium als episodische Erzählung*" (ebd. 137–169). VORSTER, *Markus*, 35f nannte Markus in seinem Beitrag einen „erzählende[n] Autor": „War Markus Sammler, Redaktor oder Erzähler? ... Meines Erachtens kann der Nachweis erbracht werden, dass Markus uns die Geschichte Jesu darstellt, wie er sie sah, und aus diesem Grund möchte ich ihn einen *erzählenden Autor* nennen. Mit Sicherheit ist er nicht nur Sammler" (Kursivdruck im Original). BREYTENBACH charakterisierte das Evangelium als „episodische Erzählung", in der die übergreifenden, zentralen Themen abwechslungsreich in den einzelnen Episoden entfaltet würden. So zeigte er die narrative Makrostruktur des Evangeliums auf.
[41] Vgl. LÜHRMANN, *Mk*, 20: „Auszulegen ist das Markusevangelium ... als ein fortlaufender Text, dessen einzelne Teile im Zusammenhang des ganzen Evangeliums zu sehen sind, nicht primär im Blick auf die jeweilige Verarbeitung von Tradition."
[42] Vgl. KLAUCK, *Jünger* (1982); BREYTENBACH, *Nachfolge* (1984).
[43] Vgl. FOWLER, *Reader* (¹1991).
[44] Vgl. ebd. 80.
[45] MÜLLER, *Jesus* (1995), 17.

untersuchte C. ROSE den Markus-Prolog.[46] MAYORDOMO-MARÍN bekannte sich nachdrücklich zum Vorrang der Rezeptionsästhetik für das Verständnis von Texten: „Texte sind als polyvalente Gebilde grundsätzlich auf die Lektüre ausgerichtet ... Der Sinn eines Textes konstituiert sich erst durch die aktive Teilnahme des Rezipienten am Leseprozess. Die Interpretation hat sich daher vornehmlich mit der Interaktion zwischen Text und Leser zu beschäftigen."[47] ROSE betonte ebenfalls die – seiner Ansicht nach immer noch unterschätzte – Relevanz der Rezeptionsästhetik: „Dem Rezipienten muss bei der Rezeption eines Textes eine erheblich größere Rolle zugestanden werden, als dies bisher getan wurde."[48] Für die Situation der antiken Gemeinde traf ROSE in diesem Zusammenhang – nicht als erster übrigens – die wichtige Unterscheidung zwischen Leser und Hörer. Unter Verweis auf biblische Belegstellen wie 1 Thess 5,27; Eph 3,4 und Kol 4,16 machte er darauf aufmerksam, dass neutestamentliche Texte – wie in der Synagoge – primär öffentlich *vorgetragen* wurden.[49]

Neuere Kommentare zum Markusevangelium lassen in vielfacher Hinsicht den großen Erkenntnisfortschritt erkennen, der durch die Einbeziehung literaturwissenschaftlicher Gesichtspunkte gewonnen werden kann. Für den deutschsprachigen Raum ist der Kommentar von L. SCHENKE zu nennen, der weitgehend auf form- und traditionsgeschichtliche Aspekte verzichtet und das Markusevangelium als literarisches Werk konsequent im Hinblick auf seine intendierte Leserwirkung untersucht.[50] Einen Mittelweg, der den historisch-kritischen und den literarischen Zugang miteinander verbindet, gehen verschiedene Forscherinnen und Forscher im angloamerikanischen und frankophonen Raum. Besondere Beachtung verdienen dabei meines Erachtens die Kommentare von E. BORING, Y. COLLINS, J. MARCUS

---

[46] Vgl. MAYORDOMO-MARÍN, *Anfang* (1998); ROSE, *Theologie* (2007).

[47] MAYORDOMO-MARÍN, *Anfang*, 24. Ob allerdings der Textsinn sich tatsächlich erst durch die Teilnahme des Rezipienten am Leseprozess *konstituiert*, darf zumindest bezweifelt werden. Sollte es nicht doch so etwas wie einen vom historischen Autor intendierten „stabilen Sinnkern" (so eine Formulierung von SCHMITZ, *Literaturtheorie*, 151, Anm. 12) geben? In diese Richtung weist auch RÖHSER, *Tendenzen,* 292: „'Stabiler Sinnkern' scheint ein treffender Ausdruck für das zu sein, worum sich die Auslegung von Texten bleibend zu bemühen hat. Auch wenn sie ihn nicht abschließend zu fassen bekommt, kann sie doch von seiner Existenz ausgehen und sich ihm immer wieder ‚auf Sichtweite' nähern."

[48] ROSE, *Theologie*, 49.

[49] Ebd. 50. Vgl. in diesem Sinne auch Smith, *Lion*, 30–33. Schon zwei Jahrhunderte zuvor hatte HERDER (1744–1803) darauf aufmerksam gemacht: „Das Evangelium nach Markus ist ein kirchliches Evangelium aus lebendiger Erzählung zur öffentlichen Verlesung in der Gemeinde geschrieben" (ders., *Erlöser,* 216f).
Diesem Gesichtspunkt ist in jüngerer Zeit eigens die Studie von W. SHINER, *Proclaiming the Gospel* gewidmet. SHINER bemüht sich, das Markusevangelium auf dem Hintergrund der *„oral culture"* der griechisch-römischen Antike zu interpretieren. Demnach habe man sich den Evangeliumsvortrag als ein sehr lebendiges Geschehen vorzustellen. SHINER lässt seine Analysen in die – sicherlich arg überspitzte – Feststellung münden, mit der er sich von der narratologisch ausgerichteten Exegese abgrenzt: „The Gospel was not a story. It was an event" (ebd. 192).

[50] Vgl. SCHENKE, *Mk* (2005). Vorbereitend wirkte auch schon SCHENKES Studie „*Das Markusevangelium"* (1988).

und C. FOCANT.[51] BORING etwa beschreibt seinen Ansatz wie folgt: „Historical methods are necessary to get within hearing distance of Mark's narrative. Literary approaches concerned with plot, characterization, narrator, and ‚reader-response‘ are not alternatives to historical considerations, but are their necassary complement."[52]

Was für die Kommentare gilt, das trifft in adäquater Weise auch auf die meisten Monographien zum Markusevangelium zu, die in den letzten zwei Jahrzehnten erschienen sind: Kaum ein Beitrag, der auf die Einbeziehung literarischer Aspekte verzichtet. Die Zahl der Arbeiten ist allerdings mittlerweile kaum noch überschaubar. Ich möchte lediglich exemplarisch fünf deutschsprachige Monographien hervorheben, die ich in ihrer Kombination von erzählkommunikativen und theologischen Gesichtspunkten für besonders bemerkenswert halte, ohne deshalb mit allen ihren Aussagen übereinzustimmen. Da ist zunächst auf die knappe, aber sehr prägnante Studie von P. MÜLLER zur markinischen Christologie: „Wer ist dieser?" hinzuweisen.[53] MÜLLER stellt darin den Evangelisten in seinen Eigenschaften als Erzähler, Verkündiger und Lehrer für seine Lesergemeinde vor. Noch knapper, aber kaum weniger gehaltvoll ist die Studie von H.-J. KLAUCK zum Markusprolog „Vorspiel im Himmel?".[54] KLAUCK gelingt es in überzeugender Weise, den Prolog, der seiner Ansicht nach Mk 1,1–15 umfasst, in seiner Bedeutung für die theologische Grundlegung des Gesamtwerks und für die Steuerung des Leseaktes transparent zu machen. Eine sehr sorgfältige und kenntnisreiche Arbeit hat G. GUTTENBERGER mit ihrer Monographie zur „Gottesvorstellung im Markusevangelium" vorgelegt.[55] Darin wird die markinische Theologie in ihrer verbindenden Relevanz für die Wirklichkeitsinterpretation der Gemeinde gewürdigt. Als eine anregende, aber auch in mancherlei Hinsicht zum Widerspruch reizende Arbeit empfinde ich die Studie von D. S. DU TOIT „Der abwesende Herr".[56] DU TOIT zufolge begreift Markus die nachösterliche Zeit als Zeit der Abwesenheit Jesu und demzufolge als Unheilszeit, zu deren Bewältigung der Evangelist mit seinem Werk den Lesern hilfreiche Strategien vermittelt. Schließlich darf eine Untersuchung von W. FRITZEN nicht unerwähnt bleiben, die sich dem Aspekt der Verborgenheit Gottes im Markusevangelium widmet: „Von Gott verlassen?".[57] Aus dieser Arbeit habe ich besonders viel gelernt. FRITZEN interpretiert das Markusevangelium auf eine geradezu spannende Weise im Sinne eines Gesprächsangebots für bedrängte Leser; es sei der Versuch einer Antwort auf die zentrale Frage und Herausforderung des Glaubens, wie sie in Jesu Verlassenheitsruf am Kreuz (15,34) zum Ausdruck komme: „Der Erzähler des Markusevangeliums will seine Leser und Hörer in schwieriger Zeit zur Wahrnehmung des verborgenen Gottes führen."[58]

---

51   Vgl. BORING, Mk (2006); COLLINS, Mk (2007); MARCUS, Mk I.II (2000/2009); FOCANT, Mk (2004).
52   BORING, Mk, 24.
53   Vgl. MÜLLER, Jesus (1995).
54   Vgl. KLAUCK, Vorspiel (1997).
55   Vgl. GUTTENBERGER, Gottesvorstellung (2004).
56   Vgl. DU TOIT, Herr (2006).
57   Vgl. FRITZEN, Gott (2008).
58   Ebd. 391.

2.4   Das Leitthema des Markusevangeliums

Während sich die Markusforschung zunächst in Anknüpfung an WREDE primär mit der Rolle und der Deutung des Messiasgeheimnisses befasst hatte, wurde seit den siebziger Jahren des 20. Jahrhunderts das Interpretationsspektrum zunehmend ergänzt und bereichert. Es schien ganz so, als habe die Forschung begriffen, dass an dem Evangelisten Markus noch einiges gutzumachen sei. In der Folgezeit wurden zahlreiche detaillierte Untersuchungen zu unterschiedlichen Themen im Markusevangelium vorgelegt: zur Theologie im engeren Sinne, zu Jüngerschaft und Nachfolge, zur Soteriologie oder auch zur Rolle Israels und zum Gesetzesverständnis.[59] Der thematische Schwerpunkt aber lag zweifellos bei der Christologie, bei ihrem Stellenwert innerhalb des Evangeliums, beim Verhältnis von Christologie und Königsherrschaft Gottes sowie nicht zuletzt bei den christologischen Hoheitstiteln.

Vielfach wurde – und wird bis heute – die Christologie als das Zentrum des Markusevangeliums angesehen. Stellvertretend für diese Position sei P. MÜLLER genannt, der das Ergebnis seiner Beobachtungen so zusammenfasste: „Die Frage nach Jesus zieht sich mit den verschiedenen Antworten durch das ganze Werk hindurch." MÜLLER schloss daraus, „dass es sich bei der Frage: ‚Wer ist Jesus?' um die Leitfrage des Evangeliums handelt."[60] Unter der Prämisse des christologischen Leitthemas erschien eine ganze Reihe von Untersuchungen zu diesbezüglich relevanten Motiven, so etwa die von K. SCHOLTISSEK zum Begriff der ἐξουσία oder die von M. MATJAŽ zur Bedeutung der Furcht.[61] L. SCHENKE regte die christologische Diskussion in eigener Weise an, indem er für eine markinische Präexistenzchristologie eintrat, ohne sich allerdings die These vom Primat der Christologie im Markusevangelium zu eigen zu machen.[62] Als eine bedeutende, sehr umfangreiche Monographie ist zudem die von T. SÖDING zu nennen, die das markinische Glaubensverständnis beleuchtete und dabei den engen Bezug von Christologie und Basileia hervorhob.[63]

Der unlösbare Zusammenhang von Christologie und Gottesherrschaft wurde und wird aber auch gelegentlich bestritten, so zum Beispiel von J. DECHOW mit seiner Feststellung: „Markus geht es in erster Linie darum, die Lesenden mit der eschatologischen Botschaft Jesu zu konfrontieren, die hoheitliche Identität des

---

59   Einen guten Überblick bietet SCHOLTISSEK, *„Grunderzählung"* (2005).

60   MÜLLER, *Jesus,* 140. Diese Sichtweise findet nach wie vor viele Befürworter. Vgl. in jüngster Zeit z.B. SCHNELLE, *Theologie,* 376: „Die Theologie ist das Fundament, die Christologie das Zentrum des mk. Denkens."

61   Vgl. SCHOLTISSEK, *Vollmacht* (1992); MATJAŽ, *Furcht* (1999).

62   Vgl. SCHENKE, *Markusevangelium,* 113ff; vgl. auch ders., *Präexistenzchristologie* (2000).

63   Vgl. SÖDING, *Glaube* (²1987), 552: „Markus entwickelt ... ein zwar komplexes und spannungsvolles, aber eben darin theologisch profiliertes Glaubensverständnis, weil er Glaube als (vom irdischen wie vom auferstandenen) Gottessohn Jesus ermöglichte und geforderte Antwort auf Gottes Basileia-Handeln versteht, die in dem Maße zu einem (das ganze Leben bestimmenden) rückhaltlosen Vertrauen auf Gott wird, wie sie in ihrer Ausrichtung auf Jesus Christus spannungsvolles Zueinander von Bekenntnisglaube und Vertrauensglaube ist."

Botschafters spielt demgegenüber eine untergeordnete Rolle."[64] DECHOW plädierte deshalb für eine „theozentrische" anstelle einer „christozentrischen" Auslegung des Markusevangeliums. F. VOUGA vertrat eine ähnliche Position: „Das eigentliche Thema und das Zentrum des Markusevangeliums ist nämlich nicht die Christologie, sondern τὸ μυστήριον τῆς βασιλείας τοῦ θεοῦ [„das Geheimnis der Königsherrschaft Gottes"] und der Anfang ihrer Verkündigung und ihrer Geschichte unter den Menschen."[65]

Andere Forscher stellten und stellen den Aspekt der Nachfolge und Jüngerschaft als bestimmend heraus. Als ein profilierter Vertreter dieser Position hat L. SCHENKE zu gelten.[66] SCHENKE formulierte seine Sichtweise so: „Das ganze MkEv als Erzählung des ‚Weges Jesu' ist ein einziger Aufruf zum Nachvollzug dieses Weges ... Markus fordert von seinen Lesern, sich auf den ‚Weg' und die Lebensbotschaft des irdischen Gottessohnes einzulassen. Ihnen erzählt er die Geschichte des irdischen Gottessohnes als Modell ihres Glaubens- und Lebensvollzuges ... Die Vermittlung der ‚richtigen' Christologie ist nicht sein eigentliches Anliegen ... Markus treibt *praktische Christologie*. Er will nicht eine christologische Theorie begründen, sondern christliche Praxis."[67] Auch C. BREYTENBACH hob die Bedeutung der Nachfolgethematik hervor, fügte sie aber „in den *eschatologischen Gesamtrahmen* des Evangeliums"[68] ein. Nachfolge, Christologie und Eschatologie seien eng aufeinander bezogen: „Markus [macht] die Nachfolgevorstellung zum Grundzug seines Evangeliums ... [Sie] ist zutiefst christologisch begründet. Der Gemeinde dienen die Nachfolgeforderungen Jesu und sein eigener Weg als *Orientierung* ... Der christologische Rückblick wird stets durch einen Ausblick ergänzt. Der Gekreuzigte selbst wird als kommender Menschensohn erwartet. Hiermit ist die Erwartung des machtvollen Anbruchs der jetzt noch verborgenen, aber sicher kommenden Gottesherrschaft verbunden ... und von dieser Erwartung her empfängt die Nachfolge ihre *Motivierung*."[69]

P.G. KLUMBIES wiederum favorisierte weder die Christologie noch das Nachfolgemotiv, sondern glaubte, in der Soteriologie den Kern des Markusevangeliums ausmachen zu können: „Das Zentrum der markinischen Jesusdarstellung liegt nicht in der Christologie ... Zentral ist das theo-logisch [*sic!*] fundierte Interesse an der Soteriologie. Diese ist freilich auch einem christologischen Rahmen zugeordnet."[70] Vor ihm bezeichnete auch schon E. BEST die Soteriologie als den bestimmenden

64 DECHOW, *Gottessohn* (2000), 42.
65 VOUGA, *Theozentrismus* (1995), 107.
66 Vgl. SCHENKE, *Markusevangelium*, 131ff.157ff. Zum markinischen Jüngerbild und zum Nachfolgemotiv vgl. zuvor auch schon die Monographien von STEGEMANN, *Nachfolge* (1974); BEST, *Discipleship* (1981) und KLAUCK, *Jünger* (1982). Unter den neueren Untersuchungen ist hervorzuheben: MALBON, *In the Company of Jesus. Characters in Mark's Gospel.* Sie widmet der Darstellung der Jünger im Evangelium einen eigenen Essay (ebd. 100–130).
67 SCHENKE, *Markusevangelium*, 158.172f. (Kursivdruck im Original). In seinem Mk-Kommentar führt SCHENKE diesen Gedanken weiter: „Es geht im MkEv ... um Erinnerung als Vergegenwärtigung. Es erzählt, um Jesu Weg, seine Taten und seine Lehre gegenwärtig zu setzen, um Jesu Welt neu erstehen zu lassen, in die der Leser eintreten kann, um dem in der Erzählung gegenwärtigen Jesus zu begegnen" (ders., *Mk*, 20f).
68 BREYTENBACH, *Nachfolge*, 279. (Kursivdruck im Original).
69 Ebd. 338. (Kursivdruck im Original).
70 KLUMBIES, *Mythos* (2001), 309.

Faktor der markinischen Darstellung: „Work on Mark's theology has paid much more attention to his christology than to his soteriology ... First-century Christians were probably more worried about the benefits of Christ's Passion than the correct title they should use to describe him. At best Mark was trying to explain to his hearers the meaning of the sonship of Jesus, which they all accepted, rather than to assert that he was God's Son; this would naturally lead to a greater concentration on his ‚activity' than on his nature."[71]

Zur soteriologischen Deutung speziell des Todes Jesu im Markusevangelium hat A. WEIHS im Jahre 2003 eine sehr ausführliche Studie vorgelegt und darin unter beharrlichem Verweis besonders auf Mk 10,45 und 14,24 die Interpretamente der von Gott her bestimmten Notwendigkeit und der sühnenden Wirkung von Jesu Passion in diesem Evangelium hervorgehoben.[72]

Damit möchte ich den allgemeinen Überblick zur Forschungsgeschichte des Markusevangeliums beenden. Dabei bin ich mir dessen bewusst, dass er unvollständig ist und dass viele wichtige Arbeiten unerwähnt geblieben sind. Eine umfangreichere Darstellung würde aber zu weit führen. Mir war wichtig, zumindest im Groben den Rahmen der Forschung zu skizzieren, in dem sich die nun folgende Untersuchung zur markinischen Versuchungsthematik bewegen wird.

[71]   BEST, *Temptation* (²1990), xiv.
[72]   Vgl. WEIHS, *Deutung*, 499–523.

3 Der literaturgeschichtliche Ort des Markusevangeliums

3.1 Vorbemerkungen

„The most important issue for interpreting any Gospel text is the decision about Gospel genre."[1] Dieses Urteil von BORING trifft zweifellos zu. Dementsprechend ist auch für eine Untersuchung zur Versuchungsthematik im Markusevangelium die Frage nach der Gattungsbestimmung von großer Bedeutung.[2]

Ob Markus als Autor des ältesten Evangeliums mit seinem Werk eine ganz neue literarische Gattung geschaffen hat oder innerhalb antiker Vorbilder geblieben ist, wurde und wird in der Forschung allerdings sehr unterschiedlich beurteilt. Die ältere Formgeschichte hatte die Analogielosigkeit der Gattung Evangelium betont und sie als das Ergebnis innergemeindlicher Traditionsbildung gesehen. Damit hatte sie sich im Wesentlichen der Überzeugung von F. OVERBECK aus dem Jahre 1882 angeschlossen, wonach es sich beim Evangelium um vorbildlose Ur-Literatur handelte, „welche sich das Christentum sozusagen aus eigenen Mitteln schafft."[3]

Mit der Neubewertung der schriftstellerischen Leistung des Markus wuchsen jedoch die Zweifel an der klassischen formgeschichtlichen Position. Heute wird vielfach die Meinung vertreten, dass *Markus selbst* – gewiss unter Aufnahme und Integration ihm vorliegender Traditionen – eine eigene Konzeption entwickelte, an der sich die übrigen Evangelisten ausrichten konnten. So urteilt etwa BECKER, „dass es sich beim Markus-Evangelium um eine neue und eigenständige Gattung des frühen Christentums handelt, die uns mit dem Markus-Evangelium zum ersten Mal begegnet. Dies zeigt sich daran, dass die markinische Darstellungsform als solche rezipiert wird (zunächst Matthäus, Lukas, Johannes)."[4]

Damit ist aber die Frage noch ungeklärt, ob bzw. inwieweit er sich dabei gleichwohl an Formen der antiken Literatur *orientierte*.

Gelegentlich wurde versucht, die Form des Evangeliums von der Aretalogie her zu verstehen. So vertrat H. KÖSTER den Standpunkt, Markus habe eine aretalogische Wundersammlung in sein Evangelium integriert, die Passionsgeschichte mit diesem Stoff (und noch anderen Traditionselementen wie Apophthegmata und

---

[1] BORING, *Mk*, 6.
[2] Zur diesbezüglichen Forschungsgeschichte vgl. u.a.: FRANKEMÖLLE, *Evangelium* (²1994); DORMEYER, *Evangelium* (1989); ders., *Idealbiographie* (³2002), 4–11; ders., *Markusevangelium* (2005), 101–137; BURRIDGE, *Gospels* (²2004), 3–106; KLUMBIES, *Mythos* (2001), 38–59; BECKER, *Markus-Evangelium* (2006), 16–27; SCHNELLE, *Einleitung* (⁶2007), 178–185; HEIL, *Evangelium*, in: SCHMELLER, *Historiographie* (2009), 82–94.
[3] OVERBECK, *Anfänge*, 36.
[4] BECKER, *Markus-Evangelium*, 20. ROSE, *Theologie*, 38f tendiert in dieselbe Richtung: „Markus stellt die vorgefundenen Einzelüberlieferungen in den großen Zusammenhang vom einmaligen geschichtlichen Auftreten, von Umkehr- und Gottesreichspredigt sowie Leiden, Tod und Auferstehung Jesu ... Er schuf damit das Genus ‚Evangelium'."

Gleichnissen) kombiniert und auf dieser Grundlage die neue Gattung kreiert.[5] Allerdings ist sehr zweifelhaft, ob die Aretalogie überhaupt als eine feste literarische Gattung betrachtet werden darf.[6]

M. REISER bemühte sich, die Verwandtschaft von Evangelium und griechischem Roman aufzuzeigen, speziell dem Alexanderroman[7]: „In mehr als nur einer Hinsicht bildet der Alexanderroman die vielleicht engste Analogie zu den Evangelien. Nicht nur die Traditions- und Redaktionsgeschichte, auch Kompositions- und Erzähltechnik, Sprache und Stil bieten viel Vergleichbares. Und da auch der Inhalt, die Art der Quellenverarbeitung und überhaupt die Art der Darstellung große Ähnlichkeiten aufweisen, dürfte der Alexanderroman die nächste Parallele zur Gattung der Evangelien darstellen.“[8] Diese Behauptung fand kaum Zustimmung, im Gegenteil; wie DORMEYER zu Recht festgestellt hat, lassen sich die Evangelien „gerade nicht als romanhafte Biographien bezeichnen“[9]. Der Alexanderroman ist von seinem Charakter her ein *Unterhaltungsroman*, der seine Leser anrühren, fesseln und durch spektakuläre Effekte zum Staunen bringen möchte. Dabei fehlen dem Alexanderroman die für die Evangelien und speziell für Markus charakteristischen Wundergeschichten; dafür enthält er viele märchenhafte Züge[10] wie etwa sprechende Tiere und Bäume, die den Evangelien abgehen.[11] So scheint auch REISER

---

[5]   Vgl. KÖSTER, *Evangeliengattungen,* 147ff. Vgl. auch ders., *Evangelienliteratur,* 1510.1528f. Unter einer Aretalogie versteht man eine biographische Schrift, die in rühmender Weise die Wundertaten eines θεῖος ἀνήρ darstellt.

[6]   Vgl. ESSER, *Studien,* 101: „Überblickt man die Literatur, die insgesamt unter dem Begriff der Aretalogie zusammengefasst werden kann, so erkennt man folgendes: Aretalogische Formen und Motive lassen sich vom Hellenismus an bis weit in die kaiserzeitliche Literatur hinein feststellen. Von einer festliegenden literarischen Gattung kann man allerdings nie sprechen, denn nicht in der Form, sondern im Inhalt … liegt das für die Aretalogien Gemeinsame und Bedeutsame.“

[7]   Der Alexanderroman wurde fälschlicherweise KALLISTHENES, dem Hofhistoriker Alexanders, zugeschrieben (daher der Autorname „PSEUDO-KALLISTHENES“). Der anonyme Autor verfasste seinen Roman gegen Ende des 3. Jahrhunderts n.Chr. vermutlich in Alexandrien und benützte dabei zahlreiche Quellen, unter anderem eine Biographie. Vgl. VAN THIEL (Hg.), Vit.Alex., XIII–XXI.

[8]   REISER, *Alexanderroman,* 131. Was die verwandte Erzähltechnik betrifft, so verweist REISER unter anderem auf die episodenhafte Art der Darstellung, die recht vage chronologische und geographische Strukturierung und die gern gewählte Form des dramatischen Dialogs (vgl. ebd. 143–152).
       Im Hinblick auf sprachliche Evidenzen sieht er Übereinstimmungen in der volkstümlichen Art der Darstellung, wie sie z.B. in der lexikalischen Monotonie (auffällig bei dem Verbum ἔρχομαι inkl. Komposita, vgl. Vit.Alex. 1,21,5 und Mk 14,16), dem einfachen Satzbau (Verbindungen zwischen Abschnitten werden zumeist mit καί, δέ oder οὖν hergestellt), der typisch umgangssprachlichen Gebrauchsweise des Asyndetons in direkter Rede (vgl. Vit.Alex. 1,18,1 und Mk 1,41), der gern benutzten Erzählform des historischen Präsens (die sich sprunghaft mit dem Vergangenheitstempus abwechseln kann) sowie in den Wiederholungen bestimmter Wörter innerhalb eines einzigen Satzes (vgl. vit.Alex. 1,32,2: ἡ νῆσος und Mk 4,37: τὸ πλοῖον) zum Ausdruck komme (vgl. ebd. 135–143).

[9]   DORMEYER, *Markusevangelium,* 111.

[10]   Zu den märchenhaften Zügen vgl. u.a. Vit.Alex. 1,1,4–6; 1,5,1f; 1,8,1; 1,10,2–4; 2,40,1–3; 3,17,2–11 u.ö.

[11]   Mit SCHNELLE, *Einleitung,* 182.

seinen Standpunkt mittlerweile revidiert zu haben; er ordnet die Evangelien nun in den jüdisch-hellenistischen Traditionsstrom ein.[12]

3.2   Das Evangelium und die antike Historiographie

Als vielversprechender erwies sich der literaturgeschichtliche Zugang über das unverkennbare *historische* Interesse des Markus. Im Mittelpunkt seiner Darstellung steht mit Jesus von Nazareth eine geschichtliche Person; für viele andere im Evangelium erwähnte Gestalten gilt das ebenso. Dies betonte der Altphilologe H. CANCIK: „Die Geschichte spielt nicht in Utopia, sondern – mögen die geographischen und chronologischen Angaben noch so spärlich und ungenau sein – in der römischen Provinz Syrien zur Zeit des Kaisers Tiberius."[13] Das Markusevangelium sei demnach „eine historische Erzählung"[14]. Aus diesem Grunde ordnete es CANCIK der antiken Historiographie zu; Markus sei ein „hellenistischer Historiograph"[15].

In behutsamerer Weise spricht E.-M. BECKER von einer „*historiographieorientierten* Darstellung"[16]. Unter Hinweis auf HERODOT und THUKYDIDES definiert sie die Historiographie „als *literarische* Darstellung einer geschichtlichen *Ereignisfolge* unter Zuhilfenahme von *Quellen*"[17]. Die historiographische Leistung des Markus sieht sie darin, dass er geschichtliche bzw. geschichtsbezogene Quellen in seine Darstellung integriert und sie in eine chronologische und kausal geordnete Ereignisfolge fügt. Ihr zusammenfassendes Urteil lautet: „*Das Markus-Evangelium lässt sich geschichtstheoretisch, historisch und literaturgeschichtlich im Kontext antiker Historiographie verorten.*"[18]

Bei dieser Einstufung ist jedoch eines stets zu bedenken: Markus folgt – darin mit HERODOT einig – bei seiner unzweifelhaft geschichtlich orientierten Darstellung keinem dokumentarischen Interesse im heutigen Sinne. Er entfaltet den geschichtlichen Stoff *narrativ* und nimmt sich in diesem Zuge auch die persönliche Freiheit, mit Hilfe fiktiver und mythologischer Elemente das Geschehen zu ergänzen bzw. zu deuten.[19]

Eine gänzlich konträre Position zu den Forscherinnen und Forschern, die Markus in den Rahmen antiker Historiographie einordnen, nimmt B. MACK ein. Für MACK sind die Evangelien Ursprungs-Mythen für soziale Gruppen, die eine Gründungsurkunde benötigten. Dabei versteht MACK unter Mythen bestimmte Reflexionsweisen bzw. Symbolsysteme, mit deren Hilfe sich Aspekte der Erfah-

---

12   Vgl. REISER, *Sprache,* 101f; vgl. auch ders., *Stellung,* 6.
13   CANCIK, *Gattung,* 93. Kritisch ist dazu jedoch anzumerken, dass diese geographische und chronologische Angabe im Markusevangelium selbst nicht steht (anders dagegen Lk 2,2; 3,1).
14   Ebd.
15   Ebd. 92.
16   BECKER, *Markus-Evangelium,* 407.
17   Ebd. 66.
18   Ebd. 51. (Kursivdrucke alle im Original).
19   Bei HERODOT kommt, ähnlich wie bei Markus (vgl Mk 8,31; 9,12.31; 10,33f), „die Macht des Göttlichen in einer schicksalhaften Bestimmtheit des Ablaufs der Geschehnisse zum Ausdruck" (MEISTER, *Geschichtsschreibung,* 38). In HERODOTS Werken greift das Göttliche u.a. durch Vorzeichen, Orakel und Träume in den Ablauf der Ereignisse ein.

rungswelt verstehen lassen. Die Evangelien hätten aus Jesus, einer Art armem Wanderprediger und Weisheitslehrer in der Tradition der Kyniker, mit großer Erfindungskraft eine messianische Erlösergestalt geformt.

MACK zufolge erzählen die Evangelisten wirkungsvolle, aber fiktive Geschichten. Der Mythos vom Sohn Gottes und Retter, der zum Heil der Menschen gekreuzigt wurde und auferstand, ist für MACK das Produkt einer Legendenbildung, die sich infolge zunehmender Auseinandersetzungen der Gemeinden mit ihrem gesellschaftlichen Umfeld entwickelte. Abfassungszweck des markinischen Ursprungsmythos sei die Rechtfertigung einer synagogalen Reformbewegung nach ihrem Ausschluss aus der Synagoge. Der historische Jesus bleibt nach Ansicht von MACK weitgehend im Dunkeln.[20]

In eine ähnliche Richtung wie MACK tendiert D. R. MACDONALD. Er charakterisiert Markus weniger als Historiographen denn als Künstler und Poeten. Eine besondere Verbindung sieht MACDONALD zwischen dem Markusevangelium und den Epen des HOMER, speziell der „Odyssee": „Mark imitated Homeric epic and expected his readers to recognize it."[21] So wie Markus als griechisch schreibender Autor mit den Werken des HOMER bestens vertraut gewesen sei[22], so auch seine Leser, speziell die Heidenchristen: „Homer was in the air that Mark's readers breathed."[23] Das Markusevangelium sei eine Art „Anti-Epos", in dem Jesus als leidender Held im Stil des Odysseus, zugleich aber als den griechischen Heroen weit überlegen dargestellt werde: „Mark was not a slave to the *Odyssey*, he emulated it."[24] Die literarischen Anleihen seien so zahlreich, dass sich im Markusevangelium zwischen historischen Tatsachen und Fiktionen kaum noch unterscheiden lasse. Gleichwohl hat für MACDONALD das Markusevangelium einen geschichtlichen Hintergrund; auch Jesus ist für ihn eine historische Gestalt.[25]

---

[20] Vgl. MACK, *Myth*, 20.315–324.353–357; vgl. auch ders., *Erfindung*, 64–79.88–94.207–221.

[21] MACDONALD, *Epics*, 189. MACDONALD weist auf zahlreiche Parallelen zwischen der Gestalt des Odysseus und Jesus hin. So seien beide Zimmerleute, die gemeinsam mit einer Gruppe recht unzuverlässiger und unverständiger Gefährten unterwegs sind und sich dabei ständig Gefahren ausgesetzt sehen, die mit Feinden, Dämonen oder auch den Unbilden der Natur, speziell der See, zu tun haben (vgl. ders., *Epics*, 17). Jesu Kreuzigung und Grablegung seien allerdings nicht der „*Odyssee*", sondern den Büchern 22 und 24 der „*Ilias*" nachempfunden, der Darstellung vom Tod und dem Begräbnis Hektors (ebd.). MACDONALD führt noch viele weitere Parallelen zwischen „*Odyssee*" bzw. „*Ilias*" einerseits und dem Markusevangelium andererseits an, die aber mitunter recht konstruiert wirken. Nur einige Beispiele: Odysseus trifft auf den Blinden Tiresias, Jesus auf den Blinden Bartimäus (ebd. 97–101); Odysseus zieht in die Stadt der Phäaken ein, Jesus in die Stadt Jerusalem (179f); der Ölung des Odysseus durch seine alte Amme Eurykleia korrespondiert die Salbung Jesu durch eine ungenannte Frau (118f); die Frauen am Grab in der markinischen Osterszene entsprechen Andromache, Hecuba und Helena (157). Bei solchen Vergleichen drängt sich gelegentlich der Eindruck auf: Wer unbedingt etwas finden will, der wird auch fündig.

[22] MACDONALD zufolge waren HOMERS Werke *das* Lehrbuch schlechthin für jeden griechisch schreibenden Autor. Als Gewährsmann für diese These beruft er sich u.a. auf PLATON, der dies bezeuge, obwohl er bekanntermaßen *kein* Freund HOMERS gewesen sei (vgl. ders., *Epics*, 4).

[23] MACDONALD, *Epics*, 8.

[24] Ebd. 188. Vgl. auch ebd. 6: „Mark was no slave to his models; rather, he thoroughly, cleverly, and strategically emulated these stories to depict Jesus as more compassionate, powerful, noble, and inured to suffering than Odysseus."

[25] Vgl. ebd. 190.

Zwar dürfte die Grundthese von MACDONALD, dass das Markusevangelium als eine Art Gegenentwurf zu den homerischen Epen konzipiert sei, nicht haltbar sein. Dennoch hat er vermutlich in dem Punkte Recht, dass die Welt der griechischen Mythologie und speziell die Werke HOMERS zum geistigen Horizont des griechisch schreibenden Markus und seiner Leserschaft gehörten. Sie haben deren Sprache und Gedankenwelt mitgeprägt.

3.3   Das Evangelium und die antike Biographie

Als eine wichtige historiographische Subgattung der paganen Antike hat die Biographie zu gelten.[26] Sie setzt andere Akzente als die Historiographie[27], steht ihr aber naturgemäß sehr nahe. KLAUCK charakterisiert sie angemessen als „eine personenbezogene Spielart des historiographischen Berichtens."[28] Die antike Biographie wird in der heutigen Forschung häufig als die engste literarische Parallele zu den Evangelien im Allgemeinen und zum Markusevangelium im Besonderen angesehen.[29] Gelegentlich werden die Evangelien sogar ganz dieser Gattung zugeordnet und damit ihre literarische Sonderstellung in der antiken Welt bestritten. So betont D. FRICKENSCHMIDT „die eindeutige Zugehörigkeit aller vier kanonischen Evangelien zur Literaturfamilie antiker Biographien"[30]. K. BERGER urteilt mit Bedacht etwas vorsichtiger; seiner Ansicht nach ist die hellenistische Biographie in ihren verschiedenen Ausprägungen „so vielgestaltig, dass auch die Evangelien darin Platz haben könnten"[31]. M. HENGEL spricht in ähnlicher Weise von einem „Sonderfall"

---

[26] Vgl. BECKER, *Markus-Evangelium*, 64. Lebensbeschreibungen waren in der antiken literarischen Welt über Jahrhunderte hinweg populär. Sie sind zeitlich sowohl vor wie auch nach den neutestamentlichen Evangelien anzusiedeln. Viten wurden z.B. über bedeutende Herrscher, Forscher, Literaten, Philosophen, Ärzte oder Heerführer verfasst. Exemplarisch seien genannt: Sokrates, Platon, Epikur, Homer, Pythagoras, Euripides, Hippokrates, Alexander und Augustus. Als bedeutende Biographen der Antike verdienen namentlich Erwähnung: ISOKRATES (4.Jh. v.Chr.); XENOPHON (4.Jh. v.Chr.); ANTIGONOS V. KARYSTOS (3.Jh. v.Chr.); HERMIPPOS V. SMYRNA (3.Jh. v. Chr.); CORNELIUS NEPOS (1.Jh. v. Chr.); PLUTARCH (1.Jh. n.Chr.); LUKIAN (2.Jh. n.Chr.); DIOGENES LAERTIUS (3.Jh. n.Chr.); PHILOSTRATOS (3.Jh. n.Chr.); PORPHYRIUS (3.Jh. n.Chr.) und IAMBLICHOS (4.Jh. n.Chr.).

[27] Bemerkenswert ist in diesem Zusammenhang eine Äußerung des PLUTARCH, der insbesondere aufgrund seiner zwischen 100 und 120 n.Chr. entstandenen Parallelbiographien als der wohl bedeutendste Biograph der Antike gelten kann. Er bittet zu Beginn seiner Alexander-Darstellung, „wenn ich nicht alles und nicht jede der vielgerühmten Taten in aller Ausführlichkeit erzähle, sondern das meiste kurz zusammenfasse, mir deswegen keinen Vorwurf zu machen. Denn ich schreibe nicht Geschichte, sondern zeichne Lebensbilder" (Plut.Alex. 1).

[28] KLAUCK, *Traditions- und Identitätsbildung*, 71f.

[29] Vgl. dazu die forschungsgeschichtlichen Ausführungen von DORMEYER, *Idealbiographie*, 4–6 und BECKER, *Markus-Evangelium*, 21–23.64f. BECKER, *Markus-Evangelium*, 19 selbst steht dem biographischen Ansatz jedoch recht kritisch gegenüber: „Die nötigen gattungsspezifischen Differenzierungen bleiben ... unscharf."

[30] FRICKENSCHMIDT, *Evangelium*, 2. Speziell das Markusevangelium nennt FRICKENSCHMIDT „eine antike Biographie im Vollsinn des Wortes" (ebd. 351). Seine Besonderheit liege allein „in der Einzigartigkeit der Person, von der es erzählt."

[31] BERGER, *Formen*, 403. Ein informativer Überblick über die Werke der antiken Biographien-Literatur in ihrer ganzen Variationsbreite findet sich bei BERGER, *Gattungen*, 1232–1236.

in dem „sehr weiten Bereich der antiken ‚Biographie‘."[32] Die Sonderstellung begründet er mit dem einzigartigen Verkündigungsanspruch der Evangelien.[33]

Aber kann man die Evangelien wirklich als Biographien bezeichnen? Im modernen Sinne wohl kaum. Markus etwa verzichtet völlig auf eine Beschreibung der
Kindheit und Jugend Jesu und verliert auch kein einziges Wort über dessen persönliche Entwicklung. Chronologie und Topographie bleiben (bis auf die Passionsgeschichte) weitgehend unscharf. Wenn die Evangelien dennoch der biographischen
Literatur zugerechnet werden dürfen, dann aus dem Grund, weil die antike Vorstellung über Inhalt und Zielsetzung einer Biographie von unserer heutigen Auffassung in wesentlichen Punkten abwich.

Zum Verständnis des besonderen Charakters der antiken Biographie hat wie-
derum CANCIK entscheidende Hinweise gegeben.[34] Dem antiken Biographen war
nicht an einer umfassenden und möglichst detailgenauen Lebensbeschreibung des
Protagonisten unter exakter Beachtung von Chronologie und Topographie gelegen.
Das Bemühen ging vielmehr in die Richtung, ein möglichst prägnantes *Portrait* und
Profil des „Helden" zu vermitteln. Im Zentrum der Darstellung standen demgemäß
„Typik und Charakteristik"[35] und die Art und Weise seiner Lebensführung.[36]
Kindheit, Werdegang oder auch das optische Erscheinungsbild der Hauptperson
spielten aufgrund dieser Zielsetzung in der biographischen Darstellung kaum eine
Rolle.

Insofern fügt sich die Darstellung des Markus in den Rahmen antiker Biographien durchaus ein.[37] Auch dem Evangelisten geht es darum, seiner Leserschaft das
für Jesus Charakteristische und Wesentliche zu vermitteln.[38] Darüber hinaus lassen
sich noch weitere Züge ausmachen, die das Markusevangelium mit der antiken

---

32   HENGEL, *Evangelienüberschriften*, 49.
33   Vgl. HENGEL, *Evangelien*, 161: „Markus [hat] eine neue literarische Gattung geschaffen, die
      man unter den antiken Lesern gewiss auch als *Biographie* betrachten konnte, freilich eine sol-
      che, *wie es sie bisher nie gegeben hatte*. Die darin erzählte Geschichte ruft den Hörer zum Glau-
      ben an die in ihr dargestellte Person, Jesus, den Messias, Kyrios und Gottessohn, und damit
      zum ewigen Leben; das heißt, sie will ganz und gar rettende *Heilsbotschaft* sein." Vgl. auch
      ebd. 158, Anm. 456: „Gewöhnliche Biographien enthalten keine Glaubensbotschaft, die
      über ewiges Leben und Gericht entscheidet. Das ist das völlig Neue an der ‚Gattung‘ Evan-
      gelium." (Kursivdruck im Original).
34   Vgl. CANCIK, *Gattung*, 95f.
35   Ebd. 95.
36   Vgl. dazu auch BERGER, *Gattungen*, 1239: „Anfang und Schluss eines Bios sind in der Regel
      in chronologischer Abfolge berichtet. Für die Darstellung der ‚Mitte‘ aber gelten regelmäßig
      andere als chronologische Gesichtspunkte. Hier geht es nicht um den durchgehenden Le-
      bensablauf, sondern eher um ein statisches Bild der Persönlichkeit, um ein literarisches Por-
      trät. Bios ist hier eher die Lebensweise."
37   Vgl. in diesem Sinne auch HENGEL/SCHWEMER, *Jesus*, 245: „So sind die Evangelien zwar
      vom modernen Standpunkt aus keine Biographien, mit den antiken Biographien lassen sie
      sich dagegen durchaus vergleichen und wurden auch in der Antike so verstanden."
38   Vgl. SÖDING, *Evangelist*, 48: „Markus will weder das Leben Jesu lückenlos dokumentieren
      noch die Chronologie seiner Verkündigung rekonstruieren. Vielmehr zeigt das Evangelium
      Jesus in Szenen und Konstellationen, die nach markinischer Überzeugung für ihn typisch
      sind."

Biographie gemeinsam hat.[39] Besonders bietet sich in diesem Zusammenhang ein Vergleich mit den Werken des bedeutendsten und für die Nachwelt repräsentativsten Biographen der Antike, des Griechen PLUTARCH, an.[40] Zwar konnte Markus PLUTARCH selbst nicht kennen, „wohl aber die Quellen, von denen Plutarch abhing, und das Muster, wie eine römische Biographie ... zu schreiben war".[41] In den „*Vitae parallelae*", seinem bekanntesten Werk, stellt PLUTARCH jeweils die Lebensbeschreibung eines Griechen und eines Römers vergleichend einander gegenüber.[42]

An Gemeinsamkeiten zwischen Markus und PLUTARCH lässt sich Folgendes feststellen[43]: Die Handlungsführung ist jeweils auf eine bestimmte (Haupt-)Person konzentriert. Beide Autoren gehören nicht zum Kreis der handelnden Figuren, sondern stehen sozusagen über dem erzählten Geschehen und geben sich als „allwissend"; so kennen sie sich z.B. bestens aus im Seelenleben ihrer „Helden". Die Charakterzeichnung wird überwiegend in der Weise gewonnen, dass über die eindrucksvollen *Taten* der Protagonisten berichtet wird. Weiterhin stimmen Markus und PLUTARCH darin überein, dass sie sich einerseits an der Historie orientieren und dazu auch aus Quellen schöpfen, andererseits aber einen relativ freien Umgang mit den Traditionen pflegen. FENDLER spricht in diesem Zusammenhang von einer „Mischung aus ‚Dichtung und Wahrheit'."[44] Vergleichbar ist ebenfalls, dass innerhalb der erzählten Welt das Auftreten des „Helden" zu Spekulationen über sein verborgenes, wahres Wesen Anlass gibt, und dass sich dieses Wesen, speziell die göttliche Art, erst sukzessive enthüllt.[45]

Bei allen diesen Übereinstimmungen sollte aber nicht übersehen werden, dass es zwischen Markus und PLUTARCH auch *Unterschiede* gibt. So pflegt PLUTARCH einen eleganteren Erzählstil als der Evangelist. Er vermeidet – anders als Markus – weitgehend die Form der direkten Rede und des Dialogs. In einer einleitenden Passage gibt er dem Leser gerne Aufschluss darüber, was dieser von der folgenden Darstellung erwarten darf – das tut Markus nicht.[46] Außerdem streut PLUTARCH, wieder im Unterschied zu Markus, in seine Werke immer wieder eigene Kommentare, wertende Reflexionen und sogar wissenschaftliche Exkurse ein. Auf diese

---

39   Zu den Gemeinsamkeiten von Evangelium und antiker Biographie vgl. neben CANCIK, *Gattung*, 94–96, FRICKENSCHMIDT, *Evangelium*, 192–210.505–508 und FENDLER, *Studien*, 59–80 besonders BERGER, *Gattungen*, 1231–1264 sowie ders., *Formen*, 403–420.

40   DIHLE, *Evangelien*, 394 formuliert es plastisch so: „Leider bietet die Überlieferung der biographischen Literatur des Hellenismus und der Kaiserzeit das Bild eines einzigen großen Trümmerfeldes, aus dem nur Plutarchs Biographien als vollständige Denkmäler herausragen."

41   DORMEYER, *Idealbiographie*, 10.

42   Die Parallelbiographien haben zum Ziel, „Griechen und Römer als die Träger des Imperiums einander immer näher zu bringen, sie einander immer besser kennen zu lehren und die gegenseitige Achtung zu erhöhen" (ZIEGLER, *Plutarchos*, 897).

43   Einen differenzierten Einzelvergleich zwischen Markus und PLUTARCH zieht WÖRDEMANN, *Charakterbild*, 198ff und deckt dabei zahlreiche strukturelle Analogien auf.

44   FENDLER, *Studien*, 72.

45   Vgl. Plut.Thes. 6; Rom. 7; Kleom. 13.39; Alex. 28. Zu dem in der Antike geläufigen Motiv der zunächst verborgenen und allmählich erkennbaren Epiphanie einer göttlichen Gestalt vgl. darüber hinaus die reiche Materialsammlung in: FRENSCHKOWSKI, *Offenbarung II*, 148–224.

46   Lukas dagegen stellt, darin PLUTARCH ähnlich, seinem Evangelium eine Einleitung voran, in der er sein Vorhaben beschreibt und begründet (vgl. Lk 1,1–4).

Weise tritt er als Verfasser ungleich deutlicher hervor, als dies bei Markus der Fall ist.

Ungeachtet dieser Unterschiede wird man aber insgesamt die Nähe des Markusevangeliums zur Biographie der paganen Antike nicht abstreiten können. Insofern ist dem Urteil CANCIKS zuzustimmen: „Die hellenistischen und römischen Leser des Markus werden sein Evangelium als Biographie Jesu gelesen haben, wenn auch als eine ziemlich exotische."[47]

3.4   Das Evangelium und die antike Philosophenvita

Innerhalb der biographischen Tradition der paganen Antike zeigen die *Philosophen*-Viten die größte Nähe zu den Evangelien. Leider ist hier die Quellenlage äußerst dürftig. Die einzige vollständig erhaltene Vita ist die Lebensbeschreibung des kynischen Philosophen Demonax durch LUKIAN VON SAMOSATA (ca. 120–180 n.Chr.).[48] Konzeption und Aufbau dieser Darstellung erinnern an die Evangelien (vor allem an Markus)[49] bzw. an die Logienquelle: In ein biographisches Grundgerüst ist eine Sammlung von Anekdoten in Form von Apophthegmata und Chrien eingebettet; diese Sammlung bildet den Kern des Werkes.[50] Innerhalb der Anek-

---

[47]   CANCIK, *Gattung*, 96. Entsprechend fällt das Fazit von TALBERT, *Gospel*, 60f zur frühen Rezeption der kanonischen Evangelien aus: „It is difficult to believe that on first acquaintance the canonical gospels, at least, would not have been considered biographical by Mediterranean readers/hearers." HENGEL, *Probleme*, 224 formuliert es so: „Dass die Evangelien eine literarische ‚Gattung' von ganz neuer und besonderer Art seien, hat in der Antike niemand gedacht. Nicht die literarische ‚Gattung', sondern die darin dargestellte Person und ihr Heilswerk waren ‚einzigartig'." BURRIDGE, *Gospels*, 219 stellt fest: The „synoptic gospels belong within the overall genre of βίοι." Und MÜLLER, *Jesus*, 177 bestätigt diese Einschätzung: Das Markusevangelium musste den Lesern seiner Zeit „im Rahmen der Konventionen hellenistischer Literatur als Lebensbild erscheinen."

[48]   Vgl. LUKIAN, *Demonax*, in: LUCK, *Weisheit*, 381ff. Zum formgeschichtlichen Charakter des „*Demonax*" und seinem Verhältnis zur neutestamentlichen Evangelienliteratur vgl. vor allem CANCIK, *Bios*, 115–130.
       Neben LUKIANS „*Demonax*" verdient das Werk „*Leben und Meinungen berühmter Philosophen*" von DIOGENES LAERTIUS (3. Jh. n.Chr.) besondere Beachtung. Dieses Kompendium der Geschichte der griechischen Philosophie basiert auf zahlreichen, nicht erhaltenen Lebensbeschreibungen (z.B. auf denen des ANTIGONOS VON KARYSTOS aus dem 3. Jh. v. Chr.) und ist somit ein Beleg dafür, dass Philosophenviten schon lange vor LUKIAN verfasst und rezipiert wurden.
       In dem erweiterten Kontext der Philosophenviten sind auch die Biographie von PHILOSTRATOS über das Leben des Apollonios von Tyana aus dem 3. Jahrhundert n.Chr. und die von IAMBLICHOS über das Leben des Pythagoras aus dem 4. Jahrhundert anzusiedeln. Diese beiden Werke gehören von Umfang und Charakter her jedoch eher schon zur Romanliteratur, was ihren Vergleich mit den Evangelien erschwert (vgl. FRICKENSCHMIDT, *Evangelium*, 189f; ähnlich auch DIHLE, *Evangelien*, 401).

[49]   So auch DIHLE, *Evangelien*, 400: „Die Ähnlichkeit zum Markus-Evangelium im Aufbau [ist] unverkennbar."

[50]   Solche Anekdoten (Apophthegmata, Chrien) haben in der alttestamentlichen Tradition kein Vorbild. Sie sind eindeutig griechisch-hellenistischen Ursprungs. Entsprechende Sammlungen sind seit dem 4.Jahrhundert v.Chr. belegt. Typische Merkmale der Chrien, die besonders in der kynischen Überlieferung eine große Rolle spielen, sind Witz und Schlagfertigkeit sowie kritische und regulative Züge (vgl. z.B. Luc.Dem. 12–62). Chrien haben manchmal ihren

doten finden wir auch die (bei PLUTARCH durchweg vermisste) Form der wörtlichen Rede und des Dialogs. Als weitere Vergleichspunkte zwischen Philosophenvita und Evangelien sind besonders auffällig: Am Anfang eines Philosophenlebens steht die Erfahrung einer Berufung von höherer Stelle – vergleichbar der Taufszene mit Geistbegabung im Markusevangelium (1,10f).[51] Wie Jesus in der Darstellung der Evangelien, so sammelt auch der Philosoph Schüler bzw. Jünger um sich[52], die er auf zweierlei Weise belehrt: durch sein Reden und durch sein Verhalten.[53] Die Belehrung geschieht einmal öffentlich, ein anderes Mal geheim. Auch wunderhafte Motive sind in Philosophenviten anzutreffen.[54] Durch die Art seines Auftretens und die Offenheit seiner Rede macht sich der Philosoph nicht nur Freunde, sondern zieht auch Widerstand und Hass auf sich.[55] Entsprechend gilt der Tod – häufig ein Martyrium – als „Stunde der Bewährung"[56]. Vor dem Hintergrund eines Märtyrertodes ihres Protagonisten kann der Philosophenvita eine apologetisch-

---

Ort innerhalb von Streitgesprächen; sie bilden in diesem Kontext die Antwort auf gegnerische Initiativen, Vorwürfe und Kritik.

Über LUKIANS „Demonax" hinaus ist besonders auf die Tradition über Diogenes von Sinope († 323 v.Chr.) hinzuweisen (vgl. Diog.Laert. 6,20–81). Zahlreiche weitere Beispiele für Chrien bietet die Textsammlung antiker Kyniker (Antisthenes, Krates, Bion u.a.) in: LUCK, *Weisheit*.

Der häufige Gebrauch von Chrien in den Evangelien ist einer der signifikantesten Belege dafür, dass die Evangelisten sich bewusst an pagan-hellenistischen Vorbildern orientierten. So urteilt auch BERGER, *Formen*, 143: „Der extensive Gebrauch der Gattung in den Evangelien weist … auf einen gegenüber ‚palästinischem' Judentum sehr durchgreifenden Hellenisierungsprozess." Zum Ganzen vgl. BERGER, *Formen*, 142–152 sowie ders., *Gattungen*, 1092ff.1305ff.

[51] Vgl. Luc.Dem. 3: „Er [sc. Demonax] aber fühlte sich zu Größerem bestimmt und betrachtete sich als einen der Berufenen." Nach PLATONS „*Apologie*" (20 E – 21 A) wurde Sokrates durch das Chairephon-Orakel berufen, so dass er anschließend sagen konnte: „οὐ γὰρ ἐμὸν ἐρῶ τὸν λόγον, ὃν ἂν λέγω." Zit. bei BERGER, *Gattungen*, 1240.

[52] Vgl. dazu vor allem V. K. ROBBINS, *Teacher*, 10: „I begin with the observation that the Gospel of Mark partakes of the form of a biography that depicts a disciple-gathering teacher from the high point of his carreer to his death." ROBBINS verweist zum Vergleich für den griechischen Bereich insbesondere auf das Verhältnis von Sokrates und Alkibiades.

[53] Vgl. BERGER, *Formen*, 419: „Die Einheit von Lehre und Leben … verbindet … die Evv [*sic!*] des NT mit der antiken Philosophenvita, im weiteren mit antiken Biographien allgemein." Insbesondere Sokrates hatte durch sein Leben und Sterben die Philosophie zur *ars vitae* gemacht; seitdem ließ sich „der Wert jeder Philosophie … nur am Lebensvollzug selbst erweisen" (DIHLE, *Evangelien*, 399).

[54] Vgl. z.B. Diog.Laert. 8,59–62 über die Heilungs- und Naturwunder des Empedokles; vgl. ebenfalls Iamb.vit.Pyth. 28,135 und Philostr.vit.ap. 4,10f.20.45; 5,42; 6,24.

[55] Zum Hass auf Sokrates wegen seiner entlarvenden Weisheit vgl. Diog.Laert. 2,38.40. Für Demonax berichtet LUKIAN Entsprechendes: „Er [sc. Demonax] hatte … am Anfang bei vielen Anstoß erregt und sich durch seine Unabhängigkeit und seinen Freimut nicht geringeren Hass zugezogen als Sokrates" (Luc.Dem. 11; zit. nach LUCK, *Weisheit*, 384).

[56] CANCIK, *Gattung*, 96. Als bedeutendstes Beispiel für Philosophenmartyrien ist wiederum das Schicksal des Sokrates zu nennen (vgl. neben PLATONS „*Phaidon*" 115b–118 auch XENOPHONS „*Memorabilia*" 4,8 sowie die Sokratesrezeption bei den Kynikern). Zu verweisen ist ferner auf die von DIOGENES LAERTIUS berichteten Philosophenmartyrien von Zenon (Diog.Laert. 9,26–28), Anaxarchos (Diog.Laert. 9,59) und Hermeias (Diog.Laert. 5,7f). Die Schicksale von Sokrates, Zenon und Anaxarchos finden übrigens auch schon bei PHILO Erwähnung (vgl. ders., Prov. 2,8–11). Dies beweist, dass dem Judentum im 1. Jahrhundert Berichte dieser Art nicht fremd waren. Siehe dazu BERGER, *Gattungen*, 1249f.

rechtfertigende Tendenz anhaften. Ihr Bestreben ist es, denjenigen zu rehabilitieren, der durch seine öffentliche Hinrichtung zu Unrecht in Verruf geraten ist. Schon die Schriften Platons und Xenophons über Leben und Prozess des Sokrates lassen dieses Bemühen erkennen. Auch im Markusevangelium mag eine apologetische Tendenz mitschwingen.[57]

K. BERGER favorisiert eindeutig die antike Philosophenvita als unmittelbares Vorbild für die neutestamentlichen Evangelien: „Biographien kennt die hellenistische Umwelt von Politikern, Dichtern und Philosophen. Die einzige Kategorie, die sich für die Darstellung des Lebens Jesu aus diesem Arsenal anbot, war der Philosophenbios. Der stark lehrhafte Charakter der Evangelien (der von Mk zu Mt bei gleichzeitiger Komplettierung biographischer Details noch verstärkt wird) ist schon von daher zu erklären, dass sich als literarische Gattung zur Darstellung eines Bios eben nur ein Aufriss anbot, der wesentlich durch Lehre (und die Beglaubigung derselben durch das Leben) bestimmt war."[58]

3.5   Das Evangelium und die alttestamentlich-frühjüdische Tradition

Das Markusevangelium steht in Charakter und Inhalt aber nicht nur der biographischen Tradition der paganen Antike nahe. Es weist darüber hinaus zahlreiche Bezüge zum AT bzw. zur LXX auf.

Biographisch ausgerichtete Erzählungen finden sich auch dort in reichem Maße; erwähnt seien das Buch Ruth, die Josephsgeschichte (Gen 37–50), die Davidsgeschichte (1 Sam 16 - 1 Reg 2), der Elia-Zyklus (1 Reg 17–19) und die möglicherweise auf Baruch zurückgehenden biographischen Erzählungen des Jeremia-Buches.[59] Speziell die prophetischen Überlieferungen des AT haben für Markus unverkennbar elementare Bedeutung, sofern sie von Auseinandersetzungen, Wundertaten und Leiden der Gottesmänner berichten.[60] Neben Elia (6,15; 8,28; 9,4f.11–13; 15,35f) findet auch Mose (7,10; 9,4f; 10,3–5; 12,19.26) häufig Erwähnung.[61] Aufgrund dieses Befundes hat schon CANCIK festgestellt: „Jesus war auch

---

[57] Für das Markusevangelium wird diese Tendenz besonders in der Arbeit von H. N. ROSKAM *„The Purpose of the Gospel of Mark in its historical and social context"* beleuchtet. ROSKAM postuliert eine Verfolgungssituation und die Entstehung des Evangeliums nach 70 in Galiläa und ordnet das Evangelium wie folgt ein: „Mark's Gospel is best characterized as an apologetic writing, a kind of pamphlet in biographical form" (ebd. 236). Zweck des Werkes sei „to eliminate the political connotations of the title ‚Christ' and Jesus' crucifixion" (ebd. 238).

[58] BERGER, *Gattungen*, 1242.

[59] So mit Recht REISER, *Sprache*, 102.

[60] Nach BALTZER, *Biographie*, 19–28.189–193 steht das Markusevangelium in der Tradition der von ihm herausgearbeiteten Gattung der „Ideal-Biographien" der Propheten und Könige des AT. DORMEYER, *Idealbiographie*, 11 hat BALTZERS Begriff der „Idealbiographie" positiv aufgegriffen und diesen mit der antiken biographischen Literatur verknüpft: „Das Evangelium wird zu einer Sondergattung der Biographie, in der die hellenistische Biographieliteratur und das alttestamentliche idealbiographische Erzählen eine neue Verbindung finden." DORMEYER zufolge wollte Markus ein neues theologisches Werk schaffen, das aber der antiken Biographie zurechenbar blieb. Vgl. auch ders., *Evangelium*, 181–189.

[61] Vgl. HENGEL, *Evangelien*, 262f: „Gerade das Markusevangelium ist in auffallender Weise von einer Mose-Elia-Typologie geprägt."

ein Prophet. Markus ist auch ein Prophetenbuch."[62] M. VINES hebt die Verwandt-schaft des Markusevangeliums mit den „Jewish historical novels" hervor, zu denen er primär die griechischen Versionen des Daniel- und des Estherbuches, Judith, Tobit, Susanna sowie Joseph und Aseneth zählt.[63] Der hohe Stellenwert und die dementsprechende Rezeption alttestamentlich-frühjüdischer Überlieferungen im Markusevangelium lässt sich darüber hinaus sowohl aus dem Prolog mit seinen alttestamentlichen Zitaten (1,2f) wie auch aus der wohldurchdachten Gestaltung der Passionsgeschichte ersehen, die vielfältige Bezüge zu den (Leidens-)Psalmen und zur Weisheitsliteratur aufweist und Jesu Passion somit offenkundig in Analogie zur Tradition des „leidenden Gerechten"[64] darstellt.

Aber nicht nur inhaltlich, sondern auch erzähltechnisch sind gewisse Parallelen unverkennbar. Die für Markus typische szenische Erzählweise mit einsträngigem Handlungsverlauf und direkter Rede, die uns auch in der Philosphenvita begegnet war, finden wir im AT bzw. in der LXX ebenfalls in reichem Maße. Auch die für Markus (und die übrigen Evangelisten) markante Verbindung von dialogischer Erzählung mit längeren Reden hat Vorbilder im AT, insbesondere im Jeremia-Buch.[65] Eine weitere Gemeinsamkeit zwischen Markus und AT/LXX ist, dass der Erzähler hinter der erzählten Handlung ganz zurücktritt[66]; sporadische Ausnahmen fallen deshalb umso mehr ins Auge (vgl. Mk 13,14).

Es ist demnach offenkundig, dass das Markusevangelium sowohl der biogra-phischen Literatur der paganen Antike als auch der alttestamentlich-frühjüdischen Tradition verpflichtet ist und entsprechend vielfältige Anregungen aufgenommen hat.[67]

---

[62]   CANCIK, *Gattung*, 98.

[63]   Vgl. VINES, *Problem*, 144.153.

[64]   Vgl. MARCUS, *Mk II*, 983: „The Righteous Sufferer psalms are echoed throughout the Mar-kan passion narrative."
Nach der Ansicht von LÜHRMANN liefert die Biographie des (leidenden) Gerechten den maßgebenden überlieferungsgeschichtlichen Hintergrund für das Markusevangelium insge-samt. Dessen Tradition findet LÜHRMANN besonders in Weish 2,12–20; 5,1–7, in den Got-tesknechtsliedern bei Deuterojesaja sowie in den (Leidens-)Psalmen. Markus fordere seine Leser auf, sich „mit Jesus als dem exemplarisch leidenden Gerechten" zu identifizieren (ders., *Mk*, 44; vgl. auch ders., *Biographie*). LÜHRMANN bestätigt auf diese Weise BALTZERS These von der Prophetenbiographie als grundlegender Gattung für das Markusevangelium und modifiziert diese zugleich.

[65]   Vgl. REISER, *Stellung*, 17. Nach REISER „stellen die Jeremia-Erzählungen formgeschichtlich gesehen die vielleicht engste Analogie zu den Jesus-Erzählungen der Evangelien dar."

[66]   FENDLER, *Studien*, 78 spricht von der „strenge[n] Anonymität des Markusevangeliums".

[67]   So stellt auch BECKER, *Markus-Evangelium*, 19 zu Recht fest: „Die Gattung der Evangelien steht kaum in der Tradition *einer* [sc. einzigen] Vorgängerliteratur." Ebenso urteilt MÜLLER, *Jesus*, 178: „Zur Formung seines Werkes hat Markus verschiedene literarische Anleihen ge-macht und in eine Erzählung integriert." SCHNELLE, *Einleitung*, 184 bestätigt dieses Urteil: „Eine monokausale literaturgeschichtliche Erklärung der Gattung Evangelium ist nicht möglich."

3.6   „*Agent of God*" und „*ethical role model*" – eine zwingende Alternative?

Gelegentlich wird die Nähe des Markusevangeliums zur antiken paganen Biographie in der Forschung aber auch bezweifelt oder entschieden geleugnet. Kritiker verweisen dabei unter anderem auf die unterschiedliche inhaltliche Konzeption von antiker Biographie und Evangelium. So erklärt etwa der Altphilologe A. DIHLE, die hellenistische biographische Tradition sei individuell-moralisch ausgerichtet; ihr gehe es darum, die *Entwicklung moralethischer Kompetenz* im Leben eines Menschen durch sein Handeln aufzuzeigen. Dies aber könne man vom Evangelium des *Gottessohnes* eben nicht sagen.[68]

Skepsis überwiegt auch bei M. VINES. Er merkt in ähnlicher Weise an, dass die „Helden" in den griechisch-römischen Biographien primär als *Lehrer der Tugend* bzw. als *ethische Vorbilder* beschrieben seien. Demgegenüber habe die markinische Christologie eine andere Ausrichtung: „In contrast to those who compare Mark with Graeco-Roman biography, I have argued that Mark does not present Jesus merely as an ethical role model, but as the divinely appointed agent of God. Like the protagonists of the Jewish novels, Jesus is the agent of God who defeats the enemies of the kingdom, not by force, but by faithful and sacrificial obedience."[69] Nun steht in der Tat außer Zweifel, dass Markus mehr erzählt als nur die Geschichte einer im moralischen Sinne vorbildlichen Gestalt. Er erzählt in seinem Evangelium die Geschichte vom Sohn Gottes, in dem die himmlische Basileia in die Welt einbricht, der als Mensch auf Erden lebt, gekreuzigt wird und aufersteht, der als der gegenwärtige Herr den Seinen vorangeht und dessen Wiederkunft erwartet wird. Reden und Handeln des Gottessohnes speisen sich nicht aus der Macht der Tugend, sondern aus der himmlischen Geisteskraft.[70] Ein narratologisches Spezifikum kommt hinzu: In vielen Szenen des Evangeliums wendet sich Jesus nicht nur an die Erzählfiguren innerhalb der Geschichte, sondern über sie auf textexterner Ebene auch an die nachösterliche Gemeinde (vgl. z.B. 4,40; 5,36; 7,14f; 8,34–38; 10,42–45; 13,5–37; 14,38).[71] In diesem Sinne ist die von Markus erzählte Geschichte nicht abgeschlossen, sondern reicht weiter; sie erwartet vom Leser sowohl gläubiges Vertrauen als auch aktive Partizipation.[72]

---

[68]   Vgl. DIHLE, *Evangelien*, 402: „Spezifische Ähnlichkeiten zwischen der griechischen Biographie und den kanonischen wie außerkanonischen Evangelien ... scheinen durchaus zu fehlen. Das ist auch nicht verwunderlich: Die Vorstellung, dass sich die eigentlich wichtigen, weil moralisch bewertbaren Wesenszüge eines Menschen erst im Laufe seines Lebens durch das eigene Handeln herausbilden, konnte auf das Erdenleben des menschgewordenen Gottes schwerlich angewendet werden."

[69]   VINES, *Problem*, 163. Vgl. auch WÖRDEMANN, *Charakterbild*, 288: „Der Held Jesus orientiert sich im Evangelium am Willen Gottes, der bios-Held an der philosophisch-ethischen Tugend."

[70]   Vgl. in diesem Sinne auch BERGER, *Formen*, 410: „In Jesus wirkt nicht die Macht der Tugend, sondern die des Pneuma."

[71]   Vgl. BORING, *Mk*, 7: „The narrative throughout is implicitly a two-level drama."

[72]   Vgl. ebd. 8: „Mark wrote his gospel that points beyond itself to the meaning of God's act in the Christ-event as an ambiguous, deceptively history-like open-ended narrative that calls for participation and decision by the reader."

Es gibt also durchaus Besonderheiten, die die Gattung Evangelium aus dem üblichen Rahmen einer paganen Biographie herausheben. Ungeachtet dieser Besonderheiten ist jedoch zu fragen, ob die von VINES aufgezeigte Alternative – dort „*ethical role model*", hier „*agent of God*" – wirklich stichhaltig ist. Könnte es nicht sein, dass Markus den „Helden" seines Evangeliums sehr wohl als „*agent of God*", aber eben *auch* als „*ethical role model*" präsentieren möchte? Meines Erachtens schließt das eine das andere nicht zwangsläufig aus, im Gegenteil.

Diese Einschätzung wird durch die Beobachtung erhärtet, dass sich im 1. Jahrhundert n.Chr. auch im frühjüdischen Kulturkreis, teilweise bedingt durch den griechischen Einfluss, *die ethisch-lehrhafte Ausrichtung innerhalb der biographischen Form* zunehmend etabliert hat. Unverkennbar ist allenthalben das Bemühen, *Vorbilder* zu schaffen. Entsprechende Tendenzen zur Aufrichtung von Vorbildern hatten sich aber auch schon vorher angebahnt, z.B. in der Weisheitsliteratur (vgl. Sir 44ff) und im Jubiläenbuch.

Die Rezeption der didaktisch orientierten griechischen Biographie-Tradition im Judentum wird in besonderer Weise durch die Werke PHILOS (ca. 15 v.Chr.- ca. 40 n.Chr.) repräsentiert. PHILO hat Lebensbeschreibungen über die drei Erzväter Abraham, Isaak und Jakob, über Joseph und nicht zuletzt über Mose verfasst.[73] In den Erzvätern erkennt und schildert er die Idealtypen des vollkommenen Weisen, die „Urbilder"[74] und Verkörperungen der ungeschriebenen Gesetze und der mosaischen Tora. Dabei leitet ihn ein deutlich artikuliertes didaktisches Interesse, das er auch schon in den Texten des Alten Testament angelegt sieht: „Es sind dies die Männer, die tadellos und sittlich gelebt haben, deren Tugenden in den heiligen Schriften verewigt sind, nicht bloß zu ihrem Ruhme, sondern auch *um die Leser anzuregen und zu gleichem Eifer hinzuleiten* [Kursivdruck von A. H.]."[75] Der ethische Akzent bestimmt auch die Darstellung des Joseph; in dessen Person sieht PHILO das Ideal des Staatsmanns vorgebildet.[76]

Wirkungsgeschichtlich besonders bedeutsam wurde die zweibändige „*Vita Mosis*". Zu Beginn des Buches erläutert PHILO seine Motivation für die Abfassung des Werkes über Mose, der für ihn „in jeder Beziehung der größte und vollkommenste Mensch war"[77]. Er will nämlich die gebildeten Kreise seiner Zeit für den Mann interessieren und gewinnen, der bisher von den hellenistischen Schriftstellern zu Unrecht vernachlässigt worden sei und mit denen PHILO deshalb streng ins Gericht geht. Er tut dies mit den bezeichnenden Worten:

„Haben ja die meisten von ihnen die Fähigkeiten, die sie ihrer Bildung verdankten, auf die Abfassung von Komödien und wollüstigen Schandwerken in Poesie und Prosa freventlich vergeudet, eine helle Schande; ihre Pflicht wäre es gewesen, ihre natürlichen

---

[73]   Von den Werken über die Erzväter ist nur das über Abraham erhalten.
[74]   PHILO, Abr. 3.
[75]   Ebd. 4.
[76]   PHILO, Jos. 1.55–57.
[77]   PHILO, vit.Mos. 1,1. SHULER, *A Genre*, 24 spricht bei PHILOS „*Vita Mosis*" von einer „*laudatory biography*" und ordnet die synoptischen Evangelien dieser Kategorie zu. Vgl. auch ders., *The Genre*, 69–74. Bei dieser Zuordnung ist allerdings die kritische Einschränkung zu machen, dass in vit.Mos. die enkomiastischen Züge insbesondere durch die wertenden Bemerkungen des Autors eingetragen werden, was in den synoptischen Evangelien nicht der Fall ist.

Anlagen zur Schilderung edler Männer und ihres Lebens ausgiebig zu benutzen, damit
nichts Schönes aus dem Altertum oder der Neuzeit dem Schweigen anheimfalle und ins
Dunkel versinke."[78]

Die personenbezogenen Darstellungen stehen bei PHILO stets im Dienste der ethischen Erziehung und Bildung. Seiner Meinung nach sollen dabei aber nicht nur die
erzählten *Taten* der Protagonisten den Charakter der Leser formen und prägen,
sondern auch das den „Helden" widerfahrende *Geschick*. So erwähnt er in seiner
„Vita Mosis" z.B. auch die wunderbare Rettung des Noah während der Sintflut und
gibt dafür zwei Gründe an: Er berichte davon einerseits wegen ihrer Wunderhaftig-
keit und andererseits zu dem Zweck, um *den Charakter der Leser zu verbessern*.[79]

Die didaktische Ausrichtung des biographischen Erzählens ist im Frühjudentum aber nicht nur bei PHILO festzustellen. Biographisches Interesse mit ausgeprägt lehrhafter Tendenz lässt ebenfalls die Neuerzählung biblischer Geschichten
in den *„Antiquitates"* des JOSEPHUS erkennen. JOSEPHUS schildert die biblischen
Protagonisten in ihrem vorbildlichen Ethos. Charakteristisch sein Urteil über den
Richter Simson:

> „Bewundernswert ist er [sc. Simson] wegen seiner Tapferkeit und Stärke, wegen des
> Starkmutes, mit dem er seinen Tod erlitt und weil er bis zum letzten Atemzuge seine
> Feinde hasste. Dass er sich von einem Weibe überlisten ließ, ist auf Rechnung der
> menschlichen Natur zu setzen, die leicht der Sünde unterliegt. Jedenfalls muss man ihm
> das Zeugnis geben, daß er im Übrigen ein ausgezeichneter und tugendhafter Mann
> war."[80]

An anderer Stelle bekräftigt JOSEPHUS die ethisch-pädagogische Funktion von
Lebensdarstellungen, indem er die Intention des jüdischen Unterrichts im ersten
nachchristlichen Jahrhundert so beschreibt:

> „Ferner besteht die Vorschrift, die Kinder lesen zu lehren, ihnen die Kenntnis der Ge-
> setze beizubringen und sie *über die Taten der Vorfahren zu unterrichten, damit sie diese nachah-
> men* [Kursivdruck von A. H.]."[81]

Einen weiteren markanten Ausdruck für die zunehmend ethisch-lehrhafte Ausrichtung der frühjüdischen Literatur stellt die Weiterentwicklung der Hiob-Tradition hin zu einem individualistisch-moralistisch gestimmten Frömmigkeitsideal im
„Testament Hiobs" dar. Entsprechende Tendenzen zeigen ebenfalls die *„Testamente der
zwölf Patriarchen"*, in denen biographische Erinnerungen zum Anlass genommen
werden, um in moralische Paränese überzugehen. Beispielgebende Funktion haben
nicht zuletzt die Märtyrerschilderungen in den Makkabäerbüchern.

---

78   PHILO, Vit.Mos. 1,3.
79   Vgl. ebd. 2,59: „Die Art seiner [sc. Noahs] Rettung ... verdient sowohl wegen ihrer Wunder-
     barkeit als auch zugleich zum Zweck der Besserung des Charakters [sc. der Leser] erzählt zu
     werden." Es geht an dieser Stelle um die Rettung Noahs und nicht, wie FRICKENSCHMIDT,
     Evangelium, 217 irrtümlich meint, um die wundersame Errettung des Mose.
80   Jos.Ant. 5,317.
81   Jos.Ap. 2,204.

Schließlich sei noch auf eine Sammlung von Geschichten hingewiesen, die unter dem Namen „*Vitae Prophetarum*" bekannt geworden ist.[82] Diese Sammlung frühjüdischer Prophetenlegenden knüpft an die Verehrung an, die den Prophetengräbern gewidmet wurde.[83] Ihr eigentlicher Titel lautet: „Namen der Propheten und woher sie sind und wo sie starben und wie und wo sie liegen." Die Schrift beschreibt in sehr geraffter Form vor allem Herkunft, Tod und endzeitliche Botschaft der klassischen und auch der sieben vorklassischen Propheten der Hebräischen Bibel. Der Text ist nur in späteren Übersetzungen (syrisch, griechisch, äthiopisch) überliefert; ihm liegt aber vermutlich ein Original zugrunde, das in hebräischer Sprache verfasst war und im 1. Jahrhundert n.Chr. entstanden sein dürfte. Von Aufbau und Anlage her stehen die VP den Sammlungen von Kurzbiographien aus hellenistisch-römischer Zeit nahe.[84] Besonders erinnern sie an die Darstellungen berühmter Männer („*De viris illustribus*") von C. NEPOS.[85]

Das Markusevangelium kann meines Erachtens unmöglich ganz außerhalb dieses literarischen *Mainstreams* angesiedelt werden. Es befindet sich im Strom der beschriebenen allgemeinen Entwicklung und hat an ihm teil. Insofern ist die Feststellung von T. SÖDING zumindest irreführend: „Das Markusevangelium berührt sich mit hellenistischen Biographien in wesentlichen Aspekten seiner literarischen Form. Es unterscheidet sich von ihnen im theologischen Ansatz: Es wird nicht die Geschichte eines vorbildlichen Menschen erzählt, der in seinen Taten seine Tugend erweist und insofern zur Nachahmung ruft, sondern die Geschichte des *einen* geliebten Gottessohnes (vgl. Mk 12,1–12 im Lichte von 1,11 und 9,7), der Gottes Herrschaft unwiederholbar und unüberbietbar heilstiftend nahekommen und sich künftig vollenden lässt."[86] So richtig es ist, den besonderen christologischen Ansatz gegenüber der paganen biographischen Literatur hervorzuheben, so fragwürdig ist es, dies auf Kosten der ethisch-didaktischen Intention zu tun. Genau dies geschieht aber bei SÖDING, wenn er weiter ausführt, dass „das Motiv der *imitatio Christi* im Markusevangelium marginal ist. Zwischen Nachfolge und Nachahmung bleibt ein qualitativer Unterschied."[87] Die *imitatio Christi* ist im Gegenteil, wie noch im Einzelnen zu belegen sein wird, ein elementares Anliegen und Leitmotiv des Evangelisten. Markus zeigt Jesus durchaus *auch* als Vorbild und lädt sehr wohl zu seiner *imitatio* ein. Dies zeigt sich z.B. innerhalb der erzählten Welt bei der Aussendung der zwölf Jünger, denen *exakt dieselben Aufgaben* übertragen werden, denen sich auch Jesus vorrangig widmete, nämlich Umkehrpredigt, Krankenheilungen und Exorzismen; die Jünger werden dazu mit der nötigen Vollmacht ausgestattet (vgl. Mk 3,14f; 6,7–13). Dies erweist sich weiterhin in dem Lehrabschnitt Mk 10,42–45, dem

---

82　Text samt Einleitung und Kommentar finden sich bei SCHWEMER, *Studien I* und *II* sowie in: dies., JSHRZ I/7, 536ff.

83　Vgl. CANCIK, *Gattung*, 97.

84　Vgl. SCHWEMER, *Studien I*, 49f: „In den VP ... kommen in ganz spezifischer Weise ‚Judentum und Hellenismus' zusammen... Sie [sc. die VP] sind zusammengestellt für ein Publikum, das über die alttestamentlichen Propheten im Stil der hellenistischen Vitensammlungen etwas lesen und wissen wollte." Zur Bedeutung der VP vgl. auch FRICKENSCHMIDT, *Evangelium*, 173–176.

85　Vgl. SCHWEMER, *Vitae Prophetarum*, JSHRZ I/7, 544.

86　SÖDING, *Evangelist*, 52. (Kursivdruck im Original).

87　Ebd.

in seiner Betonung der διακονία als christlichem Lebensprinzip für das Verständnis des Markusevangeliums insgesamt Schlüsselbedeutung zukommt.

Wenn Markus Jesu irdischen Weg als einen Weg des Dienstes beschreibt, so ist dies nicht ohne kirchenpolitische Bedeutung. Nach dem Willen des markinischen Jesus soll „die christliche Gemeinde ... ein Gegenbild zur politischen Herrschaft"[88] sein; das εὐαγγέλιον des Markus vom heilstiftenden Weg Jesu durch Dienst, Leiden und Kreuz hindurch zur Auferstehung hat insofern geradezu ideelle Sprengkraft, als es einen Gegenentwurf zu den εὐαγγέλια vom Aufstieg der flavischen Herrscherfamilie darstellt.[89] Durch die Darstellung des Markus wird eine innergemeindliche Autoritätsstruktur etabliert, die sich von politischen Herrschaftsstrukturen elementar unterscheidet. Von daher ist es nicht übertrieben, das Markusevangelium als „ein Stück politisch-subversiver Untergrundsliteratur"[90] zu bezeichnen.

Die im Evangelium vermittelten Anreize zur *imitatio* Jesu reichen aber noch weiter. Vorbildcharakter besitzen ganz konkret Jesu Tischgemeinschaft mit Sündern, seine Einstellung zum Sabbat, seine Souveränität im Umgang mit Reinheits- und Speisegeboten, seine Sorge um die Kranken und Bedürftigen, seine Offenheit gegenüber Frauen, seine Liebe zu Kindern, seine Aufrichtigkeit, Klarheit und Standhaftigkeit gegenüber den Feinden, seine Bereitschaft zur Vergebung und nicht zuletzt seine Treue gegenüber dem väterlichen Willen bis in Leiden und Tod hinein.[91] Vorbildcharakter besitzt nicht zuletzt – darauf wird noch im Einzelnen einzugehen sein – Jesu Umgang mit Versuchungen.[92]

G. THEIßEN bringt es auf den Punkt: „Das MkEv steht ... an einer Übergangsschwelle im Urchristentum. Die erste Generation der unmittelbaren Jesusjünger tritt allmählich ab ... So wie diese ihre Autorität daher bezogen, dass sie unmittelbaren Kontakt zu Jesus hatten, so will der Evangelist seinen Gemeinden eine neue Unmittelbarkeit zu Jesus ermöglichen – vermittelt durch seine Evangeliumsschrift, in der er ein Bild von Jesus entwirft, das als *lebenspraktische Grundlage des christlichen Gemeindelebens* [Kursivdruck von A. H.] dienen kann."[93]

---

[88]   THEIßEN, *Evangelienschreibung*, 399.

[89]   Vgl. ebd. 397: „Die Exegese ist sich in seltener Weise einig darüber, dass der Mk-Evangelist selbst den *euaggelion*-Begriff an allen Stellen in seine Schrift eingeführt hat. Vermutlich tat er es, um den εὐαγγέλια vom Aufstieg der Flavier das Evangelium der christlichen Gemeinde vom paradoxen Weg Jesu zu seiner Macht entgegenzusetzen."
       An anderer Stelle präzisiert THEIßEN diesen Gedanken: „In der Tat muss der Regierungsantritt Vespasians für viele wie ein ‚Evangelium' gewirkt haben ... Aus [der] schwersten Krise des Reichs seit den Bürgerkriegen der späten Republik hatte Vespasian hinausgeführt. Kein Wunder, dass man ihn als von Gott gesandten Retter verehrte: Josephus selbst hatte ihm die Weltherrschaft prophezeit (Bell. 3,400ff; 4,622ff) ... In dieser Lage schreibt der Verfasser des MkEv eine Art ‚Gegenevangelium': die Botschaft von dem Gekreuzigten, der zum Weltenherrscher bestimmt ist" (ders., *Lokalkolorit*, 283f).

[90]   THEIßEN, *Evangelienschreibung*, 399.

[91]   Vgl. in diesem Sinne auch CANCIK, *Gattung*, 95.

[92]   Im Übrigen halte ich SÖDINGS Unterscheidung zwischen Nachfolge und Nachahmung prinzipiell für anfechtbar. Der Evangelist Markus ruft in die Nachfolge Christi im Sinne einer die gesamte persönliche Existenz und Lebensführung umgreifenden Gemeinschaft mit dem Herrn; dazu gehört aber sehr wohl, dass der irdische Jesus – nicht kindlich-naiv, sondern in verantwortlich-reifer Weise – „nachgeahmt" wird.

[93]   THEIßEN, *Evangelienschreibung*, 413.

Aus alledem ergibt sich: Die wesentliche Intention und Ausrichtung der paganen antiken Biographie lässt sich sowohl im literarischen Schaffen des Frühjudentums als auch im Markusevangelium (und dann auch in den anderen synoptischen Evangelien) wiederfinden. Diese Intention hat CANCIK so beschrieben: „Eine antike Biographie gibt ein Paradeigma, ein Exemplum, ein Beispiel."[94] Leben und Lehre der Protagonisten haben *modellhaften* Charakter; ihre biographische Darstellung zielt auf die aneignende Rezeption der Leser. Sie hat in diesem Sinne didaktische Funktion.[95] Mit den Worten von CANCIK: „Der Bios muss aktualiserbar sein, die Mimesis möglich."[96]

Der Gesichtspunkt des „Modells" ist von so grundlegender Bedeutung, dass er noch eine eigene Erörterung verdient. Es geht dabei nämlich um mehr als nur um seine ethische Dimension, so wichtig diese auch ist.

3.7 Der Modellcharakter des „Helden": Vorbild und Urbild

Die Vorbildfunktion der Protagonisten stellt einen zentralen Leitgedanken für die antike (pagane wie frühjüdische) biographische Überlieferung dar. In aller Regel möchte sie dazu animieren, den geschilderten Personen nachzueifern.

Dabei empfindet und entpuppt sich der Biograph vielfach selbst als der erste Bewunderer seines „Helden". So erläutert PLUTARCH die Motivation für seine biographische Arbeit an einer Stelle wie folgt:

> „Die Anregung, mich mit dem Schreiben von Biographien zu befassen, ist mir von anderen gekommen; dass ich aber dabei blieb und mich alsbald auf dem Gebiete wohl fühlte, das geschah aus eigenem Antrieb, indem ich nun versuchte, gleichsam vor dem Spiegel der Geschichte mein Leben gewissermaßen zu formen und dem Vorbild jener Männer anzugleichen. Denn nichts anderes als *ein stetes inniges Zusammenleben* [Kursivdruck von A. H.] ist doch das, was vor sich geht, wenn wir mittels der geschichtlichen Betrachtung jeden von ihnen der Reihe nach, wenn er sozusagen als ein Fremdling erscheint, gastlich empfangen."[97]

D. FRICKENSCHMIDT kommentiert diese Aussage treffend so: „Ziel des Biographen ist hier also letztlich eine Art positive Wandlung durch Symbiose! In dieser Quasi-Gemeinschaft von Vorbild, Biograph und Biographie-Lesern soll ein besseres Leben vermittelt und ermöglicht werden, und die Biographie dient vor allem

---

94 CANCIK, *Gattung*, 95.
95 Vgl. dazu ausführlich TALBERT, *Gospel*, 57ff.
96 CANCIK, *Bios*, 125.
97 Plut.Aem. 1. PLUTARCH scheut allerdings auch nicht davor zurück, wenig angenehme Persönlichkeiten zu schildern. Wo er dies tut, bezeichnet er sie aber explizit als negative Exempel und rechtfertigt ihre Darstellung mit der Begründung, „dass ... wir noch willigere Betrachter und Nacheiferer der guten Lebensläufe sein werden, wenn wir nicht in Unkenntnis der schlechten und tadelnswerten bleiben" (Plut.Demetr. 1).

durch verschiedene Formen von Assimilierung der Möglichkeit, dem maßgebenden Menschen zum Besten des eigenen Lebens in wesentlichen Punkten zu folgen."[98]

Mit ihrer signifikanten Darstellung von Vor-Bildern reagiert die antike Biographie auf ein verbreitetes Bedürfnis in einer zunehmend von Wertewandel und Orientierungsverlust betroffenen Gesellschaft.[99] Der Stoiker SENECA, ein Zeitgenosse des Evangelisten Markus, weist dem exemplarischen Menschen zugleich *Wächter- und Vorbildfunktion* zu:

> „Wähle den, dessen Leben, dessen Ausdrucksweise und selbst dessen Antlitz, in dem sich seine Gesinnung spiegelt, deinen Beifall gefunden hat; ihn halte dir immer vor Augen, sei es als Hüter, sei es als Vorbild. Wir brauchen, sage ich, jemanden, an dem sich unser Charakter selbst orientieren kann."[100]

Demnach kann die Orientierung an der vorbildlichen Gestalt also das eigene Verhalten positiv beeinflussen und vor Verfehlungen bewahren. SENECA spricht in diesem Zusammenhang, ähnlich wie PLUTARCH, gern vom „Zusammenleben" (*convictus*) mit Persönlichkeiten, und zwar *unabhängig davon, ob diese noch leben oder längst verstorben sind*:

> „Leb mit den beiden Catones, mit Laelius, mit Tubero. Willst du aber auch mit Griechen zusammenleben, so verkehr mit Sokrates, mit Zenon; der eine wird dich lehren zu sterben, wenn es notwendig ist, der andere, bevor es notwendig ist."[101]

Was für den antiken Biographen gilt, das gilt in entsprechender Weise für den Autor des Markusevangeliums. So wie jener seine Leser in eine enge Gemeinschaft mit dem „Helden" seiner Geschichte führen will, möchte auch Markus die Leser des Evangeliums dazu animieren, in die Gemeinschaft mit Jesus einzutreten (vgl. 1,16–20; 16,7), ihm „nachzufolgen" (8,34). Dieser Gedanke ist sogar umso zwingender, als ja Jesus – anders als die Protagonisten in griechisch-römischen Biographien – als der Auferstandene und Gegenwärtige geglaubt und als der Wiederkehrende erwartet wird.

Damit nicht genug. Dem Evangelisten geht es im Blick auf seine Leser noch um mehr. Sein Anliegen ist, wie es D. LÜHRMANN treffend erkannt und ausgedrückt hat, „die Bergung der eigenen Geschichte in die typische Geschichte hinein"[102]. Mit anderen Worten: Er möchte, dass die Leser ihr eigenes Glaubensleben mit seinen spezifischen Implikationen, Herausforderungen und Nöten von der Geschichte Jesu her richtig einzuordnen und zu verstehen lernen. LÜHRMANN präzisiert es so: „Fragt man schließlich speziell nach der Funktion des Markusevan-

---

[98]   FRICKENSCHMIDT, *Evangelium*, 218. In diesem Kontext spricht FRICKENSCHMIDT von dem „Konzept der Präsenz des maßgebenden Menschen" im Leben des Autors und seiner Leser (ebd. 217).

[99]   Vgl. ebd. 218.

[100] Sen.ep. 11,8.

[101] Sen.ep. 104,21f. In diesem Zusammenhang sei daran erinnert, dass Lebensgemeinschaften in den antiken Philosophenschulen nicht nur sinnbildlich, sondern vielfach durchaus auch ganz konkret praktiziert wurden.

[102] LÜHRMANN, *Mk*, 44.

geliums, dann ergibt sich aus ihm die Möglichkeit, *eigene Identität aus der Identifikation mit Jesus* [Kursivdruck von A. H.] ... zu gewinnen (8,35!), der Gottes Recht bringt, Gottes Recht tut und von Gott von Anfang an, aber auch am Ende ins Recht gesetzt wird."[103]

Der Modellcharakter Jesu gilt also in denkbar *umfassendem* Sinne: Jesus ist nicht nur Vor-Bild, sondern auch *Ur-Bild* für die Existenz der Gläubigen.[104] Das typologische Muster von Leben und Schicksal des Gottessohnes kann ihnen auf dem Wege der eigenen Identitätsfindung und Existenzdeutung eine große Hilfe sein.[105]

Dass das erzählte Leben des Ur-Bildes und Vor-Bildes Jesus für die Gegenwart der Leser Relevanz und prägende Kraft gewinnen soll, erlaubt es, den *„Mythos"-*Begriff des Religionswissenschaftlers J. ASSMANN auf die markinische Erzählweise anzuwenden. ASSMANN klassifiziert den Mythos als „eine Geschichte, die man sich erzählt, um sich über sich selbst und die Welt zu orientieren, eine Wahrheit höherer Ordnung, die nicht einfach nur stimmt, sondern darüber hinaus auch noch normative Ansprüche stellt und normative Kraft besitzt ... Mythos ist die zur fundierenden Geschichte verdichtete Vergangenheit."[106] Die Charakterisierung als „Mythos" meint also nicht eine rein fiktive oder ahistorische Erzählung; vielmehr hebt sie „ihre die Zukunft fundierende Verbindlichkeit"[107] hervor.

In Anlehnung an ASSMANN nennt SCHENKE das Markusevangelium einen Mythos: „Die Erzählung der vergangenen Ereignisse dient dazu, den Leser in eine Bewegung hinein zu nehmen. Er soll in die Welt Jesu eintreten, selbst ein Teilhaber an der ‚erzählten Welt' werden und darin Jesus auf seinem Weg begleiten."[108] FRITZEN möchte zur Vermeidung möglicher Missverständnisse[109] lieber „von der mythischen Funktion der markinischen Geschichterzählung" sprechen, „die die Gegenwart des Erzählten herzustellen versucht, um so Glaubensgemeinschaft zu fundieren und zu formen."[110] KLUMBIES, der den Mythos-Diskurs in besonders ausführlicher Weise für seine monographische Untersuchung fruchtbar macht, definiert den Mythos als eine exemplarische Geschichte mit identitätsstiftendem Charakter bzw. als eine „Ursprungsgeschichte". Der Evangelist Markus verstehe seine Erzählung von Mk 1,1 [ἀρχή] her als gründendes

---

103 Ebd. Unnötigerweise meint LÜHRMANN, gegenüber dieser Funktion des Markusevangeliums dessen appellativen Charakter abwerten zu müssen: Es gehe „hier weniger um einen Aufruf, dem Vorbild nachzueifern." Dem widerspricht FRICKENSCHMIDT, *Evangelium*, 224 zu Recht: „Wenn die Kreuzesnachfolge (Mk 8,34f) exemplarisch zu verstehen ist, dann doch wohl in dem Sinn, dass der in Jesu Geschichte hinein ‚geborgene' Nachfolger Jesu diesen Jesus ... auch als Vorbild ernst nimmt. Denn er oder sie hat Jesu Handeln, Reden und Erleiden ja als *verheißungsvollen Weg* vor Augen, dem es zu folgen gilt" (Kursivdruck im Original).

104 Zur Verdeutlichung sei gesagt: Ur-Bild ist hier nicht in dem Sinne der platonischen Ideenlehre zu verstehen. PLATON versteht unter „Urbildern" die *Ideen* als absolute, zeitunabhängige Wirklichkeiten, die nicht dem Entstehen, Wandel und Vergehen unterliegen und darum göttliche Qualität besitzen.

105 Vgl. in diesem Sinne auch BERGER, *Formen*, 410: „Gerade als Sohn Gottes ist Jesus Prototyp."

106 ASSMANN, *Gedächtnis*, 76.78.

107 Ebd. 77.

108 SCHENKE, *Mk*, 20.

109 Diese Vorsicht ist begründet, nicht zuletzt im Hinblick auf den Gebrauch des Mythos-Begriffs durch B. MACK (vgl. S. 27f).

110 FRITZEN, *Gott*, 39.

Ursprungsgeschehen: „Das Markus zugeschriebene Werk fundiert die vom Evangelium geprägte Gegenwart seiner Gemeinde durch die Ursprungserzählung dieses Evangeliums."[111]

3.8   Ertrag

Hinsichtlich seiner Form handelt es sich beim Markusevangelium um ein historiographieorientiertes Werk, das auf geschichtlichen bzw. geschichtsbezogenen Quellen fußt, diese ordnet und deutet. Dabei folgt der Autor nicht einem nach modernem Verständnis dokumentarischen Interesse. So scheut er auch nicht die Aufnahme fiktiver Elemente – eine in der antiken Literatur (vgl. HERODOT) durchaus nicht unübliche Praxis.

In seiner Darstellung der Geschichte einer konkreten geschichtlichen *Person* (Jesus von Nazareth) lehnt sich das Markusevangelium an die Form der antiken paganen Biographie an, wie sie vor allem in den Werken des PLUTARCH repräsentiert wird. Für diese Anlehnung sprechen z.B. die auktoriale Erzählsituation, das Desinteresse an einer exakten Chronologie und Topographie sowie das Bemühen des Autors um eine möglichst prägnante Profilierung des „Helden" unter Verzicht auf Kindheit und Werdegang. Aufgrund dieser Analogien ist von einer Beeinflussung des Markus durch die biographische Literatur des Hellenismus auszugehen.

Innerhalb der biographischen Tradition der paganen Antike besteht die größte Nähe zur Philosophenvita. Mit ihr hat das Markusevangelium elementare Wesenszüge gemeinsam. Vor allem sind zu nennen: 1) die Darstellung des Protagonisten als „Lehrer", der Schüler bzw. Jünger um sich schart; 2) der Erweis der Lehrvollmacht in Form von Chrien und Apophthegmata; 3) die Bewährung der Lehre im praktischen Lebensvollzug bis hin zum Martyrium; und 4) die apologetische Tendenz. In formaler Hinsicht vergleichbar mit der Philosophenvita sind Konzeption und Aufbau der Darstellung sowie die szenische Erzähltechnik mit den Elementen der wörtlichen Rede und des Dialogs.

Darüber hinaus schöpft Markus Motive und Strukturelemente für sein Evangelium aber auch aus der alttestamentlich-jüdischen Überlieferung. Die für ihn typische Form der szenischen Erzählweise hat auch dort entsprechende Vorbilder. Erzähltechnische Nähe zum AT bzw. zur LXX verrät außerdem das nahezu vollständige Zurücktreten des Erzählers hinter seiner Erzählung. Dazu kommen inhaltliche Bezüge. Markus stellt das Leben Jesu explizit in den heilsgeschichtlichen Zusammenhang des Judentums hinein – als dessen Höhepunkt und Erfüllung. Aus der Tradition biographisch ausgerichteten Erzählens im AT bzw. in der LXX greift er besonders auf die prophetische Überlieferung mit ihren Wunder-, Konflikt- und Leidensgeschichten zurück. Für die Gestaltung seiner ausführlichen Passionsgeschichte nutzt er in reichem Maße die Psalmen- und Weisheitsliteratur und rückt Jesus auf diese Weise in die Tradition des „leidenden Gerechten".

In der antiken Welt wurde das Markusevangelium aller Wahrscheinlichkeit nach als Biographie wahrgenommen und gelesen. Dennoch stellt es in bestimmter Hinsicht durchaus einen „Sonderfall" (HENGEL) dar. Das Eigentümliche (und für

---

[111] KLUMBIES, *Mythos*, 68f.94.304.

viele antike Leser sicherlich auch Befremdliche) liegt in seinem Inhalt und dem damit verbundenen Anspruch: Der Sohn Gottes habe auf Erden wie ein „normaler" Mensch gelebt und mit seine Verkündigung sowie mit seinen erstaunlichen charismatischen Fähigkeiten und Wundern allgemeines Aufsehen erregt. Er habe viel Zuspruch erfahren, sei aber auch gerade bei den Angesehenen des jüdischen Volkes auf Widerstand gestoßen und am Ende alles andere als heroisch den entwürdigenden Tod eines Schwerverbrechers am Kreuz gestorben. Aber er sei von den Toten auferstanden und werde in naher Zukunft wiederkommen, um der alten Welt ein Ende zu bereiten und das Reich Gottes auf Erden zu errichten. Das Markusevangelium ruft seine Leser zum Glauben an diesen Gottessohn.

Damit hängt ein weiteres Spezifikum zusammen: Indem der Gottessohn sich in vielen Szenen des Evangeliums auf dem Wege über die Erzählfiguren auf textexterner Ebene an die Leser/Hörer wendet, bleibt das Evangelium als Buch unabgeschlossen und fordert die Rezipienten zu eigener Reaktion und persönlicher Positionierung heraus. Diese christologische Thematik und die mit ihr einhergehenden Leseimpulse geben dem Evangelium ein singuläres Gepräge und machen es einzigartig in der antiken (paganen wie frühjüdischen) biographischen Literatur.

Die übrigen Evangelisten, insbesondere die beiden anderen Synoptiker, haben sich sowohl hinsichtlich der Form als auch bezüglich der inhaltlichen Darstellung und der erzählerischen Intention von Markus inspirieren lassen und vielfältige Anregungen für die Gestaltung ihrer eigenen Werke erfahren.

Fragwürdig ist die in der Forschung gelegentlich vorgetragene Alternative von „agent of God" und „ethical role model" und die damit verbundene Marginalisierung der modellhaften Vorbildfunktion Jesu im Markusevangelium. Teilweise bedingt durch den hellenistischen Einfluss, etablierte sich im Frühjudentum immer mehr die didaktische Ausrichtung innerhalb der biographischen Form. Zunehmend galt die literarische Bemühung dem Schaffen von Vorbildern. Als exemplarisch sind nicht nur die Werke von PHILO und JOSEPHUS zu nennen, sondern auch die „Testamente der Patriarchen", die Märtyrerüberlieferungen in den Makkabäerbüchern, das „Testament Hiobs" und die „Vitae Prophetarum". Markus steht im Strom dieser Entwicklung. Unverkennbar liegt ihm daran, Jesus im Evangelium nicht nur theologisch als Sohn Gottes zu qualifizieren, sondern ihn auch als „Prototypen" zu präsentieren.

Jesu Leben soll nach dem Willen des Markus Modellcharakter für die Leser gewinnen. Dies gilt in umfassendem Sinne. Darum schildert der Erzähler den Gottessohn in seiner Vorbildlichkeit für die praktische Lebensführung und lädt die Leser ein, auf dem Weg der Nachfolge in die Gemeinschaft mit diesem einzutreten. Indem Markus Jesu irdischen Weg als einen Weg des Dienstes beschreibt, der auch das Leiden nicht scheut, liefert er der Gemeinde eine lebenspraktische Basis für ihr Zusammenleben in deutlicher Abgrenzung gegenüber dem politischen Herrschaftssystem seiner Zeit. Darüber hinaus will der Evangelist seinen Lesern vom „Urbild" der Geschichte des Lebens Jesu her zur Deutung der eigenen Existenz verhelfen – mit ihren Nöten, aber auch mit ihren großen Verheißungen. Sein verbindlicher Anspruch, auf diese Weise die Gegenwart und Zukunft der Leser zu fundieren und zu formen, erlauben die Klassifizierung des Evangeliums als „Mythos". Mit dieser Bestimmung ist keine Aussage über den historischen Gehalt des Werkes getroffen; vielmehr wird dessen Relevanz für die Lebens- und Erfahrungswelt der Leser ausgedrückt.

Das Versuchungsmotiv gehört in diesen Zusammenhang hinein. Es gewinnt innerhalb der beschriebenen Grundausrichtung des Evangeliums und im Hinblick auf die Leserlenkung seine besondere, spezifische Aussagekraft. Diese These wird im weiteren Verlauf dieser Arbeit genauer darzustellen und im Einzelnen nachzuweisen und zu erörtern sein.

4 Das markinische Versuchungsmotiv in der Forschung

4.1 Vorbemerkungen

Das Interesse gilt nun der Frage, wo und in welcher Weise das Versuchungsmotiv in der bisherigen Markusforschung eine wichtige Rolle gespielt hat. Die deutsche Forschung hat diesem Motiv bis in die Gegenwart hinein nur geringe Beachtung geschenkt.[1] In der angloamerikanischen Forschung zeigt sich ein etwas anderes Bild. Allerdings existiert auch dort erst eine einzige Studie, die sich dezidiert auf das Versuchungsmotiv im Markusevangelium konzentriert. Dies ist die Untersuchung von SUSAN R. GARRETT: *„The Temptations of Jesus in Mark's Gospel"*.[2]

GARRETT ist – zu Recht – der Meinung, dass „Versuchung" ein wichtiges Interpretationsmodell für die markinische Theologie darstellt.[3] Aus diesem Grunde beschränkt sie sich nicht darauf, die Bedeutungen und traditionsgeschichtlichen Hintergründe des Versuchungsmotivs im Evangelium herauszuarbeiten. Sie bemüht sich darüber hinaus, ihre Ergebnisse auch für das Gesamtverständnis des markinischen Denkens fruchtbar zu machen. Schließlich fragt sie nach der Relevanz der Botschaft des Markusevangeliums für heutige Leserinnen und Leser.

GARRETT bezieht sich in ihrer Studie auf verschiedene andere Untersuchungen, in denen das Versuchungsmotiv bei Markus schon behandelt worden war, ohne dort das Schwerpunktthema zu sein. Zwei dieser Untersuchungen möchte ich hervorheben, nämlich die Arbeiten von JAMES M. ROBINSON und ERNEST BEST.[4] Sie könnten in ihrer Interpretation des Markusevangeliums im Allgemeinen und des Versuchungsmotivs im Besonderen kaum divergenter sein. So stecken sie gewissermaßen den Rahmen ab, in dem sich die Diskussion bewegt.

Schließlich sei im Rahmen dieses Überblicks noch auf eine Studie von JEFFREY B. GIBSON hingewiesen, die sich um das Verständnis der Versuchungen Jesu in der frühen Christenheit bemüht.[5]

---

[1] Eine Ausnahme stellt allenfalls die bereits erwähnte Dissertation von H. MAHNKE, *Die Versuchungsgeschichte im Rahmen der synoptischen Evangelien* (1978) dar. Sie bietet eine sehr sorgfältige Untersuchung von Mk 1,12f (ebd. 17–50).

[2] GARRETT, *The Temptations of Jesus in Mark's Gospel* (1998).

[3] Vgl. GARRETT, *Temptations*, 60: „Testing is for Mark an important interpretive theme."

[4] ROBINSON, *Das Geschichtsverständnis des Markus-Evangeliums* (1956); BEST, *The Temptation and the Passion. The Markan Soteriology* (²1990).

[5] GIBSON, *The Temptations of Jesus in Early Christianity* (1995).

4.2   James M. Robinson, *Das Geschichtsverständnis des Markus-Evangeliums*

Nach Robinson liegt dem Markusevangelium ein eschatologisches Geschichtsverständnis zugrunde, das die gesamte Darstellung prägt.[6] Die Einleitung des Evangeliums mit Tauf- und Versuchungsgeschichte (1,9–13) schildere den Eröffnungsakt des eschatologischen Dramas: „Was wirklich geschah, ist, dass der Endkampf zwischen Gott und Satan begonnen hat."[7] Zu Recht spiele darum der Satan zu Beginn eine so wichtige Rolle; sein Auftreten gehöre nämlich zum Ereignis der endzeitlichen Krisis. Weil die Gottesherrschaft darauf ziele, dem „gegenwärtigen bösen Äon" ein Ende zu bereiten und den neuen Äon aufzurichten, darum „stürzt sich der in Jesus verkörperte Geist der Gottesherrschaft unverzüglich in den Kampf" (1,12f).[8]

Nach der unmittelbaren Begegnung mit dem Satan in der Wüste werde der kosmische Kampf auf dem Schauplatz der *Geschichte* ausgetragen.[9] Jesus sei der „Träger des Geistes" in diesem Kampf gegen den Satan; als solcher treibe er die Dämonen aus (3,22–30).[10] Auch hinter den Herausforderungen Jesu durch Vertreter der jüdischen Obrigkeit (8,11ff; 10,2ff; 12,13ff) sieht Robinson teuflische Mächte am Werke; dies werde schon daran deutlich, dass die Auseinandersetzungen als „Versuchungen" bezeichnet werden.[11] In den Debatten mit den Pharisäern setze sich also der kosmische Kampf fort. Entsprechendes gelte für die Gespräche mit den Jüngern über das Leiden (8,31ff): „Dadurch, dass die Jünger der Versuchung des Satans nachgeben, stellen sie sich auf eine Seite mit den jüdischen Führern in dem kosmischen Kampf des Satans gegen Jesus."[12] Die „Satanshörigkeit des Petrus in der Frage des messianischen Leidens" finde ihre Fortsetzung in der „Unfähigkeit der drei Jünger, der Versuchung in Gethsemane zu widerstehen (14,38)", und äußere sich schließlich in Jüngerflucht und Verleugnung.[13] In Kreuz und Auferstehung erreiche der kosmische Kampf schließlich „seinen Gipfel"[14] und finde seine endgültige Entscheidung.[15] Aber dennoch gehe der Kampf zwischen Geist und Satan noch eine Weile weiter; die christliche Gemeinde müsse sich (vgl. Mk 13) in Entsprechung zu Jesus bis zur Parusie und zur Aufhebung des gegenwärtigen Äons im Kampf gegen die dämonischen Mächte und ihre Versuchungen behaupten.[16]

---

[6] Robinson, *Geschichtsverständnis,* 103: „...dass wir es im Markus-Evangelium mit einem *eschatologischen* Geschichtsverständnis zu tun haben, auf das sich die gesamte Darstellung der Geschichte Jesu aufbaut." (Kursivdruck im Original).

[7] Ebd. 24.

[8] Ebd. 26.

[9] Ebd. 35f.

[10] Ebd. 48.

[11] Ebd. 58: „Die Debatten mit den Vertretern der jüdischen Obrigkeit sind als ‚Versuchungen' gekennzeichnet ... und damit ist deutlich gemacht, dass teuflische Mächte dahinter stehen."

[12] Ebd. 75f.

[13] Ebd. 77.

[14] Ebd. 76.

[15] Ebd. 81.

[16] Ebd. 90.95.

4.3 ERNEST BEST, *The Temptation and the Passion*

Auch BEST geht es in seiner Arbeit um die Klärung der Frage, wie Markus das Leben und vor allem den Tod und die Auferstehung Jesu verstanden hat.[17] Das Evangelium laufe unverkennbar auf den Tod Jesu zu. Aber ist er tatsächlich als Sieg über den Satan zu interpretieren, wie dies ROBINSON und andere tun?

BEST ist nicht dieser Meinung. Einen ständigen kosmischen Kampf zwischen dem Geist bzw. Jesus auf der einen Seite und dem Satan auf der anderen Seite kann er im Markusevangelium nicht erkennen. Generell ist BEST der Ansicht, dass der Satan im Evangelium nur eine untergeordnete Rolle spiele.[18]

In handelnder Weise tauche der Satan lediglich in 1,12f auf; danach verschwinde er aus dem Evangelium.[19] Und das aus gutem Grund; denn als Ergebnis der Versuchung des Gottessohnes in der Wüste sei er bereits endgültig besiegt und gebunden:

> „For Mark, Satan was thus defeated and rendered powerless at the very beginning of the ministry of Jesus and he proclaims his own victory in iii.27: ‚Man höre den Sieges-klang, der durch diese Worte geht' (Dehn).[20]

Zwar berichte Markus nicht explizit vom Ausgang des Streits; dieser sei aber aus dem Fortgang der Geschichte zu ersehen. Die Wüstenbegegnung sei das entscheidende Treffen der Kräfte des Lichts und der Finsternis; danach sei Jesus zur Evangeliumsverkündigung in der Lage, ebenso zu erfolgreichen Exorzismen, die den Charakter von Säuberungsaktionen („mopping-up operations") besäßen.[21]

Mit den Versuchungen Jesu durch die Pharisäer habe der Satan nichts zu tun.[22] Auch bei der Auseinandersetzung Jesu mit Petrus sei „Satan" lediglich eine „Sprachfigur"; das Denken des Jüngers werde nämlich als „menschlich" und nicht etwa als diabolisch kritisiert..[23] Überhaupt sei das Markusevangelium nicht von einem Dualismus zwischen Gott und Satan, sondern eher von einem zwischen Gott und Mensch bestimmt.[24] Im Inneren des Menschen und nicht beim Satan werde der Ursprung von Versuchung und Sünde gesehen.[25] Dies zeige auch die Gethsemane-Episode: In Jesus selbst sträube sich die menschliche Scheu vor dem Leiden gegen Gottes Willen.[26] Geradezu absurd sei es, im Kreuz den Höhepunkt

---

[17] BEST, *Temptation*, ix.

[18] Ebd. xiii.

[19] Ebd. xxi: „Satan effectively disappears from the Gospel after i.12f."

[20] Ebd. 15.

[21] Ebd.: „The exorcisms are mopping-up operations of isolated units of Satan's hosts and are certain to be successful because the Captain of the hosts of evil is already bound and immobilised."

[22] Ebd. 33: „Temptations continue to come to Jesus, but they come, not from Satan, or demonic powers, but from men, who are not in any way regarded as satanically possessed."

[23] Ebd. xx: „It is increasingly accepted that Satan is here only a figure of speech, for Peter is said to think *human* thoughts and not those of Satan." (Kursivdruck im Original).

[24] Ebd. xx.30.43.

[25] Ebd. 28ff.

[26] Ebd. 30: „Jesus sees opposed two wills, his own and God's. Satan is not even mentioned. The temptation now definitely comes from within Jesus himself. There is here no cosmic conflict ... but the simple struggle of human will against divine will."

des Kampfes zwischen Jesus und dem Satan zu sehen; schließlich tauche der Satan
– anders als etwa bei Lukas (vgl. Lk 22,3) – in der gesamten markinischen
Passionsgeschichte nicht ein einziges Mal auf.[27]

BEST grenzt sich somit ausdrücklich von ROBINSONS Geschichtsverständnis
ab[28], aber ebenso von DANKER[29], der den Satan im Markusevangelium immer dann
in einer aktiven Rolle sieht, wenn von „Versuchungen" und „Prüfungen" Jesu die
Rede ist.[30] Er widerspricht gleichfalls MAUSER, der von einer endgültigen Niederlage des Satans in 1,12f nichts wissen will und ähnlich wie ROBINSON den Gipfel
des Konflikts zwischen Jesus und Satan im Kreuzigungsgeschehen zu erkennen
glaubt.[31] Schließlich setzt er sich kritisch mit der Position von KALLAS[32] auseinander, der Jesu Tod als Sieg über den Satan deutet.[33]

Wenn aber Kreuz und Leiden Jesu im Markusevangelium nicht als Kampf und
Sieg über den Satan zu verstehen sind, welche Bedeutung – so die Frage von BEST
– haben sie dann?[34] Seine Antwort: Markus verstehe das Kreuz als Gericht. Jesus
sei der geschlagene Schafhirte, er trinke den Zornesbecher.[35] Aber eben nicht, um
den Zorn Satans von den Menschen abzuwenden, noch dazu, um den Satan zu
bezwingen, sondern als Sühne für die Sünde und als Grundlage für die neue Gemeinschaft der Kirche, die Gemeinschaft derer, die gerettet sind, deren Sünden
vergeben sind und die selbst zu Menschenfischern werden.[36] Dem diene auch die
Lehre Jesu; ihr Hauptzweck sei es, seine Nachfolger zu einem Verständnis seines
Kreuzes zu bringen, nicht nur als Erlösung, sondern auch als Lebens-Weg für sie
selbst.[37]

---

[27]   Ebd. xix, Anm. 1: „We need to ask why if Mark wished Satan's influence to be seen in the
       Passion he did not introduce him explicitly as Luke did (xxii.3); why should an allegedly
       principal character be written out of the total story after once being introduced unless it is
       intended that he should have no further part in the story?"

[28]   Ebd. 18–23.

[29]   Vgl. DANKER, Secret, 48–69.

[30]   Dazu kritisch BEST, Temptation, xix, Anm. 1: „He offers no precise evidence for this opinion
       other than that Satan's influence may be supposed even if it is not mentioned."

[31]   Nach MAUSER, Christ, 130 gibt die Versuchungsgeschichte Mk 1,12f den Grundtenor für das
       gesamte Leben und Sterben Jesu als einer ständigen Versuchung an; Jesus sei, bildlich ge-
       sprochen, dauernd „in der Wüste" und in der Versuchung, bis hin zum Kreuz, der Stunde
       Satans, dessen Werkzeuge die Sünder sind. Dazu kritisch BEST, Temptation, 25–27.

[32]   Vgl. KALLAS, Significance, 98f.

[33]   Dazu BEST, Temptation, lxxiii: „Mark indeed does not present the Passion as a victory."

[34]   Ebd. xxiii: „If then, Mark does not understand the death of Jesus as a victorious contest
       with Satan, how does he understand it?"

[35]   Ebd. 191: „The Cross is judgement ... The judgement is borne by Jesus, in that he drinks the
       cup of God's wrath, is the shepherd smitten, and is the one who is overwhelmed by the
       floods of baptism for men."

[36]   Ebd.: „All this is not to turn from men the wrath of Satan nor to conquer him, but to bring
       them into the new community which is formed out of the Cross and Resurrection from
       those who are saved, enjoy the forgiveness of their sin and themselves go to seek others as
       fishers of men."

[37]   Ebd. 190: „The main purpose of his teaching is to bring his followers to an understanding of
       his own Cross, not only as redemptive, but also as a way of life for themselves; they must
       take up their crosses as he did and serve as he served."

4.4   SUSAN R. GARRETT, *The Temptations of Jesus in Mark's Gospel*

GARRETT geht davon aus, dass das Markusevangelium dazu verfasst worden sei, um seinen Lesern in mehrfacher Hinsicht Verstehenshilfen an die Hand zu geben. Das Sterben Jesu am Kreuz, das permanente Jüngerunverständnis und -versagen sowie die aktuellen und noch zu erwartenden Herausforderungen für den Glauben und die Standfestigkeit der Gemeinde hätten nach Erklärungen verlangt. Vor diesem Hintergrund sei „the most obvious hermeneutical challenge" im Markusevangelium „the problem of Satan."[38]

In der Versuchung Jesu durch den Satan in der Wüste erkennt GARRETT den Schlüssel für das gesamte Evangelium.[39] BEST habe Unrecht, wenn er meine, dass der Kampf gegen Satan substantiell in der Wüste gewonnen sei; stattdessen lasse das Evangelium erkennen, dass die Versuchungen immer weiter gingen.[40] Ziel der Versuchungen sei es, Jesus von seinem „straight and narrow path"[41] abzubringen, dem Weg zum Kreuz. Dazu bediene sich der Satan der jüdischen Autoritäten, deren Aktionen eindeutig ihre Allianz „with the cosmic adversary and tester" verrieten.[42] Er bediene sich aber auch der Jünger, indem er sie mit Blindheit schlage, vor allem hinsichtlich der Notwendigkeit des Leidens Jesu (8,32f).[43] Die Unterscheidung von Sehfähigkeit und Blindheit und die Betonung der auf Verwirrung der Gläubigen zielenden Anstrengungen des Satans seien typisch für die Denkweise der Apokalyptik, der geistigen Heimat des Evangelisten.[44] Jesu Weg voller Anfeindungen und Versuchungen münde schließlich in die Passion. Am Ende der Gethsemane-Szene schildere der Erzähler, wie die satanischen Kräfte sich Jesu bemächtigten (14,41); die Konfrontation erreiche dann ihren Höhepunkt am Kreuz.[45] Dort seien die Aufforderungen an den gekreuzigten Jesus, sich selber zu helfen, eindeutig satanischer Natur.[46] Und die mehrstündige Sonnenfinsternis dokumentiere den Höhepunkt der Satansmacht. Gott habe sich zurückgezogen und auf diese Weise dem Satan erlaubt, totale Gewalt über den Sohn auszuüben.[47] Dank Jesu vollkom-

---

[38]   GARRETT, *Temptations*, 15.
[39]   Ebd. 60.
[40]   Ebd. 59f: „... that Mark portrayed Jesus as tested (or tempted) throughout his ministry."
[41]   Ebd. 51.
[42]   Ebd. 69.
[43]   Ebd. 75: „Rather, one achieves a more consistent and coherent reading by viewing Satan as the cause of the disciples incomprehension (compare 4:15). Satan's grip on the world continues for the duration of Jesus' earthly ministry. Jesus *wants* to open the disciples' eyes, but he cannot, because Satan prevents the scales from falling away." (Kursivdruck im Original).
[44]   Ebd. 88: „Such an emphasis typified especially the apocalypticism that was Mark's cultural home."
[45]   Ebd. 91: „The actual confrontation with satanic powers begins at the conclusion of this episode, when he is ‚given over (or ‚betrayed') into the hands of sinners' (14:41). The confrontation will reach its climax as Jesus hangs on the cross, forsaken by God." „The crucifixion marked the climactic moment of Jesus' hour of testing ... Jesus' crucifixion was the climax of an hour in which he endured the furious and desperate assault of satanic forces" (134).
[46]   Ebd. 134: „The challenges of these bystanders that Jesus ‚save himself' and ‚come down from the cross' were further satanic temptations."
[47]   Ebd.: „For that hour, God permitted Satan to have full authority over Jesus, while God ‚withdrew' or ‚hid God's face.'"

menem Gehorsam nehme Gott seinen Tod als ein Opfer und Lösegeld an, das von der Sünde befreit und den bisherigen Opferkult am Tempel hinfällig macht.[48] Der Opfertod Jesu, verbunden mit seiner Auferweckung, ermögliche es aber darüber hinaus seinen Nachfolgern, ihrerseits bei Versuchungen standzuhalten; nun, da ihnen die von der Sünde verblendeten Augen geöffnet seien, könnten sie sich an ihm und seinem „perfect sacrifice" orientieren.[49]

Für ihr Verständnis des markinischen Versuchungsmotivs stützt sich GARRETT traditionsgeschichtlich im Wesentlichen auf die folgenden drei Interpretamente aus der biblischen und außerbiblischen Versuchungstradition:

–   Gott erlaubt Satan, seine Gerechten zu versuchen (Hi 1f, TestHiob 37, VitAd 12–16, Jub 17,15f);[50]
–   die Versuchung kann durch Menschen geschehen, die vom Satan mit Blindheit geschlagen wurden (TestHiob 26);[51]
–   wenn der leidende Gerechte (Weish 2,12-24) die Versuchung besteht, kann Gott seinen Tod als Opfer annehmen, im Sinne eines stellvertretenden Leidens für andere (4 Makk 17,21f; Ps.-PHILO, Lib.Ant. 40,2 (Opfer von Jephthas Tochter Seila); Weish 3,5–6).[52]

Gegen Ende ihrer Untersuchung zieht GARRETT die Linien hin zum Gesamtverständnis des markinischen Denkens: Theologisch zeichne Markus Gott als denjenigen, der die Versuchung seines Sohnes ermögliche und erlaube – bis dahin, dass er sich in der äußersten Stunde der Versuchung ganz vor ihm verberge.[53] Christologisch zeige er Jesus als angefochtenen Menschen und gehorsamen Gottessohn: permanent in der Versuchung, vom Weg Gottes abzuweichen, aber dabei treu bis in den Tod.[54] Soteriologisch deute er das Kreuz Jesu als ein Sühnopfer; als solches diene es zur Befreiung des Menschen aus den Fängen Satans und der Sünde.[55]

---

[48]   Ebd. 104–115; 134: „The righteous one's patient endurance of this most extreme hour of testing proved him to be perfectly obedient, and hence fit to offer himself as a sacrifice to God. God accepted Jesus' self-offering at the moment of death as a sacrifice of atonement for human sin, and signaled this acceptance by tearing the temple curtain, which marked the temple cult as obsolete."

[49]   Ebd. 162: *„Persons whose eyes have been opened are not easily led astray."* (Kursivdruck im Original).

[50]   Ebd. 41f.45–47.

[51]   Ebd. 77f.

[52]   Ebd. 66–69.110–114.

[53]   Ebd. 173f: „Mark presents us with a God who permits testing to occur. God sends the son, the righteous one, ‚into the wilderness', where ‚the wild animals' dwell and where Satan is permitted to assault him so as to lead him astray. At the same time, God permits the sinful to continue on in their sin – in their blindness and hardness of heart – though it means that they will further test the righteous one. God finally even permits the son to be ‚given over' into the hands of those sinners, with the consequence that God's face is no longer seen. God's presence is no longer felt; this is the ultimate hour of testing."

[54]   Ebd. 174: „Repeatedly during his earthly life, Jesus had to choose whether he would follow God's path or another way ... His choice for God was ... proved, perfected in his judicial trials and in his hour on the cross. His will conformed to God's will until the end."

[55]   Ebd. 175: „I myself ... have interpreted his death as the culmination of perfect endurance and the basis for God's acceptance of that death as a healing, atoning sacrifice."

Ekklesiologisch porträtiere er die Kirche als eine Gemeinschaft der Gläubigen, die unter dem Eindruck von Versuchungen stehe und ihren Glauben in Gebet und Nachfolge bewähren müsse.[56] Und das gelte bis in die Gegenwart hinein – GARRETT deutet die markinische Geschichte Jesu im Sinne von „tested as we are."[57]

Fazit: Unverkennbar steht GARRETTS Entwurf der Position von ROBINSON sehr nahe. Sie bejaht und vertieft dessen These von der Bedeutung des eschatologischen Kampfes zwischen Jesus und dem Satan im Markusevangelium und ordnet das Versuchungsmotiv in diesen Zusammenhang ein.

4.5   JEFFREY B. GIBSON, *The Temptations of Jesus in Early Christianity*

In der Untersuchung von GIBSON geht es nicht primär um das Markusevangelium und seine Interpretation. Das Hauptaugenmerk gilt vielmehr der Frage, wie die frühe Christenheit die Versuchungen Jesu verstanden hat. GIBSON geht – unter Berufung auf Hebr 2,17f.; 4,15 – davon aus, dass für die Urkirche Jesu Leben hauptsächlich davon geprägt war, dass es unter dem Eindruck von Versuchungen stand.[58] Aber welchen Charakter hatten diese Versuchungen? GIBSON bemüht sich um den Nachweis, dass es nach *durchgehendem* urkirchlichen Verständnis bei *sämtlichen* Versuchungen Jesu immer um ein und dieselbe Herausforderung gegangen sei[59]: ob Jesus dem göttlichen Auftrag und dem ihm vorgegebenen Weg treu bleiben werde oder nicht. So habe die Urchristenheit den Schlüsselbegriff πειράζω verstanden: im Sinne einer Prüfung der Zuverlässigkeit und des Gehorsams gegenüber einem gegebenen Auftrag.[60] *Alle* in den Evangelien berichteten Versuchungen Jesu seien in diesem Sinne zu verstehen: Jesu Versuchung durch den Satan in der Wüste, seine Auseinandersetzungen mit den Pharisäern, sein Streitgespräch mit Petrus und das Ringen in Gethsemane.[61]

Leicht fällt GIBSON der entsprechende Nachweis für seine These zum Versuchungsverständnis bei der Interpretation der Versuchungsgeschichte durch den Satan in der Wüste. Zwar schweige sich speziell Markus über den Charakter der Versuchung aus. Aber seine Erwähnung des Satans als Gegenspieler und der eindeutige Zusammenhang der Versuchungsgeschichte mit der Taufszene 1,9–11

---

[56]   Ebd. 177: „Mark emphasizes that followers of Jesus must expect to undergo times of testing. Moreover, for us, as for Christ, the tests will be *real*: the spirit will lead us into the wilderness, into solitude, into abandonment." (Kursivdruck im Original).

[57]   Ebd. 12.

[58]   GIBSON, *Temptations*, 18: „It seems clear that there was a widespread – perhaps universal – discernment within the early Church that the life of Jesus was primarily a life under ‚temptation'."

[59]   Vgl. ebd. 12: „that there was indeed within the early Church a unified conception of the nature and content of Jesus' temptations."

[60]   Ebd. 56f: „*...being probed and proved, often through hardship and adversity, in order to determine the extent of one's worthiness to be entrusted with, or the degree of one's loyalty or devotion to, a given commission and its constraints.*" (Kursivdruck im Original).

[61]   Auf die Überlieferungen von Jesu Kreuzigung geht GIBSON überraschenderweise nicht gesondert ein – vielleicht aus dem Grunde, weil dort der Schlüsselbegriff πειράζω explizit nicht auftaucht.

mache deutlich, worum es gehe, nämlich um eine Erprobung des Gehorsams und der Zuverlässigkeit des Gottessohnes: *„The temptation was a ‚testing‘ of Jesus' obedience to God.‘*[62] Der Gehorsam aber beinhalte die Bereitschaft zum Dienst bis hin zum Selbstopfer und zum Martyrium (10,35–45).[63] Diese Bereitschaft bekunde und behaupte Jesus auch gegenüber den Vorhaltungen des Simon Petrus bei Cäsarea Philippi, wo er deutlich mache, dass sein messianischer Weg ins Leiden führen müsse und Mittel der Gewalt ausschließe, wo er, anders ausgedrückt, den machtpolitischen Messianismus von sich weise.[64] Er bewähre sie schließlich in Gethsemane, in der äußersten Bedrohung und Anfechtung.[65]

Für GIBSON aber geht es auch bei den Streitgesprächen Jesu mit den Pharisäern immer ums Ganze. Die Zeichenforderung 8,11ff par. stelle Jesus vor die Frage, ob er seine Ehre suche oder die des Vaters, ob er sich dem Willen Gottes unterordne oder nicht.[66] Bei den Debatten über Ehescheidung (10,2ff par.) und Kaisersteuer (12,13ff parr.) stehe Jesus jeweils vor der Entscheidung, ob er sich tatsächlich allein dem Willen Gottes verpflichtet fühle oder nicht – mit allen gefährlichen Konsequenzen, die daraus für ihn erwachsen könnten.[67]

Speziell zum Markusevangelium merkt GIBSON noch an, dass es bestrebt sei, gerade mit seinen Versuchungsgeschichten den Lesern konkrete Maßstäbe für ihr eigenes Tun und Verhalten an die Hand zu geben. Kurz vor 70 entstanden, wolle es die Leser davon abhalten, sich dem jüdischen Krieg gegen die Römer anzuschließen. Viele Christen hätten damals in der Versuchung gestanden, zu Mitteln der Gewalt zu greifen. Demgegenüber beschreibe Markus Jesu Leidens- und Opferweg als den obligatorischen Weg Gottes für die Seinen.[68]

---

[62] Ebd. 81.

[63] Ebd. 77.

[64] Ebd. 237: „... that in Mark's eyes *the content of the temptation that Satan subjected Jesus to through Peter at Caesarea Philippi was for Jesus to fulfil his commission as Messiah by waging wars of deliverance.*“ (Kursivdruck im Original).

[65] Ebd. 247: „... that Mark portrays the temptation as plunging Jesus into a struggle over whether he should turn away from obedience to God's will (cf. 14.35–36) ... such a struggle is the essence of ‚religious‘ temptation.“

[66] Ebd. 194: „Mark presents the demand for a ‚sign‘ as something which places Jesus in a situation of open choice between rebellion against the will of God or renewed submission to the ways that God has outlined for him. The temptation that Jesus experiences when faced with the demand is thus one which tests faithfulness.“

[67] Ebd. 287.316f.

[68] Ebd. 322f.

5 Die Terminologie der Versuchungsthematik

5.1 Vorbemerkungen

Um mich dem Thema „Versuchung" im Markusevangelium zu nähern, erscheint es mir sinnvoll, in einem ersten Schritt das Bedeutungsspektrum des Wortes „Versuchung" in der *deutschen* Sprache zu klären. In einem zweiten Schritt geht es dann um das Aufspüren der dem deutschen Wort „Versuchung" nahekommenden *griechischen* Schlüsselbegriffe zur Versuchungsthematik und die Erarbeitung ihrer Semantik. Aus dem sprachwissenschaftlichen Grundsatz, dass Bedeutungen nur aus dem praktischen Gebrauch einer Sprach- und Handlungsgemeinschaft entstehen[1], ergibt sich notwendigerweise, dass Wörter in jeder Sprache ihre je eigene semantische Reichweite besitzen und entfalten.[2] Eine Übersetzung kann darum nie mehr sein als eine Annäherung. Sie deckt stets nur einen Teil des Bedeutungsumfangs eines Wortes in der Ursprache ab; eine vollkommen adäquate Übersetzung gibt es nicht.[3] Ebenso gilt auch das Umgekehrte, dass jedem Übersetzungswort in der Regel noch weitere Bedeutungen eigen sind, die außerhalb des Bedeutungsumfangs des Wortes in der Ursprache liegen.

5.2 Die Verwendung des Wortes „Versuchung" in der deutschen Sprache

Der Begriff „Versuchung" ist mit seiner Semantik fester Bestandteil der kulturellen Enzyklopädie eines jeden deutschsprachigen Lesers. Die Bedeutung des deutschen Wortes „Versuchung" lässt sich mit der Internet-Enzyklopädie *Wikipedia* folgendermaßen beschreiben: „Eine Versuchung ist der *Anreiz* oder die *Verleitung* zu einer Handlung, die reizvoll erscheint, jedoch unzweckmäßig ist oder einer sozialen Norm widerspricht bzw. verboten ist. Sie kann sich auf alle denkbaren Arten von Handlungen beziehen (z.B. die Missachtung von Diätvorschriften, das Fremdgehen, den Kauf von Luxusgegenständen, das Aufschieben von Aufgaben, Gelegenheitsdiebstahl, Machtmissbrauch usw.)."[4] In einer Versuchung liegt demnach eine gewisse *Verlockung* für die menschliche *Begierde*. Die Begierde kann durch einen

---

[1]   Vgl. BERGER, *Exegese*, 137. HENTSCHEL, *Diakonia*, 29 merkt dazu an: „Jedes Mitglied einer Sprachgemeinschaft hat durch die Muttersprache und durch Literatur im weitesten Sinn ein ‚sprachlich-literarisches Weltbild' [Weinrich] erworben, in dessen Rahmen ein Sprachzeichen einzuordnen ist. Aus dem Sprachbesitz einer Gemeinschaft lässt sich die lexikographische Bedeutung eines Begriffes erheben, es geht also um eine Art Bedeutungspotential, wobei einem Begriff eine einzelne oder unter Umständen auch mehrere bestimmte Bedeutungen zugeordnet werden können."

[2]   Vgl. POKORNY/HECKEL, *Einleitung*, 13.

[3]   Dementsprechend bietet ein Wörterbuch für jedes Wort der Ursprache mehrere Äquivalente an.

[4]   http://de.Wikipedia.org/wiki/Versuchung (01.08.2011). (Kursivdruck von A. H.).

bestimmten Gegenstand als solchen hervorgerufen werden. Es ist aber auch möglich, dass sie auf dem Wege der *Verführung* durch andere Personen geweckt bzw.
gefördert wird. Als positive Mittel der Verführung können sich beispielsweise eig-
nen: das Schmeicheln, das Bitten, das Anstiften oder das Erwecken von Neugierde.
Insbesondere die Werbung ist ständig bemüht, durch *Reize* unterschiedlichster Art
die Verbraucher zum Kauf bestimmter Produkte zu animieren. Als negative Mittel
der Verführung kommen die *Erzeugung von Angst* oder die offene bzw. versteckte
Drohung in Betracht.

Das Nachgeben gegenüber der Versuchung führt in vielen Fällen zu anschlie-
ßender *Reue* bzw. zu *Schuldgefühlen*. Vor diesem Hintergrund überrascht es nicht,
dass dem Versuchungsbegriff im deutschen Sprachgebrauch eine überwiegend
negative Konnotation anhaftet. Er ist unter den Oberbegriff *Gefährdung* einzuordnen.

Dies gilt auch für den religiösen Sprachgebrauch. Dort rückt der Versuchungs-
begriff in die Nähe der *Sünde*. Laut der Internet-Enzyklopädie *Wikipedia* ist „der
Kern aller Versuchungen das Beiseiteschieben Gottes, der als störend neben dem
Begehrten erscheint"[5].

Synonym zum Versuchungsbegriff begegnet in Wörterbüchern mitunter auch
der Begriff der *Anfechtung*.[6] Dieser Begriff, der überwiegend im Bereich des
Rechtswesens Verwendung findet (zum Beispiel, wenn es darum geht, ein Ge-
richtsurteil in seiner Rechtmäßigkeit anzuzweifeln), ist in einem weiteren Sinne
Ausdruck für die innere *Beunruhigung* und *Verwirrung* eines Menschen, den „etwas
anficht". Demnach kann die Versuchung (resp. Anfechtung) einen Menschen in
seinen Denkweisen (und damit auch in seinen religiösen Überzeugungen) erschüt-
tern, ihm gleichsam den Boden unter den Füßen entziehen.

Gelegentlich wird der Begriff „Versuchung" in der Postmoderne aber auch ins
Positive gewendet. Dies lässt sich vor allem in den Bereichen Werbung und
Marketing beobachten.[7] Zu diesem verharmlosenden Versuchungsverständnis passt
ein Bonmot des irischen Schriftstellers O. WILDE (1854–1900): „Wenn es überhaupt einen Zweck des Lebens gibt, so ist es dieser: sich immer in Versuchung zu
begeben."[8] Da wird der Lebenssinn also gerade in dem Reiz gesehen und gesucht,
der einer lockenden Versuchung anhaftet. Anders formuliert: Wer Versuchungen
ausweicht oder widersteht, dem *entgeht etwas*. Dieses positive Versuchungsverständnis bildet aber die Ausnahme.

---

[5]   Ebd.
[6]   Vgl. www.dwds.de zum Begriff „Anfechtung" (01.08.2011).
[7]   Einer der bekanntesten Werbesprüche überhaupt ist wohl derjenige, mit dem die Jacobs
       Suchard GmbH für ihr Produkt wirbt: „... die zarteste Versuchung, seit es Schokolade gibt."
       Eine katholische Pfarrgemeinde in Duisburg hat diesen Spruch umgetextet und daraus ein
       glaubensmissionarisches Programm gemacht, das vom Geschmack her meines Erachtens
       grenzwertig ist: „Jesus – die zarteste Versuchung, seit es die Erlösung gibt." Zit. nach:
       www.christus-koenig-duisburg.de/gmis_5c.htm (01.08.2011).
[8]   Vgl. www.lovers-poems.com (01.08.2011).

5.3 Die griechischen Schlüsselbegriffe

Auf der Suche nach Entsprechungen zu dem deutschen Wort „Versuchung" in der griechischen Sprache bietet sich in besonderer Weise der Wortstamm πειρ- mit seinen verschiedenen Derivaten an.[9] Ihm gilt deshalb das primäre Augenmerk. Es ist jedoch anzunehmen und, wie sich zeigen wird, faktisch auch der Fall, dass über den Wortstamm πειρ- und seine Derivate hinaus noch andere Wortgruppen in die Nähe des Versuchungsbegriffs rücken.

Im Folgenden möchte ich die semantische Analyse der griechischen Begrifflichkeiten in der Weise durchführen, dass ich zunächst nach dem Bedeutungspotential und den Verwendungsmöglichkeiten des Wortstamms πειρ- und seiner Ableitungen frage. Dabei wird es sich erweisen, dass das Bedeutungspotential über die Verwendung des Wortes „Versuchung" in der deutschen Sprache noch hinausgeht. Von der Erhebung des Bedeutungspotentials des Wortstamms πειρ- her erschließt sich dann das weitere Spektrum relevanter Wortgruppen in der griechischen Sprache. Die Erhebung der semantischen Gebrauchsbedingungen geschieht unter der sprachwissenschaftlichen Prämisse, dass Lexeme in der Regel nicht isoliert betrachtet werden dürfen, sondern ihre Bedeutungsaspekte und emotionalen Komponenten erst in ihrem jeweiligen literarisch-situativen Kontext ausprägen.[10]

Die Untersuchung beschränkt sich bewusst nicht auf das NT. Vielmehr werden auch Texte aus dem Raum der klassischen Gräzität und des Judentums in die Analyse mit einbezogen. Erst vor diesem Hintergrund kann deutlich werden, ob und in welcher Weise der Sprachgebrauch im NT eine spezielle Charakteristik aufweist; auch seine mögliche Abhängigkeit von überlieferten bzw. in seiner Zeit gängigen Sprachgewohnheiten wird so sichtbar. Eine vollständige Erhebung sämtlicher Textbelege ist übrigens nicht anzustreben und auch nicht nötig; vielmehr geht es um eine exemplarisch-repräsentative Auswahl.

5.3.1 Die Wortgruppe πειρ- in der klassischen Gräzität

Bei der Suche nach dem Vorkommen des Wortstamms πειρ- samt seiner Derivate in Texten der klassischen Gräzität fällt Folgendes auf: In der klassischen Gräzität werden vor allem das Verb πειράω und das dazugehörige Nomen πεῖρα gebraucht. Aufgrund seiner Wurzel per (lat. *per*) ist πειράω verwandt mit περάω (lat. *experiri*), was sich so übersetzen lässt: „durchschreiten, durchfahren, erfahren".

Das Element des Strebens und der zielgerichteten Bewegung ist auch für den Sinn von πειράω grundlegend. So bedeutet das Verb zunächst „[etwas] versuchen" (zu tun bzw. zu erfahren) im Sinne der *Bemühung*. Bei der Bemühung schwebt der Zweifel mit, ob das angestrebte Ziel tatsächlich erreicht wird.[11] Am Ende einer

---

9   Zum Ganzen vgl. SEESEMANN, Art. πεῖρα κτλ., in: ThWNT VI, 23–37; SCHNEIDER, Art. πειρασμός, in: TBLNT, 1790–1793; KLEIN, Art. *Versuchung II* (Neues Testament), in: TRE 35, 47–52; POPKES, Art. πειράζω, in: EWNT III, 151–158.

10   Vgl. HENTSCHEL, *Diakonia*, 26f.

11   Folgende Belege seien exemplarisch genannt: Hom.Il. 8,8: πειράτω διακέρσαι („er soll versuchen zu durchkreuzen"); Xen.anab. 3,2,26: εἰς τὴν Ἑλλάδα πειρᾶσθαι ἀφικνεῖσθαι

erfolgreichen Bemühung kann dann entsprechend eine bestimmte Kenntnis bzw. *Erfahrung* stehen.[12]

Vom Streben nach einer bestimmten Erfahrung ist es nicht weit zu einer zweiten Bedeutung des polysemen Wortes, die der Begriff „versuchen" in der deutschen Sprache so nicht – bzw. allenfalls begleitend – enthält: „[etwas bzw. jemanden] auf die *Probe* stellen, *prüfen*." Die Prüfung hat diagnostische Funktion und ist häufig ein Ausdruck von Skepsis und Misstrauen. Eine Sache oder auch eine Aussage wird auf ihre Tauglichkeit bzw. ihren Wert hin geprüft.[13] Sofern es sich um die Prüfung eines *Menschen* handelt, geht es in der Regel um dessen Tüchtigkeit, Gesinnung, Ehrlichkeit oder Treue[14], die gerne anhand von *Fragen* festgestellt wird.[15] Gelegentlich handelt es sich aber auch darum, dass der Prüfling seine wahre Identität erweisen soll.[16] M. WOLTER formuliert es treffend so: „Wer einen anderen ‚versucht'..., will wissen, ob dieser wirklich das ist, wofür er gehalten wird oder gehalten werden möchte ... Und wer ‚versucht' wird, soll eben dies unter Beweis stellen."[17] Auch Götter (resp. Orakel) können durch Fragen einer Prüfung unterzogen werden, um ihre Fähigkeiten, insbesondere ihre Weisheit zu erkunden.[18]

Eine dritte Bedeutung des Verbums ist – adäquat zum deutschen Versuchungsbegriff — „in Versuchung führen" im Sinne von „*verlocken, verführen, anstiften, [zu etwas] reizen*". Gewöhnlich werden Menschen in dieser Weise in Versuchung

---

(„zu versuchen, nach Griechenland zu kommen"); Aischyl.Prom. 325: πειράσομαι ἐὰν δύνωμαι σ' ἐκλῦσαι („ich werde versuchen, dich zu befreien, wenn ich kann").

12 Vgl. Hom.Il. 10,444: ὄφρά κεν ἔλθητον καὶ πειρηθῆτον ἐμεῖο ἠὲ κατ' αἶσαν ἔειπον ἐν ὑμῖν ἠὲ καὶ οὐκί („bis ihr zurückgekehrt seid und (mich) aus Erfahrung erkannt habt, ob ich euch die Wahrheit gesagt habe oder nicht"); Hdt. 4,159,6: ἄτε γὰρ οὐ πεπειρημένοι πρότερον οἱ Αἰγύπτιοι Ἑλλήνων („denn die Ägypter hatten vorher mit den Griechen keine Erfahrung gemacht"); Soph.El. 1244: εὖ δ' ἔξοισθα πειραθεῖσά που („Du weißt es nur zu gut; Erfahrung lehrt es dich").

13 Vgl. Hom.Od. 21,282: χειρῶν καὶ σθένεος πειρήσομαι („ich möchte die Stärke der Hände erproben"); Plat.Phaid. 95b: ἡμεῖς πειρώμεθα εἰ ἄρα τι λέγεις („wir wollen prüfen, ob du wohl etwas zu sagen hast"); Soph.Trach. 591: πεῖρα δ' οὐ προσωμίλησά πω („erprobt habe ich es keineswegs").

14 Vgl. z.B. Hom.Od. 16,305: καί κέ τεο δμώων ἀνδρῶν ἔτι πειρηθεῖμεν („auch von den Knechten können wir manchen noch auf die Probe stellen").

15 Vgl. Hom.Od. 24,238: ἢ πρῶτ' ἐξερέοιτο ἕκαστά τε πειρήσαιτο („oder ob er ihn zunächst nach allem ausfragen und ihn auf die Probe stellen sollte").

16 Vgl. Hom.Od. 23,114: Τηλέμαχ', ἢ τοι μητέρ' ἐνὶ μεγάροισιν ἔασον πειράζειν ἐμέθεν („Telemachos, lass deine Mutter in unseren Sälen eine Prüfung mit mir machen!").

17 WOLTER, *Lukasevangelium*, 185.

18 Vgl. Hdt. 1,46,3: διέπεμπε δὲ πειρώμενος τῶν μαντηίων ὅ τι φρονέοιεν („er schickte überall herum, weil er die Orakel hinsichtlich ihrer Weisheit auf die Probe stellen wollte").

geführt, sei es durch andere Menschen[19] oder auch durch Götter[20]. Umgekehrt können aber auch Menschen einen Gott in Versuchung führen bzw. reizen.[21]

Gelegentlich lässt sich eine dezidiert *feindliche* Bedeutung für πειράω ausmachen. Das Verbum gewinnt dann die Bedeutung „angreifen" oder „*bedrohen*".[22]

Dreimal begegnet bei HOMER die Intensivform πειράζω — ohne nennenswerten Bedeutungsunterschied zu πειράω.[23] Zweimal erscheint sie im Sinne der Prüfung von Menschen[24], das dritte Mal dazu, um die hinterhältige Intention einer Frage, ihren heimtückisch-lauernden Charakter, auszudrücken[25]. Ansonsten spielt die Intensivform in der klassischen Gräzität keine nennenswerte Rolle.

Das Nomen πεῖρα bedeutet entsprechend dem Verbum πειράω den Versuch, die Probe, die Prüfung, die Erfahrung oder auch den feindlichen Anschlag.[26] Gerne verbindet sich das Nomen mit dem Verbum λαμβάνειν.[27]

Πειρασμός ist für die klassische Gräzität vor dem NT gar nicht und in der Spätantike nur sporadisch belegt: zum einen im Sinne des ärztlichen Versuchs bzw. Experiments[28], zum anderen synonym für Gefahren (κίνδυνοι).[29]

---

[19] Vgl. Hom.Il. 2,74: πρῶτα δ' ἐγὼν ἔπεσιν πειρήσομαι („zunächst stifte ich sie selbst mit Worten an"); 9,345: μή μευ πειράτω ἐὺ εἰδότος· οὐδέ με πείσει („er soll mich Kundigen nicht mehr verlocken; ich traue ihm nicht mehr"). Vgl. auch Plut.Brut. 10: τοὺς φίλους ἐπὶ Καίσαρα πειρᾶν („die Freunde gegen den Kaiser anzustacheln").

[20] Vgl. Hom.Il. 4,71 [von der Göttin Athene]: πειρᾶν δ' ὥς κε Τρῶες ὑπερκύδαντας Ἀχαιοὺς ἄρξωσι πρότεροι ὑπὲρ ὅρκια δηλήσασθαι („...die Troer anzustacheln, ob diese etwa zuerst anfangen, die stolzen Achaier zu beleidigen entgegen dem Eidschwur").

[21] Vgl. Hdt. 6,86 g2: τὸ πειρηθῆναι τοῦ θεοῦ („...den Gott zu versuchen"); Aischyl.Ag. 1663: κἀκβαλεῖν ἔπη τοιαῦτα δαίμονος πειρωμένους („hinauszuschreien solche Rede, die den Dämon [zum Zorn] reizt").

[22] Vgl. Hdt. 6,82,1: πειρᾶν τῆς πόλιος („die Stadt anzugreifen"); Aischyl.sept. 231: πολεμίων πειρωμένων („wenn Feinde drohen").

[23] Nach KORN, *ΠΕΙΡΑΣΜΟΣ*, 19 verstärkt die Intensivform die in der Wurzel vorliegende Bedeutung in subjektiv-voluntaristischer Weise.

[24] Vgl. neben der schon erwähnten Stelle Hom.Od. 23,114 noch Od. 16,319.

[25] Vgl. Hom.Od. 9,281: ὣς φάτο πειράζων ἐμὲ δ' οὐ λάθεν εἰδότα πολλά („so sprach er, mich [heimtückisch] prüfend; aber mich, der ich vieles weiß, überlistete er nicht").

[26] Vgl. z.B. Eur.Herakleid. 309: ἐς μὲν πεῖραν ἤλθομεν („auf schwere Probe stellten wir ..."); Aischyl.sept. 499: τοιοῦδε φωτὸς πεῖραν εὖ φυλακτέον („bei der Erprobung eines solchen Mannes sei man auf der Hut"); Xen.anab. 3,2: νῦν δὲ ὁπότε καὶ πεῖραν ἤδη ἔχετε αὐτῶν („jetzt, da ihr die Erfahrung gemacht habt"); Soph. El. 470f: πικρὰν δοκῶ με πεῖραν τήνδε τολμήσειν ἔτι („ich bin der Meinung, dass dieses Wagnis mir noch eine bittere Erfahrung bringen wird"); Soph.Ai. 2: δέδορκά σε πεῖράν τιν' ἐχθρῶν ἁρπάσαι θηρώμενον („ich sehe dich auf der Jagd zu raschem Anschlag gegen Feinde").

[27] Vgl. z.B. Xen.anab. 6,6: ...πεῖραν λαβεῖν καὶ Δεξίππου καὶ σφῶν τῶν ἄλλων οἷος ἕκαστός ἐστι („...Dexippos und die übrigen auf die Probe zu stellen, um zu erfahren, wie jeder ist"); Xen.Cyr. 6,1,54: ἐλάμβανε τοῦ ἀγωγίου πεῖραν („er machte einen Versuch mit der Last").

[28] Vgl. Diosk.mat.med. 5: τοὺς ἐπὶ τῶν παθῶν πειρασμούς („die Versuche an den Patienten"). Beleg bei SEESEMANN, Art. πεῖρα κτλ., in: ThWNT VI, 24.

[29] Vgl. *Kyraniden*, in: F. DE MÉLY/C-E RUELLE (Hgg.), *Les Lapidaires de l'antiquité et du moyen âge* II 40,24 (1898): κίνδυνοι καὶ πειρασμοὶ ἔν τε γῇ καὶ θαλάσσῃ („Gefahren und Bedrängnisse auf der Erde und dem Meer"). Beleg bei SEESEMANN, Art. πεῖρα κτλ., in: ThWNT VI, 24.

5.3.2   Die Terminologie in der LXX

5.3.2.1 Die Wortgruppe πειρ-

Im Gegensatz zur klassischen Gräzität bevorzugt die LXX die Intensivform πειράζω und das dazugehörige Nomen πειρασμός. Da, wo sie Ableitungen des Wortstamms πειρ- gebraucht, tut sie dies in der Regel zur Wiedergabe der hebräischen Wurzel נסה. נסה (immer in der Piel-Form)/πειράζω kann – wie ganz überwiegend in der paganen Literatur – einen rein profanen Charakter haben; dann bedeutet es „versuchen, [etwas zu tun]" (vgl. z.B. Dtn 4,34; 28,56 [LXX: πεῖραν ἔλαβεν]; Jdc 6,39; 1 Sam 17,39; Hi 4,2), „[es mit etwas] versuchen, ausprobieren" (vgl. Koh 7,23; Dan 1.12.14) oder auch – mit personalem Objekt – „[jemanden] auf die Probe stellen/prüfen" (vgl. Weish 2,17; Sir 6,7); in dem letztgenannten Kontext können, wie in der klassischen Gräzität, *Testfragen* eine klärende Rolle spielen (vgl. 1 Reg 10,1/2 Chr 9,1).

Neben diesen profanen Gebrauch tritt jedoch ein spezifisch *religiöses* Verständnis des Begriffes, das in der klassischen Gräzität kaum eine Rolle spielt. SEESEMANN drückt es so aus: „Der hebräische Ausdruck נסה pi, den die LXX mit πειράζω wiedergibt, hat sehr häufig eine religiöse Färbung und gibt diese auch an das griechische Übersetzungswort ab. Dadurch erweitert πειράζω (ebenso auch πειρασμός κτλ.) seine Bedeutung erheblich und wird zudem sehr viel häufiger als in der Profangräzität."[30] *Versuchung berührt bzw. gefährdet die Beziehung des Menschen zu Gott im Sinne des (vertrauenden) Glaubens und des (den Geboten Gottes verpflichteten) Gehorsams. Die Wortfeldverbindung von „Versuchung" und „Glaube" [πίστις] respektive „Gehorsam" [(ὑπ-)ακοή] ist in der LXX an vielen Stellen belegt (vgl. z.B. Ps 78 [77 LXX],18.22; Ps 106 [105 LXX],14.24; Sir 44,19f LXX; Ex 15,25f; Num 14,22; Dtn 13,4f; Jdc 3,1.4; 1 Makk 2,52).*[31]

Es geht also bei נסה bzw. πειράζω in der Regel um ein Geschehen zwischen Gott und den Menschen. Entweder erprobt Gott Menschen oder Menschen erproben umgekehrt Gott. Sofern Gott das Subjekt des Handelns ist, prüft er das Volk Israel als Ganzes bzw. einzelne Menschen dieses Volkes auf ihren Glauben und ihren Gehorsam, ihre Geduld und ihre Treue hin – mit der alternativen Möglichkeit ihrer Bewährung oder ihres Versagens.[32] Sofern das Volk oder einzelne Menschen Subjekt sind, stellen sie Gott auf die Probe, indem sie von ihm wunderbare Beweise seiner Gegenwart und wirkmächtigen Kraft verlangen (vgl. vor allem Ex 17,1-7); dieses Verlangen ist meistens Ausdruck von Zweifel und hartnäckigem Unglauben und erfährt insofern die Wertung als „Verstockung" (σκληροκαρδία; vgl. Ps. 95,8) bzw. „Sünde" (ἁμαρτία; vgl. Ps 78,17f; Ps 106,6.14).[33] Das dazugehörige Nomen πειρασμός ist einer Lokalität vorbehalten: dem Ort מַסָּה („Massa") in der Wüste. Die LXX übersetzt den Ortsnamen mit Πειρασμός =

---

[30] SEESEMANN, Art. πεῖρα κτλ., in: ThWNT VI, 24.
[31] Die Zählung der Psalmen in der LXX weicht größtenteils von der Zählung in der Hebräischen Bibel ab. Die vorliegende Arbeit orientiert sich im Folgenden an der BHS-Zählung.
[32] Vgl. Gen 22,1; Ex 15,25f; 16,4; 20,20; Dtn 8,2.16; 13,4; Jdc 2,21f; 3,1.4; 2 Chr 32,31; Ps 26,2; Jdt 8,25–27 LXX; Sir 44,19f LXX; 1 Makk 2,52.
[33] Vgl. zur scharfen Kritik an solchem Verhalten des Volkes auch Num 14,22.

[Ort der] Versuchung; auf diese Weise ist der Name zum *Inbegriff der Versuchung schlechthin* geworden. Wichtigste Belegstelle ist Ex 17,7, wo der Ortsname durch das Verhalten des Volkes seine Begründung findet.[34] Im Plural begegnet das Nomen ausschließlich im Buch Dtn und bezeichnet dort die wunderbaren Machtproben und -erweise Gottes in Ägypten, die Plagen.[35]

Besonderes Gewicht bekommt der Versuchungsgedanke und mit ihm die Verwendung des Ausdrucks נסה bzw. πειράζω im Buch Exodus, im deuteronomistischen Geschichtswerk, in den Psalmen und in der Weisheitsliteratur (Sir, Weish).[36] Darauf wird im nächsten Großkapitel näher einzugehen sein.

Aufschlussreich ist die folgende Beobachtung: Im Buch Hiob trägt die LXX den religiösen Versuchungsgedanken mehrmals auch an solchen Stellen ein, wo er im hebräischen Text nicht erscheint. Konkret bietet die LXX den Begriff πειρατήριον (7,1; 10,17; 19,12), der den Gedanken einer göttlichen Prüfung durch *Leiden* impliziert.[37] Auch in Ps 18,30 wird der Versuchungsgedanke erst durch die LXX eingetragen.[38] Dieser auffällige Befund spricht, um es mit J. H. KORN zu sagen, für „die Mächtigkeit der ΠΕΙΡΑΣΜΟΣ-Typologie"[39], die dann auch für das NT prägend wird.

5.3.2.2 Sinnverwandte Wortgruppen

Sinnverwandt mit dem hebräischen Verbum נסה sind vor allem die Verben בחן („prüfen, erproben") und צרף („läutern [durch Feuer], prüfen, bewähren"). Die LXX gibt בחן bevorzugt mit δοκιμάζω[40] (gelegentlich auch mit [ἐξ]ετάζω)[41], צרף

---

34 Vgl. darüber hinaus Dtn 6,16; 9,22; Ps 95,8. Nur Dtn 33,8 gibt den Ortsnamen mit πεῖρα wieder.

35 Vgl. Dtn 4,34; 7,19; 29,2. Die Machterweise (מַסֹּת/πειρασμοί) werden stets in Verbindung mit אֹתֹת/σημεῖα (Zeichen) und מוֹפְתִים/τέρατα (Wundern) genannt.

36 Dies fällt schon rein äußerlich auf; dort finden sich mit Abstand die meisten Belege. So begegnet πειράζω 5x in Ex, 6x in Dtn, 8x in Jdc, jeweils 7x in Ps und in Weish, 6x in Sir. In den prophetischen Büchern findet sich das Verb dagegen nur in Jes 7,12 (und in profanem Sinne in Dan 1,12.14). Das Nomen πειρασμός findet sich primär in Dtn (5x) und in Sir (6x).

37 Eine detaillierte philologische Analyse bietet KORN, *ΠΕΙΡΑΣΜΟΣ*, 10–17.

38 Der hebräische Text spricht in Ps 18,30 von einer *aktiven* menschlichen Handlung: „Denn mit dir zerbreche ich Wälle." Die LXX jedoch hat folgenden Wortlaut: ὅτι ἐν σοὶ ῥυσθήσομαι ἀπὸ πειρατηρίου („denn in dir finde ich Errettung aus der Versuchung") und drückt so eine *passive* Glaubenserfahrung aus. LXX D übersetzt: „Denn durch dich werde ich errettet werden vor einer Räuberbande", fügt aber als Anmerkung hinzu: „Andererseits könnte es auch i.S. v. ‚Prüfung' (so wohl Ijob 7,1) oder ‚Versuchung' verstanden werden". Die Vulgata interpretiert πειρατήριον ganz im Sinne der in der LXX sonst üblichen πειρασμός-Typologie: „quoniam in te eripiar a tentatione." Vgl. KORN, *ΠΕΙΡΑΣΜΟΣ*, 17.

39 KORN, *ΠΕΙΡΑΣΜΟΣ*, 17.

40 Zur Wortfamilie δοκιμάζω κτλ. gehören unter anderem das Negativum ἀποδοκιμάζω („verwerfen"), das Nomen δοκιμή („Erweis"), das Adjektiv δόκιμος („erprobt, bewährt") und dessen Antonym ἀδόκιμος („untüchtig, verwerflich"). Die Termini der Wortfamilie sind schon in der klassischen griechischen Literatur nicht selten, z.B. bei PLATON und XENOPHON. Etymologisch besteht eine Nähe zu δοκέω (trans. „meinen"); aus diesem Grunde ist für die Wortfamilie das noetische Moment der Einschätzung und Prüfung charakteristisch. Die Prüfung kann sich sowohl auf Personen (vgl. z.B. Xen.mem. 1,4) als auch auf Sachen beziehen (vgl. Xen.oik. 4,7). Die LXX knüpft an diesen Gebrauch an.

überwiegend mit πυρόω[42] wieder. Alle drei Verben erscheinen in synonymer Bedeutung in Ps 26,2, נסה/πειράζω und בחן/δοκιμάζω gemeinsam in Ps 95,9 sowie in Weish 2,17.19. In Ps 26,2 werden Versuchung bzw. Prüfung zum Erweis der eigenen Untadeligkeit von Gott erbeten; in Ps 95,9 wird dem Wüstenvolk zum Vorwurf gemacht, dass es Gott versucht und geprüft habe. In Weish 2,17.19 geht es um die böswillige Leidensprobe, der ein Gerechter seitens seiner Feinde unterzogen wird.[43] Überwiegend wird בחן/δοκιμάζω in dem Sinne verwendet, dass Gott Menschen (vgl. Ps 81,8; 139,23; Weish 11,10) bzw. das menschliche Herz (vgl. Ps 17,3; Jer 12,3; 17,10) prüft oder durch seinen Propheten prüfen lässt (vgl. Jer 6,27). Das Prüfen wird gerne illustriert durch die Metapher vom Prüfen der Metalle durch Schmelzen.[44] Gottes Prüfung kann dem Nachweis der menschlichen Treue und Bewährung dienen (vgl. Gen 22,1.12; Ps 26,2), aber auch die Verwerfung nach sich ziehen (vgl. Jer 6,30).

Weitaus seltener wird בחן verwendet, um umgekehrt eine Prüfung Gottes durch Menschen auszudrücken. Die Bewertung der Prüfung fällt dabei sehr unterschiedlich aus: Mal gilt sie als Sünde (vgl. außer Ps 95,9 auch Mal 3,15), mal jedoch als durchaus legitim und sogar von Gott empfohlen (vgl. Mal 3,10).[45]

Schließlich kann בחן auch im profanen Sinne für ein rein zwischenmenschliches Prüfen stehen; ein prägnantes Beispiel ist die Prüfung, der Josef seine Brüder im Hinblick auf ihre Wahrhaftigkeit unterzieht (vgl. Gen 42,15f).[46]

צרף/πυρόω wird ebenso wie בחן/δοκιμάζω häufig mit der Metapher vom Schmelzofen verbunden. So erscheint es gemeinsam mit בחן/δοκιμάζω in Sach 13,9 und Ps 66,10. Ohne die Metapher, aber in adäquater Bedeutung und wiederum zusammen mit בחן/δοκιμάζω begegnet es in Ps 17,3 und Jer 9,6.[47] Stets geht es in diesen Zusammenhängen um die Prüfung des Menschen durch Gott, aber jeweils

---

[41]   Vgl. z.B. Ps 7,10; 11,4f; 1 Chr 29,17. In Ps 139,23 und Jer 17,10 begegnen δοκιμάζω und ἐτάζω gemeinsam.

[42]   Zur Wortgruppe πυρόω κτλ. gehören unter anderem die Intensivform πυρίζω („in Brand stecken"), das Nomen πῦρ („Feuer") und das Adjektiv πύρινος („feurig").

[43]   Auch in 1QH 10,13f werden בחן und נסה nebeneinander verwendet. Dort geht es um Prüfung und Erprobung in dem profanen Sinn, dass der Eintritt in die Gemeinde mit einer Verhaltensprüfung verbunden ist (vgl. dazu auch 1QS 9,2). Die parallele Verwendung von πειράζω und δοκιμάζω ist auch in das NT eingedrungen (vgl. 2 Kor 13,5; Hebr 3,9 v.l.).

[44]   Vgl. Prov 17,3; Ps 66,10; Jer 6,29; 9,6; Sach 13,9; Weish 3,6; Sir 2,5.
      Dieser Vergleich findet sich in ähnlicher Weise in der stoischen Philosophie, allerdings ohne den theologischen Bezug. Vgl. die Aussage bei Seneca, *De Providentia* 5,10: „Ignis aurum probat, miseria fortes viros."

[45]   Die LXX vermeidet auffälligerweise sowohl in Mal 3,10 als auch in Mal 3,15 die Verwendung von δοκιμάζω. In Mal 3,15 übersetzt sie allgemein: ἀντέστησαν θεῷ („sie widerstanden Gott"), in Mal 3,10 wiederum neutral: ἐπισκέψασθε („habt darauf acht!"). Spätere griechische Übersetzer (Aquila, Theodotion, Symmachus) und ebenso die Vulgata tragen – in Entsprechung zum hebräischen Text – den früheren Gedanken der Gottesprüfung und -versuchung wieder ein. In Mal 3,10 lesen Aquila und Theodotion anstelle von ἐπισκέψασθε ein δοκιμάσατε δή με, Symmachus liest sogar πειράσατε δή με. Statt ἀντέστησαν in Mal 3,15 liest Aquila ἐδοκίμασαν τὸν θεόν; Symmachus und Theodotion lesen ἐπείρασαν τὸν θεόν. Die Vulgata wiederum übersetzt Mal 3,10: probate me; Mal 3,15: tentaverunt deum. Vgl. Korn, *ΠΕΙΡΑΣΜΟΣ*, 40f.

[46]   Die LXX verwendet hier wiederum nicht δοκιμάζω, sondern übersetzt ἐν τούτῳ φανεῖσθε.

[47]   Weitere nahestehende Belege sind Jes 1,25; Jer 6,29 (LXX: ἀργυροκοπεῖ); Dan 12,10 (LXX: πειρασθῶσι καὶ ἁγιασθῶσι) und Jdt 8,27 (LXX: ἐπύρωσεν εἰς ἐτασμὸν τῆς καρδίας).

akzentuiert mit dem Ziel der Läuterung. Wer die „Feuerprobe" erfolgreich durchlaufen hat, gilt als bewährt.

5.3.3   Die Terminologie im NT

5.3.3.1   Die Wortgruppe πειρ-

Der neutestamentliche Sprachgebrauch ist in erheblichem Maße von der LXX abhängig bzw. beeinflusst. Dies zeigt sich nicht nur darin, dass bei der Verwendung des Wortstamms πειρ- die Intensivform deutlich dominiert.[48] Es wird auch darin sichtbar, dass der Versuchungsbegriff ebenso wie in der LXX überwiegend eine *religiöse Färbung* hat. In vielen Fällen wird die Wortgruppe πειρ- gebraucht, wenn es um die Gefährdung Jesu bzw. des/der Gläubigen im Hinblick auf sein/ihr Gottesverhältnis geht.[49] Allerdings ist längst nicht mehr einhellige Überzeugung – wie noch über weite Strecken in der LXX –, dass Gott Urheber der Gefährdung ist; sie kann ebenso auf den Satan oder auf die eigenen Begierden zurückgeführt werden.[50] Entsprechend tritt der (positiv gefärbte) Prüfungsaspekt der Versuchungsvorstellung, der sich mit Gott als dem Initiator der Versuchung verband, in den Hintergrund, ohne allerdings ganz zu verschwinden.[51]

Gegenüber der Tradition der LXX fällt weiterhin auf, dass πειράζω im NT nur noch gelegentlich für die sündhafte Herausforderung und Erprobung Gottes durch den Menschen steht (vgl. z.B. Act 5,9; 15,10). Wo dies geschieht, wird allerdings gerne auf den breiten alttestamentlichen Traditionsstrom Bezug genommen.[52] Πειράζω kann aber, nicht anders als in der LXX, auch rein profane Bedeutung haben, wie z.B. „[etwas] versuchen" (vgl. Act 9,26; 16,7; 24,6). Mehrfach begegnet das Verb in dem Sinne: „[sich bzw. jemanden] prüfen"; der genaue Inhalt der Prüfung kann dabei variieren.[53] Schließlich wird πειράζω innerhalb der Evangelien öfters in dezidiert feindlichem Sinne von den Gegnern Jesu ausgesagt, um ihrem Tun den Charakter der Falschheit und Heimtücke beizulegen; der Gegenstand, um den es dabei inhaltlich geht, kann aber wiederum sehr unterschiedlich sein.[54]

Das Nomen πειρασμός begegnet stets mit dem dominanten Sinngehalt, dass es Gefahren für den Glauben und das Gottesverhältnis umschreibt, die Jesus bzw. den Christen drohen.[55]

---

[48]   Die Intensivform πειράζω erscheint im NT insgesamt 38x, das Nomen πειρασμός 21x. Außerdem wird viermal das in der klassischen Gräzität ungebräuchliche Kompositum ἐκπειράζω verwendet (Mt 4,7/Lk 4,12; Lk 10,25; 1.Kor 10,9), einmal das bis dahin ebenfalls ungebräuchliche ἀπείραστος (Jak 1,13). Vgl. KLEIN, Art. *Versuchung II*, in TRE 35, 47f.

[49]   Vgl. Mk 1,13; Mt 4,1.3; Lk 4,2; 1 Kor 7,5; 10,13; Gal 6,1; 1 Thess 3,5; Hebr 2,18; 4,15; 11,17; 11,37 v.l.; Jak 1,13f; Apk 2,10; 3,10.

[50]   Vgl. dazu vor allem Jak 1,13f, aber z.B. auch 1 Thess 3,5 und Apk 2,10.

[51]   Dieser positive Aspekt klingt z.B. noch in 1 Petr 1,6f, 4,12f; Jak 1,2f.12 und Hebr 12,6–11 an.

[52]   Vgl. Mt 4,7 par. zu Dtn 6,16; 1 Kor 10,9 zu Num 21,4–9; Hebr 3,7–11 zu Ps 95,7–11.

[53]   Vgl. Mt 22,35/Lk 10,25 (ἐκπειράζω); Joh 6,6; 2 Kor 13,5; Apk 2,2.

[54]   Vgl. Mk 8,11 par.; 10,2 par.; 12,15 parr.; Joh 8,6.

[55]   Vgl. Mt 6,13 par.; Mk 14,38 parr.; Lk 4,13; 8,13; 22,28; Act 20,19; 1 Kor 10,13; Gal 4,14; 1 Tim 6,9; Hebr 3,8; Jak 1,2f.12; 1 Petr 1,6; 4,12; 2 Petr 2,9; Apk 3,10.

Ausschließlich in profanem Sinne begegnen sporadisch auch das in der klassischen Gräzität vorherrschende Grundverb πειράομαι (Act 26,21: „[etwas] versuchen") sowie das dazugehörige Nomen πεῖρα. Dies erscheint nur im Hebräerbrief und zwar in der Verbindung mit λαμβάνω und bedeutet dort – wie in der klassischen Gräzität – „einen Versuch unternehmen" (Hebr 11,29) bzw. „eine Erfahrung machen" (Hebr 11,36).

Hinsichtlich der Verwendung des Verbums πειράζω und des Nomens πειρασμός im NT fällt schon rein äußerlich Folgendes auf:

1) πειράζω und πειρασμός begegnen vor allem in den synoptischen Evangelien[56], in Acta[57] und in der brieflichen Paränese[58]. Im Corpus Johanneum spielen sie – abgesehen von der Apokalypse – so gut wie keine Rolle.[59]

2) Bei den Synoptikern wird das Verbum ausschließlich für die Versuchungen *Jesu* durch den Satan bzw. durch die Feinde verwendet. Das ist in der neutestamentlichen Briefliteratur und in den Sendschreiben der Apokalypse anders. Dort meint es (mit Ausnahme von Hebr 2,18; 4,15) niemals die Versuchungen Jesu, sondern stets die Versuchungen und Anfechtungen der *Gläubigen*.

Für das Nomen πειρασμός lässt sich feststellen, dass es im NT (mit Ausnahme von Lk 4,13; 22,28) durchgehend für die Versuchungen der *Gläubigen* verwendet wird.

5.3.3.2   Sinnverwandte Wortgruppen

Auch wenn die Versuchsthematik im NT primär durch den Wortstamm πειρ- mit seinen Ableitungen signalisiert wird, liegt die Vermutung liegt nahe, dass ihm, ähnlich wie in der LXX, auf der semantischen Ebene andere Wortgruppen partiell sehr nahestehen. Um diese Gruppen aufzuspüren, gilt mein Augenmerk naturgemäß zunächst den Wortfamilien δοκιμάζω κτλ. und πυρόω κτλ., die in der LXX Sinnverwandtschaft mit der Wortfamilie πειράζω κτλ. aufwiesen. Dabei ist nun Folgendes festzustellen:

Das Vokabular der Wortfamilie δοκιμάζω κτλ., das auch im zwischentestamentlichen und frühjüdischen Schrifttum eine Rolle spielt[60], findet im NT reichlich

---

[56]   Bei den Synoptikern taucht πειράζω 12x auf (4x bei Mk, 6x bei Mt und 2x bei Lk). 3x wird in den synoptischen Evangelien das Kompositum ἐκπειράζω (ohne Bedeutungsunterschied zu πειράζω) verwendet, jedoch nur bei Mt (4,7) und Lk (4,12; 10,25), nie bei Mk. 9x begegnet das Nomen πειρασμός, schwerpunktmäßig bei Lk (6x), 2x bei Mt, aber nur einmal bei Mk, nämlich in der Gethsemaneszene (14,38).

[57]   In Acta weisen πειράζω bzw. πειρασμός allerdings nie (mit der einzigen Ausnahme Act 20,19) den dominanten (religiösen) Bedeutungssinn auf.

[58]   Häufige Verwendung finden Derivate vom Wortstamm πειρ- vor allem in Hebr (6x) und Jak (6x), außerdem in den Sendschreiben der Apk (4x). Bei Paulus begegnen sie nur selten; wenn er sie gebraucht, dann allerdings fast stets im dominanten Bedeutungssinn (1 Kor 7,5; 10,9.13; Gal 4,14; 6,1; 1 Thess 3,5).

[59]   Im Johannesevangelium findet sich πειράζω nur zweimal. In Joh 6,6 begegnet es in der für das NT singulären Weise, dass Jesus als Versucher (im Sinne der Vertrauensprüfung) eines seiner Jünger auftritt. In Joh 8,6 steht πειράζω (im Sinne der feindlichen Falle) im Kontext der Geschichte von Jesus und der Ehebrecherin; diese Szene wurde jedoch erst nachträglich in den Korpus des Johannes-Evangeliums eingefügt. Die johanneischen Briefe enthalten das Verb nicht, ebensowenig wie das Nomen πειρασμός, das auch im Evangelium fehlt.

Anwendung.[61] Allerdings gilt dies nur für die Briefliteratur, nicht für die Evangelien; außerdem lassen sich insgesamt kaum Bezüge zur religiösen Versuchungsthematik finden. Eindeutig dominieren die Belege für ein *menschliches* Prüfen, vor allem bei Paulus, aber auch bei den Deuteropaulinen. Der Apostel fordert die Adressaten an vielen Stellen zu kritischer Selbstprüfung[62] und zu sorgfältiger Prüfung des Gotteswillens[63] auf. Nur an einer Stelle bezeugt Paulus von Gott, dass er die Herzen prüft (1 Thess 2,4).

Wirkliche Nähe zur Versuchungsthematik im Sinne der Gefährdung der Gottesbeziehung lassen vor allem 1 Petr 1,6f und Jak 1,2f.12 erkennen; dort ist jeweils *in identischer Formulierung* davon die Rede, dass (leidensbedingte) Versuchungen (πειρασμοί) der Gläubigen das Ziel hätten, die *„Bewährung des Glaubens"* (τὸ δοκίμιον ... τῆς πίστεως) in Geduld und Beständigkeit zu ermöglichen. Denjenigen, die der Versuchung standhalten und sich darin bewähren, wird reicher himmlischer Lohn in Aussicht gestellt (1 Petr 1,8f; Jak 1,12). Zu verweisen ist weiterhin auf Hebr 3,9, wo zur Verstärkung eines paränetischen Impulses unter Zitation von Ps 95,7-11 an die sündhafte Versuchung und Prüfung Gottes (ἐπείρασαν ἐν δοκιμασίᾳ v.l.) durch das Wüstenvolk erinnert wird. Die Gefahr wird darin gesehen, hinter der Gnade Gottes zurückzubleiben (Hebr 4,1) und so das gleiche Schicksal zu erleiden wie Esau, der verworfen wurde (Hebr 12,15.17: ἀπεδοκιμάσθη); den Glaubenstreuen jedoch, die der Versuchung zum Abfall (ἀποστῆναι) widerstehen (Hebr 3,12), winkt als Lohn die himmlische Ruhe (Hebr 4,1.3.11).

In den Evangelien begegnet das Vokabular der Wortfamilie δοκιμάζω κτλ. nur ganz sporadisch und ohne jegliche Nähe zur religiösen Versuchungsthematik.[64]

Hinsichtlich meiner Fragestellung fällt das Ergebnis zur Wortgruppe δοκιμάζω κτλ. also insgesamt dürftig aus. Noch mehr gilt dies für die Wortgruppe πυρόω κτλ. Das Verbum begegnet ohnehin nur ganz sporadisch; wenn, dann ausschließlich im Passiv[65] und lediglich in der Briefliteratur (vgl. 1 Kor 7,9; 2 Kor 11,29). Eine Nähe zur Versuchungsthematik lässt sich allenfalls in 1 Kor 7 sowie in 1 Petr 1,6f und 4,12 ausmachen. In 1 Kor 7 gebraucht Paulus das Wort im Zusammenhang mit sexueller *Begierde*, die den Menschen „wie Feuer verzehren" (πυροῦσθαι) könne

---

60   Dort erscheint δοκιμάζω öfter im Sinne göttlicher Prüfung zum Zweck der menschlichen Bewährung (vgl. z.B. PsSal 16,14f; TestJos 2,6f). Auch bei Philo und Josephus tauchen die Termini der Wortgruppe häufig auf. Allerdings wird Gott nur selten als Prüfer genannt. (Ausnahmen sind: Philo, Det. 142; Jos.Ant. 1,233 zu Gen 22). Überwiegend geht es bei δοκιμάζω um rein menschliches Prüfen, ein Verständnis, das dann auch im NT vorherrscht (vgl. z.B. Philo, vit.Mos. 1,24; Jos.Ant. 3,71; 4,54).

61   Zu den Einzelheiten vgl. Bachmann, Art. δόκιμος, in: TBLNT, 1785–1789; Grundmann, Art. δόκιμος, in: ThWNT II, 258–264.

62   Vgl. Röm 14,22; 1 Kor 11,28; Gal 6,4; in 2 Kor 13,5 gebraucht er in diesem Kontext δοκιμάζω und πειράζω synonym.

63   Vgl. Röm 12,2; vgl. auch in der deuteropaulinischen Paränese Eph 5,10.

64   Im Markusevangelium findet sich lediglich zweimal das Negativum ἀποδοκιμάζω, jeweils im Sinne der Verwerfung durch Menschen (Mk 8,31 par.; 12,10 parr.; vgl. in diesem Sinne auch 1 Petr 2,4). Darüber hinaus begegnet das Verbum δοκιμάζω nur noch zweimal bei Lk, beide Male in profanem Sinn (12,56; 14,19).

65   Dies erinnert an den Sprachgebrauch bei Philo. Auch er gebraucht das Wort nur im Passiv, und zwar vor allem im übertragenen Sinn des Entflammtseins von positiven oder negativen Affekten (vgl. z.B. ders., Her. 65).

(1 Kor 7,9); eben diese Begierde mache sich auch der Satan zum Zwecke der Versuchung gern zunutze.[66] In 1 Petr 1,6f zeigt sich die Wortfeldverbindung „Versuchung", „Feuerprobe" und „Bewährung" meines Erachtens am deutlichsten; in ähnlicher Weise spricht 1 Petr 4,12 von der leidensbedingten πύρωσις πρὸς πειρασμόν.

Während die Wortgruppen δοκιμάζω κτλ. und πυρόω κτλ. im NT also nur noch relativ selten in die Nähe der religiösen Versuchungsthematik rücken, gewinnen andere Wortfamilien in diesem Kontext an Bedeutung. Wenn es um *die Erprobung bzw. Gefährdung von Glaubenstreue und Gehorsam des Menschen* – dem biblischen Versuchungsthema schlechthin – geht, dann spielt innerhalb des neutestamentlichen Schrifttums neben dem Wortstamm πειρ- mitsamt seinen Derivaten vor allem die Wortgruppe σκανδαλίζω κτλ. („zum Abfall verführen/Anstoß geben" bzw. (pass.) „zu Fall kommen/abfallen") eine bestimmende Rolle.[67]

Außerhalb der biblischen Tradition ist die Wortgruppe nur wenig belegt.[68] Etymologisch lässt sich der Begriff σκάνδαλον auf das bei der Berührung emporschnellende „Stellholz", eine Fangvorrichtung, zurückführen (vgl. lat. *scando* = emporsteigen). Von da aus ist es nicht weit zum metaphorischen Gebrauch des Wortes „*Falle*", wie er in der LXX oft begegnet. Meist steht σκάνδαλον im profanen Sinne für die feindliche, heimtückisch gestellte Falle, die zum Anlass des Verderbens wird (hebräisch מוֹקֵשׁ; vgl. Ps 69,23; 140,6; 141,9), bzw. für ein Hindernis (hebr. מִכְשׁוֹל; vgl. z.B. Lev 19,14). Gelegentlich rückt die Wortgruppe aber schon in der LXX deutlich in die Nähe zur religiösen Versuchungsthematik. Menschen können für andere zum σκάνδαλον, zu einem Hindernis für die Glaubensbeziehung werden und sie zum Abfall von Jahwe verführen (vgl. Jos 23,13 in Verbindung mit Jdc 2,21f); nach Jes 8,14 kann Jahwe sogar selbst diese Rolle übernehmen – mit dem Ziel, das Volk zu verderben (vgl. dazu auch Röm 9,33).

Der religiös-metaphorische Gehalt der Wortgruppe wird für die Semantik im NT zunehmend prägend. In den Evangelien begegnet die Wortgruppe insgesamt 26x, davon immerhin 8x bei Markus. Inhaltlich geht es vor allem um die Apostasie, den *Abfall vom Glauben* (vgl. Mk 4,17 par.; 9,42f.45.47 parr.; 14,27 par.; vgl. auch Mt 24,10).[69] Als Gegenbegriff zu σκανδαλίζω dürfte das Verbum ὑπομένω anzusehen sein, das bei Markus ebenso wie bei Matthäus mit εἰς τέλος verbunden ist („standhalten/durchhalten bis ans Ende"; vgl. Mk 13,13 par.; Mt 10,22). Das Anstoßnehmen und Irrewerden kann sich aber auch unmittelbar *auf die Person Jesu* beziehen

---

66   Vgl. 1 Kor 7,5: ἵνα μὴ πειράζῃ ὑμᾶς ὁ σατανᾶς.

67   Zum Ganzen vgl. STÄHLIN, Art. σκάνδαλον κτλ., in: ThWNT VII, 338–358; BACHMANN, Art. σκανδαλον, in: TBLNT, 1800–1806; GIESEN, Art. σκανδαλίζω/σκάνδαλον, in: EWNT III, 592–596; DU TOIT, *Herr*, 143–149.

68   Ein interessanter Beleg ist jedoch Aristoph.Ach. 687, wo einem jungen Staatsanwalt vorgeworfen wird, dass er mit raffinierten Fragen seinen Widerpart Tithonos aus der Reserve lockt und ihm Fallen stellt: κᾆτ᾽ ἀνελκύσας ἐρωτᾷ σκανδάληθρ᾽ ἱστὰς ἐπῶν ἄνδρα Τιτωνόν.

69   In der lukanischen Parallele zu Mk 4,17 wird folgende Formulierung gewählt: ἐν καιρῷ πειρασμοῦ ἀφίστανται. Bei Lukas tritt also πειρασμός an die Stelle des markinischen θλῖψις bzw. διωγμός. Statt σκανδαλίζονται schreibt Lukas ἀφίστανται, ein Ausdruck, den er auch sonst gerne verwendet. Zu ἀφιστάναι im Sinne des Abfalls vom Glauben vgl. noch 1 Tim 4,1 und Hebr 3,12; ansonsten wird der Begriff üblicherweise im rein profanen Sinne verwendet.

und so im Sinne der Glaubensverweigerung (σκανδαλίζομαι ἐν αὐτῷ) das Antonym bilden zum Glauben an ihn (vgl. Mk 6,3.6 par., wo die ἀπιστία der Nazarener festgestellt wird). Umgekehrt kann auch ein Mensch für Jesus zum σατανᾶς („Widersacher") auf dem Weg des Gehorsams gegenüber Gott und in diesem Sinne zum σκάνδαλον werden (vgl. Mt 16,23).

Außerhalb der Evangelien begegnet die Wortgruppe vor allem im Corpus Paulinum. Primär geht es dabei, ähnlich wie in Mk 9,42–47 parr., um die Vermeidung innergemeindlicher Ärgernisse und die Warnung vor Verführern (vgl. z.B. Röm 14,13; 16,17; 1 Kor 8,13).

Das Stichwort „*Verführung*" leitet zu zwei anderen Wortgruppen über, die zumindest partiell die religiöse Versuchungsthematik berühren, insofern auch hier gelegentlich das Gottesverhältnis und die Glaubenstreue auf dem Spiel stehen. Es geht um die Wortfamilien ἀπατάω κτλ.[70] und πλανάω κτλ.[71]. Die Wortgruppe ἀπατάω κτλ. („irreleiten/täuschen/verführen") kreist um die Motive von Betrug und Selbstbetrug, die den Menschen vom rechten Weg abbringen und ins Verderben treiben. ἀπατάω (hebr. meistens פתה), das auch im paganen Kontext seit HOMER häufig begegnet, kann in der LXX für zwischenmenschliches Verführen und Täuschen stehen (vgl. z.B. Jdc 14,15; 16,5); aber auch Gott selbst kann als Verführer und Täuscher gegenüber seinem Volk bzw. seinem Propheten genannt werden (vgl. Jer 4,10; 20,7). Nähe zur Versuchungsthematik verrät vor allem Gen 3,13: ὁ ὄφις ἠπάτησέν με („Die Schlange verführte mich" [MT: הִשִּׁיאַנִי]).[72] Im frühjüdischen Schrifttum ist besonders TestHiob erwähnenswert, wo ἀπατάω mehrfach im Sinne der satanischen Verführung zum Abfall von Gott verwendet wird (3,3; 26,6).

Im NT findet die Wortgruppe überwiegend in der Briefliteratur Anwendung und dort zumeist im Zusammenhang mit der Warnung vor Irrlehrern und ihren Verführungskünsten.[73] In 2 Kor 11,3 wird dabei explizit auf Gen 3,13 Bezug genommen.

In den Evangelien begegnet das Nomen ἀπάτη in Mk 4,19 par. Dort geht es um den betrügerischen Charakter des Reichtums (ἡ ἀπάτη τοῦ πλούτου), der gemeinsam mit anderen Begierden (ἐπιθυμίαι) und Sorgen (μέριμναι) das Wort Gottes seiner Wirkung beraubt und somit den Abfall vom Glauben begünstigt. Die verführerische Sogkraft des Geldes wird in der deuteropaulinischen Briefparänese explizit als Tor zum πειρασμός und zum Verlust des Glaubens genannt (1 Tim 6,9f); damit ist die Wortfeldverbindung offenkundig.

Die Wortgruppe πλανάω κτλ. („irreführen/verführen") schließlich betrifft primär den *endzeitlichen* Glaubensweg des Christen, der zahllosen Gefahren in Form von Verlockungen und Bedrängnissen ausgesetzt ist. Das polyseme Wort πλανάω

70 Dazu vgl. GÜNTHER, Art. ἀπατάω, in: TBLNT, 1784; OEPKE, Art. ἀπατάω, in: ThWNT I, 383f.

71 Dazu vgl. GÜNTHER, Art. πλανάω, in: TBLNT, 1793–1795; BRAUN, Art. πλανάω κτλ., in: ThWNT VI, 230–254; BÖCHER, Art. πλανάω/πλάνη/πλάνος, in: EWNT III, 233–238.
    Auf die enge Verbindung von πλανάω und πειράζω macht auch DU TOIT, Herr, 242 zu Recht aufmerksam.

72 Dass die Paradiesgeschichte im Frühjudentum eindeutig als *Versuchungsgeschichte* gelesen und verstanden wurde, beweist VitAd 17 und die Identifizierung der Schlange mit dem Satan (vgl. ApkMos 7,2f; 16-19; VitAd 33).

73 Vgl. z.B. Röm 16,18; 2 Kor 11,3; Eph 5,6; Kol 2,8; 2 Thess 2,3; 2 Petr 2,13.

(hebr. meistens תעה) hat bereits in der klassischen griechischen Literatur seinen festen Ort. Von der ursprünglichen lokalen Bedeutung „wandern" (frz. „flaner"; dt. „flanieren",) bzw. „in die Irre gehen" aus entwickelte sich der übertragene Gebrauch: „täuschen" (durch Reden), „irren" (im Urteil bzw. in der Erkenntnis) oder auch „das Ziel verfehlen" (im ethischen Sinn).

Bei πλανάω und seinen Derivaten geht es in der LXX immer wieder um die Gefährdung der Gottesbeziehung, um die Übertretung des göttlichen Willens und das Verleiten zum Götzendienst. Permanent ist davon die Rede, dass das Volk Israel vom Weg Gottes „abirrt" (vgl. Jes 53,6 und vor allem Ps 94,9f LXX, wo die enge Zusammengehörigkeit von πειράζω und πλανάω ganz besonders sichtbar wird). Es lässt sich verführen durch falsche Propheten und Priester (Dtn 13,6; Ez 13,10; Mi 3,5), gottlose Herrscher (2 Reg 21,9; Jes 3,12; 9,15), Götzen (Hos 8,6; Am 2,4), ja sogar durch Jahwe selbst (Hi 12,24f; Jes 63,17).

Im Frühjudentum setzt sich dieser Sprachgebrauch fort. Die Verführung wird tendenziell zunehmend auf metaphysische Mächte zurückgeführt wie den Satan und seine Geister (vgl. TestRub 2f, wo acht Geister [πνεύματα τῆς πλάνης] mit acht Lastern verbunden werden) oder auf die Göttersöhne von Gen 6,2.4 (vgl. grHen 8,2; 19,1).

Das NT übernimmt den Sprachgebrauch von LXX und Frühjudentum. Eine zentrale Rolle spielt die Wortgruppe vor allem in den apokalyptisch orientierten Texten des NT[74]; unter Berücksichtigung von Apk 12,9; 20,8.10, wo ὁ Σατανᾶς als der „Verführer" der ganzen Welt (ὁ πλανῶν τὴν οἰκουμένην ὅλην) genannt wird, sowie von Apk 3,10, wo die endzeitliche „Stunde der Versuchung" (ὥρα τοῦ πειρασμοῦ) angekündigt wird, liegt die Nähe zur Versuchungsthematik auf der Hand. „Das ganze Klima der Endzeit ist eine Verführung zum Irrewerden am Glauben."[75] Um so nachdrücklicher wird an die Christen appelliert, angesichts der zu erwartenden Herrlichkeit (1 Petr 4,12; 5,4.10; Jak 1,12) in „Geduld" (ὑπομονή; vgl. Apk 1,9; 2,2; 3,10; 13,10) den Verführungen zu widerstehen und die endzeitlichen Leiden (παθήματα) zu ertragen (vgl. 1 Petr 4,13; 5,9f).[76]

Dementsprechend taucht πλανάω auch in der apokalyptischen Rede Jesu Mk 13,5f parr. auf. Dort warnt er vor der Verführung durch falsche Propheten und selbsternannte Christusse. „Verführung" und „Versuchung" sind im neutestamentlichen Sprachgebrauch immer wieder aufs Engste aufeinander bezogen.

5.3.3.3 Die Funktion von *verba quaerendi* im Markusevangelium

Im Rahmen der neutestamentlichen Sprachanalyse ist zum terminologischen Befund im Markusevangelium schon manches angeklungen. Auf ein interessantes sprachliches Merkmal, das speziell in Verbindung mit dem wichtigsten Lexem πειράζω zu beobachten ist, möchte ich aber noch hinweisen.

---

[74]   Vgl. z.B. 2 Thess 2,11; 2 Petr 3,17; Apk 2,20; 13,14; 19,20; 20,3.
[75]   GÜNTHER, Art. πλανάω, in: TBLNT, 1795. Zu beachten ist in diesem apokalyptischen Kontext auch die immer wiederkehrende Rede von vielfacher *Bedrängnis* (θλῖψις; vgl. Mk 13,19.24 par.; 2 Thess 1,4.6; Apk 1,9; 2,9f; 7,14).
[76]   Vgl. in diesem Sinne auch 2 Thess 1,5 und Apk 2,10.

Der Erzähler des Markusevangeliums kleidet mit πειράζω charakterisierte Versuchungen gerne in die Form von *Fragen* – ein Phänomen, das Vorbilder sowohl in der klassischen Gräzität (HOMER, HERODOT) als auch in der LXX (vgl. 1 Reg 10,1; 2 Chr 9,1) hat.

Fragen spielen generell für die Narration im Markusevangelium eine wichtige Rolle[77]; sie sind als ein wesentliches Element der erzählerischen Leistung des Evangelisten anzusehen. „Durch die kunstvolle Ausgestaltung mit Fragen gewinnt der Text ... selbst Fragecharakter im Blick auf seine Leserinnen und Leser und stimuliert sie zu eigenständigem Aneignen, Antworten und Weiterfragen."[78]

Fragen sind somit nicht nur ein narratives Mittel innerhalb der erzählten Welt des Evangeliums, sondern haben auch kommunikative Relevanz hinsichtlich der Leserschaft.

Der Text des Markusevangeliums enthält insgesamt über einhundert Fragen und damit – in Relation zum Umfang der Schrift – signifikant mehr als die anderen synoptischen Evangelien. Das vom Erzähler des Evangeliums bevorzugte *verbum quaerendi* ἐπερωτάω (25x)[79], das überwiegend in der zweiten Hälfte des Evangeliums begegnet und dort die kulminierende Auseinandersetzung mit den jüdischen Kontrahenten markiert (vgl. u.a. Mk 12,18; 14,61), steht in unmittelbarer Nähe zu πειράζω in Mk 10,2.[80]

Dieselbe Wortverbindung findet sich in vergleichbarer Weise bei HOMER (Hom.Od. 24,238: ἐξερέοιτο ... πειρήσαιτο) und auch bei HERODOT (Hdt. 1,46,3; 1,47,1: πειρώμενος ... ἐπείρηται; διάπειραν ... ἐπειρωτῶντας), die beide auf diese Weise *Testfragen als Versuchungen* deklarieren – eine bemerkenswerte transtextuelle Parallelität.

In Mk 12,14 wird die Versuchung in Form einer *Doppelfrage* an Jesus herangetragen, wobei die zweite Frage die erste progressiv weiterführt.[81] Auch in Hom.Od. 24,256–259 ist die Versuchung der Testperson als Doppelfrage formuliert.

Die disjunktive Gestalt der als Versuchung angelegten Fragestellung, die in Mk 12,14 sogar zweifach ausgeführt ist, hat ein klassisches Vorbild in Hom.Od. 9,279f; für die LXX ist vor allem Ex 17,7 zu nennen.[82]

---

[77] Zur Funktion von Fragen für die Erzählführung im Markusevangelium vgl. neben RHOADS/DEWEY/MICHIE, *Story*, 49–51, die Fragen im Rahmen der *„narrative patterns"* behandeln, vor allem die Studie von R. VON BENDEMANN, *Gestalt*.

[78] VON BENDEMANN, *Gestalt*, 432.

[79] Markus gebraucht das Kompositum weitaus häufiger als das Simplex ἐρωτάω. Vgl. VON BENDEMANN, *Gestalt*, 423.

[80] Matthäus ist Markus an dieser Stelle in der Verbindung von πειράζω und ἐπερωτάω sprachlich gefolgt (Mt 16,1).
Er gebraucht die beiden Begriffe noch ein weiteres Mal in unmittelbarem Zusammenhang (Mt 22,35) und geht dabei über Markus hinaus, der sich bei der Frage des Schriftgelehrten nach dem höchsten Gebot (Mk 12,28) auf den Begriff ἐπερωτάω beschränkt und nicht explizit von einer Versuchung spricht – vermutlich aus dem Grunde, weil sich nicht um eine *bedrohliche* Situation für Jesus handelt.

[81] Zur für Markus charakteristischen Erzählform der Doppelfrage vgl. VON BENDEMANN, *Gestalt*, 422, der unter anderem auf Mk 2,7.8f; 3,4; 7,18; 8,36f, 10,38 und 13,4 verweist.

[82] Zur Form der disjunktiven Fragestellung in Verbindung mit dem Versuchungsmotiv vgl. zusätzlich auch Ex 16,4, Dtn 8,2 und Jdc 2,22.

Einer fragenden Äußerung nahe kommt die pharisäische Forderung nach einem Zeichen in Mk 8,11. Markus verwendet an dieser Stelle πειράζω in Verbindung mit συζητέω und ζητέω[83]; Matthäus dagegen gebraucht statt ζητέω wiederum das Kompositum ἐπερωτάω (vgl. Mt 16,1).

Die pharisäische Zeichenforderung korrespondiert inhaltlich mit dem (spöttischen) Verlangen der Jerusalemer Honoratioren und Schaulustigen unter dem Kreuz, der Messias, der König Israels, möge vom Kreuz herabsteigen (Mk 15,29–32). Markus nennt dieses Verlangen, ebenso wie Matthäus (vgl. Mt 27,39), eine βλασφημία („Lästerung"). Indem er diese Wortwahl gebraucht, wertet er die Schmähung des gekreuzigten Christus – analog zur Verwendung der Lexems in der Septuaginta (vgl. Lev 24,11; Jes 52,5; Ez 35,12) – als einen Ausdruck menschlicher Überheblichkeit und eine Verletzung der Ehre Gottes selbst.[84]

---

[83]   Das Verbum ζητέω benutzt Markus im Übrigen häufiger mit negativer Konnotation. In 11,18; 12,12 und 14,1.55 gebraucht er es, wenn er von der Tötungsabsicht der Gegner Jesu erzählt.
      Entsprechend drückt im Markusevangelium auch συζητέω mehrfach das konfrontative Moment in der Begegnung mit den Feinden Jesu aus (9,14.16; 12,28). Dazu passt die im NT an manchen Stellen zu beobachtende Verwendung des Nomens ζήτησις im Sinne eines erregten Wortwechsels und Streitgesprächs (vgl. Joh 3,25; Act 15,2.7).

[84]   Die Wertung von Attacken und Schmähungen gegen die Gläubigen als βλασφημία hat auch Parallelen in der frühjüdischen Tradition (vgl. z.B. 2 Makk 10,34f; 12,14; 15,24).

6 Die Tradition der Versuchungsthematik

6.1 Vorbemerkungen

Die terminologische Analyse erbrachte schon wichtige Erkenntnisse bezüglich der sprachlichen Verwendungsmöglichkeiten des Versuchungsmotivs in der antiken Gräzität, in der LXX, im Frühjudentum und im NT. Die gewonnenen Einsichten sollen nun dahingehend vertieft und erweitert werden, dass die traditionsgeschichtlichen Wurzeln der neutestamentlichen Versuchungsthematik genauer in den Blick genommen werden. Auch wenn diese in Anbetracht der sprachlichen Untersuchungen vorwiegend im AT bzw. in der LXX und im Frühjudentum zu suchen sind, möchte ich doch die antike pagane Gräzität in die Überlegungen mit einbeziehen. Wie schon bei der literaturgeschichtlichen Analyse des Markusevangeliums festgestellt wurde, dürfte als sicher gelten, dass auch die paganen Überlieferungen nicht außerhalb des geistigen Horizonts der neutestamentlichen Autoren und ihrer Leser stehen.[1] Deshalb ist es unerlässlich, sie zumindest partiell in den Blick zu nehmen, im Hinblick sowohl auf die funktionalen Verwendungsmöglichkeiten des Versuchungsmotivs als auch auf die wichtigsten Sinnzusammenhänge. Naturgemäß ist es nicht möglich, im Einzelnen festzustellen, inwieweit Texte aus der paganen Gräzität, die das Versuchungsmotiv enthalten, einen *direkten* Einfluss auf die markinischen Versuchungsgeschichten ausgeübt haben.[2] Dennoch sind sie schon deshalb von Interesse, weil sie als ein wesentlicher Bestandteil der damaligen literarisch-geistigen Welt zu gelten haben. Das bedeutet auch: Selbst gesetzt den Fall, dass dem Autor persönlich an manchen Stellen seiner Erzählung ein transtextueller Bezug gar nicht bewusst ist, kann dieser doch aufgrund der Lektürekenntnisse der *Leserinnen und Leser* hergestellt und realisiert werden.

Ich beschränke mich hinsichtlich der klassischen Gräzität auf exemplarische Texte aus der griechischen Epik, Geschichtsschreibung und Tragödie. Unter den epischen Werken gilt die besondere Aufmerksamkeit aufgrund ihrer außerordentlichen Wirkungsgeschichte den homerischen Dichtungen *„Ilias"* und *„Odyssee"* sowie der Heraklestradition. Bezüglich der Historiographie beschränke ich mich auf HERODOT, der für diese literarische Form die entscheidenden Maßstäbe gesetzt hat und deshalb von CICERO zu Recht mit dem Ehrennamen *pater historiae* geadelt wurde.[3] Aus dem Spektrum der griechischen Tragödie, deren

---

[1] Vgl. dazu den Hinweis von BERGER, *Gattungen*, 1039: „Das Neue Testament ist nicht isoliert zu studieren; wenn auch eine direkte Auseinandersetzung mit der literarischen paganen Kultur fehlt, so geht es doch hier um eine sehr subtile Auseinandersetzung."

[2] Vgl. in dem Zusammenhang die grundsätzliche literaturtheoretische Feststellung von KLAWITTER/OSTHEIMER, *Literaturtheorie*, 107: „Selten lässt sich ein transtextueller Bezug zweifelsfrei identifizieren."

[3] Vgl. Cic.leg. 5.

Themen sich in mancherlei Weise mit denen im Evangelium berühren[4], wähle ich zwei ihrer bedeutendsten klassischen Vertreter aus, AISCHYLOS und EURIPIDES.

Vorab noch ein Hinweis: Bei der Auswahl der Texte zur Tradition der Versuchungsthematik habe ich mich bevorzugt, aber nicht ausschließlich von sprachlichen Evidenzen leiten lassen. Dass beim Aufspüren der Versuchungsthematik auch solche Texte mit einbezogen werden, die die signifikante Versuchungs-Terminologie nicht eigens aufweisen, hat unter anderem mit folgender Beobachtung zu tun: In manchen Texten, insbesondere in solchen aus dem Bereich der griechischen Epik und Tragödie, wird das Thema Versuchung im gesprochenen Dialog entfaltet. In diesen Texten können die typischen Begrifflichkeiten für Versuchung durchaus fehlen; das schließt aber nicht aus, dass es *inhaltlich* genau um dieses Thema geht. Eine Untersuchung zur Versuchungs*thematik* darf, wie ich meine, an diesen Texten nicht vorbeigehen.

Entsprechendes gilt auch für andere Texte aus dem Bereich der klassischen Gräzität und des (hellenistischen) Judentums. Sie können sehr wohl das Versuchungsmotiv enthalten, ohne dass dies terminologisch sogleich erkennbar ist. Sprachliche Evidenzen, so wertvoll und wichtig sie sind, dürfen also nicht das einzige Kriterium sein, wenn es darum geht, das Spektrum der Texte zu erschließen, die für die Versuchungsthematik Relevanz besitzen.

6.2   Die Versuchungsthematik in der klassischen Gräzität

Die semantische Analyse des besonders relevanten griechischen Wortstamms πειρ- und seiner Ableitungen erbrachte wichtige Fingerzeige zur Identifizierung der Versuchungsthematik in der klassischen Gräzität. Aufgrund des quellensprachlichen Befundes möchte ich im Wesentlichen zwischen zwei Bedeutungen unterscheiden: 1) der *Prüfung/Erprobung* und 2) der *Verführung*.[5] Um die beiden primären Bedeutungen zu illustrieren, wird im Folgenden aufgezeigt, in welcher Weise sie in prägnante Kontexte eingebunden sind.

6.2.1   Die Thematik im Sinne der Prüfung

Die Versuchung im Sinne der *Prüfung* spielt in der antiken Mythologie mehrmals eine wichtige Rolle. Die homerische „*Odyssee*" erzählt davon, dass der Held nach seiner Heimkehr nach Ithaka mehrere Proben bestehen muss, um seine wahre *Identität* zu erweisen. Eine dieser Prüfungen wird Odysseus von seiner Frau Penelope bereitet (Hom.Od. 23,85ff). Er selbst ermuntert sie, gemeinsam mit seinem Sohn Telemachos (Od. 23,96ff), ihn durch *Testfragen* auf die Probe zu stellen (πειράζειν; Od. 23,114), ob er tatsächlich derjenige ist, der er zu sein vorgibt. Der

---

[4]   Charakteristische Themen der antiken griechischen Tragödie sind z.B. die Fragen nach dem Sinn des Lebens, dem Verhältnis des Menschen zur himmlischen Welt sowie der Korrelation von Schuld und Schicksal. Auch in dem (zumeist) unglücklichen Ausgang der jeweiligen Geschichte steht die Tragödie dem Evangelium nahe, wobei allerdings zu beachten ist, dass im Evangelium auf das Passionsgeschehen noch die Osterbotschaft folgt.

[5]   Vgl. S. 58f. Dabei ist zu beachten, dass die beiden Bedeutungen nicht immer strikt voneinander zu trennen sind. So kann eine Verführung mitunter durchaus auch Prüfungscharakter besitzen (vgl. z.B. Hom.Il. 2,53ff). Dennoch ist die gewählte Differenzierung sinnvoll und hilfreich.

Test sieht dann so aus, dass Penelope in seinem Beisein die Dienerin Eurykleia bittet, das Bett, das Odysseus selbst gebaut hat, hinauszubringen (Od. 23,173ff). Doch dieses Bett kann man gar nicht bewegen. Odysseus – er allein – weiß das, tut sein Wissen kund und besteht so die Probe eindrucksvoll. Dies ist für Penelope das *Zeichen*, dass der Fremde wirklich Odysseus ist (Od. 23,205f): σήματ' ἀναγνούσῃ τά οἱ ἔμπεδα πέφραδ' Ὀδυσσεύς („sie erkannte das Zeichen, das Odysseus ihr treffend sagte").

Anschließend schlüpft der Held gegenüber seinem Vater Laertes selbst in die Rolle des Prüfers. Um die Gesinnung des Greises gegenüber dem vermissten Sohn zu erforschen, entschließt er sich nach längerem Überlegen dazu, ihm zunächst seine wahre Identität zu verheimlichen und ihn durch mehrere *Testfragen* auf die Probe zu stellen (Od. 24,235ff): μερμήριξε … πρῶτ' ἐξερέοιτο ἕκαστά τε πειρήσαιτο („Er grübelte, ob er ihn zunächst nach allem befragen und ihn [auf diese Weise] prüfen solle"). Erst im Anschluss daran offenbart er sich ihm. Laertes aber verlangt umgekehrt von Odysseus ein *Zeichen*, einen unbezweifelbaren Beweis, um glauben zu können, dass es sich bei dem Fremden tatsächlich um den Sohn handelt (Od. 24,329): σῆμά τί μοι νῦν εἰπὲ ἀριφραδές, ὄφρα πεποίθω („Sag mir ein deutliches Zeichen, damit ich es glaube";). Wie bei der Prüfung durch Penelope beweist Odysseus seine Identität durch geheimes Wissen, so dass der Greis, σήματ' ἀναγνόντος („die Zeichen erkennend"; Od. 24,346), nicht mehr zweifeln kann.

Eine Prüfung ganz anderer Art hatte Odysseus schon zuvor während der Reise souverän gemeistert. Auf der Insel der Kyklopen machten er und seine Gefährten die Bekanntschaft des Riesen Polyphem (Hom.Od. 9,216ff). Scheinbar harmlos, in Wahrheit aber lauernd und voller *Heimtücke*, erkundigte sich dieser nach dem Verbleib des Schiffes von Odysseus und seinen Gefährten (Hom.Od. 9,281): ὡς φάτο πειράζων („So sprach er [heimtückisch] prüfend"). Odysseus durchschaute die böse Absicht des Riesen und begegnete ihr mit einer List; er gab vor, das Schiff sei an den Klippen der Insel zerschellt.

Wieder von einer anderen Prüfung, nämlich einer *Gesinnungsprüfung*, erzählt die homerische Iliastradition (Hom.Il. 2,53ff). Agamemnon, der König von Mykene, stellt Entschlossenheit und Kampfeswillen seines Heeres auf die Probe (Hom.Il. 2,73): πρῶτα δ' ἐγὼν ἔπεσιν πειρήσομαι („Zuerst versuche ich selbst sie mit Worten"). Dazu legt er ihm – angeblich auf Befehl des Zeus – den Abzug nahe; nach neun Jahren vergeblicher Belagerung Trojas sei es an der Zeit, heimzukehren. Seine nicht ernst gemeinte Empfehlung findet beim kriegsmüden Heer fatalerweise offene Ohren. Odysseus muss einschreiten und seine ganze Überzeugungskraft aufbieten, um das Heer zum Bleiben zu bewegen und dessen Kampfbereitschaft neu zu entzünden.

Bisher war nur von solchen Szenen mit Prüfungscharakter die Rede, die explizit Derivate des besonders signifikanten Wortstamms πειρ- aufweisen. Nun wende ich mich solchen Szenen in der antiken Mythologie zu, die zwar nicht Ableitungen dieses Wortstammes enthalten, ihnen aber *thematisch* eng verwandt sind.

Die bekannte und wirkungsgeschichtlich außerordentlich bedeutsame Heraklestradition[6] bietet eine Gesinnungsprüfung eigener Art in Gestalt der geradezu

---

6   Die Heraklestradition geht weit zurück. KREOPHYLOS VON SAMOS (ca.7./6.Jh. v.Chr.) gründete sein Herakles-Epos noch auf eine einzelne Episode aus dem Leben des Helden. PEISANDROS (6.Jh.v.Chr.) verfasste laut THEOKRIT (Epigramm XXII) als erster eine Art epi-

sprichwörtlich gewordenen Überlieferung von „*Herakles am Scheideweg*".[7] Der junge Held zieht sich in eine einsame Gegend zurück, um zu überlegen, welchen Lebensweg er einschlagen will. Ihm begegnen zwei Frauen, die „Tugend" (ἀρετή) und die „Liederlichkeit" (κακία); jede dieser Frauen bietet sich ihm zur Freundin an. Die κακία *lockt* ihn, indem sie ihm höchsten Lebens- und Sinnengenuss ohne jede Mühe und Arbeit verspricht; die ἀρετή hingegen möchte ihn dazu animieren, auf edlen Wegen zu gehen, die Last des Lebens gerne auf sich zu nehmen und ein Meister im Guten und Großen zu werden. Herakles behauptet sich gegenüber den verführerischen Lockungen der κακία und entscheidet sich dafür, den Weg der ἀρετή zu gehen.

Fortan ist der ganze Lebensweg des Helden *eine einzige Prüfung*, geprägt von πόνοι[8], von Mühe, Leid, Not und Gefahr. Zehn (bzw. zwölf)[9] Aufgaben muss er nach dem Willen der Götter und auf Befehl des Königs von Mykene erledigen. Die Darstellung seiner vielen Prüfungen im Stile eines Peristasenkatalogs dient jedoch nicht dazu, ihn als Opfer, sondern vielmehr beispielhaft als Bewältiger und Überwinder aller Hindernisse zu zeigen.[10] Schon für EPIKTET, später aber auch für SENECA ist Herakles gleichsam die Präfiguration des Weisen, der alle Mühen freudig annimmt, um auf diese Weise seine sittliche Tüchtigkeit zu erproben.[11] Nachdem Herakles alle Prüfungen bestanden hat, erhält er als Lohn Zugang zur Unsterblichkeit und wird in den Kreis der Götter eingeführt. „So ist er das Paradigma für den menschlichen Weg *per aspera ad astra*."[12]

Seine Fähigkeit, Leiden zu erdulden und zu überwinden, lässt Herakles für viele hellenistische Herrscher wie Alexander d. Gr. zum Vorbild werden.[13] Herakles-Frömmigkeit verbreitet sich in der Folgezeit in allen sozialen Schichten. In einer ganzen Reihe von PLUTARCH-Biographien wird auf seine Person und sein Beispiel Bezug genommen.[14] Auch in den Texten der stoischen und kynischen Philosophen

---

sches Loblied, in dessen Mittelpunkt die zwölf gefährlichen Arbeiten des Herakles standen. PANYASSIS VON HALIKARNASSOS (5.Jh.v.Chr.) legte eine umfassende epische Biographie des Helden vor. Vgl. dazu FRICKENSCHMIDT, *Evangelium*, 95.

[7]   XENOPHON lässt Sokrates die Geschichte erzählen, in: Xen.mem. 2,1,21–33.

[8]   Die πόνοι des Herakles erfahren besondere Betonung bei Eur.Herakl. 359–435, in den Briefen des ALKIPHRON 3,61 sowie vor allem bei Diod. 4,7. Vgl. dazu BERGER, *Formen*, 285.

[9]   Zu den ursprünglich von Herakles verlangten zehn Aufgaben kommen noch zwei weitere hinzu, weil der mykenische König zwei Arbeiten nicht gelten lässt.

[10]   Vgl. den Hinweis von BERGER, *Formen*, 286f zur Intention von Peristasenkatalogen: „Ziel der Kataloge ist es jeweils, den betroffenen Menschen nicht als Opfer, sondern als *Überwinder* der Mühen und Nöte vor Augen zu stellen und ihn so zum Paradigma für die Bewältigung von Leiden zu machen." (Kursivdruck im Original).

[11]   Vgl. Sen.Herc. 29.

[12]   BERGER, *Formen*, 285. (Kursivdruck im Original).

[13]   Vgl. ARRIAN, *Alexanderzug*, 3,3,2: Ἀλεξάνδρῳ δὲ φιλοτιμία ἦν πρὸς ...Ἡρακλέα („Alexander war erfüllt von dem Ehrgeiz, es dem Herakles gleichzutun"); 5,26,4f: [Alexander in einer Rede zu seinen Truppenführern mit Verweis auf Herakles]: ἀλλὰ παραμείνατε, ἄνδρες Μακεδόνες καὶ ξύμμαχοι πονούντων τοι καὶ κινδυνευόντων τὰ καλὰ ἔργα („Aber haltet aus, Makedonen und Bundesgenossen! Mühen und Gefahren führen zu großen Taten"). Vgl. auch 4,28,4.

[14]   Vgl. FRICKENSCHMIDT, *Evangelium*, 96: „Seine [sc. Herakles'] Rolle als Vorbild und Leitfigur wird ... an den nicht wenigen Stellen deutlich, an denen er innerhalb der Plutarch-Biographien als wichtige Nebenfigur eine Rolle spielte." PLUTARCH hat auch eine eigene Herakles-Biographie verfasst, die aber nicht erhalten ist.

werden seine *gottgewollten* Kämpfe und Mühen immer wieder gerühmt und gewürdigt. Unter den *stoischen* Philosophen ragt EPIKTET hervor. Er äußert sich mehrfach zur positiven Bedeutung der πόνοι des Herakles, z. B. in Epict.Diss. 2,16,44:

> „Was wäre wohl aus Herakles geworden, wenn er nie aus dem Haus gekommen wäre? Ein Eurystheus, kein Herakles. Siehe, wie viel liebe Freunde hatte er, als er die Welt durchwanderte? Aber er liebte Gott über alles, und darum hat man ihn für einen Sohn des Zeus gehalten, und er war es auch (διὰ τοῦτο ἐπιστεύθη Διὸς υἱὸς εἶναι καὶ ἦν). Aus Gehorsam gegen ihn zog er herum und vertilgte Ungerechtigkeit und Gesetzlosigkeit von der Erde."[15]

Und in Epict.Diss. 3,22,57 heißt es:

> „Er [sc. der Kyniker] ist überzeugt, dass alles, was er leidet, ein Mittel Gottes ist, ihn zu stählen. Sogar Herkules, als er von Euristhenes [Eurystheus] geprüft wurde, hielt sich nicht für unglücklich, sondern vollendete unverdrossen alles, was ihm aufgetragen wurde."[16]

Unter den *kynischen* Philosophen verdient DION CHRYSOSTOMOS besondere Erwähnung, der Diogenes sagen lässt:

> „Das ist der Kampf, den ich hartnäckig kämpfe, gegen die Lust und gegen die Widerwärtigkeiten, aber keiner dieser erbärmlichen Menschen beachtet mich: Nur für Springer, Läufer und Tänzer haben sie Augen. Sie schauten ja auch nicht hin, als Herakles kämpfte und sich mühte, und interessierten sich nicht dafür ... Herakles' Mühsal und sein Kämpfen erregte ihr Mitleid; sie nannten ihn den ‚mühseligsten' aller Menschen; deshalb bezeichneten sie seine Arbeiten und Kämpfe auch als ‚Leidensweg', als ob ein Leben voll harter Arbeit eine Qual sei. Aber nach seinem Tod verehren sie ihn mehr als alle anderen, glauben, er sei ein Gott und behaupten, er wohne mit Hebe zusammen. Alle beten sie zu ihm, ihr Leben möge von Qual verschont bleiben, zu ihm, der selber die größten Qualen ertrug!"[17]

Die geistes- und literaturgeschichtliche Bedeutung der Herakles-Gestalt ist also kaum zu überschätzen. Dies gilt auch im Hinblick auf die frühjüdische Tradition[18] und auf das Verständnis von Person und Weg Jesu im NT.[19]

Neben Herakles verkörpert auch Odysseus einen von πόνοι gesäumten Lebensweg. HOMER nennt ihn vielsagend mehrfach den πολύτλας δῖος Ὀδυσσεύς

---

15   Zit. nach MÜCKE, *Epiktet*, 134.
16   Zit. nach EPIKTET, *Handbüchlein*, 96.
17   Dion Chr. Diog. 8,26–28; zit. nach LUCK, *Weisheit*, 325f.
18   Ein „Zehnkampf" (KORN, *ΠΕΙΡΑΣΜΟΣ*, 55f) wird in der frühjüdischen Tradition bemerkenswerterweise auch Abraham und Joseph zugeschrieben (vgl. mAv 5,3f; Jub 17,17f; TestJos 1f).
19   Was das NT betrifft, so schreibt FRICKENSCHMIDT, *Evangelium*, 95f ganz zu Recht: „Als ein überall bekannter, nicht nur biographisch dargestellter, sondern auch im gesamten Mittelmeer-Raum kultisch verehrter, bei Griechen wie Römern berühmter Halbgott ... hat er [sc. Herakles] die Rezeption bestimmter Züge der Jesus-Darstellung in den Evangelien sicher beeinflusst und wohl zum Teil erleichtert. Dabei ist weniger an die derb-volkstümlichen Züge einzelner Abenteuer zu denken, die sein Bild noch bei Panyassis prägten, als vielmehr an seine spätere Rolle als Vorbild sinnvollen Leidens und Arbeitens, vor allem für kynische Philosophen."

(„vielduldenden göttlichen Odysseus"; vgl. Od. 16,258; 23,111 u.ö.). Seine „*Odyssee*"
ist bis in unsere Gegenwart hinein sprichwörtlich geworden für einen langen, mit
Schwierigkeiten und Nöten gepflasterten Weg. Viele Hindernisse stellen sich ihm
auf Initiative des Meeresgottes Poseidon (Hom.Od. 1,19–21.74f) entgegen und
gefährden seine Heimkehr nach Ithaka, die ihm nur dank seines Mutes, seines Ein-
fallsreichtums und nicht zuletzt dank göttlicher Hilfe gelingt.

Doch nicht nur von der Prüfung von *Menschen* erzählt die antike Mythologie;
sie weiß auch davon zu berichten, dass *Götter* Prüfungen unterzogen werden. Diese
sind allerdings mit dem Makel des Frevels behaftet und ziehen auch entsprechende
Konsequenzen nach sich. Erwähnenswert ist in diesem Zusammenhang vor allem
die Tantalos-Sage.[20]

Tantalos, ein Sohn des Zeus, widerfährt eine für Menschen außergewöhnliche
Ehre: Er darf an der Tafel des Vaters speisen und den Gesprächen der Unsterbli-
chen lauschen. Diese Ehre aber steigt ihm zu Kopf. Schließlich treibt ihn seine
Hybris und Vermessenheit so weit, dass er die Allwissenheit der Götter auf die
Probe stellen will. Dazu lädt er die Himmlischen zu sich ein und setzt ihnen als
Mahl seinen eigenen Sohn Pelops vor, den er zuvor hat schlachten und zurichten
lassen. Der Frevel wird allerdings von den Göttern sofort durchschaut und Tanta-
los findet seine verdiente ewige Strafe, die „Tantalosqualen"[21].

Innerhalb der antiken paganen *Geschichtsschreibung* sind drei Stellen mit
Prüfungscharakter für die Versuchungsthematik von besonderem Interesse. Sämtliche Stellen finden sich in HERODOTS „*Historien*"; zwei von ihnen weisen Derivate
des signifikanten Wortstamms πειρ- auf. In Hdt. 1,46f berichtet der antike Historiograph von einer Prüfung der Götter bzw. der Orakel durch den lydischen König
Kroisos. Unsicher, ob er einen Feldzug gegen die aufstrebenden Perser riskieren
soll, möchte er den Rat eines zuverlässigen Orakels einholen. Um vorab zu erfahren, welches Orakel am fähigsten ist, unterzieht er alle Orakel in Griechenland und
Libyen zunächst einer *Testfrage*: ἀπεπειρᾶτο τῶν μαντηίων τῶν τε ἐν Ἕλλησι καὶ
τοῦ ἐν Λιβύῃ („Er fragte zur Probe bei den Orakeln Griechenlands und Libyens
an"). Das Orakel, das aus dem Test als Sieger hervorgeht, soll dann konkret zu den
kriegerischen Plänen des Königs befragt werden: ὡς εἰ φρονέοντα τὴν ἀληθείην
εὑρεθείη, ἐπείρηταί σφεα δεύτερα πέμπων εἰ ἐπιχειρέοι ἐπὶ Πέρσας
στρατεύεσθαι („Sobald er ihre Auskunft für wahr befunden hatte, wollte er sie
durch eine Gesandtschaft zum zweiten Male befragen, ob er gegen die Perser zu
Felde ziehen solle"). Das Orakel von Delphi besteht den Test am besten. Die anschließend in Delphi eingeholte Auskunft zu den Kriegsplänen wird vom König
jedoch gründlich missverstanden und motiviert ihn zu einem Feldzug mit verhäng-
nisvollem Ausgang (Hdt. 1,53ff).

Noch ein weiteres Mal erzählt HERODOT von einer Versuchung des delphi-
schen Orakels. Diesmal geht es jedoch im eigentlichen Sinne weniger um eine Prüfung als um eine Art *Missbrauch*. In Hdt. 6,86 ist die Rede von einem gewissen
Glaukos, weithin bekannt für seine angeblich außergewöhnliche Redlichkeit. Ein
Mann aus Milet vertraut ihm deshalb die Hälfte seines Vermögens zur Verwahrung

---

[20]   Zur Tantalos-Sage vgl. unter anderem Hom.Od. 11,582–592; Ov.met. 4,458f; 6,172f.
[21]   EURIPIDES und andere griechische Dichter fanden die Tantalos-Überlieferung geradezu
       abstoßend. Sie weigerten sich, sie zu glauben, geschweige denn, sie zu erzählen. Vgl.
       KERÉNYI, *Mythologie II*, 54.

an. Als nach langer Zeit die Söhne des Mannes zu Glaukos kommen und die Herausgabe des Vermögens verlangen, lehnt Glaukos ab; er könne sich an nichts erinnern. Empört ziehen die Milesier ab. Glaukos aber reist nach Delphi und befragt das Orakel, ob er sich durch einen Meineid in den endgültigen Besitz des Geldes bringen dürfe. Die Pythia tadelt ihn streng und verurteilt seine Frage als eine Versuchung des Gottes (πειρηθῆναι τοῦ θεοῦ). Die Versuchung liegt darin, dass sich Glaukos in schamloser Vermessenheit für seinen Betrug sozusagen die „Rückendeckung" des Orakels sichern will.

Die dritte Probe, von der HERODOT berichtet, hat wiederum mit dem lydischen König Kroisos zu tun. Nach HERODOTS Urteil (Hdt. 1,34) ist ihm auf dem Höhepunkt seiner Macht seine Verblendung zum Verhängnis geworden, denn, wie in Hdt. 7,10e sentenzenhaft festgestellt wird: φιλέει γὰρ ὁ θεὸς τὰ ὑπερέχοντα πάντα κολούειν („Gott pflegt alles zu stürzen, was sich überhebt"). Der persische Herrscher Kyros bestimmt Kroisos nach dessen Gefangennahme als besten Teil der Kriegsbeute zum Opfertod für die Götter (Hdt. 1,86). Möglicherweise, so der Historiker, hatte Kyros aber auch von der angeblichen Frömmigkeit des Kroisos erfahren und schickte ihn deshalb auf den Scheiterhaufen, um festzustellen, ob er dank göttlicher Hilfe dem Feuertod entkommen werde: βουλόμενος εἰδέναι εἴ τίς μιν δαιμόνων ῥύσεται τοῦ μὴ ζῶντα κατακαυθῆναι („Er wollte erfahren, ob einer der Götter ihn davor bewahren werde, lebend verbrannt zu werden"). Tatsächlich ballt sich am heiteren Himmel plötzlich ein Unwetter zusammen und bringt den schon brennenden Scheiterhaufen zum Verlöschen. Kyros erkennt in diesem Zeichen ein göttliches Wirken und verschont den Lyderkönig. Die Geschichte weist bemerkenswerte transtextuelle Parallelen zu Weish 2,17–20 und Mk 15,36 auf, auch wenn dort jeweils ein rettendes Eingreifen des Himmels nicht wirklich erwartet wird.

6.2.2 Die Thematik im Sinne der Verführung

Die Versuchung im Sinne der *Verführung* geht bei HOMER mehrfach von göttlichen Wesen aus. So werden die Trojaner zu ihrem Verderben durch die Göttin Athene in Versuchung geführt. Beauftragt von Zeus und Hera, die Belagerten zu versuchen (πειρᾶν; Hom.Il. 4,66.71) mischt sie sich unter sie und stiftet sie zum Bruch der Waffenruhe gegenüber den Griechen an, indem sie ihnen χάριν καὶ κῦδος („Dank und Ruhm"; Il. 4,95) in Aussicht stellt. Ihre Mission zur Anstachelung der Trojaner hat Erfolg und führt zum Beginn der Kämpfe, die schließlich mit dem Untergang Trojas enden.

Mehrere gefährliche Versuchungen begegnen Odysseus und seinen Gefährten auf ihrer abenteuerlichen Reise. Zunächst ist es die Göttin Kirke, deren verführerische Zauberkraft den *Sinnen* der Reisenden schmeichelt und eine große Gefahr für Odysseus und seine Freunde darstellt (Hom.Od. 10,210ff); nur mit Hilfe des Götterboten Hermes kann Odysseus dieser Gefahr Herr werden (Hom.Od. 10,274ff).[22]

---

22 Dion Chr. Diog. 8,20–25 greift die Geschichte von Kirke auf, um über die gefährliche Versuchung der *Lust* zu philosophieren: „Die Lust tritt uns nicht mit offener Gewalt entgegen, sondern arbeitet mit Trug und verderblichen Zaubermitteln, so wie Kirke bei Homer die Gefährten des Odysseus durch Zaubermittel einschläfert und dann in Schweine, Wölfe und andere Tiere verwandelt. Mit der Lust verhält es sich so: Sie hat nicht nur *einen* Plan, uns zu

Kurz darauf lauert die Gefahr in Gestalt der göttlichen Sirenen[23], die mit ihrem *betörenden Gesang* jeden Vorbeifahrenden auf ihre Insel zu *locken* versuchen, um ihn ins Verderben zu stürzen.[24] Odysseus lässt sich, wie es ihm Kirke geraten hatte, von seinen Gefährten an den Mast binden. So kann er dem Gesang lauschen, ohne ihr Opfer zu werden; den Gefährten aber verstopft er die Ohren mit Wachs (Hom.Od. 12,37ff.154ff. Es handelt sich eindeutig um eine Versuchungsgeschichte, auch wenn der charakteristische Term πειράζειν vermisst wird und darüber hinaus inhaltlich ein wichtiges Element von Versuchung fehlt, nämlich die *Wahlmöglichkeit* dessen, der sich der Versuchung gegenübersieht. Die Versuchung in der Gestalt des Sirenengesangs ist nämlich so stark und überwältigend, dass ihr kein Mensch gewachsen ist.[25]

Auch die antike griechische Tragödie bietet reichlich Stoff für das Versuchungsmotiv im Sinne der Verführung. Insbesondere bei EURIPIDES bekommt das Motiv breiten Raum. Nur zwei besonders markante Beispiele aus seinem Œuvre seien genannt.

Der Tragödie „*Die Bakchen*" (resp. „*Die Mänaden*") hat der Dichter die Sage von Pentheus zugrunde gelegt. Der thebanische König Pentheus lehnt den ekstatischen Kult des Gottes Dionysos ab. Daraufhin kommt Dionysos selbst, als Mensch getarnt, nach Theben. Die Frauen feiern zu seinen Ehren auf dem Berg Kithairon ein bacchantisches Fest, was Pentheus vergeblich zu verhindern sucht. Als aber Dionysos ihm das verführerische Angebot macht, als Frau verkleidet die im

---

verderben, sondern stellt uns auf viele Arten nach: durch das Sehvermögen, das Gehör, den Geruchssinn, den Geschmack, die Tastempfindung, ja, auch durch Speisen und Getränke und durch das Liebesspiel führt sie uns im wachen wie im schlafenden Zustand in Versuchung ... Den Widerwärtigkeiten muss man entgegentreten und mit ihnen ringen, der Lust aber muss man möglichst weit aus dem Weg gehen und sich mit ihr nicht mehr als unbedingt nötig einlassen." Zitiert nach LUCK, *Weisheit*, 324f.

[23] Die Sirenen sind ursprünglich aus Ägypten (vermutlich über den Orient) entlehnte Unheilsdämonen mit Vogelleib.

[24] Rezeptionsgeschichtlich hat keine Szene aus der gesamten Odysseus-Sage auf das frühe Christentum einen so großen Eindruck gemacht wie die von den Sirenen. Von CLEMENS ALEXANDRINUS über ORIGENES bis hin zu den Kappadoziern finden sich explizite Bezugnahmen. Üblicherweise wird die Sirene als verlockende Frau interpretiert und entsprechend vor ihr gewarnt (vgl. das antike Kleopatra-Bild als verführerische Sirene und *femme fatale*). So schreibt CLEMENS ALEXANDRINUS: „Ein Wind vom Himmel kommt dir zu Hilfe, fahre an der Lust vorüber, sie ist eine gefährliche Betrügerin. Fahre an dem Gesange vorbei; er bewirkt den Tod! Wenn du nur willst, so bist du Sieger über die Macht der Zerstörung, und angebunden an das Holz wirst du von allem Verderben frei sein." (Clem.Alex. protr., 118,1; zit. bei MARKSCHIES, *Odysseus*, 236). Das Holz, der Mastbaum der Sage, wird auf das Kreuz Christi hin gedeutet; der an den Mast gefesselte Odysseus kann so zum Urbild der Kreuzesnachfolge werden.
Die Sirenen-Sage wirkt bis in unseren heutigen Sprachgebrauch nach. Sirene ist bekanntermaßen entweder der Ausdruck für eine schöne, verführerische Frau oder der Name für eine Anlage, die ein akustisches Signal erzeugt, das auf drohende Gefahr hinweist.

[25] Von den Sirenen erzählt auch die Argonautensage. Der thrakische Sänger Orpheus rettet die Argonauten, indem er seine göttliche Leier so laut schlägt, dass sie den verlockenden Gesang der Sirenen übertönt. Nur einer der Reisenden, Butes, erliegt der Versuchung. Er steht so nahe am Bug des Schiffes, dass der Sirenengesang in seinen Ohren lauter ist als das Leierspiel, und springt über Bord. Vgl. Apoll.Rhod. Δ 885ff.

Gebirge schwärmenden Mänaden zu belauschen, kann er der *sinnlichen* Versuchung nicht widerstehen. Sprachlich bemerkenswert ist, wie Dionysos in der Darstellung des EURIPIDES seine Rolle als Versucher wahrnimmt. Dies geschieht durch eine Katene von rasch aufeinander folgenden Fragen, in denen sich Pentheus wie in einem Netz immer weiter verfängt und verstrickt (Eur.Bakch. 811ff). Er ahnt zwar die Gefahr (Bakch. 805): οἴμοι· τόδ᾽ ἤδη δόλιον ἔς με μηχανᾷ („Weh mir! In welche Schlinge lockst du mich?"); aber erliegt ihr doch und bezahlt sein Verlangen mit dem Leben.

In der Tragödie „*Hekabe*" wird die aus der homerischen „*Ilias*" bekannte Königin von Troja zur grausamen Rächerin. Sie lockt Polymestor, den Mörder ihres Sohnes Polydoros, durch die Aussicht auf einen Schatz in ihre Hütte. Dort trifft ihn ein furchtbares Schicksal: Er selbst wird geblendet, seine beiden kleinen Söhne getötet. Wiederum ist es also die menschliche *Begierde*, die sich die im Versuchungsgeschehen aktive Person, in diesem Falle also Hekabe, zunutze macht und die das Opfer ins Verderben stürzt (Eur.Hek. 976ff).

Der griechische Tragiker AISCHYLOS stellt in mehreren Tragödien die Versuchung der *Macht* dar. Dazu nur ein Beispiel. Das Stück „*Die Perser*" reflektiert die Niederlage des persischen Heeres in der Schlacht bei Salamis 480 v.Chr. Der für die Perser so verhängnisvolle Ausgang des Kampfes wird auf die *Hybris* des Königs Xerxes zurückgeführt. Er habe, *von einem bösen Dämon angestiftet und getrieben* (γνώμης δέ πού τις δαιμόνων ξυνήψατο; Aischyl.Pers. 724), durch den Brückenbau über den Hellespont den Meeresgott Poseidon herausgefordert; zusätzlich habe er sich auf griechischem Boden der Zerstörung von Heiligtümern und des Raubs von Götterbildern schuldig gemacht. Solcher Hochmut ziehe unweigerlich die Strafe der Götter nach sich (Pers. 807–831).[26]

Für die Versuchung im Sinne der Verführung seien schließlich aus der antiken Geschichtsschreibung des HERODOT zwei illustrative Beispiele angeführt. Beide handeln von der Versuchung der *Habgier*.

In Hdt. 3,122–125 erzählt der Historiker von dem Tod des Polykrates, des Herrschers von Samos. Dieser wird durch den persischen Statthalter Oroites mit der Aussicht auf große Schätze nach Magnesia in einen Hinterhalt gelockt: εἵνεκέν τε χρημάτων ἄρξεις τῆς ἁπάσης Ἑλλάδος („Soweit es aufs Geld ankommt, wirst du ganz Griechenland beherrschen"; Hdt. 3,122,4). Alle eindringlichen Warnungen seiner Tochter, von Freunden und Sehern schlägt Polykrates in den Wind. Umgehend macht er sich auf den Weg und kommt infolge seiner Habgier ums Leben.

Nach diesem Unglück flieht sein Verweser Maiandrios vor der persischen Heeresmacht nach Sparta. Dort versucht er den König Kleomenes durch

---

26   Die hellenisierten Juden späterer Zeit entwickelten für AISCHYLOS eine besondere Vorliebe. In seiner Konzeption einer Weltordnung und der damit verbundenen Überhöhung des Göttervaters zu *einem* Gott der Welt, der alles Geschehen lenkt und regiert, konnten sie den Gott des Alten Bundes wiederfinden. Vgl. dazu DIHLE, *Literaturgeschichte*, 123.346.

Raffinesse auf seine Seite zu ziehen und für seine persönlichen Rachepläne gegenüber den Persern zu gewinnen. Zu diesem Zweck bietet er ihm wertvolle Trinkgefäße aus Gold und Silber als Geschenk an. Der spartanische Herrscher Kleomenes ist von den Kostbarkeiten hingerissen, durchschaut jedoch den im Angebot verborgenen Bestechungsversuch. Seine Reaktion ist konsequent: Er veranlasst sogleich die Ausweisung des Maiandrios aus dem Lande, um weitere Verführungsversuche dieser Art bei sich schon im Keim zu ersticken und auch seine Landsleute vor solchen Aktionen zu schützen (Hdt. 3,148).[27]

6.2.3   Ertrag

Zusammenfassend ist festzustellen, dass das Thema Versuchung in der antiken Gräzität eine nicht zu unterschätzende Bedeutung hat. Es gehört in den großen allgemeinen Kontext von menschlicher Existenzgefährdung und -bewältigung hinein.

Versuchungen können *Prüfungen* sein, in denen die Probanden ihre wahre Identität, ihre Charakterfestigkeit, ihre Gesinnung oder ihre Fähigkeiten erweisen sollen. Die Charakterprüfung steht gelegentlich am Anfang eines (öffentlichen) Lebens und Wirkens; in diesem Kontext verlangt sie vom Prüfling eine Art *Grundsatzentscheidung* über den Weg, den er einschlagen will *("Herakles am Scheideweg"*). Im Rahmen von Identitätsprüfungen spielen *Testfragen* zum Zwecke der Klärung eine wichtige Rolle (vgl. z.B. Hom.Od. 24,238). Häufig kommt einem *Zeichen* (τὸ σῆμα; vgl. Hom.Od. 23,206; 24,329.346) eine legitimierende Funktion zu. In einigen Fällen kann eine Prüfung dazu dienen, den einem Menschen anhaftenden (Frömmigkeits-)*Ruf* zu verifizieren bzw. zu falsifizieren, indem man ihn einem Gottesurteil unterwirft (vgl. Hdt. 1,86). Wichtig ist nicht zuletzt, dass Prüfungen mit dem Moment der *Heimtücke* verbunden sein können; in solchen Fällen zielen sie auf das Verderben der Probanden (vgl. Hom.Od. 9,281).

Mitunter wird in der griechischen Mythologie sogar *der gesamte Lebensweg* eines Menschen als eine *von den Göttern beschlossene*, ständige Herausforderung und Bewährungsprobe beschrieben (Herakles, Odysseus). Das literarische Augenmerk liegt dabei weniger darauf, den Betreffenden als Opfer denn als *Überwinder* aller Mühen darzustellen, dem am Ende reicher Lohn winkt, *per aspera ad astra*. So gewinnt sein Leben *paradigmatischen* Charakter für die Bewältigung von Versuchung, Mühen (πόνοι) und Leiden.

Darüber hinaus begegnet das Versuchungsthema oft im Sinne von *Verlockungen und Verführungen*, die die *Begierde* des Menschen reizen und ihn so persönlich gefährden bzw. von seinem Weg und Ziel abbringen wollen. Die Versuchungen können

---

[27]   Einen vergleichbaren Vorfall erzählt CORNELIUS NEPOS in seiner Biographie über den thebanischen Staatsmann und Heerführer Epameinondas. Der persische König Artaxerxes will diesen für sich gewinnen und bietet ihm zu diesem Zweck durch einen Boten Geld an. Epameinondas aber weist das Ansinnen entschieden zurück und schickt den Boten fort: „Tu quod me incognitum tentasti tuique similem existimasti, non miror tibique ignosco; sed egredere propere, ne alios corrumpas, cum me non potueris." („Über dich, der du mich in Versuchung führen wolltest, obwohl ich dir unbekannt war, und von dem du glaubtest, er sei dir ähnlich, wundere ich mich nicht. Ich verzeihe dir. Aber verschwinde schnell, damit du nicht andere verdirbst, nachdem du bei mir keinen Erfolg hattest" (Nep.Epam. 4,3).

sinnlicher Natur sein (vgl. z.B. Hom.Od. 12,37ff.154ff; Eur.Bakch. 811ff), sie können sich das menschliche Verlangen nach „Ruhm" (κῦδος; Hom.Il. 4,95) oder auch
die Habgier (Hdt. 3,122–125.148; Eur.Hek. 976ff) zunutze machen. Auch dämo-
nologisch motiviertes Machtstreben kann eine Rolle spielen (Aischyl.Pers. 713ff).
Immer ist es zum Schaden der betroffenen Menschen, wenn sie den Versuchungen
erliegen. Sie sind den Versuchungen zumeist jedoch nicht hilf- und wehrlos ausgeliefert, sondern haben die *Wahl*, ob sie den Versuchungen nachgeben oder nicht.

Die himmlischen *Götter* werden in der antiken Literatur an manchen Stellen mit
dem Versuchungsmotiv in Zusammenhang gebracht, sei es, dass sie den Menschen
Prüfungen auferlegen (Herakles; Odysseus) oder dass sie sie zu riskanten bzw.
unrechten Handlungen verführen wollen (Hom.Il. 4,66ff; Eur. Bakch. 811ff). Die
Prüfungen betreffen niemals den Glauben bzw. das Gottvertrauen der Menschen,
sondern zielen auf ihren Charakter, ihre Moralität, ihren Mut oder auch ihre Lei-
densfähigkeit. Die *Verführungen* sind in der Regel feindlich motiviert.

Umgekehrt ist gelegentlich auch davon die Rede, dass die Götter selbst Prüfungen unterzogen werden. Der Zweck der Prüfung besteht gewöhnlich darin, ihre
Fähigkeiten zu testen (vgl. z.B. die Tantalossage oder auch Hdt. 1,46–47). Das Wagnis, die Götter gleichsam wie Menschen zu versuchen, ist jedoch zumeist mit dem
Makel der *Hybris* und des Frevels behaftet. Es geht in den seltensten Fällen gut aus
und kann schwerste Strafen nach sich ziehen.

6.3 Die Versuchungsthematik im AT und im Frühjudentum

6.3.1 Vorbemerkungen

Der hohe Stellenwert der Versuchungsthematik im AT bzw. in der LXX und im
Frühjudentum hängt damit zusammen, dass, wie bereits angedeutet (vgl. S. 60),
Versuchung in der jüdischen Tradition speziell den Glauben und das Gottesver-
hältnis des Menschen berührt. Und es ist gerade diese spezifisch religiöse Ausrichtung, die dem Versuchungsmotiv im Judentum seine innere Tiefe und auch seine
Spannung verleiht. Denn nicht weniger als die Beziehung zu Jahwe steht auf dem
Spiel, wenn dieser das Volk und den Einzelnen versucht bzw. von ihnen versucht
wird. Darum hat die Thematik in der jüdischen Tradition stets aufs Neue mit
Vertrauen, Gehorsam und Treue gegenüber Gott zu tun. Versucht werden *niemals
die Angehörigen fremder Völker*. Es sind immer *die Auserwählten Jahwes bzw. die Glieder
seines Volkes*, die mit Versuchung konfrontiert werden (vgl. z.B. Tob 12,13).

In der alttestamentlich-jüdischen Überlieferung sind es besonders das
deuteronomistische Geschichtswerk und die Weisheitsliteratur, die der Thematik
breiten Raum geben – allerdings jeweils mit unterschiedlicher Akzentuierung und
Zielsetzung. Wichtig wird die Thematik nicht zuletzt in der frühjüdischen Apokalyptik, wenn auch die spezifischen Begrifflichkeiten für Versuchung nur relativ
selten in diesem Kontext begegnen.

Anliegen des dtrG ist es, die unheilvolle Geschichte des Volkes bis hin zur
Katastrophe von Tempel- und Landverlust im 6. Jahrhundert v. Chr. als göttliches
Gericht verstehen zu lehren. Demnach waren es der permanente Ungehorsam des
Volkes und seiner Könige, die das Unglück als logische Konsequenz nach sich
gezogen haben. Bei der Darstellung des Ungehorsams spielt auch die Versuchungs-

thematik eine wichtige Rolle, und zwar in doppelter Hinsicht: Zum einen habe das
Volk den (eigentlich positiv motivierten) göttlichen Versuchungen ein ums andere
Mal nicht standgehalten; zum anderen habe es sich nicht gescheut, seinerseits im-
mer wieder Gott auf die Probe zu stellen.

Die Weisheitsliteratur gibt der Versuchungsthematik eine andere Ausrichtung:
Dort ist es weniger das ungehorsame und verstockte Volk als vielmehr der Gerechte und Gottesfürchtige, der mit Versuchungen konfrontiert wird. Die Versuchungen dienen, sofern sie nicht von menschlichen Feinden ausgehen[28], seiner
Erziehung und Läuterung.

In der frühjüdischen Apokalyptik verbindet sich dann der Versuchungsgedanke
mit dem der endzeitlichen Bedrängnis und Verfolgung des Gottesvolkes und seiner
Glieder, deren Treue sich in nie dagewesenen Herausforderungen und Gefahren
bewähren muss.

Solange die Versuchung als Element der Erziehung verstanden wird, stellt es
kein Problem dar, Gott als ihren Urheber zu benennen. Wo sie jedoch als Verführung zur Sünde und insofern als Bedrohung erscheint – und das ist zunehmend im
apokalyptischen Kontext und unter dem Einfluss dualistischer Vorstellungen der
Fall – werden anstelle Gottes dämonische Kräfte bzw. der Satan als ihr Verursacher
angesehen.[29]

Nach diesen grundlegenden Hinweisen werden die alttestamentlich-jüdischen
Wurzeln der neutestamentlichen Versuchungsthematik nun im Einzelnen näher
beleuchtet.

6.3.2   Versuchungen des Volkes durch Gott

Im Zuge der Vergangenheitsbewältigung und -deutung nimmt das dtrG immer
wieder kritisch das Verhalten des Volkes Israel unter die Lupe. Eine besondere
Rolle spielt dabei der Aufenthalt des Volkes in der Wüste. In Dtn 8,2 LXX wird
der gesamte Wüstenweg als eine Zeit der Versuchung für das Volk beschrieben:
καὶ μνησθήσῃ πᾶσαν τὴν ὁδόν, ἣν ἤγαγέν σε κύριος ὁ θεός σου ἐν τῇ ἐρήμῳ,
ὅπως ἂν κακώσῃ σε καὶ ἐκπειράσῃ σε καὶ διαγνωσθῇ τὰ ἐν τῇ καρδίᾳ σού εἰ
φυλάξῃ τὰς ἐντολὰς αὐτοῦ ἢ οὔ („Und du sollst dich des ganzen Weges erinnern,
den dich der Herr, dein Gott, in der Wüste geführt hat [BHS: diese vierzig Jahre
lang], damit er dich peinige und dich versuche und (so) feststelle, was in deinem
Herzen ist, *ob du seine Gebote hältst oder nicht*‘). Das eben ist die entscheidende Frage;
somit begegnet hier (vgl. S. 69, Anm. 82) die charakteristische Form der *disjunktiven
Fragestellung*, die insofern für das Versuchungsmotiv typisch ist, als sie eine *Wahlmöglichkeit* für den Probanden impliziert und von ihm eine *Positionierung* bzw. *Entscheidung* verlangt.[30] Die Alternative „ob ... oder nicht“ taucht ebenfalls in Ex 16,4;
17,7 sowie Jdc 2,22 im Zusammenhang mit dem Versuchungsmotiv auf.

Die Versuchungen, von denen in Dtn 8,2 die Rede ist, werden in den permanenten Belastungen und Gefahren der Wüstenzeit gesehen. Hinter ihnen steht die

---

[28]   Vgl. z.B. Weish 2,16–20, wo der Gerechte einer böswillig motivierten Leidens-Probe unter-
       zogen werden soll.
[29]   Vgl. KLEIN, Art. *Versuchung II*, in: TRE 35, 48.
[30]   Die Wahlmöglichkeit stellt, wie zu beobachten war (vgl. S. 78.81), auch in der paganen
       Literatur ein konstitutives Element der Versuchungsvorstellung dar.

Intention Jahwes, das Herz und den Gehorsam des Volkes auf den Prüfstand zu stellen. Aber es geht noch um mehr. Die ständigen Entbehrungen und Nöte dienen dazu, das Volk seine schlechthinnige *Abhängigkeit* von Gottes Kraft und Hilfe spüren zu lassen (Dtn 8,17). Zugleich aber sollen sie das *Vertrauen* zu Jahwe stärken, dessen Fürsorge allein es zu verdanken ist, dass das Volk in der Wüste überlebt (Dtn 8,3–4.14–16).[31]

In pointierter Form erscheint die Glaubens- und Vertrauensprüfung in Ex 16,4. Die *tägliche* Mannaspeisung verweist das Volk *immer wieder neu* auf die Fürsorge seines Gottes: καὶ ἐξελεύσεται ὁ λαὸς καὶ συλλέξουσιν τὸ τῆς ἡμέρας εἰς ἡμέραν (!), ὅπως πειράσω αὐτοὺς εἰ πορεύσονται τῷ νόμῳ μου ἢ οὔ („Und das Volk soll hinausgehen und sie sollen den täglichen Bedarf einsammeln, damit ich sie auf die Probe stelle, ob sie mit meinem Gesetz wandeln werden oder nicht"). Das Ergebnis der Prüfung ist für das Volk beschämend: Es fehlt ihm an einem Gottvertrauen, das die eigene Existenz ganz in Gottes Hand legt, und so scheitert es an der Probe (Ex 16,19f).

Dass das Volk Israel seine Existenz und sein Wohlergehen nur der Güte seines Gottes verdankt, ist richtungsweisend für kommende Generationen. Die Erinnerung an den Wüstenweg soll das Volk gerade in guten Zeiten vor Hochmut und Gottvergessenheit bewahren (Dtn 8,12–18).[32]

In diesen Zusammenhang fügt sich auch der Gedanke in Dtn 8,5. Dort heißt es: καὶ γνώσῃ τῇ καρδίᾳ σου ὅτι ὡς εἴ τις παιδεύσαι ἄνθρωπος τὸν υἱὸν αὐτοῦ, οὕτως κύριος ὁ θεός σου παιδεύσει σε („Und du sollst in deinem Herzen erkennen, dass so, wie [irgend-]ein Mensch wohl seinen Sohn erzieht, so [auch] der Herr, dein Gott, dich erziehen wird"). Hier begegnet also bereits das Motiv der *Erziehung*, das später dann in der Weisheit zum bevorzugten Interpretament der Versuchung wird. Im Sinne des dtrG dient der gesamte Wüstenweg demnach dazu, das Volk im Glauben reifen und wachsen zu lassen und dadurch seine Gottesbindung zu vertiefen und zu festigen.

Die Bindung zwischen Gott und seinem Volk hat den Charakter einer *Liebesbeziehung*.[33] Aus reiner Liebe hat Jahwe Israel zu seinem Volk erwählt (Dtn 7,7f); das Volk erfüllt den Bund, indem es seinerseits Jahwe mit ungeteiltem Herzen liebt (Dtn 6,4f). Wenn das dtrG vom Prüfungscharakter der Versuchung spricht, dann geht es im tiefsten Sinne um die Bestätigung und Bewährung dieser Liebe seitens des Volkes.

Um die Liebe des Volkes zu erproben, kann Gott „Agenten" einsetzen. So heißt es in Dtn 13,1–4, dass er falsche Propheten schickt, die zur Abgötterei animieren: ... ὅτι πειράζει κύριος ὁ θεὸς ὑμᾶς εἰδέναι εἰ ἀγαπᾶτε κύριον τὸν θεὸν ὑμῶν ἐξ ὅλης τῆς καρδίας ὑμῶν καὶ ἐξ ὅλης τῆς ψυχῆς ὑμῶν („...denn der Herr, der Gott, versucht euch, um zu erkennen, ob ihr den Herrn, euren Gott, aus eurem

---

[31] Vgl. die stereotypen Formulierungen: „der dich herausgeführt hat" (8,14); „der dich geleitet hat" (8,15); „der dich gespeist hat" (8,16). Die Verse 7–18, die als Begründung für die Aufforderung zur Toratreue in V.6 dienen, bilden im Hebräischen nur einen einzigen Satz! Siehe dazu RÜTERSWÖRDEN, *Deuteronomium*, 60.

[32] Vgl. die pointierte Feststellung von RÜTERSWÖRDEN, *Deuteronomium*, 17: „Die Vergegenwärtigung der Vergangenheit hält Israel in der Spur."

[33] Vgl. RÜTERSWÖRDEN, *Deuteronomium*, 18: „Die Liebe, die Israel Gott entgegenbringt, hat ihr Gegenstück in der Liebe, die Gott Israel entgegenbringt."

ganzen Herzen und aus eurer ganzen Seele liebt").³⁴ Darüber hinaus lässt er die heidnischen Völker im Land Kanaan weiter wohnen, um die Bundestreue und den Gehorsam Israels zu prüfen (Jdc 2,21f; 3,1.4).³⁵

In dem (vermutlich nachdeuteronomistischen) Einschub Ex 15,25f wird sogar die Gabe der Tora selbst unter den Aspekt der Versuchung gerückt. Dies ist nur so erklärbar, dass die Gabe des Gesetzes für das Volk unweigerlich die Gehorsamsprüfung mit sich bringt. Ex 20,20 fügt dem noch eine weitere Nuance hinzu: Gesetzgebung und Theophanie stellen insofern eine Versuchung dar, als sie das Volk zu Gehorsam und Gottesfurcht anhalten sollen.

Die Versuchung des Wüstenvolkes durch Gott wird in den Spätschriften der LXX mehrfach aufgegriffen. Weish 11,2–16 vergleicht die Durstplage der Israeliten (Ex 17,3) mit der der Ägypter (Ex 7,19ff) und macht dabei folgende interessante Unterscheidung: Die Leiden, die Gott seinen Erwählten schickt, seien im Sinne der väterlichen Prüfung und Erziehung zu verstehen; diejenigen, die Gott den Feinden auferlegt, seien dagegen die Strafe für begangenes Unrecht. Weish 11,10 fasst es so zusammen: τούτους μὲν γὰρ ὡς πατὴρ νουθετῶν ἐδοκίμασας, ἐκείνους δὲ ὡς ἀπότομος βασιλεὺς καταδικάζων ἐξήτασας („Jene [sc. die Israeliten] hast du nämlich wohl wie ein Vater geprüft, der zurecht weist, diese [sc. die Ägypter] aber hast du wie ein strenger König gestraft, nachdem du sie verurteilt hast").

Jdt 8,11–27 LXX mahnt angesichts von akuter Bedrängnis zur Geduld im Leiden. Die gegenwärtige Drangsal sei als eine Prüfung Gottes anzusehen, nicht anders als die Versuchungen der „Väter" es waren; dafür gebühre Gott nicht Misstrauen, Hader oder Zweifel, sondern vielmehr *Dank* (8,25): παρὰ ταῦτα πάντα εὐχαριστήσωμεν κυρίῳ τῷ θεῷ ἡμῶν, ὃς πειράζει ἡμᾶς καθὰ καὶ τοὺς πατέρας ἡμῶν („Über all dies aber wollen wir dem Herrn, unserem Gott, danken, dass er uns ebenso versucht wie schon unsere Väter"). Wie bei den „Vätern" sei das Leid nicht anders als eine pädagogische Maßnahme Gottes zu verstehen (8,27): ὅτι οὐ καθὼς ἐκείνους ἐπύρωσεν εἰς ἐτασμὸν τῆς καρδίας αὐτῶν, καὶ ἡμᾶς οὐκ ἐξεδίκησεν, ἀλλ’ εἰς νουθέτησιν μαστιγοῖ κύριος τοὺς ἐγγίζοντας αὐτῷ („Denn nicht anders, wie er jene im Feuer geläutert hat, um ihr Herz zu prüfen, so vollstreckt er nicht ein Strafgericht an uns, sondern der Herr züchtigt die, die ihm nahe sind, um sie zur Einsicht zu führen"). Keinesfalls dürfe die Not ein Anlass sein, dass nun seinerseits das Volk zum Versucher Gottes werde (8,12f).

In der Textversion, die die Vulgata bietet, wird in diesem Zusammenhang ausdrücklich an die Bestrafung des ungehorsamen Wüstenvolkes erinnert. Viele Mitglieder des Volkes hätten damals die mit dem Leid einhergehende Versuchung nicht bestanden und ihr Versagen mit dem Leben bezahlt; das Schicksal der

---

³⁴ Eine ganz andere Begründung für das Phänomen der Falschprophetie liefert 1 Reg 22,22f. Dort dient das Auftreten von Falschpropheten nicht der Erprobung des Volkes; vielmehr sollen sie das ungehorsame Israel betören und dem Gericht ausliefern. Nach diesem Verständnis hat das Phänomen also nicht Prüfungs-, sondern Strafcharakter.

³⁵ Jdc 2,20 bietet noch eine zweite Erklärung für das Verbleiben der Heidenvölker; es interpretiert es als Strafe für den Bundesbruch und Ungehorsam Israels (vgl. in diesem Sinne auch Jos 23,13). Das Nebeneinander unterschiedlicher Erklärungen (in demselben Zusammenhang!) ist ein Hinweis darauf, wie intensiv um dieses Problem theologisch gerungen worden ist. Vgl. HERTZBERG, *Richter*, 160.

Vorfahren solle in der gegenwärtigen Notzeit als eindringliche Warnung dienen (8,24f): „Illi autem qui temptationes non susceperunt cum timore Domini et patientia sua inproperium murmurationis suae contra Dominum protulerunt exterminati sunt ab exterminatore et a serpentibus perierunt" (vgl. Num 21,4–9).

6.3.3 Versuchungen Gottes durch das Volk

Die Wüstenzeit ist nicht nur dadurch gekennzeichnet, dass Gott sein Volk durch Leiden und Entbehrungen versucht. Auch das Umgekehrte geschieht: dass das Volk seinen Gott versucht. Allerdings sind die Versuchungen, die vom Volk ausgehen, anderer Art als die Gottes. Sie sind nämlich nicht mit einer positiven Intention verbunden; im Gegenteil sind sie Ausdruck von Unzufriedenheit, Unglauben und Vermessenheit.[36]

Die Versuchungen, die das Volk durch Jahwe erfährt, die Bedrängnisse und Nöte, führen dazu, dass das Volk nun seinerseits Gott versucht, indem es an seiner *Macht, Präsenz und Fürsorge* zweifelt. Schlüsseltext für diese Thematik ist die Erzählung vom Wasserwunder in Massa und Meriba (Ex 17,1–7), mit der die Überlieferung vom Wunder in Mara (Ex 15,22–25a) aufgenommen und noch überboten wird.[37] Das Murren des dürstenden Volkes gegen Mose in Ex 15,24 steigert sich in Ex 17,1–7 zur Versuchung und Erprobung Jahwes, indem seine Gegenwart in Form der disjunktiven Frage angezweifelt wird (17,7): Εἰ ἔστιν κύριος ἐν ἡμῖν ἢ οὔ („Ist der Herr unter uns oder nicht?"). Damit wird „Gottes präsente ‚Wirk'lichkeit [*sic!*] in Frage gestellt, die sich in dem Quellwunder selbst als überaus mächtig erweist"[38].

Der Ortsname „Massa" wurde von dem in der Erzählung berichteten Geschehen her gebildet (Ex 17,7); er ist so, wie bereits erwähnt, geradezu zum Inbegriff der Versuchungen Gottes durch Israel geworden.[39] Die enorme Wirkungsgeschichte der Erzählung belegt auch der Terminus נסה. Er wurde zum Sinnbild für das (Fehl-)Verhalten Israels, das *die gesamte Wüstenzeit* prägte (vgl. Dtn 9,22.24)[40] und

---

[36] KORN, *ΠΕΙΡΑΣΜΟΣ*, 32 charakterisiert die biblische Rede von der Versuchung Gottes seitens des Menschen so, dass „die Verbindung von Gott und Mensch durch den Menschen selbst unterbrochen wird, indem der Mensch aus Zweifel oder Unglauben Gott auf die Probe stellt. ‚Gott versuchen' heißt also immer sündigen." Vgl. in diesem Zusammenhang auch die prägnante Formulierung von WOLTER, *Lukasevangelium*, 184: „Versuchung Gottes erwächst ... stets aus dem Zweifel am Gottsein Gottes."

[37] Vgl. AURELIUS, Art. *Versuchung I*, in: TRE 35, 45.

[38] KORN, *ΠΕΙΡΑΣΜΟΣ*, 34. In Dtn 33,8 findet sich eigenartigerweise eine gänzlich andere Erinnerung an das Geschehen; an dieser Stelle wird vom Ort Massa in der Weise gesprochen, dass der Stamm Levi dort eine Versuchung durch Gott (MT) bzw. durch das Volk (LXX: ἐπείρασαν) erfahren und erfolgreich bestanden habe.

[39] Die LXX übersetzt die Ortsbestimmung Massa mit Πειρασμός, die Vulgata mit Temptatio. In Dtn 6,16 wählt die Vulgata die Übersetzung „locus temptationis". Auch der Ortsname Meriba (מְרִיבָה) erfährt von der Erzählung her seine Begründung. Der MT führt ihn darauf zurück, dass das Volk dort mit Gott „gehadert" (רִיב) habe. Die LXX wählt den Namen Λοιδόρησις (λοιδορέω = beschimpfen, schmähen). Die Vulgata belässt es in Ex 17,7 bei dem einen Namen: Temptatio.

[40] Neben Massa werden in Dtn 9,22 auch andere Orte israelitischen Versagens genannt: "Feuerbrand" (vgl. Num 11,3; Übersetzung nach LXX D) und „die Gräber der Begierde" (vgl. Num 11,34; Übersetzung nach LXX D). Sie bleiben in ihrer traditions- und wirkungsge-

weit darüber hinaus.[41] In Num 14,22 wird rückblickend das vernichtende Urteil gefällt, dass Israel – allen Wunderzeichen Jahwes zum Trotz – ihn nun „zehnmal"[42] versucht und seiner Stimme nicht gehorcht habe. In ähnlicher Weise wird in Ps 78 mit dem Volk ins Gericht gegangen: „Und immer wieder versuchten sie Gott und reizten den Heiligen Israels" (V.41)[43]; der Ungehorsam habe sich nach der Wüstenzeit fortgesetzt in Höhenkult und Götzendienst (V.56ff). Unermüdlich wird auf die vielen Wohltaten Jahwes hingewiesen, vor deren Hintergrund das Fehlverhalten des Volkes umso erschreckender und unbegreiflicher erscheint[44]: So viele Beweise der Kraft, Liebe und Fürsorge seines Gottes habe Israel empfangen; aber es habe darauf keine andere Antwort gehabt als Ungehorsam und Untreue, wie sie sich in permanenter Versuchung seiner Majestät, Macht und Güte manifestierten.[45]

Dtn 6,16 untersagt es mit Blick auf das Quellwunder von Ex 17,2–7 ausdrücklich, Gott zu versuchen: „Du sollst den Herrn, deinen Gott, nicht versuchen, wie ihr (ihn) willentlich versucht habt in der Versuchung" (LXX: ὃν τρόπον ἐξεπειράσασθε ἐν τῷ Πειρασμῷ [BHS: in Massa]). Die Begründung wird gleich hinzugefügt: „Denn der Herr, dein Gott, in deiner Mitte ist ein eifersüchtiger Gott" (6,15). Mit anderen Worten: *Aufgrund seiner fürsorgenden Präsenz erhebt Jahwe den exklusiven Anspruch auf Verehrung, Liebe und Gehorsam seines Volkes.* Dtn 6,16 ist somit nichts anderes als die Negativfassung des ersten Gebots (Dtn 5,7). Von seiner Beachtung wird Wohl und Wehe des Volkes abhängig gemacht; ein Übertreten des

---

schichtlichen Bedeutung aber weit hinter Massa zurück. Entsprechend wird z.B. in Hebr 3,8–11.15 explizit auch nur auf das Quellwunder von Massa verwiesen.

[41] Nach KORN, *ΠΕΙΡΑΣΜΟΣ*, 34 muss Ex 17,2–7 als ein „typischer Einzelfall" verstanden werden „für das, was die Geschichte Israels als eine Geschichte des Machtwirkens Gottes und des Unglaubens des Volkes besonders auszeichnet. Denn dieses Verständnis des Geschehens zieht sich durch die gesamte Überlieferung des AT und NT hindurch. Hierbei ist aber das Bemerkenswerte, dass für die Schilderung des sich wiederholenden Schwankens des Volkes in seiner Stellung zu Gott wie auch des Zweifelns einzelner gerade die Formel ‚Gott versuchen' gewählt wird."
Die Allgemeinheit und Macht der Versuchungsvorstellung wirkt zum Beispiel noch bei Paulus (vgl. 1 Kor 10,1–13) nach, wenn er das Ereignis der Schlangenplage in Num 21,4–9 im Sinne einer „Versuchung Christi" bzw. „des Herrn" (v.l.) durch das Volk interpretiert, ohne dass der hebräische Text bzw. die LXX die typischen Begrifflichkeiten für Versuchung enthalten hätten.

[42] Mit der Zehnzahl werden die Gottversuchungen als für „das ganze Verhalten Israels typisch dargestellt" (KORN, *ΠΕΙΡΑΣΜΟΣ*, 39).

[43] Die Versuchung Gottes stellt eine Verletzung seiner Heiligkeit dar. KORN, *ΠΕΙΡΑΣΜΟΣ*, 25: drückt es so aus: „Damit wird Gott in die Sphäre des Menschlichen herabgezogen und anthropopathisch vorgestellt, weil angenommen wird, dass Gott wie ein Mensch versucht werden kann. Das heißt aber Gott auf die Probe stellen. Und so ist es begreiflich, dass ein solches ‚Gott versuchen' gleich ‚Gott auf die Probe stellen' als eine Verletzung seiner Heiligkeit angesehen wird." Vgl. die dreiste „Leistungsprobe" in Ps 78,19: „Kann Gott wohl ...?"
Dieses Interpretament steht in auffälliger Nähe zur paganen Tradition. Denn hier wie dort wird die Versuchung Gottes bzw. der Götter als Ausdruck menschlicher Anmaßung und Hybris interpretiert (vgl. Hdt. 6,86 und die Tantalos-Sage).

[44] Vgl. Ps 95,8f; 78,5ff; 106,7ff oder auch den Geschichtsrückblick Ez 20,5–29. Speziell in Ps 95,9 [Ps 94,9 LXX] wird durch den Parallelismus membrorum ἐπείρασαν ... ἐδοκίμασαν die Versuchung Gottes als eine Prüfung und Erprobung Gottes charakterisiert, die seinen vorangegangenen Machterweisen Hohn spricht.

[45] Vgl. Num 14,22; Ps 78,18f.24; 106,14. Ps 78,18f.24 und Ps 106,14 erinnern übrigens nicht an Massa, sondern an die Mannageschichte in Ex 16,3ff bzw. Num 11,4ff.

Gebots zieht unweigerlich Gottes vernichtenden Zorn nach sich[46], während Gehorsam und Treue reichen Lohn finden.[47]

Dtn 6,16 steht auch im Hintergrund von Jes 7,10–12. Der König Ahas beruft sich darauf, allerdings in heuchlerischer Weise. Er schlägt Gottes Angebot eines himmlischen Zeichens aus, weil er weniger Gott vertraut als seinen eigenen politischen Plänen. In diesem Zusammenhang begegnet erstmals konkret die Vorstellung, dass die Versuchung Gottes als eine Sünde verstanden wird, zu der ein Mensch durch Beeinflussung von dritter Seite versucht werden kann.[48]

Das Verbot, Gott zu versuchen, wirkt später dann in vielfältiger Weise in der Weisheit nach. Auch hier gilt die Versuchung Gottes als Ausdruck von Zweifel und Misstrauen (vgl. Weish 1,2) oder aber als Zeichen mangelnder Demut (Sir 18,23)[49], die Gottes Zorn heraufbeschwört (Weish 1,3; Sir 18,24). In Ergänzung zur Weisheitsliteratur sei aber auch abermals auf Jdt 8 LXX verwiesen. Bei der Belagerung der Stadt Betulia durch die Assyrer hört Judith von der Absicht des Stadtobersten Ozias und seiner Ältesten, die Stadt den Belagerern zu übergeben, wenn Gott nicht „binnen fünf Tagen" helfend eingegriffen habe (Jdt 7,30). Sie tadelt die Absicht als eine hybride Versuchung Jahwes (Jdt 8,12f): καὶ νῦν τίνες ἐστὲ ὑμεῖς, οἳ ἐπειράσατε τὸν θεὸν ἐν τῇ ἡμέρᾳ τῇ σήμερον καὶ ἵστατε ὑπὲρ τοῦ θεοῦ ἐν μέσῳ υἱῶν ἀνθρώπων; καὶ νῦν κύριον παντοκράτορα ἐξετάζετε καὶ οὐθὲν ἐπιγνώσεσθε ἕως τοῦ αἰῶνος („Nun aber, wer seid ihr eigentlich, dass ihr am heutigen Tag Gott versucht und euch inmitten der Menschensöhne an die Stelle Gottes gestellt habt? Ihr wollt jetzt den Herrn, den Allherrscher, erforschen und werdet doch bis in Ewigkeit nichts erkennen") und warnt davor, ihn auf diese Weise zu reizen. Es sei allein Gottes Sache, ob und wann er seinem Volk helfen wolle (8,14f). Des Menschen Sache aber sei es, sich in den unerforschlichen Willen Gottes zu fügen, anstatt ihn mit ungebührlichen Erwartungen unter Druck zu setzen, so, als stünde der Mensch mit Gott auf einer Stufe und wäre seinesgleichen.[50]

6.3.4 Versuchungen des Gerechten

6.3.4.1 Die Versuchungen des Gerechten durch Gott

Bei der Analyse der Versuchungen des Gerechten verdient die Gestalt *Abrahams* besondere Aufmerksamkeit. Schlüsseltext ist die auch wirkungsgeschichtlich höchst bedeutsame Geschichte Gen 22,1–19. In einzigartiger Weise beherrscht hier das Thema Versuchung eine ganze Erzählung. Insofern bietet sie „eine einmalige Zuspitzung und Vertiefung des Themas"[51].

---

[46] Vgl. Dtn 6,15, außerdem Num 14,22f, Dtn 9,8.19 und Ps 95,11.

[47] Vgl. Dtn 6,18.24.

[48] Diese Vorstellung begegnet wieder im NT, und zwar in der Versuchungsgeschichte Jesu in Mt 4,5–7/Lk 4,9–12.

[49] Nach Sir 18,23 ist schon ein unüberlegtes Gelübde wie eine Versuchung Gottes zu werten.

[50] Es geht also beim Vorwurf der Versuchung Gottes in Jdt 8,12 um mehr, als die Erklärung durch LXX D besagt: „Gemeint ist ‚ihr habt einer Prüfung und Beurteilung unterzogen'." Der Vorwurf Judiths gegen den Stadtobersten und die Ältesten geht vor allem in die Richtung, dass durch das Setzen der Fünf-Tage-Frist Gott *herausgefordert* wird.

[51] AURELIUS, Art. *Versuchung I*, in: TRE 35, 46.

Aber nicht nur das. Um es mit VON RAD zu sagen: Sie ist „die formvollendetste und abgründigste aller Vätergeschichten."[52] Offensichtlich ist sie aus einer älteren Überlieferungsschicht erwachsen, in der es um die Ablösung des Kindesopfers durch ein Tieropfer ging.[53] In ihrer jetzigen Gestalt und im Kontext der übrigen Abrahamgeschichten geht es aber um etwas anderes. Es geht, wie Gen 22,1 schon deutlich macht, um eine Versuchung Abrahams: Καὶ ἐγένετο μετὰ τὰ ῥήματα ταῦτα ὁ θεὸς ἐπείραζεν τὸν Αβρααμ („Und nach diesen Ereignissen geschah es, dass Gott Abraham auf die Probe stellte"). Bei dieser Versuchung handelt es sich um eine besonders schwere. Bewährungsproben seines Glaubens hatte Abraham auch zuvor schon durchzustehen gehabt: so zum Beispiel beim Ruf aus der mesopotamischen Heimat in die Fremde (Gen 12,1ff)[54] oder bei der Verheißung einer großen Nachkommenschaft trotz seines hohen Alters (Gen 15,1ff). Nun aber sieht es so aus, als wolle Gott selbst diese Verheißung aufheben, indem er von Abraham verlangt, seinen eigenen Sohn zu opfern: „Nimm deinen geliebten Sohn, den du lieb gewonnen hast, Isaak, und ziehe in das hohe Land und führe ihn zum Ganzfeueropfer!" (Gen 22,2).[55] Der Leser der Erzählung weiß dank der einleitenden Bemerkung des elohistischen Erzählers (22,1) von vornherein, dass es sich „nur" um eine Prüfung handelt.[56] Auf textinterner Ebene aber fehlt Abraham dieses Wissen; das Verlangen Gottes muss ihm deshalb unbegreiflich erscheinen.[57] G. VON RAD bringt es auf den Punkt: „Die Erzählung von der ‚Opferung Isaaks' lässt alle bisherigen Anfechtungen Abrahams hinter sich und stößt in jenen Bereich äußerster Glaubenserfahrungen vor, da Gott selbst als der Feind seines eigenen Werkes bei den Menschen aufsteht, da Gott sich so tief verbirgt, dass sich vor dem Verheißungsempfänger nur noch der Weg in eine Gottverlassenheit zu eröffnen scheint."[58]

Abraham aber zeigt sich sogleich entschlossen, dem Befehl Gottes zu gehorchen. Kein Verhandeln, kein Hadern, kein Zögern. Im letzten Moment erst greift Gott ein und verhindert das Kindesopfer (Gen 22,11f). Die Prüfung hat ihren Zweck erreicht; und nun erhält auch Abraham den entsprechenden Aufschluss. Er hat seinen Gehorsam und seine Gottesfurcht erwiesen: „Jetzt habe ich nämlich erkannt, dass du Gott fürchtest, und du hast deinen geliebten Sohn nicht geschont,

---

52 VON RAD, *Genesis*, 189.

53 Mit VON RAD, *Theologie I*, 182. Anders KUNDERT, *Opferung*, 304: „Die Versuchungserzählung kann nicht als eine Ätiologie für die Substitution des Erstgeborenenopfers durch ein Tieropfer gelten." KUNDERT begründet dies damit, dass die früheste (eventuell mündlich tradierte) Fassung der Erzählung von einer tatsächlichen Opferung Isaaks ausgegangen sei – eine meines Erachtens wenig überzeugende Hypothese.

54 In dem rabbinischen Text Tanchuma Lekh lekha 3 E werden Gen 12,1 und Gen 22,2 parallelisiert. R. Levi sagte: „Die erste Prüfung war wie die letzte Prüfung. Die erste Prüfung erfolgte mit dem Befehl: ‚Zieh weg aus deinem Land', die letzte Prüfung mit: ‚Zieh weg in das Land Morija'. Zitiert bei STEMBERGER, *Midrasch*, 178.

55 KORN, *ΠΕΙΡΑΣΜΟΣ*, 48 kommentiert treffend: „Damit bricht also über das Verhältnis Abrahams zu Gott, d.h. seinen Glauben, die Versuchung herein."

56 Der Leser hat also gegenüber den Erzählfiguren einen „Informationsvorsprung" (RENDTORFF, *Theologie I*, 314).

57 Möglicherweise verbirgt sich hinter Gen 22,8, der unbestimmten Antwort Abrahams auf die Frage seines Sohnes nach dem Brandopfer, die vage Hoffnung auf einen Ausweg aus der Notsituation.

58 VON RAD, *Theologie I*, 188.

meinetwegen" (Gen 22,12). An die Stelle des Sohnesopfers tritt ein Tieropfer (Gen 22,13).

Die Bedeutung von Gen 22,1–19 ist aus zweierlei Gründen kaum zu überschätzen. Zum einen spiegelt sich in der Erzählung eine Glaubenserfahrung wider, die das Volk Israel in der Geschichte mit seinem Gott wiederholt hat machen müssen: als wollte Gott das zugesagte und schon angebahnte Heil wieder zurücknehmen. Diese Erfahrung erfährt in Gen 22 nun ihre Deutung, und zwar dergestalt, dass Gott in solchen Situationen der äußersten Not und Bedrängnis, wo der Mensch an Gott und seinen Zusagen irre zu werden droht, dessen Vertrauen und Gehorsam einer Prüfung unterzieht.[59]

Zum anderen wird Abraham aufgrund von Gen 22 zur paradigmatischen Gestalt der Treue in der Versuchung schlechthin.[60] Als derjenige, der sich in schwerster Versuchung bewährt hat, taucht er entsprechend in den Spätschriften der LXX bis hin zum frühjüdischen Schrifttum immer wieder auf – häufig in Verbindung mit noch anderen biblischen Identifikationsfiguren. Dafür einige Beispiele. Angesichts von akuter Not und Bedrängnis wird gerne an das Schicksal der Ahnen erinnert und daran, dass diese diverse Versuchungen und Bedrängnisse bestanden haben. So appelliert Judith in dem schon erwähnten Kontext aktueller Gefahr durch die assyrische Belagerung an die Ältesten des Volkes (Jdt 8,26 LXX): μνήσθητε ὅσα ἐποίησεν μετὰ Αβρααμ καὶ ὅσα ἐπείρασεν τὸν Ισαακ καὶ ὅσα ἐγένετο τῷ Ιακωβ („Erinnert euch daran, was er mit Abraham machte, wie er Isaak versuchte und was dem Jakob widerfuhr"). Hier ist neben der Versuchung Abrahams also auch von einer Versuchung Isaaks die Rede. Das könnte auf ein Verständnis von Gen 22 schließen lassen, welches in dieser Überlieferung auch eine Versuchung Isaaks erkennt. Ein adäquates Verständnis verraten übrigens 4 Makk 13,12, wo die geduldige Leidensbereitschaft Isaaks in ihrer Vorbildlichkeit gerühmt wird, und besonders 4 Makk 16,19f, wo Abraham und Isaak in gleicher Weise positiv gewürdigt werden – als vorbildlich für das Martyrium der sieben Brüder unter dem Seleukidenherrscher Antiochus IV. Epiphanes: ... ὀφείλετε πάντα πόνον ὑπομένειν διὰ τὸν θεόν, δι' ὃν καὶ ὁ πατὴρ ἡμῶν Αβρααμ ἔσπευδεν τὸν ἐθνοπάτορα υἱὸν σφαγιάσαι Ισαακ, καὶ τὴν πατρῴαν χεῖρα ξιφηφόρον καταφερομένην ἐπ' αὐτὸν ὁρῶν οὐκ ἔπτηξεν („[Deswegen] müsst ihr auch jede Mühsal ertragen um Gottes willen. Seinetwegen eilte auch unser Vater Abraham, seinen Sohn Isaak, den Vater (unseres) Volkes, zu schlachten, und als der die väterliche Hand das Messer gegen sich führen sah, erschrak er nicht").[61] Isaaks Unerschrockenheit angesichts des drohenden Endes gilt demnach als ebenso verehrungswürdig wie die Opferbereitschaft seines Vaters.[62]

---

[59]   Ebd.: „Derlei [sc. dass Gott als der Feind seines eigenen Werkes aufsteht] hat ... Israel in seiner Geschichte mit Jahwe erfahren, und es hat das Ergebnis solcher Erfahrungen in dieser Geschichte ausgesprochen: Israel soll wissen, dass es sich in solchen Situationen, da Gott sich aufs Unerträglichste zu widersprechen scheint, um Versuchungen handelt, in denen Jahwe den Glauben prüft."

[60]   Vgl. KLEIN, Art. *Versuchung II*, in: TRE 35, 48.

[61]   Übersetzung nach LXX D.

[62]   Mehrfach ist in 4 Makk aber auch von Abraham allein die Rede, und zwar im Zusammenhang mit der Darstellung der Mutter der sieben Märtyrerbrüder. Deren Bereitschaft, den Tod der Söhne hinzunehmen, wird mit der Opferbereitschaft Abrahams verglichen (14,20; 15,28).

Die Vulgata, die in Jdt 8 gegenüber der LXX einen eigenen Text bietet, nennt ebenfalls Abraham und Isaak (und zusätzlich auch noch Jakob und Mose) in einem Atemzug, hebt dabei aber die besondere Rolle Abrahams hervor (8,22f): „Memores esse debent quomodo pater noster Abraham temptatus est et per multas tribulationes probatus Dei amicus effectus est. Sic Isaac sic Iacob sic Moses et omnes qui placuerunt Deo per multas tribulationes transierunt fideles." Abraham wird also aufgrund seiner Bewährung in den Versuchungen „Freund Gottes" genannt, eine ungewöhnliche Auszeichnung.[63] Seine Einzigartigkeit betont in geradezu hymnischen Worten auch Sir 44,19f LXX: Αβρααμ μέγας πατὴρ πλήθους ἐθνῶν, καὶ οὐχ εὑρέθη ὅμοιος [v.l. μῶμος] ἐν τῇ δόξη ... καὶ ἐν πειρασμῷ εὑρέθη πιστός („Abraham ist der Vater einer Menge von Völkern, an seiner Ehre gibt es keinen Makel [v.l.: kein Vergleichbares] ... und in der Versuchung wurde er als treu [bzw. gläubig] erfunden").[64] *Es ist folglich seine im* πειρασμός *bewährte* πίστις[65], *die ihn über alle anderen Menschen emporhebt und zum Prototypen des wahren Frommen macht* – eine Vorstellung, die bis weit in das NT hineinreicht und neben Jak 2,23 auch in Hebr 11,8–10.17–19, vor allem aber in den paulinischen Briefen (Gal 3,6f; Röm 4,3.18–22) aufgegriffen wird.

Unter den frühjüdischen Autoren rühmt insbesondere PHILO die Bewährung Abrahams in den höchsten Tönen: „Größeres aber, als mit Worten ausgedrückt werden könnte, vollbringt einer, der den einzigen geliebten Sohn, den er hat, darbringt, da ein solcher sich nicht dem väterlichen Gefühl hingibt, sondern ganz und gar von der Liebe zu Gott leiten lässt."[66] Besonders würdigt PHILO Abrahams innere Ruhe angesichts des schrecklichen Gottesbefehls: „Obwohl er nun mit unsagbarer Liebe an seinem Kinde hing, wechselte er weder die Farbe noch zuckte er in der Seele zusammen; ohne zu wanken, blieb er in seinem festen und unerschütterlichen Glauben wie zuvor."[67] PHILO betont weiter, dass sich Abrahams Tat mit der bei Griechen und Barbaren praktizierten Sitte der Kindesopferung in keiner Weise vergleichen lasse: „Jene Tat ist ... ganz außergewöhnlich und ward eben nur von ihm [sc. Abraham] vollbracht ... Was ist hier nicht außerordentlich und über jedes Lob erhaben? Daher kann .. der nicht von Natur Neidische und Boshafte die überaus große Frömmigkeit [nur] anstaunen und bewundern."[68]

---

[63] Sie findet auch in 2 Chr 20,7 (LXX: τῷ ἠγαπημένῳ) Erwähnung (vgl. ebenfalls Jes 41,8). Im NT knüpft Jak 2,23 daran an.

[64] Übersetzung nach LXX D.

[65] Vgl. in diesem Sinne auch 1 Makk 2,52; die Stelle mutet wie eine Paraphrase von Gen 15,6 an.

[66] PHILO, Abr. 196.

[67] Ebd. 170.

[68] Ebd. 197.199. Zu dieser positiven Würdigung Abrahams durch PHILO sei eine Randbemerkung erlaubt: Was die *gegenwärtige* Rezeption von Gen 22 angeht, so erscheint es mir doch sehr bemerkenswert, dass das Verhalten Abrahams in der heutigen Zeit keineswegs mehr so uneingeschränkt positiv gesehen wird. Bei einem Bibelgespräch in der Aachener Universitätsklinik fanden es mehrere Teilnehmer/innen sogar äußerst befremdlich, dass Abraham nicht einmal den Versuch macht, den Auftrag zur Opferung seines Sohnes abzuwehren, sondern stattdessen in einer Art „Kadavergehorsam" umgehend zur Ausführung des Befehls schreitet. Davon abgesehen, wurde auch der „Gehorsams-Test" selbst als fragwürdig, wenn nicht geradezu als abstoßend empfunden.
Dafür, dass übrigens auch schon im Frühjudentum *der Test selbst* durchaus kritisch gesehen werden konnte, gibt es einen interessanten Anhaltspunkt: Zunehmend zeigt sich dort die

Im frühjüdischen Schrifttum wird gelegentlich sogar Abrahams gesamtes Leben unter das Thema „Versuchung" gestellt. So spricht mAv 5,3f davon, dass Abraham „zehnmal" versucht worden sei: „Durch zehn Versuchungen wurde unser Vater Abraham versucht und bestand sie alle, um zu bekunden, wie groß die Liebe unseres Vaters Abraham [zu Gott] war." Die charakteristische Zehnzahl, die, wie bereits erwähnt (vgl. S. 86, Anm. 42), einen typischen Sachverhalt beschreibt, begegnet auch im Buch der Jubiläen; dort werden die zehn Versuchungen sogar einzeln aufgeschlüsselt. So heißt es in Jub 17,17–18:

> „Und der Herr wusste, dass Abraham gläubig war in aller seiner Trübsal, die er ihm genannt hatte. Denn er hatte ihn versucht mit seinem Land und durch Hungersnot. Und er hatte ihn versucht durch den Reichtum der Könige. Und er hatte ihn wiederum versucht durch seine Frau, als sie ihm geraubt wurde, und durch die Beschneidung. Und er hatte ihn versucht durch Ismael und durch Hagar, seine Sklavin, als er sie fortschickte. Und in allem, wodurch er ihn versuchte, wurde er als glaubend erfunden. Und seine Seele war nicht ungeduldig, und er hatte nicht gezögert, es zu tun, denn glaubend war er und liebend den Herrn."

Anschließend (Jub 18) folgt die Erzählung von der Opferung Isaaks. Schließlich wird in Jub 19,1–9 die zehnte Versuchung Abrahams beschrieben, in Zusammenhang mit dem Tod Saras (19,3.8):

> „Und Abraham ging, dass er sie beweine und sie beerdige. Und wir versuchten ihn, [um zu sehen], ob sein Geist geduldig sei und ob er nicht unwillig sei im Worte seines Mundes. Und er wurde auch darin geduldig gefunden und wurde nicht verwirrt ... Und diese ist die zehnte Versuchung, mit der Abraham versucht wurde. Und er wurde gefunden als glaubend, geduldigen Geistes."

Indem von der Bewährung Abrahams nicht nur in einer, sondern sogar in zehn Versuchungen berichtet wird, erfährt die Darstellung und Würdigung seiner *Geduld und Glaubensstärke*, auf die alle Versuchungen hinzielen, immer weitere Betonung und Ausgestaltung.[69] Dies geht aber zweifellos auf Kosten der Spezifizität des Versuchungsbegriffs, indem nun alle möglichen Bedrängnisse und Erfahrungen Abrahams unter diesen Begriff subsumiert werden. Wahrscheinlich hat die Erweiterung und Ausgestaltung der Versuchungen Abrahams im Frühjudentum damit zu tun, dass auf diese Weise ein jüdisches Gegenüber zu der hellenistischen Tradition von den zehn Arbeiten und Mutproben des Herakles gebildet werden konnte (vgl. S. 74). Um es mit KORN zu sagen: „Wie Herakles einen δώδεκα- oder δέκα-ἆθλον, so hat noch viel mehr Abraham einen Zehnkampf von Versuchungen bestanden!"[70]

Tendenz, die Versuchung Abrahams auf eine böswillige Initiative Satans zurückzuführen (vgl. Jub 17,15f; GenR 56 (35c); bSan 89b [Talmud IX, 24]).

[69] Dies setzt sich fort bis hin zur Apokalypse Abrahams (2.Jh. n.Chr.). In ApkAbr 12f wird die Geschichte aus Gen 22 aufgenommen, aber in bemerkenswerter Weise umgebildet. Dabei fließen auch Motive vom Aufenthalt Israels am Sinai bzw. aus der Elia-Überlieferung ein. Inhaltlich geht es nicht mehr um ein Kindesopfer, sondern darum, dass der Wüstendämon Azazel den Abraham von einem Tieropfer abzuhalten versucht. Ein vergebliches Bemühen, denn, wie ApkAbr 13,11 bekundet: Abraham ist aufgrund seiner tiefen Frömmigkeit nicht verführbar.

[70] KORN, *ΠΕΙΡΑΣΜΟΣ*, 55f.

Bei der Darstellung Abrahams im Jubiläenbuch ist schließlich noch ein Weiteres auffällig: Abraham wird ausführlich in der Weise dargestellt, dass er sich von den Götzen seines Heimatlandes abwendet und zum Gott Israels als dem wahren Schöpfer und Herrn der Welt *bekehrt* (Jub 12). So avanciert er in frühjüdischer Zeit und unter der Herausforderung des Hellenismus quasi zum „Prototyp des Proselyten"[71], der sich nach seiner Berufung/Bekehrung einer Vielzahl von Bewährungsproben seines neuen Glaubens ausgesetzt sieht (Jub 12–19) und diese erfolgreich besteht. „Auf das Gläubigwerden folgt die Phase der Versuchungen, in der die Echtheit der Berufung geprüft wird."[72] In ihrer paradigmatischen Bedeutung für den jüdischen Proselytismus kann der Person des Abraham allenfalls noch die Gestalt des Hiob (vgl. Hi/TestHiob) an die Seite gestellt werden.

Dezidiert zehn Versuchungen werden im frühjüdischen Schrifttum auch noch von einer anderen Gestalt berichtet: dem Patriarchen Joseph. In TestJos werden seine verschiedenen Leiden und Prüfungen erwähnt[73], die in der Versuchung Josephs durch die Frau Potiphars gipfeln (TestJos 2,2). Und dann heißt es (TestJos 2,4–7):

> „Der Herr nämlich lässt die, die ihn fürchten, nicht im Stich: nicht in Dunkelheit noch Fesseln noch Notlagen noch Schwierigkeiten. Denn Gott schämt sich nicht wie ein Mensch, noch zagt er wie ein Menschenkind, noch ist er schwach oder verzagt wie ein Erdgeborener. An allen Orten ist er gegenwärtig, und auf vielfältige Weise tröstet er. Nur kurz entfernt er sich, zu erproben der Seele Sinn. In zehn Versuchungen fand er mich erprobt, und in diesen allen erwies ich Geduld. Denn ein starkes Heilmittel ist die Geduld, und viel Gutes gibt die Ausdauer."[74]

Interessant ist hier besonders der Gedanke, dass die Versuchungen Josephs darin bestehen bzw. daraus erwachsen, dass Gott ihn, den Gerechten, zum Zwecke der Prüfung *verlässt*.[75] Diese Anschauung begegnet in vergleichbarer Weise auch schon

---

[71]   BERGER, *Theologiegeschichte*, 189.

[72]   Ebd. 698. Diese Vorstellung, dass speziell die *Neubekehrten* ihren Glauben in Versuchungen zu erweisen und zu bewähren haben, wird auch prägend für das frühchristliche Denken (vgl. v.a. Jak 1,2–12, aber auch 1 Petr 1,6f und darüber hinaus Gal 1,6).

[73]   Vgl. TestJos 1,4–7: „Meine Brüder, sie hassten mich, aber der Herr liebte mich. Sie wollten mich töten, aber der Gott meiner Väter bewahrte mich. In eine Grube ließen sie mich hinab, aber der Höchste führte mich heraus. Ich wurde als Sklave verkauft, aber der Herr über alles hat mich befreit. In Gefangenschaft wurde ich gebracht, aber seine starke Hand hat mir geholfen. Von Hunger wurde ich gequält, aber der Herr selbst ernährte mich. Allein war ich, aber Gott tröstete mich. In Krankheit lag ich, aber der Herr besuchte mich. Im Gefängnis war ich, aber der Erretter begnadete mich. In Verleumdung war ich, aber er verteidigte mich. In bittern Worten der Ägypter, aber er riss mich heraus. Im Neid der Mitsklaven, aber er erhöhte mich."

[74]   Die Charakterfestigkeit Josephs findet auch bei PHILO eine ausführliche Würdigung. So kommentiert er dessen Standhaftigkeit gegenüber Potiphars Frau wie folgt: „Nützlich und heilsam ist die Enthaltsamkeit zwar für alle Lebensverhältnisse, ganz besonders aber für das Staatsleben ... Durch Liebesverhältnisse und Ehebrüche und Weiberlisten sind die meisten und größten Kriege entstanden ... Wenn aber die Folgen der Zügellosigkeit innere Unruhen und auswärtige Kriege und Leiden über Leiden ohne Zahl sind, so sind andererseits die Folgen der Enthaltsamkeit Wohlstand, Frieden, Besitz und Genuss vollkommenen Glückes" (PHILO, Jos., 55–57).

[75]   Vgl. KORN, *ΠΕΙΡΑΣΜΟΣ*, 63.

in 2 Chr 32,31: ... καὶ ἐγκατέλιπεν αὐτὸν κύριος τοῦ πειράσαι αὐτὸν εἰδέναι τὰ ἐν τῇ καρδίᾳ αὐτοῦ („... Da ließ ihn [sc. Hiskia] der Herr allein, um ihn auf die Probe zu stellen, damit er erkenne, wie es in seinem Herzen aussah"). Die Versuchung kann sich demnach mit der Erfahrung der Gottverlassenheit verbinden bzw. ganz konkret in eben dieser Erfahrung bestehen.

In die Galerie der vorbildlichen Ahnen reiht sich schließlich noch eine Gestalt ein, deren Name soeben schon gefallen ist: Hiob. Das Hiob-Buch wendet sich gegen den Tun-Ergehen-Zusammenhang, wonach Leid als gerechte Vergeltung und Strafe Gottes für begangene Sünden anzusehen ist – eine Denkvoraussetzung, wie sie auf textinterner Ebene von den Freunden Hiobs vehement vertreten wird. Entgegen dieser Voraussetzung beschreibt und erklärt das Buch die Leiden Hiobs als Proben und Versuchungen seiner Glaubensfestigkeit und Gottestreue im Anschluss an seine außergewöhnliche himmlische Würdigung (Hi 1,11f; 2,4–6).[76] Hiobs Frömmigkeit bewährt sich gerade darin, dass er die Leiden in all ihrer Unbegreiflichkeit (vgl. z.B. Hi 7,20f; 9,10) auf sich nimmt und erträgt (Hi 2,10), sich auch von seiner Frau nicht zur Absage an Gott verleiten lässt (Hi 2,9f)[77] und an seiner Gerechtigkeit festhält (Hi 27,5f).

Diese Sichtweise wird in der fragmentarisch erhaltenen Schrift eines jüdisch-hellenistischen Exegeten namens ARISTEAS weitergeführt: „Dieser Job habe aber zuvor Jobab geheißen. Als Gott ihn auf die Probe gestellt habe, sei er (ihm) treu geblieben... Als er sich in (solch) elender Lage befand, seien [seine Freunde] zu Besuch gekommen. Aber er aber (von ihnen) getröstet (werden sollte), habe er gesagt, er werde auch ohne Trost in seiner Frömmigkeit fest bleiben, auch unter (so) schrecklichen Umständen."[78] An das Vorbild Hiobs, der sich im Leiden geduldig erwiesen hat, erinnert im NT Jak 5,11. Das „Testament Hiobs", eine um die Zeitenwende im hellenistischen Judentum entstandene Erbauungsschrift, beschreibt Hiobs Leiden dagegen eher im Sinne eines Kampfes, den er mit dem Teufel austrägt (vgl. TestHiob 4,10). Aber auch hier schimmert der Versuchungsgedanke durch.[79]

Ob die Erzväter oder Joseph, Mose oder Hiob – sie alle sind durch Versuchungen und Leiden hindurchgegangen.[80] Speziell die jüdische Weisheitstradition verallgemeinert diesen Tatbestand, indem sie betont, „dass die Versuchung im Sinne der Erprobung von Glauben und Gehorsam zum Leben aller Frommen und Gerechten gehört"[81]. Ja, sie gilt geradezu als der paradoxe Ausdruck dafür, dass

---

[76] Es wurde bereits darauf hingewiesen (vgl. S. 61), dass die LXX an mehreren Stellen durch den Begriff πειρατήριον (7,1; 10,17; 19,12) die Versuchungsterminologie *explizit* in den Text einträgt.

[77] Die Verbitterung der Frau Hiobs und ihr Unverständnis über dessen Geduld und Ergebung in den göttlichen Willen werden im Text der LXX – anders als in der Hebräischen Bibel - breit ausgestaltet (vgl. Hi 2,9a–e).

[78] ARISTEAS 3f (JSHRZ III/2, 293–296).

[79] Vgl. besonders TestHiob 25f.

[80] In 4 Makk 16,21 werden zusätzlich noch Daniel (in der Löwengrube) sowie Ananias, Azarias und Misael (im Feuerofen) als Vorbilder für Geduld im Leiden angeführt.

[81] KLEIN, Art. Versuchung II, in: TRE 35, 48.

Gott den Gerechten liebt. So erklärt Tob 12,13 (in der Vulgata-Version) erlittenes Leid mit der besonderen Zuneigung Gottes: „Et quia acceptus eras Deo, necesse fuit ut tentatio probaret te."[82] Im Endeffekt zielt die Versuchung auf die Erhöhung dessen, der sich in ihr bewährt hat. So heißt es in Sir 2,1–3: „Mein Sohn, wenn du dir vornimmst, den Herrn zu fürchten, so bereite dich vor auf Versuchung" (LXX: ἑτοίμασον τὴν ψυχήν σου εἰς πειρασμόν). Mache dein Herz bereit und sei stark und errege dich nicht in der Zeit der Prüfung. Halte dich fest an ihn und falle nicht ab, damit du erhöht werdest an deinem Ende." In adäquatem Sinne versichert auch Weish 3,5: καὶ ὀλίγα παιδευθέντες μεγάλα εὐεργετηθήσονται, ὅτι ὁ θεὸς ἐπείρασεν αὐτοὺς καὶ εὗρεν αὐτοὺς ἀξίους ἑαυτοῦ („Und nachdem sie [sc. die Gerechten] nur wenig gezüchtigt wurden, werden sie mit großen Dingen beschenkt werden; denn Gott versuchte sie und fand sie seiner würdig"). Dass Gott den Gerechten nicht dauerhaft dem Verderben überlässt, betont Weish 18,20.

Jahwe kann aber auch als *Helfer* inmitten der Versuchung gepriesen werden. So bekennt Sir 33 [36 LXX],1: Τῷ φοβουμένῳ κύριον οὐκ ἀπαντήσει κακόν, ἀλλ᾽ ἐν πειρασμῷ καὶ πάλιν ἐξελεῖται („Wer den Herrn fürchtet, den trifft kein Unglück, und wenn er in Versuchung kommt, wird er ihn wiederum erretten"). Das erinnert an die in TestJos 2,4 ausgedrückte Überzeugung, dass Gott diejenigen, die ihn fürchten, in keiner Notlage im Stich lässt.

Den Gedanken der gutgemeinten Erziehung und Läuterung durch Gott (bzw. die Weisheit) vertreten Sir 4,17–19 LXX und im zwischentestamentlichen Schrifttum vor allem PsSal 7,9; 8,26.29; 10,1–4; 16,11.[83] Gott gilt als Erzieher bzw. „Zuchtmeister" (παιδευτής) (PsSal 8,29), der auch schon mal die Rute (μάστιξ) in Form von Leiden zur Besserung und Reinigung des Menschen einsetzt (PsSal 7,9; 10,1–3). Das Motiv der Prüfung und Reinigung verbindet sich hier wieder gerne mit dem Bild der Feuerprobe bei Edelmetallen (vgl. Weish 3,6; Sir 2,5), ein Bild, das auch in das NT eingedrungen ist (1 Petr 1,7).

Da die Versuchungen des Frommen durch Gott darauf zielen, seinen Glauben zu festigen und seine Gottesbindung zu vertiefen, überrascht es nicht, wenn in den alttestamentlichen Psalmen an mehreren Stellen (Ps 26,2; 139,23f) sogar ausdrücklich um eine solche Versuchung und Prüfung *gebetet* wird.

Die rabbinischen Schriften gehen so weit, dass sie von Gott auferlegtes Leiden geradezu als *„Privileg"* des Gerechten bezeichnen können. So heißt es zum Beispiel in GenR 55 (34d) mit explizitem Bezug auf Abraham:

> „Nach jenen Begebenheiten versuchte Gott den Abraham (Gen 22,1). Es heißt Ps 60,6: ‚Du gibst Versuchung denen, die dich fürchten, dass sie erhoben werden um der Bewährung willen, d.h. eine Versuchung nach der andren und eine Erhöhung nach der andren, um sie [sc. die Gottesfürchtigen] in der Welt zu versuchen und um sie in der

---

[82]   Korn, *ΠΕΙΡΑΣΜΟΣ*, 68 merkt dazu an: „Klarer kann kaum die Bedeutung des ΠΕΙΡΑΣΜΟΣ als eines typischen Begriffes in der Darstellung des frommen Menschen herausgestellt werden als durch diese Aussage über das Verhältnis von Versuchung und Glauben im Leben des Tobias. Gerade weil Tobias wegen seines Glaubens und seiner Frömmigkeit Gott angenehm ist, darum trifft ihn die Versuchung, um die Stärke seines Glaubens zu erweisen."

[83]   Der Erziehungsbegriff dominiert auch das theologische Denken bei Philo. Philo deutet Gottes Wirken primär im ethischen Sinne der παιδεία, der Erziehung zur Tugend. Vgl. Seesemann, Art. πεῖρα κτλ., in: ThWNT VI, 26.

Welt zu erhöhen wie eine Schiffsflagge. Und das alles warum? Um der Bewährung willen, d.h. um die göttliche Gerechtigkeit in der Welt zu verherrlichen. Denn wenn jemand zu dir sagt: Gott macht reich und arm und zum König, wen er will; den Abraham
hat er zum König gemacht, da er es wollte, und er hat ihn reich gemacht, da er es wollte
– so kannst du ihm antworten und sagen: Kannst du tun, was unser Vater Abraham
konnte? Und wenn er dir erwidert: Was hat denn dieser getan? so sprich zu ihm: Abraham war hundert Jahre alt, als ihm ein Kind geboren wurde, und nach all dieser Not
wurde zu ihm gesagt: Nimm deinen Sohn, deinen einzigen (Gen 22,2), und er weigerte
sich nicht. Das meinen die Worte: Du gibst Versuchung denen, die dich fürchten, auf
dass sie erhöht werden; Jahwe prüft den Gerechten, aber den Gottlosen und den
Freund von Gewalttat hasst seine Seele (Ps 11,5). R. Jonathan (um 220) hat gesagt:
‚Wenn ein Flachshändler seinen Flachs klopft, so schlägt er nicht allzusehr darauf, weil
er sich in seine Fasern auflösen könnte; wenn aber sein Flachs gut ist, dann schlägt er
sehr darauf, weil er dadurch immer schöner wird. So versucht auch Gott die Gottlosen
nicht, weil sie dabei nicht bestehn können, s. Jes 57,20: ‚Die Gottlosen sind wie das
umgetriebene Meer'; aber wen prüft er? Die Gerechten, s. Ps 11,5."[84]

Und in NumR 15 (179a) heißt es:

„Gott erhebt keinen Menschen zur Herrschaft, es sei denn, dass er ihn zuvor geprüft
und erprobt hat; und wenn er in seiner Versuchung besteht, dann erhebt er ihn zur
Herrschaft. Beispiele: die drei Erzväter, Joseph und der Stamm Levi."[85]

Umgekehrt findet sich in rabbinischen Texten aber auch die eindringliche *Warnung*
davor, Versuchung und Prüfung von Gott zu erbitten. Wie gefährlich dies angesichts der menschlichen Schwäche sein kann, führt eindrucksvoll bSan 107a vor
Augen und verweist dabei auf den König David und die Bathseba-Geschichte:

„Nie bringe der Mensch sich selbst in die Gewalt der Versuchung; denn siehe, David,
der König Israels, brachte sich selbst in die Gewalt der Versuchung und kam dabei zu
Fall. Er sprach vor Gott: „Herr der Welt, warum sagt man: ‚Gott Abrahams, Gott
Isaaks, Gott Jakobs', nicht ‚Gott Davids'? Er antwortete: „Jene sind von mir versucht
worden, du aber bist von mir (noch) nicht versucht worden." David sprach vor ihm:
„Herr der Welt, prüfe mich und versuche mich" (Ps 26,2). Gott sprach: „Ich werde
dich versuchen, und zwar will ich bei dir etwas Besonderes tun; denn während ich es
jenen nicht kundgetan habe, will ich es dir kundtun, nämlich dass ich dich mit einer
Unzuchtssünde versuchen werde."[86]

Auch aus der Bitte im Abendgebet Ber 60b spricht der Respekt vor der Gefahr, die
in der Versuchung liegt: „Gewöhne mich zu gottgefälligen Handlungen und gewöhne mich nicht zur Übertretung, lass mich nicht zur Sünde kommen noch zur
Versuchung noch zur Schmach."[87]

---

[84] Zit. bei BILL I, 135. Dort folgen noch weitere Beispiele.
[85] Zit. bei BILL I, 136. Die Erwähnung des Stammes Levi dürfte auf Dtn 33,8 zurückgehen.
[86] Talmud IX, 114. Darauf folgt der Vorfall mit Bathseba.
[87] Talmud I, 271.

In den Schriften von Qumran taucht der klassische Versuchungsterm נסה nur selten auf.[88] Das überrascht umso mehr, als sich die Gläubigen doch unter dem Horizont der apokalyptischen Drangsal wissen. Von Not und Plagen ist jedoch naturgemäß viel die Rede. Sofern vorausgesetzt wird, dass sie Gott selbst – als der Urgrund allen Seins, der Schöpfer und Lenker des Guten wie des Bösen (1QS 3,15–25) – in seinem weisen Ratschluss über die Frommen kommen lässt, können sie eine positive Deutung finden: als ein Mittel zur Stärkung des menschlichen Herzens, zum Ruhme Gottes und als Weg zur ewigen Freude. Verwiesen sei exemplarisch auf 4Q 504 2,6,5–8:

„Wir haben nicht verschmäht Deine Versuchungen [בנסוייכה] und Deine Plagen [ובנגיעיכה] hat unsere Seele nicht verabscheut, etwa zu brechen Deinen Bund in all der Not unserer Seele, da Du unsere Feinde gegen uns geschickt. Denn Du hast unser Herz gestärkt, und dies dafür, damit wir Deine Macht den Generationen künden in Ewigkeit"[89]

sowie auf 1QH 17,23–26:

„Im Mysterium Deiner Weisheit wiesest Du mich zurecht ... Da wurde Deine Zurechtweisung für mich zu Freude und Frohsinn und meine Plagen zu Heilung auf ewig, ... meiner Feinde Verachtung zum Ehrenkranz und mein Straucheln zu Macht [für] ewig."[90]

Dass Gott die Seinen in guter Absicht prüft (בחן), bezeugt auch 1QM 16,11.15 – 17,1. Bemerkenswerterweise wird hier wieder die Metapher vom Schmelzofen verwendet.

Vorläufiges Fazit: Soweit es sich um Versuchungen des Menschen durch Gott handelt, wird „Versuchung" positiv gewertet. Dies gilt sowohl für die Hebräische Bibel als auch für die Spätschriften der LXX und setzt sich im frühjüdischen Schrifttum weiter fort. Die durchgehende Grundtendenz der Aussagen lässt sich zusammenfassend so formulieren: Die Versuchungen, denen Gott einzelne Menschen aussetzt, sollen diese auf ihren Glauben und Gehorsam hin prüfen bzw. sie – im Sinne einer pädagogischen Maßnahme – in dieser Richtung positiv fördern.[91]

---

[88] In 1QH 10,13f wird der Begriff – in Verbindung mit בחן – in der profanen Bedeutung „erproben" gebraucht. Gedacht ist an eine Erprobungszeit durch den „Lehrer der Einung" oder den „Lehrer der Gerechtigkeit" bis zum Erwerb der Vollmitgliedschaft in der Gemeinschaft: „Du setzt mich ..., um zu prüfen [Männer] von Wahrheit und zu erproben Freunde von Zucht" (zit. nach MAIER, *Texte I*, 64). Dass die (Wieder-)Zulassung in die Gemeinschaft mit einem Vorgang der Prüfung (בחן) verbunden ist, belegt auch 1QS 9,2.

[89] Zit. nach MAIER, *Texte II*, 609; BAILLET, *Qumran, Grotte 4*, 148. In 4Q 504,2,5,17-18 werden die Versuchungen der Gläubigen dagegen dem Grimm Satans, des Bedrängers, zugeschrieben.

[90] Zit. nach MAIER, *Texte I*, 94. In eine ähnliche Richtung scheint 1QH 4,21–23 zu weisen [Text ist verderbt].

[91] Die einzige bemerkenswerte Ausnahme stellt 2 Sam 24,1 dar. Dort wird David durch Gott nicht in positiver, sondern in negativer Absicht versucht. Gottes Zorn verführt David zu einer Sünde (der Volkszählung). Dass Gott in diesem negativen Sinne einen Menschen versucht, ist ein anstößiger Gedanke, den die spätere chronistische Geschichtsschreibung Isra-

Ihr eigentlicher Zweck ist nicht die Trennung von Gott, sondern die engere Bindung an ihn, das Bestehen der Proben und die schließliche Erhöhung des Bewährten. Ganz zugespitzt ausgedrückt: Je gerechter ein Mensch in den Augen Gottes ist und zu je höherer Würde er bestimmt ist, desto heftiger fallen die Versuchungen und Prüfungen aus, mit denen er konfrontiert wird. Im Übrigen sind den Versuchungen von Gott her Grenzen gesetzt, sei es, dass er sie zeitlich befristet, sei es, dass er den Gerechten in den Versuchungen zu Hilfe eilt.

6.3.4.2 Die Versuchungen des Gerechten durch den Satan, Dämonen und Feinde

Wie aber steht es nun mit den Versuchungen, die nicht auf Gott, sondern auf dämonische Kräfte bzw. auf den Satan zurückgeführt werden? Prinzipiell schließt auch in diesen Fällen der streng monotheistische Gottesgedanke des Judentums es aus, die Versuchungen ganz von Gott zu separieren. Gott ist also zumindest in indirekter Weise beteiligt.

Meine Aufmerksamkeit gilt zunächst der sogenannten Geschichte vom Sündenfall (Gen 3). Bei dieser Geschichte sind allerdings von vornherein zwei Einschränkungen zu machen. Die erste: Die Schlange wird schon im ersten Satz als von Gott erschaffenes Tier vorgestellt (Gen 3,1). Sie symbolisiert im Sinne der Erzählung also keineswegs einen Dämon oder gar den Satan. Allerdings wird sie im Laufe der jüdischen Traditionsgeschichte in immer größere Nähe zum Satan gerückt[92] bzw. ganz mit ihm identifiziert[93]. Die zweite Einschränkung: Der charakteristische Versuchungsbegriff נסה/πειράζω taucht in der Geschichte nicht explizit auf. In der Sache geht es aber exakt um *das* biblische Versuchungsthema schlechthin, nämlich um die *Gefährdung der Gottesbeziehung*.[94]

In der Erzählung Gen 3 übernimmt die Schlange die Rolle des Versuchers. Ihr Ziel ist es, den Menschen vom Gehorsam gegen Gott abzubringen, ihn zur Sünde zu verführen und so von Gott zu trennen. Dazu reizt sie die genuin menschliche Neigung, sich von göttlicher Bestimmung bzw. Einschränkung zu befreien. Hinter der Verführung zur Sünde steckt also eine eindeutig negative Absicht und das Ziel,

---

els für nicht mehr hinnehmbar hält. Sie führt die Idee der Volkszählung darum auf den Satan zurück (1 Chr 21,1).

92 Vgl. ApkMos 16f: „Und es sagte der Diabolos der Schlange: [Steh] auf, komm zu mir. Und sie erhob sich und kam zu ihm und es sagt ihr der Diabolos: Ich höre, dass du klüger bist als alle Tiere, und ich will mich mit dir besprechen; weshalb isst du vom Unkraut des Adam aus dem Paradies? Auf, lass sie uns hinauswerfen aus dem Paradies, wie auch wir hinausgeworfen wurden. Sagt ihm die Schlange: Ich fürchte, dass mir Gott zürnt. Es sagt ihr der Diabolos: Fürchte dich nicht. Werde mir Werkzeug. Und ich werde durch deinen Mund Worte sagen, sie zu betrügen. Und sofort hing sich die Schlange an die Mauer des Paradieses."

93 Vgl. ApkMos 7; 17–19; VitAd 33.

94 Anders KORN, ΠΕΙΡΑΣΜΟΣ, 62: „Es fehlt eine deutlich ausgeprägte Vorstellung von einem Glauben Adams oder auch Evas, der sich in Versuchung bewähren müsste. Infolgedessen findet sich auch nicht in der Überlieferung von Adam und Eva die ausdrückliche Gestaltung der Versuchungsvorstellung." Darauf, dass die Geschichte vom Sündenfall jedoch schon im Frühjudentum im Sinne von Versuchung verstanden wurde, weist z.B. VitAd 17 hin. Dort bittet Adam Gott angesichts der drohenden Gefahr durch den Satan flehentlich um Bewahrung seiner Seele vor dem Verderben.

dem Menschen zu schaden und sein vertrautes Verhältnis zu Gott zu stören – was auch erreicht wird.

Dass in der alten jahwistischen Tradition Gen 3 noch nicht explizit vom Satan die Rede ist, überrascht nicht. Die Satanologie respektive Dämonologie hat nämlich im AT und Frühjudentum *eine komplexe und vielschichtige Entwicklung* durchlaufen, die hier nur in ihren wesentlichen Zügen nachgezeichnet werden kann.

Keineswegs ist es so, dass der Satan von Anfang an als teuflischer Gegenspieler Gottes angesehen wird. Von dem *einen* Satan kann man im AT ohnehin nicht sprechen; „Satan" steht dort oft eher für eine bestimmte Eigenschaft oder Funktion als für eine einzelne konkrete (dämonische) Person.

Im AT begegnet das Wort „Satan" zunächst in der Bedeutung des menschlichen Feindes oder Widersachers (vgl. 1 Sam 29,4; 1 Reg 11,14.23); sodann bezeichnet es speziell den irdischen Staatsanwalt oder „Ankläger" (Ps 109,6). Auch für den Hofstaat Gottes kennt man die Gestalt des Staatsanwalts. Der Prolog des Buches Hiob liefert dazu eine besonders prägnante Schilderung.[95] Der Satan im Hiob-Prolog ist kein dämonischer Widerpart Gottes, sondern vielmehr eine Art „himmlischer Staatsbeamter". Wenn er unterstellt, dass Hiobs Frömmigkeit nur auf Eigennutz beruhe, so tut er das durchaus im Interesse Gottes. Auch im Folgenden erscheint er quasi als Jahwes verlängerter Arm.[96] Um Hiob prüfen zu können, benötigt er die Erlaubnis Jahwes; somit ist es indirekt Jahwe selbst, der Hiob prüft.[97] Allerdings gibt Jahwe seine Zustimmung nur *innerlich widerstrebend*; nachdem Hiob die erste Probe bestanden hat, wirft Jahwe dem Satan vor, dass dieser ihn zur Probe *angestiftet* habe (Hi 2,3).[98] Auch über das Versuchungsmotiv hinaus sind in der Satansvorstellung des Hiob-Prologs implizit schon Elemente enthalten, welche die spätere negative Entwicklung der Satanologie vorbereiten helfen: Satan bringt in

---

[95] Vgl. darüber hinaus das vierte Nachtgesicht des Sacharja, wo der himmlische Staatsanwalt bei einer konkreten Gerichtsverhandlung auftritt (Sach 3,1).

[96] So mit Recht VON RAD, *Theologie I*, 421.

[97] Vgl. GIELEN, *Versuchung*, 206: „Obwohl ... der konkrete Akt der Versuchung Satan zugeschrieben wird, bleibt bemerkenswert, dass dieser nicht im Horizont einer dualistischen Weltsicht als eine dem guten Gott gegenüberstehende widergöttliche Größe agiert, sondern von Gott selbst seinen Handlungsspielraum zugemessen bekommt."
SPIECKERMANN spricht in seinem gleichnamigen Aufsatz mit gutem Grund gar von einer „*Satanisierung Gottes*" im Hiobbuch. Und er fügt hinzu (ebd. 435): „Man würde die Hiob-Novelle unter ihrem theologischen Niveau auslegen, würde man nicht das erzählerisch notwendige Gegenüber von Gott und Satan *theologisch* in seiner *Identität* erkennen. Theologisch ist Satan der Schatten Gottes. Die Novelle tut alles, darüber keinen Zweifel aufkommen zu lassen. Satan rät Gott, *seine Hand* gegen Hiob auszustrecken. Gott gibt Hiob in die *Hand des Satan* (1,11f.; 2,5f.). Beide arbeiten Hand in Hand, weil es sich um dieselbe Hand handelt. Folglich reagiert Hiob auf die beiden Prüfungen, indem er *Gott* und niemand sonst als den Urheber seines Geschicks benennt." (Kursivdruck im Original). Im Hiobdialog setze sich diese Sichtweise der Novelle fort. Unter Verweis auf Hi 9,17; 16,9 betont SPIECKERMANN: „Die Satanisierung Gottes ist kein Sprachspiel, sondern sachgemäße Verdichtung der Anklage Hiobs, der selbst in 16,9 die erlittene Anfeindung mit dem Verb שׂטם belegt" (ebd. 439).

[98] Dass sich Gott durch den Satan zur Versuchung Hiobs versuchen lässt, ist eine theologisch brisante Aussage. Im Talmud VIII, 61 findet sich dazu folgender Ausspruch: „R. Johanan sagte, wenn dies kein geschriebener Schriftvers wäre, dürfte man es nicht sagen; gleich einem Menschen, den man verleitet und der sich verleiten lässt" (BB 16a; vgl. dazu RENDTORFF, *Theologie I*, 314f.). Nach Jahwes Vorwurf gegen den Satan ist es umso unverständlicher, dass Jahwe sich anschließend noch zu einer zweiten Probe verleiten lässt (Hi 2,6).

Form von Krankheit, Naturkatastrophen und Feinden vielfache Not über Hiob. Die Hiobtradition gewinnt so entscheidenden Anteil an der im Laufe der Zeit zunehmend enger werdenden Verflechtung der Wortfeldelemente „Versuchung des Gerechten", „Leiden" und „Satan".

Auf eine interessante Weiterentwicklung der Satansvorstellung weist der schon erwähnte Vergleich zwischen 2 Sam 24,1 und 1 Chr 21,1 hin. Nach der alten Samuel-Stelle war es Jahwe selbst gewesen, der David zu einer großen Sünde, der Volkszählung, verführt hatte. Der spätere Chronist sträubt sich gegen den provokanten Gedanken, dass diese negativ motivierte Versuchung von Gott selbst ausgegangen sei. Er ersetzt Jahwe darum durch „Satan" und schiebt diesem die Verantwortung zu.[99] Der Chronist verwendet „Satan" ohne Artikel; dies lässt darauf schließen, dass für ihn „Satan" nicht mehr länger Amtsbezeichnung ist, sondern ein Eigenname.[100] Damit hat die Satansvorstellung in nachexilischer Zeit eine entscheidende Wandlung erfahren: Das juristische Element tritt zurück zugunsten des Gedankens einer böswilligen Initiative, die vom Satan ausgeht.

Die Entwicklung, die sich in der Chronik bereits andeutet, setzt sich im frühjüdischen und rabbinischen Schrifttum sowie in den Texten von Qumran fort. Das Frühjudentum beschreibt den Satan als zwar von Gott geschaffenen, aber von ihm abgefallenen und gestürzten Engel, ja geradezu als die „Personifikation des Bösen"[101]. Er ist *der* Feind schlechthin, vor dem und vor dessen Geistern man ständig auf der Hut sein muss.[102] In zahlreiche biblische Berichte wird die Gestalt des Satans *nachträglich* eingeführt. Dabei trägt er unterschiedliche Namen: Sammael, Semjasa, Mastema, Balkira, Beliar oder Beelzebul. In Jub 17,16 wird die in Gen 22 erzählte Versuchung Abrahams jetzt auf eine Initiative Mastemas zurückgeführt – und zwar in einer Weise, die an den Prolog des Hiob-Buches erinnert[103]; am Ende

---

99 Zwar taucht נסה bzw. πειράζω weder in 2 Sam 24,1 noch in 1 Chr 21,1 auf. Verwendet wird statt dessen jeweils das Verb ἐπισείω („aufhetzen"; vgl. Act 14,19 v.l.). Der Sache nach geht es aber auch hier um ein Versuchungsgeschehen.

100 Vgl. VON RAD, Art. διάβολος, in: ThWNT II, 73.

101 KLAUCK, *Vorspiel*, 57.

102 Vgl. TestDan 6,1: „Und jetzt, fürchtet den Herrn, meine Kinder, und nehmt euch vor dem Satan und seinen Geistern in Acht."

103 Jub 17,15f: „Da war eine Stimme im Himmel wegen Abrahams, dass er glaubend sei in allem, was er zu ihm geredet habe, und dass er Gott liebe. In aller Trübsal sei er gläubig. Und es kam [heraus] der Fürst Mastema und sagte vor Gott: Siehe, Abraham liebt den Isaak, seinen Sohn, und er freut sich über ihn vor allen. Sage ihm, er solle ihn hinaufbringen als Brandopfer auf den Altar! Und du wirst sehen, ob er dieses Wort tut. Und du wirst wissen, ob er glaubend ist in allem, womit du ihn versuchst." Im rabbinischen Midrasch-Text GenR 56 (35c) bekommt der Satan ganz breiten Raum, indem er unmittelbar auf den Erzvater einzuwirken versucht: „Als Abraham seines Weges zog zur Opferung Isaaks, kam Sammael [der Satan] zu unsrem Vater Abraham (und zwar in der Gestalt eines alten Mannes) und sprach: Alter, Alter, hast du deinen Verstand verloren? Einen Sohn, der dir als Hundertjährigem geschenkt ward, willst du schlachten? Er antwortete: Trotzdem! Jener sprach: Und wenn er [Gott] dich noch hierüber hinaus versuchte, wirst du bestehen können? ... Er antwortete: Auch noch hierüber hinaus. Jener sprach: Morgen wird er zu dir sagen: Blutvergießer, du bist schuldig, du hast das Blut deines Sohnes vergossen! Er antwortete: Trotzdem!" (Vgl. BILL I, 140). Vgl. auch bSan 89b [Talmud IX, 24]: „Da geschah es nach diesen Begebenheiten, da versuchte Gott Abraham (Gen 22,1). Nach welchen? R. Jochanan sagte (im Namen von) R. Jose b. Simra: Nach den Worten des Satans, wie geschrieben steht: *Da wurde der Knabe größer und wurde entwöhnt usw.* (Gen 21,8). Der Satan sprach (nämlich) vor dem Heiligen,

bleibt Mastema aufgrund der Vergeblichkeit seines Bemühens beschämt zurück (Jub 18,12). Auch die Verführung Evas im Paradies wird, wie schon erwähnt, dem Satan zugeschrieben, indem er mit der Schlange identifiziert wird (vgl. ApkMos 7,2f; 16–19; VitAd 33,1–3).[104] Beim Aufenthalt Israels in Ägypten kann ihm nun ebenfalls eine aktive Rolle beigelegt werden.[105] Sein Wirken wird im Wesentlichen folgendermaßen beschrieben: Permanent ist er bemüht, die Menschen zur Sünde zu verführen, sie zu verderben, ihr Verhältnis zu Gott zu zerstören und den Heils-plan Gottes zu durchkreuzen. Dabei macht er sich den bösen Trieb im Menschen zunutze[106] und bringt als Strafe für die Sünde den Tod[107]. Auch in seiner altherge-brachten Rolle als Ankläger vor Gott tut sich der Satan weiterhin hervor (vgl. äthHen 40,7). In der frühjüdisch-rabbinischen Literatur erscheint er besonders als Ankläger *Israels*; ihm steht der Erzengel Michael als Advokat des Volkes gegen-über.[108] Der rabbinische Traktat BB 16a fasst sein verderbliches Wirken folgen-dermaßen zusammen: „Er steigt herab und verführt, steigt hinauf und klagt an, holt sich Vollmacht und nimmt die Seele."

Im angelologischen Teil des Henochbuches (äthHen 6–36) wird unter An-knüpfung an Gen 6,1–4 erzählt, wie er sogar Engel zum Abfall verleitet (äthHen 6,3). Die Engelwelt[109] erscheint dabei als hierarchisch strukturiert (äthHen 6,5–7; 69,2). Der Satan [Semjasa] gilt als das Oberhaupt des widergöttlichen, dämonischen

---

gepriesen sei er: Herr der Welt! Diesem Alten hast du Gnade erwiesen (und ihm) mit hun-dert Jahren eine Leibesfrucht (geschenkt); von dem ganzen Festmahl, das er veranstaltete, hatte er nicht eine Turteltaube oder eine junge Taube (übrig), um sie vor dir zu opfern! Sagte er zu ihm: Dies alles tat er nur für seinen Sohn, (aber) wenn ich zu ihm sagen würde: Schlachte deinen Sohn vor mir – sofort würde er ihn schlachten. Da versuchte Gott Abra-ham (zit. nach ROTTZOLL, *Kommentar*, 313f).

[104] Vgl. ebenfalls den Midrasch-Text PRE 13: „So hat auch die Schlange alle ihre Werke, die sie getan, und alle ihre Worte, die sie geredet hat, nur geredet und getan aus dem Eingeben Sammaels [des Satans] heraus." Zitiert bei Bill I, 137.
VitAd 12–16 bietet eine Erklärung für die menschenfeindliche Gesinnung Satans: Er habe sich nach der Erschaffung Adams geweigert, den Menschen als Ebenbild Gottes anzubeten; zur Strafe sei er mitsamt seinen Engeln von Gottes Angesicht verstoßen und aus der himm-lischen Herrlichkeit verbannt worden. In seinem Zorn auf den Menschen belässt es der Sa-tan dann auch nicht bei der einen Versuchung im Paradies. Er verführt Eva ein weiteres Mal zur Sünde, indem er sie dazu bringt, eine Bußübung vorzeitig abzubrechen (vgl. VitAd 9–10).

[105] Das Wirken der ägyptischen Zauberer (vgl. Ex 7), die nach der jüdischen Legende Jannes und Jambres hießen und Mose mit ihren Künsten zu widerlegen versuchten, wird in CD 5,17–19 mit einer Initiative des Satans begründet: „Denn einstens trat auf Mose und Aaron durch den Fürsten der Lichter und Belial stellte auf den Jannes und dessen Bruder in seinen Ränken" (zit. nach MAIER, *Texte I*, 15).

[106] Vgl. Talmud VIII, 61 (BB 16a); NumR 20.

[107] In Talmud VIII, 61 (BB 16a) wird R. Laqisch mit den Worten zitiert: „Der Satan, der böse Trieb und der Todesengel sind identisch ... Er ist der Todesengel, denn es heißt [Hi 2,6]: *nur schone sein Leben*; demnach hängt es von ihm ab." Schon in Weish 2,24 wird der Tod auf den Satan zurückgeführt.

[108] Vgl. neben TestDan 6 besonders den Midrasch ExR 18 (80c): R. Jose hat gesagt: „Mikhael und Sammael stehen vor der Schekhina [Gottheit]: der Satan verklagt und Mikhael macht das Verdienst Israels geltend. Will dann der Satan etwas sagen, so heißt Mikhael ihn schwei-gen."

[109] Die Vorstellung von einer Engelwelt bzw. eines himmlischen Hofstaates hat im Judentum eine lange Tradition (vgl. Jes 6,1ff; 1 Reg 22,19; Hi 1,6; 2,1; 38,7).

Hofstaates und Reiches[110]; ihm unterstehen gleichsam „Unterführer", die namentlich genannt werden. Die gefallenen Engel, insgesamt zweihundert an der Zahl,
unterstützen den Satan in seinem verderblichen Treiben und verführen die Menschen zu Unzucht, Gottlosigkeit, Zauberei und Gewalttaten (äthHen 7f; 19,1).
Hinsichtlich der wichtigsten Dämonen wird in den Bildreden detailliert beschrieben, in welcher Weise sie Schaden stiften (äthHen 69,3ff). Der Fall der Engel löst
Gottes Zorn aus; auf Betreiben der vier Erzengel Michael, Uriel, Raphael und
Gabriel werden die Dämonen aus dem Himmel verbannt, und über die Erde wird
die Strafe der Sintflut verhängt (äthHen 9f). Auch Jub 5,1ff erzählt vom sündhaften
Tun der abtrünnigen Engel, deren Verbindung mit den Menschentöchtern Unheil
und Verderben nach sich zieht. Das böse Treiben der Dämonen setzt sich dann bei
den Söhnen und Enkeln Noahs fort.[111]

Die in äthHen 6; 69 entwickelte Vorstellung von einer internen Dämonenhie-
rarchie und der Vorrangstellung Beelzebuls hat eine bemerkenswerte Entsprechung
im „Testament Salomos" (vgl. TestSal 6,2f.).[112] Dort findet sich abermals der Gedanke, dass die Dämonen ihre schädigende Funktion innerhalb fester Spezialge-
biete ausüben. TestSal 18 stellt sechsunddreißig Mächte mitsamt ihren verheeren-
den Wirkungen systematisch vor; aber auch schon die vorhergehenden Kapitel
beschreiben Tätigkeitsschwerpunkte der Dämonen.[113] Generell sind die Dämonen

---

[110] Vgl. in diesem Sinne auch die schon erwähnte Stelle TestDan 6,1.

[111] Jub 11,4f: „Und sie [sc. die Söhne Noahs] machten sich aus Metall Gegossenes und beteten
ein jeder das Götzenbild an, das sie sich als Metallwerk gemacht hatten. Und sie begannen,
Statuen zu machen und unreine Bilder. Bösartige Geister halfen und verführten [sie], dass sie
Sünde und Unreinheit der Sünde taten. Und der Herrscher Mastema war stark, dies alles zu
tun. Und er schickte durch Geister, die unter seine Hand gegeben waren, alle Gottlosigkeit
und Sünde und jedes Vergehen zu tun, zu vernichten und zugrunde zu richten und Blut auf
der Erde zu vergießen." Zur Verführung der Enkel Noahs vgl. Jub 10,1.

[112] Die Textgeschichte des „Testaments Salomos" ist umstritten. BUSCH datiert die Schrift auf das
4. Jahrhundert n.Chr. (vgl. ders., TestSal, 30). Vermutlich steht sie traditionsgeschichtlich auf
jüdischem Boden (vgl. ebd. 18). In der Wirkungsgeschichte von 1 Reg 5,9–13 und Weish
7,17–21 kursierten im Frühjudentum pseudosalomonische exorzistische Sammlungen. Bei
JOSEPHUS finden wir dazu folgenden Hinweis: „Es gab weiterhin keine Naturerscheinung,
mit der er [sc. Salomo] nicht vertraut gewesen wäre oder die er unbeachtet übergangen hätte,
sondern alle Dinge durchdrang er philosophisch und wies eine tiefe Einsicht in die Eigentümlichkeiten der Dinge auf. Gott ermöglichte ihm auch, die Kunstfertigkeit gegen die Dämonen zu lernen, zum Nutzen und zur Heilung für die Menschen. Er stellte nämlich Zau-
berformeln zusammen, mit denen man Krankheiten vertreiben konnte und hinterließ An-
leitungen zum Exorzismus, mittels derer diejenigen, die damit umgehen, die Dämonen aus-
treiben, so dass sie nicht mehr zurückkehren. Diese Heilkunst hat bei uns bis heute größtes
Gewicht" (Jos.Ant. 8,44–46).
Als Rahmenhandlung von TestSal dient der salomonische Tempelbau. Das Werk beginnt
mit der Übergabe eines Siegelrings an den frommen König, mit dessen Hilfe dieser jeden
Dämon kontrollieren kann. Salomo ruft nacheinander eine Reihe von Dämonen zu sich
heran, fragt sie über ihre Wirkweisen aus und beordert die meisten von ihnen zur Mithilfe
beim Tempelbau. Testamentarischen Charakter erhält die Schrift TestSal von ihrer in 15,14
formulierten Zweckbestimmung her: „In meiner Todesstunde schrieb ich dieses Testament
für die Söhne Israels und übergab es ihnen, so dass sie die Kräfte der Dämonen kennen und
ihre Gestalt und die Namen der Engel, von denen die Dämonen unschädlich gemacht werden."

[113] Nur einige Beispiele: Onoskelis fällt Menschen an (TestSal 4,5f), Beelzebul schädigt das
Staats- und Kultwesen (6,4), Lix Tetrax verursacht Brände und Zwistigkeiten (7,5).

durch folgende Merkmale gekennzeichnet: Sie sind oft mit Sternzeichen verbunden, tragen menschenähnliche Züge, nahen sich dem Menschen von außen her, verführen zu Sünde und Götzendienst, bringen Krankheiten und Leiden mit sich.[114] Jeder Dämon hat jedoch einen Widerpart aus dem Chor der himmlischen Engel, der ihm überlegen ist.

Besondere Aufmerksamkeit verdient nicht zuletzt das *„Testament Hiobs"*. Die Erzählung knüpft an die kanonische Hiob-Tradition an, trägt aber unverkennbar eigene Züge. Das Theodizeeproblem spielt keine Rolle; Leiden wird nicht als Versuchung interpretiert, sondern als zwangsläufige Folge der Bekehrung und als Ausdruck des Kampfes, den Satan gegen Hiob führt (vgl. TestHiob 4,10; 27,3–5).[115] Die biblische Hiobsgestalt geriert zur exemplarischen Verkörperung des Gerechten und Glaubenszeugen.

Konkret wird Hiobs Geschichte geschildert als die eines *heidnischen* Königs, der den wahren Gott sucht.[116] Als ein Engel ihn über das satanische Wesen des in seinem Land verehrten Götzen belehrt, zerstört Hiob den Götzentempel (TestHiob 5,2)[117] und zieht so den Zorn des Satans auf sich, der aus Rache Unglück und Leid über ihn bringt. Anders als im alttestamentlichen Hiob-Buch, wo Hiob der satanische Ursprung seines Leides verborgen bleibt, weiß Hiob hier also von Beginn an, dass sein Leiden durch den Satan verursacht ist.[118] Die Auseinandersetzung zwischen Hiob und dem Satan steigert sich immer weiter und gipfelt in einer Art Ringkampf (TestHiob 27,3–5). Zu Hiobs Leidwesen setzt ihm auch noch seine Frau zu, indem sie ihren Mann auffordert, Gott abzusagen und zu sterben. Hiob erkennt hinter ihrem Drängen das versucherische Treiben des Satans und reagiert empört:

> „Siehe, ich verbringe schon siebzehn Jahre in meinen Plagen und halte die Würmer in meinem Leib aus. Aber meine Seele wurde durch diese Mühsale nicht so beschwert wie durch das, was du eben gesagt hast: ,Sprich ein Wort gegen den Herrn und stirb' ... Siehst du denn nicht den Teufel hinter dir stehen und deine Gedanken verwirren, damit er auch mich verführt?" (TestHiob 26,1.2.6).[119]

Damit nicht genug: Auch seine Freunde ereifern sich gegen ihn; durch einen von ihnen, Elihu, richtet der Satan wütende Worte gegen Hiob.[120] Dieser aber tritt allen diesen Plagen und Versuchungen souverän entgegen. Er rebelliert nicht gegen Gott und sein Schicksal; stattdessen erscheint er als Märtyrer und Myste, der in Erwar-

---

[114]   Vgl. BUSCH, *TestSal*, 56–67.

[115]   Vgl. SCHALLER, *Testament Hiobs*, 315.

[116]   Vgl. ebd. 303.

[117]   Entsprechendes wird übrigens in Jub 12,12 von Abraham erzählt: „Im sechzigsten Jahr Abrams ... erhob sich Abram bei Nacht und verbrannte das Götzenhaus; er verbrannte alles, was im Hause war, und niemand wusste darum."

[118]   Vgl. dazu HANSSEN, *Versuchung*, 125: „Das unbegreifliche menschliche Leiden des frommen Hiob (wie es im Buch Hiob erzählt wird) hat sich in Märtyrer-Leid verwandelt (TestHiob), das ebenso schwer durchzuhalten, aber in seinem Sinn leichter erkennbar ist."

[119]   Hier begegnet der wichtige Gedanke, dass der Satan Menschen für seine Zwecke benutzen und durch sie handeln kann, ohne dass dies den Menschen bewusst ist.

[120]   Vgl. TestHiob 41,5: „Dann stieß Elihu, vom Satan veranlasst, wütende Worte aus." Das Motiv der satanischen Inspiration Elihus findet sich auch in der rabbinischen Überlieferung (Jerus. Talmud VI, Sot 5,8 [20d]). Vgl. dazu: CARSTENSEN, *Persistence*, 37–46.

tung der himmlischen und zukünftigen Welt alle irdischen Nöte erträgt und am
Ende in die Herrlichkeit Gottes eingeht (TestHiob 52).

Der heidnische König Hiob erlangt durch sein vorbildliches Verhalten den
Rang eines „Muster-Proselyten"[121], der sich nach seiner Abwendung von den Götzen und seiner Bekehrung zu Jahwe vielfachen, vom Satan beeinflussten Versuchungen gegenübersieht, dem Gott Israels aber allen Widerständen zum Trotz die
Treue hält. In seiner wirkungsgeschichtlichen Vorbildfunktion für den frühjüdischen (und dann auch für den frühchristlichen) Proselytismus steht er Seite an Seite
mit Abraham.

Auch die deuterokanonische und frühjüdische Märtyrerüberlieferung erzählt
sehr anschaulich von Versuchungen und Leiden der Gerechten, die diese in bei-
spielhafter Weise meistern und bestehen. Sie kann dabei an das Traditionsmotiv
vom gewaltsamen Ende mancher *Propheten* anknüpfen.[122] Die Versuchungen, von
denen berichtet wird, gehen entweder vom Satan selbst oder einem gottlosen irdischen Machthaber und seinen Untergebenen aus. Ihr Ziel ist es stets, die Gerechten
zum Abfall von Gott und seinen Geboten zu verleiten – sei es durch die Andro-
hung von Qualen oder durch Versprechungen. In 2 Makk 6,18–31; 7,1–42 werden
das heldenhafte Martyrium des greisen Schriftgelehrten Eleasar sowie das von sieben Brüdern und ihrer Mutter durch Antiochus IV. Epiphanes rühmend geschildert.[123] Eleasar wird nahegelegt, er solle, um sein Leben zu retten, den Genuss von
Schweinefleisch vortäuschen, was er rigoros ablehnt, um der Jugend kein schlechtes
Beispiel zu geben.[124] Auch die sieben Brüder beweisen Gesetzestreue und Standhaftigkeit in der Hoffnung auf die Auferweckung zu ewigem Leben und die Bestrafung der Gottlosen. Speziell beim jüngsten Bruder zieht Antiochus alle Register der
Versuchung, er verspricht ihm Reichtum, Glück und einen Posten in der Regie-
rung. Aber vergebens; er erntet nur Spott und Verachtung.

Das 4. Makkabäerbuch berichtet ebenfalls, aber noch sehr viel ausführlicher
von den Martyrien des Eleasar, der sieben Brüder und ihrer Mutter.[125] Die Versuchungen werden in aller Breite geschildert. So bemüht sich Antiochus, mit raffi-

---

[121] Vgl. BERGER, *Theologiegeschichte*, 90.

[122] Vgl. z.B. Neh 9,26 und 2 Chr 24,20–22. Im NT finden sich entsprechende Bezugnahmen
auf Prophetenmartyrien u.a. in Mt 5,12; 23,37; Hebr 11,33–38 und Jak 5,10.

[123] Bemerkenswerterweise steht PHILO Überlieferungen wie diesen sehr kritisch gegenüber.
Seiner Auffassung nach ist die freie und offene Rede vor Tyrannen der reine Wahnsinn und
alles andere als lobenswert: „Sind nun nicht alle die verrückt und wahnsinnig, die sich bemühen, eine unpassende Freimütigkeit an den Tag zu legen und es wagen, Königen und Tyrannen bei Gelegenheit zu widersprechen und zuwider zu handeln ...? So werden sie denn
gestochen, gegeißelt und verstümmelt, und wenn sie alles zusammen, was schlimmer ist als
der Tod, grausam und unbarmherzig erduldet haben, abgeführt, um schließlich zu sterben.
Das ist der Lohn für den zu unpassender Gelegenheit geäußerten Freimut, nicht der für
Freimut vor verständigen Richtern, sondern der voller Torheit, Wahnsinn und unheilbarem
Trübsinn" (PHILO, Som. 2,83–85).

[124] Vgl. 2 Makk 6,27f: „[Dann sagte Eleasar]: ‚Deshalb werde ich, wenn ich jetzt tapfer aus dem
Leben scheide, meines hohen Alters wert erscheinen und den jungen Leuten ein edles Beispiel hinterlassen, wie man bereitwillig und aufrecht für die ehrwürdigen und heiligen Gesetze stirbt.' So sprach er und kam rasch an den Richtblock heran."

[125] Das 4. Makkabäerbuch ist bemüht, jüdische Frömmigkeit und hellenistisches Denken miteinander zu verbinden. Die Standhaftigkeit der Märtyrer soll die These beweisen, dass die
fromme Vernunft allen Affekten und Begierden überlegen ist (vgl. 4 Makk 1,1; 6,31; 18,2).

nierter Überredungskunst auf Eleasar Einfluss zu nehmen (4 Makk 5,5–13). Alle
Anstrengungen aber, die ihn zum Gesetzesbruch verleiten sollen, prallen an Eleasar
ab. Mit vorbildlicher Tapferkeit nimmt er alle Qualen auf sich, ja noch mehr: Er
bittet Gott, sie als freiwilliges Opfer und stellvertretendes Leiden für die Sünden
seines Volkes anzunehmen.[126] Bei den sieben Brüdern probiert es Antiochus dann
erneut, aber ebenso vergebens, mit Schmeichelreden, Drohungen und Versprechungen und stellt sie vor die *Wahl* zwischen Wohlleben und Tod (4 Makk 8,6):
„Wie ich die strafe, die meinen Erlassen nicht gehorchen, so bin ich wohl auch
imstande, mich als Wohltäter zu erweisen gegenüber denen, die mir gehorsam
sind." Schließlich beschreibt und würdigt 4 Makk 15,14–21 das Leiden der Mutter
in hymnischen Tönen.

In die Reihe der Märtyrerüberlieferungen aus der Makkabäerzeit gehört auch
die Schrift *„Martyrium des Jesaja"*, die in vergleichbarer Weise von der Verfolgung
durch einen widergöttlichen Herrscher und von der unerschütterlichen Glaubenstreue des Gemarterten erzählt. Unter falschen Anschuldigungen wird Jesaja verhaftet und vom König Manasse zum Tode verurteilt; seine Feinde empfinden
Schadenfreude über sein Schicksal. Als schon die Marter beginnt, wird Jesaja vom
Satan versucht: Er solle öffentlich seinen Überzeugungen abschwören, um seine
Haut zu retten. Zur Belohnung winke ihm die Anbetung durch den jüdischen König und das ganze Volk.[127] Jesaja aber lässt sich nicht auf den Handel ein; er verflucht den Satan mitsamt seinen Mächten und erträgt klaglos alle Qualen bis zum
Ende.[128]

Von dieser sehr plastischen, ja dramatischen Überlieferung heben sich die
knappen und schmucklosen Darstellungen von Propheten-Martyrien in den *„Vitae
Prophetarum"* ab. Von den meisten Propheten wird erzählt, dass sie in Frieden starben bzw. begraben liegen. Den gewaltsamen Tod durch feindliche Herrscher erleiden nach den VP aber „immerhin" Jesaja, Ezechiel, Micha, Amos und Sacharja ben

---

[126]   4 Makk 6,26–29: „Als er [sc. Eleasar] schon bis auf die Knochen verbrannt war und in
        Todesschlaf zu versinken drohte, erhob er seine Augen zu Gott und sprach: ‚Du weißt, o
        Gott, obgleich es mir freistand, mich zu retten, sterbe ich in den Qualen des Feuers um des
        Gesetzes willen. Sei gnädig deinem Volk. Lass dir an unserer Bestrafung genügen, die wir für
        sie auf uns nehmen. Zu einem Reinigungsopfer für sie mache mein Blut, und nimm mein
        Leben als Ersatz für ihr Leben.'" Zum Gedanken der stellvertretenden Sühne vgl. darüber
        hinaus auch 4 Makk 17,21f.

[127]   MartJes 5,4–8: „Da sprach Beliar zu Jesaja: Sag: ‚Ich habe in allem gelogen, was ich geredet
        habe, und auch Manasses Wege sind gut und recht, und auch die Wege Balkiras und seiner
        Anhänger sind gut.' Und dieses sprach er, als man anfing, ihn zu zersägen. Aber Jesaja war
        [entrückt] in einem Gesicht des Herrn, und obgleich seine Augen geöffnet waren, sah er sie
        nicht. Und Balkira sprach so zu Jesaja: ‚Sag das, was ich dir sage, dann werde ich ihr Herz
        wenden und Manasse und die Fürsten Judas und das Volk und ganz Jerusalem dazu bringen,
        dich anzubeten.'"
        KORN, *ΠΕΙΡΑΣΜΟΣ*, 66f sieht in dieser Versuchung Jesajas eine Parallele zur Versuchung
        Jesu in Mt 4,9. Allerdings wird hier die Anbetung dem Versuchten als Belohnung versprochen, während in Mt 4,8f Anbetung vom Probanden gerade verlangt wird.

[128]   Vgl. MartJes 5,9.14. Die Motive der Furchtlosigkeit, der Unempfindlichkeit gegenüber Qualen und der unerschütterlichen Frömmigkeit angesichts des Todes hat MartJes mit mehreren
        rabbinischen Märtyrerüberlieferungen gemeinsam. Vgl. dazu GenR 27,27 (Jose ben Joezer);
        Ber 61b [Talmud I, 277f] und MMish 9,2 (R. Akiba); bSan 14a [Talmud VIII, 508f] und AZ
        8b (R. Jehuda ben Baba); AZ 17b–18a (Chananja). Belege bei BERGER, *Formen*, 394.

Jojada; Jeremia wird vom *Volk* gesteinigt. Von *Versuchungen* und Wahlmöglichkeiten der Propheten im Zusammenhang mit ihren Martyrien ist an keiner Stelle die Rede, ebensowenig von ihrer Tapferkeit und Geduld im Leiden. Auch der Satan als Widerpart findet keine Erwähnung.

Besonderes Gewicht erhält die Dämonologie jedoch in den Texten der Qumran-Gruppe. Die Texte sind dualistisch gefärbt; dennoch wird die grundlegende Überzeugung nicht preisgegeben, dass Gott alles von Anfang an festgelegt hat und nichts ohne seinen Ratschluss und Plan geschehen kann.[129] Er hat sowohl die Geister des Lichts als auch die der Finsternis geschaffen (1QS 3,25). Beide wirken und ringen nun im Herzen jedes Menschen (1QS 4,15–17.23–25)[130] bis zur festgesetzten Zeit (1QS 3,18), wenn Gott das Böse für immer vertilgen wird (1QS 4,18f). Solange steht die Gemeinde, der auserwählte „Rest" Israels (1QH 14,8), in einer *Kampfsituation* gegenüber dem Satan und seinen Mächten. Ständig müssen sich die Gläubigen in dieser Zeit der apokalyptischen Drangsal, der „Herrschaft Belials" (1QS 1,18), gegen dessen Anfechtungen zur Wehr setzen. Er, der „Engel der Finsternis" und alle mit ihm verbündeten bösen Kräfte (1QS 3,20f.24) bringen Kummer, Not und Bedrängnis über die Glieder und Aspiranten der Gemeinde. Dabei sind sie darauf aus, die Menschen zur Sünde und zum Abfall von Gott zu verleiten (4Q 504 2 V 17–18).[131] Doch die Gerechten dürfen inmitten dieser feindlichen Versuchungen durch den Finsternisengel und die bösen Geister auf den Beistand Gottes und seines Engels vertrauen.[132]

In diesem Kontext begegnet also abermals das bedeutsame Vorstellungsmotiv von der *Hilfe*, die Gott den Seinen in der Versuchung zuteil werden lässt (vgl. Sir 33 [36 LXX],1).

Der Gerechte soll alle Bedrängnis mit dem sich immer weiter zuspitzenden Konflikt zwischen Licht und Finsternis, Wahrheit und Lüge als eine Zeit der Prü-

---

129   1QS 11,11: „Mit Seinem Wissen ist alles geworden, alles Werdende setzt Er fest durch sein Denken und ohne Ihn wird es nicht vollbracht" (zit. nach MAIER, *Texte I*, 199). Vgl. auch 1QH 9,20 [Text ist verderbt].

130   Dass der Mensch sich zwischen Licht und Finsternis, Gut und Böse, Wahrheit und Lüge entscheiden muss, wird auch in den Test XII mehrfach bezeugt. Vgl. neben TestLev 19,1 vor allem TestJud 20,1: „Erkennt, dass sich zwei Geister um den Menschen mühen, der der Wahrheit und der des Irrens."

131   4Q 504,2,5,17–18: „Wir kommen in Nöte [בצרות] und Plagen [ונגיעים] und Versuchungen [ונסויים] durch den Grimm des Bedrängers [המציק]." (zit. nach MAIER, *Texte II*, 609; BAILLET, *Qumran*, Grotte 4 III, 145).

132   Vgl. 1QS 3,21–25: „Durch einen Finsternisengel [geschieht] der Irrtum [besser: die Verirrung, hebr. תעות] aller Gerechtigkeitssöhne, und all ihre Sünde[n], ihre Verschuldungen, ihre Schuld und ihre treulosen Taten [geschehen] durch seine Herrschaft entsprechend Gottes Geheimnissen bis zu seinem Ende. Und all ihre Plagen und die Termine ihrer Bedrängnisse [liegen] in der Herrschaft seiner Anfeindung, und alle Geister seines Loses [sind] da, um Lichtsöhne zu Fall zu bringen [להכשיל], doch Israels Gott und der Engel Seiner Wahrheit [sind] eine Hilfe für alle Lichtsöhne." (zit. nach MAIER, *Texte I*, 174). Vgl. auch 4Q 174,3,7–9:„Er [sc. JHWH] [wird] ihnen Ruhe verschaffen ... vor allen Belialssöhnen, die sie zu Fall bringen [wollen] [המכשילים], um sie zu vernichten durch Schuld, als sie gekommen sind durch Belials Plan, um strauchen zu lassen [להכשיל] die Söhne des Lichts und um gegen sie unheilvolle Ränke zu sinnen, damit sie für Belial gefangen werden in schuldhafter Verirrung" (MAIER, *Texte II*, 104). Die bevorzugten Termini in diesem Zusammenhang sind also תעה („verführen/irreführen", Hif.) und כשל („zum Straucheln bringen", Hif.). Ihre sachliche Nähe zur Versuchungsthematik ist offenkundig.

fung und Läuterung auf dem Weg zum Heil begreifen (1QH 17,23–25). Ihren Höhepunkt erfährt diese Zeit dann im apokalyptischen Krieg, den die Gemeinde der „Reinen" (1QM 7,6) Seite an Seite mit Gott und seinen Engeln (1QM 1,10f; 12,7–9) gegen das Heer Belials und die Scharen der heidnischen Völker führen wird (1QM 1,1f). Der Krieg wird von der Wüste ausgehen (1QM 1, 3) und vierzig Jahre dauern (1QM 2,8–14); an seinem Ende aber wird der endgültige Sieg über Belial und die Vernichtung des Bösen stehen[133].

Zusammenfassend kann man feststellen: Während die Dämonologie resp. Satanologie im AT nur eine untergeordnete Rolle spielt, ist das im Frühjudentum vollkommen anders. Ohne einem radikalen metaphysischen Dualismus zu verfallen, setzt hier doch, gerade im Zuge der Apokalyptik, ein Prozess ein, der entsprechende Tendenzen zur Verabsolutierung Satans und seiner Dämonen gegenüber Gott aufweist. „Leiden und Böses werden nun als so drückend und versucherisch empfunden, dass man den Gottesbegriff damit nicht mehr belasten will."[134]

Dass die inhaltliche Verlagerung zumindest teilweise auf den persischen Einfluss des Zoroastrismus zurückzuführen ist, wie gelegentlich vermutet wird, hat durchaus eine gewisse Wahrscheinlichkeit für sich.[135] Aber auch die wachsende Bedeutung des jüdischen Proselytismus im Gegenüber zum Hellenismus mag eine erhebliche Rolle spielen. Nicht zufällig werden sowohl Abraham (Jub 12–19) als auch Hiob (TestHiob) als *Neubekehrte* dargestellt, die sich nach ihrer Bekehrung einer Vielzahl von Bedrängnissen durch den Satan ausgesetzt sehen, in denen sie ihren Glauben zu bewähren haben.[136]

Die stärkere Rolle der Satanologie respektive Dämonologie im Frühjudentum geht Hand in Hand mit einer Modifizierung der Versuchungsvorstellung. Die Veränderung zeigt sich in zweifacher Hinsicht: Zum einen bekommt der Versuchungsgedanke in frühjüdischer Zeit noch mehr Gewicht, als er vorher schon besaß. Zum anderen büßt er seine bis dahin überwiegend positive Färbung immer weiter ein.

6.3.4.3 Die Versuchungen des Gerechten in der Endzeit

Die Vorstellung einer nie dagewesenen Not, Drangsal und Sittenverderbnis in der Endzeit, wie sie in den Texten von Qumran begegnet (1QM 1,11f), ist generell

---

[133] 1QM 1,5.11f.14f: „Das ist eine Rettungszeit für Gottes Volk und eine Herrschaftsperiode für alle Männer seines Loses, aber ewige Vernichtung für das ganze Los Belials ... Das ist eine Zeit von Bedrängnis über allem Volk der Erlösung Gottes und unter all ihren Nöten war keine wie diese, sie drängt auf ihre Vollendung hin zu ewiger Erlösung ... Im siebten Los unterwirft die große Hand Gottes Belial und alle Engel seiner Herrschaft" (MAIER, *Texte I*, 127). 1QM 18,1: „... wenn sich erhebt die große Hand Gottes wider Belial und wider die ganze Rotte seiner Herrschaft bei einer ewigen Niederlage" (zit. nach MAIER, *Texte I*, 153).
[134] SCHNEIDER, Art. πειρασμός, in: TBLNT 1791.
[135] Im Zoroastrismus ist der metaphysische Dualismus stark ausgeprägt. Auffälligerweise kennt auch der Zoroastrismus das Vorstellungsmotiv von der Versuchung des Gerechten durch dämonische Kräfte. Zarathustra wird in jungen Jahren durch den bösen Geist Angra Mainyu versucht; dieser möchte ihn von dem guten Weltenschöpfer Ahura Mazda abwenden. Vgl. Vendidad, Fargard 19.
[136] Vgl. in diesem Sinne auch BERGER, *Theologiegeschichte*, 90: „Mit der Bedeutung des Proselytismus steigt auch ... die Bedeutung der Satanologie."

typisch für die frühjüdische Apokalyptik. Entsprechende Hinweise finden sich bei Daniel (vgl. Dan 12,1), vor allem aber bei Henoch (vgl. äthHen 99,4–9; 100,1f) und in der syrischen Baruchapokalypse (vgl. syrBar 25; 27; 48,31ff), außerdem noch im 4. Buch Esra (vgl. 4 Esr 5; 6,18–24; 9,1–4) und in dem eschatologischen Ausblick in Jub 23,11ff. In OrSib 3,187 wird die „große Drangsal" (θλῖψις μεγάλη) angekündigt, die die Menschen heimsuchen und verwirren werde (vgl. in diesem Sinne auch TestLev 5,5). Für die Gerechten gilt die Endzeit als Phase der Läuterung und Bewährung, in der ihre Frömmigkeit und Glaubenstreue immer wieder auf die Probe gestellt werden.

In diesem Zusammenhang begegnen auch mehrfach uns schon vertraute Begrifflichkeiten der Versuchungsthematik wie בחן (vgl. Sach 13,9; 1QM 16,11.15) oder צרף (vgl. Sach 13,9; Dan 11,35; 12,10; Mal 3,3; 1QS 1,17)[137], öfter in Verbindung mit der beliebten Metapher vom Schmelzen, Reinigen und Prüfen der Metalle (vgl. Sach 13,9; Mal 3,3; 1QM 16,15; 17,1). Von besonderer Eindringlichkeit ist die Mahnung in äthHen 94,3–5:

> „Und nun sage ich euch, den Gerechten: Wandelt nicht auf den Wegen der Bosheit und nicht auf den Wegen des Todes, und naht euch ihnen nicht, dass ihr nicht umkommt, sondern sucht und wählt euch die Gerechtigkeit und ein wohlgefälliges Leben, und wandelt auf den Wegen des Friedens, so dass ihr leben könnt und glücklich seid. Und behaltet meine Rede in den Gedanken eures Herzens, und [sie] soll nicht aus euren Herzen getilgt werden, denn ich weiß, dass die Sünder die Menschen verführen, die Weisheit böse zu machen, so dass kein Platz für sie gefunden wird, *und keine Versuchung nachlassen wird* [Kursivdruck von A. H.]."[138]

Motiviert wird diese Mahnung mit dem Hinweis auf den endgültigen Sieg der Gerechten und das erbarmungslose Gericht über die Sünder.[139] Eine ähnliche Paränese wie in äthHen 94 findet sich in der Schrift *„Himmelfahrt des Mose".*[140] Heil für die Gerechten, Strafe für die Gottlosen – diese Perspektive durchzieht die jüdische

---

[137] Dan 12,10 LXX benutzt explizit den Begriff πειρασθῶσι und deutet so die Leiden der Endzeit als Versuchungen.

[138] Bei KAUTZSCH, *Apokryphen II*, 301 lautet die Übersetzung des letzten Teilverses: „Versuchungen aller Art werden nicht aufhören."

[139] Vgl. äthHen 91,12; 95,3–7; 96,1; 98,12; vgl. auch Jub 23,30.

[140] In der Zeit höchster Drangsal tritt der Levit Taxo auf und mahnt seine sieben Söhne, lieber den Tod zu erleiden als das Gesetz zu übertreten (AssMos 9,3–10,2): „Welches Geschlecht oder Land oder Volk von Frevlern gegen den Herrn, die viele Gräuel verübt haben, hat so viele Übel erlitten, wie sie uns widerfahren sind? Nun also, meine Söhne, hört auf mich: Seht doch und wisst, dass niemals weder die Väter noch deren Vorväter Gott versuchten, dass sie seine Gebote überträten. Ihr wisst ja, dass darin unsere Kraft besteht. Und so wollen wir dies tun: Lasst uns drei Tage lang fasten und am vierten in eine Höhle gehen, die auf dem Felde ist, und lasst uns lieber sterben, als die Gebote des Herrn der Herren, des Gottes unserer Väter, übertreten! Denn wenn wir dies tun und so sterben, wird unser Blut vor dem Herrn gerächt werden. Und dann wird seine Herrschaft über seine ganze Schöpfung erscheinen, und dann wird der Teufel nicht mehr sein, und die Traurigkeit wird mit ihm hinweggenommen werden. Dann werden die Hände des Engels gefüllt werden, der an höchster Stelle steht, und sogleich wird er sie rächen an ihren Feinden."

Apokalyptik insgesamt wie ein roter Faden.[141] Diese Aussicht ist es auch, die alle Leiden und Versuchungen, die mit der Endzeit einhergehen, überstehen helfen soll.

Die Vorstellung, dass die Leiden der Endzeit als *Versuchungen* zu verstehen sind, ist auch in das NT und die frühchristliche Apokalyptik übergegangen (vgl. Apk 2,10; 3,10; 1 Petr 1,6f; 4,12f), ebenso wie die Hoffnung auf den endgültigen Sieg Gottes und der Seinen (vgl. z.B. Röm 16,20; 2 Tim 4,8; Apk 22,3–5) sowie die Vernichtung Satans, seiner Dämonen und der Gottlosen (vgl. z.B. 2 Petr 3,7; Apk 20,10; 22,14f).

6.3.5 Ertrag

Der Versuchungsthematik kommt im AT bzw. in der LXX hohe Relevanz zu. Das hängt mit dem besonderen Charakter des AT zusammen. In allen seinen vielfältigen Zeugnissen und Ausdrucksformen ist es ein Glaubensbuch, indem es die Geschichte und Gegenwart des Volkes Israel und seiner Glieder stets auf Jahwe bezieht und von ihm her versteht.

Als Glaubensbuch aber handelt es notwendigerweise auch immer wieder von der Versuchung, da ja der Glaube, zumal der jüdische, alles andere als eine statische Größe ist. Er ist vielmehr ein sehr lebendiges Phänomen, was sich auch literarisch niederschlägt.[142] Insofern ist er aber auch nie fester Besitz, sondern immer wieder gefährdet oder bedroht. Genau darum geht es im AT überwiegend, wenn von „Versuchung" die Rede ist.

Die Versuchung des Volkes geht in der Regel von Jahwe aus und hat dabei entweder einen prüfenden oder aber einen erzieherisch–läuternden Zweck. Ihre typischen Wesenszüge sind Leiden, Not und Entbehrung, gelegentlich verbunden mit dem Eindruck der Abwesenheit Gottes. Indem die Versuchung letztlich auf die Vertiefung der Gottesbindung zielt, ist sie gleichwohl durchweg positiv motiviert. Nach weisheitlicher Lehre werden insbesondere die Gerechten von Gott heimgesucht – zum Zweck ihrer Bewährung und anschließenden Erhöhung. Vor diesem Hintergrund kann die Versuchung von den Gläubigen sogar erbeten werden.

Eine vollkommen andere Bewertung findet im AT bzw. in der LXX die Versuchung Jahwes durch das Volk: Sie ist im Wesentlichen dadurch charakterisiert, dass sie Jahwes Gegenwart, Stärke und Treue in Zweifel zieht. Aus diesem Grunde wird sie in aller Regel mit dem Makel der Hybris, des Unglaubens und des mangelnden Vertrauens versehen und entsprechend verurteilt.

Das große Gewicht der Versuchungsthematik setzt sich im Frühjudentum und im Rabbinismus fort, ja, es erfährt dort sogar noch eine Steigerung. Dies geschieht vor allem im Zuge der sich fortschreitend ausbildenden Dämonologie respektive Satanologie, im Zusammenhang mit der wachsenden Bedeutung des Proselytismus und unter dem Horizont der Apokalyptik.

Der Versuchungsbegriff erfährt dabei eine zunehmend negative Färbung. Das hängt damit zusammen, dass immer mehr nun der Satan (und sein dämonischer

---

[141] Vgl. z.B. auch Jes 24–27; 65–66; Dan 12,2f; Mal 3,19f; syrBar 44,7–15; 51; 4 Esr 7,17–9,25.
[142] VON RAD, *Theologie I*, 124 spricht ganz zu Recht von der „tatsächlich überwältigende[n] Lebendigkeit und schöpferische[n] Produktivität des Jahweglaubens."

Hofstaat) anstelle Jahwes die Rolle des Versuchers übernimmt. Seine Versuchungen sind Verführungen zur Sünde und zum Ungehorsam und zielen darauf hin, den Menschen von Gott zu trennen.

Gerade für die neubekehrten und in ihrer neugewonnenen Identität noch nicht gefestigten Gläubigen gilt, dass sie sich sich seinen Angriffen stellen und ihnen gegenüber behaupten müssen. Dabei dürfen sie aber auf die Hilfe Gottes hoffen und vertrauen. Und sie dürfen sicher sein: Wer allen Versuchungen zum Trotz Gehorsam und Treue bewahrt, auf den wartet himmlischer Lohn. Diese Gedanken wirken unmittelbar und mit bestimmender Kraft auch in das NT hinein.

7 Die Versuchungsthematik im NT

7.1 Vorbemerkungen

Das frühe Christentum übernimmt hinsichtlich der Versuchungsthematik von LXX und Frühjudentum „ein bereits geprägtes Wortfeld"[1], zu dem Elemente wie πίστις *(„Glaube"; vgl. z.B. Ps 78,18.22; Sir 44,19f LXX; Jub 17,15–18),* ὑπομονή *(„Geduld"; vgl. z.B. 4 Makk 16,19f; Jub 17,18; 19,8; TestJos 2,7),* ὑπακοή *(„Gehorsam"; vgl. z.B. Ex 15,25f; Num 14,22; Ps 78,56) und* θλῖψις *(„Bedrängnis") bzw.* παθήματα/κακά *(„Leiden"; vgl. neben Dtn 8,2 insbesondere die Hiob-Tradition, die Qumran-Texte und die gesamte frühjüdische Apokalyptik, z.B. Dan 12,1; OrSib 3,187) gehören.* Der Glaube, zumal der neugewonnene des Bekehrten, hat sich in zahlreichen Bedrängnissen und Nöten zu bewähren (vgl. Mt 5,11f; 1 Petr 1,6f; 4,12–14; Jak 1,2f.12).

Die charakteristische Veränderung, die das Versuchungsverständnis auf dem Weg vom AT zum Frühjudentum durchlaufen hat, wirkt auch in das NT hinein. Die positiven Bewertungen von Versuchung treten fast ganz zurück; das Wort hat nahezu nur noch eine negative Färbung. Versuchung bedeutet *Gefahr*, und zwar speziell Gefahr für das Gottesverhältnis des gläubigen Menschen, für sein Vertrauen zu Gott, für seine Bekenntnistreue und für seinen Gehorsam gegenüber Gottes Willen und Gebot. Die Gläubigen – so der Grundgedanke – müssen darauf bedacht sein, diese Gefahr in ihren vielfältigen Schattierungen zu erkennen und ihrer Herr zu werden. Die neutestamentliche Briefparänese gibt dazu eine Fülle von Hinweisen (vgl. z.B. Gal 6,1; 1 Thess 3,5; Jak 1,12; 1 Petr 5,8). Aber auch die synoptischen Evangelien vermitteln wichtige Informationen und Impulse in dieser Richtung, indem sie davon erzählen, wie *Jesus* mit Versuchungen umgegangen ist. An seinem Beispiel können sich die Gläubigen orientieren.

Der Gedanke, dass Menschen ihrerseits aktiv Gott versuchen, tritt gegenüber der alttestamentlichen Tradition deutlich in den Hintergrund. Das heißt nicht, dass er im NT gar nicht vorkäme. Aber er taucht nur selten auf, dazu noch in durchaus unterschiedlicher Weise und in ganz verschiedenen Zusammenhängen (vgl. Mt 4,5–7 par.; Act 5,9; 15,10; 1 Kor 10,9; Hebr 3,8f). Sehr viel häufiger ist jedoch davon die Rede, dass Menschen *gegenüber Jesus bzw. den Gläubigen* zu Versuchern und Verführern werden.[2]

Insgesamt lässt sich feststellen, dass die Versuchungsthematik im NT ein nicht minder großes Gewicht hat als in der gesamten frühjüdischen Tradition. Das hat zum einen seinen Grund in der Vielzahl von Nöten und Bedrängnissen, denen sich die frühe Christenheit gegenübersieht. Darüber hinaus hängt es mit der endzeitlichen Erwartung zusammen, in der die jungen Gemeinden leben – einer Erwartung, die sie mit anderen Gruppierungen wie etwa der von Qumran teilen. Kennzeichnend für diese Erwartung sind verstärkte widergöttliche, satanisch-dämonische

---

[1] Vgl. Berger, *Theologiegeschichte*, 90.451.
[2] Vgl. z.B. Mk 8,11 par.; 9,42–47 par.; 10,2 par.; 12,15 parr.; 13,6.22 parr.; Mt 13,41; 18,7; Lk 21,8; Röm 16,18; Eph 5,6; 2 Thess 2,3.

Aktivitäten. Schließlich wird die neutestamentliche Versuchungsthematik aber nicht zuletzt durch den besonderen Charakter des Lebens und insbesondere des Leidens und Sterbens Jesu beeinflusst und geprägt.

7.2   Versuchungen der Gläubigen

Das Motiv von der Versuchung der Gläubigen begegnet im NT immer wieder. Entsprechend der alttestamentlich-frühjüdischen Tradition sind es immer nur sie, die von der Versuchung betroffen werden, niemals die Ungläubigen.[3] KUHN gibt dazu folgende Erklärung: „Der πειρασμός trifft, schon von seinem Begriff her, immer nur die Gläubigen. Die Ungläubigen ... stehen nicht in solchem πειρασμός. Sie hat ja der Satan sowieso in der Gewalt."[4] Diese Begründung klingt durchaus plausibel[5]; sie ist es auch aus dem Grunde, weil in der Versuchung eben zumeist der *Glaube* und das *Gottesverhältnis* auf dem Spiel stehen.

Die Erfahrung der Versuchung bestimmt die Existenz der Gläubigen in hohem Maße. „Πειρασμοί erscheinen ... als selbstverständlicher Bestandteil des urchristlichen Lebens."[6] Sie lauern überall, außerhalb und innerhalb der Gemeinde, ja sogar in den Seelen der Gläubigen selbst. Das macht sie so gefährlich. Insbesondere der Hebräerbrief und der Jakobusbrief geben dieser Thematik breiten Raum und machen das Gelingen bzw. Misslingen des christlichen Lebens davon abhängig, wie sich der/die Gläubige den Versuchungen gegenüber bewährt.

7.2.1   Versuchung durch Leiden

Im NT verbindet sich die Versuchungsthematik vor allem mit dem Leiden, dem die Gläubigen aufgrund von Anfeindung und Verfolgung ausgesetzt sind. Die enge Verzahnung von Versuchung und Leiden lässt innerhalb der neutestamentlichen Literatur besonders der Hebräerbrief erkennen (vgl. Hebr 2,18; 4,15). „Da häufig die Verfolgung der Anlass für Anfechtung und Versuchung zum Abfall ist, kann πειρασμός bisweilen fast zu einem Synonym für solche Leiden werden."[7] In diesem Rahmen erscheint auch noch sporadisch das für das AT und das Frühjudentum (und auch die pagane Literatur) so bedeutsame Verständnis von Versuchung als einer „*Prüfung*"[8], ohne dass damit schon ausdrücklich etwas über den eigentlichen

---

3   Ausnahme: Apk 3,10, wo die endzeitliche Versuchung als eine globale angekündigt wird.
4   KUHN, *Πειρασμός*, 202.
5   Vgl. dazu 1 Kor 5,5 und 2 Kor 4,4, aber auch Joh 8,44.
6   KLEIN, Art. *Versuchung II*, in: TRE 35, 50. Ähnlich Kuhn, *Πειρασμός*, 202: „Πειρασμός ist geradezu das Charakteristikum seiner [sc. des Gläubigen] Existenz als Gläubiger in der Welt." Vgl. auch FELDMEIER, der anmerkt, dass „πειρασμός ... zur eschatologischen Existenz der Christen ... als deren ständige Bedrohung dazugehört" (ders., *Krisis*, 96).
7   FELDMEIER, *Krisis*, 199, Anm. 26. Vgl dazu auch Act 20,19; Jak 1,2.12; 1 Petr 4,12f. Entsprechend steht in Lk 8,13 ἐν καιρῷ πειρασμοῦ in Analogie zu γενομένης θλίψεως ἢ διωγμοῦ in den Parallelen Mk 4,17/Mt 13,21. Lukas ersetzt also „Bedrängnis" und „Verfolgung" durch „Versuchung". Die semantische Nähe von Versuchung, Bedrängnis und Verfolgung liegt damit auf der Hand. Vgl. in diesem Sinne auch GIELEN, *Versuchung*, 208f, Anm. 27.
8   Vgl. für das NT besonders 1 Petr 1,6f mit der bekannten Metapher von der Metallschmelze. Für die alttestamentlich-frühjüdische Interpretation von Leid als Prüfung vgl. u.a. die Abraham-, Joseph- und Hiobtradition und die Weisheit, für das entsprechende Verständnis in der paganen Literatur die Überlieferungen von Herakles.

Verursacher der Versuchung ausgesagt wäre. Lediglich in diesem Kontext kann Versuchung noch zwei positive Aspekte beinhalten. Zum einen gewährt sie Teilhabe am Leiden Christi und gilt darum als ein Signum echter Jüngerschaft[9]; insofern kann sie sogar begrüßt werden.[10] Zum anderen impliziert sie die Möglichkeit der Bewährung, die in eschatologischer Perspektive auf den Lohn Gottes hoffen darf.[11]

Wie in den Spätschriften der LXX (Weish, Sir, Makk) und in den rabbinischen Schriften wird im Zusammenhang mit dem Leidensgedanken, namentlich in Hebr und Jak, gerne an die vorbildliche Geduld und Glaubenstreue der Ahnen erinnert, besonders an Abraham (Hebr 11,8–10.17–19), Mose (Hebr 11,23–29), die Propheten (Jak 5,10) und Hiob (Jak 5,11). Abraham und Hiob als den „Muster-Proselyten", die ihrem neugewonnenen Glauben nach der Berufung resp. Bekehrung treu geblieben sind, kommt dabei von der frühjüdischen Tradition (Jdt 8,22f Vulg.; Jub 12–19; TestHiob) her eine besondere Rolle und Wertschätzung zu. Denn es geht ja darum, die Echtheit und Tragfähigkeit des eigenen (neuen) Glaubens inmitten einer feindlich gesonnenen Umgebung zu erweisen (1 Petr 1,6f; Jak 1,2–12). Vor allem aber wird auf Jesus selbst verwiesen, auf seine Konfrontationen mit Versuchungen und Leiden. Jesus wird als derjenige beschrieben, der den ἀγών („Kampf") auf sich genommen und siegreich bestanden hat[12], und nun den Seinen, quasi wie ein Feldherr in der Schlacht, im Leiden vorangeht (Hebr 12,1f). Die Erinnerung an ihn und sein Schicksal dient als Ansporn für die Gläubigen und zur Stärkung ihres eigenen Durchhaltevermögens (Hebr 12,3). Wenn es sein muss, gelte es zu leiden μέχρις αἵματος (Hebr 12,4), d.h. bis in den Tod.

Im Hebräerbrief – und nur dort – wird das Leiden zusätzlich noch in Entsprechung zur weisheitlich-frühjüdischen Tradition unter den Aspekt der *Erziehung* gerückt. Mit Verweis auf Prov 3,11f heißt es dort (Hebr 12,7): „Zur Erziehung duldet ihr. Wie Söhnen begegnet euch Gott. Denn wo ist ein Sohn, den der Vater nicht züchtigt?" Der Erziehungsgedanke impliziert, dass Gott der eigentliche Urheber von Leid und Versuchung ist. Diese im AT durchaus geläufige Vorstellung begegnet im NT in dieser Eindeutigkeit allein im Hebräerbrief – so wie dort übrigens auch ohne Vorbehalte *Gott* für die Passion Jesu verantwortlich gemacht wird (Hebr 2,9f).

Demgegenüber gibt es anderslautende Aussagen wie die in der johanneischen Apokalypse, die den Teufel (διάβολος) als Verursacher des Leidens benennt, das mit der Verfolgung der Gläubigen einhergeht (Apk 2,10).

---

9   Vgl. 1 Petr 4,12f. Auch bei Paulus begegnet der Gedanke von der Teilnahme am Leiden Christi (vgl. Röm 8,17; 2 Kor 1,5; 4,10; Gal 6,17; Phil 3,10b). Damit drückt der Apostel aus, dass ihm seine Leiderfahrungen aufgrund seiner apostolischen Tätigkeit zuteil werden. Vgl. WOLTER, *Paulus*, 251.

10   Vgl. 1 Petr 1,6; 4,12f; Jak 1,2. Dem Thema „Freude in Versuchung, Anfechtung und Verfolgung", das in ähnlicher Weise auch in Mt 5,11f, 2 Kor 7,4, Phil 2,17f, Kol 1,24 und Hebr 10,34 begegnet, liegt offenkundig eine gemeinsame frühchristliche Tradition zugrunde (vgl. dazu BERGER, *Theologiegeschichte*, 191). BERGER führt die Verbreitung der Tradition auf die Notwendigkeit der frühen Christen zurück, das ihnen um ihres Bekenntnisses willen zugefügte Leiden theologisch zu erklären (und auf diese Weise zu bewältigen).

11   Vgl. 1 Petr 1,8f; 4,13; Jak 1,3.12. Zur Bewährung im Leiden vgl. auch Röm 5,3–5.

12   Welcher in der antiken Mythologie bewanderte Leser wird sich angesichts dieser Wortwahl nicht an die πόνοι eines Herakles oder Odysseus erinnert fühlen?

7.2.2   Weitere Anlässe für Versuchung

Aber nicht nur das Leiden kann Anlass für Versuchung sein. Diese kann auch in Begierden verschiedenster Art lauern: zum Beispiel im sexuellen Verlangen (1 Kor 7,5) oder im Streben nach Geld und Reichtum (Act 5,3.9; 1 Tim 6,9; Mk 4,19 parr.)[13]. Mehrfach ist davon die Rede, dass der Satan sich diese Begierden zunutze macht, um die Gläubigen von Gott abzuwenden (Act 5,3; 1 Kor 7,5). In Jak 1,13f werden die Begierden des Menschen generell für die Versuchung verantwortlich gemacht. Dahinter steht die Absicht, in Korrektur zum weisheitlichen Verständnis von Versuchung als einem göttlichen „Erziehungsmittel"[14] Gott von jeglicher Verantwortung für menschliche Versuchungen freizusprechen: „Niemand sage, wenn er versucht wird: Ich werde von Gott versucht. Denn Gott ist unversuchbar zum Bösen, er selbst aber versucht niemanden. Vielmehr wird jeder versucht, indem er von der eigenen Lust gezogen und gelockt wird."[15] Die unkontrollierten, zügellosen Begierden sind es demnach, die zur Sünde verführen und von Gott trennen (vgl. dazu auch 1 Tim 6,9).[16]

Gefahr droht den Gläubigen aber auch durch Irrlehrer, falsche Propheten und selbsternannte Messiasse, die die Gemüter verwirren, die Gemeinden spalten und zum Abfall verführen. Die Warnung vor ihnen zieht sich durch das ganze NT (vgl. z.B. Mk 9,42–48 par.; 13,6.22; Röm 16,18; Eph 5,6; 2 Thess 2,3), ebenso wie der Rat zur sorgfältigen Prüfung der Geister (vgl. 1 Kor 14,29; Eph 5,10; 1 Thess 5,21; 1 Joh 4,1).

Das ist aber noch nicht alles. Im Galaterbrief spricht Paulus davon, dass seine leibliche Schwäche und Krankheit den Galatern zum πειρασμός geworden sei (Gal 4,14).[17] Die Versuchung der Galater bestand offenkundig darin, den Apostel wegen seiner Erkrankung zu verachten, seine Botschaft abzuweisen und wie gegenüber einem Besessenen den Abwehrritus des Ausspuckens zu vollziehen.[18] Paulus hebt lobend hervor, dass die Galater dieser Versuchung nicht erlegen waren. Es handelt sich hier um eine Versuchung, die man allgemein so formulieren könnte: Menschli-

---

[13] Lehrreich ist ein Vergleich mit dem rabbinischen Schrifttum. Im Rabbinismus können sogar der *Zustand* des Reichtums wie der Armut an und für sich als Versuchungen und Prüfungen Gottes betrachtet werden: „Wohl dem Menschen, der seine Versuchung besteht; denn es gibt keinen Menschen, den Gott nicht versuchte. Den Reichen versucht er, ob seine Hand den Armen sich öffne, und den Armen versucht er, ob er Leiden hinnehme ohne Murren" (ExR 31 (91c). KORN, *ΠΕΙΡΑΣΜΟΣ*, 73 urteilt nicht zu Unrecht: „So kann alles für den Menschen zur Versuchung werden."

[14] KLEIN, Art. *Versuchung II*, 51.

[15] Der Verfasser des Jakobusbriefes lässt allerdings das Problem offen, woher denn die Begierden letztlich stammen.

[16] Wie gezeigt wurde (vgl. S. 78–80), spielen Begierden auch in der paganen Literatur eine wichtige Rolle, so z.B. bei HOMER, HERODOT und EURIPIDES das sinnliche Verlangen oder die Habgier. Auch die Vorstellung, dass ein Dämon die menschliche Begierde antreibt, ist nicht unbekannt (vgl. Aischyl.Pers. 724). Anders als im NT gefährden die Begierden den Menschen aber nicht in seiner Glaubenstreue; dementsprechend fehlt im paganen Kontext der Begriff der ἁμαρτία im Sinne eines religiösen Schuldbegriffs, der sich erst in der LXX durchsetzt. Vgl. STÄHLIN/GRUNDMANN, Art. ἁμαρτάνω, in: ThWNT I, 295–297.

[17] Es ist viel darüber spekuliert worden, um welche Krankheit es sich konkret gehandelt haben mag. Um ein Augenleiden, wie Gal 4,15 vermuten lassen könnte? Oder um Depressionen, wie 2 Kor 12,7 nahelegt? Oder um Epilepsie?

[18] Vgl. BECKER, *Galater*, 52.

che Vorstellungen und Erwartungen stehen nicht selten im Widerspruch zu göttlicher Offenbarung und Wahrheit. Daraus erwächst eine Anfechtung für den Glauben. Wie so oft, rückt πειρασμός auch in diesem Kontext semantisch in unmittelbare Nähe zu σκάνδαλον.

Schließlich kann die Versuchung auch in allzu großer Heilssicherheit begründet sein. Im 1.Korintherbrief warnt Paulus die Pneumatiker in der griechischen Hafenstadt vor einer sakramentalistischen Überheblichkeit, die sich in der leichtfertigen Teilnahme an heidnischen Opferritualen ausdrückt (vgl. 1 Kor 10,1–22). Damit riskieren sie nach Meinung des Apostels ihre Zugehörigkeit zur eucharistischen Heilsgemeinschaft und fordern den Herrn heraus (1 Kor 10,21f); sie versuchen ihn (1 Kor 10,9).

Fazit: Die Versuchung ist ein vielschichtiges Phänomen. Sie kann aus den Verfolgungen und Leiden erwachsen, aus den Begierden, aus enttäuschten Erwartungen und auch aus menschlicher Hybris. Eine große Gefahr sind außerdem Irrlehrer und Falschpropheten, die inner- oder außergemeindlich auftreten können. Aufgrund der vielfältigen Bedrohungen darf sich niemand zu sicher fühlen; keiner ist, wie Paulus betont, vor Versuchung gefeit (vgl. Gal 6,1).

7.2.3 Die Rolle des Satans und der Dämonen in der Endzeit

Die Gläubigen wissen sich in der Endzeit (1 Kor 10,11; 1 Petr 4,7), und diese Zeit gilt ihnen als eine Epoche der Versuchung und Bedrängnis, wie es sie nie zuvor gegeben hat (Mk 13,19; Apk 3,10). Als ein typisches Merkmal der Endzeit wird in der Apokalyptik die rastlose, weil befristete Aktivität Satans und seiner Dämonen angesehen (Apk 2,10; 12,12).[19] In einem besonders eindrucksvollen Bild, das sich an Ps 22,14 anlehnt, wird sein Tun in 1 Petr 5,8 geschildert: „Euer Widersacher, der Teufel, geht umher wie ein brüllender Löwe und sucht, wen er verschlingen könne." Demnach lässt der Teufel, der „Widersacher", nichts unversucht, um die Menschen zum Abfall zu bringen und ins Verderben zu stürzen. Den Gläubigen wird ans Herz gelegt, den Anstrengungen Satans und seiner Dämonen in Nüchternheit, Wachsamkeit und Glaubensfestigkeit entgegenzutreten.[20]

Auch *Paulus* lehrt, die Macht des Satans sehr ernst zu nehmen. Er nennt ihn ὁ θεὸς τοῦ αἰῶνος τούτου (2 Kor 4,4), eine Titulierung, die der johanneischen Ausdrucksweise ὁ ἄρχων τοῦ κόσμου (Joh 12,31; 14,30; 16,11) verwandt ist. Er kann ihn aber auch explizit als „den Versucher" (ὁ πειράζων)[21] bezeichnen und davon sprechen, dass dieser gezielt gegen ihn arbeite (1 Thess 2,18; 3,5) und sein gottgewolltes Werk der Verbreitung des Evangeliums (Gal 1,1.11f) zu zerstören versuche.[22] Nach Darstellung des Apostels versucht der Satan die Menschen in der Weise, dass er zur Sünde verführt. Dabei nutzt er, wie schon erwähnt, gerne die

---

[19] Zu beachten ist in Apk 2,10 besonders die charakteristische Verwendung der Zehnzahl („zehn Tage"), welche die Endzeit insgesamt unter die Perspektive der satanischen Versuchung rückt.

[20] Vgl. außer 1 Petr 5,8f auch Eph 6,10–17.

[21] Die Bezeichnung „Versucher" für den Teufel begegnet auch Mt 4,3. Demnach gilt „Versuchung" im NT wie im Frühjudentum als das für den Satan typische und charakteristische Werk.

[22] Umgekehrt wird in 1 Joh 3,8 der Zweck des irdischen Lebens Jesu darin gesehen, dass er die Werke des Teufels zerstöre.

menschliche Schwäche für seine Zwecke (1 Kor 7,5); er betrügt, tarnt und verstellt sich (2 Kor 2,11; 11,14) und trübt den Blick für das Licht des Evangeliums (2 Kor 4,4). Angesichts der vielfältigen Gefahren, die den Gläubigen drohen, mahnt auch Paulus eindringlich zur Wachsamkeit und Nüchternheit (1 Thess 5,6).[23] Die christliche Gemeinde steht für ihn eindeutig im Bereich der Basileia. Dies gilt in so exklusiver Weise, dass der Ausschluss eines Menschen aus der Gemeinde geradezu mit seiner Übergabe an den Satan gleichgesetzt werden kann (1 Kor 5,5).

In den *Evangelien* ist ebenfalls von dem Gegensatz zwischen Gott und dem Satan die Rede. Aufgrund seines permanenten Bestrebens, den Glauben zu verhindern bzw. zu zerstören (Mk 4,15 parr.) und die Gläubigen von Gott zu trennen, gilt er als ὁ ἐχθρός („der Feind"; vgl. Mt 13,39; Lk 10,19) bzw. als ὁ πονηρός („*der Böse*"; vgl. Mt 6,13; 13,19) schlechthin. In Joh 8,44 wird er, möglicherweise mit Blick auf Weish 2,24 und die Paradiesgeschichte, „Mörder" (ἀνθρωποκτόνος) genannt, außerdem „Lügner und Vater der Lüge" (ψεύστης ... καὶ ὁ πατὴρ αὐτοῦ). Damit ist ausgedrückt, dass sein Tun auf die Verführung der Menschen und ihr Verderben abzielt. Ganz sporadisch scheint auch der apokalyptische Gedanke eines *Satansreiches* anzuklingen, das mit seinen Dämonen dem Kommen des Gottesreiches entgegensteht.[24] Es fehlt jedoch, anders als im Frühjudentum (äthHen; TestSal), sowohl eine genealogische Ableitung der Dämonen als auch eine katalogische Aufstellung ihrer schädigenden Funktionen. Speziell das Markusevangelium zeigt sich von der Vorstellung eines kosmischen Dualismus weitgehend unbeeinflusst. Statt dessen ist es bestimmt von dem alttestamentlichen „Dualismus" zwischen dem heiligen Gott und dem sündigen Menschen (vgl. Mk 2,7).[25] Die Sünde wird bei Markus autonom und nicht etwa satanologisch interpretiert (vgl. Mk 7,20–23). Die zahlreichen Dämonenkämpfe stehen ganz im Zeichen der Soteriologie und nicht der Kosmologie; die Überwindung der Dämonen, die gegenüber dem Charisma des Gottessohnes schwach und hilflos erscheinen, signalisiert den Einbruch der Basileia Gottes.[26] Im Matthäusevangelium, noch mehr aber im Lukasevangelium ist die dualistische Entgegensetzung von Gott und Satan ausgeprägter; die

---

[23] Dabei grenzt sich der Apostel zugleich gegen Personen ab, die das Wachen allzu wörtlich nehmen, anstatt es im Sinne einer existentiellen Grundhaltung zu verstehen (1 Thess 5,10). Zum Motiv des Wachens merkt BERGER, *Theologiegeschichte*, 336 an: „Alles weist darauf, dass das Wachen in den ältesten christlichen Traditionen umfassend verstanden wurde, als Generalnenner des gesamten Verhaltens. Da das Wachen auf das Kommen des Herrn gerichtet ist, handelt es sich um eine personal orientierte Art von Verbindlichkeit."

[24] Vgl. Mk 3,22–27 parr.; vgl. dazu in der deuteropaulinischen Briefliteratur Eph 2,2; 6,12 und darüber hinaus auch Apk 12,9. Dies erinnert an äthHen 6,5–7; 69,2ff, TestDan 6 und TestSal 6,2f, aber auch an Texte der Qumran-Gruppe (vgl. z.B. 1QM 1,5–15; 1QS 3,24).
Die diesbezüglichen Aussagen in Mk 3,22–27 sind jedoch mit Vorsicht zu behandeln, da es sich, wie der Erzähler ausdrücklich vermerkt, dabei um „Gleichnisse" (3,23) handelt, die bildlich zu verstehen sind. Vgl. dazu BAUMBACH, *Verständnis*, 34. Ganz skeptisch interpretiert GUTTENBERGER, *Gottesvorstellung*, 243f. Da in Mk 3,22–27 von einer βασιλεία Satans explizit keine Rede ist, folgert sie: „Dem Reich Gottes steht kein Reich Satans gegenüber."

[25] Vgl. BAUMBACH, *Verständnis*, 51.

[26] Bezeichnend ist in diesem Zusammenhang, dass Markus auch keine pandämonologische Deutung von Krankheit kennt, sondern explizit zwischen Krankheit bzw. Behinderung einerseits und dämonischer Besessenheit andererseits unterscheidet (vgl. Mk 1,32.34). Vgl. dazu KOCH, *Wundererzählungen*, 35; VON BENDEMANN, *Krankheitskonzepte* 125; GUTTENBERGER, *Gottesvorstellung*, 250.

Welt erscheint als Reich Satans, der die Menschen in seiner Gewalt hat und be-
zwungen werden muss (vgl. Mt 4,8f; Lk 4,5–7; 13,16; 22,31). Die deutlichste Akzentuierung erfahren dualistische Begrifflichkeiten im Johannesevangelium; allerdings ist dort der Dualismus nicht etwa kosmologisch orientiert, sondern eng an die
Erscheinung des Sohnes als des Offenbarers gebunden; der κόσμος als die im Unglauben verharrende Menschheit, die die Finsternis dem Licht vorzieht und sich
gegenüber dem Heilsangebot verschließt, wird unter Satans Herrschaft gesehen
(Joh 12,31). Aber so groß die Macht Satans auch eingeschätzt wird – es herrscht die
einmütige Überzeugung, dass seine Stunden gezählt sind.[27]

Insgesamt lässt sich feststellen, dass viele neutestamentliche Aussagen zur Satanologie und Dämonologie den frühjüdischen Überlieferungen inhaltlich durchaus
nahe stehen. Das ist auch nicht überraschend; schließlich verbindet sie der gemeinsame apokalyptische Horizont. Modifiziert gegenüber der Darstellung Satans in der
frühjüdisch-rabbinischen Literatur ist jedoch die zentrale Stoßrichtung seines
Kampfes: Dort sind seine Anstrengungen gezielt auf das Verderben Israels gerichtet (vgl. z.B. ExR 18 (80c); CD 4,12–19); nach neutestamentlicher Darstellung
streitet er gegen Gottes Reich und Wort, gegen Christus und die Gläubigen.

So heftig ist der Kampf und die mit ihm verbundenen Versuchungen, dass die
Gläubigen sie ohne Gottes Hilfe nicht bestehen können; dieser Beistand aber ist
ihnen sicher (vgl. 1 Kor 10,13; 2 Petr 2,9; Apk 3,10).

7.2.4   Die Versuchungsbitte im Vaterunser

Besondere Aufmerksamkeit verdient in diesem Zusammenhang die sechste Bitte
im Vaterunser. Sie lautet in der matthäischen und lukanischen Fassung übereinstimmend (Mt 6,13a/Lk 11,4c): καὶ μὴ εἰσενέγκης ἡμᾶς εἰς πειρασμόν. In Mt
6,13b findet sich noch die Ergänzung: ἀλλὰ ῥῦσαι ἡμᾶς ἀπὸ τοῦ πονηροῦ.[28] Aus
der Bitte spricht das deutliche Bewusstsein, „dass Glaubende in ihrer menschlichen
Schwachheit auf die Bewahrung ihres Glaubens durch Gott angewiesen bleiben"[29].
Im Zuge dieser Grundüberzeugung zielt sie darauf, von Krisen verschont zu werden, die zum Verlust des Glaubens führen können.

Die Formulierung der Bitte wirft aber erneut diejenige Frage auf, die auch im
Frühjudentum intensiv erörtert wurde: ob und in welcher Weise Gott an der Versuchung beteiligt ist. Die Frage stellt sich für das Vaterunser insofern mit besonderer Brisanz, weil πειρασμός ohne jeden Zweifel hier nicht im positiv-weisheitlichen
Sinne der Pädagogik verstanden ist, sondern im negativen Sinne des Abfalls von
Gott, des Ungehorsams und der „Gefährdung der Heilszugehörigkeit"[30]. Wie also
ist die Rolle Gottes im Versuchungsgeschehen zu deuten? Muss man sie tatsächlich

---

[27]   Vgl. Mt 25,41; Lk 10,18; Joh 12,31; vgl. in diesem Sinne außerhalb der Evangelien auch Röm
        16,20; Apk 12,9; 20,10.
[28]   Die lukanische Kurzfassung des Vaterunsers, in der auch die dritte Bitte fehlt, dürfte der
        jesuanischen Urfassung näher stehen.
[29]   KLEIN, Art. *Versuchung II*, in: TRE 35, 50.
[30]   Ebd. Wäre der πειρασμός im weisheitlichen Sinne gemeint, so müsste die Bitte analog zu Ps
        26,2; 139,23f ja eher positiv lauten: „Führe uns hinein!" Vgl. auch KUHN, *Πειρασμός*, 218:
        „Die Bitte um Ersparung des πειρασμός hat nur Sinn, wenn … hier πειρασμός die … An-
        fechtung bezeichnet als die Gefahr des Sündigens und des Abfallens."

so verstehen, dass Gott es ist, der die Gläubigen aktiv in die Versuchung hinein-führt?[31]

Für ein sachgerechtes Verständnis ist Folgendes zu bedenken: Deutlich ist, dass Gott sowohl in der Versuchungsbitte als auch in der ergänzenden matthäi-schen Erlösungsbitte „als handelndes Subjekt angesprochen wird"[32]. Seine Rolle geht also zweifellos über die einer bloßen *Zulassung* der Versuchung hinaus.[33] Ande-rerseits fällt aber auf, dass die Versuchungsbitte nicht einfach lautet: καὶ μὴ πειράζῃς ἡμᾶς („und versuche uns nicht"), sondern dass statt dessen das – um-ständlichere – Funktionsverbgefüge gewählt wird: καὶ μὴ εἰσενέγκῃς ἡμᾶς εἰς πειρασμόν.[34] Auf diese Weise wird die Frage, wer der Urheber der Versuchung ist, zunächst bewusst in der Schwebe gehalten. Klarheit lässt sich dann aber in der matthäischen Version von der anschließenden – positiv formulierten – Erlösungs-bitte her gewinnen: ἀλλὰ ῥῦσαι ἡμᾶς ἀπὸ τοῦ πονηροῦ. Demnach wird die eigent-liche Versuchung selbst also nicht von Gott, sondern vom Bösen betrieben.[35] Dies entspricht in der Tendenz der frühjüdischen und rabbinischen Tradition, die ja, wie wir sahen (vgl. S. 99.106), bestrebt ist, Gott zu entlasten und an seiner Stelle den Satan für den Akt der Versuchung verantwortlich zu machen. Gott ist nicht selbst der Versucher; wohl aber wird er als derjenige gesehen, der „mit der Situation der Versuchung"[36] (bzw. mit dem Versucher) konfrontiert. Die sechste Vaterunser-Bitte ist also so gemeint: Führe uns nicht der Versuchung *entgegen*, bringe uns nicht in den *Raum* der Versuchung hinein![37] Oder mit anderen Worten: Setze uns nicht der Versuchung durch den Bösen aus![38]

---

[31] Das an diesem Gedanken Anstößige hat in der Rezeptionsgeschichte des Vaterunsers zu Umformulierungen geführt. So findet sich schon bei Marcion folgende Lesart: καὶ μὴ ἀφῇς ἡμᾶς εἰσενεχθῆναι [Passiv!] εἰς πειρασμόν. Da wird also Gott um Bewahrung vor der Ver-suchung gebeten. In dieselbe Richtung tendiert auch die Erklärung Tertullians, or. 8: „Ne nos inducas in temptationem, id est, ne nos patiaris induci ab eo utique qui temptat."

[32] GIELEN, *Versuchung*, 207.

[33] Insofern greift auch die Interpretation der Bitte bei KUHN, Πειρασμός, 218 zu kurz: „Lass uns nicht in die Anfechtung, in die Gefahr des Abfalls geraten."

[34] So mit Recht GIELEN, *Versuchung*, 207.214.

[35] Ob bei der Formulierung τοῦ πονηροῦ konkret an *den* Bösen, also den Satan, zu denken ist oder ob es sich dabei um einen neutrischen Genitiv handelt, ist rein sprachlich nicht eindeu-tig zu entscheiden. Mit Blick auf Mt 13,19.38 liegt aber die personale Interpretation näher (vgl. in diesem Sinne auch Eph 6,16 sowie 1 Joh 2,13f; 3,12; 5,18). Im Übrigen sind *der* Böse bzw. *das* Böse nicht alternativ zu denken, da ja der Böse im NT stets zum Bösen hin ver-sucht. Falls bei τοῦ πονηροῦ tatsächlich an den Satan gedacht ist, so begegnet hier eben je-ner ambivalente Sachverhalt, der sowohl bei Hiob als auch bei Jesu Versuchung in der Wüs-te (Mk 1,12f parr.) eine Rolle spielt: Gott steht als lenkende Kraft hinter der Versuchung; die direkte Auseinandersetzung aber führt der Proband mit dem Satan.

[36] So richtig GIELEN, *Versuchung*, 214. Vgl. zur aktiven Rolle Gottes als rabbinische Parallele die schon zitierte Stelle Ber 60b (Talmud I, 271), wo es heißt: „Lass mich nicht zur Sünde kommen noch zur Versuchung noch zur Schmach."

[37] Εἰς und ἀπό sind einander entgegengesetzte räumliche Präpositionen. Die Implikation der räumlichen Vorstellung bestreitet jedoch GIELEN, *Versuchung*, 203, Anm. 9; 207f, Anm. 24.

[38] Auch in 1 Kor 10,13 ist Gott nicht selbst als der Versucher gedacht (beachte das Passiv πειρασθῆναι!); wohl aber stellt er den Raum bzw. die Situation her, die dem Versucher, also dem Satan (vgl. 1 Kor 7,5), Handlungsspielraum eröffnet. Zugleich aber sieht Paulus Gott in der Weise am Werke, dass dieser einen Ausweg (τὴν ἔκβασιν) aus der Versuchungssituation schafft und so ein Bestehen ermöglicht.

Dass er die Seinen gleichwohl öfter der Versuchung durch den Satan ausgesetzt hat und aussetzt, dafür gibt es ja nun zahlreiche Belege; man denke nur an den altertümlich wirkenden Prolog des Hiob-Buches und an die frühjüdischen und rabbinischen Zeugnisse. Die Versuchungsbitte im Vaterunser ist darauf gerichtet, vor Versuchungen durch den Satan bewahrt zu bleiben. Im Hintergrund steht dabei der Respekt vor dessen Macht sowie die demütige Einsicht in die menschliche Schwachheit und die damit verbundene Angst, in der Versuchungssituation zu versagen.[39] Auffälligerweise fehlt an dieser Stelle das Vertrauen auf den Beistand Gottes *inmitten* der Versuchungen, wie es uns in der jüdischen Weisheitstradition (vgl. Sir 33[36 LXX],1) und auch in den Texten von Qumran (1QS 3,21–25; 4Q 174,3,7–9) begegnet war. Das Gebet zielt stattdessen darauf, dass die Gefahr gar nicht erst auftreten möge. Erbeten wird die *Vermeidung* der Gefahr, nicht die Hilfe in der Gefahr.[40]

7.3   Versuchungen Gottes

Wir gezeigt wurde, spielt der Gedanke der Versuchungen Gottes durch sein Volk in der alttestamentlichen Literatur eine große Rolle. Vorrangig begegnet er dort im Sinne des Zweifels an Gottes Präsenz und Macht (vgl. S. 85). Im NT ist das anders. Der Gedanke findet sich ohnehin nur selten; ein einheitliches Interpretament lässt sich schon gar nicht finden.

Zweimal wird in der neutestamentlichen Briefparänese vor der Versuchung Gottes bzw. Christi gewarnt, jeweils unter Verweis auf das Schicksal der Israeliten in der Wüste. Deren Unglaube, wie er sich in der Versuchung ausdrückte und Gottes strenges Strafgericht nach sich zog, soll der Gemeinde Christi in der Endzeit ein warnendes Beispiel (τυπικῶς) sein. So erinnert Paulus in 1 Kor 10,9 an den Tod vieler Israeliten durch die feurigen Schlangen (Num 21,4–9). In Hebr 3,7–19 wird die Warnung vor Verstockung und Abfall durch die Erinnerung insbesondere an Ex 17,1–7 und durch Zitation von Ps 95,7–11 untermauert. Zuvor war auf Christus als das Vorbild für Gehorsam und Treue hingewiesen worden (Hebr 3,6); dem positiven Exempel wird anschließend das negative kontrastiert, an dem sich erkennen lässt, wie leicht es zu Ungehorsam und Untreue gegenüber Gott, seinem Wort und Willen, kommt.

In den Evangelien von Matthäus und Lukas wird jeweils einmal (Mt 4,7/Lk 4,12) auf Dtn 6,16 (οὐκ ἐκπειράσεις κύριον τὸν θεόν σου) Bezug genommen. Mit diesem alttestamentlichen Zitat wehrt Jesus eine Versuchung des Teufels ab, die dieser auch noch durch Hinweis auf Ps 91,11f zusätzlich motiviert hat: sich von der Tempelzinne zu stürzen. Dieser Versuchung erteilt Jesus jedoch eine klare Absage.

Auch in der lukanischen Apostelgeschichte begegnet das Motiv an zwei Stellen. Den Betrug von Hananias und Saphira gegenüber der Gemeinde tadelt Petrus als eine Versuchung Gottes (Act 5,9); auch hier wird die Versuchung auf den Einfluss

---

[39]   Vgl. in diesem Sinne auch GIELEN, *Versuchung*, 209.

[40]   Insofern wird LUTHERS Erklärung dem Inhalt der sechsten Vaterunser-Bitte nicht ganz gerecht, wenn er schreibt: „Versuchung und Reizungen kann niemand umgehen, weil wir im Fleisch leben und den Teufel um uns haben, und wird nichts anderes draus: Wir müssen Anfechtung leiden, ja darin stecken. Aber da bitten wir drum, dass wir nicht hineinfallen und darin ersaufen" (ders., *Katechismus*, 113).

Satans zurückgeführt (Act 5,3). Versuchung erscheint hier im Sinne einer Prüfung Gottes, ob dieser den Betrug merken werde oder nicht. Hananias und Saphira bezahlen diese sündige Herausforderung mit ihrem Leben (Act 5,5.10). Beim Apostelkonzil bezeichnet Petrus die pharisäische Forderung, den Heiden die Last des Gesetzes aufzuerlegen, als eine Versuchung Gottes (Act 15,10). Versuchung ist hier ganz allgemein so zu verstehen, dass man sich mit einem solchen Verlangen dem universalen Heilswillen Gottes (Act 15,19f) in den Weg stellt.

7.4   Versuchungen Jesu

Von Versuchungen Jesu ist schwerpunktmäßig in den synoptischen Evangelien die Rede. Im Johannesevangelium fehlt jede Aussage über eine Versuchung Jesu, weil sie ihn in einer für den Autor des Evangeliums nicht akzeptablen Weise auf die menschliche Ebene hinabziehen könnte.[41] Unter den übrigen neutestamentlichen Schriften betont allein der Hebräerbrief mehrfach, dass Jesus Versuchungen ausgesetzt war (Hebr 2,18; 4,15).

Die Synoptiker erzählen übereinstimmend, dass der Weg Jesu immer wieder von Versuchungen begleitet ist. Schon unmittelbar nach seiner Taufe und vor dem ersten öffentlichen Auftreten sieht er sich in der Wüste den Versuchungen des Satans ausgesetzt (vgl. Mk 1,12f; Mt 4,1–11; Lk 4,1–13). Während Markus nur knapp und in ganz eigener Weise darüber berichtet – darauf wird noch genauer einzugehen sein – bieten Matthäus und Lukas eine ausführliche Versuchungsgeschichte, die in ihrem Grundbestand auf Q zurückgehen dürfte. Im Einzelnen werden dort drei Versuchungen Jesu geschildert, deren wichtigstes Bindeglied Zitate aus dem Buch Dtn bilden.[42] Alle diese Zitate stehen traditionsgeschichtlich im Zusammenhang mit der Wüstenwanderung des Volkes Israel und den dort berichteten Versuchungen. Sowohl nach der matthäischen wie auch nach der lukanischen Version besteht der Gottessohn Jesus sämtliche Versuchungen des Satans erfolgreich. Er weist den Missbrauch seiner Gottessohnschaft ab, indem er sich allein dem Willen Gottes verpflichtet zeigt (Mt 4,10/Lk 4,8). Der Teufel muss die Vergeblichkeit seiner Bemühungen erkennen und das Feld räumen (Mt 4,11/Lk 4,13).

---

41   Vgl. KORN, ΠΕΙΡΑΣΜΟΣ, 81. Joh 8,1–11, wo von einer Versuchung Jesu die Rede ist (8,6), ist ein späterer Eintrag in viele Codices und Minuskeln – ein deutlicher Hinweis darauf, wie mächtig die Vorstellung von Versuchungen Jesu in Teilen des frühen Christentums war. Ansonsten wird Jesus im Johannesevangelium nicht versucht; entsprechend wird auch seine Passion nicht als Leiden, sondern als Erhöhung und Verherrlichung des Gottessohnes dargestellt (vgl. Joh 8,28; 12,32; 17,1). Wohl aber tritt Jesus an einer Stelle im Johannesevangelium selbst als Versucher auf (6,5f), indem er Glauben und Vertrauen seines Jüngers auf die Probe stellt (Näheres dazu vgl. S. 199).

42   Mit KLEIN, Art. Versuchung II, in: TRE 35, 49. Vgl. Dtn 8,3; 6,13.16. Die Reihenfolge der zweiten und dritten Versuchungsepisode weicht bei Mt und Lk voneinander ab. Vermutlich steht die Mt-Fassung Q näher. Für die Umstellung des Lk sind theologische Gründe anzunehmen. Lk hält offensichtlich die – zusätzlich mit Schriftzitat Ps 91,11f motivierte – Aufforderung zum Sturz von der Tempelzinne für die schwerste Versuchung.

Nach dem Wüstenaufenthalt hören die Versuchungen Jesu aber nicht auf. Sie begegnen ihm in den hinterhältigen Forderungen und Fragen seiner Gegner[43] und auch in der Auseinandersetzung mit Simon Petrus (vgl. Mk 8,32f par.). Sie treffen ihn schließlich im Rahmen seiner Passion mit den Stationen Gethsemane (vgl. Mk 14,32–42 parr.) und Golgatha (vgl. Mk 15,20b–41 parr.). So wird er – in Analogie zu den hervorragendsten Glaubenszeugen der jüdischen Tradition wie Abraham, Joseph oder Hiob – zeit seines Lebens immer wieder mit Versuchungen konfrontiert.[44]

Aufgrund ihrer engen Lebensgemeinschaft mit ihm bleiben auch seine Jünger von diesen Versuchungen nicht unberührt (Lk 22,28). Dies gilt insbesondere für die Versuchung, die ihnen aus Jesu Leiden und Sterben erwächst (vgl. Mk 14,38 parr.). Der Weg, den ihr Meister gehen muss, ist für sie ein Rätsel und eine schwere Anfechtung für ihren Glauben (Mk 9,32 parr.). Der Satan greift mit seinen Versuchungen auch nach ihnen (Lk 22,31).

Der Hebräerbrief bringt die Versuchungen Jesu in direkte Verbindung mit den Versuchungen der Gläubigen. Der Situation der Adressaten gemäß (Hebr 10,32–34) liegt der Fokus dabei primär auf der Versuchung, die mit dem Leiden einhergeht (Hebr 2,18; 4,15). Jesus wird paradigmatisch als „des Glaubens Anfänger und Vollender" (Hebr 12,2) vor Augen gestellt. Was ihn auszeichnet, ist, dass er trotz seiner einzigartigen Würde, die in Hebr 1 ausführlich geschildert wird, Kreuz und Schande auf sich genommen hat und in allem den Gläubigen gleich geworden ist (Hebr 2,17). Er wurde „in allem auf gleiche Weise versucht", blieb dabei aber „ohne Sünde" (Hebr 4,15). Er erfuhr persönliche Not und brachte sie im Gebet unter Tränen vor Gott; auf diese Weise hat er durch sein Leiden „den Gehorsam *gelernt*" und so die Versuchung des Abfalls bestanden (Hebr 5,7f).[45] Nur indem er treu blieb, konnte er seine sühnende Rolle als der Mittler und Hohepriester des Neuen Bundes erfüllen (vgl. Hebr 2,17; 4,14f; 8,6; 9,15; 12,24). Dermaßen erprobt und bewährt, kann er nun den Gläubigen Beistand leisten, die in ähnlichen Versuchungen stehen (Hebr 2,18): „Weil er gelitten hat und dabei selbst versucht worden ist, kann er denen helfen, die versucht werden."

Er ist somit nicht nur ihr Bruder in Leid und Versuchung[46]; er ist auch ihr Helfer. Zu dieser Funktion qualifiziert ihn, dass er selbst Versuchung, Leid und

---

[43] Vgl. Mk 8,11–13 par.; Mk 10,2–9 par.; Mk 12,13–17 parr.

[44] Besonders deutlichen Ausdruck findet diese Sichtweise bei Lukas, und zwar in dem Abschiedswort Jesu an seine Jünger (Lk 22,28): „Ihr aber seid die, die in meinen Versuchungen bei mir ausgeharrt haben." Damit bezeichnet Jesus die Versuchungen als ein wesentliches Charakteristikum seines Lebens; zugleich hebt er die enge Verbindung mit seinen Jüngern in den Versuchungen hervor.
      Matthäus deutet durch spezielle Formulierungen an, dass die Versuchungsgeschichte in Mt 4,1–11 Jesu weiteren Weg bis hin zum Kreuz *in nuce* schon abbildet (vgl. 4,10 mit 16,23; vgl. ferner 4,3.6 mit 27,40).

[45] Dass der Gottessohn nach Darstellung des Hebräerbriefes wie ein einfacher Mensch mühsam lernen musste, sich in den Willen Gottes zu fügen, macht besonders deutlich, in welche Tiefe er sich hinab begab. Im Hintergrund von Hebr 5,7f steht vermutlich die Erinnerung an die Tradition von Gethsemane, möglicherweise auch an die des Kreuzigungsgeschehens. Vgl. FELDMEIER, *Krisis*, 61.

[46] Vgl. KORN, *ΠΕΙΡΑΣΜΟΣ*, 85: „So sind Christus und die Gläubigen in der Gemeinsamkeit des Versuchungsleidens miteinander aufs engste zur Einheit verbunden." Wie schon festge-

Tod überwunden hat (Hebr 2,14) und in die himmlische Herrlichkeit eingegangen ist (Hebr 1,3; 12,2). An seinem Sieg haben die Seinen Anteil (Hebr 3,14); Christus ist „Anfänger des Heils" (Hebr 2,10) bzw. „Urheber ewigen Heils" (Hebr 5,9), und so können die Gläubigen in seiner Nachfolge selbst zur Überwindung des Leides schreiten und zur Gottesruhe gelangen, die dem Volk Gottes verheißen ist (Hebr 4,9).

Christus ist also nach Aussage des Hebräerbriefes für die Gläubigen sehr viel mehr als nur ein hervorragender Glaubenszeuge im Stile weisheitlich-frühjüdischer Provenienz. Von kaum zu überschätzender Tragweite ist der Gedanke der *Einheit und Gemeinschaft mit ihm sowohl in Leid und Versuchung als auch im Heil*. Im Hebräerbrief erfährt der Gedanke eine besondere Betonung; das heißt aber nicht, dass er nur dort eine Rolle spielt.

7.5   Ertrag

Für die Versuchungsthematik im NT sind zwei Stränge maßgebend: die Versuchungen Jesu und die der Gläubigen. Beide sind nicht unabhängig voneinander zu denken. Dies wird schon in den synoptischen Evangelien sichtbar und erfährt seine tiefere theologische Reflexion vor allem im Hebräerbrief. So wie Jesus durch viele Versuchungen hindurch musste, so auch die Gläubigen. So wie Jesus durch den Satan und durch menschliche Feinde versucht wurde, so auch die Seinen. So wie ihn die Versuchung sogar aus dem Jüngerkreis treffen konnte, so droht den Gläubigen Gefahr in Form der Verführung innerhalb der Gemeinden selbst. So wie Jesus Kreuz und Leiden auf sich nehmen musste, so wird auch von den Gläubigen in seiner Nachfolge Standhaftigkeit bis in den Tod erwartet. *Die Versuchung ist ein elementarer und notwendiger Bestandteil der gläubigen Existenz – bei Jesus nicht anders als bei den Seinen.*

Was den Verursacher der Versuchung angeht, so gibt es im NT durchaus unterschiedliche Aussagen. Der Hebräerbrief hat keine Bedenken, Leid und Versuchung in weisheitlich-frühjüdischer Tradition als ein Mittel der Erziehung auf Gott selbst zurückzuführen. Ganz anders die johanneische Apokalypse, die allein den Satan für Versuchungen und Leiden der Gläubigen verantwortlich macht.

Die Versuchungsbitte im Vaterunser ist wohl so zu verstehen, dass Gott als derjenige gesehen wird, der der Versuchung Raum gibt; die Versuchung selbst aber geht auch nach diesem „Denkmodell" vom Satan aus, der entsprechend als „der Versucher" bzw. als „der Böse" tituliert werden kann. Mit singulärer Entschiedenheit bestreitet allein der Jakobusbrief, dass Gott mit den Versuchungen der Gläubigen überhaupt etwas zu tun habe; vielmehr seien menschliche Begierden für die Versuchungen verantwortlich.

Hinsichtlich des rechten Umgangs mit Versuchungen wird in der neutestamentlichen Briefliteratur immer wieder zur *Wachsamkeit, Geduld und Treue* aufgerufen. Dies impliziert neben dem Zügeln der Begierden auch den gelassenen Umgang mit enttäuschten Erwartungen, die gewissenhafte Prüfung der Geister und die

---

stellt wurde, betont ja auch Paulus – ebenso wie 1 Petr 4,12f – die Einheit der παθήματα der Christen mit denen Christi (2 Kor 1,5; Röm 8,17).

beständige Orientierung an dem Willen Gottes. Die Endzeit gilt als eine Zeit der Gnade (2 Kor 6,2), aber zugleich sind die Tage böse und voller Gefahren (Eph 5,16); dieser ambivalente Zustand ist kennzeichend für die Existenz der Gläubigen. Sie sind in Erwartung des Heils, sehen sich aber gleichzeitig mit noch nie dagewesenen Versuchungen und Bedrängnissen konfrontiert, die sie ohne Gottes Hilfe nicht bestehen können.

In ihren Versuchungen werden die Gläubigen immer wieder auf das Vorbild der Ahnen (Abraham, Hiob), vor allem aber auf Jesus selbst verwiesen. Sein Weg war der des Gehorsams und des Gebets. Auf diese Weise hat er den Versuchungen getrotzt und sie siegreich bestanden. Dies ist „weg"-weisend für die Gläubigen. KORN bringt es auf den Punkt:

> „Als der Versuchte wird Jesus zum Beispiel aller, die in Versuchung stehen. Als der Überwinder aller Versuchungen in seinem Tode wird er der Retter aus der Versuchung und der Führer zur Seligkeit. Aus diesen Gedankengängen heraus ist die Darstellung der Versuchungen Jesu in der Überlieferung eng verknüpft mit der Schilderung des gläubigen Christen. Auf diese Verknüpfung und Einheit des Lebens Jesu mit dem des Gläubigen durch die typische Verwendung der Versuchungsvorstellung kommt es an."[47]

Die im NT geschilderten Versuchungen Jesu sind also von denen der Gläubigen nicht zu trennen. Diese Interpretationslinie gilt es bei allen weiteren Überlegungen im Auge zu behalten. Sie hat weitreichende Konsequenzen, gerade auch für die Versuchungsvorstellung im *Markusevangelium* und für das rechte Verständnis dieses Evangeliums insgesamt.

---

[47] KORN, *ΠΕΙΡΑΣΜΟΣ*, 77f.

8   Die Zeit des Markusevangeliums

8.1   Vorbemerkung

Für das Verständnis des Markusevangeliums von zentraler Bedeutung sind die zeitgeschichtlichen Umstände und Bedingungen, unter denen es entstand. Diese Umstände hatten großen Einfluss auf die Intention des Werkes, auf seine Erzählstruktur, seine thematischen Schwerpunkte und seine Theologie. Dies umso mehr, als Markus eben nicht nur Sammler und Tradent vorgegebener Überlieferungen war, sondern ein überlegt auswählender, anordnender und gestaltender Autor, der mit seinem Werk gezielt Antwort geben wollte auf drängende Fragen, Nöte und Herausforderungen seiner Zeit.[1]

8.2   Der Jüdische Krieg

Die wichtigsten Hinweise auf die Entstehungszeit des Evangeliums liefert die sogenannte „kleine Apokalypse" Mk 13.[2] Es handelt sich um den einzigen Abschnitt innerhalb des Buches, in dem der markinische Jesus in Form einer längeren Rede über die Erzählzeit hinausweist und mit seinen Prophezeiungen direkt in die Zeit des Markus und seiner Leser hineinspricht.[3]

Der „kleinen Apokalypse" liegt vermutlich eine vormarkinische Tradition zugrunde, die in dramatischen Bildern von kriegerischen Unruhen, Verfolgungen und anderen Bedrängnissen redete.[4] Markus hat diese Tradition in sein Evangelium integriert und als esoterische Belehrung für den engsten Jüngerkreis gestaltet.[5]

---

[1]   Vgl. VENETZ, *Weg*, 146: „Bei seinem Theologisieren schaute er [sc. Markus] nicht nur nach rückwärts, er betrieb auch nicht Theologie um der Theologie willen, sondern er hatte immer auch seine Adressaten/innen vor Augen, konkrete Menschen und konkrete christliche Gemeinden, die mit ihm als Messias-Jesus-Gläubige unterwegs waren, oft angefochten, mitunter sogar verfolgt, trotz allem an ihrem Glauben festhaltend. Der Anteil dieser Christusgläubigen an der Entstehung des Markusevangeliums kann nicht hoch genug veranschlagt werden."

[2]   Vgl. BREYTENBACH, *Nachfolge*, 334: „Mk 13 spielt ... die entscheidende Rolle zum Verständnis der Gegenwart der markinischen Gemeinde."

[3]   Vgl. BORING, *Mk*, 358.362.

[4]   Mit SÖDING, *Evangelist*, 16. Nach THEIßEN, *Lokalkolorit*, 145–176 geht die Tradition auf das Krisenjahr 40 n.Chr. zurück und reflektiert Erfahrungen dieser Zeit. HAHN, *Rede*, 240ff nimmt dagegen an, dass die Tradition in die Frühphase des Jüdischen Krieges selbst gehört, als sich die kriegerischen Auseinandersetzungen noch auf den Raum Galiläas konzentriert hätten. BRANDENBURGER, *Markus 13*, 22–50 vermutet den Ursprung der vormarkinischen Tradition, die er in 13,7–8.14–20.24–27 zu erkennen meint, bei christlichen Gruppen in Jerusalem kurz nach Kriegsbeginn im Jahre 66.

[5]   Im Einzelnen gehen die Ansichten über das Verhältnis von Tradition und Redaktion in diesem Kapitel weit auseinander, ebenso wie die über den konkreten geschichtlichen Erfahrungshintergrund von Mk 13 (vgl. dazu vor allem THEIßEN, *Lokalkolorit*, 132ff). Die Feststellung von CONZELMANN, dass Mk 13 ein „Tummelplatz der Hypothesen" sei, gilt nach wie vor (vgl. ders., *Literaturbericht*, 250).

In 13,1–2 wird das Ende der Lehrtätigkeit Jesu im Tempelbezirk markiert und zugleich die völlige Zerstörung des beeindruckenden Tempelbaus angekündigt, die dann während des Jüdischen Krieges im Sommer des Jahres 70 Realität wurde. Die neue Ortsangabe in 13,3 weist auf den Tempel zurück und leitet zugleich zur Rede Jesu an den Jüngerkreis über, der sich eine umfassendere Belehrung über die zukünftigen Geschehnisse erhofft. Die Kombination von Tempelweissagung und apokalyptischer Rede verdankt sich dem erzählerischen Geschick des Evangelisten; redaktionell ist ebenfalls die Hinzufügung einzelner Logien zum Schluss der Rede (13,28–37)[6], insbesondere der Ruf zur Wachsamkeit (13,33.35.37).

Dass das Markusevangelium maßgeblich von den Ereignissen des Jüdischen Krieges beeinflusst ist, der von 66 bis 73 n.Chr. dauerte[7], ist weitgehend Konsens in der Forschung.[8] Umstritten ist jedoch, ob es vor oder nach der Tempelzerstörung fertiggestellt wurde.[9] Entscheidend ist die Interpretation von 13,2.14. Manche vermuten, dass 13,1f schon auf die Tempelzerstörung zurückblickt, es sich also bei der Weissagung um ein *vaticinium ex eventu* handelt.[10] Meines Erachtens ist jedoch anzunehmen, dass der Tempel zur Zeit der Abfassung des Evangeliums noch stand. Dafür spricht zum einen der recht allgemeine Charakter der Prophezeiung, die auffälligerweise nichts von der gewaltigen Feuersbrunst im Tempelbezirk verlauten lässt, die JOSEPHUS als besonders beeindruckend hervorhebt (vgl. Jos.Bell. 6,4–7). Dafür spricht zum anderen, dass in 13,14, im Zusammenhang mit der Ankündigung einer blasphemischen Tempelschändung, die Leser direkt angesprochen werden: „Wer es liest, der merke darauf!". Auch wenn diese Anrede schon der vormarkinischen Tradition entstammen sollte[11], so hat Markus sie doch nicht getilgt und wendet sich damit unmittelbar auch an *seine* Leser. Dies macht aber nur unter der Voraussetzung Sinn, dass der Tempel noch nicht zerstört war. Was mit dem angekündigten „Gräuel der Verwüstung" konkret gemeint sein mag, ist freilich nicht mehr eindeutig feststellbar.[12] Wahrscheinlich trifft THEIẞENS Vermutung zu,

---

6   Mit THEIẞEN, *Lokalkolorit*, 271, Anm. 61.

7   Möglicherweise dauerte der Krieg sogar bis in das Jahr 74 hinein. Wann die Festung Masada als letzte Bastion des Widerstandes fiel, lässt sich nicht mehr exakt feststellen.

8   Vgl. THEIẞEN, *Lokalkolorit*, 270. Abweichende Positionen vertreten z.B. ZUNTZ und BEST. ZUNTZ deutet Mk 13,14 auf die Absicht Caligulas, sein Standbild im Jerusalemer Tempel aufstellen zu lassen. Aus diesem Grunde datiert er das Evangelium insgesamt auf das Jahr 40 n.Chr. (vgl. ders., *Evangelium*, 47). BEST votiert für eine Datierung in der Zeit der neronischen Christenverfolgung (vgl. ders., *Gospel*, 34f).

9   Für eine Abfassungszeit *vor 70* sprechen sich unter anderem aus: LOHSE, *Entstehung*, 86f; HENGEL, *Entstehungszeit*, 21ff; MARCUS, *Jewish War*, 441ff; SCHENKE, *Mk*, 34; HAHN, *Theologie I*, 493; DSCHULNIGG, *Sprache*, 56; COLLINS, *Mk*, 14. Kurz *nach 70* datieren unter anderem GNILKA, *Mk I*, 34; PESCH, *Mk I*, 14; THEIẞEN, *Lokalkolorit*, 274.284; SCHNELLE, *Einleitung*, 243f. Eine Entstehung um das Jahr 70 postulieren SÖDING, *Evangelist*, 17 und BECKER, *Krieg*, 226f.234f.; vgl. auch dies., *Markus-Evangelium*, 99f.

10   Vgl. EBNER/SCHREIBER, *Einleitung*, 171: „Auch wenn in der apokalyptischen Rede Mk 13 ältere Materialien verarbeitet sind ..., schaut die mk. Einführung der Rede sehr konkret auf die Fakten der Zerstörung des Tempelareals zurück. Wir kommen in die Zeit kurz nach 70 n.Chr." Ähnlich auch SCHNELLE, *Einleitung*, 244, der so argumentiert, dass zwar die Einnahme Jerusalems vorhersehbar gewesen sei, nicht jedoch die *totale* Zerstörung des Tempels, wie sie in 13,2 angekündigt wird.

11   So BRANDENBURGER, *Markus 13*, 49–54.166.

12   Der Ausdruck ist dem Buch Daniel entnommen (Dan 9,27; 11,31; 12,11); dort bezeichnet er die Schändung des Tempels durch Umgestaltung des Brandopferaltars zu einem heidnischen

dass damit eine frevelhafte Aktion des Titus vorausgesagt wurde, ähnlich derjenigen, die Caligula beabsichtigt hatte.[13] Diese prophezeite Tempelschändung durch den Feldherrn hat sich jedoch *so nicht ereignet* – ein weiteres Indiz dafür, dass das Markusevangelium schon vor 70 entstanden ist.[14] Im Gegenteil hat Titus - falls man den Aussagen von JOSEPHUS Glauben schenken darf[15] – die besondere Würde der heiligen Stätte respektieren wollen; speziell die Zerstörung des Tempels soll nicht in seiner Absicht gelegen haben.[16]

Ich gehe davon aus, dass das Markusevangelium zwischen den Jahren 66 und 69 entstand.[17] Die Eroberung Jerusalems und die in 13,2 angekündigte Tempelzerstörung zeichneten sich damals schon ab – trotz anfänglicher Erfolge der Aufständischen. Ein entsprechender Hinweis bei JOSEPHUS spricht eine deutliche Sprache: „Unter den Besonnenen und Alten [gab] es keinen, der nicht die Zukunft vorausgesehen und das Schicksal der Stadt beklagt hätte, als ob sie schon verloren sei" (Jos.Bell. 4,128). Die militärische Niederlage war also nur eine Frage der Zeit, abhängig davon, wann die Römer mit der Niederschlagung der Revolte wirklich Ernst machen würden. Dies taten sie, nachdem Vespasian im Jahre 69 zum Kaiser ausgerufen worden war und seinem Sohn Titus die Führung des Krieges übertragen hatte. Im Frühjahr 70 begann dieser mit der Belagerung Jerusalems. Die Kräfteverhältnisse waren ungleich; zusätzlich schwächten interne Spannungen unter den Belagerten deren Widerstandsfähigkeit. Im September, mit der Einnahme der Herodesburg, fiel die Entscheidung zugunsten der römischen Militärmacht.

Altarstein, auf dem *Schweine* geopfert wurden. Vgl. in diesem Zusammenhang auch Jos.Ant. 12,253.

[13] Vgl. THEIßEN, *Lokalkolorit*, 167–172.276f. Caligula hatte die Aufstellung seines Bildnisses im Jerusalemer Tempel angeordnet. Durch seine Ermordung im Jahr 41 war es jedoch nicht dazu gekommen (vgl. Jos.Bell. 2,184–203; Ant. 18,257–309).

[14] Mit HAHN, *Theologie I*, 493.

[15] Hinsichtlich der historischen Glaubwürdigkeit des JOSEPHUS hat FRANKEMÖLLE vermutlich Recht mit seiner differenzierten Einschätzung: „Das Bellum Judaicum ist ... aufgrund seiner Werbung für die römische Herrschaft im Allgemeinen und für die Flavier im Besonderen eine Werbeschrift und nicht frei von tendziösen Verzeichnungen. Dennoch bleibt es eine Geschichtsquelle ersten Ranges, die archäologisch in vielen Punkten erhärtet ist" (ders., *Frühjudentum*, 38).

[16] Vgl. Jos.Bell. 6,4. Als die Römer schon in den Tempelbereich eingedrungen waren, soll Titus die beiden Zelotenführer Simon und Johannes noch vergeblich aufgefordert haben, νῦν γε ἤδη παύσασθαι παραινῶν καὶ μὴ πρὸς ἀναίρεσιν τῆς πόλεως αὐτὸν βιάζεσθαι, κερδῆσαι δ᾽ ἐκ τῆς ἐν ὑστάτοις μεταμελείας τάς τε αὐτῶν ψυχὰς καὶ τηλικαύτην πατρίδα καὶ ναὸν ἀκοινώνητον ἄλλοις ("nun endlich Schluss zu machen und ihn nicht zur gänzlichen Zerstörung der Stadt zu zwingen, sondern noch im letzten Augenblick ihren Sinn zu ändern und ihr Leben, ihre herrliche Vaterstadt wie auch den Tempel zu schonen, der ja nur ihnen und niemand anders auch in Zukunft gehören solle" (Jos.Bell. 5,456). Die Zuverlässigkeit dieser Darstellung des JOSEPHUS ist allerdings nicht gesichert (vgl. FRANKEMÖLLE, *Frühjudentum*, 122).

[17] So auch SCHENKE, *Markusevangelium*, 38. HENGEL, *Entstehungszeit*, 43 grenzt den Zeitraum etwas weiter ein: „Es entstand vermutlich in der politisch brisanten Zeit nach der Ermordung Neros und Galbas und vor der Erneuerung des Jüdischen Krieges durch Titus, d.h. etwa zwischen dem Winter 68/69 n.Chr. und dem Winter 69/70 n.Chr."

Mehrere der „Religionsparteien" in Judäa wie die Gruppen der Sadduzäer, Essener und Zeloten sollten das Ende des Jüdischen Krieges nicht überleben. Eine Ausnahme bildete der Pharisäismus, der anders als die sadduzäische Partei von seinem Selbstverständnis her nicht an den Tempel gebunden war. Obwohl die Pharisäer selbst durchaus keine einheitliche Gruppe bildeten, standen sie nach der Zerstörung des Tempels in einer Zeit des radikalen Umbruchs für Kontinuität und Zuverlässigkeit. Zur rabbinischen Neukonstitution des palästinischen Judentums leisteten sie einen wesentlichen Beitrag.[18] Als wichtige Repräsentanten der jüdischen Religion und Lehre wurden sie für das Judenchristentum und in dessen Folge auch für das Heidenchristentum zum kritischen Gegenüber, an dem sich die theologischen Differenzen herausbildeten.

8.3　Die Auswirkungen des Krieges auf das frühe Christentum

Der Krieg stürzte nicht nur das Judentum, sondern auch das frühe Christentum – das von diesem ja noch gar nicht so eindeutig geschieden war – in eine tiefgreifende Krise. Am schlimmsten traf es naturgemäß die christliche Gemeinde von Jerusalem selbst. Mit den gewalttätigen und skrupellosen Zeloten und Sikariern[19] gemeinsame Sache gegen Rom zu machen, verbot sich für sie eigentlich von selbst. Gleichwohl bekam sie, wie eine Notiz des JOSEPHUS anzudeuten scheint, seitens nationalistischer Kreise massiven Druck zu spüren, sich dem Aufstand anzuschließen.[20] Dies und der zu erwartende katastrophale Ausgang des Krieges veranlassten die Gemeinde oder zumindest Teile von ihr schon frühzeitig zum Verlassen der Stadt.[21] Nach dem Untergang Jerusalems gab es in Jerusalem keine christliche Gemeinde mehr. Die Trennung des Christentums vom Zentrum Judäas und den dortigen Wurzeln der Jesus-Überlieferung hatte gravierende Folgen, die zum damaligen Zeitpunkt in ihrer ganzen Tragweite noch gar nicht absehbar waren.

Betroffen war aber nicht nur die Jerusalemer Urgemeinde, sondern mehr oder weniger die gesamte Christenheit der damaligen Zeit. Vor Beginn des Jüdischen Krieges hatte sie schon den Tod ihrer wichtigsten Gründergestalten zu verkraften gehabt. Im Jahre 62 war der Herrenbruder Jakobus in Jerusalem hingerichtet worden. Vermutlich nur zwei Jahre später hatten Petrus und Paulus im Zusammenhang mit der neronischen Verfolgung den Tod gefunden.[22] Auch die Zebedäussöhne

---

[18]　Im Einzelnen wird die Frage der Kontinuität zwischen Pharisäismus und rabbinischem Judentum in der Forschung sehr kontrovers diskutiert (vgl. dazu S. 175, Anm. 122).

[19]　Diese hatten nicht nur den amtierenden Hohenpriester umgebracht, sondern auch unter Eidbruch die Besatzung der Burg Antonia niedergemetzelt. Sie waren von Beginn an „die treibenden Kräfte des Aufstandes" (FRANKEMÖLLE, *Frühjudentum*, 120), dessen Anzettelung keineswegs von allen jüdischen Gruppierungen positiv gesehen wurde. Insbesondere die Priesteraristokratie, aber auch pharisäische Kreise standen dem Unternehmen von Anfang an kritisch bis ablehnend gegenüber – eine Grundhaltung, die sich im Verlauf des Krieges noch verstärkte.

[20]　JOSEPHUS berichtet vom radikalen Vorgehen dieser Kreise zu Beginn des Krieges gegen mögliche oder tatsächliche jüdische „Abweichler" (vgl. Bell. 2,562).

[21]　EUSEB, *Historia ecclesiastica*, 3,5,3 erzählt, dass ein Prophetenwort die Jerusalemer Gemeinde zum Verlassen der Stadt und zur Übersiedlung nach Pella aufgefordert habe. Die Historizität der Pella-Tradition ist jedoch umstritten.

[22]　Vgl. EUSEB, H.e. 2,25,5–8.

waren bereits den Märtyrertod gestorben.[23] Die Reihe der ursprünglichen Zeugen der Geschichte Jesu lichtete sich zusehends. Dies war ein großes Problem, zumal das junge Christentum in sich ohnehin noch längst nicht gefestigt war, sondern vielmehr auf der Suche nach Identität und Stabilität – das typische Dilemma einer „Bekehrungsreligion"[24]. Der Jüdische Krieg verschärfte die Krise zusätzlich. JOSEPHUS berichtet von Pogromen gegen die jüdische Bevölkerung an vielen Orten im römischen Reich, zum Beispiel in den hellenistischen Städten Palästinas, aber etwa auch in Damaskus, Antiochien, Alexandrien und bis in die Cyrenaika hinein.[25] Dass auch die Christengemeinden von diesen Pogromen nicht verschont blieben, ist sehr wahrscheinlich. Sie wurden vermutlich als eine Sondergruppe des Judentums angesehen und mit den Juden häufig „in einen Topf geworfen"[26]. Dass sie sich zu jemandem als Messias und Gottessohn bekannten, der als politischer Aufrührer von den Römern gekreuzigt worden war, musste sie bei den staatlichen Behörden zusätzlich verdächtig machen. Es wird also zu Verfolgungen und Repressionen gekommen sein, auch wenn es wohl keine großangelegte und umfassende Verfolgungsaktion gab, wie sie in späterer Zeit unter Decius, Valerian oder Diokletian durchgeführt wurden.

Dass allein schon das *nomen ipsum* „Christ" als strafwürdig galt, belegt erstmals zweifelsfrei der Pliniusbrief (Plin., Ep X, 96). Zwar ist dieser Brief erst gut vierzig Jahre nach dem Ende des Jüdischen Krieges und dem Markusevangelium geschrieben worden. Aber auch zuvor muss es schon eine adäquate Praxis gegeben haben. Plinius beruft sich für sein Vorgehen gegen Christen auf entsprechende frühere Maßnahmen. Auch 1 Petr 4,16 lässt durchblicken, dass das *„christianus sum"* Leiden nach sich zog. Schließlich sind die Formulierungen ἕνεκεν ἐμοῦ („um meinetwillen") in Mk 13,9[27] und διὰ τὸ ὄνομά μου („um meines Namens willen") in Mk 13,13 deutliche Hinweise darauf, dass mit dem Bekenntnis zu Jesus als dem Christus Diskriminierung und Verfolgung einhergingen.[28]

Auch gegenüber den jüdischen Gemeinden hatte das junge Christentum einen schweren Stand. Sowohl sein Bekenntnis zu Jesus, dem Christus, als auch seine Gesetzespraxis stießen bei nichtchristlichen Juden auf Kritik und Ablehnung. Dass es im Kriegsgeschehen nicht eindeutig Stellung bezog, sondern eine eher neutrale Haltung einzunehmen bemüht war, isolierte es vollends und trug ihm zahlreiche Verdächtigungen und Verhöre ein (13,9-12).

In der Zeit des Jüdischen Krieges gerieten die Christen also in einer besonders

---

23 Das Martyrium des Jakobus ist belegt (vgl. Act 12,2), das des Johannes aufgrund von Mk 10,39 zumindest wahrscheinlich.

24 BERGER, *Theologiegeschichte*, 88.

25 Vgl. Jos.Bell. 2,457ff.477ff.487ff.559ff.; 7,41ff.100ff.437ff.

26 SCHENKE, *Markusevangelium*, 40. Vgl auch ebd. 23: „Als ‚Judenfreunde' waren sie [sc. die Christen] verdächtig (Bell 2,463)."

27 Vgl. dieselbe Ausdrucksweise in Mk 8,35; 10,29f mit dem ergänzenden Hinweis μετὰ διωγμῶν („mitten unter Verfolgungen").

28 Vgl. in diesem Sinne auch THEIßEN, *Evangelienschreibung*, 407. BORING, *Mk*, 364 urteilt entsprechend: „The charges against them are not specified, but they are to understand that their suffering is ‚because of' Jesus and ‚because of' his name, that is, because they are Christians (cf. 9,41)."

prekären Weise zwischen die verschiedenen Fronten.[29] Dass gemäß Mk 9,40 jeder, der nicht dezidiert ein Gegner Jesu und der Seinen war, schon als eine Art Bundesgenosse gelten konnte, spricht Bände.[30] Dies hätte für sich bereits ausgereicht, um die christlichen Gemeinden in eine existentielle Krise geraten zu lassen. Aber es kam noch schlimmer. Die Gemeinden wurden auch von internen Konflikten und Auseinandersetzungen erschüttert. Diese standen vielfach im Zusammenhang mit der allgemeinen endzeitlichen Erregung, die den Krieg begleitete und Judentum wie Christentum in hohem Maße, wenn auch auf unterschiedliche Weise, erfasste.

Die Endzeiterwartung vieler Juden war nationalpolitischer Art. Sie erhofften schon seit längerem eine Weltherrschaft des jüdischen Volkes, geleitet von den zelotischen Anführern.[31] Mehrere führende Zeloten wie Menahem oder Simon bar Giora hatten ein messianisches Bewusstsein.[32] Die Gegenwart galt ihnen als die Epoche der letzten großen Wehen, das römische Imperium als letztes Reich der Finsternis vor der Wende zum neuen, seligen Äon. Im Verlauf des Krieges steigerte sich die Endzeiterwartung immer weiter; je verzweifelter die militärische Lage wurde, desto mehr wuchs die – letztlich vergebliche – Hoffnung auf ein Eingreifen Gottes.

Auch in jüdischen Kreisen, die gegen die Zeloten und ihr Treiben eingestellt waren, bestand doch die Hoffnung auf Gottes baldiges Erscheinen und ein Ende des alten Äon. Der sich abzeichnende Untergang Jerusalems und des Tempels steigerte diese Sehnsucht noch und ließ sich als Anfang des Untergangs der alten Welt verstehen.

Und die Christen? Auch sie wurden von der Welle der endzeitlichen Erregung erfasst. Dies lag nahe, da ja im Urchristentum eine entsprechende Grundstimmung von Anfang an vorhanden gewesen war. Die bevorstehende jüdische Katastrophe konnte von ihnen als göttliches Strafgericht an seinem unbußfertigen Volk gedeutet werden[33], der sich abzeichnende Fall Jerusalems und des Tempels als Auftakt des endzeitlichen Dramas.[34] Charismatiker und Propheten traten auf, die für sich beanspruchten, im Namen des auferstandenen Christus – quasi als sein Medium – zu sprechen, die die Gläubigen mit Wundern beeindruckten und sie zur Parusieerwartung an bestimmten Orten versammeln wollten (vgl. Mk 13,5f.21f).[35] Die Ver-

---

[29]   So auch FRITZEN, *Gott*, 141.

[30]   Vgl. ebd. 305, Anm. 155.

[31]   Vgl. SCHENKE, *Markusevangelium*, 26.

[32]   Über die jüdischen Messiasanwärter berichtet JOSEPHUS an mehreren Stellen (Bell. 2,258–263; 4,228ff; 6,285ff.300ff.312.351; 7,437ff).

[33]   Nach DAHLHEIM, *Geschichte*, 324 wurde die Tempelzerstörung in christlichen Kreisen zumindest teilweise als ein „Werk Gottes" empfunden, „der die jüdischen Verfolger seiner Anhänger strafte und durch die Trümmer des Tempels den Weg des auf Tempelkult und Gesetz nicht mehr festgelegten neuen Gottesvolkes bestätigte."

[34]   Mit SCHENKE, *Markusevangelium*, 26 und SÖDING, *Evangelist*, 31.

[35]   Es ist in der Forschung umstritten, ob der markinische Jesus in 13,5f.21f von inner- oder außerchristlichen Verführern spricht oder aber von beiden. Innerchristliche Falschpropheten vermuten u.a. THEISSEN, *Lokalkolorit*, 162f und DU TOIT, *Herr*, 419–427. Für diese These könnte sprechen, dass die Betrüger *innerhalb der Gemeinden* ihre verführerische Kraft entfalten. An von außen kommende Messiasprätendenten denken FRITZEN, *Gott*, 139, BRANDENBURGER, *Markus 13*, 156–159 und COLLINS, *Mk*, 14.603–605.612–614. COLLINS sieht in dem Auftreten der außerchristlichen (jüdischen) Falschpropheten im Übrigen den entscheidenden Anstoß für Markus, sein Evangelium zu schreiben (vgl. ders., *Mk*, 603). Möglicher-

wirrung und Verunsicherung in den Gemeinden waren groß, zumal nicht alle die
Begeisterung teilten. Für nicht wenige nämlich, vor allem unter den Judenchristen,
bedeuteten der Kriegsverlauf und der absehbare Untergang Jerusalems und des
Tempels keineswegs einen Anlass zur Genugtuung, sondern im Gegenteil einen
tiefen Schmerz und Verlust, der äußerlich und innerlich bewältigt werden musste.[36]
Angesichts dieser ambivalenten und hochexplosiven Stimmungslage waren innergemeindliche Spannungen unvermeidlich. Diese Spannungen stellten eine existenz-
bedrohende Gefahr für viele Gemeinden dar, die ja ohnehin schon an den unterschiedlichsten Fronten zu kämpfen hatten und mit dem Rücken zur Wand standen.

8.4   Die Antwort des Markus: sein Evangelium

In diese so vielschichtige Krise des jungen Christentums hinein schrieb Markus sein
Evangelium und trug auf diese Weise maßgeblich zur Identitätssicherung und Sta-
bilisierung der Gemeinden bei. Sein Werk erfüllte mehrere Aufgaben zugleich.
Zum einen verlangte der Tod der wichtigsten Gründergestalten und authentischen
Zeugen der Jesus-Überlieferung – verbunden mit dem allmählichen gewaltsamen
oder natürlichen Aussterben der ersten Generation – die Bewahrung und dauer-
hafte Fixierung der frühchristlichen Traditionen.[37] Diese leistete Markus durch sein
Evangelium. Beim Verfassen des Werkes konnte sich der Autor auf eine Reihe von
Jesus-Überlieferungen stützen, die damals im Umlauf waren. Dazu gehörten vor
allem ein umfangreicher Passionsbericht, der in die Kapitel 11 bis 15 des Evangeliums integriert wurde, außerdem die apokalyptische Rede, die in Kapitel 13 einge-
arbeitet worden ist, und eine Gleichnisrede, die hinter Kapitel 4,1–34 steht.[38] Hinzu
kamen zahlreiche Einzeltraditionen. In der Weise stellte sich der Grundbestand dar,
aus dem Markus dann sein Evangelium schuf: eine biographisch ausgerichtete Darstellung des Lebens Jesu in formaler Anlehnung an die hellenistischen βίοι bzw. die
antiken Philosophenviten sowie darüber hinaus an alttestamentlich-frühjüdische
Lebensdarstellungen, Erzählweisen und Motive.

Weil das Werk des Markus die frühchristlichen Traditionen sicherte, erfüllte es
schon eine wichtige und für den Fortbestand des Christentums unbedingt notwendige Aufgabe. Aber damit allein gab sich der Autor nicht zufrieden. Seine Intention
reichte viel weiter: Durch die Vermittlung der Worte und Taten Jesu wollte er den
Gemeinden seiner Zeit konkrete Orientierungs- und Lebenshilfen an die Hand

---

weise ist die Alternative inner- oder außerchristlich aber fehl am Platze; es könnte durchaus
sein, dass sowohl an inner- wie außerchristliche Propheten gedacht ist, die das Ende der alten Welt und das eschatologische Heil im Kontext der Kriegsereignisse als unmittelbar be-
vorstehend propagierten.

[36]   Vgl. BECKER, *Krieg*, 226.

[37]   Vgl. KLAUCK, *Traditions- und Identitätsbildung*, 74: „Wenn die ersten Träger der Erinnerung
nach und nach abtreten, [muss] ihr Erbe ... in das kulturelle Gedächtnis umgeformt werden,
was auch durch Verschriftlichung geschehen kann."

[38]   Ob Markus noch weitere Sammlungen vorlagen, ist ungewiss. Erwogen wurden in der Forschung z.B. eine Sammlung von „galiläischen Streitgesprächen" (2,1–3,6), eine von „Jerusalemer Streitgesprächen" (11,27–12,44) oder auch eine Abfolge von Wundergeschichten
(4,35–5,43). Vgl. SÖDING, *Evangelist*, 35–38.

geben.[39] Leseimpulse dieser Art lässt das Evangelium an vielen Stellen erkennen. Besonders deutlich wird die erzählerische Intention in Mk 13 mit seinen eindringlichen und immer wiederkehrenden Appellen, auf der Hut zu sein, zu wachen und aufzumerken (13,9.14.23.33.35.37). Die prophetische Rede Jesu, narrativ als apokalyptisches Geheimwissen für den engsten Jüngerkreis dargeboten, richtet sich durch das Medium der markinischen Schrift an die Leserschaft des Evangeliums: „Was ich euch sage, das sage ich allen: Wachet!" (13,37).[40] Die Rede warnt vor überspannten Endzeiterwartungen in Verbindung mit den Ereignissen des Jüdischen Krieges, mit Erdbeben und Hungersnöten[41]; sie seien „noch nicht das Ende" (13,7). Besonders eindringlich ist die Warnung vor der Verführungskraft der Pseudo-Propheten, die Zeit und Ort der Parusie des Menschensohnes angeblich so genau wüssten (13,21f). Den Termin der Parusie kenne allein der himmlische Vater (13,32); die Parusie werde in ihren räumlichen Dimensionen kein regional begrenztes, sondern ein kosmisches Ereignis sein (13,24–27), mit ihren gewaltigen Begleiterscheinungen[42] unübersehbar und – anders als etwa die Kriegsereignisse – unzweideutig.[43] Markus dämpft und kanalisiert auf diese Weise die endzeitliche Erregung und Verwirrung innerhalb der Gemeinden.[44] Zugleich hält er an der eschatologischen Perspektive fest (9,1; 13,30); Parusieverzögerung bedeutet für ihn also keineswegs Ent-Eschatologiserung.[45] Vor dem Weltenende müsse jedoch nach Gottes Plan ($\delta\epsilon\hat{\iota}$) zunächst die universale Weltmission zum Abschluss gekommen

---

[39] Das Markusevangelium ist also keine Missionsschrift, mit der Außenstehende für den Glauben an Jesus als den Sohn Gottes und Messias Israels gewonnen werden sollen. Die intendierte Zielgruppe des Evangeliums sind Christen und nur sie.

[40] Vgl. SCHENKE, Mk, 35.

[41] Kriege, Erdbeben und Hungersnöte gehören zum üblichen Vokabular der jüdischen Apokayptik (vgl. z.B. syrBar 70; Apk 6,14).

[42] Die Verfinsterung bzw. der Fall der Himmelskörper und die Erschütterung der himmlischen Welt sind typische Vorstellungen des endzeitlichen Szenarios (vgl. z.B. Hebr 12,26f; Apk 6,12f; 8,10).

[43] Von einer Erscheinung des Antichristen vor der Parusie ist auffälligerweise keine Rede.

[44] Es ist insofern zumindest missverständlich, das Markusevangelium insgesamt als „narrative apocalypse" zu charakterisieren, wie es PERRIN tut (vgl. ders., Testament, 144f). In ähnlicher Weise wie PERRIN nennt MARCUS, Mk I, 70–73 Markus einen „apocalyptic thinker". MARCUS begründet dies so, dass das Evangelium durchgehend von der Aussicht auf das nahe Weltende bestimmt sei und auf Erden ein kosmischer Kampf zwischen Gott und den Mächten des Bösen ausgetragen werde. Das mit dem Auftreten Jesu einhergehende Heil sei primär als exorzistisch beschrieben; seine Mission sei es, die Erde von Dämonen zu säubern. Am Kreuz kulminiere die Auseinandersetzung zwischen Satan und Jesus; Jesu Tod habe exorzistische Wirkung (vgl. MARCUS, Mk II, 1068).
Diese Interpretation, die MARCUS zuvor schon an anderer Stelle vorgetragen hatte (vgl. ders., Way, 26f.66f.76) und die in vielerlei Hinsicht an ROBINSON erinnert, scheint mir nicht haltbar zu sein. Von einem kosmischen Kampf ist im Markusevangelium an keiner Stelle die Rede. Exorzismen spielen nach Mk 9,29 auch keine Rolle mehr. Zuvor erscheinen sie allein unter soteriologischem, nicht aber unter kosmologischem Aspekt. Der Satan wird insgesamt nur viermal erwähnt, in der ganzen Passionsgeschichte überhaupt nicht. Gerade die geringe Gewichtung der Satanologie verbietet es meines Erachtens, Markus pauschal als einen apokalyptischen Denker zu charakterisieren, auch wenn die Rede Mk 13 unzweifelhaft apokalyptische Motive und Strukturelemente aufweist.

[45] Vgl. SCHNELLE, Theologie, 339.

sein (13,10).[46] Bis dahin gelte es, Augen und Ohren offen zu halten und stets wachsam zu sein (13,33.37); denn die Parusie werde urplötzlich hereinbrechen (13,35f.).

In der prophetischen Rede des markinischen Jesus wird gleichsam ein eschatologischer „Fahrplan" aufgestellt, der in drei Stufen abläuft.[47] Die erste Etappe, der „Beginn der Geburtswehen" (13,8), ist in 13,5–13 zu sehen. Darauf folgt die zweite Phase, die der großen „Bedrängnis" (13,19); sie reicht von 13,14–23. Ihr schließt sich in 13,24–27 die dritte Stufe an, die kosmische Verwandlung und die Parusie des Menschensohnes.[48] Mit Hilfe dieses Fahrplans, dessen Verlässlichkeit nicht bezweifelt werden kann[49], bremst der Erzähler überzogene, verfrühte Endzeiterwartungen und damit verbundene mögliche Irritationen für die Leserschaft.

Eine weitere Gefahr für seine Leser sieht er darin, dem äußeren Druck der Verfolgungen, Verhöre und Sanktionen durch jüdische wie heidnische Organe nicht standzuhalten und vom Glauben abzufallen (4,17; 13,9–13). Demgegenüber betont Markus die Notwendigkeit der Kreuzesnachfolge und der Leidensgemeinschaft mit dem Herrn; seine Nachfolger dürften für sich kein anderes Schicksal erwarten als das, welches Jesus selbst getroffen hat (8,34f).[50] Wie er selbst, würden sie um seinetwillen „überliefert" (9,31; 10,33; 13,9.11.12; 14,41) werden; sogar mit der Möglichkeit, wie er von den eigenen Familienmitgliedern verstoßen zu werden, müssten sie in seiner Nachfolge rechnen (3,21; 13,12). Nachdrücklich wird davor gewarnt, sich Jesu und des Evangeliums zu schämen (8,38)[51]; zugleich wird aber auch die hoffnungsvolle Perspektive für diejenigen aufgezeigt, die geduldig und treu inmitten von Verfolgung und Hass ausharren bis ans Ende (10,29f; 13,13).

Weiterhin liefert Markus den Gemeinden Argumentationshilfen zur eigenen Identitätsbildung gegenüber der Herkunftsreligion.[52] Er präsentiert Jesus als überlegenen Lehrer, der in Streitgesprächen mit jüdischen Schriftgelehrten zu Fragen des Gesetzesverständnisses und der Schriftauslegung Stellung bezieht und so den frühchristlichen Gemeinden Maximen für ihr eigenes Denken und Handeln vermittelt. Die jüdischen Einwände und Vorbehalte gegenüber einem gekreuzigten

---

46 Dieser Hinweis ist nicht nur ein theologisches Argument, sondern enthält auch einen missionarischen Leseimpuls. So zu Recht BORING, *Mk*, 365.

47 Mit COLLINS, *Mk*, 613f. BREYTENBACH, *Nachfolge*, 283 möchte nur von einem zweistufigen Endzeitszenario sprechen: 13,8 markiere den „Beginn der Wehen", 13,17–27 mit der Formulierung „in diesen Tagen" (V.19) den zweiten Teil.

48 Die Wiederkunft des Menschensohnes wird als reines Heilsereignis angekündigt, als Sammlung der Gläubigen. Das Gericht hat sich zuvor schon in der zweiten Phase des eschatologischen Fahrplans ereignet.

49 Die Zuverlässigkeit der Ankündigungen Jesu wird durch den Evangelisten narrativ in der Weise erhärtet, dass sich andere Voraussagen Jesu schon innerhalb der erzählten Zeit erfüllen (vgl. 14,27f.30.50.66-72; 11,2.4).

50 Vgl. BORING, *Mk*, 364: „The disciples' suffering is not random evil, but is modeled on that of Jesus."

51 Die Gefahr des Glaubensabfalls wird auch an anderen Stellen im NT eingehend thematisiert, vor allem in 1 Petr, Jak, Hebr und in der Apk.

52 Vgl. SCHNELLE, *Formierung*, 191: „In der Außenperspektive entwerfen die Evangelien ein Bild von der Umwelt und der eigenen Position in ihr, das zu einer Selbstdefinition führt und Orientierung bietet. Dabei ist die Abgrenzung gegenüber der Herkunftsreligion von grundlegender Bedeutung. Weil das frühe Christentum als eine innerjüdische Erneuerungsbewegung entstand, war es notwendig, die Gründe für die Trennung plausibel darzustellen."

Messias entkräftet er durch die Betonung der gottgegebenen Notwendigkeit des Leidens und Sterbens Jesu (8,31; 9,12; 10,45). Mit dem Thema Christologie einerseits und dem der Gesetzeskritik andererseits greift er die zentralen Streitpunkte auf, die zu seiner Zeit die christliche Auseinandersetzung mit der Herkunftsreligion bestimmen.[53] Die Streitgespräche Jesu mit jüdischen Autoritäten im Erzählgang des Evangeliums lassen sich nicht selten als „Echo aktueller jüdisch-christlicher Debatten"[54] verstehen. Trotz aller mit der Identitätsbildung einhergehenden Abgrenzung wird jedoch vom Evangelisten „der heilsgeschichtliche Vorrang Israels im Spannungsfeld von Gemeinde und Judentum"[55] nicht geleugnet (vgl 7,27). Die nach wie vor enge Nähe zur Herkunftsreligion zeigt sich nicht zuletzt in der Traditionsgebundenheit an die heiligen Schriften Israels, wie sie in der Rezeption alttestamentlicher Motive und Zitate sichtbar wird. Diese Rezeption zieht sich durch das gesamte Evangelium hindurch und bestimmt insbesondere die narrative Struktur der markinischen Passionsgeschichte.

Schließlich finden sich im Markusevangelium auch Orientierungshilfen für das Verhältnis der Christen zum römischen Staat. Die Politik Roms, die auf Macht und Unterdrückung der unterworfenen Völker setzt, wird unverkennbar kritisch gesehen[56]; die christliche Gemeinde soll der politischen Herrschaft ein alternatives Lebens-Modell entgegenstellen, indem sie anstelle der Struktur des Herrschens die des Dienens praktiziert (vgl. 10,42–45). Das Machtgebaren Roms wird zusätzlich in der Weise ironisiert, dass politisch mächtige Personen wie der König Herodes und der Prokurator Pilatus charakterlich in Wahrheit schwach erscheinen.[57] Diese kritische Sicht liefert den Adressaten des Markusevangeliums jedoch keinen Freibrief zu politischer Agitation oder Provokation gegenüber dem Staat. An Jesu Einstellung zur Steuerfrage (12,13–17) wird deutlich, dass Christen dem Staat durchaus Bürgerpflichten wie die Zahlung der Steuer schulden. Insofern ist den Gemeinden auch die Beteiligung am bewaffneten Aufstand gegen die Römer, der sich ja nicht zuletzt an der Steuerlast entzündete, verwehrt. Die Loyalität hat aber dort ihre Grenze, wo der Gehorsam gegen Gott und die Treue zum Evangelium auf dem Spiel stehen. In einem solchen Fall gilt es, sich dem Konflikt mit den politisch Verantwortlichen mutig zu stellen, wenn es sein muss, bis zum Ende (13,9–13), und dabei auf den Beistand des Heiligen Geistes zu vertrauen (13,11).[58]

---

[53]   Mit SÖDING, *Evangelist*, 34. Zur Gesetzeskritik vgl. z.B. die große Rolle, die Fragen wie die der rituellen Reinheit in Verbindung mit Speisegeboten (2,13–17.18–22; 7,1–23) und Fragen der Sabbatobservanz (2,23–3,6) im Evangelium spielen.

[54]   SÖDING, *Evangelist*, 29.

[55]   KAMPLING, *Israel*, 135.

[56]   Vgl. SÖDING, *Leben*, 193: „Der Evangelist ... lässt keinen Zweifel daran, dass er seine Gemeinde in einem Unrechts-Staat leben sieht, der durch Machtmissbrauch, Unterdrückung und Gewalt geprägt wird."

[57]   Herodes sträubt sich innerlich gegen die Hinrichtung des Täufers und ordnet sie nur an, um sein Gesicht nicht zu verlieren (vgl. Mk 6,26); Pilatus weiß sehr genau, dass Jesus unschuldig ist, gibt aber dennoch dem Druck der jüdischen Hohenpriester und des Volkes nach und überantwortet Jesus dem Kreuzestod (15,11–15).

[58]   THEISSEN, *Evangelienschreibung*, 404 ist der Meinung, Markus wolle seinen Lesern und Hörern ein gutes Gewissen geben, nicht aufzufallen und ihre christliche Identität in der Öffentlichkeit zu verbergen. „Niemand ist verpflichtet, von sich her an die Öffentlichkeit zu drängen. So wie Jesus dürfen auch die Christen zunächst ‚im Geheimen' bleiben" (ebd. 407). Das be-

Insgesamt lässt sich feststellen, dass der Autor des Markusevangeliums durch sein Werk die urchristlichen Gemeinden so festigen und positionieren möchte, dass sie den äußeren und inneren Zerreißproben besser gewachsen sind.[59] E.-M. BECKER formuliert es pointiert so: „Die Entstehung des Markus-Evangeliums kann ... als historischer und literarischer Versuch zur Konsolidierung des jungen Christentums und zur Erneuerung seiner Ausdrucksformen etwa zwei Generationen nach Jesu Tod verstanden werden."[60] Das gelungene Beispiel, das Markus mit dem Verfassen eines Evangeliums über Leben und Lehre Jesu gibt, macht in kürzester Zeit Schule.[61] Andere Autoren wie Matthäus und Lukas lassen sich von ihm zu eigenen Werken motivieren und inspirieren.[62] Dabei setzen sie in vielerlei Hinsicht eigene Akzente, sei es, dass sie gegenüber der markinischen Darstellung Veränderungen vornehmen, sei es, dass sie diese unter Rückgriff auf zusätzliche Quellen erweitern. In ihrer jeweils individuellen Weise entfalten die Evangelien fortan ihre Funktion im innerkirchlichen Gebrauch. Sie dienen als Grundlage nicht nur in der gottesdienstlichen Feier und Verkündigung, sondern auch in der Katechese und bei der Steuerung innergemeindlicher Prozesse.[63]

Noch einige wenige Hinweise zur möglichen Identität des Evangelisten Markus und der von ihm ins Auge gefassten Leserschaft: Der Autor des Evangeliums bleibt im Hintergrund und nennt seinen Namen nicht; die historische Zuverlässigkeit der Papiastradition ist zumindest zweifelhaft.[64] Seine Muttersprache ist die Koine. In der Schrift, die er nach der LXX zitiert, ist er bewandert. Jüdische Sitten und Gebräuche sind ihm vertraut. Weniger gut ist er über die geographischen Verhältnisse in Palästina orientiert.[65] Alle diese Beobachtungen zusammen genommen, wird man im Evangelisten einen hellenistischen Judenchristen vermuten dürfen, der außerhalb Palästinas beheimatet ist.

Was die Adressaten des Evangeliums betrifft, so handelt es sich primär um griechisch sprechende Heidenchristen. Ihretwegen erklärt Markus jüdische Ritualvorschriften (7,3f; 14,12; 15,42) und übersetzt semitische Ausdrücke (3,17; 5,41;

---

zweifle ich. Es widerspricht der gottgewollten Notwendigkeit (δεῖ) der Evangeliumsverkündigung unter allen Völkern vor dem nahen Weltende (13,10; 9,1).

[59] Ähnlich formuliert es ROSKAM, *Purpose*, 236: „It is above all an apologetic writing, directed to the endangered Christians themselves and meant to confirm them in their faithfulness to the Christian message, so that they will be strong enough to endure the hardships they are experiencing."

[60] BECKER, *Krieg*, 235.

[61] Vgl. MELL, *Winzer*, 1: „Dass das Mk-Evangelium im Mt- und sodann im Lk-Evangelium seine gelehrigen ‚Schüler' gefunden hat, insofern diese Schriften Inhalt wie Gliederung des markinischen Evangeliums bewahrt haben, darf wohl ... den meisterlichen Entwurf dieser Schrift anzeigen." Auch MACK, *Erfindung*, 207 würdigt das Markusevangelium zu Recht als „eine literarische Leistung von unvergleichlicher historischer Bedeutung."

[62] Vgl. SCHNELLE, *Formierung*, 192: „Markus ... formte durch seine narrative Präsentation und seine theologischen Einsichten wesentlich das Jesus-Christus-Bild des frühen Christentums, wie es sich nicht zuletzt in der Rezeption des Markus-Evangeliums durch Matthäus, Lukas und Johannes zeigt."

[63] Vgl. SCHNELLE, *Theologie*, 344.

[64] Vgl. SÖDING, *Evangelist*, 22ff.

[65] So verortet Markus z.B. die Gegend von Gerasa in unmittelbarer Nähe des Galiläischen Sees (vgl. 5,1), obwohl die Stadt ca. fünfzig Kilometer südöstlich liegt. Vgl. auch die fehlerhafte Lokalisierung Judäas in 10,1.

7,11.34; 9,43; 14,36; 15,22.34). Aber zur Gemeinde gehören wohl auch Judenchristen. Jedenfalls setzt Markus bei seinen Lesern Torakenntnisse voraus; darüber hinaus thematisiert er ausführlich Fragen der kultischen Reinheit (7,1–23)[66] und des
jüdischen Umgangs mit Heiden (7,24–30).

Über die Frage, wo die Gemeinde des Markus lokal anzusiedeln ist, ist in der
Forschung immer wieder spekuliert worden. Die vielen Latinismen im Text und
besonders die Währungsangabe in 12,42 könnten an Rom denken lassen.[67] Diese
Vermutung ist aber nicht zwingend. Alternativ sind die östlichen Provinzen des
Reiches, vor allem Syrien[68] und auch Kleinasien[69] vorgeschlagen worden. Für die
römische Provinz Syrien bzw. das syrische Grenzland spricht meiner Meinung nach
die größte Wahrscheinlichkeit. Möglicherweise ist das Evangelium für die
Gemeinde in Antiochien geschrieben worden. In Antiochien haben sich
griechische, römische und jüdische Kultur vermischt; dies würde zum Charakter
des Markusevangeliums passen. Der wichtigste Anhaltspunkt für die syrische
Hypothese aber ist meines Erachtens die räumliche Nähe zu den Ereignissen des
Jüdischen Krieges, von denen der Erzähler seine Leserschaft mitbetroffen weiß
(13,14).[70] Ein Hinweis des JOSEPHUS über die Situation in den syrischen Städten
kann die Hypothese stützen: „Schreckliche Wirren hielten ganz Syrien in Atem,
jede Stadt war in zwei Lager gespalten ... Denn wenn man glaubte, die Juden
beseitigt zu haben, so behielt man doch in jeder Stadt den Verdacht gegen die
Judenfreunde; man mochte zwar die nach beiden Seiten hin zweifelhafte Gruppe
nicht ohne weiteres umbringen, fürchtete sie aber doch auf Grund ihrer
Verbindung mit den Juden, als seien sie wirklich Feinde" (Bell. 2,462f).

Letzte Gewissheit in der Frage nach dem Ort der markinischen Gemeinde aber
wird sich vermutlich niemals erzielen lassen.

---

[66]   Dabei bestreitet er mit einer im NT singulären Entschiedenheit die Gültigkeit der Reinheits-
       tora (vgl 7,19b).
[67]   So u.a. PESCH, *Mk I*, 13; HENGEL, *Evangelien*, 141f; DSCHULNIGG, *Sprache*, 276ff; EBNER,
       Mk, 14f.
[68]   Vgl. u.a. LÜHRMANN, *Mk*, 7; BREYTENBACH, *Nachfolge*, 327; SCHENKE, *Markusevangelium*,
       45ff; THEISSEN, *Lokalkolorit*, 246–260; MARCUS, *Mk I*, 36.
[69]   SCHNELLE, *Einleitung*, 243.
[70]   Vgl. in diesem Sinne auch BORING, *Mk*, 17, BREYTENBACH, *Nachfolge*, 327 und SCHENKE,
       Mk, 35–42.

9 Die Erzählweise des Markus

9.1 Vorbemerkung

Markus schreibt sein Evangelium für bedrängte, angefochtene und verunsicherte Christen. Ihre in so vielfacher Hinsicht schwierige Lage bedarf dringend der theologischen Deutung und Klärung. Ebenso nötig sind konkrete Hinweise, wie die zahlreichen Gefahren und Herausforderungen bestanden und bewältigt werden können. Beides will Markus mit seinem Evangelium leisten.

9.2 Der Stil

Der Evangelist pflegt einen volkstümlichen Erzählstil.[1] Die Syntax ist gekennzeichnet durch „eine schlichte Parataxe von Sätzen"[2]. Übergänge zwischen einzelnen Abschnitten innerhalb der Gesamterzählung werden oft durch einfache Verbindungen hergestellt, bevorzugt durch καί, καὶ εὐθύς oder auch καὶ πάλιν. Dies muss nicht unbedingt bedeuten, dass es sich bei Markus um einen ungeübten Literaten handelt, der sich in griechischer Literatur wenig auskennt und in dieser Sprache nur unbeholfen auszudrücken weiß.[3] Die zugegebenermaßen vergleichsweise „raue" Erzählweise[4] kann auch damit zu tun haben, dass der Evangelist eine breite (und somit zumindest teilweise auch weniger gebildete) Leserschaft erreichen und ansprechen will.[5] Im Übrigen war die Parataxe für die antike Biographie durchaus üblich. Die für Markus so charakteristische Formulierung καὶ εὐθύς wurde auch von dem in der Antike aufgrund der Nüchternheit und Klarheit seiner Sprache hochgeschätzten XENOPHON gern gebraucht.[6]

Für die Verwendung des einfachen Stils hat der peripatetische Rhetoriklehrer DEMETRIOS in der frühen Kaiserzeit Ratschläge gegeben, die Markus – bewusst oder unbewusst – beherzigt: Gebrauch bekannter Wörter, übersichtlicher Satzbau, Anschaulichkeit, Wiederholungen, Erwähnung von Nebenumständen.[7] In der Tat gelangt der Evangelist mit Hilfe dieser sprachlichen Mittel zu einer Lebendigkeit in seiner Darstellung, wie sie von seinen Nachfolgern, den synoptischen Seitenrefe-

---

1 Vgl. zum Ganzen JAROŠ, *Testament*, 50f und REISER, *Alexanderroman*, 131ff, sowie ders., *Sprache*, 98ff.
2 LÜHRMANN, *Mk*, 9.
3 So das Urteil von BROER, *Einleitung*, 46: „Das Griechisch des Markus ist wesentlich schlechter als das des Matthäus und Lukas."
4 Vgl. BORING, *Mk*, 23: „The author's straightforward rough-and-ready Greek does not measure up to classical literary standards."
5 So mit Recht FRITZEN, *Gott*, 70.
6 Vgl. z.B. Xen.Ages. 1,6–33, wo immerhin zwölfmal (!) εὐθύς begegnet. Weitere Belege bei anderen antiken Autoren nennt REISER, *Sprache*, 60, Anm. 56.
7 Vgl. Demetr.eloc. 4,190–239. Beleg bei REISER, *Sprache*, 62. JAROŠ, *Testament*, 50 merkt dazu an: „Man könnte fast meinen, Markus sei bei Demetrios in die Schule gegangen."

renten, kaum erreicht worden ist.[8] Zur Lebendigkeit tragen auch die häufigen Tempuswechsel bei (Aorist, beschreibendes Imperfekt, erzählendes Präsens).[9] Markus benutzt gerne die umgangssprachlich gängige Verbindung ἤρξατο („er fing an") mit Infinitiv (26x) und scheut sich auch nicht, volkstümliche Diminutive zu verwenden (5,23; 7,25: θυγάτριον; 7,27f: κυνάριον; 5,41; 6,22.28: κοράσιον; 14,47: ὠτάριον). Typisch für ihn sind nicht zuletzt asyndetisch gereihte Participia conjuncta (24x), die dem Erzählstil zusätzlich Dynamik verleihen (vgl. z.B. 5,15.26f; 14,22f).

Aufgrund dieser Beobachtungen verdient die schriftstellerische Begabung und Leistung des Evangelisten meines Erachtens mehr Respekt und Anerkennung, als ihr gewöhnlich zuteil wird.

9.3   Der Aufbau

Es wäre fatal, wenn man vom literarisch einfachen Erzählstil auf die theologische Qualität und gedankliche Tiefe des Werkes schließen würde. Dies ist in der Vergangenheit allzu häufig geschehen, wird dem Evangelium des Markus aber nicht gerecht. Anlage und Plan des Werkes sind wohl durchdacht.[10] In linearer Folge spannt die markinische Erzählung einen Bogen von der Taufe Jesu bis zu seiner Auferstehung.[11] Dabei fällt auf, dass das Verhältnis von Erzählzeit und erzählter Zeit[12] nicht einheitlich ist. Abschnitte des zeitdeckenden Erzählens (vgl. z.B. die zahlreichen Dialog- und Heilungsszenen) wechseln sich mit Abschnitten starker Zeitraffung (z.B. 1,34.45; 3,10–12; 4,33f; 6,12f.55f) ab. Der vierzigtägige Wüstenaufenthalt Jesu wird in einem einzigen Satz erzählt (1,13); die Passionswoche dagegen beansprucht mehrere Kapitel. Innerhalb der Erzählung stellen vielfache Rückverweise (vgl. 6,52; 8,19f; 14,72; 16,7) und Vorverweise (vgl. 3,6; 8,31; 9,31; 10,33f; 11,2; 14,13–15.18.20.27–30.41f) Zusammenhänge zwischen den Szenen her und

---

[8]   ZUNTZ, *Heide*, 214 spricht in geradezu tadelnder Weise von einer „Lebendigkeit, Anschaulichkeit und Energie, die von seinen [sc. Markus'] Nachfolgern und Ausbeutern traurig verwässert wurde."

[9]   Dazu bemerkt VICTOR, *Einleitung*, 23: „In der Beherrschung dieses Mittels ist er [sc. Markus] auf der Höhe der großen Schriftsteller, ohne dass dies bisher bemerkt worden wäre. Man hat im Gegenteil dieses Stilmittel so verkannt, dass man aus der vermeintlich falschen Verwendung der Tempora Schlüsse zog auf die Redaktion des Evangeliums, die jeder Grundlage entbehren."

[10]   Vgl. das Urteil von VENETZ, *Weg*, 146: „Markus ist ein Buch-Autor. Dabei erweist er sich als ein Theologe ersten Ranges."

[11]   Vgl. FRITZEN, *Gott*, 74. Der Erzählgang wird nur einmal durch eine längere Analepse unterbrochen: In 6,17–29 erzählt der Evangelist nachträglich vom Tod des Täufers Johannes.

[12]   Die Unterscheidung von „Erzählzeit" und „erzählter Zeit" geht auf einen Aufsatz von G. MÜLLER, „*Erzählzeit und erzählte Zeit*" aus dem Jahre 1948 zurück. „Erzählzeit" ist die für das Erzählen benötigte Zeitspanne, die „erzählte Zeit" dagegen die Dauer des erzählten Geschehens.

helfen dabei, das Geschehen zu deuten. Im Groben stellt sich der Aufriss folgendermaßen dar[13]:

Im Prolog 1,1–13 wird Jesu Erscheinen heilsgeschichtlich verortet und zugleich das Verhältnis zum Täufer geklärt. Durch Taufe, Geistbegabung und Himmelsstimme erhält Jesus die notwendige Zurüstung für seine künftige Mission; dem schließt sich eine erste Bewährungsprobe in der Versuchung durch den Satan an.

1,14–9,50 erzählt vom vollmächtigen Wirken Jesu für die Basileia Gottes in Galiläa und Umgebung: seine Berufungen, seine Lehrtätigkeit, seine Auseinandersetzungen, seine Gleichnisse, seine Wunder. 1,14f ist dabei eine Übergangssequenz, die Jesu Verkündigung programmatisch zusammenfasst. Kapitel 10 schildert Jesu „Weg" (vgl. das immer wiederkehrende Stichwort ὁδός in 10,17.32.46.52) nach Jerusalem.[14] Ab 11,1 spielt sich das Geschehen in Jerusalem ab. Mit 14,1 beginnt die stringente Darstellung des Passionsgeschehens. In 16,1–8 wird die Osterbotschaft verkündet, ohne das Ereignis selbst zu schildern; in diesem Zusammenhang weist 16,7 wieder von Jerusalem nach Galiläa zurück bzw. voraus.[15]

Dies ist das Grundgerüst des Evangeliums. Innerhalb dieses Gerüstes finden sich noch einige geschlossene Blöcke. Dazu zählen die (Streit-)Gespräche mit Pharisäern, Schriftgelehrten, Sadduzäern, Hohenpriestern und Ältesten in den Kapiteln 2,6–3,6 und 11,27–12,34. Zwei Reden, die Gleichnisrede in Kapitel 4 und die kleine Apokalypse in Kapitel 13, unterbrechen den Fluss der Erzählung. Auch die Kapitel 14–15, die Jesu Leiden und Sterben schildern, stellen eine Einheit dar. 16,1–8 bildet zwar den Abschluss, hat aber keinen wirklichen Epilogcharakter, sondern weist in die Zukunft.

Als die Mitte des Evangeliums, sein „Herzstück"[16] ist nicht nur im formalen, sondern auch im inhaltlichen Sinne der Abschnitt 8,27–10,45 anzusehen. Gerahmt wird diese Mitte nicht zufällig durch zwei Blindenheilungen (8,22–26; 10,46–52). Es geht dabei um die richtige „Sicht" und das rechte Verständnis des messianischen Weges Jesu – in 8,31 spricht Jesus erstmals von seinem Leiden – und damit ver-

---

13   Zum detaillierten Aufbau des Markusevangeliums gibt es eine Vielzahl von Vorschlägen, auf die hier nicht weiter eingegangen werden kann. Eine gute Übersicht über die verschiedenen Vorschläge gibt LARSEN, *Structure*, 140ff.

14   Dass Jesus schon ab 8,27 zielgerichtet den Weg nach Jerusalem aufnimmt, wie SCHENKE, *Mk*, 10 meint, ist zweifelhaft. Der Weg von Betsaida (8,22) in die Dörfer bei Cäsarea Philippi (8,27) führt in die nördliche Richtung und somit gerade von Jerusalem weg.

15   Die gelegentlich behauptete „Opposition" Galiläa-Jerusalem im Markusevangelium ist fragwürdig. Demnach sei Jesu Wirken in Galiläa vollmächtig und willkommen, während er in Jerusalem Ablehnung und Tod finde. Vgl. z.B. LOHMEYER, *Mk*, 115.233: „Galiläa ist ... das von Gott erkorene Land des Evangeliums, die jetzt noch verborgene Stätte Seiner eschatologischen Offenbarung ... Jerusalem ist die Stadt der Feinde des Gottgesandten." Vgl. auch ders., *Galiläa*, 26–36. Ähnlich SCHENKE, *Mk*, 10: „Wie Jerusalem Ort der Feindschaft gegen Jesus und seines Martyriums ist, so ist Galiläa Ort seines Wirkens in göttlicher Vollmacht." In diesem Sinne auch FRITZEN, *Gott*, 79. Dagegen ist zu sagen: Auch in Jerusalem ist Jesus zu Wundertaten fähig, die allerdings nicht mehr in der breiten Öffentlichkeit geschehen (vgl. 11,12–14.20–25). Als Lehrer tritt er aber nach wie vor auch nach außen machtvoll auf (11,27–12,44). Und was Zuneigung bzw. Ablehnung betrifft: Jesus stößt auch in Galiläa durchaus auf Widerstand (2,6–3,6; 6,1–6); umgekehrt findet er in Jerusalem zumindest punktuell Zulauf und Zustimmung (11,7–10; 12,28–34).

16   SÖDING, *Evangelist*, 47.

bunden auch der Nachfolge. Drei Leidens- und Auferstehungsankündigungen (8,31; 9,31; 10,32–34) korrespondieren mit permanentem Jüngerunverständnis (8,32; 9,32–34; 10,35–40) und dem eindringlichen Ruf Jesu in den Dienst und die Bereitschaft zum Aufnehmen des Kreuzes (8,34–38; 9,35–37; 10,41–45).

Reizvoll, aber in sich letztlich doch nicht wirklich stimmig erscheint mir der Versuch von BERGER, den Aufriss des Markusevangeliums „anhand der Abfolge von Versuchung und erlangter Vollmacht" Jesu zu erfassen.[17]

9.4   Erzählmuster

Einzelne Szenen stellen – ganz im Stil antiker Biographien – in verdichteter Weise für Jesus Typisches dar wie z.B. Heilungen, Exorzismen und andere Wunder; hinzu kommen Summarien (vgl. 1,32–34.39; 3,10–12; 4,33f; 6,6b.53–56), die erzählstrategisch der Raffung dienen. Die Szenen selbst sind oft lebendig und anschaulich und nicht ohne innere Dramatik (vgl. z.B. 2,1–12; 5,1–20.21–43; 7,24–30; 9,14–29); dazu tragen u.a. die Darstellungsform der direkten Rede bzw. des Dialogs, der häufige Gebrauch der *verba quaerendi*[18] und nicht selten auch das historische Präsens als gern gewähltes Erzähltempus wesentlich bei.[19] So unpräzise die chronologischen und topographischen Hinweise oft auch sein mögen – die Orts- und Zeitangaben im Evangelium sind durchaus bewusst gewählt; sie schaffen Atmosphäre und haben symbolische Aussagekraft.[20] Dies gilt für Orte wie Berg, Wüste und Boot und ebenso für Zeiten wie Abend, Nacht oder Sonnenaufgang. Der „*Berg*" ist eine Stätte, wo sich Himmel und Erde berühren. Er ist Ort des Gebets (6,46) und der Verklärung Jesu (9,2–13); außerdem ist er Ort der Berufung der zwölf Jünger (3,13–19).[21] Die „*Wüste*" (1,3f) weckt in Verbindung mit dem Jordan (1,5.9) Erinnerungen an den Exodus; Jesu vierzigtägiger Wüstenaufenthalt (1,12f) lässt u.a. an die vierzigjährige Wüstenwanderung des Volkes Israel denken. Das „*Boot*" ist Ort der engen Gemeinschaft Jesu mit seinen Jüngern (8,14), zugleich aber nicht frei von Not und Bedrängnis (4,35–41; 6,45–52). Diese Bedrängnis trifft die Jünger stets „am Abend" (4,35; 6,47); „*Abend*" ist bei Markus also nicht etwa romantisch besetzt, sondern dunkel und beklemmend. Düsteren Charakter hat auch die Szenerie

---

[17]   Vgl. BERGER, *Theologiegeschichte*, 202. BERGER deutet dabei die Erwähnung der Tiere und Engel in 1,13 im Sinne der siegreich bestandenen Versuchung Jesu durch den Satan, die Verklärung (9,2–9) als „Auszeichnung" nach der bestandenen Versuchung durch Simon Petrus (8,33) und die Auferweckung als Antwort Gottes auf Jesu erfolgreiches Bestehen der Versuchung in Gethsemane (14,32ff). Diese Interpretation erscheint mir schon in ihren Einzelelementen fragwürdig; außerdem setzt sie die Hypothese voraus, dass Jesus erst auf dem Wege der bestandenen Versuchungen und Leiden seine messianische Vollmacht erlangt habe. Eine solche Denkweise kann ich jedoch im Markusevangelium nicht erkennen. Jesus wächst seine Vollmacht nicht allmählich zu; sie ist vielmehr durch Geistbegabung und Himmelsstimme seit der Initiation (1,10f) gegeben.

[18]   VON BENDEMANN, *Gestalt*, 420 bezeichnet zu Recht „Fragen ... als wichtige Elemente der literarisch-theologischen Leistung des Evangelisten".

[19]   Aufgrund der Dominanz des szenischen Modus kennzeichnet HENGEL, *Probleme*, 226 das Markusevangelium als eine „dramatische Erzählung."

[20]   Dies hat FRITZEN, *Gott*, 77–81 vorzüglich herausgearbeitet. Seinen Beobachtungen sind viele der folgenden Ausführungen zu verdanken.

[21]   Schon WREDE analysierte treffend: „Diesen Berg soll man nicht auf der Landkarte suchen ... Es ist ein idealer Berg" (ders., *Messiasgeheimnis*, 136).

in 1,32: ὅτε ἔδυ ὁ ἥλιος („nach Sonnenuntergang") werden die Kranken und Besessenen zu Jesus gebracht. Abends wird den Jüngern die Ödnis ihrer Umgebung
und ihre Bedürftigkeit bewusst (6,35f). Das letzte Mahl Jesu mit seinen Jüngern
findet nach Einbruch der Dunkelheit statt (14,17). Mitten in der Nacht liegt Jesus
in Gethsemane auf den Knien (14,35). Auch die Verhaftung, das Verhör vor dem
Hohen Rat und die Verleugnung des Petrus geschehen zu nächtlicher Stunde. Während Jesus am Kreuz hängt, ereignet sich mitten am Tag eine dreistündige Sonnenfinsternis (15,33).[22] Die Dunkelheit ist gleichwohl nicht trostlos. In der Nacht stillt
Jesus den Sturm (4,39); nachts kommt er seinen verängstigten Jüngern zu Hilfe
(6,48); am Abend speist er eine große Schar von Hungernden (6,41–44); für die
dunklen Stunden kündigt er die Parusie des Menschensohnes an (13,35). Nacht und
Dunkelheit sind also sowohl die Zeit der Bedrängnis wie auch die der Erwartung;
sie verlangen erhöhte Wachsamkeit (13,35.37; 14,34.38). Der *„Sonnenaufgang"*
schließlich ist exklusiv dem Osterereignis vorbehalten (16,2).

Auch sonst arbeitet der Evangelist gern mit symbolischen Elementen. Symbolische Bedeutung hat z.B. die Geschichte von der (zweistufigen) Blindenheilung in
8,22–26 im Anschluss an den Vorwurf Jesu gegenüber seinen Jüngern, sie seien
blind (8,17), und unmittelbar vor dem Messiasbekenntnis des Petrus und seinem
anschließenden Missverständnis der Würde und des Weges Jesu (8,27–33).

Gelegentlich finden sich im Werk auch subtile ironische Züge. So gerät z.B. der
Spott der Hohenpriester und Schriftgelehrten auf Golgatha unfreiwillig zu einer
Anerkennung des Gekreuzigten (15,31); die als Anklage gemeinte Kreuzesinschrift
(„König der Juden") entspricht der Wahrheit (15,26).

9.5   Der Erzähler

Interessant ist die Rolle, die der Erzähler[23] bzw. die Erzählstimme selbst einnimmt.
Er erzählt aus seiner eigenen, der narratorialen Perspektive, und nicht aus der Perspektive einer der Erzählfiguren. Weitgehend lässt er das Geschehen für sich selbst
sprechen und wendet sich nur ganz ausnahmsweise einmal direkt an seine

---

22   Zur Symbolik der Tageszeitangaben bemerkt FRITZEN, *Gott*, 77f treffend: „Sie [sc. die Ta-
geszeitangaben] betreffen fast ausschließlich die dunklen Stunden des Tages, was im wahrsten Sinne des Wortes ein bezeichnendes Licht auf das Markusevangelium wirft ... Nacht und
Finsternis haben im Markusevangelium also mit Not und Bedrängnis zu tun ... Die Betonung der Finsternis und ihre semantische Konnotierung lassen bereits erahnen, dass der
Autor in ‚dunklen' Zeiten gelebt haben mag, also in als bedrängend und unsicher empfun-
denen Verhältnissen."

23   Die neuere Erzähltheorie differenziert präzise zwischen dem Erzähler einer Geschichte (als
der Stimme bzw. Instanz, die wahrnimmt und erzählt) und dem Autor. Auf das Markusevangelium bezogen, ist demnach zwischen dem realen Autor des Evangeliums als Person
und dem Erzähler der Jesus-Geschichte zu unterscheiden. Den realen Autor, der tatsächlich
existiert hat, kennen wir nicht, oder, anders formuliert, wir kennen ihn nur in der Weise, wie
er sich (objektiv) durch sein Werk kundtut und wie wir als Lesende ihn (subjektiv) darin
wahrnehmen. Zum Ganzen vgl. SCHMID, *Narratologie*, 45ff, KLAUCK, *Vorspiel*, 42f und
FRITZEN, *Gott*, 66.

Leser (13,14); er ist insofern eher ein verdeckter als ein offener Erzähler.[24] Wo es
dem Verständnis dient, gibt er erklärende Hinweise (vgl. z.B. 7,3f.11; 12,18.42). Im
Evangelium taucht er persönlich nicht auf, er ist selbst keine Figur der erzählten
Geschichte. Die Erzählweise ist also „nichtdiegetisch"[25] bzw. „heterodiegetisch"[26].
Das bedeutet aber keineswegs, dass der Erzähler der Handlung distanziert oder
unparteiisch-neutral gegenüberstünde.[27] Er identifiziert sich vielmehr rückhaltlos
mit Jesus.[28] Ein weiteres markantes Kennzeichen ist die auktoriale Erzählsituation.[29] Erzählt wird gleichsam von einer höheren Warte aus; die Erzählstimme
„bewegt sich ... frei in Zeit und Raum"[30] und lässt die Leser auch hinter die Kulissen des Geschehens blicken. So werden den Lesern schon im Prolog des 1. Kapi-
tels (1,1–13) ungewöhnliche Einblicke gewährt.[31] Der Erzähler stellt Beziehungen
zwischen der transzendenten und der immanenten Ebene, der himmlischen und
der irdischen Welt her (1,10–13; 9,2–9; 16,1–8). Eingestreute Schriftzitate dienen
der Einordnung der Geschichte Jesu in einen heilsgeschichtlichen Kontext.[32] Ab
und zu fügt die Erzählstimme für die Leser kommentierende bzw. wertende Bemerkungen in die Handlung ein. Auf diese Weise kommuniziert sie mit den Lesern,
nimmt Einfluss auf ihre Wahrnehmungen und provoziert gewünschte Reaktionen
(vgl. z.B. 3,2; 6,52; 7,3f; 10,2; 12,13). Und noch etwas fällt auf: Der Erzähler sieht,
hört und weiß alles; er kennt die Gedanken und Gefühle der Beteiligten[33]; ja, er
berichtet gelegentlich sogar über Vorgänge, bei denen keine menschlichen Augen-
und Ohrenzeugen zugegen waren (1,10–13; 14,35f.39). Er ist geradezu „allwissend
wie Gott selbst."[34] So kann er den Lesern sogar von den Gesprächen zwischen
Jesus und seinem himmlischen Vater berichten (1,11; 14,35f).

---

[24]   Mit REISER, Stellung, 8, KLAUCK, Vorspiel, 43 und FRITZEN, Gott, 68f.
[25]   Vgl. SCHMID, Narratologie, 86–95.
[26]   Vgl. KLAUCK, Vorspiel, 43.
[27]   SCHMID, Narratologie, 137f bestreitet, dass es überhaupt ein „neutrales" Erzählen gebe, und
       grenzt sich damit u.a. gegen STANZEL ab.
[28]   Vgl. FRITZEN, Gott, 73: „Der Erzähler artikuliert seine Überzeugungen nicht direkt; sie
       finden sich in dem, was Jesus im Markusevangelium sagt."
[29]   Vgl. EISEN, Markusevangelium, 139f.
[30]   Ebd. 141.
[31]   Vgl. BACKHAUS, Heilsbedeutung, 94: „Die auktoriale Erzählweise ermöglicht es dem
       Evangelisten, den Leser mit Jesus ‚zusammenzuschließen'... Auf diese Weise findet sich der
       Leser in der idealen Position der Jünger wieder, denen nach 4,11 in der engen Gemeinschaft
       mit Jesus und im Gegensatz zu ‚denen draußen' das ‚Geheimnis der Basileia' gegeben ist."
[32]   Vgl. z.B. 1,2f; 9,12; 12,36; 14,27; vgl. darüber hinaus auch die Kreuzigungsszene 15,22–39
       mit ihren zahlreichen alttestamentlichen Anspielungen.
[33]   So erwähnt Markus das Mitleid Jesu (1,41), seinen Zorn und seine Traurigkeit (3,5), sein
       Erstaunen (6,6), seine Zuneigung (10,21) und auch seine Angst (14,33). Er blickt den Jün-
       gern ins Herz (8,16; 9,32), ebenso der blutflüssigen Frau (5,28f), dem König Herodes (6,26)
       und dem reichen Mann (10,22). Auch die finsteren Gedanken und geheimen Absichten der
       Feinde sind ihm nicht verborgen (2,7; 10,2; 11,18.31f; 12,12).
[34]   SCHENKE, Mk, 27.

9.6   Die Erzählfiguren

Die zentrale Gestalt, auf die sich alles erzählte Geschehen bezieht, ist *Jesus*, der Gottessohn und Messias Israels.[35] Seine einzigartige Identität wird nicht nur sichtbar in seiner Gottesbeziehung, sondern ebenso in seiner Vollmacht zur Sündenvergebung (2,5.10), in seiner Wundertätigkeit (vor allem in den Krankenheilungen und Exorzismen[36]) und nicht zuletzt in seiner Lehrtätigkeit[37]. Als Lehrer zeigt er sich seinen Gegnern weit überlegen.[38] Das Volk staunt über ihn (7,37) und seine Lehre (1,27; 6,2; 11,18); seine charismatischen Fähigkeiten wirken zugleich erschreckend (1,27; 2,12; 9,15) und attraktiv (1,33.45; 3,7f; 6,54–56; 9,15). Mehrfach wird über seine wahre Identität spekuliert und gerätselt (4,41; 6,2; 8,27; 14,61). Der Autor erzählt an vielen Stellen vom Glauben und Vertrauen einzelner Menschen zu Jesus und seiner Vollmacht[39]; dem kontrastieren aber Erzählungen über Unglauben, Zweifel und Verstocktheit.[40]

Ambivalent sind Reden und Verhalten der *Jünger*.[41] Sie folgen dem Ruf Jesu ohne Zögern (1,16–20; 2,13f), verlassen seinetwegen Heimat und Beruf (10,28–30), predigen und heilen wie er und in seinem Namen (6,7–13), sind seine engsten Gefährten (14,22–25.32), bevorzugte Adressaten seiner Unterweisung[42] und durchaus gutwillig (14,31).[43] Aber ihr Glaube ist wankelmütig (9,18f); oft überlagern Angst und Sorge ihr Vertrauen (4,35–41; 6,45–52; 8,14–16). Ihr Herz ist verhärtet (6,52; 8,17) und sie sind beseelt von falschem Ehrgeiz (9,33–37; 10,35–45). In Gethsemane (14,32–52) erweisen sich ihre vorangegangenen Treuebekundungen (14,29–31) als wertlos; alle Jünger lassen Jesus im Stich (14,50) und unter dem Kreuz ist keiner von ihnen anwesend. Besonders sticht die Rolle des Simon Petrus hervor. Er ist zusammen mit seinem Bruder Andreas der Erstberufene (1,16); er spricht als erster das Bekenntnis zu Jesus als dem Christus aus (8,29), er ist der Sprecher der Jünger (10,28). Aber er ist auch derjenige, der sich dem Leidensweg Jesu entgegenstellt und deshalb „Satan" genannt wird (8,32f); und er ist der, der seinen Herrn im Hof des hohenpriesterlichen Palastes dreimal verleugnet (14,66–72).

Nach dem Modell von E. M. FORSTER kann man die Jünger im Markusevangelium als *„round* [runde] *characters"* bezeichnen.[44] Ihr Verhalten ist schwankend und darum oft unvorhersehbar. Indem Markus auf textinterner Ebene gleichermaßen ihren Glauben wie ihr Versagen, ihre Erkenntnis und Einsicht ebenso wie ihr

---

[35]   So auch HERRMANN, *Strategien*, 339: „Jesus ist der Protagonist; er steht im Mittelpunkt des ganzen Werkes. Alle Szenen sind auf ihn ausgerichtet, und in fast allen ist er anwesend, ob als Subjekt oder als Objekt des Geschehens oder beides."

[36]   Vgl. 1,23–34.40–45; 2,1–12; 3,1–6.10–12; 5,1–43; 6,54–56; 7,24–37; 8,22–26; 9,14–29; 10,46–52.

[37]   Vgl. 1,21f.27.38f; 2,2.13; 4,1f; 6,2.6.34; 9,31; 10,1; 11,17f; 12,35.38.

[38]   Vgl. 2,15–28; 3,1–6.22–30; 7,1–23; 10,1–12; 11,27–33; 12,13–37.

[39]   Vgl. 1,40; 2,4; 5,21–43; 6,56; 7,24–30; 10,46–52.

[40]   Vgl. 3,1–6; 4,35–41; 6,1–6.45–52; 8,11–13.14–21; 9,14–29; 11,27–33.

[41]   DORMEYER, *Markusevangelium*, 216 spricht zu Recht von „ambivalente[n] Identifikationsfiguren."

[42]   Vgl. 4,10–25; 7,17–23; 8,14–21; 8,31–9,1; 9,28–50; 10,10–16.28–45; 11,20–25; 12,41–44; 13,1–37; 14,17–25.

[43]   Aufgrund solcher Beobachtungen urteilt SCHENKE, *Markusevangelium*, 92: „Im Ganzen haben wir im MkEv ein positives Jüngerbild vor uns. Sie sind wirklich Nachfolger Jesu geworden."

[44]   Vgl. EISEN, *Markusevangelium*, 148 und FRITZEN, *Gott*, 40.82.

Unverständnis gleichermaßen eingehend schildert, zeichnet er für seine Leser paradigmatisch ein eindrucksvolles Bild von gelingender bzw. misslingender Nachfolge.[45] In diesem Sinne haben die Jünger im Evangelium für den Dialog mit den Lesern eine ganz besondere narrative Funktion.[46]

Andere Charaktere werden dagegen oft nur typisiert und einlinig dargestellt; dies gilt insbesondere für die *Gegner* Jesu, die Pharisäer, Schriftgelehrten, Herodianer, Ältesten und Hohenpriester. Dazu passt, dass sie namentlich nicht genannt werden.[47] Nach der Definition FORSTERS erscheinen sie im Evangelium als „*flat* [flache] *characters*", weil sie – mit Ausnahme von 12,28–34 – nicht als profilierte Individuen gezeichnet sind, sondern eine bestimmte (ablehnende) Grundhaltung repräsentieren, die sich im Laufe der Erzählung nicht verändert. Ihr Reden und Tun ist somit für den Leser vorhersehbar.[48] Das *Volk* wiederum ist in einigen Szenen bloß (staunende) Staffage und Statist (1,27f; 7,36f); das ändert sich erst in der Passionsgeschichte (11,8–10; 15,6–15.29f).

Auffällig ist im Markusevangelium die durchweg positive Darstellung der *Frauen*.[49] Die blutflüssige Frau (5,25–34) und die Syrophönizierin (7,24–30) geben beeindruckende Beispiele eines Glaubens und einer Demut, die alles von Jesus bzw. Gott erwartet. Besondere Würdigung und Rechtfertigung erfährt die Frau in Bethanien, die Jesus salbt; ihr Ruhm soll im Zuge der Evangeliumsverkündigung in die ganze Welt hinausgehen (14,3–9). Anders als die treulosen Jünger sind Frauen Zeugen von Jesu Tod und Begräbnis (15,40f.47). Sie kommen am Ostermorgen zum Grab, um den Leichnam Jesu zu salben und werden zu den ersten Zeugen der Auferstehungsbotschaft (16,1–8). Dass sie die ihnen aufgetragene Verkündigung der Botschaft zunächst unterlassen, wird nicht wirklich kritisiert, sondern ist aufgrund der überwältigenden Eindrücke an der Grabstätte nur zu verständlich. Der insgesamt positiven Darstellung der Frauen und ihrer Aktivitäten im Evangelium tut das allenfalls geringen Abbruch.

„Der heimliche Hauptakteur"[50] der markinischen Erzählung aber ist, obwohl er (abgesehen von 1,10–13; 9,2–8 und 16,4–7) nicht direkt in das Geschehen eingreift, *Gott* selbst. Er zieht sozusagen im Hintergrund die Fäden. Seinem verborgenen Plan unterliegen Jesu Leben und Geschick. Er sendet Jesus auf seinen „Weg" im Dienst der Basileia (1,2f.14f) und schickt ihn vor seinem öffentlichen Auftreten in die Auseinandersetzung mit dem Satan (1,12f). Auch das Leiden und Sterben des

---

45 Ähnlich FRITZEN, *Gott*, 40: „Ihr [sc. der Jünger] Weg soll den Leser in der Spannung von Identifikation und Abgrenzung zum rechten Verständnis des Weges der Nachfolge führen, die Nachfolge der Gemeinschaft der Leser und Hörer begründen und leiten." Vgl. auch WENGST, *Ostern*, 48, der die Erzählungen des Markusevangeliums durchaus zutreffend als „Lektionen der Nachfolge" beschreibt.

46 So mit Recht ROSE, *Theologie*, 52.

47 Vgl. VAN IERSEL, *Mk*, 444. In diesem Zusammenhang beachtenswert ist der narratologische Hinweis von ISER, *Leser*, 33: „Solange die Figuren in ihrer Rolle aufgehen, sind sie nicht um ihrer selbst willen da, sondern dienen der Verdeutlichung eines ihnen übergeordneten Sachverhalts. Dadurch bleiben sie zwangsläufig abstrakt, denn in ihnen dominiert die darzustellende Bedeutung so stark, dass sie sich als Personen nicht entfalten."

48 Vgl. FRITZEN, *Gott*, 40.82. Gegen PESCH, *Mk I*, 23, der behauptet: „Markus stellt ... die verschiedenen Gegner Jesu sehr differenziert und nicht typisiert als Einheitsfront dar."

49 Darauf macht auch SÖDING, *Evangelist*, 27 aufmerksam.

50 SCHENKE, *Markusevangelium*, 87.

Sohnes unterliegen dem Beschluss und Willen des Vaters, dem sich der Sohn gehorsam unterwirft (8,31; 14,35f).

9.7   Der Erzählhorizont

Zwar ist es unangemessen, das Markusevangelium (und mit ihm auch die anderen
Evangelien) als „Passionsgeschichten mit ausführlicher Einleitung"[51] zu charakterisieren; wohl aber trifft es zu, dass die Perspektive von Jesu Leiden und Sterben in
der markinischen Erzählung schon früh aufgezeigt wird. Für die Feinde Jesu ist der
Tod Jesu bereits in Galiläa beschlossene Sache (vgl. 3,6). Feindschaft, Widerstand
und entschiedene Ablehnung begleiten Jesus permanent[52], so dass seine schließliche Verhaftung und Hinrichtung geradezu zwangsläufig erscheinen müssen.
    Darüber hinaus schärft Markus (bzw. in der „erzählten Welt" Jesus) den Lesern
immer wieder ein, dass Kreuz und Leiden nicht allein auf den Sohn warten. Auch
diejenigen, die ihm nachfolgen, müssen damit rechnen, auf Anfeindung, Spott und
Verfolgung zu treffen, bis hin zum Martyrium (8,34f; 10,30.39; 13,9–13); sein
„Weg" ist auch ihr „Weg".
    Jedoch stehen Leiden und Tod nicht am Ende des „Weges" – weder für Jesus
noch für seine Jünger. Der Horizont der markinischen Erzählung ist weiter ge-
spannt. Signalwirkung hat in diesem Zusammenhang die Auferweckung des Gekreuzigten (16,1–8). Verheißen wird die globale Ausbreitung des Evangeliums,
dessen Siegeszug allem Widerstand zum Trotz nicht aufzuhalten sei (13,10). Zwar
werde die Saat des Wortes Gottes nicht allerorten aufgehen; Misserfolge seien vorprogrammiert und einkalkuliert. Aber dort, wo sie aufgehe, sei mit einem reichen
Ertrag zu rechnen (4,3–8.14–20). An die universale Mission, so Markus (resp. Jesus), werde sich die Parusie des Menschensohnes anschließen, verbunden mit dem
Lohn für alle diejenigen, die sich Jesu und des Evangeliums nicht geschämt, sondern dafür Kraft und Leben eingesetzt hätten (8,35; 10,29f; 13,13).

---

51   So die bekannte Formulierung von KÄHLER, *Jesus*, 60.
52   Vgl. 2,6f.16.18.24; 3,2–6.22–30; 6,1–6; 7,5–13; 8,11; 10,2; 11,18.27–32; 12,12–17; 14,1–2.

10   Die Texte

10.1   Die Textbasis der Untersuchung

Bei der Auswahl der Texte zur Versuchungsthematik im Markusevangelium kann
auf den Befund der semantischen und traditionsgeschichtlichen Analyse
zurückgegriffen werden.

Terminologisch klar ersichtlich ist, dass die neutestamentliche Versuchungsthematik insgesamt und somit auch das markinische Versuchungsmotiv – von dem
Sprachgebrauch der LXX her – primär durch die intensive Verbform πειράζω und
das Nomen πειρασμός signalisiert wird (vgl. S. 63). Um dem inneren Gehalt des
Motivs bei Markus näherzukommen, ist demnach die Verwendung von πειράζω
und πειρασμός in der Narration des Evangeliums detailliert zu prüfen.[1] Zu achten
ist darüber hinaus auf die Verwendung der Wortfamilien σκανδαλίζω κτλ. sowie
(mit nachrangiger Bedeutung) ἀπατάω κτλ. und πλανάω κτλ.; diese Wortfamilien
berühren, wie gezeigt wurde, zumindest partiell ebenfalls das von LXX und Frühjudentum her fest geprägte Wortfeld „Versuchung", das vom NT übernommen wird
(vgl. S. 66–68.110). Sie haben alle mit Bedrängnis zu tun und signalisieren Gefahren
für die Gottesbeziehung, den Glauben und Gehorsam des Menschen.

Wie bereits erwähnt, wird das Verbum πειράζω im Markusevangelium viermal
gebraucht. Stets ist Jesus das Objekt der Versuchung. Einmal geht die Versuchung
vom Satan aus (1,12f), dreimal von menschlichen Feinden, speziell den Pharisäern
(8,11–13; 10,1–9; 12,13–17).

Das Nomen πειρασμός begegnet im Markusevangelium nur an einer einzigen
Stelle, und zwar im Munde Jesu. Er warnt die Jünger in Gethsemane eindringlich
vor der Gefahr der Versuchung (14,38).

Für die Wortgruppe σκανδαλίζω κτλ. stellt sich der Befund im Markusevangelium folgendermaßen dar: Das Nomen kommt nicht vor. Das Verb taucht achtmal
auf, meist im Munde Jesu. Für die Versuchungsthematik relevant ist vor allem
14,27.29, Jesu Ansage des Scheiterns der Jünger angesichts seiner Passion – eine
Prophezeiung, der von Petrus heftig widersprochen wird. Wichtig ist ferner 4,17,
wo in der Auslegung des Sämanngleichnisses der Abfall infolge äußerer Bedrängnis
thematisiert wird. Zu beachten ist hier die enge Verbindung des Lexems
σκανδαλίζω mit θλίψις („Bedrängnis") und διωγμός („Verfolgung"). Schließlich ist
auf 9,42f.45.47 hinzuweisen, die Mahnung Jesu zu entschiedener Abgrenzung von
innergemeindlichen Verführern.[2]

---

[1]   Die Skepsis von GUTTENBERGER, *Gottesvorstellung*, 238, die urteilt: „Zur genaueren Bestimmung der Bedeutung des Versuchungsmotivs ist die Analyse der Verwendung des Verbs
πειράζω und des Substantivs πειρασμός innerhalb des Evangeliums nicht geeignet" teile ich
nicht. Auch wenn sich eine diesbezügliche Untersuchung nicht auf Derivate des Wortstamms πειρ- beschränken darf – in welcher Weise sollte die Bedeutung des Motivs bei
Markus denn sonst bestimmt werden?

[2]   Mit SCHENKE, *Mk*, 237 sehe ich in 9,42f.45.47 eine metaphorische Trias, die Empfehlungen
zum innergemeindlichen Umgang mit Leuten gibt, die zum Glaubensabfall und zur Ver-

Bei ἀπατάω/ἀπάτη und πλανάω/πλάνη fällt der markinische Befund recht mager aus: Markus gebraucht nur einmal das Nomen ἀπάτη, und zwar – wiederum bei der Auslegung des Sämanngleichnisses – um auf die Gefahren der irdischen Sorgen und Begierden für den Glauben hinzuweisen (4,19). Das Nomen ἀπάτη steht also in engem Bezug zu ἐπιθυμίαι verschiedenster Art, wobei das Verlangen nach Geld respektive Reichtum als besonders gefährlich und zugleich töricht gebrandmarkt wird.[3] Ebenfalls einmal findet in der markinischen Erzählung das Verbum πλανάω Verwendung: in Jesu apokalyptischer Rede im Zusammenhang mit der Warnung vor der Verführung durch Falschpropheten (13,5f). Die Verwendung des Lexems gerade in diesem Kontext entspricht dem Sprachgebrauch im Frühjudentum und im übrigen NT; bei der Wortfamilie πλανάω κτλ. geht es, wie gezeigt wurde, um die Gefährdung des Glaubensweges unter dem Eindruck *endzeitlicher* Bedrängnisse (vgl. S. 67f).

Die Aufstellung macht deutlich, dass die Zahl der Stellen, an denen die signifikanten Begrifflichkeiten für Versuchung verwendet werden, im Markusevangelium durchaus überschaubar ist. Dies sollte jedoch nicht zu dem vorschnellen Schluss veranlassen, damit sei die Textbasis der Untersuchung schon ausreichend erfasst. *Es ist nämlich nicht auszuschließen, dass die Versuchungsthematik im Evangelium darüber hinaus auch an solchen Stellen begegnet, wo die signifikante Terminologie nicht eigens auftaucht.* Mit anderen Worten: Es genügt eben nicht, eine Untersuchung wie die zur Versuchungsthematik im Markusevangelium nur an den sprachlichen Evidenzen zu orientieren, so wichtig diese als Indizien auch sind.[4] Tatsächlich gibt es mehrere Passagen innerhalb des Evangeliums, die durchaus der Thematik zuzuordnen sind, obwohl sie die typischen Begrifflichkeiten nicht eigens enthalten.

---

leugnung der Christuszugehörigkeit verführen wollen. Es geht also um sehr viel mehr als nur allgemein um die Verführung zum Bösen (mit FRITZEN, *Gott*, 305, Anm. 156), nämlich um die Abwehr von Ärgernissen, die zum Straucheln bringen. Den Verführern gegenüber seien radikale Abgrenzungsmaßnahmen zu treffen; bestimmte archaische Gerichtspraktiken liefern dafür die geradezu martialische Symbolik.
Anders GNILKA, *Mk II*, 64f, demzufolge die Ärgernissprüche von dem σκάνδαλον sprechen, das durch die eigenen Begierden entsteht. COLLINS, *Mk*, 450 vermutet unter Verweis auf Sir 9,5 und PsSal 16,7 „sexual temptations". Bei solchen Interpretationen wird aber der Metaphorik („abschlagen") zu wenig Rechnung getragen. Es geht, wie DU TOIT, *Herr*, 149 richtig analysiert, „nicht um moralisches Fehlverhalten", sondern um die Abwehr dessen, was den Glauben und das Gottesverhältnis bedroht.
Die Metaphorik vom Sündigen eines einzelnen Körpergliedes verdankt sich jüdischem Denken (vgl. Prov 6,17f; 23,33), ebenso wie die Redeweise von der γέεννα. Die γέεννα war ursprünglich der Name eines Tales im Süden Jerusalems, in dem Götzenopfer dargebracht wurden und dem deshalb von den Propheten Gottes Gericht angesagt wurde (vgl. Jer 7,32; 19,6). Daraus erwuchs die Vorstellung von der γέεννα als dem Ort des letzten Gerichts. Vgl. dazu SCHWEIZER, *Mk*, 107.

3 Auch in 1 Tim 6,6–10 wird die Geldgier als Wurzel allen Übels betrachtet; sie gefährde den Glauben, bringe den Menschen in Not, lasse ihn in Versuchung und Verstrickung (εἰς πειρασμὸν καὶ παγίδα) geraten und führe ihn schließlich ins Verderben. Vgl. in diesem Sinne auch Paulus in Kol 3,5f; der Apostel stuft die Habgier als Götzendienst (εἰδωλολατρία) und Ungehorsam (ἀπείθεια) ein, der Gottes Zorn nach sich zieht. Der in Briefform gekleidete deuteropaulinische Traktat Eph 5,5 betont ebenfalls, dass Habsüchtige des Heils verlustig gehen, weil sie Götzen dienen.

4 Vgl. dazu den entsprechenden Hinweis in dem Kapitel zur Tradition der Versuchungsthematik (S. 72).

Um sie aufzuspüren, ist es sinnvoll, von den Texten auszugehen, die die signifikante Terminologie aufweisen. Deren Sinngehalt ebnet uns den weiteren Weg durch den Makrotext des Evangeliums. In Verbindung damit sind auch die Ergebnisse der traditionsgeschichtlichen Untersuchungen zur Versuchungsthematik heranzuziehen.

Wenn das Markusevangelium unter Verwendung der Verbform πειράζω von Versuchungen *Jesu* erzählt, dann tragen diese stets den Charakter der *Bedrohung*. Dies entspricht der skizzierten negativen Entwicklung des Versuchungsbegriffs im Frühjudentum (vgl. S. 106.108). Besonders deutlich wird der bedrohliche Charakter bei den Versuchungen durch die Pharisäer.

Die erste Versuchung ist die feindlich motivierte Forderung[5] nach einem Zeichen, mit dem Jesus sich und seine vom Vater verliehene Autorität legitimieren soll (8,11–13). Die Zeichenforderung stellt insofern eine Versuchung dar, als von Jesus eine *Probe* seines Könnens verlangt wird. Die Bewährungs- bzw. Leistungsprobe als ein wesentliches Charakteristikum für „Versuchung" ist uns bereits in der terminologischen und traditionsgeschichtlichen Analyse der paganen Literatur mehrfach begegnet (vgl. S. 58.74.76.80). Auf die spezielle Verknüpfung von Beglaubigungszeichen und Versuchung habe ich im Zusammenhang mit dem judäischen König Ahas (Jes 7,10-12) verwiesen (vgl. S. 87).[6]

Bei der zweiten pharisäischen Versuchung geht es um eine Frage der Toraauslegung (10,1–9). Die Frage ist vordergründig unverdächtig, weil Debatten mit rabbinischen Lehrern zur Toraobservanz zur Zeit Jesu gängige Praxis waren. Für den Erzähler aber verbirgt sich hinter der scheinbar harmlosen Frage eine Perfidie: Jesus soll in eine *Falle* gelockt und als angeblicher Irrlehrer hingestellt werden. Hier ist es das Moment der Hinterhältigkeit, das die Frage der Pharisäer zu einer Versuchung für Jesus werden lässt.[7] Die heimtückische Absicht, die sich hinter einer scheinbar harmlosen Frage verbirgt, hat wiederum eine Entsprechung in der paganen Literatur (vgl. S. 59.73).

Die dritte Versuchung schließlich thematisiert das römische Steuerrecht (12,13–17). Die Form der disjunktiven Frage und der damit verbundenen Wahlmöglichkeit für den Probanden rückt sie schon rein äußerlich in die Nähe bekannter Versuchungsgeschichten aus der alttestamentlichen Wüstentradition (vgl. v.a. Ex 17,7). Was die Frage der Pharisäer aber im eigentlichen Sinne als Versuchung qualifiziert, ist abermals die sich hinter der Fragestellung verbergende Heimtücke und Heuchelei, die von Jesus sogleich durchschaut und als ὑπόκρισις entlarvt wird (12,15).

Alle pharisäischen Versuchungen haben den Zweck, Jesus zu schaden, ihn als Pseudomessias und Verführer hinstellen und ausliefern zu können. Die verbalen

---

[5] Vgl. in diesem Zusammenhang als sprachliches Merkmal auch die besondere semantische Konnotation von ζητέω bei Markus (siehe S. 70, Anm. 83).

[6] Allerdings ist gleich hinzuzufügen, dass diese bei Jesaja berichtete Episode ansonsten kaum mit der markinischen Szene Vergleichbares aufweist: Dem König wird von Jahwe selbst das Angebot eines Zeichens gemacht, um sein Gottvertrauen zu stärken; die Antwort, mit der er das Angebot zurückweist, ist pure Heuchelei.

[7] Zur engen Verbindung von *verba quaerendi* mit dem Versuchungsmotiv im Markusevangelium vgl. S. 68–70.

Angriffe seiner Gegner aber können Jesus nicht beeindrucken; er wehrt sie mit Hilfe des ihm vom Vater verliehenen Charismas souverän ab.

Von anderer Art sind die Versuchungen Jesu durch den Satan in der Wüste, denen Jesus vor Beginn seines öffentlichen Auftretens ausgesetzt ist (1,12f). Ihre besondere Brisanz gewinnen sie im Kontrast zur unmittelbar vorangehenden Taufszene, die seitens des Himmels von messianischen Legitimationszeichen begleitet wird. Bei der Beschreibung der Attacken des Satans hält sich der Erzähler sehr bedeckt. Ohne der späteren eingehenden Analyse vorgreifen zu wollen, drängt sich allerdings bereits hier der Eindruck auf, dass es bei den nicht näher spezifizierten Versuchungen um das innige Gottesverhältnis Jesu[8] bzw. um die Bewährung seiner Geistbegabung (1,10f) geht, in Verbindung damit aber auch um seine Mission (1,14f). Dass Versuchungen gerade in der Jugend bzw. vor Beginn des öffentlichen Lebens einer Person eine wichtige Rolle spielen, ist ein bekanntes Motiv, das uns im Rahmen der traditionsgeschichtlichen Untersuchungen in durchaus unterschiedlichen Zusammenhängen schon begegnet ist (vgl. hierzu etwa S. 74.80.106, Anm. 135). Entsprechendes gilt für die von Markus zumindest angedeutete Form der Kooperation von Gott und Satan, die jedoch noch einer genaueren Analyse bedarf; sie erinnert unwillkürlich an den alttestamentlichen Hiob-Prolog und ebenso an frühjüdische Zeugnisse zur Versuchung Abrahams (vgl. S. 98–100).

Die unter Verwendung des Lexems πειράζω *erzählten Versuchungen Jesu im Markusevangelium haben also recht unterschiedliche Ausprägungen. Mal geht es um die Gottesbeziehung des Sohnes und seine Mission, mal um eine Legitimationsprüfung, mal um raffiniert gestellte Fallen.[9] Der Gottessohn zeigt sich dank seines Charismas allen Versuchungen gewachsen; zu keiner Zeit müssen die Evangeliumsleser ernsthaft befürchten, dass Jesus ihnen erliegen könnte.*

Aber es sind nicht nur die Feinde in Person des Satans und der Pharisäer, die sich dem „Weg" Jesu entgegenstellen. Damit nähern wir uns den Texten im Markusevangelium, die die Versuchungsthematik enthalten, *ohne* jedes Mal die signifikante Terminologie aufzuweisen.

Widerstand erfährt Jesus auch aus den eigenen Reihen, und zwar in Gestalt des Jüngers Simon Petrus. Die erste Leidensankündigung Jesu beantwortet er mit vehementem Protest und erfährt daraufhin eine äußerst schroffe Zurückweisung. Die ungewöhnlich heftige Reaktion Jesu und insbesondere seine Wortwahl (σατανᾶ) machen deutlich, dass Jesus die Vorhaltungen seines Jüngers als *Versuchung* empfindet (8,32f).[10] Unabhängig davon, ob die Wortwahl tatsächlich einen dämonischen Einfluss impliziert oder ob σατανᾶ „nur" als Schimpfwort gebraucht wird (vgl. dazu S. 213f) – „Satan" ist ja von der frühjüdischen Tradition her der Feind und

---

[8] In diesem Zusammenhang sei daran erinnert, dass Versuchungen in frühjüdischer Zeit geradezu als „Privileg" desjenigen gelten können, den Gott besonders liebt. An ihrem Ende steht die Erhöhung des Gerechten, der sich in allen Versuchungen bewährt hat (vgl. S. 93–95).

[9] Das markinische Versuchungsmotiv ist also sehr viel komplexer und vielschichtiger, als dies J. GIBSON annimmt, nach dessen Auffassung *sämtliche* Versuchungen Jesu von der Frühchristenheit im Sinne von Gehorsamsprüfungen gegenüber dem göttlichen Auftrag verstanden worden seien (vgl. S. 53).

[10] Auch der Evangelist Matthäus hat die Geschichte in diesem Sinne verstanden. Bei ihm wird der Versuchungscharakter der Szene terminologisch noch sichtbarer markiert. Jesus reagiert auf die Einwände seines Jüngers mit den Worten: *σκάνδαλον* εἶ ἐμοῦ (Mt 16,23).

Versucher schlechthin, vor dem man immer auf der Hut sein muss (vgl. S. 99). Die Szene lässt, vorbehaltlich einer genaueren Analyse, überlieferungsgeschichtlich speziell an die Hiob-Tradition denken, vor allem an die Auseinandersetzung Hiobs mit seiner Frau (Hi 2,9f; TestHi 25,9–26,6).

Versuchung erfährt Jesus auch in Gethsemane. Seine Angst vor dem Martyrium und sein inständiges Verlangen, verschont zu werden, beantwortet der Himmel mit Schweigen; Jesus scheint nicht nur von seinen Jüngern, sondern sogar von seinem Vater verlassen (14,35f.39). Auf den engen Bezug von Versuchung und Gottverlassenheit waren wir schon im 2. Chronikbuch und im *„Testament Josephs"* gestoßen (vgl. S. 92f). Dort handelte es sich jeweils um eine Gehorsamsprüfung, der der Proband unterzogen wird. In der Gethsemane-Szene stellt sich der Sachverhalt so dar, dass Jesus darum ringen muss, sich in den Willen des Vaters zu fügen.

Die bedrückende Erfahrung der Gottverlassenheit holt Jesus am Kreuz abermals ein und entlädt sich in einem lauten Schrei (15,34.37). Zusätzlich wird Jesus von Seiten der Feinde und Passanten unter dem Kreuz versucht, indem sie ihn höhnisch zur Katabase auffordern und an diese Legitimationsprobe ihre Bereitschaft zum Glauben knüpfen (15,29–32) – eine Szene, die traditionsgeschichtliche Bezüge insbesondere zu Weish 2,16–20 aufweist, aber durch das Moment der Schadenfreude auch frühjüdischen Märtyrerüberlieferungen wie z.B. MartJes nahe steht (vgl. S. 104). Die markinische Wertung der Forderung der Feinde als βλασφημία hat Parallelen in 2 Makk 10,34f; 12,14 und 15,24; auch dort wird über Schmähungen gegen Gläubige vom Erzähler in dieser Weise geurteilt, auch dort führt menschliche Hybris zu einer Verletzung der Ehre Gottes.

Damit ist meines Erachtens die Textbasis zu den Versuchungen *Jesu* im Markusevangelium erfasst. Natürlich sieht sich Jesus auch sonst immer wieder offener oder versteckter Feindschaft und Ablehnung ausgesetzt.[11] Nach seiner Verhaftung (14,46) wird er mit einem gegen ihn voreingenommenen Sanhedrin (14,55), falschen Zeugenaussagen (14,56–59), roher Gewalt (14,65; 15,16–20) und einer aufgehetzten Volksmenge (15,11–14) konfrontiert. Noch bei der Kreuzigung hören die Akte der Willkür und des Spotts (15,26f.29–32.36) nicht auf. Alle diese feindseligen Attacken tragen jedoch (bis auf 15,29–32) nicht den Charakter einer *Versuchung*. Ihnen fehlen sowohl das Moment der Verlogenheit und Heimtücke als auch das Moment der Verführung zum Abfall von Gott und dem gottgegebenen Auftrag; ebensowenig werden Jesus Legitimationsproben abverlangt. Hinzu kommt, dass Jesus im Rahmen der Passion keinerlei Wahlmöglichkeit (vgl. S. 82) mehr eröffnet wird – mit der einen Ausnahme 15,29–32, wobei allerdings sehr zweifelhaft ist, ob der Sterbende und von Gott Verlassene am Kreuz *de facto* wirklich noch eine Wahl hat, zumal seine eigentliche Entscheidung zur Unterwerfung unter den Willen des Vaters offensichtlich bereits in Gethsemane gefallen ist (14,41).[12]

---

[11]   Vgl. 2,6f.16.18.24; 3,2.6.22; 6,3; 7,5; 11,28; 12,12.18–24; 14,1f.4.

[12]   GARRETT, *Temptations*, 89–135 dagegen stuft *die gesamte Passion* mit allen ihren aggressiven Akten als Versuchungen Jesu ein. Eine Versuchung ist die Leidensgeschichte allerdings nur unter dem Gesichtspunkt, dass sie für Jesus eine Bewährungsprobe seines Glaubens (unter dem Eindruck der Gottesferne; vgl. 15,34) und seines Gehorsams (gegen den Willen seines eigenen Fleisches; vgl. 14,35f) darstellt. Die einzelnen Akte der Aggression gegen Jesus innerhalb der Leidensgeschichte sind jedoch nicht pauschal als Versuchungen zu werten.

In einem zweiten Schritt geht es nun um die Versuchungen der *Jünger*. Ein einziges Mal gebraucht der Erzähler des Evangeliums im Hinblick auf diese Gruppe explizit das Nomen πειρασμός. Inhalt des πειρασμός ist auf textinterner Ebene die Passion Jesu. Jesus rät den Seinen in Gethsemane angesichts der Versuchung, die sein Leidensweg für sie bedeutet, dringend zur Wachsamkeit und zum Gebet (14,38). Die Größe der bevorstehenden Bedrohung hatte er ihnen kurz zuvor schon unmissverständlich vor Augen geführt (σκανδαλισθήσεσθε), zusammen mit der Prophezeiung ihres Versagens (14,27f). Dem Jünger Simon Petrus wurde dabei eine besondere Probe seiner Solidarität und Treue in Aussicht gestellt, an der er scheitern werde – was dann auch geschieht (14,29–31.66–72). Versuchungscharakter hatten auch bereits Jesu Leidensankündigungen für seine Jünger besessen, besonders die erste; schon da hatte die Jünger-Nachfolge auf dem Spiel gestanden, wie Jesu Ruf an Petrus (ὕπαγε ὀπίσω μου) signalisiert (8,33). Auch die beiden anderen Leidensankündigungen waren von Belehrungen begleitet gewesen, die das ehrgeizige Streben der Jünger nach Größe und Macht korrigierten und den Charakter der Nachfolge als διακονία beschrieben (9,33–37; 10,35–45).

Versuchung hat im Blick auf die Jünger also immer mit ihrem Glauben, ihrem Verstehen und ihrer Bereitschaft zur Nachfolge zu tun; diese Bereitschaft muss sich gerade unter dem Eindruck von Bedrängnis und Leiden in Form von Treue und Gehorsam bewähren. Das rückt die markinische Versuchungsmotivik in enge Nähe zu den Versuchungen eines Abraham oder Hiob, die die Tragfähigkeit ihrer Gottesbeziehung ja ebenfalls gerade in Leidens-Situationen erweisen mussten, zumal in solchen, die – wie Jesu Leiden für seine Jünger – für sie *unbegreiflich* waren (vgl. S. 88.93). Die schon erwähnte Vorbildfunktion dieser beiden Erzählfiguren für den frühchristlichen Proselytismus (vgl. S. 103) wird in diesem Zusammenhang besonders evident. Die Jünger Jesu müssen sich *wahlweise* für oder gegen die Treue zu ihrem Herrn und damit für oder gegen die Nachfolge *entscheiden*. Nachfolge bedeutet dabei: innere und äußere Solidarität mit Jesus, Mit- bzw. Nachgehen seines Weges (9,32; 16,7).

Von diesem Gesichtspunkt aus erschließt sich das weitere Spektrum. Um Versuchung geht es im Markusevangelium immer da, wo von den Hindernissen die Rede ist, die sich den Jüngern (bzw. – in erzählstrategischer Kontinuität zu ihnen – den Gläubigen in den christlichen Gemeinden) auf dem Weg des Glaubens und der Nachfolge entgegenstellen. Demnach können Versuchungscharakter annehmen bzw. haben: der Satan (4,15), Bedrängnis und Verfolgung (4,17; vgl. auch 13,9–13.19f), Begierden (v.a. nach Geld resp. Reichtum) und Sorgen (4,19). Dazu kommt die Gefährdung durch Lügenpropheten und innergemeindliche Verführer (9,42–48; 13,5f.21f). In solchem Zusammenhang wird konsequenterweise die Mahnung zur Wachsamkeit verstärkt laut (13,33–37).

So also stellt sich nach meiner Wahrnehmung die markinische Textbasis zu den Versuchungen der *Jünger* dar.

Aufgrund der Erhebung der Textbasis für das Versuchungsmotiv im Markusevangelium werden folgende Texte ausführlich untersucht, um das markinische Verständnis des Motivs und die jeweils damit verbundene Aussageabsicht zu erschließen:

alle Szenen, die den zentralen Schlüsselbegriff πειράζω/πειρασμός explizit aufweisen (1,12f; 8,10–13; 10,1–9; 12,13–17; 14,32–42);

darüber hinaus alle Szenen, in denen das Versuchungsmotiv in der Narration eine
wichtige Rolle spielt (8,27–33; 14,26–31; 14,66–72; 15,22–39).[13]

Nicht detailliert erörtert werden im Folgenden solche Szenen, die zwar das Ver
suchungsmotiv enthalten, formal jedoch den *Belehrungen* Jesu zuzurechnen sind
(4,13–20; 9,42–48; 13,5–37). Der von mir gewählte Schwerpunkt liegt bei den *erzählenden* Texten. Dennoch wird speziell auf die Deutung des Sämanngleichnisses
(4,13–20) und auf die „kleine Apokalypse" (13,5–37) häufiger Bezug genommen.

10.2   Der methodische Zugang

Bei der Untersuchung der Texte strebe ich eine Kombination von narratologischen
Auslegungsmethoden und leserorientierter Betrachtungsweise an. Dabei gehe ich
von der Grundvoraussetzung aus, dass die von Markus erzählte Jesus-Geschichte
ein „Kommunikationsangebot"[14] an christliche Gemeinden in einer konkreten
historischen Situation darstellt. Auf diese Erstleserinnen und -leser des Evangeliums kommt es mir besonders an.[15] Um die im Text implizierten Leserlenkungs-
strategien zu erfassen, scheint mir eine Integration sowohl der synchronen wie auch
der diachronen Zugangswege angemessen. Ungeachtet aller Wertschätzung für die
synchronen und narratologischen Methoden betrachte ich nämlich die diachronen
Fragestellungen keineswegs als überholt.[16]

---

[13]   Dass auch die Szene von der Verleugnung des Petrus (14,66–72) in die Analyse einbezogen
        wird, bedarf der Rechtfertigung. Die Szene fällt nämlich insofern aus dem Rahmen, als sie
        keine Versuchungsgeschichte im eigentlichen Sinne ist. Petrus wird nicht in feindlicher Ab-
        sicht auf die Probe gestellt oder in eine Falle gelockt; ihm wird nur, und zwar zu Recht, die
        Tatsache seiner Jüngerschaft vorgehalten. Aus der Sicht des Petrus jedoch handelt es sich
        genau um den Ernstfall, der in Mk 14,38 signalisiert wurde: um eine Probe der Treue unter
        dem Eindruck der drohenden Gefahr und des Leidens. Der Jünger hat die *Wahl* zwischen
        Bekenntnis und Apostasie. Die Szene erfährt in diesem Sinne ihre besondere Zuspitzung
        noch dadurch, dass ihr Jesu Ankündigung des Versagens einerseits und Simons leidenschaft-
        licher Widerspruch und Treueschwur andererseits vorangegangen sind (14,29–31).
[14]   Damit greife ich einen narratologischen Schlüsselbegriff von FRITZEN, *Gott*, 361 auf.
[15]   Wenn in dieser Arbeit von den Lesern des Evangeliums die Rede ist, dann sind in der Regel
        eben die Erstleser gemeint. Sie sind zwar selbst nicht unmittelbar greifbar, aber vom kon-
        struierten „Modell-Leser" her doch in wichtigen Zügen zu erschließen. Hilfreich ist in die-
        sem Zusammenhang der Hinweis von U. ECO auf die „enzyklopädische Kompetenz" des
        Modell-Lesers; in der Enzyklopädie berühren sich Modell- und Erstleser. ECO zufolge bein-
        haltet die Enzyklopädie bestimmte Kompetenzen wie z.B. die Kenntnis semantischer Eigen-
        schaften von Wörtern oder die Fähigkeit, intertextuelle Bezüge herzustellen. Vgl. ECO, *Lec-
        tor*, 94–106. Auf das Markusevangelium angewendet, umfasst die Kompetenz des Modell-
        Lesers die Kenntnis der griechischen Sprache, Kultur und Gesellschaft sowie (zumindest
        teilweise) die des alt- und zwischentestamentlichen Schrifttums. Zum Ganzen vgl. FRITZEN,
        Gott, 99.
[16]   Vgl. auch die Einschätzung von EISEN, *Markusevangelium*, 153: „Der gänzliche Verzicht auf
        die Rückfrage nach den historischen Entstehungsbedingungen eines Textes, den rezipierten
        Traditionen, der historischen Gestalt der Autorin und den verschiedensten historischen Re-
        ferenzen des Textes ist ebenso wenig tragfähig wie deren Verabsolutierung. Das Verhältnis
        zwischen den beiden konkurrierenden Analyseverfahren, dem der Diachronie und dem der
        Synchronie, kann überzeugend nur dialektisch bestimmt werden." In ähnlicher Weise urteilt
        BERGES, *Synchronie*, 251: „Nach anfänglicher starker Abgrenzung und auch Polemik setzt

Wenn ich dennoch den Primat der Synchronie gegenüber der Diachronie ver-
trete, dann in dem Sinne, dass ich – in Übereinstimmung mit dem gegenwärtigen
Trend der Markusforschung – den Evangelisten als überlegt agierenden Autor
betrachte, der eine kohärente Erzählung geschaffen hat.[17] Dem Primat ist in der
Weise Rechnung zu tragen, dass „man der Erhellung der Bedeutungs- und Funkti-
onszusammenhänge auf synchroner Ebene grundsätzliche Priorität vor diachronen
Überlegungen einräumt"[18]. Überwiegend haben einzelne Szenen innerhalb des
Evangeliums zwar durchaus ihr eigenes Recht und schon von ihrer jeweiligen
Überlieferungsgeschichte her auch Eigenbedeutung; sie sind aber vom Autor nach
einem wohldurchdachten Plan gezielt in den Gesamttext und einen durchlaufenden
Erzählfaden integriert worden.[19] Daraus ergibt sich in der Konsequenz, dass die
Texte nicht isoliert betrachtet werden dürfen, sondern immer auch im narrativen
Kontext des Evangeliums als Ganzem zu interpretieren sind.

Diachrone Aspekte treten bei der Auslegung unterstützend und ergänzend
hinzu. Auch wenn literarkritischen Operationen naturgemäß stets etwas Spekulatives anhaftet, ist die Frage nach dem Verhältnis von Tradition und Redaktion deshalb nicht obsolet. Sie kann gerade bei der historischen Suche nach der Intention
des *real author* im Blick auf den *first reader* sogar besondere Relevanz gewinnen. Das
bedeutet wiederum nicht, dass lediglich in den redaktionellen Anteilen die erzählerische Absicht des Autors zutage tritt. Sie kann sehr wohl auch in den Traditionen
enthalten sein, die von Markus aufgenommen und integriert worden sind.

Konkret gestaltet sich die Untersuchung der Szenen in den immer gleichen
fünf Schritten :

In einem *ersten Schritt („Annäherungen")* werden für die Thematik relevante Vor-
fragen erörtert, etwa zur formgeschichtlichen Bestimmung der Szene, zu ihrer
Genese, ihrer Abgrenzung und inneren Struktur.

Im *zweiten Schritt („Textanalyse")* wird die Szene inhaltlich erschlossen.

Der *dritte Schritt* bemüht sich darum, die erzählerische Bedeutung und den
theologischen Sinngehalt der Szene *im Makrokontext des Evangeliums* zu erhellen. In
diesem Zusammenhang kann sich gelegentlich ein Vergleich mit den anderen
neutestamentlichen Evangelien anbieten, speziell mit den beiden synoptischen
Seitenreferenten.

---

sich nun die Meinung durch, ... dass die Vielgestaltigkeit der biblischen Texte geradezu einen
Auslegungspluralismus erfordert."

[17] Vgl. das lobende Urteil von ZUNTZ, *Heide*, 214: „Je mehr man dieses kleine Buch [sc. das
Markusevangelium] bedenkt, umso mehr bewundert man die Überlegenheit, weite Sympathie und geistige Konzentration, die seiner Gestaltung zugrunde liegen."

[18] BREYTENBACH, *Nachfolge*, 73. Vgl. in diesem Zusammenhang auch das zutreffende Urteil
von FRITZEN, *Gott*, 59: „Aus unserer heutigen Perspektive ist der vorliegende Text das Primäre, seine Vorgeschichte das Erschlossene, das wir nur durch ihn, nie an ihm vorbei oder
gegen ihn haben können."

[19] Vgl. GUTTENBERGER, *Gottesvorstellung*, 35, Anm. 191: „Das Markusevangelium hat als solches
einen Plot und ordnet die Episoden diesem durchgängig zu."

Der *vierte Schritt* fragt nach den Rezeptionsbedingungen der *Erstleser* und der intendierten Textwirkung.

Der *fünfte und letzte Schritt* beleuchtet den Stellenwert und die Bedeutung des *Versuchungsmotivs*, sowohl innerhalb der Szene wie auch im Hinblick auf den Gesamttext.

Die Reihenfolge, in der die Szenen untersucht werden, orientiert sich weitgehend am Aufbau des Markusevangeliums. Lediglich bei den drei Szenen, in denen Jesus mit Versuchungen seitens der Pharisäer konfrontiert wird, bietet es sich an, sie wegen ihrer inneren Nähe und Zusammengehörigkeit in einem gemeinsamen Abschnitt zu behandeln.

11 Versuchungsgeschichten im Markusevangelium

11.1 Die Vorbereitung: Jesu Versuchung in der Wüste (Mk 1,12–13)

11.1.1 Annäherungen

Die markinische Geschichte von der Versuchung Jesu durch den Satan in der Wüste hat legendarischen Charakter. Von der Versuchung berichten alle synoptischen Evangelien; bei allen schließt die Versuchungsgeschichte an die Taufszene an.[1] Im Vergleich mit Matthäus und Lukas fällt bei der markinischen Version aber sogleich ein wesentlicher Unterschied auf: Während die Berichte bei Matthäus und Lukas ausführlich und prägnant gehalten sind, ist die Markusfassung ungleich kürzer. So knapp ist sie, dass man von einer eigentlichen „Versuchungs-*Geschichte*" kaum sprechen kann. Angesichts der Kürze besteht die Gefahr, sie allenfalls flüchtig zur Kenntnis zu nehmen. Das wäre jedoch schade und außerdem ganz und gar nicht im Sinne des Autors.[2]

Die Kürze des Berichts hat dem Evangelisten in der älteren Forschung viel Kritik eingetragen. KEIM tadelte: „Die Geschichte ist dunkel und unklar geraten."[3] SPITTA bezeichnete die Episode als „Torso"[4]. BULTMANN sah in ihr das „Rudiment einer ursprünglich ausgeführteren Legende", die „sachlich anstößig und ... inhaltsarm"[5] gewesen sei. Mittlerweile ist man in der Beurteilung sehr viel vorsichtiger geworden. Aber nach wie vor macht die Kürze der Markus-Version den Exegetinnen und Exegeten zu schaffen und die Auslegung schwierig.

Weitgehend einig ist sich die Forschung heute darin, dass Markus für seinen Bericht auf ein Traditionsstück bzw. zumindest auf ein Traditionsmotiv zurückgreifen konnte. Wie dieses Traditionsstück allerdings genau ausgesehen hat, ist kaum noch auszumachen. Das liegt nicht nur an der Kürze der markinischen Fassung; das hängt vielmehr mit einem generellen Dilemma der Markus-Forschung zusammen: Über die Quellenlage lässt sich bei diesem Evangelisten eben weitaus weniger Sicherheit gewinnen als bei den beiden anderen Synoptikern.

Mit ziemlicher Sicherheit können wir lediglich annehmen, dass Markus auf eine Tradition zurückgegriffen hat, die von Q unabhängig war. Es ist nämlich kaum anzunehmen, dass er die anschaulichere Q-Fassung auf einige wenige Angaben gekürzt haben sollte.[6] Noch weitere Indizien weisen auf eine Unabhängigkeit von Q hin: Markus wählt für den Teufel das semitische Wort σατανᾶς, während Mat-

---

[1]   Bei Lukas findet sich eine kleine Abweichung. Dort ist der Erzählgang unterbrochen durch die Auflistung des Stammbaums Jesu.

[2]   BAUMBACH, *Verständnis*, 32 urteilt zu Recht: „Der Versuchungserzählung kommt ... für den Aufbau und die Zielsetzung des Markus-Evangeliums eine wichtige Bedeutung zu."

[3]   KEIM, *Geschichte*, 557.

[4]   SPITTA, *Versuchung*, 3.

[5]   BULTMANN, *Geschichte*, 270.274.

[6]   Mit MAHNKE, *Versuchungsgeschichte*, 22.

thäus und Lukas vom διάβολος sprechen.[7] Außerdem findet sich nur bei Markus die – zunächst recht eigenartige – Notiz, dass Jesus in der Wüste μετὰ τῶν θηρίων („bei den wilden Tieren") gewesen sei. All dies belegt eindeutig die Unabhängigkeit der Markus-Fassung von Q.[8] KLAUCK hat wohl recht mit seiner Vermutung: „Am besten geht man von einer älteren Traditionsvorlage aus, die von Markus und Q unabhängig voneinander rezipiert wurde, hinsichtlich ihrer Länge aber wohl näher bei Markus als bei Q stand."[9]

Unsicher ist ferner, ob die Versuchungsgeschichte schon vormarkinisch mit der Taufe Jesu verbunden war oder nicht.[10] Gewichtige Gründe sprechen jedoch dafür, dass dem Erzähler der unmittelbare Anschluss an die Taufe schon überlieferungsgeschichtlich vorgegeben war.[11] Jesus wird in der kurzen Versuchungsgeschichte namentlich überhaupt nicht genannt. Auch das in Tauf- und Versuchungsgeschichte gleichermaßen vorhandene Geistmotiv (τὸ πνεῦμα 1,10 und 1,12), jeweils ohne die sonst für das Frühjudentum übliche nähere Bestimmung[12], vermittelt den Eindruck der Zusammengehörigkeit.[13] Verbindend wirkt schließlich „die gleichbleibende äußere Szenerie"[14] (am Jordan bzw. in der angrenzenden Wüste). Dazu kommt ein formgeschichtlicher Gesichtspunkt: Die Bewährung der Geistbegabung, die Jesus durch den Satan abverlangt wird, ist ohne eine vorangegangene Initiation nicht zu denken.[15]

Taufszene und Versuchungsgeschichte bzw. –motiv gehörten also schon vormarkinisch zusammen. Dies schließt nicht aus, dass Markus in V.12, der jetzt die Verbindung zwischen den beiden Traditionen herstellt, redaktionell eingegriffen hat. Für markinische Bearbeitung sprechen sowohl das als Verbindungswort dienende Adverb εὐθύς als auch das historische Präsens der Verbform. Schriftstellerisch ist in der markinischen Endfassung der Übergang von V.12 zur eigentlichen Versuchungsgeschichte in V.13 übrigens nicht besonders gut gelungen: die Ortsangabe „Wüste" wird zweimal kurz hintereinander genannt.[16] Auch in V. 13 ist redaktionelle Bearbeitung anzunehmen. Die schlichte Parataxe der einzelnen Satzglieder, jeweils mit καὶ ἦν bzw. nur mit καί eingeleitet, ist typisch markinisch.

---

7   Σατανᾶς ist Kennzeichen älterer Überlieferung, während „διάβολος" den jüngeren Überlieferungsschichten zugehört; vgl. BAUMBACH, *Verständnis*, 105.

8   Anders FLUSSER, *Versuchung*, 116, der die Auffassung vertrat, dass Markus die in Q geschilderten Geschehnisse gekannt und in knappster Form zusammengefasst hat. Für diese These liefert der Text aber keinerlei Indizien.

9   KLAUCK, *Vorspiel*, 73.

10   Zum Folgenden vgl. FUCHS, *Versuchung*, 96–98.

11   So auch KLEIN, Art. *Versuchung II*, in: TRE 35,49.

12   Für den absoluten Gebrauch von τὸ πνεῦμα lassen sich in jüdischen Quellen nur ganz wenige Belege finden, z.B. äthHen 91,1 und TestJud 24,2.

13   Vgl. FUCHS, *Versuchung*, 96f. Ähnlich argumentiert PESCH, *Anfang*, 329.

14   FUCHS, *Versuchung*, 97.

15   Vgl. BERGER, *Theologiegeschichte*, 698: „Nach allen Regeln der Form- und Traditionsgeschichte folgt eine Versuchung auf eine zuvor berichtete Initiation ...Die Versuchung Jesu setzt formgeschichtlich zwingend eine vorher berichtete Taufe/Initiation voraus." BERGER verweist dabei vor allem auf die jüdischen Erzählungen von den Berufungen Abrahams und Hiobs (Jub 12–19; TestHiob 1–4.5ff).

16   Textkritisch lässt sich feststellen, dass in manchen Textzeugen ἐν τῇ ἐρήμῳ in V.13 zum Zwecke der sprachlichen Glättung durch ἐκεῖ ersetzt bzw. ἐκεῖ ergänzend hinzugefügt wurde (vgl. NT Graece z.St.).

Im ersten Teil von V.13 ist allerdings die syntaktische Struktur nicht ganz eindeutig.[17] Wenn das erste Prädikat eigentlich καὶ ἦν ... πειραζόμενος lautet, so ist zu übersetzen: „Er wurde in der Wüste vierzig Tage vom Satan versucht." Andererseits ist es auch möglich, den ersten Teil des Verses als vollständigen Satz zu verstehen. Dann wäre εἶναι im Sinne von „sich aufhalten" zu übersetzen und das Partizip eine ergänzende Angabe dazu. Im ersten Fall würde die gesamte Wüstenzeit von den Versuchungen bestimmt.[18] Im zweiten Fall bezöge sich die Zeitangabe von vierzig Tagen nur auf die Dauer des Wüstenaufenthalts; die Versuchungen wären eine Begleiterscheinung dieses Aufenthalts.

Vom Grammatischen her sind beide Varianten möglich; ich neige allerdings zur ersten.[19] Markus gebraucht nämlich auch sonst gerne Konstruktionen mit Abrückung des Partizips (vgl. 1,6; 4,38; 5,11). Die Formulierungen ἐν τῇ ἐρήμῳ und τεσσεράκοντα ἡμέρας sind präzisierende Umstandsbestimmungen des den gesamten Wüstenaufenthalt Jesu prägenden Versuchungsgeschehens.

11.1.2 Textanalyse

12 Und sogleich treibt ihn der Geist hinaus in die Wüste. 13 Und er wurde in der Wüste vierzig Tage vom Satan versucht und er war bei den wilden Tieren und die Engel dienten ihm.

[12]   In der Taufszene hatte der Erzähler die Gestalt Jesu eingeführt. Dabei hatte er historische und wunderhafte Elemente geschickt miteinander verwoben.[20] Das Auftreten von Johannes dem Täufer und die Taufe Jesu am Jordan waren geschichtliche Fakten. Aber der Leser der Taufgeschichte erhält zusätzlich Kenntnis von Vorgängen, die darüber hinausgehen und für die es außer Jesus selbst keine Zeugen gibt. Da ist zum einen die Himmelsstimme: Gott selbst bekennt sich in einer feierlichen Akklamation zu Jesus: „Du bist mein geliebter Sohn" (1,11). Zum anderen wird die Taufe von himmlischen Zeichen begleitet: der Himmel tut sich auf und der Geist kommt wie eine Taube auf Jesus herab. Der sich öffnende Himmel (vgl. Jes 63,19), die Herabkunft des Geistes (vgl. Jes 11,2; 42,1; 61,1) und das Ertönen der Gottesstimme (vgl. Jes 42,1; Ps 2,7) – dies alles sind Zeichen, die im Kontext der jüdischen Eschatologie und der messianischen Erwartung eine wichtige Rolle spielen. Der Leser des Evangeliums entnimmt diesen intertextuellen Bezügen, dass die Heilsgeschichte in Jesus von Nazareth zu ihrer Erfüllung gelangt; dieser ist „der eschatologische ... Bote Gottes"[21]. Die Worte der Himmelsstimme kommen einer persönlichen Legitimation Gottes für seinen Sohn gleich.[22] Entspre-

---

17   Vgl. dazu FUCHS, *Versuchung*, 97f und MAHNKE, *Versuchungsgeschichte*, 24.
18   Dies ist offenkundig bei den anderen Synoptikern der Fall. In Mt 4,1 wird die Versuchung explizit als einziger Zweck des Wüstenaufenthalts genannt; in Lk 4,1f wird gesagt, dass die Versuchung während des Wüstenaufenthalts Jesu andauert. Die lukanische Fassung weist übrigens gegenüber Mk und Mt eine bemerkenswerte Besonderheit auf: Den ausführlich geschilderten drei Versuchungen gehen offensichtlich noch weitere voran, die nicht eigens erzählt werden. Vgl. dazu WOLTER, *Lukasevangelium*, 180.
19   Ebenso HASITSCHKA, *Sohn Gottes*, 73, Anm. 8.
20   Vgl. SCHENKE, *Mk*, 57.
21   DU TOIT, *Jesus*, 40.
22   Jesus wird nicht „adoptiert"; die Adoptionsformel („heute habe ich dich gezeugt") aus Ps 2,7 schwingt hier nicht mit. Es geht nicht um eine performative Ernennung in dem Sinne, dass Jesus erst durch Taufe und Geistverleihung den Status des Gottessohnes *erhielte*. SCHENKE,

chendes gilt für die Geistbegabung – darin erfüllt sich die Erwartung, dass der Messias in der Endzeit den Geist Gottes besitzen und aus seiner Kraft heraus handeln werde.[23]

Der Taufgeschichte kommt im Markusevangelium programmatische Bedeutung zu. Die Lesenden sollen von vornherein alle im weiteren Verlauf berichteten Taten und Worte Jesu als solche des *von Gott selbst legitimierten* Gottessohnes verstehen.[24] Nicht zufällig ist gerade hier vom υἱὸς ἀγαπητός die Rede. Der christologische Titel „Sohn Gottes" taucht im Evangelium immer wieder an markanten Stellen auf: außer in 1,1 und bei der Taufe noch bei der Verklärung (9,7), vor dem Hohen Rat (14,61f) sowie unter dem Kreuz als Bekenntnis des römischen Hauptmanns (15,39).[25] „Sohn Gottes" – dieser Titel, der zweimal (1,11; 9,7) sogar von höchster Stelle her bezeugt wird, drückt dem Erzähler zufolge offenkundig Wesen und Würde Jesu am präzisesten aus.[26] Die Attraktivität des Titels hat aber gewiss auch damit zu tun, dass er sowohl für jüdische als auch für heidnische Leser, wenn auch unterschiedlich, rezipierbar ist.[27]

Erlaubt es die Taufszene, von einer Berufung oder Beauftragung zu sprechen? Ein Auftrag im eigentlichen Sinne wird ja nicht erteilt. Wohl aber lässt sich die Geistverleihung durchaus im Sinne einer Bevollmächtigung zur Verkündigung und zum öffentlichen Wirken verstehen. Auffallend sind in diesem Zusammenhang transtextuelle Parallelen zu Berufungsgeschichten weisheitlich-apokalyptischer Provenienz.[28] So erscheint es angemessen, die Taufszene in diesen Verstehenshorizont einzuordnen.[29]

An die Taufszene schließt sich nun unmittelbar die Versuchungsgeschichte an. Der Erzähler tut nichts, um die Schroffheit des Übergangs zu mildern, ganz im

---

Mk, 54 formuliert es richtig: „Die Himmelsstimme macht Jesus nicht zu etwas, sondern identifiziert ihn als den ‚geliebten/einzigen Sohn' und zwar vor den Lesern!" Auch FRITZEN, *Gott*, 204 bestätigt: „Die Taufe weist als Epiphanieszene aus, wer Jesus *ist*, nicht wer er *wird*" (Kursivdrucke jeweils im Original). Gegen THEISSEN, *Evangelienschreibung*, 397f.

[23] HENGEL, *Anspruch*, 69 nennt den markinischen Jesus zu Recht den „vollkommenen Geistträger".

[24] Vgl. MAHNKE, *Versuchungsgeschichte*, 43.230.

[25] Zusätzlich erscheint er noch im Munde von Dämonen (3,11; 5,7), die offenkundig einen tieferen Einblick in die wahre Identität Jesu besitzen.

[26] Mit LOHMEYER, *Mk*, 4.

[27] Vgl. SCHNELLE, *Theologie*, 376. Der Titel ist in seiner Bedeutung durchaus vielschichtig. Nach biblisch-frühjüdischer Tradition drückt er eine bestimmte Zugehörigkeit zur himmlischen Welt bzw. zu Gott aus. Engel können „Söhne Gottes" genannt werden (vgl. Gen 6,2; Hi 1,6), aber auch Israel (Ex 4,22), ebenso ein Gerechter (Weish 2,18; 5,5), nicht zuletzt der jüdische König, der anlässlich seiner Inthronisation von Gott „adoptiert" wird (Ps 2,7). In heidnischem Kontext wird der Titel häufig Personen zuerkannt, die übermenschliche Leistungen vollbringen; darüber hinaus ist er eine geläufige Prädikation im Herrscherkult. Die Verwendung des Titels bei Markus ist von diesem jüdischen und heidnischen Traditionshintergrund nicht zu trennen, geht allerdings auch nicht in einer dieser Traditionen auf. BORING, *Mk*, 251 drückt es richtig so aus: „What Mark means by the title cannot be determined from the background of the phrase in the history of religions, but only from the Markan narrative itself."

[28] Darauf hat GNILKA, *Mk I*, 53 zu Recht aufmerksam gemacht und u.a. auf PS.-PHILO, Lib.Ant. 53,3–5 (zur Berufung Samuels) sowie auf äthHen 65,4f und TestLev 18,6–9 verwiesen.

[29] So auch BERGER, *Messiastraditionen*, 28, Anm. 108.

Gegenteil; durch das Adverb εὐθύς unterstreicht er sie noch. Und ein Weiteres ist auffällig: Markus erzählt, dass es der Geist selbst ist, der Jesus in die Wüste schickt und damit der satanischen Versuchung aussetzt. Derselbe Geist, der aus dem offenen Himmel auf Jesus herabgekommen und in Erfüllung der prophetischen Verheißung und der Heilsgeschichte dem Sohn verliehen worden war, der führt Jesus nun in die Wüste, ja noch mehr: er treibt ihn geradezu mit Vehemenz dorthin.[30]

Man wird an die alttestamentliche Überlieferung vom Propheten Ezechiel erinnert, in der Gottes Geist in ähnlicher Weise erscheint: als eine überwältigende Macht, die den von ihm Befallenen an einen anderen Ort treibt (Ez 3,14; vgl. zusätzlich auch 1 Reg 18,12 zu Elia).[31] Ebenso könnte man an den Evangelisten Philippus in Acta denken, der nach der Bekehrung des äthiopischen Kämmerers vom Geist entrückt wird (Act 8,39). Auch Jesus kann sich der Dynamik der Geistesmacht nicht entziehen.[32]

Das muss den Lesern des Evangeliums schon zu denken geben: dass der Geist Gottes in dieser Weise handelt. Gott war es gewesen, der in der Taufszene „Regie geführt" hatte. Aber Entsprechendes gilt nun auch für die Versuchungsgeschichte: Auch da ist es Gott und niemand anders, der „die Fäden zieht" und dafür sorgt, dass Jesus in die Wüste muss.[33] Bei diesem nicht näher definierten Ort ἔρημος mag der Leser an die zum Jordangraben abfallende Wüste von Judäa denken, aber eine exakte Lokalisierung ist weder möglich noch nötig. „Wüste ist nie allein Ortsbezeichnung, sondern hat stets einen weiteren, übertragenen Sinn."[34] Ihr kommt typologische Bedeutung zu – gerade als Raum der Versuchung, wie sich nachher noch zeigen wird.

Im AT wird die Wüste in düsteren Farben geschildert: als ein öder und furchtbarer Ort voller Entbehrungen und Gefahren (vgl. z.B. Dtn 8,15; Jer 2,6). Darüber hinaus gilt die Wüste als Wohnstätte Azazels, eines bösen Wüstengeistes, dem am Versöhnungstag ein „Sünden-Bock" zugesandt wurde (Lev 16).[35]

Umgekehrt finden sich im AT aber auch Überlieferungen, in denen die Wüste in ganz anderem Licht erscheint. In Jer 2,1f wird die Wüstenzeit Israels als die „Zeit der ersten Liebe" zwischen Gott und seinem Volk geschildert. Hos 2,16–25 beschreibt die Wüste als Ort des eschatologischen Heils, wo Jahwe die Untreue Israels überwinden und sich in Ewigkeit mit seinem Volk verloben wird. In der

---

30 Mk 1,39 u.ö. wird der Ausdruck ἐκβάλλειν für Dämonenaustreibungen verwendet, Mk 11,15 für die Vertreibung der Händler – deutliche Indizien für die Gewalt und Dynamik, die diesem Begriff innewohnt. Insofern ist die von BAUER/ALAND, WbNT, Sp. 478 vorgeschlagene Übersetzung „hinausführen", die den gewaltsamen Charakter des Vorgangs außer Acht lässt, viel zu harmlos.

31 Überwältigende Geisterfahrungen sind im AT auch von den „großen Richtern" Gideon (Jdc 6,34) und Simson (Jdc 13,25; 14,6.19; 15,14) sowie von Saul (1 Sam 10,6.16; 11,6) bezeugt.

32 WEIß, Marcusevangelium, 50 urteilte 1872, „dass nur das heftige Drängen des Geistes ihn [sc. Jesus] bewegen konnte, jene unheimliche Stätte aufzusuchen, wo die bösen Geister ihren Wohnsitz haben."

33 Auch VAN HENTEN, Testing, 361 benennt Gott als den eigentlichen Motor der Versuchung: „It is the Lord who tests Jesus in Mark. His spirit brings Jesus into the wilderness."

34 MAHNKE, Versuchungsgeschichte, 34. Ähnlich POLA, Versuchungsgeschichte, 317: „Der Wortlaut signalisiert eine ideale, nicht eine reale Geographie (oder sogar sowohl eine ideale wie auch eine reale Geographie)."

35 Azazel taucht übrigens später in der mittelalterlichen Dämonenlehre wieder auf und gilt dort als gefallener Engel und Verführer der Menschen.

Wüste erhoffte man sich eine Wiederholung der Wunder der klassischen Heilszeit unter Mose.[36] Vor diesem Hintergrund überrascht es nicht, dass im frühjüdischen Denken die Wüste auch *mit dem Auftreten des Messias* in Verbindung gebracht wurde. „Dieser Glaube wirkte sich konkret dahin aus, dass revolutionär-messianische Bewegungen mit Vorliebe in die ἔρημος zogen."[37]

Diese ganze Ambivalenz des Topos „Wüste" gilt es vor Augen zu haben, wenn der Erzähler mitteilt, dass der Geist Jesus εἰς τὴν ἔρημον treibt.

[13]   In der Wüste ist Jesus vierzig Tage lang den Versuchungen des Satans ausgesetzt. Natürlich ist 40 eine symbolische Zahl, im AT der typische Begriff für eine große Menge. Unwillkürlich mag der schriftkundige Evangeliumsleser an bestimmte Vorbilder denken: an Mose etwa, von dem es heißt, dass er 40 Tage und Nächte fastend auf dem Gottesberg zubrachte (Ex 24,18; 34,28; Dtn 9,9). Oder an Elia, der 40 Tage und Nächte durch die Wüste zum Berg Horeb zog (1 Reg 19,8).[38] Natürlich denkt er vor allem aber an die vierzigjährige Wüstenwanderung des Volkes Israel (vgl. Num 14,33f).[39] Bemerkenswerterweise wird sie – besonders im dtrG (vgl. S. 82) – als eine Zeit *permanenter Versuchung und Erprobung* durch Gott beschrieben (Dtn 8,2).

Dass der Erzähler diese intertextuellen Bezüge im Blick hat, ist kaum zu bezweifeln. Mose und Elia haben für ihn herausragende Bedeutung – nicht zufällig werden gerade sie in der Verklärungsgeschichte als Gesprächspartner Jesu genannt (9,4).[40] Und was die Überlieferung von der Wüstenwanderung des Volkes Israel angeht, so sind die Parallelen zur markinischen Darstellung ja nicht zu übersehen: die Wüste als Szenerie, die symbolische Zahl 40, dazu der Gedanke, dass Gott selbst es ist, der in die Versuchung hineinführt.[41] Bei den anderen Synoptikern wird die Beziehung zum Buch Deuteronomium dann sogar explizit und in ausführlicher Weise hergestellt (Mt 4,4.7.10; Lk 4,4.8.12).[42]

---

36   Nach JOSEPHUS war diese Erwartung vor allem in zelotischen Gruppierungen lebendig (vgl. Jos.Bell. 2,259.261; 7,438).

37   KITTEL, Art. ἔρημος, in: ThWNT II, 656. Vgl. dazu auch Jos.Bell. 2,258f.

38   Die Mose- und Elia-Überlieferung diente offensichtlich auch als Vorbild für die schon erwähnte (vgl. S. 91, Anm. 69) Versuchungsgeschichte Abrahams in ApkAbr 12f. Bevor der Erzvater nämlich der Versuchung durch den Wüstendämon Azazel unterzogen wird, wandert er in Begleitung eines Engels „vierzig Tage und Nächte" (12,1) zum Horeb. Während dieser Zeit fastet er. Das Motiv des „vierzig Tage und Nächte" während Fastens begegnet erneut in der matthäischen Version der Versuchung Jesu (Mt 4,2). Ein vierzigtägiges Fasten wird übrigens auch in VitAd von Adam nach der Vertreibung aus dem Paradies ausgesagt. Dort ist es allerdings ein Ausdruck der Buße (vgl. VitAd 6,1–2).

39   Nach Num 14,34 sollen vierzig Tage für vierzig Jahre gelten. In entsprechender Weise werden vierzig Jahre in Ez 4,6 biographisch auf vierzig Tage umgerechnet.

40   Speziell zur Elia-Typologie bei Markus vgl. vor allem PELLEGRINI, *Elija – Wegbereiter des Gottessohnes*; MAJOROS-DANOWSKI, *Elija im Markusevangelium*.

41   BEST, *Temptation*, 5 bestreitet die Verbindung zwischen der Wüstenwanderung Israels und der markinischen Versuchungsszene und argumentiert vor allem damit, dass die Israeliten bei der Wüstenwanderung von Gott versucht worden seien, nicht vom Satan: „Certainly they were not tested by Satan." Dabei lässt er jedoch die Entwicklung außer Acht, die die Versuchungsvorstellung im jüdischen Denken im Laufe der Zeit genommen hat.

42   FLUSSER, *Versuchung*, 110 bestreitet trotz alledem die Verbindung zwischen Jesu Versuchungen und denen des Wüstenvolkes: „Ich verstehe nicht, warum heute auch sehr honette christliche Wissenschaftler … die typologische Wurzel der Versuchungen Jesu in den Versu-

Über die Art und den Zweck der Versuchungen Jesu lässt der Erzähler seine Leser völlig im Unklaren. Es verbietet sich, vorschnell Gedanken aus den anderen synoptischen Evangelien in das Markusevangelium hineinzutragen, etwa die, dass Jesus unter den Folgen von Mangel und Entbehrung litt, weil er ja in der Wüste streng gefastet habe (Mt 4,2/Lk 4,2). Ebensowenig ist davon die Rede, dass ihn der Satan – wie bei Mt und Lk – zum Missbrauch seiner charismatischen Fähigkeiten habe verführen wollen. Die Leser erfahren konkret rein gar nichts. So hat GARRETT völlig Recht, wenn sie schreibt: „Mark leaves us to make up our own minds on this point."[43]

Einen vielversprechenden Zugang zum verborgenen Sinn der markinischen Versuchungsgeschichte bietet das von M. DIBELIUS formulierte „Gesetz der biographischen Analogie"[44]. Dieses Gesetz besagt unter anderem, dass heilige Personen häufig vor Antritt ihres Amtes bzw. vor Beginn ihrer öffentlichen Wirksamkeit eine Auseinandersetzung mit einem dämonischen Widersacher zu führen haben.[45] Das gilt etwa für Buddha: Von ihm heißt es, dass ihm nach einer längeren Phase der Einsamkeit und Selbstkasteiung die Erleuchtung kommt. Aber er kann die Seligkeit der Erleuchtung nicht lange genießen, weil er vom Teufel Mara versucht wird. Mara, der den Erhabenen schon früher durch Drohungen und Versprechungen dazu bewegen wollte, sein Wahrheitsstreben aufzugeben, will ihn jetzt dazu verlocken, unmittelbar in das Nirvana einzugehen. So soll nach dem Willen des Dämons der Menschheit die erlösende Lehre vorenthalten bleiben. Buddha widersteht dem Dämon und beginnt mit seiner Lehrtätigkeit.[46]

Auch von dem „iranischen Propheten"[47] Zarathustra heißt es, dass er als junger Mann durch den bösen Geist (Angra Mainyu, später Ahriman) in Versuchung geführt worden sei. Angra Mainyu bedrängt Zarathustra unter lockenden Versprechungen, sich von Ahura Mazda, dem guten Schöpfer und Erhalter der Welt, abzuwenden. Zarathustra jedoch lehnt entschieden ab und erweist seine Treue zu Ahura Mazda in Hymnen und Bittgesängen (vgl. S. 106, Anm. 135).[48]

Zum „Gesetz der biographischen Analogie" passt in gewisser Weise nicht zuletzt die schon erwähnte Fabel von *„Herakles am Scheideweg"* aus der griechischen

---

chungen Israels in der Wüste zu entdecken wähnen. Die Zitate aus dem Deuteronomium in der Szene genügen mir nicht."

43   GARRETT, *Temptations*, 56.
44   Vgl. DIBELIUS, *Formgeschichte*, 106.274f.
45   BULTMANN, *Geschichte*, 271 spricht vom „Typus der Versuchungen heiliger Männer, die (vom Bösen) auf die Probe gestellt werden."
46   Nähere Informationen zum Vergleich zwischen Buddha und Jesus bietet BOYD, *Satan*, 86.137–167. Versuchungen durch Dämonen werden im Übrigen ebenfalls von Mahavira berichtet, der ein Zeitgenosse Buddhas gewesen sein soll (vgl. dazu FRENSCHKOWSKI, *Versuchung I*). Mahavira gilt vielen als der Begründer des indischen Jainismus, der die Selbsterlösung durch Überwindung aller irdischen Versuchung verspricht und zu radikaler Askese ermahnt.
47   RUDOLPH, *Zarathustra*, 300.
48   Vendidad, *Fargard*, 19. Nach der dualistischen Lehre des Zoroastrismus muss sich *jeder* Mensch in völliger Freiheit zwischen Gut und Böse entscheiden; wer das Gute wählt, der unterstützt damit den Kampf Ahura Mazdas gegen das Böse. Vgl. RUDOLPH, *Zarathustra*, 305: „So müssen sich alle Menschen entscheiden, für Gut oder Böse, Wahrheit oder Lüge im Sinne Zarathustras. Es ist also *ein betont ethischer Dualismus*, den wir hier vor uns haben." (Kursivdruck im Original).

Mythologie (vgl. S. 74). Erst nachdem Herakles – ähnlich wie Jesus *in einer einsamen Gegend* – die Verlockung der Liederlichkeit (κακία) abgewehrt und sich für die Tugend (ἀρετή) entschieden hat, ist er gerüstet für den Weg, der ihm im Rat der Götter bestimmt worden ist.[49]

Die religionsgeschichtlichen Ähnlichkeiten sind auffällig[50], auch wenn ein direkter Einfluss auf die markinische Versuchungsszene naturgemäß nicht auszumachen ist. Es handelt sich offensichtlich um „ein universales Erzählmotiv"[51], das eine sinnvolle Möglichkeit bietet, sich dem Sinngehalt der Szene im Markusevangelium anzunähern.[52] Der Sinn wäre dieser: Erst nachdem die erwählte Person bestimmte Versuchungen und Verlockungen gemeistert bzw. ihnen widerstanden hat, ist sie genügend vorbereitet, dass sie ihre Mission antreten kann; erst nachdem die entsprechenden Widerstände überwunden sind, ist sie bereit für den vor ihr liegenden Weg mit allen seinen Mühen, Herausforderungen und Gefahren.[53]

Auch das alttestamentlich-frühjüdische Erbe ist in unsere Überlegungen mit einzubeziehen. Die Darstellung des Mose bei PHILO lässt erahnen, dass Versuchungen gerade zu Anfang eines Lebens im Sinne von ersten Bewährungsproben eine wichtige Rolle spielen. Die charakterliche Stärke erweist sich eben darin, dass der Mensch seiner persönlichen Bestimmung und seinen inneren Werten treu bleibt und den Versuchungen nicht nachgibt. PHILO berichtet über Mose:

> „So wurde ihm nun königliche Pflege und Erziehung zuteil; aber nicht wie sonst ein ganz junges Kind hatte er an Scherzen, Lachen und Tändeleien Freude, … sondern züchtigen und ernsten Wesens hörte und sah er mit Aufmerksamkeit nur, was seine Seele fördern konnte … Gleich mit dem Hinaustreten aus den Grenzen des Kindesalters strengte er sein Denken an und ließ nicht wie manche den jugendlichen Begierden die Zügel schießen, obwohl diese in dem reichen Aufwande, den das Prinzentum bietet, unzählige Reizmittel hatten, sondern hemmte gewaltsam ihr Vorwärtsstürmen, indem er sie durch Mäßigung und Willensstärke gewissermaßen wie durch Zügel fesselte … Überhaupt überwachte er die ersten Regungen und Triebe der Seele wie ein störrisches Pferd … So wurde er in hervorragendem Maße ein Jünger der Bedürfnislosigkeit, spottete der üppigen Lebensführung wie kein anderer – denn nur in der Seele allein, nicht im Körper zu leben war sein Sehnen – und verwirklichte die Lehren der Philosophie durch sein alltägliches Tun" (Vit.Mos. 1,25–29).[54]

---

[49]   Vgl. dazu außer Xen.mem. 2,1,21–33 noch Cic.off. 1,118; 3,25.

[50]   Die Skepsis von MAHNKE, *Versuchungsgeschichte*, 18f erscheint mir unbegründet.

[51]   Mit WOLTER, *Lukasevangelium* 179.

[52]   Noch auffälliger sind die religionsgeschichtlichen Parallelen der Versuchungen Buddhas und Zarathustras zur Fassung der Versuchungsgeschichte bei Mt und Lk, da hier wie dort jeweils ein *Rededuell* zwischen Jesus und dem Versucher geschildert wird.

[53]   KLAUCK, *Vorspiel*, 92f spricht durchaus angemessen vom „qualifying test". Auch er weist darauf hin, dass „die Erprobung des Erwählten … ein verbreiteter Zug in volkstümlich-mythischen Erzählungen" sei und „dass ein Widersacher, der die Kräfte des Protagonisten herausfordert, fast notwendig zu einer spannenden Erzählung hinzugehört".

[54]   Diese Schilderung weist bemerkenswerte Parallelen zur Vita des Philosophen Demonax durch LUKIAN auf. Auch LUKIAN beschreibt, wie der junge „Held" äußeren Reizen und Verführungen mit Askese und Selbstzucht entgegentrat: „Er folgte seinem eigenen Drang zum Guten und seiner seit seiner Kindheit eingewurzelten Liebe zur Philosophie. So verachtete er alles, was gewöhnliche Menschen für gut halten, vertraute sich ganz der Freiheit und dem Freimut an und führte ein vernünftiges, gesundes, untadeliges Leben, ein Vorbild (παράδειγμα) für alle, die ihn sahen und hörten" (Luc.Dem. 3; zit. nach LUCK, *Weisheit*, 382).

Über das „Gesetz der biographischen Analogie" hinaus ist an die weisheitliche Tradition zu erinnern, die auch sonst bei Markus, vor allem in der Passionsgeschichte, ihre Bedeutung hat. Wie schon an anderer Stelle ausführlich dargestellt[55], ist nach weisheitlicher Überzeugung ein Leben im Dienste Gottes ohne Versuchung gar nicht zu denken (Sir 2,1). Der Gerechte wird erprobt „wie Gold im Schmelzofen" (Weish 3,6); für ihn wiederum sind die Versuchungen Anlass und Gelegenheit, sich zu bewähren (Weish 3,5; Tob 12,13). Nachdem er alle Versuchungen und Prüfungen erfolgreich bestanden hat, winkt ihm am Ende himmlischer Lohn in Form der Erhöhung (Sir 2,3). Jesus wird in der markinischen Erzählung genau diesen Weg gehen: durch Versuchung, Leiden und Tod hin zur Auferstehung und Erhöhung (8,31; 9,31; 10,33f) – *per aspera ad astra*.

Verschärft wird die Prüfungssitutation für Jesus noch durch den endzeitlichen Kontext, in den die markinische Versuchung eingebettet ist. Es ist ja, wie gezeigt wurde[56], ein typisches Kennzeichen der Endzeit im Frühjudentum, dass sie gerade für diejenigen, die Gott nahe stehen, Versuchungen und Prüfungen mit sich bringt.[57] Das entsprechende Signal ist im Markusevangelium durch die ersten Verse des Prologs gegeben worden (1,2–3). Symptome der Endzeit sind sowohl die Himmelszeichen, die mit der Taufe Jesu einhergehen, als auch das Auftreten von Johannes dem Täufer als Wegbereiter des Messias in der Wüste.

Zu dieser endzeitlichen Situation passt das Auftreten des Satans. Markus präsentiert ihn ganz in der Tradition frühjüdischen Denkens als eine konkrete Person.[58] Seine Rolle ist ambivalent. *Einerseits* scheint er als eine Art himmlischer „Agent" mit Gott zu kooperieren. Er versucht und prüft Jesus mit der Erlaubnis Gottes, ja noch mehr: mit Gottes tatkräftiger Unterstützung. Es ist ja der Geist Gottes, der Jesus der Versuchung entgegentreibt und somit indirekt der Prüfung seiner Geistbegabung aussetzt. Die Form des Zusammenwirkens von Gott und Satan lässt an die alttestamentliche Hiob-Novelle (Hi 1f) denken, außerdem an die frühjüdisch-rabbinische Abraham-Tradition (Jub 17,16f; bSan 89b [Talmud IX, 24]).[59] Und noch etwas hat die markinische Versuchungserzählung mit diesen Traditionen gemeinsam: Der Versuchung geht jeweils eine feierliche himmlische Bestätigung bzw. Würdigung des Probanden unmittelbar voraus. Jesu Versuchung durch den Satan ist von der Initiation nicht zu trennen; sie stellt die erste Bewährungsprobe seiner Geistbegabung dar (vgl. S. 154, Anm. 15).

Andererseits besteht kein Zweifel, dass Markus – wiederum auf der Linie frühjüdischen Denkens – den Satan als eine Kraft versteht, die *gegen* Gott und seinen

---

Entsprechendes berichtet PLUTARCH auch über den jungen Alexander: „Als er [sc. Alexander] noch ein Knabe war, äußerte sich seine Selbstbeherrschung darin, dass er, der im Übrigen leidenschaftlich und rasch zufahrend war, von den leiblichen Genüssen sich nicht leicht beherrschen ließ, sondern sich ihnen nur mit großer Zurückhaltung hingab ... Er begehrte nach Ruhm nicht in allen Dingen und um jeden Preis" (Plut.Alex. 4).

55   Vgl. S. 93f.
56   Vgl. S. 106–108.
57   Vgl. z.B. Dan 12,10; Sach 13,9; Mal 3,3; äthHen 94,3–5 sowie die Qumran-Tradition (1QM 16,15 u.ö.).
58   Vgl. dazu besonders die Texte der Qumran-Gruppe, z.B. 1QS 1,16–18; 3,20–23.
59   Vgl. S. 99, Anm. 103.

Heilswillen agiert.[60] Seine Absicht in der Versuchungsgeschichte ist unzweifelhaft
feindselig. Er sieht sich dem Gottessohn gegenüber, an dem der Vater Wohlgefal-
len hat, und möchte diese innige Beziehung offenkundig stören.[61] Er weiß sich mit
demjenigen konfrontiert, von dem der Täufer gesagt hatte, dass er kommen werde
und mit dem heiligen Geist taufen; das will er verhindern. Sein Bestreben lässt sich
somit auf den folgenden Nenner bringen: Er will Jesus davon abhalten, den vom
Vater für ihn vorgesehenen Weg zu gehen. Auch wenn der Leser nicht erfährt, wie
er das im Einzelnen konkret anstellt, so ist doch eindeutig: Diesen Versuchungen
gegenüber muss Jesus sich behaupten; *nur so* kann er anschließend sein Amt antreten und seine Mission erfüllen.[62]

Dass der Erzähler den Gottessohn ohne nähere Erklärung überhaupt als ver-
suchbar beschreibt, mag zunächst etwas überraschen. Aber es stimmt mit der weiteren Darstellung Jesu im Evangelium überein. *Der Gottessohn Jesus, von dem Markus
seinen Lesern erzählt, ist nicht gegen Versuchungen gefeit. Gerade als Sohn Gottes ist er ein
wirklicher Mensch; seine göttliche Hoheit erweist und bewährt sich in der menschlichen Niedrigkeit, zu der eben auch das Gefährdetsein durch Versuchungen gehört.*

An die kurze Notiz, dass Jesus in der Wüste 40 Tage vom Satan versucht
wurde, fügt Markus nun noch zwei knappe Ergänzungen an: dass Jesus μετὰ τῶν
θηρίων war und dass die Engel ihm dienten. Wozu der – nur im Markusevangelium
auftauchende – Hinweis auf die Tiere? Denkt der Evangelist dabei an den endzeitlichen Tierfrieden, der sowohl im AT als auch in der deuterokanonischen und
frühjüdischen Literatur als eine Konstituente der messianischen Heilszeit beschrieben wird?[63] Die Prophezeiung kündigte an, dass in dieser Zeit die Tiere keine Bedrohung mehr darstellen würden.[64] Das friedliche Verhältnis von Mensch und Tier
im Paradies werde dann wiederhergestellt sein, so dass die Endzeit der Urzeit ent-

---

60   Der weitere Erzählgang des Evangeliums wird dies noch eindeutiger erweisen (vgl. neben
      4,15 auch 8,33, wobei zu beachten ist, dass „Satan" dort nicht im personalen, sondern im
      funktionalen Sinne des „Widersachers" zu verstehen ist; vgl. dazu S. 213f).

61   So auch HASITSCHKA, *Sohn Gottes*, 74: „Wir dürfen ... annehmen, dass sie [sc. die Versuchun-
      gen] ... die im Taufereignis ausgedrückte singuläre Gottesbeziehung Jesu betreffen."

62   Ähnlich GNILKA, *Mk I*, 57: „Obwohl Markus die Versuchung Jesu nicht näher beschreibt,
      ist zu vermuten, dass sie christologisch motiviert, also auf die messianische Amtsausübung
      bezogen ist ... Bevor Jesus ... sein messianisches Amt antritt, wird er in Bezug auf dieses ver-
      sucht."

63   So MAHNKE, *Versuchungsgeschichte*, 29 und in jüngster Zeit wieder DU TOIT, *Herr*, 62. An eine
      freundschaftliche Gemeinschaft mit den Tieren denken z.B. auch PESCH, *Mk I*, 95f; BEST,
      Temptation, 6ff; KLAUCK, *Vorspiel*, 57f; GRÄBER, *ΘΗΡΙΟΝ*, 144ff und DECHOW, *Gottessohn*,
      69ff.

64   Vgl. Jes 11,5–8; 65,25. In syrBar 73,6 heißt es im Rückgriff auf Jes 11: „Die wilden Tiere
      werden aus dem Walde kommen und den Menschen dienen, aus ihren Höhlen werden Ot-
      tern dann und Drachen kommen, um einem Kinde sich zu unterwerfen." Vgl. auch OrSib
      3,785–795: „Freue dich, Jungfrau, und juble; denn dir hat gegeben Freude ohne Ende der
      Herr, der den Himmel erschuf und die Erde. Wohnen wird er bei dir, und ewiges Licht ist
      dein Anteil. Wölfe weiden und Lämmer in Bergen, in friedlicher Eintracht, das Gras, und
      Panther, mit Böcklein vereinigt, gehen auf die Weide. Und die Bären lagern mit schweifen-
      den Kälbern zusammen; der fleischhungrige Löwe frisst so wie das Rind an der Krippe
      Stroh, und es führen am Zaume ihn noch unmündige Knaben. Denn ganz harmlos macht er
      auf Erden das wilde Getier, und die Säuglinge schlafen mit Schlangen und Otterngezücht
      zusammen ohne Gefahr; denn über sie hält Gott selber die Hände."

spreche.[65] Würde tatsächlich dieser traditionsgeschichtliche Hintergrund vorliegen, wären die wilden Tiere in 1,13 eindeutig positiv qualifiziert. Sprachlich wird diese Interpretation in der Forschung gern so begründet, dass die Wendung εἶναι μετά τίνος („mit jemandem sein") im Markusevangelium stets ein positives Zusammensein mit anderen ausdrücke (z.B. 2,19; 3,14; 5,18; 14,67).[66]

Allerdings ist mit Blick auf 14,18.54 zunächst darauf hinzuweisen, dass μετά in anderen Zusammenhängen des Evangeliums eine konfrontative und spannungsvolle Komponente nicht von vornherein ausschließt. Das sprachliche Argument ist also nicht zwingend. Aber auch die These vom eschatologischen Tierfrieden überzeugt nicht. Die Erwähnung der Tiere ist nämlich auch anders zu erklären. Zunächst ist schlicht daran zu erinnern, dass die Wüste schon vom AT her *eo ipso* als Heimat der wilden Tiere galt (vgl. Dtn 8,15). Dass Jesus in der Wüste mit ihnen in Berührung kommt, liegt deshalb auf der Hand. Noch viel wichtiger aber ist die vollständigste Parallele zur markinischen Szene im *„Testament Naphthalis"* aus den *„Testamenten der zwölf Patriarchen"*.[67] Dort heißt es in einer doppelteiligen bedingten Mahnrede[68]:

> „Wenn ihr das Gute tut, werden euch Menschen und Engel segnen, und Gott wird durch euch unter den Völkern verherrlicht werden, und der Teufel wird von euch fliehen (καὶ ὁ διάβολος φεύγεται ἀφ' ὑμῶν), und die [wilden] Tiere werden euch fürchten (καὶ τὰ θηρία φοβηθήσονται ὑμᾶς), und der Herr wird euch lieben und die Engel werden sich euer annehmen (καὶ οἱ ἄγγελοι ἀνθέξονται ὑμῶν) ... Den jedoch, der das Gute nicht tut, den werden sowohl Engel als auch Menschen verfluchen, und Gott wird durch ihn unter den Völkern verachtet werden, und der Teufel wird ihn bewohnen wie sein eigenes Gefäß, und jedes [wilde] Tier wird ihn beherrschen, und der Herr wird ihn hassen" (TestNaph 8,4.6).[69]

Dass hier dieselbe Trias Teufel, Tiere und Engel erscheint wie in der Szene des Markus, noch dazu in einem vergleichbaren Zusammenhang (es ist offensichtlich eine Entscheidung zwischen Gut und Böse verlangt), dürfte kaum Zufall sein.[70] Ob

---

[65] Als wichtigster Beleg für den friedlichen Urzustand gilt ApkMos 11.24, wo es heißt, dass Adam vor dem Sündenfall Herr über die Tiere gewesen sei; er war ja auch der Namensgeber (vgl. Gen 2,19f). Danach seien die Tiere zu einer Gefahr für die Menschen geworden. In ApkMos 11 rechtfertigt sich ein Tier, das Seth anfällt und deshalb von Eva zur Rede gestellt wird: „O Eva, nicht gegen uns [richte] deine Anmaßung und nicht das Wehklagen, sondern gegen dich, da doch die Herrschaft der Tiere aus dir hervorgegangen ist. Mit welchem Recht öffnet sich dein Mund, von dem Baum zu essen, von welchem Gott geboten hat, nicht zu essen von ihm? Deswegen haben sich unsere Naturen verwandelt."

[66] Vgl. z.B. MAHNKE, *Versuchungsgeschichte*, 25.28; DECHOW, *Gottessohn*, 70 und HASITSCHKA, *Sohn Gottes*, 74.

[67] Zu Recht führt LÜHRMANN, *Mk*, 39 diesen Text als wichtigen Schlüssel zum Verständnis von Mk 1,12f an.

[68] Zur Form bedingter Heilsansagen in Verbindung mit bedingten Unheilsansagen, den sogenannten doppelteiligen Schlüssen, vgl. im Einzelnen BERGER, *Formen*, 233ff.

[69] Mit BECKER, *Untersuchungen*, 376 gehe ich davon aus, dass TestNaph 8 zum alten jüdischen Bestand der Testamente gehört; so auch BEST, *Temptation*, 10, Anm. 1: „It may be noted that Test. Naph. is one of the oldest parts of Test. XII Patriarchs."

[70] GUTTENBERGER, *Gottesvorstellung*, 237 bleibt allerdings skeptisch, weil ein eigentliches Versuchungsmotiv in TestNaph 8 fehlt.

Markus exakt an diese Quelle anknüpfte oder an eine andere, die TestNaph literarisch und gedanklich nahe stand[71], sei dahingestellt. Sicher scheint mir, dass er sich
von diesem Vorstellungsgut hat leiten lassen. Möglicherweise hat noch eine andere
Quelle aus den *„Testamenten der Patriarchen"* ergänzend Pate gestanden: das *„Testament
Issachars"*. Dort rät der Jakobssohn seinen Kindern auf dem Sterbebett:

> „Frömmigkeit übte ich in allen meinen Tagen, Wahrheit bewahrte ich. Den Herrn liebte
> ich und ebenso jeden Menschen mit aller meiner Kraft. Das tut auch ihr, meine Kinder,
> und jeder Geist Beliars wird von euch fliehen (καὶ πᾶν πνεῦμα τοῦ Βελίαρ φεύξεται
> ἀφ᾽ ὑμῶν), und keine Tat böser Menschen wird über euch herrschen, und jedes wilde
> Tier werdet ihr bezwingen (καὶ πάντα ἄγριον θῆρα καταδουλώσεσθε), denn ihr habt
> den Gott des Himmels mit euch, die ihr in Lauterkeit des Herzens mit den Menschen
> wandelt" (TestIss 7,5–7).[72]

In adäquater Weise finden die Tiere schließlich noch Erwähnung im TestBenj 5,2:

> „Wenn ihr Gutes tut, werden auch die unreinen Tiere von euch fliehen, und selbst die
> wilden Tiere werden euch fürchten (καὶ αὐτὰ τὰ θηρία φοβηθήσονται ὑμᾶς)."

Es ist also zunächst festzuhalten: Die wilden Tiere stellen durchaus eine Bedrohung
dar.[73] Sie sind nicht friedlich und harmlos, können aber dem Gottessohn nichts
anhaben. Sein gottgegebenes Charisma, seine Geisteskraft und Gerechtigkeit hält
die Tiere dermaßen im Zaum, dass sie sich vor ihm *fürchten* (TestNaph 8,4).[74] Vom
endzeitlichen harmonischen Tierfrieden bzw. der Wiederherstellung des Paradieses
kann demnach gar keine Rede sein.

Entsprechendes gilt für das Motiv vom Dienst der Engel. Διακονέω bezeichnet
in der Regel das pflichtgemäße Ausführen von Aufträgen.[75] Im markinischen Er-
zählzusammenhang ist dies wohl primär so zu verstehen, dass die Engel Jesus in

---

[71] Dies vermutet FLUSSER, *Versuchung*, 121.
[72] Im TestIss fehlt allerdings die Erwähnung der Engel.
[73] So schon BLEEK, *Erklärung*, 202f, wonach die Tiere „den Begriff des schauerlichen Aufent-
      haltes in dem von Menschen verlassenen Orte" zusätzlich veranschaulichen. Ebenso inter-
      pretiert VAN HENTEN, *Testing*, 362 unter Verweis auf Dan 4 die wilden Tiere als Staffage der
      menschenleeren und entsprechend unheimlichen Wüstensituation. Eindeutig negativ besetzt
      sind die Wüstentiere übrigens auch schon von Jes 13,21; 34,14 her.
[74] Ähnliche Beispiele kennt auch die antike biographische Romanliteratur. So erzählt
      PHILOSTRATOS vom Zug des Wanderphilosophen Apollonios v. Tyana durch Äthiopien:
      „Beim Weitergehen zeigten sich dem Apollonios und seinen Begleitern runde Hügel mit
      Bäumen, deren Blätter, Rinde und Tränen von den Äthiopiern als Frucht angesehen werden.
      Sie entdeckten auch nahe am Wege Löwen und Panther und andere Tiere dieser Art. Keines
      dieser Tiere griff sie an" (Philostr.vit.ap. 6,24). Entsprechend berichtet IAMBLICHOS von der
      Macht des Pythagoras über die wilden Tiere: „Der berüchtigten Daunischen Bärin, die den
      Bewohnern sehr hart zusetzte, soll er Einhalt geboten haben. Er streichelte sie geraume Zeit,
      fütterte sie mit Gerstenkuchen und Baumfrüchten, nahm ihr den Eid ab, nichts Beseeltes
      mehr anzurühren, und entließ sie" (Iamb.vit.Pyth. 13,60). „In Sybaris ergriff er die rau-
      schuppige mörderische Schlange und verwies sie des Ortes, ebenso auch in Tyrrhenien die
      kleine Schlange, die durch ihren Biss tötete" (vit.Pyth. 28,142).
[75] Vgl. HENTSCHEL, *Diakonia*, 433: „Das Lexem [zielt] auf eine bestimmte Beauftragung und
      deren pflichtgemäße Ausführung."

seinem Auftrag mit Nahrung versorgen.[76] So wird verhindert, dass er in der Einöde Hunger oder Durst leiden muss.[77] Vermutlich hat der Erzähler die Engelspeisung des Propheten Elia in der Wüste (1 Reg 19,5–8) vor Augen: Der schwer bedrängte Gottesmann wird durch einen Engel in der Einöde versorgt und für den vor ihm liegenden, vierzig Tage währenden Weg gestärkt. Auf die besondere Bedeutung, die die Gestalt des Elia für den Evangelisten Markus besitzt, wurde bereits hingewiesen (vgl. S. 34). Darüber hinaus ist noch einmal an den vierzigjährigen Wüstenaufenthalt des Volkes Israel zu erinnern; nach Ps 78,25 und Weish 16,20 ernährte es sich während dieser Zeit von Engelsspeise.

Gerne wird in der Forschung für die Vorstellung vom Engeldienst die rabbinische Stelle bSan 59b zitiert: „R. Jehuda b. Tema sagte: Adam der Urmensch saß im Edengarten, und die Dienstengel brieten ihm das Fleisch und kühlten für ihn Wein."[78] Als hätte Markus es sich so gedacht: Die Engel, die Adam und Eva aus dem Paradies vertrieben hatten (vgl. ApkMos 27), nehmen bei Jesus ihren Dienst wieder auf.[79] Aber es geht in Mk 1,12f nicht um die Wiederherstellung des Paradieses.[80] Paradiesisch sind die Verhältnisse schon aus dem Grunde nicht, weil Jesus sich ja während der ganzen Zeit an dem lebensfeindlichen Ort der Wüste aufhält und darüber hinaus noch den ständigen Versuchungen des Satans ausgesetzt ist.[81] Ebensowenig geht es um eine Adam-Christus-Typologie in dem Sinne: Adam habe das Paradies und den Engeldienst verwirkt und die Feindschaft der Tiere verschuldet (vgl. ApkMos 24); Jesus stelle den paradiesischen Zustand wieder her.[82] Eine solche Typologisierung ist hier nicht angedacht und spielt im Fortgang des Evangeliums auch nicht die geringste Rolle.

Fazit: Jesus ist in 1,12f nicht „der neue Adam"[83]. Wohl aber ist er derjenige, der sich der göttlichen Akklamation während der Taufszene (1,11) in der Konfronta-

---

76 Vgl. ebd. 199: „Sie [sc. die Engel] (haben) für Jesus in der Wüste Aufträge, vermutlich im Sinne der Versorgung mit Nahrung, ausgeführt." In vergleichbarer Weise wird διακονέω auch Mk 1,31 verwendet.

77 Ob Markus auch an Ps 91,11–13 denkt und die Engel vor diesem Hintergrund zusätzlich zum Tischdienst eine Schutzfunktion gegenüber den wilden Tieren wahrnehmen, bleibt ungewiss.

78 Talmud VIII, 700.

79 MAHNKE, *Versuchungsgeschichte*, 33 geht sogar so weit, dass er in Mk 1,12f lieber von einer „Paradiesesgeschichte" als von einer Versuchungsgeschichte sprechen möchte.

80 MAHNKE, *Versuchungsgeschichte*, 31 und GRÄßER, *ΘHPION*, 150 treten *gleichzeitig* für die Paradiesvorstellung im Sinne von bSan 59b und für die Vorstellung vom eschatologischen Tierfrieden ein. Dem widerspricht GUTTENBERGER, *Gottesvorstellung*, 236, Anm. 114 zu Recht: „Die Annahme von Fleischverzehr im Paradies passt … schlecht zur Vorstellung des friedlichen Miteinanders mit den wilden Tieren. Die Stelle ist deswegen wenig geeignet, um das Interpretationsmuster vom wiedergewonnen Paradies zu unterstützen."

81 Ebenso urteilt GUTTENBERGER, *Gottesvorstellung*, 236: „Das Wüstenmotiv steht … in einer unauflösbaren Spannung zur Situation im Paradies." Ähnlich BEST, *Temptation*, 8.

82 Diese Typologie findet in der wissenschaftlichen Diskussion viel Zustimmung. Vgl. z.B. MAHNKE, *Versuchungsgeschichte*, 29; BAUMBACH, *Verständnis*, 31; PESCH, *Mk I*, 95; GNILKA, *Mk I*, 58; KLAUCK, *Vorspiel*, 59, REISER, *Versuchung*, in: LThK X, 740 und POPKES, Art. πειράζω, in: EWNT III, 155. Zu Recht skeptisch äußern sich demgegenüber DECHOW, *Gottessohn*, 71; GUTTENBERGER, *Gottesvorstellung*, 235f; POLA, *Versuchungsgeschichte*, 314f und FRITZEN, *Gott*, 113, Anm. 30.

83 Gegen GNILKA, *Mk I*, 58; PESCH, *Anfang*, 330 und KLAUCK, *Vorspiel*, 59.

tion mit dem Satan als würdig erweist.[84] Er kann sich kraft des ihm verliehenen Geistes gegenüber den Angriffen Satans behaupten. Zwar berichtet Markus nicht *explizit* von einem für Jesus erfolgreichen Ausgang der Auseinandersetzung.[85] Dass er die Versuchungen erfolgreich bestanden hat, zeigt sich aber schon daran, dass er kurze Zeit später seine Mission beginnt und in aller Öffentlichkeit den Anbruch des Reiches Gottes proklamiert (1,14f). Noch deutlicher zeigt es sich dann in seinen wunderbaren Taten, speziell den Exorzismen, die Befreiungscharakter haben. In ihnen realisiert sich in besonders eindrucksvoller Weise antizipatorisch das eschatologische Heil.[86]

11.1.3   Mk 1,12–13 im Kontext des Evangeliums

Der Versuchungsszene kommt im Aufriss des Markusevangeliums eine wichtige Rolle zu, indem sie den Prolog[87] abschließt.[88] Statt von einem Prolog kann man

---

84   So auch GARRETT, *Temptations*, 59: „Jesus proved himself worthy of God's acclamation of him …, thereby foiling Satan's effort to show Jesus as unworthy."

85   Darin unterscheidet sich die markinische Darstellung von der des Matthäus. In Mt 4,11 erkennt der Teufel die Vergeblichkeit seiner Bemühungen und macht sich davon. Nachdem er das Feld geräumt hat, nahen sich die Engel, um Jesus zu dienen. Anders Markus: Bei ihm ist der Engeldienst *nicht* der Lohn für die bestandene Prüfung; vielmehr geschieht er *zeitgleich* mit den Attacken Satans. (So auch zu Recht MAHNKE, *Versuchungsgeschichte*, 30). Über einen „Sieg" Jesu verlautet also ausdrücklich nichts. Dies verkennt DU TOIT, *Herr*, 62, wenn er schreibt: „Besonders das Dienen der Engel zeigt, dass Jesus unversehrt aus den Versuchungen des Satans hervorgeht und infolgedessen rein bleibt." Demselben Irrtum unterliegt auch BERGER, *Theologiegeschichte*, 202: „Nach Mk 1,13 ist der Erfolg der bestandenen Versuchung, dass Jesus sich ohne Gefahr unter wilden Tieren aufhalten kann und von Engeln bedient wird."
FRITZEN, *Gott*, 132 begründet das offene Ende der Versuchungsszene damit, dass Markus auf diese Weise die Szene erzählstrategisch für die Situation der Leser offenhalte: „Sie [sc. die Leser] stehen noch in der Situation der Erprobung, und die Frage, ob sie sie auch *beste*hen [*sic!*], ist noch keineswegs beantwortet." Diese Erklärung erscheint mir allerdings allzu konstruiert. Es ist wohl einfach so, dass sich für Markus der positive Ausgang der Versuchungsszene aufgrund des weiteren Erzählverlaufs von selbst versteht.

86   Jesu Exorzismen werden teils in Form von Summarien beschrieben (vgl. Mk 1,32–34.39; 3,10–12), teils aber auch ausführlich in Szenen geschildert (vgl. Mk 1,23–28; 5,1–20; 7,24–30; 9,14–27). Die Überwindung der bösen Geister und die damit einhergehende *Befreiung* der Menschen als ein zentrales Motiv der eschatologischen Heilsvorstellung im Frühjudentum wird unter anderem. in den TestXII vielfach bezeugt (vgl. TestSim 6,6; TestLev 18,12; TestJud 25,3; TestSeb 9,6–8; TestDan 5,11). Jub 23,29f. charakterisiert die Endzeit als eine Zeit der Freude und des Friedens, weil es den Satan und alles Böse nicht mehr geben werde (ähnlich AssMos 10,1).

87   Die eigentliche Heimat des „Prologs" ist das antike Theater; ein Sprecher gibt dem Publikum vorab eine Einführung in das folgende Schauspiel, dessen Handlung danach einsetzt (vgl. KLAUCK, *Vorspiel*, 36).

88   Manche Exegeten lassen den Prolog des Markusevangeliums erst mit Vers 15 enden. Impulse in dieser Richtung gab besonders KECK mit seinem Aufsatz „*The Introduction to Mark's Gospel*" (1966). Für die Einheit von Mk 1,1–15 treten z.B. ein: LÜHRMANN, *Mk*, 32; PESCH, *Mk I*, 71–73 und GNILKA, *Mk I*, 39. Auch KLAUCK, *Vorspiel*, 19–35 sowie ROSE, *Theologie*, 63–70 vertreten die Einheit von Mk 1,1–15. Zugunsten dieser erweiterten Abgrenzung des Prologs wird gerne unter anderem auf die Parallelisierung von Johannes dem Täufer und Jesus verwiesen; die Täuferpredigt (1,4) finde in der Jesuspredigt (1,15) ihr Pendant. Bis V.13 grenzen unter anderem ab: SCHWEIZER, *Mk*, 10; MÜLLER, *Jesus*, 160 und SCHENKE, *Mk*, 45f.

auch von einer Art Ouvertüre sprechen. Das instrumentale Einleitungsstück einer Oper wird ja üblicherweise bei noch geschlossenem Vorhang gespielt und stellt zentrale musikalische Themen des Werkes bereits vorab zusammenfassend vor. Beides trifft auf 1,1–13 zu. Das darin erzählte Geschehen spielt sich auf einer Ebene ab, in der Immanenz und Transzendenz in kunstvoller Weise miteinander verschränkt sind[89]; erst danach geht gleichsam der Vorhang auf und der „Held" Jesus betritt mit einem Signalruf die öffentliche Bühne (1,14f). Auch zentrale Themen klingen im Prolog bereits an: Jesus wird in seiner einzigartigen Hoheit und Würde gezeigt (1,1.7f.10f) und sein irdischer „Weg" in den Horizont alttestamentlicher Heilsprophetie eingeordnet (1,2f). Gegen Ende erhält die strahlende Ouvertüre jedoch durch die Versuchungsszene einen unüberhörbar dunklen Ton. Dieser ist insofern von großer Bedeutung, als er schon darauf hindeutet, dass der irdische Weg des „Helden" alles andere als einfach werden wird.

Der Beginn des Evangeliums in 1,1 hat einen feierlichen Klang: „Anfang des Evangeliums Jesu Christi, des Sohnes Gottes".[90] „Christus" und „Gottessohn" sind bevorzugte Hoheitstitel des Verfassers, die jeweils an den Stellen des Evangeliums wiederkehren, wo es für die Personen *in der erzählten Welt* darum geht, das Geheimnis der Identität Jesu zu erfassen.[91]

Für die Leser des Evangeliums jedoch, die ja Christen sind, ist die Identität Jesu *kein Geheimnis*. Nur darum kann Markus es sich leisten, die Person Jesu *ohne nähere Erklärung* sogleich mit der denkbar höchsten Titulierung (Messias, Gottessohn) einzuführen.[92] Die folgenden Verse 1,2–3 stecken sodann den heilsge-

---

Diese Position ist auch plausibler, da in V.14 mit dem öffentlichen Auftreten des Gottessohnes die eigentliche Erzählung beginnt. In 1,14 wechselt auch der Ort des Geschehens von der judäischen Wüste nach Galiläa. Eine ausführliche Diskussion sämtlicher Argumente und Gegenargumente zu den beiden Positionen würde allerdings zu weit führen.

[89] LOHMEYER, *Mk*, 9 hat den Einführungsteil 1,1–13 einen „Prolog vom Himmel her" genannt: Als Akteure treten – abgesehen vom Täufer – nur Gott, Jesus, der Geist, Satan und Engel in Erscheinung (vgl. dazu auch MAHNKE, *Versuchungsgeschichte*, 48.). KLAUCK gibt seiner Studie zum Markusprolog den (fragenden) Titel: „*Vorspiel im Himmel?*" und führt darin aus: „Es wird hier doch etwas angestrebt und gestaltet, das man als Verschränkung von Himmel und Erde bezeichnen könnte oder, noch provozierender, als eine Verlagerung des Himmels auf die Erde. Gezeigt wird, wie die himmlische Wirklichkeit Gottes in die irdische Realität hineinreicht, und die Person Jesu wird als Schnittpunkt beider Dimensionen vorgestellt" (ebd. 113).

[90] Bei mehreren wichtigen Textzeugen, vor allem im Original des Sinaiticus, fehlt der Zusatz υἱοῦ θεοῦ. Manche Forscher vermuten, dass es sich dabei um einen Nachtrag handeln könnte (z.B. PESCH, *Mk I*, 174 und MARCUS, *Mk I*, 141). Für die Beibehaltung der längeren Lesart votieren u.a. LÜHRMANN, *Mk*, 33; KLAUCK, *Vorspiel*, 45f; GUTTENBERGER, *Gottesvorstellung*, 56, Anm. 34 und FRITZEN, *Gott*, 44f. Letztere Vermutung ist im Hinblick auf die Bedeutung, die Markus dem Gottessohntitel beimisst, auch durchaus plausibel.

[91] Der Christustitel ist hier schon Teil des Namens geworden. Er begegnet erneut im Petrusbekenntnis (8,29) und beim Verhör Jesu durch den Hohenpriester (14,61f), dort wie in 1,1 in Verbindung mit dem Titel des Gottessohnes.

[92] Intention des Prologs ist es also *nicht*, seine Leser in das Geheimnis der Identität Jesu einzuweihen. Insofern ist es irreführend, wenn MÜLLER, *Jesus*, 159 die Intention des Prologs vor allem an den Titeln in 1,1 und 1,11 festmacht: „Den einleitenden Abschnitt wird man am ehesten als Einführung bezeichnen. Seine Funktion ist es, den Leser/innen Verstehenshilfen für die Lektüre des folgenden Erzählwerkes an die Hand zu geben, wobei die Titel in V.1 und 11 herausragende Bedeutung haben. Sie informieren die Leser/innen von Anfang an, mit wem sie es bei Jesus zu tun haben."

schichtlichen Rahmen ab, in dem Markus das Auftreten Jesu verortet. Zugleich wird das Verhältnis zwischen Jesus und dem Täufer geklärt.[93] Den Versen 2 und 3 gemeinsam ist das Stichwort „Weg" (ὁδός). Bei der Geschichte, von der Markus erzählen will, handelt es sich also nicht um ein statisches, sondern um ein in hohem Maße be-*weg*-tes Geschehen; die Anknüpfung an Jes 40 verweist auf die Vorstellung von einem neuen Exodus mit befreiender Wirkung. Das Weg-Motiv durchzieht nahezu das gesamte Markusevangelium wie ein roter Faden und erhält ganz besonderes Gewicht im Mittelteil, vor allem in Mk 10. Jesus wird im Evangelium geschildert als jemand, der *ungewöhnlich viel unterwegs* ist: meistens zu Fuß, manchmal auch im Boot (4,36; 5,21 u.ö.), schließlich auf einem Reittier (11,7). Um es pointiert zu sagen: Das Markusevangelium ist von seinem Charakter her eine Weg-Geschichte, die Weg-Geschichte des Sohnes Gottes, in dem die alten Verheißungen ihre Erfüllung finden.[94]

Die unvergleichliche Würde Jesu wird anschließend in 1,4–11 durch zwei Stimmen hervorgehoben und bestätigt. Zunächst legt Johannes der Täufer von ihm Zeugnis ab, indem er seine eigene Unwürdigkeit gegenüber Jesus bekundet.[95] Ungleich eindrucksvoller noch wird Jesu Hoheit anschließend durch die Himmelsstimme unterstrichen, zusätzlich ergänzt durch die Zeichen der Himmelsspaltung und der Geistbegabung. Durch die Herabkunft des Geistes erfährt Jesus die notwendige Zurüstung für seine Mission.

Das Täuferzeugnis und die himmlischen Ereignisse sind erzählstrategisch erforderlich. Ohne sie wäre nämlich das erzählte Geschehen im Grunde alles andere als spektakulär. Es ließe sich schlicht so zusammenfassen: Zu den Menschen aus Judäa und Jerusalem, die sich von Johannes im Jordan taufen lassen, gesellt sich mit Jesus auch ein Mensch aus der galiläischen Provinz (1,9). Erst durch Himmelsöffnung und Geistbegabung, ergänzt durch die beiden Stimmen, die Zeugnis ablegen, gewinnt das Geschehen seine erhöhte, singuläre Bedeutung.

Wie Markus von Himmelsöffnung, Geistverleihung und Himmelsstimme überhaupt wissen kann, erklärt er seinen Lesern nicht. Eigentlich war ja nur Jesus selbst Augen- und Ohrenzeuge gewesen. Entsprechendes gilt für die anschließende Versuchungsszene. Auch dort, in der Einsamkeit des Wüstenaufenthalts Jesu, ist der Erzähler auf geheimnisvolle Weise anwesend und kann deshalb von den Auseinandersetzungen des Gottessohnes mit dem Satan berichten. Die Leser des Evangeliums partizipieren an dem umfassenden Wissen des Erzählers; sie haben somit von vornherein einen *Erkenntnisvorsprung* gegenüber allen menschlichen Er-

---

[93] Bemerkenswert ist die Unbekümmertheit – oder sollte man besser sagen: Souveränität? –, die der Autor bei der Zitation der Schriftverse an den Tag legt. Beide Verse werden als Jesaja-Zitat angekündigt; aber nur das zweite ist tatsächlich von Jesaja (Jes 40,3 LXX), das erste eine Mischung aus Ex 23,20 und Mal 3,1.

[94] Entsprechend gab E. HAENCHEN seinem Kommentar zum Markusevangelium aus dem Jahre 1966 den Titel: „*Der Weg Jesu*".

[95] Mit dem Täuferzeugnis hat es noch zwei Besonderheiten auf sich. Zunächst einmal lässt es nicht vermuten, dass Jesus sich wenig später von dem ihm untergeordneten Johannes taufen lässt – was dann aber geschieht. Hier zeichnet sich schon ab, dass der Weg des Gottessohnes auf Erden kein herrschaftlicher Weg sein wird, sondern ein Weg der Demut und der Solidarität mit den Menschen. Und noch etwas ist auffällig: Ein Teil des Täuferzeugnisses wird im Erzählverlauf des Markusevangeliums noch nicht eingelöst: die Geisttaufe (1,8); die Erfüllung der Ankündigung liegt außerhalb der erzählten Zeit (13,11).

zählfiguren im Evangelium.[96] Sie können die geschilderten Ereignisse von einem anderen, gleichsam erhöhten Blickwinkel aus verfolgen und sich, wie der Erzähler, bei allen Geschehnissen vorbehaltlos mit Jesus identifizieren. Sie stehen dem Gottessohn nicht – wie die anderen Erzählfiguren im Markusevangelium – schwankend oder gar ablehnend gegenüber, sondern sind in jeder Hinsicht mit ihm solidarisch. Für sie geht es jetzt und im Folgenden auch nicht darum, das Mysterium der Person Jesu zu lüften; sie können den Fokus ihres Interesses ganz darauf richten, *wie und auf welchem Wege* Jesus seine Gottessohnschaft auf Erden bewährt, seine Mission erfüllt und der Welt das Heil bringt.

Den entsprechenden Neuansatz markiert 1,14. Das Wirken des Täufers findet mit seiner Verhaftung ein Ende; danach beginnt Jesus mit der öffentlichen Verkündigung, die in 1,15 in einem einzigen Satz zusammengefasst wird. In einer Art „Fanfarenstoß"[97] proklamiert er das Heil und seine Bedingungen: Der von Gott festgesetzte Zeitplan für das Heil ist erfüllt, das zuvor ferne Gottesreich ist nahe herbei gekommen – und zwar in seiner Person.[98] Um Anteil am Heil zu erlangen, sind zwei Bedingungen zu erfüllen: Umkehr und Glaube an das Evangelium.[99] Mit dem Ruf zur Umkehr nimmt Jesus die Bußpredigt des Täufers auf. Er betritt sozusagen die Bühne und entwickelt sogleich eine immense Aktivität.

Im Erzählduktus des Markus spielt sich das Folgende in einem geradezu atemberaubenden Tempo ab. Da reiht sich „Schlag auf Schlag" eins ans andere: die ersten Jüngerberufungen, die Predigt in der Synagoge von Kapernaum, Heilungen ... Immer wieder steht da – fast stakkatomäßig – εὐθύς (1,18.20.21.23.28.29.30). Allein die vielen Ereignisse zwischen 1,21 und 1,34 passieren alle an einem einzigen Tag. Der Leser kommt kaum zum Luftholen. Auf diese Weise demonstriert Markus die einzigartige Kraft und Energie, die dem Auftreten Jesu innewohnt. Es ist ohne Zweifel der ihn erfüllende Geist des Vaters, der den Gottessohn so dynamisch agieren lässt. Dieser Geist handelt schon hier und dann auch im weiteren Erzählverlauf in besonders eindrucksvoller Weise bei den Dämonenaustreibungen (vgl. z.B. 1,23ff.34.39; 3,11f; 5,1ff; 9,14ff).[100] Die Dämonen erkennen den Gottessohn, noch bevor er gegen sie in Aktion tritt (1,23f); zugleich spüren sie die existentielle Gefahr, die sein Auftreten für sie bedeutet (1,24; 5,7). Sie wissen, dass sie gegen

---

[96] Vgl. KLAUCK, *Vorspiel*, 113f: „Der Leser ahnt von vornherein auch, was sich hinter den Kulissen abspielt, und dieses Wissen hat er den Erzählfiguren voraus." In demselben Sinne auch BACKHAUS, *Heilsbedeutung*, 94.

[97] SCHENKE, *Mk*, 66.

[98] Vgl. WOLTER, *Paulus*, 452, der zu Recht betont, dass „Jesus nicht lediglich als Prophet das nahe bevorstehende Kommen Gottes ankündigt, sondern dass er *sein eigenes Wirken* als integralen Bestandteil der Durchsetzung der Königsherrschaft Gottes auf Erden ansieht, dass also das Israel verheißene eschatische Heil Gottes in *seinem* Wirken bereits *punktuell* erfahrbar ist." (Kursivdruck im Original). Dabei sind sowohl Jesu Lehren als auch sein Handeln Zeichen der gegenwärtigen Basileia, die sich gegenseitig ergänzen und interpretieren (vgl. dazu ausführlich SÖDING, *Glaube*, 151–157.188–193).

[99] Evangelium bedeutet nach KLAUCK, *Vorspiel*, 95 nicht nur Frohbotschaft, sondern im griechisch-römischen Raum auch „Siegesnachricht": Die Siegesnachricht beinhaltet den Beginn der Gottesherrschaft.

[100] Auffälligerweise lässt Markus – anders als Matthäus – das öffentliche Wirken Jesu sogleich mit einem Exorzismus beginnen. Dies unterstreicht die besondere Bedeutung der exorzistischen Wirksamkeit Jesu, die im weiteren Erzählgang des Evangeliums in der Vielzahl von entsprechenden Erzählungen und Summarien sichtbar wird.

Jesus keine Chance haben; aus diesem Grunde verlegen sie sich aufs Bitten (5,7.10.12). In der Tat ist es ein ungleicher Kampf zwischen Jesus und den Dämonen. Vor Jesu Machtwort müssen sie das Feld räumen (1,25f; 5,6ff; 9,25).

In einem heftigen Streitgespräch mit den Schriftgelehrten wehrt sich Jesus gegen den Vorwurf seiner Widersacher, er sei besessen und seine Dämonenaustreibungen seien auf ein Bündnis mit dem Satan zurückzuführen (3,22–27). Dieser Unterstellung begegnet er mit einem Gleichnis: Demzufolge ist der Satan „der Starke" und die Welt sein Machtbereich; die Besessenen sind in seiner Gewalt, der sie entrissen werden müssen.[101] Jesus als der „Stärkere" (1,7) bewirkt in einer Art „Raubüberfall" diese „Änderung der Besitzverhältnisse"[102]. In den Kampf werden auch die Jünger einbezogen; Jesus gibt seine Vollmacht an sie weiter (3,15; 6,7).[103]

Damit komme ich zu der immer wieder diskutierten Frage, ob der Satan nach 1,13 als überwunden gelten muss oder nicht. Wie an anderer Stelle bereits dargelegt worden ist (vgl. Kap. 4), wurde dies von BEST bejaht[104], von ROBINSON und GARRETT aber bestritten.[105] Es empfiehlt sich, bei dem zu bleiben, was tatsächlich im Markusevangelium steht. Das ist im Wesentlichen zweierlei: 1) Unmittelbar nach der Versuchungsszene verschwindet der Satan als aktiv handelnde Person *totaliter* aus dem Evangelium; wenn Jesus (3,23–26; 4,15; 8,33) bzw. die Schriftgelehrten (3,22) seinen Namen nicht gelegentlich im Munde führten, würde er überhaupt keine Erwähnung mehr finden. Die Dämonen, mit denen Jesus es zu tun bekommt, kapitulieren ohne wirkliche Gegenwehr vor dem überwältigenden Charisma des Gottessohnes. Nach 9,14–29 (Heilung des epileptischen Knaben) ist von den Dämonen ebenfalls keine Rede mehr. Auch in der Passionsgeschichte spielt der Satan nicht die geringste Rolle. 2) Die Gewalt des Satans ist dennoch nicht völlig zerstört; aus diesem Grunde kann er bis zur Parusie dem Evangelium und

---

[101] Nach BÖCHER, *Dämonenfurcht*, 152 galt es ganz allgemein für die Antike, „dass man keine natürliche Ätiologie für Krankheiten gekannt hat, sondern alle Krankheit auf die Einwirkung von Dämonen zurückführte". Diese These einer pandämonologischen Deutung von Krankheit in der Antike ist allerdings zu bezweifeln. So unterscheidet Markus in 1,32.34 deutlich zwischen Krankheit und Besessenheit bzw. zwischen Therapie und Exorzismus. Vgl. dazu VON BENDEMANN, *Krankheitskonzepte*, 125.

[102] BERGER, *Theologiegeschichte*, 683.

[103] BERGER, *Theologiegeschichte*, 629 unterstreicht nachdrücklich die Relevanz der Exorzismen in der frühchristlichen Geschichte: „Die erlösende Tat Jesu Christi ist nach dem in den synoptischen Evangelien verarbeiteten Gut wesentlich in der Befreiung von den Dämonen zu sehen ... Auch das frühe Christentum der ersten Jahrhunderte [ist] ... wesentlich als exorzistische Bewegung verstanden worden, was seine Rezeption in breiteren Volksschichten angeht."

[104] Vgl. BEST, *Temptation*, 15. So auch PESCH, *Mk I*, 98: „Den Kampf mit Satan hat Jesus nach der Darstellung des Markus endgültig bestanden; mit dem Anbruch der Gottesherrschaft geht Satans Herrschaft zu Ende."

[105] Vgl. ROBINSON, *Geschichtsverständnis*, 24–26; GARRETT, *Temptations*, 59f. Auch DECHOW, *Gottessohn*, 72 äußert sich skeptisch: „[Es] wird nicht gesagt, dass Jesus den Satan in einer Weise überwindet, die ihn ab diesem Zeitpunkt als einen Besiegten und damit Machtlosen erscheinen lässt." Soweit richtig; ziemlich fragwürdig dann aber DECHOWS Fortsetzung: „Das zeigt dann auch das übrige Mk-Evangelium: Die Auseinandersetzung zwischen Jesus und dem Satan prägt das Wirken Jesu insgesamt."

dem Glauben der Menschen entgegenarbeiten, wie Jesus es selbst von ihm bekundet (4,15).[106]

Fazit: In 1,13 ist noch kein endgültiger Sieg errungen, zumindest nicht in dem Sinne, dass anschließend vom Satan keine ernsthafte Bedrohung und Gefahr mehr für die Gläubigen ausgeht. Diese ist nach wie vor gegeben und die Gläubigen müssen entsprechend auf der Hut sein. Zugleich dürfen sie aber darauf vertrauen, dass Jesus Macht über den Satan hat und das Kommen des Gottesreiches nicht aufzuhalten ist (vgl. 13,24–27).

11.1.4 Mk 1,12–13 im Blick auf die Leser

Durch den Prolog des Evangeliums sind die Leser auf den weiteren Fortgang der Ereignisse gut vorbereitet. Markus hat ihnen die Hoheit Jesu in eindrucksvollen Bildern und Zeugnissen nahe gebracht und ihn so als denjenigen präsentiert, der er ist: der Gottessohn und Messias, dessen Ankunft in den Schriften angekündigt worden war. Der Erzähler hat sein Auftreten als Erfüllung der alttestamentlichen Heilsprophetie deklariert und auch die Person des Täufers diesem Kontext zugeordnet. Und er hat seine Leser auf den „Weg" Jesu eingestimmt, den sie im Erzählgang des Evangeliums nun werden mitgehen können und den sie darüber hinaus als Muster und Modell für ihr eigenes Leben verstehen und rezipieren sollen.

Der paradigmatische Charakter des Weges Jesu zeigt sich innerhalb des Prologs vor allem in der engen Verbindung von Taufe und Versuchung. Darin können die Leser sich und ihre eigene persönliche Lage wiedererkennen. Dass der Taufe Versuchung und Bedrängnis gleichsam auf dem Fuße folgen können, das wissen sie auch aus eigener (leidvoller) Erfahrung (vgl. 4,17 und 13,9–13). Um es mit BERGER zu sagen: „Der Neubekehrte muß seinen Glauben als Treue in Versuchungen bewähren."[107] Da mag es ein Trost und eine Ermutigung für die Gläubigen sein, wenn Markus schreibt, dass es dem Sohn Gottes nicht anders ergangen ist als ihnen. Er wurde getauft – wie sie. Er war daraufhin schweren Versuchungen ausgesetzt – genau wie sie.[108] Und er hat den Versuchungen standgehalten und sich durch sie nicht von seiner Treue zu Gott und dem ihm bestimmten Weg abbringen lassen – daran können sie sich ein Beispiel nehmen.

HASITSCHKA verdeutlicht den hier schon angelegten und den Erzählgang des Evangeliums auch weiterhin bestimmenden Zusammenhang von Christologie und Nachfolge so: „Obwohl Taufe und Versuchung Jesu primär ein christologisches Zeugnis vermitteln, haben diese Perikopen auch spezielle paradigmatische Bedeutung. Jesus ist Vorbild für die Glaubenden."[109]

---

[106] Allerdings wird er im Zusammenhang mit der Deutung des Sämanngleichnisses (4,13–20) nur als *ein* Faktor unter vielen betrachtet, die dem Erfolg der Lehre Jesu im Wege stehen. Er wird weder explizit für die Bedrängnis der Gläubigen verantwortlich gemacht noch mit den menschlichen Sorgen und Begierden in Verbindung gebracht. Darauf weist GUTTENBERGER, *Gottesvorstellung*, 232 zu Recht hin und rät zur Vorsicht hinsichtlich einer konsequent satanologisch-dämonologischen Interpretation des Markusevangeliums.

[107] BERGER, *Theologiegeschichte*, 388.

[108] Vgl. Marcus, *Mk I*, 170: „Mark's readers ... would probably read Jesus' struggle as prototypical of their own."

[109] HASITSCHKA, *Sohn Gottes*, 79.

11.1.5 Das Versuchungsmotiv in Mk 1,12–13

Nach Ansicht von D. FLUSSER ist die Versuchung Jesu durch den Satan in der
Wüste für den Evangelisten Markus von geringem Interesse. FLUSSER zieht die
Versuchungsgeschichten der synoptischen Seitenreferenten zum Vergleich heran
und kommt zu dem Schluss: „Die Versuchung Jesu wird bei Markus zum Neben-
motiv; das Hauptanliegen ist jetzt zu schildern, was für durchgreifende Folgen für
den Getauften die Taufe hat und welche Macht er nach ihr und durch sie erlangt."[110] Dies ist jedoch eine Fehleinschätzung, die nicht zuletzt darauf zurückzuführen ist, dass FLUSSER irrtümlich bei Markus die Kenntnis der Spruchquelle vo-
raussetzt und weiter annimmt, dass der Evangelist diese Quelle bewusst radikal
gekürzt habe.[111] Markus hat aber Q vermutlich gar nicht gekannt. So geht es in der
markinischen Versuchungsgeschichte auch nicht darum, mittels der Trias von Satan, Tieren und Engeln die Macht Jesu zu demonstrieren, die er durch die Taufe
(?)[112] erlangte. Der weitere Erzählgang des Evangeliums zeigt es deutlich: Wenn
Markus seinen Lesern die Macht Jesu vor Augen führen will, dann tut er das gerne
ausführlich und in eindrucksvollen Szenen; speziell die Darstellung von Jesu Wundertaten lässt dies erkennen.[113] Die Versuchungsgeschichte ist dagegen äußerst
knapp und schlicht gehalten und verzichtet sogar darauf zu erwähnen, dass Jesus
die Versuchung erfolgreich bestanden hat. Eine Machtdemonstration sieht anders
aus. Der Zweck der Erzählung ist auch ein ganz anderer, als von FLUSSER vermutet.

Zunächst einmal ist die Versuchung, ebenso wie die Taufe und die Geistverleihung, ein Teil der Vorbereitung Jesu für seinen „Weg". Beim Empfang der Taufe
und der Katabase des Geistes war er noch in einer eher passiven Rolle gewesen;
auch die anschließende Versetzung in die Wüste hatte er noch – ohne eigenes Zu-
tun – an sich geschehen lassen (müssen). Damit aber ist es ab sofort vorbei. Vierzig
Tage lang sieht er sich den Prüfungen Satans ausgesetzt. Ihnen gegenüber muss er
selbst aktiv werden, sich wehren und behaupten und so eine erste Bewährungsprobe seiner Geistbegabung abliefern.

In seinem Kampf geht es ihm nicht anders und nicht besser als anderen heiligen Personen wie Buddha oder Zarathustra, die vor dem eigentlichen Beginn ihrer
öffentlichen Wirksamkeit den Angriffen eines dämonischen Widersachers ausgesetzt waren, der sie an der Ausübung ihrer Mission hindern wollte. Zusätzlich reiht
er sich ein in den Traditionsstrom der hervorragendsten jüdischen Gerechten wie
Abraham und Hiob, die nach der jüdischen Überlieferung im Anschluss an eine
himmlische Würdigung gezielten satanischen Versuchungen unterzogen wurden
(Jub 17–18f; Hi 1f). Die markinische Versuchungsszene kann nicht unabhängig von
der Initiationsszene gedeutet werden.

---

[110] FLUSSER, *Versuchung*, 117.
[111] Ebd. 116f.
[112] Jesus hat seine Macht wohl weniger durch die Taufe als durch die Begabung mit dem göttlichen Geist erlangt.
[113] Vgl. Mk 1,21–28; 2,1–12; 4,35–41; 5,1–43; 6,35–52; 7,31–37; 8,1–9; 9,14–29; 10,46–52;
11,12–14.20–25.

Aber das ist noch nicht alles. Die Versuchung in der Wüste wird gleichsam zum Grundakkord für Jesu weiteres Leben im Dienste Gottes.[114] Dieses Leben wird Mühe und Arbeit sein und ein ständiger Kampf. Jesus wird kämpfen gegen Dämonen und Krankheiten, er wird in ständigen Auseinandersetzungen mit seinen verstockten Feinden stehen, er wird sich unentwegt abmühen mit der Trägheit und dem Unglauben seiner Jünger. Und auch Versuchungen im eigentlichen Sinne werden nicht fehlen, weder von Feindes- noch von Freundesseite. Hinzu kommen noch die Entfremdung von seinen engsten Angehörigen, die Mühsal und Unsicherheit des Wanderlebens und schließlich als schwerste Erfahrung die des himmlischen Schweigens bzw. der Gottverlassenheit in Gethsemane und am Kreuz. Es ist ein steiniger Weg, der auf Jesus wartet und dessen Charakter in der Versuchungsszene schon proleptisch sichtbar wird.

Angesichts dieser Perspektive bekommen die Wunderzeichen und die himmlische Stimme im Prolog noch eine besondere Bedeutung. Die Stimme richtet sich ja nicht an Zeugen, sondern an Jesus selbst.[115] Für den Leser drängt sich damit der Eindruck auf: Bevor Jesus vom Vater in die raue Wirklichkeit der Welt entlassen wird, versichert dieser ihm seine tiefe Zuneigung und verleiht ihm als Unterpfand seiner Liebe und der bleibenden Verbundenheit den Geist. So entsprechend bevollmächtigt und vorbereitet, ist Jesus in der Lage, sich auf den Weg zu machen und seine Bestimmung zu erfüllen.

11.2 Streit ohne Ende: Jesu Versuchungen durch die Pharisäer (Mk 8,10–13; 10,1–9; 12,13–17)

11.2.1 Vorbemerkungen

Von Auseinandersetzungen Jesu mit seinen Gegnern berichtet Markus an vielen Stellen seines Evangeliums. Dreimal rückt er sie durch das Stichwort πειράζειν explizit unter den Aspekt der „Versuchung" Jesu seitens der Feinde. Dabei sind es stets die Pharisäer, die Jesus gegenübertreten und die Konfrontation mit ihm suchen; an einer Stelle werden sie von einer staatstragenden Gruppe, Parteigängern des galiläischen Herrschers Herodes Antipas (4 v.–39 n.Chr.), unterstützt.

Im Markusevangelium repräsentieren die *Pharisäer* weniger tatsächliche Personen als vielmehr eine bestimmte ablehnende Position gegenüber Jesus und der in ihm nahenden Gottesherrschaft. In ihrer verstockten Grundhaltung bilden sie eine gemeinsame Front mit anderen jüdischen Gruppierungen wie z.B. den Sadduzäern, den Ältesten oder den Hohepriestern. Als wichtigste Gegner Jesu aber fungieren im

---

114 KLAUCK, *Vorspiel*, 94 spricht ganz zu Recht von der „proömiale[n], d.h. einen Erzählstrang vorbereitende[n] Funktion der Versuchung in Mk 1,12 [*sic!*]". Gemeint ist natürlich Mk 1,12–13.

115 Aufschlussreich ist ein Vergleich von 1,11 mit der Verklärungsszene in 9,7. In 1,11 gilt die Himmelsstimme Jesus selbst und bestätigt ihm seine einzigartige Würde. Anders in 9,7: Dort ist der himmlische Ruf nicht an Jesus, sondern an einen ausgewählten Jüngerkreis gerichtet. Diesem wird das Geheimnis der wahren Identität Jesu, seine Gottessohnschaft, offenbart. Die Information ist jedoch kein Selbstzweck; vielmehr geschieht sie in Verbindung mit der Weisung, auf seine Lehre zu hören.

Evangelium die „Schriftgelehrten" (γραμματεῖς), die teilweise der pharisäischen Schulrichtung zugerechnet werden (vgl. Mk 2,16).[116]

Aufgrund der negativen Rolle, die die Pharisäer in der Evangeliumserzählung bekleiden, muss mit polemischen Verzerrungen durch den Erzähler gerechnet werden.[117] Was den *historischen* Pharisäismus z.Z. des zweiten Tempels betrifft, so sind als grundlegende Quelle die Werke des JOSEPHUS anzusehen, in denen allerdings auch spezifische Tendenzen nicht ganz auszuschließen sind.[118] Er beschreibt die Pharisäer sowohl in seinen *„Jüdischen Altertümern"* (Ant. 13,171–173.297f; 18,11–25) als auch im *„Jüdischen Krieg"* (Bell. 2,118–166) als eine von drei Religionsparteien (αἱρέσεις) neben den Sadduzäern und den Essenern.[119] Im Hinblick auf sein hellenistisch gebildetes Lesepublikum charakterisiert er die Parteien in Analogie zu den griechischen Philosophenschulen und unterscheidet sie nach ihrer Stellung zum Schicksal, zur Willensfreiheit und zur Unsterblichkeit der Seele. Die Pharisäer nennt er dabei am häufigsten und sagt ihnen einen großen und bestimmenden Einfluss auf das Volk nach (Ant. 13,297f; 18,15.17). Der Einfluss ist vor allem in dem Bemühen um eine rituelle Heiligung des täglichen Lebens zu sehen.[120] Dieses Bemühen beinhaltet nicht nur die Bewahrung, sondern auch die Aktualisierung der schriftlichen Tora. Zu diesem Zweck werden dem Volk aufgrund der „Überliefe-

---

[116] Die Schriftgelehrten sind religiöse Lehrer; als Urmodell des Schriftgelehrten ist Esra anzusehen, von dem es heißt, er sei „kundig im Gesetz des Mose" (Esr 7,6). Nirgendwo sonst außer in den synoptischen Evangelien treten die Schriftgelehrten in jüdischen Quellen als eine geschlossene Gruppe auf; ihre synoptische Vereinheitlichung ergibt sich aus ihrer Gegnerschaft und Abgrenzung von Jesus (Mk 1,22). Im Markusevangelium stehen die Schriftgelehrten Jesus nahezu von Anfang an feindselig gegenüber. Sie halten ihn für einen Gotteslästerer (2,6) und Besessenen (3,22), streiten mit ihm um Lehrfragen (7,5) und sprechen ihm seine Vollmacht ab (11,27f). Die einzige positive Ausnahme unter ihnen, ein Sympathisant Jesu, sticht deshalb umso mehr hervor (12,28–34). Die Schriftgelehrten spielen auch eine maßgebliche Rolle bei Jesu Festnahme und Auslieferung (14,1.43; 15,1) und verhöhnen ihn noch unter dem Kreuz (15,31). Jesus seinerseits warnt ausdrücklich vor ihnen, prangert ihre Eitelkeit und Scheinheiligkeit an und prophezeit ihnen das himmlische Gericht (12,38–40). Vgl. THEIßEN/MERZ, *Jesus*, 208–210.

[117] Dies ist in der älteren Forschung zu wenig berücksichtigt worden. Stellvertretend für eine unreflektierte Pharisäer-Kritik sei BOUSSET, *Jesus*, 31f zitiert: „Die eigentlichen Antipoden und erbittertsten Gegner Jesu sind die Gelehrten (= die Schriftgelehrten und Pharisäer) ... Hier die Unnatur grüblerischer, unfruchtbarer Gelehrsamkeit ..., eine durch Generationen fortgesetzte Verbildung und Verschrobenheit ..., ein Hängen und Kleben am Kleinen und Kleinsten, ein Wühlen im Staube, und dort ein Drängen auf die Hauptsache und der starke Sinn für Realität; ... hier der Buchstabe der Schrift und dort der lebendige Gott. Das war wie Wasser und Feuer ... Hier war von Anfang an Todfeindschaft."

[118] Es fällt z.B. auf, dass die Aussagen im *„Jüdischen Krieg"* eine stärker apologetische Tendenz erkennen lassen als in den jüngeren *„Altertümern"*. Ob JOSEPHUS selbst Pharisäer war, wie er vorgibt, ist ungewiss. Vgl. FREY, *Judentum*, 20, Anm. 66.

[119] Daneben erwähnt JOSEPHUS noch als sogenannte „vierte Philosophie" die Zeloten, die seiner Darstellung nach aber nur aufgrund ihres gewaltsamen Freiheitsdrangs von den Pharisäern unterschieden sind (Jos.Ant. 18,23).

[120] Dass sich die Pharisäer im 1. Jahrhundert zu einer reinen Frömmigkeitsbewegung entwickelt hätten, nachdem sie zuvor in der Hasmonäerzeit primär eine politische Oppositionspartei gewesen seien (so die Position von J. NEUSNER in seiner programmatischen Schrift *„From Politics to Piety"* (New York, ²1979), ist zweifelhaft. JOSEPHUS zufolge (Ant. 13,289.297) sind auch schon in der Frühzeit der Pharisäer religiöse Intentionen feststellbar; politisch irrelevant ist ihr Wirken auch in späterer Zeit nie gewesen. Vgl. FREY, *Judentum*, 20.

rungen der Väter" (Ant. 13,297; 17,149) zusätzliche mündliche Gesetzesbestimmungen vermittelt. Dabei gibt es innerhalb des Pharisäismus strengere und liberalere Lehrmeinungen, insbesondere was die Reinheits- und Festtagsnormen betrifft; er ist also keine homogene Größe.

Indem die Pharisäer die rituelle Reinheit für den Alltag der Menschen übersetzen, erfüllen sie eine wichtige sozialpolitische Funktion. Sie helfen dem Volk bei der Bewahrung jüdischer Identität gegenüber einer fremden politisch-kulturellen Übermacht. In dieser Funktion werden sie nach der Tempelzerstörung im Jahre 70 noch wichtiger. Nachdem ihnen ihre prinzipielle Loyalität gegenüber der politischen Obrigkeit das Überleben gesichert hat, spielen sie bei der rabbinischen Neukonstitution des palästinischen Judentums mit ihrer Theologie und Glaubenskonzeption eine tragende Rolle.[121] Sie sichern und gestalten maßgeblich den Fortbestand des religiösen Lebens unabhängig von Tempeldienst und Priesterschaft und verlagern es zum Studium in der Synagoge hin.[122]

Im Markusevangelium geben die Pharisäer ein durchweg schlechtes Bild ab und werden wie folgt charakterisiert: Gefangen in Legalismus und starrem Gesetzesgehorsam (vgl. z.B. 2,13–3,6; 7,1–15), stehen sie in permanenter Opposition zu Jesus. In der markinischen Pharisäerkritik dürften sich zu einem erheblichen Teil Auseinandersetzungen zwischen christlichen Gemeinden einerseits und Repräsentanten der jüdischen Mutterreligion andererseits aus der Zeit des Evangelisten widerspiegeln. Dennoch ist davon auszugehen, dass es in der Tat zahlreiche Kontroversen zwischen Jesus und pharisäischen Kreisen gegeben hat.

Jesu Verhältnis zu den Pharisäern war vermutlich ambivalent. Er teilte mit ihnen bestimmte religiöse Grundüberzeugungen wie die von der Auferstehung der Toten (vgl. Mk 12,18–27). In praktischen Fragen des religiösen Lebens wie der Verbindlichkeit von Reinheits- und Feiertagsnormen und des Umgangs mit „Sündern" und Fremden aber gab es erhebliche Meinungsverschiedenheiten. Dem entspricht, dass die Pharisäer im Erzählgang des Markusevangeliums Jesus immer wieder in Gesetzesdebatten verwickeln: über das Fasten (2,18–22), über die Sabbatheiligung (2,23–3,6) oder über die kultische Reinheit (7,1–15).

Die „Versuchungsgeschichten" führen die Reihe der Debatten narrativ fort. Dabei geht es einmal um eine Frage der Privatethik (Ehe und Scheidung) und das andere Mal um eine Frage der politischen Ethik (Kaisersteuer). Die dritte der Versuchungsgeschichten hat einen anderen Charakter. Da handelt es sich nicht um eine Sachfrage, zu der Jesu Stellungnahme erwartet wird, sondern um die Forderung nach einem „Zeichen" zwecks Legitimierung seiner himmlischen Vollmacht.

---

121 Für diese Rolle kommen sie auch als einzige der traditionellen „Religionsparteien" in Frage. Den Sadduzäern geht mit dem Untergang des Tempels die geistige und materielle Lebensgrundlage verloren. Die Zeloten sind vernichtend geschlagen. Die Essener verschwinden nach der Zerstörung des Zentrums in Qumran ebenfalls aus der Geschichte. Vgl. THEißEN/MERZ, *Jesus*, 137.

122 Die traditionelle Sichtweise einer direkten Kontinuität zwischen Pharisäismus und rabbinischem Judentum ist in der Forschung mittlerweile umstritten. Zunehmend wird vermutet, dass das frühe Rabbinat auf einer breiteren Basis basierte, sozusagen „als eine Art ‚Koalition' verschiedener Kräfte" (STEMBERGER, *Qumran*, 210). Neben den Pharisäern wird mittlerweile auch priesterlichen Kreisen ein nicht unerheblicher Einfluss zugesprochen. STEMBERGER formuliert es kurz und bündig: „Zum unkritischen Panpharisäismus früherer Tage kann man nicht mehr zurück" (ebd.).

Zwei der drei Versuchungsgeschichten (10,1–9; 12,13–17) sind formal als „Schulgespräche" gestaltet. Solche Schulgespräche dienten im frühen Judentum der Unterweisung von Schülern durch einen anerkannten Lehrer in Auslegungsfragen der Tora. Sie folgen in der Regel einem bestimmten Schema, so auch hier: Frage an den Lehrer (10,2; 12,14), Gegenfrage des Lehrers (10,3; 12,16b), Antwort der Fragesteller (10,4; 12,16c), abschließende Antwort des Lehrers (10,5–9; 12,17).[123] Speziell die Szene in 12,13–17 lässt angesichts der Pointiertheit der Antwort Jesu, mit der er die Fangfrage seiner Gegner pariert, aber auch an die Chrien und Apophthegmata der paganen Philosophenviten denken.

Es wird nun genau zu klären sein, wie der Evangelist Markus in den drei Szenen die Versuchungen Jesu jeweils beschreibt. Dazu werden die Geschichten im Folgenden analysiert und anschließend noch einmal eigens auf die Verwendung des Versuchungsmotivs hin beleuchtet.

11.2.2 Die Zeichenforderung (Mk 8,10–13)

11.2.2.1 Annäherungen

Die knappe Erzählung hat ihren Kern in 8,12, wo Jesus die von Pharisäern erhobene Zeichenforderung energisch zurückweist. Vermutlich hat Markus die Geschichte von der Zeichenforderung schon aus der Tradition übernommen und nur unwesentlich in sie eingegriffen. Die Platzierung an der jetzigen Stelle allerdings und speziell die Verknüpfung mit der vorangehenden Speisungsgeschichte verdankt sich aller Wahrscheinlichkeit nach der markinischen Redaktion. Darauf weist schon die für den Erzähler typische Wendung καὶ εὐθύς in V. 10 hin, mit der er auch diesmal die Verbindung zum Kontext herstellt. Redaktionell wirkt dann auch die Überleitung in V. 13. Damit greift Markus den Erzählfaden der verschiedenen Bootsfahrten hin und her über den See (vgl. 4,36; 5,2.18.21; 6,45) wieder auf.

Der Szene von der Zeichenforderung gehen im Erzählgang des Markusevangeliums mehrere Wundergeschichten voraus: zwei Heilungswunder (7,24–30.31–37) und das besagte Speisungswunder (8,1–9). Diese vorgeordnete Anhäufung von Wundergeschichten ist nicht zufällig, sondern vom Erzähler bewusst so arrangiert.

Mk 8,12 hat eine Parallele in Q. Der Evangelist Matthäus berichtet darum gleich zweimal von der Ablehnung der Zeichenforderung (Mt 12,39; 16,4).[124] Lukas wiederum schließt die Zeichenforderung unmittelbar an den Verdacht an, dass Jesus die bösen Geister durch Beelzebul austreibe (Lk 11,14–16); die ausdrückliche Zurückweisung der Forderung folgt dann erst später (Lk 11,29).

---

[123] Zur Rolle der *verba quaerendi* im Zusammenhang mit der Versuchungsthematik vgl. S. 68–70.

[124] Die doppelte Überlieferung des Jesus-Wortes ist ein Indiz für ihr hohes Alter und ihre historische Zuverlässigkeit. Es handelt sich mit großer Wahrscheinlichkeit um ein authentisches Jesus-Logion.

11.2.2.2 Textanalyse

10 Und sogleich stieg er in das Boot mit seinen Jüngern und kam in die Gegend von Dalma-
nutha. 11 Und es kamen die Pharisäer hinaus und begannen mit ihm zu streiten, indem sie von
ihm ein Zeichen vom Himmel verlangten, um ihn zu versuchen. 12 Und seufzend in seinem
Geist, spricht er: Warum verlangt dieses Geschlecht ein Zeichen? Amen, ich sage euch: Diesem
Geschlecht wird kein Zeichen gegeben werden. 13 Und er ließ sie stehen, stieg wieder ein und fuhr
an das jenseitige Ufer.

[10–11] Die narrative Exposition durch den Erzähler ist denkbar knapp gehalten.
Nach Jesu Rückkehr mit dem Boot ins galiläische Land[125] treten ihm die Pharisäer
schon entgegen. Sie suchen wie üblich Streit. Diesmal fordern sie von ihm ein Zeichen, durch das er seine himmlische Autorität beglaubigen soll.

Nach den zahlreichen Wundertaten, die Jesus zuvor schon vollbracht hatte,
wirkt diese Forderung zunächst überraschend. Er hatte Dämonen ausgetrieben, er
hatte Kranke geheilt, er hatte Tausende mit wenigen Broten gespeist – hatte er
nicht so schon seine besondere Vollmacht eindrucksvoll unter Beweis gestellt?
Woher sollten seine erstaunlichen Fähigkeiten denn stammen, wenn nicht von
Gott? So denken manche – aber eben nicht die Pharisäer. Für sie steht Jesus mit
dem Teufel im Bunde. Und seine Wunder sind ihrer Meinung nach nichts anderes
als teuflische Zauberkünste, mit denen er leichtgläubige Menschen blenden und
verführen will (Mk 3,22).

Der Verdacht der Pharisäer erscheint – objektiv betrachtet – gar nicht einmal
unbegründet. Als Wundertäter steht Jesus in seiner Zeit nämlich keineswegs allein.
So berichtet JOSEPHUS von „Schwarmgeistern" und „Betrügern", die mit Wundern
Glauben an die Messianiät ihrer eigenen Person wecken wollten, um viele für sich
zu gewinnen und mit ihren Anhängern den Heiligen Krieg gegen die römische
Besatzung zu eröffnen.[126] Die lukanische Apostelgeschichte erzählt von Simon
Magus, der mit seinen Zauberkünsten das Volk in Samarien verführte (Act 8,9–11).
Als bedeutender rabbinischer Wundercharismatiker im ersten nachchristlichen
Jahrhundert ist Hanina ben Dosa zu nennen, der genauso wie Jesus in Galiläa
wirkte.[127] Auch die hellenistische Umwelt war erfüllt von Wundergeschehen und
Wundertätern; erinnert sei an die Zauberer von Ephesus (Act 19,18f) oder an den
bereits mehrfach erwähnten Apollonios von Tyana, der im 1. Jahrhundert als
neupythagoräischer Wanderphilosoph von sich reden machte.[128] Angesichts dieser

---

125 SEYBOLD, *Dalmanutha*, 42–48 leitet den rätselhaften Namen Dalmanutha von der Salmon-
     Aue ab und verortet ihn in der Ginnosarebene. Zur Textkritik vgl. BECKER, *Markus-Evange-*
     lium, 196, Anm. 101.

126 Vgl. Jos.Bell. 2,258–259: „Außerdem bildete sich eine weitere Bande von nichtswürdigen
     Menschen ... Sie waren nämlich Schwarmgeister und Betrüger, die unter dem Vorwand gött-
     licher Eingebung Unruhe und Aufruhr hervorriefen und die Menge durch ihr Wort in dä-
     monische Begeisterung versetzten. Schließlich führten sie das Volk in die Wüste hinaus; dort
     wolle Gott ihnen Wunderzeichen zeigen, die die Freiheit ankündigen." Vgl. auch Jos.Bell.
     6,284–286; 7,437–442; Ant. 20,97–99; 167f.188.

127 Ihm wurden nachgesagt: wunderbare Immunität gegen Schlangenbiss, Fernheilungen durch
     Gebet und Macht über Dämonen. Vgl. THEIßEN/MERZ, *Jesus*, 278. Ausführliche Informa-
     tionen zu Hanina ben Dosa finden sich bei BECKER, *Wunder*, 337–378.

128 Apollonios werden von seinem Biographen PHILOSTRATOS Exorzismen und Totenerwe-
     ckungen zugeschrieben, außerdem die Befreiung der Stadt Ephesus von einer Pestepidemie

zahlreichen und so unterschiedlichen Parallelen waren die Wundertaten Jesu also tatsächlich keine eindeutigen Beweise, dass er wirklich aus der Kraft und Vollmacht *Gottes* heraus handelte. Und einen solchen Beweis verlangen die Pharisäer also jetzt von ihm, ein Beglaubigungszeichen, einen Nachweis von höchster Stelle: „Jesus soll dafür sorgen, dass Gott, in dessen Namen er wirkt, ihn eindeutig als von ihm autorisiert ausweise."[129]

Für himmlische Beglaubigungszeichen gab es zahlreiche Vorbilder in der alttestamentlichen und frühjüdischen Tradition. Sie konnten, wie in Mk 8,11, der Beglaubigung von Personen dienen, aber z.B. auch der von prophetischen Worten oder der persönlichen Vergewisserung.[130] Auch in Texten des rabbinischen Judentums findet sich mehrfach das Motiv der Zeichenforderung, und zwar bevorzugt im Zusammenhang mit der *Messiaserwartung*. Markantestes Beispiel ist die Geschichte in bSan 98a, in der die Schüler von R. Jose b. Qisma diesen (nach anfänglichem Zögern!) um ein Zeichen bitten, mit dem er seine Prophezeiung zum Kommen des Messias beglaubigen solle. Ihrer Bitte wird entsprochen: R. Jose verwandelt Wasser in Blut, obwohl er der Zeichenforderung eigentlich kritisch gegenübersteht.[131] In bSan 93b ist davon die Rede, dass die Rabbinen Bar-Kochba[132] töteten, weil er ihrem Verlangen nach einem himmlischen Zeichen nicht entsprechen konnte.[133]

Die Beispiele aus der alttestamentlichen und rabbinischen Tradition machen deutlich, dass die Zeichenforderung im Judentum eine verbreitete und keineswegs generell schlechte bzw. verbotene[134], aber zugleich doch auch immer wieder umstrittene Praxis darstellte. Die spezifische Problematik des Themas schimmert auch in der markinischen Szene durch.

Bei dem von den Pharisäern verlangten Zeichen vom Himmel ist also an eine evidente Gottestat gedacht, die der Beglaubigung Jesu und der Bestätigung seiner Autorität (vgl. 11,27f) dienen soll.[135] Auf der Basis des bisherigen im Evangelium erzählten Geschehens drängt sich allerdings die Frage auf: Wie ist die Zeichenforderung der Pharisäer denn eigentlich gemeint? Ihr Urteil über Jesus stand doch

---

(vgl. Philostr.vit.ap. 4,10f.20.45). Weitere Hinweise zu heidnischen Wundertätern finden sich bei SCHWEIZER, *Mk*, 54.

[129]   RENGSTORF, Art. σημεῖον, in: ThWNT VII, 233.

[130]   Dazu einige Beispiele: Mose sieht sich genötigt, seinen zweifelnden Landsleuten, aber auch dem Pharao einen Legitimationsbeweis zu liefern, dass er wirklich von Gott gesandt ist (Ex 4,1–9.30f; 7,9). Gideon erfleht angesichts einer für das Volk Israel bedrohlichen Lage für sich selbst ein Himmelszeichen, um sich seiner Berufung zu vergewissern (Jdc 6,36–40). Hiskia bittet den Propheten Jesaja um ein Zeichen zur Bestätigung der prophetischen Zusage, dass er von seiner Krankheit genesen wird (2 Reg 20,8–11). Umgekehrt schlägt Ahas das *himmlische* Angebot eines Zeichens aus (Jes 7,10–12).

[131]   Talmud IX, 71.

[132]   Bar-Kochba („Sternensohn") ist ein messianischer Titel (Num 24,17). Vgl. GUNNEWEG, *Geschichte*, 191.

[133]   Talmud IX, 46. Die Notiz ist historisch zweifelhaft, da Bar-Kochba vermutlich im Kampf gefallen ist. Vgl. GUNNEWEG, *Geschichte*, 192.

[134]   Vgl. MARCUS, *Mk I*, 498: „In the Old Testament and Jewish traditions it is not always a mark of disobedience to God to request a sign."

[135]   Die Art der pharisäischen Forderung erinnert in gewisser Weise an die Versuchung Jesu durch den Satan in der Wüste nach der Q-Version. Dort verlangt der Satan ebenfalls Legitimationswunder: „Bist du Gottes Sohn,..." (Mt 4,3.6; Lk 4,3.9).

längst fest und sie hatten sogar schon sehr konkrete Überlegungen angestellt, wie dieser Verführer und Gesetzesbrecher am besten zu beseitigen sei (3,6). Warum aber dann noch die Forderung nach einem Zeichen?

Der Erzähler gibt Antwort auf diese Frage, indem er der ihm vorliegenden Tradition des Streitgesprächs eine erklärende Bemerkung hinzufügt: πειράζοντες αὐτόν ("sie versuchten ihn").[136] Damit macht er deutlich: Die pharisäische Forderung an Jesus, sich und seinen Anspruch durch ein Zeichen zu legitimieren, ist nichts anderes als eine böswillige Provokation. Eine Erfüllung der Forderung wird überhaupt nicht erwartet; stattdessen geht es allein darum, Jesu Anspruch als illegitim zu erweisen. Das Verlangen wurzelt also im Unglauben der Gegner[137]; an diesem Unglauben waren schon die vielen vorangegangenen Wunder Jesu und die Kunde davon einfach „abgeprallt".

Böswillig ist nach der Überzeugung des Erzählers die pharisäische Forderung aber noch aus einem anderen Grund. Schauwunder mit dem Ziel, andere zu beeindrucken, vollbringen, wie er meint, nur Lügenmessiasse (vgl. 13,22).[138] Umgekehrt bedeutet das in der Konsequenz: Wer wirklich von Gott gesandt ist, dem geht es bei den Wundern, die er tut, niemals um die eigene Profilierung und um Selbstdarstellung, sondern einzig und allein um die Erfüllung des göttlichen Auftrags. Entsprechend geschehen sämtliche Wunder, die Jesus im Markusevangelium vollbringt, im Kontext seiner Verkündigung der Basileia Gottes; sie verbinden sich mit der Lehre (vgl. 1,27) und dienen der Illustrierung des mit der Gottesherrschaft einhergehenden Heils. Die erzählerische Darstellung der Wundertaten durch den Evangelisten macht immer wieder deutlich, dass für den Wundertäter Jesus das Wohl der hilfsbedürftigen Menschen im Vordergrund steht, nicht die Legitimierung und Anerkennung seiner selbst.[139] Damit soll nicht bestritten sein, dass die Wundertaten Jesu innerhalb der markinischen Erzählung *auch* Epiphaniecharakter im Hinblick auf seine Person haben; insbesondere die Erzählungsschlüsse lassen dies erkennen (1,27; 7,37). Sie illustrieren und bestätigen seine besondere ἐξουσία (vgl. 1,27; 2,10). Zugleich können sie aber Anlass zu Missverständnissen seines Amtes und Auftrags sein. Das ist der Grund, warum Jesus speziell bei den Heilungswundern an ihrer öffentlichen Verbreitung zumeist nicht wirklich interessiert ist; im Gegenteil werden die Geheilten bzw. die Zeugen eines Wunders wiederholt eindringlich zum Schweigen ermahnt (1,44; 5,43; 7,36).

[12–13] Jesus reagiert auf das Verlangen der Pharisäer mit einem Seufzer. Emotionale Empfindungen Jesu werden vom Erzähler des Öfteren erwähnt.[140] So kennt

---

136 Mit LÜHRMANN, *Mk*, 136 halte ich diese Bemerkung für eine ergänzende Notiz des Evangelisten selbst. Dieselbe Wendung fügt Markus dann auch in 10,2 an.

137 Vgl. dazu BERGER, *Formen*, 180: „Aufforderungen an den Charismatiker, sich durch Zeichen zu legitimieren, ... geschehen zumeist aus ungläubiger und ironischer Absicht, zum Teil steht es für den, der so auffordert, von vornherein fest, dass der Charismatiker der Aufforderung nicht Folge leisten kann oder wird."

138 Vgl. dazu aus der alttestamentlichen Traditionsgeschichte die Warnung vor falschen Propheten, die mit Zeichen und Wundern die Menschen verführen, in Dtn 13,1–6.

139 Das gilt auch für Mk 2,1–12. Die Heilung des Gelähmten dient nur aufgrund der schriftgelehrten Kritik zusätzlich als Legitimationserweis (2,10f) für Jesus und seine gottgegebene Vollmacht zur Sündenvergebung.

140 Vgl. besonders 3,5 und 14,33f, aber auch 1,41 und 7,34.

Jesus nicht nur Mitleid und Angst, sondern er leidet auch am Unglauben und an der Ablehnung, die „dieses Geschlecht" ihm entgegenbringt. γενεὰ bedeutet eigentlich die „Zeitgenossen"[141], ist aber abfällig gemeint[142] und impliziert eine verstockte Grundhaltung (vgl. 8,38; 9,19). Der Ausdruck erinnert an Dtn 32,5.20, wo das Volk Israel in der Wüste als „verkehrtes und böses Geschlecht" bezeichnet wird.[143] Es erinnert, gerade vor dem Hintergrund der vielen vorangegangen Wundertaten Jesu im Markusevangelium, aber auch an Ps 95,8f und vor allem an Num 14,22: „Die Männer, die meine Herrlichkeit und meine Zeichen gesehen haben, die ich getan habe in Ägypten und in der Wüste, haben mich nun zehnmal versucht und meiner Stimme nicht gehorcht."

Wer aber ist mit „diesem Geschlecht" im Munde Jesu konkret gemeint? Gewiss wird nicht das ganze jüdische Volk pauschal verdammt[144]; schließlich ist Jesus im jüdischen Volk ja auch echtem Glauben begegnet (vgl. z.B. 5,21–24). Primär sind vielmehr die Pharisäer gemeint; sie stehen repräsentativ für alle diejenigen, die verhärtet und ungläubig sind. Eine solche ablehnende Haltung ist Jesus zum Beispiel auch in seiner Heimatstadt Nazareth entgegengebracht worden (6,5f). Dem gegenüber stehen positive Erfahrungen in heidnischem Gebiet (7,24–30).

Jesu vorwurfsvolle Frage nach dem Grund der Zeichenforderung kommt schon einer Abwehr und Zurückweisung gleich. Und sie entlarvt bereits von ihrer Wortwahl her als eigentliches Motiv der gegnerischen Forderung einen tiefen Unglauben.

Anschließend leitet Jesus mit einer feierlichen Schwurformel nach Prophetenart[145] seine eigentliche Antwort ein. Die Antwort ist eine schroffe Ablehnung der pharisäischen Forderung, in der Jesus offensichtlich eine „Versuchung zur Versuchung" des Vaters erkennt, indem er Gott zu einem Zeichen veranlassen soll.

Auffällig ist der Gebrauch des *passivum divinum*: δοθήσεται (vgl. 4,25). Damit wird den Pharisäern gegenüber ausgedrückt: Gott selbst verweigert sich eurem Ansinnen. Sowohl durch die Form als auch durch den Inhalt seiner Antwort erweist sich Jesus somit als eng mit Gott verbunden. Die Zeichenforderung wird zwar abgelehnt, aber gleichwohl spiegelt die Antwort Jesu dessen „prophetisches Selbstbewusstsein, seinen Offenbareranspruch"[146].

Die Pharisäer allerdings sehen sich durch Jesu Antwort in ihrer Überzeugung bestätigt, nach dem Motto: Der kann keinen göttlichen Legitimationsbeweis erbrin-

---

[141] Vgl. BAUER/ALAND, WbNT, Sp. 308.

[142] Zum pejorativen Sinn des Ausdrucks vgl. ferner Jer 8,3; Jub 23,14.16.

[143] Für die Vermutung, dass in der markinischen Erzählung die Erinnerung an das Wüstenvolk mitschwingt, spricht auch eine intertextuelle Parallelität. Wie bei Markus (8,1–9; 10–13) folgt in Ex 16f auf eine Speisungsgeschichte eine Versuchung in Form einer Zeichenforderung durch das ungläubige Volk. Dies hat MARCUS, *Mk I*, 503 gut beobachtet, der im Übrigen zu Recht „the strongly developed exodus typology of Mark ...8,10–13" hervorhebt (vgl. ebd. 505).

[144] So BAUER/ALAND, WbNT, Sp. 308: „Jesus sieht sich d. [*sic!*] gesamten gegenwärtigen Geschlecht der Juden als einer einheitlichen Masse gegenüber."

[145] Vgl. BERGER, *Amen-Worte*, 59. Dieselbe Schwurformel findet sich auch Mk 3,28. Ähnliche Formeln, dort jeweils verbunden mit einer konkreten Gerichtsansage, weisen Num 14,21–23 und Ps 95,10–11 auf.

[146] PESCH, *Mk I*, 409.

gen, wir haben's ja gewusst! LOHMEYER kommentiert deshalb durchaus zu Recht: „Äußerlich betrachtet, läßt dieses Nein die Pharisäer triumphieren.“[147]

Zur Emotionalität der Auseinandersetzung passt auch das Ende des Gesprächs. Der Erzähler beschränkt sich auf eine knappe narrative Schluss-Notiz: Abrupt kehrt Jesus sich von den Pharisäern ab und fährt mit dem Boot davon.[148]

11.2.2.3 Mk 8,10–13 im Kontext des Evangeliums

Unmittelbar vor der Geschichte von der Zeichenforderung hat Markus mehrere Wundergeschichten platziert. In diesen Wundern, die Jesu außergewöhnliche Vollmacht *auf unterschiedliche Weise* sichtbar machen[149], zeigt sich besonders eindrucksvoll die Kraft Gottes, die in Jesus wirkt. Indem sich die Pharisäer von alldem unberührt zeigen, dokumentieren sie innerhalb der markinischen Darstellung ihre Unbelehrbarkeit. Sie gehören somit zu der Sorte derer, über die Jesus bereits sein Urteil gefällt hatte: die „mit sehenden Augen sehen und doch nicht erkennen, und mit hörenden Ohren hören und doch nicht verstehen“ (4,12). Sie sind ebenso blind, boshaft und verstockt wie das Wüstenvolk (Ex 16f).[150]

Ihr Unglaube hebt sich von der positiven Zustimmung und Würdigung, die Jesus anderweitig erfährt (7,37), deutlich ab. Und es ist eben dieser Unglaube, der sie nach allen vorangegangenen Wundertaten Jesu zu ihrer versucherischen Zeichenforderung veranlasst. Damit wollen sie Jesus bloßstellen und als Verführer entlarven.

Werden durch die Szene von der Zeichenforderung die Wundergeschichten im Makrotext des Evangeliums prinzipiell entwertet? Möchte sie Markus auf diese Weise in ihrer Bedeutung nivellieren? Dies vermutet z.B. GNILKA und verweist darauf, dass der Erzähler die Wunder δυνάμεις nennt und nicht σημεῖα.[151] Dem ist jedoch entgegenzuhalten, dass bei Markus die Wunder durchaus Zeichencharakter besitzen. Sie verweisen auf die Nähe der Gottesherrschaft und die sich anbahnende Zerstörung der Satansmacht (1,15.24; 3,22–27). Sie setzen vielfach Glauben voraus (6,5; 9,23), wollen jedoch umgekehrt auch Glauben und Vertrauen wecken bzw. fördern (8,17–21). Darüber hinaus erweisen und bestätigen sie die Vollmacht des Wundertäters (1,27; 2,10).[152] Die Forderung der Pharisäer ist innerhalb des markinischen Makrotextes gerade deshalb so verwerflich, weil die Gegner damit den durchaus vorhandenen Zeichencharakter der vorangegangenen Wundertaten kategorisch leugnen.

---

[147] LOHMEYER, *Mk*, 156.

[148] LOHMEYER, *Mk*, 156 bemerkt dazu treffend: „Markus hat das Wort [sc. die Ablehnung der Zeichenforderung] an τῇ γενεᾷ ταύτῃ wie einen Fluch verstanden, der auf diesem Geschlecht liegt. Seiner Schwere entspricht die brüske Abreise Jesu.“

[149] Im ersten Fall (7,24–30) vollzieht Jesus einen Exorzismus aus räumlicher Distanz und ohne direkten Kontakt zu dem besessenen Mädchen; im zweiten Fall (7,31–37) heilt er einen Taubstummen unter Anwendung geheimnisvoller Praktiken und mit engem Körperkontakt; im dritten Fall (8,1–9) sättigt er eine riesige Volksmenge mit wenigen Broten.

[150] In der rabbinischen Tradition (vgl. z.B. Sipre Num 11,22) wird mehrfach betont, dass die Zeichenforderung des Wüstenvolkes gar nicht wirklich ernst gemeint gewesen sei; sie habe vielmehr den Zweck gehabt, die Autorität des Mose zu untergraben. Siehe dazu den Hinweis bei MARCUS, *Mk I*, 504.

[151] Vgl. GNILKA, *Mk I*, 306f.

[152] Vgl. dazu auch KERTELGE, *Wunder*, 26.

Überhaupt ist eine markinische Wunderkritik, wie sie gelegentlich behauptet und vor allem mit dem Verhüllungsmotiv begründet worden ist, im Evangelium nicht wirklich zu erkennen. Als Repräsentant einer solchen Sichtweise kann KOCH gelten, wenn er urteilt: „Eine kritische Beurteilung der Wundererzählungen als direkter, unvermittelt gültiger Christusverkündigung wird … dort sichtbar, wo Markus Verbreitungsverbote in die Wundererzählungen einführt."[153] Auch VENETZ sagt dem Evangelisten eine wunderkritische Einstellung nach: „Dass Markus gegenüber Wundern sehr zurückhaltend ist, ist im Evangelium wiederholt festzustellen."[154] Tendenziell in die gleiche Richtung geht – wie an früherer Stelle schon bemerkt[155] – WEEDEN, wenn er in den Wundererzählungen die Traditionen der Gegner des Evangelisten zu erkennen meint. Markus lehne die damit verbundenen θεῖος ἀνήρ–Vorstellungen ab, wie sich im „christological clash" in 8,29–33 deutlich zeige.[156]

Demgegenüber ist zu sagen: Die Vielzahl der erzählten Wunder im Markusevangelium und die Ausführlichkeit ihrer Darstellung sprechen eine ganz andere Sprache. FRENSCHKOWSKI hat Recht: „Tatsächlich bietet kein literarisches Werk der ntl. Epoche … auf so engem Raum so viele Wundererzählungen wie Mk."[157] Diese Erzählungen haben eindeutig Epiphaniecharakter; erwähnt sei nur das in 9,14–29 geschilderte Heilungswunder, wo der soeben vom Himmel her gewürdigte Gottessohn seine einzigartige Vollmacht demonstriert. Auffällig ist auch, dass der Erzähler mehrmals die uneingeschränkt rühmende Reaktion des Volkes auf Jesu Wundertaten positiv herausstreicht – eine Reaktion, die sich von derjenigen der verstockt Ungläubigen wohltuend unterscheidet (vgl. 2,12; 7,37 gegenüber 2,5–10; 3,5; 6,6).[158] Das Verhüllungsmotiv, das übrigens bei vielen Wundergeschichten und -summarien auch fehlen kann (vgl. z.B. 2,1–12; 5,1–20; 6,30–44.53–56; 9,14–29)[159], hat keineswegs damit zu tun, dass Markus den Wundererzählungen kritisch-distanziert gegenübersteht oder dass er sie in ihrer Bedeutung relativieren möchte.[160] Das Motiv hat innerhalb der erzählten Welt vielmehr folgende Intention: Es will mögliche Missverständnisse in Bezug auf Jesu Identität, Selbstverständnis und Bestimmung vermeiden helfen.[161] Dass es in der Tat aufgrund seiner Wundertaten zu entsprechenden Missverständnissen hinsichtlich der Person Jesu gekommen ist, lässt das Markusevangelium an mehreren Stellen durchblicken (6,14–16; 8,27f).[162]

---

[153]   KOCH, *Wundererzählungen*, 184.

[154]   VENETZ, *Weg*, 148.

[155]   Vgl. S. 15f.

[156]   Vgl. WEEDEN, *Conflict*, 64–69.164.

[157]   FRENSCHKOWSKI, *Offenbarung II*, 190.

[158]   Nicht nachvollziehbar ist für mich die Bemerkung von KOCH, *Wundererzählungen*, 184: „Das unzweideutige Lob des Wundertäters, auf das die Akklamation des Publikums zielt (vgl. Mk 7,37), wird von Markus nur mit kritischer Reserve weitergegeben."

[159]   Bemerkenswert ist vor allem 5,19f, wo Jesus dem Geheilten explizit aufträgt (!), das Wunder bekannt zu machen.

[160]   So aber KOCH, *Wundererzählungen*, 185f: „Markus schränkt jeweils die Bedeutung der Wundererzählungen als direkter und vollgültiger Aussagen über die Person Jesu ein. Sie werden nicht als direkte Christusverkündigung weitergegeben."

[161]   Vgl. SCHNELLE, *Theologie*, 380: „Das Verbreitungsverbot soll verhindern, Jesus allein aus seinen Wundern heraus zu definieren und zu usurpieren."

[162]   Vgl. FRITZEN, *Gott*, 213: „[Die] Reaktionen bleiben zwiespältig und vorläufig und führen nicht zur Erkenntnis der Würde Jesu und zu echtem Glauben."

Jesus wird für den auferstandenen Johannes, für Elia oder einen der Propheten gehalten. Auch das – an und für sich zutreffende – Christusbekenntnis des Petrus bleibt dem Schweigegebot unterworfen (8,29–30), da der Christustitel vor Fehlinterpretationen nicht gefeit ist, wie die Reaktion des Petrus auf Jesu erste Leidensankündigung sofort deutlich macht (8,31–33). Zur gottgewollten Bestimmung des Christus und seines irdischen Weges gehören eben nicht nur vollmächtige Worte und Taten, sondern auch Leiden und Kreuz; das Messiasgeheimnis ist somit nichts anderes als ein Leidensgeheimnis.[163] Die einzigen, die Jesu Identität wirklich durchschauen, sind die Dämonen (1,24; 3,11; 5,7). Aber auch ihnen wird Schweigen auferlegt (1,34; 3,11f), weil ihr Zeugnis nicht Ausdruck des Glaubens ist, sondern der Furcht und der Feindschaft; als solches ist es in sich anfechtbar und fragwürdig.[164] Es führt ja auch, obwohl mehrfach laut hinausgerufen, niemanden zur Erkenntnis Jesu bzw. zum Glauben an ihn.

Jesus weist die Zeichenforderung der Pharisäer zurück. Allerdings bleibt es im Makrotext des Evangeliums nicht bei dieser einen Zeichenforderung. In der Kreuzigungsszene wird Jesus ein weiteres Mal mit einem solchen Verlangen konfrontiert. Passanten, Hohepriester und Schriftgelehrte fordern von ihm als Beglaubigungszeichen das Herabsteigen vom Kreuz (15,29–32). Aber auch dort wird nicht ernsthaft mit einer Erfüllung der Forderung gerechnet; im Gegenteil dient sie diesmal der Verspottung und Verhöhnung des allem Anschein nach völlig hilflos am Pfahl hängenden Delinquenten.

11.2.2.4 Mk 8,10–13 im Blick auf die Leser

Die Szene erzählt vom Unglauben und der Böswilligkeit der Pharisäer. Sie berichtet davon, wie diese mit ihrem Zeichenverlangen Jesus herausfordern und wie sich Jesus gegen die Versuchung zur Wehr setzt. Er weist die Forderung zurück, aber so, dass er gerade durch die Form der Ablehnung seinen Offenbareranspruch dokumentiert.

Zugegeben: „Am Ende stellt sich der Sachverhalt vordergründig so dar, dass Jesus als der Ohnmächtige weggeht und die Gegner als Sieger dastehen."[165] Die Leser des Markusevangeliums wissen es allerdings besser. Sie wissen nämlich, dass es schon unmittelbar im Anschluss an Jesu Taufe ein *himmlisches Beglaubigungszeichen* gegeben hat, in dem sich Gott ausdrücklich zu Jesus als seinem „geliebten Sohn" bekannte (1,11). Kurze Zeit nach der pharisäischen Zeichenforderung erfahren sie dann von einem zweiten Beglaubigungszeichen bei der Verklärung Jesu auf dem Berg (9,1–9). Beiden Zeichen aber ist gemeinsam, dass sie innerhalb der erzählten Welt im Geheimen stattfinden; am Jordan ist niemand Zeuge, bei der Verklärung

---

[163] THEIßEN weist dem Geheimnismotiv darüber hinaus eine spezielle pragmatische Funktion zu. Er stellt eine Parallele zwischen der internen Textwelt des Evangeliums und der realen Welt der Leser her und definiert von daher das Messiasgeheimnis als „Schutzgeheimnis": „Solange Jesus durch Geheimnis geschützt ist, muss er nicht leiden. Sobald er aus dem Schutz des Geheimnisses heraustritt, nähert er sich dem Leiden. Dem entspricht: Solange die Christen durch Geheimnis geschützt sind, müssen sie nicht leiden; sobald sie aus dem Schutz des Geheimnisses heraustreten, nähern sich dem Leiden" (ders., *Evangelienschreibung*, 405).

[164] So richtig FRITZEN, *Gott*, 207.

[165] GNILKA, *Mk I*, 307.

nur ein kleiner, ausgewählter Jüngerkreis, und der wird zum Schweigen ermahnt, „bis der Menschensohn von den Toten auferstanden ist" (9,9). Noch ein drittes Mal wird Gott Zeichen geben; bei Jesu Kreuzigung tritt mittags eine *mehrstündige* Sonnenfinsternis ein, und im Augenblick seines Todes zerreißt der Tempelvorhang (15,33.38). Diese Ereignisse haben innerhalb der erzählten Welt erstmals öffentlichen Charakter; aber auch sie besitzen angesichts des scheinbar so offensichtlichen Scheiterns Jesu und insbesondere seines Verlassenheitsschreis am Kreuz (15,34) keine eindeutige Beweiskraft.[166] Ein letztes und dann in der Tat unabweisbares Zeichen wird erst mit dem endgültigen Einbruch des Eschatons erfolgen[167], wenn „sie den Menschensohn kommen sehen werden auf den Wolken mit großer Kraft und Herrlichkeit" (13,26).[168]

Was bedeutet dieses Wissen für die Leser? Es lehrt sie den besonderen Charakter der Identität Jesu verstehen. Dessen einzigartige Autorität als Christus und Gottessohn war nach dem Zeugnis des Markusevangeliums schon zu seinen Lebzeiten nur im Glauben sichtbar – und sie ist es zur Zeit der Leser noch immer. Diese leben somit permanent in der „Spannung von verborgener Gegenwart und sicher verheißener Zukunft, die die Auffassung des Markusevangeliums von der Gottesherrschaft insgesamt kennzeichnet"[169]. *Beweise* für die Wahrheit des Anspruchs Jesu gab und gibt es nicht. Die Wunder, die Jesus tat, sind wichtige *Hinweise*; als solche laden sie zum Glauben ein. Aber sie sind keine *Beweise*; sie haben nicht den Anspruch, den Glauben gleichsam „abzunehmen". Vor diesem Hintergrund ist das Verlangen der Pharisäer nach einem himmlischen Zeichen, *damit sie glauben können*, Ausdruck von Blindheit (vgl. 4,12) und Vermessenheit; zu Recht wird es von Jesus rigoros abgewiesen.[170] Gott respektive Jesus lässt sich nicht zwingen. Er entscheidet selbst, ob und in welcher Weise er sich den Menschen offenbart und ihnen die Augen für seine Wirklichkeit öffnet; Glaube kann nur Geschenk sein.[171]

Dieses Wissen hilft den Lesern bei Auseinandersetzungen mit ihren Gegnern und in den vielerlei Bedrängnissen, die sie erfahren (vgl. 4,17; 10,30; 13,9–13). In der Welt, in der sie leben, wird Jesu Würde von vielen angezweifelt. Ein gekreuzigter Gottessohn ist „den Juden ein Ärgernis und den Heiden eine Torheit" (1 Kor 1,23). Von den Christen werden „Beweise" für die Wahrheit ihres Glaubens verlangt (1 Kor 1,22). Sie sehen sich einer Wand von Misstrauen, Zweifel und Hass gegenüber. Aus dem Markusevangelium lernen sie: Jesus selbst erging es schon ganz genauso. Auch er war der Ablehnung vieler seiner Zeitgenossen ausgesetzt, die sich weder von seinen Worten noch von seinen Taten überzeugen ließen, sondern einen unwiderlegbaren Beweis einforderten. Indem den Christen das gleiche Misstrauen entgegenschlägt wie ihrem Herrn, widerfährt ihnen nichts „Seltsames",

---

[166] Ob das Zeugnis des römischen Hauptmanns eine Reaktion auf die Wunderzeichen darstellt, lässt sich nicht mit Sicherheit entscheiden (vgl. dazu S. 264f).

[167] Vgl. SCHENKE, *Mk*, 193.

[168] Mt 24,30 spricht hier ausdrücklich vom „Zeichen des Menschensohnes *am Himmel.*"

[169] FRITZEN, *Gott*, 236f.

[170] In anderen Fällen – dort, wo es um die Linderung einer menschlichen Not geht – weist Jesus die Bitte um ein Wunder auffälligerweise nicht ab (vgl. 5,21–24; 9,14–29).

[171] BORINGS Interpretation trifft diesen Sachverhalt genau: „The key to understanding the present text probably lies in Mark's understanding of faith. No one can become a believer by putting God to the test ... Faith is always gift." (ders., *Mk*, 223).

sondern sie leiden „mit Christus" bis „zur Zeit der Offenbarung seiner Herrlichkeit" (1 Petr 4,12f). Sie stehen in seiner Nachfolge.

11.2.3 Über Ehe und Ehescheidung (Mk 10,1–9)

11.2.3.1 Annäherungen

Im 10. Kapitel des Markusevangeliums werden – unter dem umfassenden Blickwinkel der Nachfolge – Fragen der Lebenspraxis erörtert. Die Themen, die behandelt werden, gehören in den Bereich der Privatethik und sind von großer Relevanz
für die frühchristlichen Gemeinden. Konkret thematisiert werden die Fragen von
Ehe bzw. Ehescheidung, Familie, Kindern und Besitz (10,1–31). Vermutlich
konnte sich der Erzähler für seine Darstellung auf eine vormarkinische katecheti-
sche Textsammlung stützen.[172] Er fügt sie – erzähltechnisch sehr geschickt – in der
Weise in sein Evangelium ein, dass Jesus auf dem Weg nach Jerusalem einer großen
Volksmenge (vgl. 10,1) wichtige Normen und Verhaltensregeln vermittelt.[173]
    Das Schulgespräch über Ehe und Ehescheidung folgt einer typisch markini-
schen Form.[174] An eine Reisenotiz (10,1) schließt sich eine zweigeteilte Szene an,
die durch eine öffentliche Belehrung zum Thema (10,2–9) und eine weiterführende
Erklärung im engeren Jüngerkreis (10,10–12) strukturiert ist.[175] Dass 10,1 redaktionell ist, dafür sprechen sowohl der Gebrauch des historischen Präsens als auch die
ungenaue Ortskenntnis, die bei Markus öfter festzustellen ist. Auch 10,10, das den
Szenenwechsel markiert und zu 10,11 überleitet, dürfte redaktionell sein. Redaktionell wirkt nicht zuletzt die Charakterisierung der Pharisäerfrage als Versuchung
(10,2) in Analogie zu 8,11.
    Das Gespräch erscheint aus zweierlei Gründen stilisiert. Der erste Grund ist
der, dass es um eine Thematik kreist, die eher in den nachösterlichen Gemeinden
eine Rolle spielte als im Kontext des Auftretens Jesu.[176] Und der zweite Grund: Die
Frage nach dem *prinzipiellen* Recht auf Ehescheidung wurde im Judentum des 1.
Jahrhunderts kaum diskutiert, da es dazu eine klare Richtlinie von der Tora her gab
(vgl. Dtn 24,1–4). Dass die Pharisäer Jesus nach dem grundsätzlichen Recht auf
Ehescheidung befragen, wirkt also literarisch konstruiert[177]; die Frage dient narratologisch dazu, die Belehrung Jesu vorzubereiten. Anders formuliert: Der Erzähler
schafft auf diese Weise ein „*Setting*" für die Lehre Jesu.
    Damit ist nicht zwingend ausgeschlossen, dass die Gesprächsszene einen histo-
rischen Kern besitzt, zumindest was die Einstellung Jesu zur Ehescheidung betrifft.
Schon Paulus bezieht sich in 1 Kor auf eine authentische Aussage Jesu, die der

---

172   Mit H.W. KUHN, *Sammlungen*, 146–191. KUHN führt die Textsammlung in Mk 10 auf Kate-
       cheten zurück, die mit der Organisation der Gemeinden befasst waren.
173   Für die Leser relevante Botschaften kleidet Markus gerne narrativ in Belehrungen Jesu für
       das „Volk" (vgl. z.B. 4,1ff; 8,34ff).
174   Vgl. BORING, *Mk*, 286.
175   Die gleiche Struktur zeigt Mk 7,1–23. Jüngerbelehrungen „im Haus" sind auch sonst typisch
       für Markus. Vgl. zuletzt 9,33.
176   So schon BULTMANN, *Geschichte*, 27.
177   Der Evangelist Matthäus macht die Frage plausibler, indem er hinzufügt: „aus irgendeinem
       Grund" (vgl. Mt 19,3).

Frau das Recht zur Ehescheidung abspricht und dem Mann untersagt, seine Frau zu verstoßen (1 Kor 7,10f).

11.2.3.2 Textanalyse

1 *Und von dort bricht er auf und nimmt seinen Weg in das Gebiet von Judäa jenseits des Jordan und wiederum läuft eine große Volksmenge bei ihm zusammen und, wie er es gewohnt war, lehrte er sie abermals.* 2 *Und es traten die Pharisäer herzu und fragten ihn, ob es einem Mann erlaubt sei, seine Frau zu entlassen. Damit versuchten sie ihn.* 3 *Er aber antwortete und sagte zu ihnen: Was hat euch Mose geboten?* 4 *Sie aber sagten: Mose hat erlaubt, einen Scheidebrief zu schreiben und sich zu scheiden.* 5 *Aber Jesus sagte zu ihnen: Wegen eurer Hartherzigkeit hat er euch dieses Gebot geschrieben.* 6 *Aber vom Beginn der Schöpfung an hat er [sc. Gott] sie als Mann und Frau geschaffen.* 7 *Darum wird ein Mensch seinen Vater und seine Mutter verlassen [und seiner Frau anhangen]* 8 *und die zwei werden ein Leib sein. Somit sind sie nicht mehr zwei, sondern ein Leib.* 9 *Was nun Gott zusammengefügt hat, das soll der Mensch nicht scheiden.*

[1–2]   Nachdem er das judäische Gebiet erreicht hat[178], wird der Lehrer Jesus von den Pharisäern in ein Schulgespräch verwickelt. Wie so oft sind sie es, die das Gespräch suchen, nicht umgekehrt. Diesmal allerdings kommen sie nicht direkt mit einem Vorwurf wie in 2,18.24 oder 7,5. Sie stellen – scheinbar ganz sachlich und unpolemisch – eine Frage zur Toraauslegung. Allerdings ist die Frage seltsam; denn dass nach jüdischem Recht der Mann (übrigens nur er)[179] das Recht zur Scheidung besaß, war unstrittig und, wie bereits erwähnt, durch die Tora gedeckt (vgl. Dtn 24,1). Umstritten war lediglich, was als Scheidungs*grund* gelten konnte; darüber wurde zwischen den Schulen heftig diskutiert. Dtn 24,1 nennt als Scheidungsgrund, dass der Mann „etwas Schändliches" an seiner Frau findet. Was aber war als schändlich zu bewerten? R. Schammai vertrat die strenge Position: Danach durfte der Mann seine Frau nur im Fall von Ehebruch entlassen. Der liberalere R. Hillel gestattete die Scheidung schon, wenn die Frau gegen die gute Sitte verstieß, indem sie mit aufgelöstem Haar ging oder eine Speise anbrennen ließ. Später erlaubte R. Aqiba die Scheidung sogar für den Fall, dass der Mann einer Frau begegnete, die ihm besser gefiel![180]

Vor diesem kasuistischen Hintergrund überrascht die Pharisäerfrage aufgrund ihres grundsätzlichen Charakters. Die Erklärung des Erzählers lautet: πειράζοντες αὐτόν („sie versuchten ihn damit").[181] Da „Versuchung" beim Erzähler stets eine negative semantische Konnotation hat, ist dies wohl so zu verstehen: Die Gegner wollen Jesus nicht bloß auf seine Schriftgelehrsamkeit hin „prüfen"; vielmehr beabsichtigen sie, ihm eine Falle zu stellen. Sie wissen wohl schon vorher oder rechnen fest damit, dass Jesus die Ehescheidung verwirft. Und weil sie das wissen, darum

---

178   Irrtümlich scheint Markus der Meinung zu sein, dass Judäa oder Teile davon „jenseits des Jordan" liegen.

179   Vgl. Jos.Ant. 15,259. Nur in besonderen Ausnahmefällen besaß die Frau ein Scheidungsrecht (vgl. dazu BILL I, 318f). Die römisch-hellenistischen Rechtsverhältnisse dagegen räumten auch der Frau das Recht auf Scheidung ein (vgl. SCHENKE, *Mk*, 242). Beachtenswert ist in diesem Kontext Jesu Aussage in Mk 10,12.

180   Vgl. Mischna, Git 90a [Talmud VI, 499]. Siehe dazu auch GRIMM/FISCHER, *Mk*, 81.

181   Die Charakterisierung der Pharisäerfrage als „Versuchung" dürfte, wie bereits erwähnt, auch an dieser Stelle von Markus stammen.

wollen sie ihn mit den anderslautenden Aussagen der Tora konfrontieren. Auf diese Weise hoffen sie, ihn als Irrlehrer und Verführer des Volkes entlarven zu können. Ein offenkundiger Konflikt zwischen der Tora und dem Ethos Jesu – nichts wäre ihnen willkommener. Ein Fallstrick und nichts anderes ist folglich diese scheinbar so harmlose Frage nach dem Scheidungsrecht.

[3–4]   Jesus antwortet mit einer Gegenfrage und verweist die Gesprächspartner dabei auf die Tora – eine für das Schulgespräch durchaus übliche Praxis. Dass er die Pharisäer durch seine Gegenfrage bereits jetzt Dtn 24 ins Feld führen lässt, bevor er selbst zu der Frage Stellung bezieht, verrät sein gesprächstaktisches Geschick.

Die Pharisäer führen den Scheidebrief als Legitimation der (vom Mann initiierten) Ehescheidung an. Dabei folgen sie der Überzeugung: „Da es ein ordentliches Verfahren dafür gibt, ist es einem Mann erlaubt, eine Frau aus der Ehe zu entlassen."[182] Der Brief, auf den sie sich beziehen, war jedoch von seiner Intention her alles andere als eine Art Freifahrtschein für männliche Willkür. Er diente zum Schutz der Frau und machte sie frei für eine neue Ehe.[183]

[5–9]   Nun bezieht Jesus seinerseits Position. Er relativiert das Gebot Dtn 24,1 als ein bloßes Zugeständnis an die menschliche Hartherzigkeit. Jesu Antwort bedeutet mit anderen Worten: Der *eigentliche* (Schöpfungs-)Wille Gottes ist ein anderer als in Dtn 24 ausgedrückt[184] – eine durchaus gewagte Behauptung, die aber gerade in ihrer Vollmacht Jesus als Träger des göttlichen Geistes ausweist (vgl. 1,10f). Der in Dtn 24 begründeten Praxis stellt Jesus den *wahren* Willen Gottes entgegen, der sich für ihn als Konsequenz aus der Schöpfungsordnung ergibt.[185] Dazu führt er als Schriftbeweis ein aus Gen 1,27 und 2,24 kombiniertes Zitat der LXX-Fassung an. Allerdings haben beide Stellen mit dem Thema der Ehescheidung ursprünglich nichts zu tun. Gen 1,27 begründet lediglich die Polarität der Geschlechter.[186] Gen 2,24 spricht davon, dass Mann und Frau gerade in ihrem geschlechtlichen Gegenüber aufeinander bezogen sind und nur gemeinsam zu einem vollkommenen Ganzen werden.

---

182 BREYTENBACH, *Vorschriften*, 34.

183 Vgl. das Formular für einen Scheidebrief in Mischna, Git 85b [Talmud VI, 480]: „Rabbi Jehuda sagt: [Es heißt:] ‚Und dies sei dir von mir Schrift der Verwerfung, Urkunde der Entlassung und Brief der Befreiung, dass du gehen kannst, um jeden Mann, den du willst, zu heiraten.‘ Das Wesentliche eines Freilassungsbriefes ist: ‚So bist du eine freie Frau! So [gehörst] du dir selbst!‘"

184 Vgl. BREYTENBACH, *Vorschriften*, 35: „Gottes Schöpferwille und die Tora treten auseinander."

185 Diese Argumentationsweise erinnert an Gal 3,15–20, wo Paulus ebenfalls das mosaische Gesetz ein Zugeständnis Gottes nennt, das aufgrund der Sündhaftigkeit des Menschen gegeben wurde. Vgl. BORING, *Mk*, 287.

186 In Qumran wurde gleichwohl gerade mit dem Verweis auf Gn 1,27 die Einehe auf Lebenszeit gefordert und gegen die im Judentum durchaus erlaubte Polygamie polemisiert. Die Vielehe galt als „Hurerei" (CD 4,20f).

Bemerkenswerterweise lässt Jesus in seiner Belehrung den ursprünglich zu Gen 2,24 gehörigen Teil „und seiner Frau anhangen" weg[187], so dass die Aussage für Mann und Frau in gleicher Weise gilt.[188] Die LXX leistet dem insofern Vorschub, als sie das hebräische אִישׁ („Mann") mit ἄνθρωπος („Mensch") übersetzt.

In Form einer Sentenz wird die Ablehnung der Ehescheidung abschließend zusammengefasst. Nach der Überzeugung Jesu geht die Lebensform der Ehe auf Gott selbst zurück, der die Menschen in ihrer geschlechtlichen Verschiedenheit geschaffen hat, damit Mann und Frau im Ehebund zu einer Einheit werden. Diese Auffassung steht in Überstimmung mit der rabbinischen Lehre, wonach Gott jede einzelne Ehe, nicht nur die des ersten Menschenpaares, gestiftet habe.[189] Die LXX leistet dem insofern Vorschub, als sie das hebräische אִישׁ („Mann") mit ἄνθρωπος („Mensch") übersetzt.

In Form einer Sentenz wird die Ablehnung der Ehescheidung abschließend zusammengefasst. Nach der Überzeugung Jesu geht die Lebensform der Ehe auf Gott selbst zurück, der die Menschen in ihrer geschlechtlichen Verschiedenheit geschaffen hat, damit Mann und Frau im Ehebund zu einer Einheit werden. Diese Auffassung steht in Überstimmung mit der rabbinischen Lehre, wonach Gott jede einzelne Ehe, nicht nur die des ersten Menschenpaares, gestiftet habe. Durch das Scheidungsverbot ohne jede Abschwächung und Konzession wird „das Gebot des Mose grundsätzlich in Frage gestellt"[190].

Eine Reaktion der Pharisäer auf Jesu Belehrung wird nicht berichtet. Sie ist für den Erzähler deshalb verzichtbar, weil sich die Aussage Jesu im erzählstrategischen Sinne weniger an sie als vielmehr an die Gemeinde richtet.

An das Gespräch mit den Pharisäern schließt Markus in der Form esoterischer Tradition noch eine Belehrung eigens für die Jünger an (10,10–12). Diese Belehrung macht die im Streitgespräch mit den Pharisäern bereits begründete Regelung für die christliche Gemeinde verbindlich und dehnt sie adäquat zur hellenistisch-römischen Rechtsprechung nun auch explizit auf die Frau aus.

11.2.3.3 Mk 10,1–9 im Kontext des Evangeliums

Im 10. Kapitel des Evangeliums schildert der Erzähler, wie Jesus zu verschiedenen Fragen der Privatethik Stellung nimmt. Anders als bei den Themen Familie, Kinder und Besitz (10,13–31) sind es beim Thema Ehe Feinde Jesu in Person der Pharisäer, die ihn zu seiner Stellungnahme veranlassen. Nachdem sie ihn zu einem früheren Zeitpunkt schon mit ihrer Zeichenforderung versucht hatten (8,11–13), tun sie es jetzt durch ihre Frage nach dem Recht auf Ehescheidung. Die Frage wird

---

187   Die Wendung findet sich jedenfalls in wichtigen alten Textzeugen des Markusevangeliums nicht; sie ist – vor allem in vielen Koine-Handschriften – ganz offensichtlich als Nachtrag eingefügt worden, in Entsprechung zu Gen 2,24 und Mt 19,5.

188   Vgl. GRIMM/FISCHER, *Mk*, 81. Vgl. auch JOCHUM-BORTFELD, *Die Verachteten*, 287: „Beide [sc. Mann und Frau] sind gleichermaßen verantwortlich handelnde Subjekte, nicht allein der Mann."

189   Vgl. den rabbinischen Text Pesiqta R. Kahana 11 B: „Eine Matrone fragte den R. Jose ben Chalaphta: ,In wieviel Tagen hat Gott seine Welt geschaffen?' Er antwortete: ,In sechs Tagen.' Die Matrone fragte weiter: ,Und was tut er seitdem?' R. Jose antwortete: ,Er bringt die Ehepaare zusammen.'"

190   BREYTENBACH, *Vorschriften*, 35.

unvermittelt, aus der Volksmenge heraus (10,1), an ihn gerichtet. Die Pharisäer heucheln, indem sie demütig an Jesus herantreten wie Schüler an ihren Lehrer. Sie stellen scheinbar wissbegierig eine Frage, zu der sie selbst von der Tora her schon eine klare eigene Meinung haben. Und sie tun das nur zu dem Zweck, um Jesus als jemanden zu entlarven, der sich für seine ethischen Überzeugungen nicht auf die mosaische Tora berufen kann.

Dass Jesu Lehre und Verhalten im Widerspruch zur Tora stehen, darüber sind sich die Pharisäer im Evangelium schon längst einig. Ob es um Fragen der Sabbatheiligung (2,23–28; 3,1–6), des Fastens (2,18–22), der Reinheit (7,1–15) oder auch der Gemeinschaft mit Sündern (2,13–16) ging – immer wieder hat sich Jesus (mitsamt seinen Jüngern) in ihren Augen als jemand erwiesen, der sich nicht an die Gebote der Tora gebunden weiß, sondern sich in lästerlicher und anmaßender Weise über das Gesetz erhebt (2,7).[191] Ihre bohrenden, vorwurfsvollen Fragen sind Ausdruck einer immer weiter kulminierenden Ablehnung und Distanz (vgl. 2,16.18.24; 7,5). Dass Jesus seine vermeintlichen Irrlehren sogar unters Volk bringt und dabei auch noch großen Zulauf erfährt, macht die Sache für die Pharisäer umso schlimmer. Ihr Entschluss, dass Jesus beseitigt werden muss, steht schon geraume Zeit fest (3,6) und wird zu keinem späteren Zeitpunkt im Evangelium mehr hinterfragt.

Die Männer, die Jesus in eine Debatte über das Recht auf Ehescheidung verwickeln, haben also nach der Darstellung des Erzählers längst ihr Urteil über ihn gefällt. Darum ist ihre Frage auch gar keine wirklich ernst gemeinte Frage in dem Sinne, dass ein echter Meinungsaustausch oder gar eine Verständigung zum Thema von ihnen angestrebt würde. Sie wollen Jesus in aller Öffentlichkeit als Irrlehrer bloßstellen – das ist ihr einziges Ansinnen.

11.2.3.4 Mk 10,1–9 im Blick auf die Leser

Die Gesprächsszene zum Thema der Ehescheidung, die Markus narrativ in den Reigen der zahlreichen Auseinandersetzungen zwischen Jesus und den Pharisäern stellt, ist eigentlich als Botschaft für die Leser gedacht. Ihnen liefert sie wichtige Hinweise für ihre persönliche Lebenspraxis. Dass den Fragen der Sexualmoral im Allgemeinen und der Ehe im Besonderen in den jungen christlichen Gemeinden elementare Bedeutung zukam, zeigt schon ein Blick in das 7. Kapitel von 1 Kor, wo sich Paulus näher mit der Thematik befasst. Eine Kernfrage lautete dabei: Muss die Bekehrung zum christlichen Glauben und die Aufnahme in die Gemeinde die Trennung vom nichtchristlichen Ehepartner zur Folge haben oder nicht? Paulus beruft sich für seine Antwort auf ein authentisches Jesus-Logion, das möglicherweise in etwa Mk 10,5–9 entsprochen haben mag. Dieses Wort schrieb, abweichend vom geltenden jüdischen Recht, die Praxis der lebenslangen monogamen Ehe vor.

In der zweiten und dritten frühchristlichen Generation bleiben Fragen der Ehe und Sexualmoral weiter virulent. Die Ehe soll in Ehren gehalten werden und der Umgang der Eheleute miteinander vorbildlich sein (Hebr 13,4a; 1 Petr 3,1–17); Unzüchtigen und Ehebrechern wird das Gericht angekündigt (Hebr 13,4c; vgl. in

---

[191] Der Vorwurf, dass Jesu Überzeugungen im Widerspruch zur Tora stünden, klingt indirekt auch in Act 6,14 an..

diesem Sinne auch 1 Kor 6,9f). Gelegentlich wird ganz explizit zur Ehe aufgefordert (1 Tim 5,14) und übertriebene Askese getadelt (1 Tim 4,3).

Die Gesprächsszene im Markusevangelium gibt den Lesern Orientierungshilfen zur eigenen Positionierung in der Ehefrage. In der Szene zeigt Jesus eine zweifache Souveränität, sowohl im Umgang mit seinen Opponenten als auch im Umgang mit der Tora. Sein Maßstab ist einzig und allein der Wille Gottes, wie er in der Schöpfungsordnung angelegt ist; dies schließt für ihn Zugeständnisse und Kompromisse aus. Diese Haltung hat paradigmatische Bedeutung für die christlichen Gemeinden; sie ist Motivation und Richtschnur für ihre eigene Auseinandersetzung mit der Synagoge und bei der Ausbildung einer eigenen ethischen Identität.

11.2.4 Die Steuerfrage (Mk 12,13–17)

11.2.4.1 Annäherungen

Bei dem hier geschilderten Schulgespräch werden die Pharisäer von politischen Parteigängern des Herodes Antipas begleitet und unterstützt. Das bietet sich im Sinne der Erzählung auch an, da die nun folgende Diskussion mit Jesus eine politische Dimension hat. Pharisäer und Herodianer[192] waren schon in 3,6 zusammen genannt worden – als solche, die eine gemeinsame Front bilden mit dem Ziel, Jesus zu töten.

Die Darstellung des Markus könnte durchaus auf einer historischen Grundlage beruhen. Sie dokumentiert das Bemühen der Gegner, Jesus mittels einer politischen Anklage an die Römer ausliefern zu können.[193]

Redaktionelle Eingriffe lassen sich nur wenige ausmachen. V.13, der als Überleitung dient, ist eventuell durch den Evangelisten erweitert worden: dass den Gegnern von vornherein feindliche Absicht unterstellt wird, erinnert an 3,2; 8,11 und 10,2. Redaktionell wirkt auch, dass Jesus die Gedanken seiner Gesprächspartner sofort durchschaut (wie in 2,8; 8,17). Schließlich dürfte die Beurteilung der gegnerischen Fangfrage als „Versuchung" markinische Ergänzung sein.[194]

Die Szene ist an sich ohne Orts- und Zeitangabe überliefert. Möglicherweise gab schon die von Markus übernommene Überlieferung ihren jetzigen literarischen Ort vor: innerhalb der letzten Auseinandersetzungen in Jerusalem vor der Passion.[195] Die anderen Synoptiker ordnen die Szene ebenfalls in diesen Kontext ein.

Mk 12,13 knüpft an 11,27 an: „Sie" sind die Hohenpriester, Schriftgelehrten und Ältesten. Jesu konfrontative Begegnung mit ihnen (11,27–12,12) mündet in

---

192 Der Begriff „Herodianer" (Mk 12,13) dürfte auf die lateinische Wortbildung *„Herodiani"* zurückgehen, die in Analogie zu *„Caesariani"* oder *„Pompeiani"* die Anhänger und Sympathisanten einer politischen Führungspersönlichkeit bezeichnet. JOSEPHUS spricht von Ἡρῳδεῖοι („Herodäern"; vgl. Bell. 1,319) bzw. denjenigen, οἱ τὰ Ἡρῴδου φρονοῦντες („die die Sache des Herodes vertreten"; vgl. Ant. 14,450). Zum Ganzen vgl. THEIßEN/MERZ, *Jesus*, 214.

193 MELL, *Winzer*, 365, Anm. 49 bestreitet den möglichen staatsfeindlichen Hintergrund der Zensusfrage, da „sich keine sprachlichen noch inhaltlichen Beziehungen zwischen Zensusfrage und Passion nachweisen lassen". Statt dessen werfe die markinische Szene „mit der Zensusfrage die geschichtstheologische Frage nach dem präsentischen Handeln Gottes in der Geschichte wie der glaubenden Stellungnahme des Menschen" auf.

194 Mit MELL, *Winzer*, 195.

195 Dies vermutet HUBER, *Auseinandersetzung*, 239.

den Wunsch der Tempelautoritäten, ihn zu verhaften (12,12). Um diesem Ziel näher zu kommen, schicken sie in 12,13 eine Delegation von Pharisäern und Herodianern ins Feld. In dieser und auch in den folgenden Szenen schildert der Erzähler, wie Jesus seine himmlisch autorisierte Überlegenheit und Lehrvollmacht eindrucksvoll unter Beweis stellt, eine Vollmacht, die die Gesprächspartner zunächst beeindruckt (12,17), dann zur Anerkennung veranlasst (12,32f) und schließlich ganz verstummen lässt (12,34).

11.2.4.2 Textanalyse

13 Und sie senden zu ihm einige von den Pharisäern und von den Anhängern des Herodes, damit sie ihn mit einem Wort fingen. 14 Und sie kommen und sagen zu ihm: Lehrer, wir wissen, dass du wahrhaftig bist und auf niemanden Rücksicht nimmst; denn du achtest nicht auf das Ansehen bei Menschen, sondern lehrst den Weg Gottes gemäß der Wahrheit. Ist es erlaubt, dem Kaiser Steuer zu zahlen oder nicht? Sollen wir geben oder nicht geben? 15 Er aber durchschaute ihre Heuchelei und sagte zu ihnen: Warum versucht ihr mich? Bringt mir einen Denar, damit ich ihn sehe! 16 Und sie brachten einen. Und er sagt zu ihnen: Wessen Bild und Aufschrift ist dies? Sie antworteten ihm: Des Kaisers. 17 Da sagte Jesus zu ihnen: Gebt das, was dem Kaiser gehört, dem Kaiser, und das, was Gott gehört, Gott! Und sie wunderten sich über ihn.

[13–14] Die Jerusalemer Honoratioren mussten sich durch den Verlauf des Streitgesprächs über die Vollmacht Jesu, noch mehr aber durch das Gleichnis von den bösen Weingärtnern (11,27–12,12), brüskiert fühlen. Sie ziehen sich zurück und schicken jetzt eine Abordnung aus Pharisäern und Herodianern vor. Deren Auftrag ist es, Jesus eine Falle zu stellen.[196] Sie sollen ihn zu einer Aussage verleiten, die anschließend gegen ihn verwendet werden kann. Die Erzählstimme informiert ihre Leser auch diesmal vorab über diese perfide Absicht der Gegner Jesu. So sind die Leser durch die narrative Exposition schon vorbereitet und entsprechend gewarnt, bevor das eigentliche Gespräch beginnt.

Mit einer heuchlerischen *captatio benevolentiae* leiten die Feinde das Gespräch ein. Sie spielen noch schamloser als beim Gespräch über die Ehe die respektvollen Schüler, die sich mit einer Frage an einen anerkannten Lehrer wenden. Und sie schmeicheln ihm. Das ist Teil ihrer Strategie: Vertrauen herstellen und eine positive Gesprächsatmosphäre schaffen.

Ihr Anliegen bringen sie in Form der disjunktiven Frage vor. Diese Form, die eine *Wahlmöglichkeit* für den Probanden impliziert, weckt Erinnerungen an Geschichten aus der Wüstentradition des Volkes Israel, die das Versuchungsmotiv aufwiesen (vgl. S. 82). Hier wird die Frage sogar zweimal gestellt, wobei die zweite Frage die erste präzisierend weiterführt. Von Jesus wird erwartet, dass er eindeutig Position bezieht. Die an ihn gestellten Fragen bergen dabei eine besondere Brisanz. An ihrer Beantwortung schieden sich damals die Geister. Der Zensus als direkte Steuerzahlung an den Kaiser wurde in Judäa seit dem Jahre 6 n.Chr. erhoben, nach der Absetzung des Archelaos als Landesherr und der Umwandlung seines Herrschaftsbereichs in einen römischen Verwaltungsdistrikt. Vor allem wegen dieses

---

[196] Der Begriff ἀγρεύω, seit SOPHOKLES und HERODOT im Profangriechischen belegt, bedeutet eigentlich „ergreifen".

Zensus und der mit ihr einhergehenden Volkszählung[197] war es im Land zur Bildung der militanten zelotischen Widerstandsbewegung gekommen.[198] Die Zeloten sahen im Zensus ein Symbol der Knechtschaft[199]; die Steuerzahlung an den Kaiser, der sich im Orient als Gott verehren ließ, war für sie Götzendienst, ein Verstoß gegen das erste Gebot des Dekalogs und Abfall von Gott.[200] Damit unterschieden sie sich von den gemäßigten (Alt-)Pharisäern, die die Auffassung vertraten, dass man bis zur endzeitlichen Erlösung die Fremdherrschaft ertragen und um der friedlichen Koexistenz mit den Römern willen die Steuer entrichten müsse. Einer der zelotischen Rebellen war Judas Galilaios, von dem JOSEPHUS berichtet[201]; an sein Ende wird nicht nur von diesem, sondern ebenfalls in Act 5,37 erinnert. Der Zensus blieb auch in der Folgezeit ein Stein des Anstoßes; nicht zufällig entzündete sich gerade an der Steuerfrage dann auch der jüdische Aufstand im Jahre 66.

Der Zensus war eine kombinierte Kopf- und Grundsteuer. Pharisäer und Herodianer fragen Jesus speziell nach der Kopfsteuer (*tributum capitis*), die von jedem in gleicher Höhe zu zahlen war und direkt in den Fiskus des Kaisers floss.[202] „Sollen wir zahlen oder nicht?" Die Frage stellt sich naturgemäß nicht aus staatsbürgerlicher Sicht, sondern nur vom religiösen Standpunkt her: Ist von der Halacha her die Steuerzahlung einem gläubigen Juden erlaubt, der doch nur Gott als den wahren König der Welt ehrt und anerkennt?[203]

Die Falle ist raffiniert ausgedacht: Mit einem klaren Ja geriete Jesus ebenso ins Abseits wie mit einem entschiedenen Nein. Durch ein Ja würde er sich als Römerfreund erweisen und an Sympathie im Volk verlieren. Durch ein Nein würde er sich als politischer Aufrührer enttarnen. Nach dem (kurz zuvor erfolgten) triumphalen Einzug Jesu in die Stadt Jerusalem und der gewaltsamen Aktion im Tempelvorhof rechnen die Gegner vermutlich mit einem Nein.

[15–16] Jesus jedoch lässt sich nicht aufs Glatteis führen. Er ist in der Lage, die Gedanken seiner Gesprächspartner zu lesen. Möglicherweise hat seine Fähigkeit mit der vom Vater verliehenen Geistbegabung (1,10f) zu tun. Und so deckt er die wahre (böse) Absicht der Frage auf: Es geht euch gar nicht ernsthaft um Belehrung; ihr wollt mir nur einen Strick drehen![204]

Es ist das einzige Mal, dass Jesus seinen Gegnern persönlich und konfrontativ vorwirft, ihn zu „versuchen" – sonst ist es ja allein der Erzähler, der die versucheri-

---

[197]   Nach jüdischer Überzeugung hatte nur Gott selbst als Eigentümer des Landes das Recht zur Volkszählung (vgl. 2 Sam 24,1; 1 Chr 21,1).

[198]   Die *indirekte* Steuerzahlung über einen jüdischen Klientelfürsten wie die Herodessöhne Herodes Antipas oder Philippus, die aus ihren Einkünften einen Tribut an die Römer abführten, wurde als weniger problematisch angesehen. Vgl. THEIßEN/MERZ, *Jesus*, 215.

[199]   Vgl. WOLTER, *Lukasevangelium*, 652: „Die Steuererhebung durch die Römer wurde ... von jüdischer Seite nicht nur als ökonomische Belastung, sondern auch als ein Symbol der Unterwerfung des Gottesvolkes unter eine fremde Macht wahrgenommen."

[200]   Vgl. Jos.Bell. 2,118; Ant. 18,23. Zu den Einzelheiten vgl. HENGEL, *Zeloten*, 131–145.

[201]   Jos.Bell. 2,117f.

[202]   Vgl. GNILKA, *Mk II*, 152 und GRIMM/FISCHER, *Mk*, 93.

[203]   Vgl. SCHENKE, *Mk*, 274.

[204]   Vgl. die adäquate Übertragung bei BERGER/NORD zur Stelle: „Ihr wollt mich wohl hereinlegen?" Hier wird „Heuchelei" geradezu zu einem Parallelbegriff zu "Versuchung". Vgl. SÖDING, *Glaube*, 17.

sche Intention der Feinde offenlegt (8,11; 10,2). Die ὑπόκρισις seiner Widersacher prangert Jesus jedoch auch an anderer Stelle schonungslos an (7,6).

Bei dem Geldstück, das er sich zeigen lässt, handelt es sich möglicherweise um einen Denar aus der Münzserie, die Kaiser Tiberius ab 15 n.Chr. prägen ließ. Der Denar zeigt das Brustbild des Kaisers mit Lorbeerkranz auf dem Haupt, dazu die Legende: TI(berius) CAESAR DIVI AVG(usti) F(ilius) AVGVSTVS („Tiberius Caesar, Sohn des göttlichen Augustus, Augustus"). Auf der Rückseite wird die Titulatur weitergeführt: „PONTIF(ex) MAXIM(us)".[205] Ob es sich tatsächlich um einen Denar aus dieser Serie handelt, ist allerdings nicht mit Sicherheit festzustellen. Entscheidend ist auch nicht nicht so sehr die spezielle Münz*ausgabe*, sondern der Münz*typ* des kaiserlichen Denars, der als solcher die totalitäre Kaiserstaatsideologie ausdrücken und verbreiten soll: „Wer ... als Jude mit dem kaiserlichen Denar umgeht, wird ihn ... als Symbol der politischen Macht des römischen Imperiums ansehen, die aufs engste gekoppelt ist mit der religiösen, für ihn widergöttlichen Apotheose des regierenden röm. [*sic!*] Herrschers im Kaiserkult."[206] Insofern stellt der Denar als Manifestation der widergöttlichen Weltmacht Rom für den frommen Juden *per se* einen Anstoß dar.

[17]   Wie in anderen Streitgesprächen auch (2,17.21f.27; 7,15; 10,9), beendet Jesus die Debatte mit einer Sentenz. Diese Sentenz hat zwei Seiten. Einerseits räumt Jesus dem Kaiser[207] einen berechtigten Anspruch auf die Steuer ein. Im Gegensatz zur zelotischen Überzeugung rechtfertigt somit der Steuer-Kasus nicht den Widerstand gegen die römische Fremdherrschaft.[208]

Allerdings wird gleich hinzugefügt: Auch Gott hat Anspruch auf den Menschen.[209] Damit wird keine Zwei-Reiche-Lehre in dem Sinne begründet, dass zwischen einem säkularen und einem religiösen Bereich unterschieden wird, die unabhängig voneinander existieren und gleichsam nebeneinander auf einer Stufe stehen. BORINGS Interpretation trifft es genau: „There is no paralleling of Caesar and God. God is God and Caesar is not God, in direct opposition to the image and title on the coin."[210] Den Anspruch des Kaisers auf göttliche Verehrung, wie er in der Legende der Steuermünze erhoben wird, weist Jesus zurück. Seine Antwort ist also mehrschichtig und in der folgenden Weise zu fassen: Der Mensch muss sich in einem doppelten Loyalitätsverhältnis, zum Kaiser und zu Gott, bewähren.[211] In

---

[205]   Vgl. MELL, *Winzer*, 220f, Anm.119.
[206]   Ebd. 222.
[207]   Zu beachten ist, dass ganz allgemein vom „Kaiser" gesprochen wird, ohne ihn namentlich („Tiberius") zu nennen. Dies erleichtert es den Lesern, Jesu Sentenz auf ihre Zeit und Situation zu übertragen.
[208]   Mit MELL, *Winzer*, 265.
[209]   Vgl. WOLTER, *Lukasevangelium*, 653: „Diese Forderung [sc. Jesu] unterläuft die ursprüngliche Frage nach der halachischen Erlaubtheit der Steuerzahlung, denn sie macht aus der Alternative ein Sowohl-als-auch, weil sie sowohl den Anspruch des Caesar als auch den Anspruch Gottes zu ihrem Recht kommen lässt."
[210]   BORING, *Mk*, 336.
[211]   Vgl. MELL, *Winzer*, 264. Bereits in der jüdischen Weisheitsliteratur wird eine loyale Haltung gegenüber Gott und der Obrigkeit zugleich empfohlen. Das staatsethische Prinzip einer doppelten Loyalität findet in der Zeit des zweiten Jerusalemer Tempels konkreten Ausdruck in dem Kaiseropfer, das im Zionheiligtum parallel zum täglichen Talmid Jahwe dargebracht

diesem Loyalitätsverhältnis gibt es jedoch – und das ist entscheidend – eine eindeutige Hierarchie. Solange der Kaiser nur das einfordert, was ihm zusteht, ist Loyalität kein Problem. Im Konfliktfall jedoch ist klar, welcher Autorität der Mensch primär Gehorsam schuldet.[212] Mit anderen Worten: Der kaiserlichen Autorität wird „die Grenze gewiesen, die mit der göttlichen Autorität gesetzt ist"[213]. Gott rangiert über allem (12,29f); der Gehorsam gegenüber ihm als dem Schöpfer steht über dem Gehorsam gegenüber der Obrigkeit. Jesu Sentenz verzichtet jedoch darauf, exakt solche Situationen zu benennen, in denen Spannungen zwischen dem obrigkeitlichen und dem göttlichen Anspruch eine klare Positionierung verlangen könnten. Insofern ist die Sentenz kasusabhängig interpretationsfähig und auch interpretationsbedürftig.

Eine kurze narrative Notiz schließt die Gesprächsszene ab. Dass sich Jesus weder politisch noch theologisch „fangen" lässt, verblüfft seine Widersacher. Sie wollten Jesus entlarven – und fühlen sich nun selbst entlarvt und beschämt.

11.2.4.3 Mk 12,13–17 im Kontext des Evangeliums

Die Spannungen zwischen Jesus und den jüdischen Autoritäten, die sich im Erzählverlauf des Evangeliums immer weiter vertieft haben, erfahren in dieser Szene eine gefährliche Zuspitzung. Der schon lange gehegte Wunsch der gegnerischen Einheitsfront, Jesus unschädlich zu machen (3,6) – ein Wunsch, der sich nach Jesu provozierendem Gleichnis von den bösen Weingärtnern noch verfestigt hat (12,12) – soll nun durch eine konkrete Aktion vorangetrieben werden. Eine Abordnung von Pharisäern und Herodianern, also von staatstreuen Personen, wird damit beauftragt, Jesus in eine Falle zu locken. Die Falle bezieht sich diesmal nicht wie in 10,2–9 auf Jesu Haltung zur Tora, sondern – und das macht sie besonders bedrohlich – auf seine politische Einstellung. Aber die Falle schnappt nicht zu. Durch seine Antwort liefert Jesus seinen Gegnern keinerlei Handhabe für eine Auslieferung und Anklage.

Die Geschichte ist innerhalb des Evangeliums ein weiteres Beispiel für die überlegene Lehrvollmacht Jesu, der allen noch so listigen verbalen Angriffen seitens der Feinde gewachsen ist. Markus rekurriert in der Passionsgeschichte auch nicht mehr auf die Steuerfrage – anders als Lukas, nach dessen Darstellung die angeblich ablehnende Haltung Jesu zur Steuer zu einem Anklagepunkt vor Pilatus wird (Lk 23,2).

---

wird – zu dem Zweck, um für den Fremdherrscher persönliches Wohlergehen zu erbitten. Auch in den Synagogen der Diaspora ist das Gebet für die fremde Obrigkeit gängige Praxis.

[212] Ganz anders interpretiert JOCHUM-BORTFELD, *Die Verachteten*, 206: „Gott zu geben, was Gottes ist – das wird hier als Ausstieg aus dem Wirtschaftssystem verstanden ... In der Abwendung vom System der antiken Wirtschaft vollzieht sich innerhalb des Mk die Umkehr zu Gott. Damit bedeutet Umkehr hier zunächst den Weg aus einem Wirtschaftssystem, das Menschen klein und abhängig macht." Für diese Interpretation finde ich im markinischen Text keinen Anhaltspunkt. Jesus liefert hier gewiss keine Empfehlung, aus dem antiken Wirtschaftssystem „auszusteigen". Mit einer solchen Empfehlung hätte er seinen Gegnern ja gerade die Handhabe gegen ihn geliefert, die sie suchten. Bezeichnenderweise spielt in der markinischen Version des Prozesses Jesu seine Einstellung zur Steuerfrage nicht die geringste Rolle.

[213] GNILKA, *Mk II*, 153.

An die Steuerfrage schließen sich im Erzählgang des Evangeliums die Fragen nach der Auferstehung (12,18–27) und nach dem Obersten Gebot (12,28–34) an. Bei der Frage der Sadduzäer nach der Auferstehung ist wie zuvor bei der Steuerfrage Heuchelei im Spiel; Jesus soll in seiner Lehrautorität in Verlegenheit gebracht werden. Er zieht sich jedoch erneut souverän aus der Affaire. Die Frage nach dem Obersten Gebot schließlich lässt von Feindschaft und Raffinesse nichts mehr spüren. Und Jesu vollmächtige Antwort im Sinne des Doppelgebots der Liebe (Dtn 6,4f; Lev 19,18) macht allen möglichen weiteren Fragen ein Ende (12,34).

11.2.4.4 Mk 12,13–17 im Blick auf die Leser

Die Szene zur Steuerfrage, die vom Erzähler auf textinterner Ebene als Teil des klimaktischen Konflikts zwischen Jesus und den staatstragenden Autoritäten dargestellt wird, weist über ihren narratologischen Kontext hinaus textextern direkt in die Zeit und Welt der Leser. Es bedarf eigentlich keiner besonderen Erwähnung, dass einer Episode zur römischen Steuerpolitik während des Jüdischen Krieges zentrale Bedeutung zukommen muss. Schließlich geht es dabei nicht um eine theoretische, sondern um eine ganz praktische Frage von großer politischer Relevanz. Indem Jesus den steuerlichen Anspruch des Staates bejaht, verwehrt er den Christen die Teilnahme an einem Krieg, der ja gerade wegen des Zensus von den Zeloten angezettelt worden war.[214]

In Entsprechung zur Position Jesu geht die Forderung zur Staatsloyalität innerhalb des Frühchristentums quer durch das Neue Testament; sie findet sich zum Beispiel in Röm 13,1–7 und weiterhin in Texten der dritten frühchristlichen Generation (1 Petr 2,13–17 und Tit 3,1).

Mit dieser wichtigen politischen Standortbestimmung ist die Bedeutung der markinischen Szene für die Leser aber bei weitem nicht erschöpft. Sie gibt darüber hinaus in ihrer Prägnanz den Lesern eine wichtige Argumentationshilfe in möglichen Prozessen (vgl. 13,9.11) an die Hand, indem sie behördliche Verdächtigungen, dass es in den Gemeinden subversive Tendenzen geben könnte, entkräftet.[215] Solche Verdächtigungen sind in der Zeit des Markus alles andere als abwegig; schließlich bekennen sich die Christen zu einem von den Römern gekreuzigten Verbrecher. Die Szene hebt demgegenüber Jesu politische Zuverlässigkeit in der Steuerfrage hervor und erweist so zugleich die Absurdität der politisch begründeten Anklage und Hinrichtung Jesu (vgl. Lk 23,2; Joh 19,12).

Allerdings enthält Jesu Sentenz auch eine staatskritische Komponente, die nicht übersehen werden darf. Dies wird schon darin sichtbar, dass Jesus in seiner Antwort zumindest implizit die Apotheose des Kaisers als eine Anmaßung ablehnt. Die Loyalität gegenüber der staatlichen Obrigkeit gilt seiner Auffassung nach nicht uneingeschränkt; sie hat dort ihre Grenze, wo sie mit dem Gehorsam gegenüber Gott in Kollision gerät. Diese Aussage Jesu eröffnet naturgemäß Interpretations-

---

[214] Ebenso urteilt COLLINS, *Mk*, 555: „In the context of the evangelist and his first audiences, the account probably had the effect of dissociating Jesus and his followers from the program of the Zealots."

[215] Vgl. SCHENKE, *Mk*, 275.

spielräume. Sie gibt keine konkreten Verhaltensmaßregeln vor, sondern verlangt von den Lesern je nach Situation eine eigene Entscheidung. Für das frühe Christentum stellt sich der *status confessionis* in dem Moment, als seitens des Staates die Teilnahme am römischen Kaiserkult verpflichtend gemacht wird. Da ist die doppelte Loyalität nicht mehr möglich, sondern nur noch die kompromisslose Verweigerung gegenüber dem staatlichen Gebot.

11.2.5   Das Versuchungsmotiv in der Auseinandersetzung mit den Pharisäern

Die analysierten Auseinandersetzungen Jesu mit seinen Gegnern liefern wichtige Informationen für das markinische Verständnis von Versuchung. Dabei ist zwischen der ersten Versuchungsgeschichte und den beiden anderen zu unterscheiden. In der Szene von der Zeichenforderung (8,10–13) wird Jesus eine *Probe seines Könnens* abverlangt, mit der er seine besondere Identität und Autorität erweisen soll (vgl. 11,27–33). Dieses Verlangen allein würde traditionsgeschichtlich eigentlich schon ausreichen, um die Szene zu einer *Versuchungs*geschichte zu machen, wie entsprechende Beispiele aus der paganen Literatur verdeutlichen (vgl. S. 72f.76f).[216] Für Markus jedoch gehört beim Term πειράζω stets die negative semantische Konnotation dazu; sie findet innerhalb der Szene ihren Ausdruck in der Feindseligkeit der Gegner, denen es ständig ums Streiten (συζητέω) geht (vgl. neben 8,11 auch 9,14). Die beiden anderen Gespräche zwischen den Pharisäern und Jesus (10,1–9; 12,13–17) haben aus dem Grunde Versuchungscharakter, weil Jesus durch heimtückische Fangfragen jeweils in eine *Falle* gelockt werden soll. Auch dafür kennt die pagane Literatur ein adäquates Vorbild (vgl. S. 73).

Alle drei pharisäischen Versuchungsgeschichten verbindet die feindliche Motivation. Immer, wenn die Pharisäer Jesus versuchen, tun sie das mit der Absicht, ihm zu schaden. Die Zeichenforderung soll seine fehlende Legitimation erweisen, die Ehe-Anfrage seine Distanz zur Tora, die Steuerfrage seine politische Unzuverlässigkeit. Dabei gehen die Pharisäer nie plump, sondern durchaus raffiniert vor. Die Forderungen, die sie stellen bzw. die Fragen, die sie vorbringen, sind auf den ersten Blick weder unerlaubt noch unbegründet. Die Zeichenforderung als solche war zwar umstritten, aber gerade gegenüber etwaigen Messiasprätendenten nicht unüblich. Die Thematik der Ehescheidung wurde in den verschiedenen Schulen eifrig diskutiert, wenn auch das prinzipielle Recht des Mannes in diesem Zusammenhang kaum angezweifelt wurde. Und die Frage der Kaisersteuer war im Volk allgemein virulent. Sie betraf jeden; und an ihrer Beantwortung schieden sich nicht nur die Geister von (Alt-)Pharisäern und Zeloten.

Aber gerade hinter der scheinbaren Berechtigung der pharisäischen Anfragen und Forderungen verbirgt sich die Gefahr. Den Pharisäern geht es ja gar nicht wirklich um die Beantwortung von Fragen, die sie selbst oder das Volk bewegen – dazu haben sie von vornherein ihre klare Meinung. Ebensowenig rechnen sie ernsthaft mit einer Erfüllung ihrer Zeichenforderung. Sie heucheln, sie tun „nur so als ob" – und dies mitunter sogar ausgesprochen dreist, indem sie bescheiden daherkommen und Jesus mit Schmeicheleien zu umgarnen versuchen (12,14).

---

[216]   Allerdings geht es in der paganen Literatur bei den Zeichenforderungen zum Zwecke der Identitätsprüfung niemals darum, die *himmlische* Legitimation des Probanden zu erweisen.

Jesus jedoch zeigt sich allen Herausforderungen gewachsen. Zu keinem Zeitpunkt müssen die Leser ernsthaft befürchten, dass er ihnen etwa nicht würde standhalten können. Die Zeichenforderung pariert er in zugleich souveräner wie schroffer Weise und unterstreicht seinen Offenbareranspruch. In der Ehefrage argumentiert er im Stile rabbinischer Lehrtradition und erweist sich als Lehrer, der Gottes Willen im wahrsten Sinne des Wortes „radikal" (d.h. von der Wurzel her) und jenseits aller Kasuistik ernst nimmt. Seine Antwort zur Steuerfrage schließlich ist in gewissem Sinne geradezu ein diplomatisches Meisterstück; sie bejaht das Recht der Obrigkeit, schränkt es aber zugleich ein, indem der (umfassendere und übergeordnete) Anspruch Gottes betont wird. Insofern ist sie sowohl politisch wie theologisch unanstößig; sie bietet keinerlei Angriffspunkt – und dies, obwohl die Falle seitens der Gegner besonders geschickt gestellt war. Es überrascht nicht, dass die Feinde angesichts solcher Souveränität ins Staunen geraten und sich beschämt zurückziehen. Dem einzigartigen Charisma des Gottessohnes (vgl. 1,10f) haben sie nichts entgegenzusetzen.

Zugleich nennt Jesus die Heuchelei seiner Gegner schonungslos beim Namen. Indem er die Pharisäer und ihresgleichen als „dieses Geschlecht" (8,12) bezeichnet, zeigt er ganz offen, was er von ihnen hält. Ihre Laxheit in der Frage der Ehescheidung brandmarkt er als Ungehorsam gegen Gott. Und bei der Steuerfrage gibt er seinen Kontrahenten sogleich zu verstehen, dass er sie und ihre eigentliche hinterhältige Absicht durchschaut. Er sucht die Konfrontation nicht von sich aus; aber wo er ihr begegnet, da weicht er nicht zurück, sondern stellt sich unerschrocken seinen Widersachern.

Der Umstand, dass die Versuchungen der Pharisäer mit *Heimtücke* zu tun haben, rückt sie in die Nähe der satanischen Versuchungen; schließlich handelt es sich bei der Heimtücke um einen Charakterzug, der nach jüdischer Tradition dem Satan in besonderer Weise anhaftet.[217] Dennoch sind die pharisäischen Versuchungen mit denen des Satans nicht einfach identisch. Die satanischen Versuchungen des Gottessohnes zielten offenkundig darauf, Jesus von seinem gottgewollten Weg und Auftrag abzubringen und ihn an der Ausübung seiner Mission zu hindern. Die Versuchungen der Pharisäer haben dagegen eine etwas andere Spitze: sie wollen Jesus „fertig machen"; sie sind geschickt eingefädelte Manöver, um ihn zu demütigen (8,10–13), zu überführen (10,1–9) bzw. ans Messer liefern zu können (12,13–17).

Im Übrigen gibt der Erzähler keinerlei Hinweis darauf, dass die Versuchungen der Pharisäer vom Satan persönlich gesteuert oder zumindest beeinflusst sind. Das Stichwort πειράζω allein ist keine ausreichende Basis, um auf entsprechende Einflüsse zu schließen.[218] Wie auch die Auseinandersetzung Jesu mit Petrus bei Cäsarea

---

[217] Vgl. z.B. 1 Chr 21,1; Jub 17,16; GenR 56 (35e); VitAd 9–10; ApkMos 7,2f; 16–19.

[218] Gegen MAHNKE, *Versuchungsgeschichte*, 234: „Es ist zwar von Satan nicht direkt die Rede, aber von Mk 8,33 her und mit Blick auf die Tatsache, dass in Mk 1,13 gerade vom Satan Versucht-chen ausgesagt wird, scheint es nicht ausgeschlossen, hier hintergründige Beziehungen zu vermuten." Ebenso meint auch MARCUS, *Mk I*, 500, durch die Bemerkung πειράζοντες αὐτόν werde ein dämonischer Akzent eingetragen: „‚Testing' here may ... have a demonic nuance." „In our passage Mark unmasks the Pharisaic hostility as an instance of demonically inspired ‚testing'"(ebd. 503). In die gleiche Richtung wie MAHNKE und MARCUS tendieren, wie schon erwähnt (vgl. S. 48.51), ja auch ROBINSON, *Geschichtsverständnis*, 58 und GARRETT, *Temptations*, 69.

Philippi (8,32f) erweisen wird, ist „Versuchung" für Markus *weniger ein satanologisches als ein primär anthropologisches Phänomen*. Dem entspricht, dass in den Belehrungen Jesu als Ausgangspunkt und Ursprung der Sünde kein Satan und kein Dämon, sondern vielmehr das menschliche Herz genannt wird (vgl. Mk 7,21).[219]

In unserem Zusammenhang ist es bemerkenswert, dass der Evangelist Matthäus noch ein weiteres Schulgespräch als Versuchungsgeschichte qualifiziert. Er spricht bei der Frage des Schriftgelehrten nach dem größten Gebot (Mt 22,35–40) von einer Versuchung Jesu.

Bei Markus (12,28–34) dagegen erscheint das Gespräch *nicht* unter dem Versuchungsaspekt, und das ist auch nicht weiter überraschend; denn der Term πειράζω in dem Sinne, wie Markus ihn sonst gebraucht, ist in diesem Zusammenhang wenig sachgemäß. Eine dezidiert *feindliche* Absicht ist während des Gespräches nicht erkennbar, im Gegenteil. Bei Markus ist der Gesprächston sogar ausgesprochen offen und freundlich; der Schriftgelehrte zeigt sich von Jesus positiv angetan, stimmt seiner Antwort ausdrücklich bei und wird von ihm wohlwollend und anerkennend entlassen. Hier kann von einer Versuchung im Sinne des Markus wirklich keine Rede sein.

Bei Lukas stellt sich der Sachverhalt noch einmal ein wenig anders dar. Da fragt der Schriftgelehrte nicht nach dem größten Gebot, sondern danach, wie er das ewige Leben ererben könne; Jesus antwortet darauf mit der Beispielerzählung vom barmherzigen Samariter (Lk 10,25–37). Auch wenn Lukas die Frage des Schriftgelehrten in Analogie zu Matthäus als Versuchung qualifiziert, so gilt doch auch für seine Darstellung das schon zu Matthäus Gesagte: Alle die für eine gegnerische Versuchung typischen Elemente fehlen; dazu passt auch, dass die Antwort Jesu frei von jeder Schärfe ist. Der Begriff πειράζω bedeutet also in diesem Kontext nichts anderes als: Jesus auf seine Fähigkeiten als Schriftgelehrter hin *prüfen*; er steht somit in einer Reihe mit den *unpolemisch* gemeinten Fähigkeitsprüfungen, wie sie aus der paganen Literatur bekannt sind (vgl. S.72–74.76f).

Es fällt auf, dass im Erzählgang des Markusevangeliums auch andere *Streit*-Gespräche Jesu mit seinen Gegnern vom Erzähler *nicht* unter den Aspekt von Versuchung gerückt werden. Der Versuchungsbegriff fehlt vor allem in der literarischen Komposition 2,1 bis 3,6. Das hat damit zu tun, dass auch dort typische Versuchungselemente fehlen. Zwar nehmen Schriftgelehrte und Pharisäer Anstoß an Jesu Reden und Verhalten, an seiner Gemeinschaft mit Zöllnern und Sündern oder auch an seiner Einstellung zum Sabbat; aber sie stellen Jesus nicht auf die Probe. Was noch wichtiger ist: Sie begegnen ihm durchaus mit offenem Visier und ohne Heuchelei; sie stellen ihm keine Fallen. Ihre Verstocktheit (3,5) bringt sie allerdings nach und nach in eine immer tiefere Distanz zu Jesus; diese mündet dann auch in den Entschluss und entsprechende Überlegungen, ihn zu töten (3,6).

Nicht unerwähnt soll bleiben, dass auch der Evangelist Johannes von einer Versuchung Jesu durch seine Feinde berichtet (Joh 8,1–11). Die Geschichte ist nachträglich in das Evangelium eingefügt worden (vgl. S. 119, Anm. 41); sie findet sich erst bei D und in der byzantinischen Textgruppe; die anderen Evangelisten erwähnen sie nicht.

Pharisäer und Schriftgelehrte bringen eine Frau zu Jesus, die beim Ehebruch ergriffen wurde; sie verweisen auf die mosaische Tora, die für einen solchen Fall die

---

[219] Vgl. BAUMBACH, *Verständnis*, 36.

Todesstrafe vorsieht (Lev 20,10) und fragen Jesus nach seiner Meinung. Diese Frage wird vom Erzähler als reine Fangfrage deklariert: „Das sagten sie aber, um ihn zu versuchen, damit sie ihn anklagen könnten" (Joh 8,6). Es geht den Feinden also in typischer Versuchungsmanier gar nicht um eine Gesetzesdiskussion bzw. Torunterweisung, sondern nur darum, Jesus eine Falle zu stellen. Sie kennen ihn offensichtlich als Sünderfreund – ein Motiv übrigens, das ansonsten stärker in den synoptischen Evangelien als im Johannesevangelium akzentuiert ist (vgl. z.B. Mk 2,13–17 parr.; Lk 7,36–50).

Jesu Antwort: „Wer unter euch ohne Sünde ist, werfe den ersten Stein auf sie" (8,7) nimmt den Gegnern allen Wind aus den Segeln, rettet das Leben der Frau, entlarvt die Feinde in ihrer selbstgerechten Überheblichkeit und zerreißt den Fallstrick, in dem sie Jesus fangen wollten. Insgesamt liegt die Geschichte ganz auf der Linie der markinischen Versuchungsgeschichten. An übereinstimmenden Elementen sind zu nennen: die Heuchelei und böse Absicht der Feinde sowie die raffiniert gestellte Fangfrage und Falle, ebenso aber auch die Souveränität, mit der Jesus die Versuchung meistert.

Schließlich sei noch erwähnt, dass sich im Johannesevangelium auch der überraschende (und im NT singuläre) Hinweis darauf findet, dass *Jesus selbst* zum Versucher für andere werden kann. In der Wundergeschichte von der Speisung der 5000 (Joh 6,1–15), die in etwas anderer Form auch in allen anderen Evangelien erzählt wird, führt Jesus nicht etwa einen seiner *Gegner* in Versuchung (wie man vielleicht vermuten würde), sondern seinen eigenen Jünger Philippus.

Er fragt ihn, wie man die vielen Menschen satt bekommen soll. Mit dieser Frage prüft er den Glauben des Jüngers an die Fähigkeiten des Meisters.[220] Allerdings reagiert Philippus rat- und verständnislos; die zweihundert Denar, von denen er spricht, sind eine verschwindend geringe Summe. Andreas, der Bruder des Simon Petrus, macht das Maß der Hilflosigkeit voll, indem er auf einen Jungen verweist, der zufällig fünf Gerstenbrote und zwei Fische mit sich führt. Der ganze Gesprächsverlauf bereitet im Erzählgang des Johannesevangeliums das anschließende Brotwunder (und die Brotrede) Jesu vor und macht es umso wirkungsvoller.

Die Versuchung, die hier von Jesus als *aktivem* Part ausgesagt wird, hat also einen gänzlich anderen Charakter als die Versuchungen, mit denen er selbst seitens seiner Feinde konfrontiert wird. Sie stellt den Glauben des Jüngers Philippus auf die Probe, um ihn (und mit ihm die Leser) anschließend auf denjenigen zu verweisen, bei dem auch in scheinbar ausweglosen Situationen noch Rat und Hilfe zu finden sind.

---

[220] Johannes wählt hier explizit die Formulierung: τοῦτο δὲ ἔλεγεν πειράζων αὐτόν („Dies sagte er aber, um ihn zu versuchen").

11.3   „Hinweg, hinter mich, Satan!" Die Konfrontation Jesu mit Simon Petrus (Mk 8,27–33)

11.3.1 Annäherungen

Der Abschnitt 8,27–10,45 führt in die strukturelle und inhaltliche Mitte des Evangeliums. Hier tritt Jesus in besonderer Weise als „Lehrer" hervor, der sich gezielt der *Jüngerunterweisung* widmet. Auch zuvor war schon häufiger von Jesu Lehrtätigkeit die Rede gewesen; da hatte die Lehre aber überwiegend noch dem Volk gegolten (vgl. 1,21f.27; 2,13; 4,1f; 6,2). Nun jedoch steht die Jüngerbelehrung im Mittelpunkt. Im Zuge der drei Leidensankündigungen (8,31; 9,31; 10,33f) erhalten die Jünger nähere Aufschluss über den Charakter und die Bedingungen der Nachfolge.

Die Verse 8,27–33 leiten die Unterweisung ein; die kurze Notiz 8,27a schafft die Brücke von dem zuvor Erzählten her, der Blindenheilung von Betsaida. Das vom Erzähler berichtete Gespräch zwischen Jesus und seinen Jüngern besteht aus zwei Teilen. Der erste Teil ist bestimmt durch das Petrusbekenntnis und das anschließende Schweigegebot. Der zweite Teil ist erfüllt von hoher emotionaler Spannung: Jesus belehrt seine Jünger über das künftige Schicksal dessen, den sie (völlig zu Recht) als den Messias erkannt und bekannt haben. Mit seiner Ankündigung stößt er auf heftigen Protest, den er wiederum schroff zurückweist.

Bei den Versen, die einen Schlüsseltext für das markinische Gesamtwerk bilden, handelt es sich in ihrer Jetzt-Gestalt um eine Komposition des Evangelisten selbst. Das schließt vormarkinische Einflüsse zwar nicht ganz aus; im Einzelnen sind literarkritische Operationen jedoch sehr unsicher. Bei der Leidensankündigung in 8,31 handelt es sich möglicherweise um ein vormarkinisches Traditionsstück, dem der Evangelist eine Einleitungsformel voranstellt, durch die er dem Logion explizit den Charakter einer Jüngerbelehrung verleiht. Petrusbekenntnis und Satanswort könnten bereits vormarkinisch verknüpft gewesen sein[221]; allerdings ist das Satanswort eventuell vom Evangelisten durch ὀπίσω μου erweitert worden, das an 1,17 anknüpft und den Nachfolgegedanken eigens hervorhebt.

Reichlich abwegig erscheint mir die Vermutung, dass sich in der vormarkinischen Tradition 8,33 unmittelbar an 8,29 angeschlossen habe; demnach hätte Jesus nicht die Leidensankündigung, sondern das Christusbekenntnis des Petrus als satanische Anfechtung zurückgewiesen.[222] Dagegen spricht jedoch die bedenkenlose Verwendung der Christusprädikation schon in vorpaulinischen Glaubensformeln (vgl. 1 Kor 15,3) und vor allem bei Markus selbst, schließlich auch ihr breites Vorkommen in der gesamten neutestamentlichen Literatur.[223]

---

[221] Vgl. BREYTENBACH, *Nachfolge*, 214–217.

[222] Diese These vertrat schon DINKLER in seinem Aufsatz „*Petrusbekenntnis und Satanswort*" (1964). In dieselbe Richtung geht die Vermutung bei HAHN, *Hoheitstitel*, 226–230: „Die schroffe Abweisung in V.33 prangert dann jegliche diesseitig-politische Messianologie als menschliches Trachten an" (ebd. 228).

[223] So mit Recht auch GNILKA, *Mk II*, 18.

11.3.2 Textanalyse

27 Und Jesus ging fort mit seinen Jüngern in die Dörfer bei Cäsarea Philippi. Und auf dem Wege fragte er seine Jünger und sprach zu ihnen: Für wen halten mich die Leute? 28 Sie aber antworteten: Für Johannes den Täufer, andere für Elia, wieder andere für einen der Propheten. 29 Und er fragte sie: Ihr aber, für wen haltet ihr mich? Petrus antwortet und sagt zu ihm: Du bist der Christus. 30 Und er ermahnte sie eindringlich, dass sie zu niemandem über ihn reden sollten. 31 Und er fing an, sie zu lehren, dass der Menschensohn viel erleiden müsse und verworfen werden von den Ältesten und den Hohepriestern und den Schriftgelehrten und getötet werden und nach drei Tagen auferstehen. 32 Und er redete das Wort frei heraus. Und Petrus nahm ihn beiseite und fing an, ihm Vorhaltungen zu machen. 33 Er aber wandte sich um und sah seine Jünger an und tadelte Petrus und spricht: Hinweg, hinter mich, Satan! Denn du denkst nicht, was göttlich, sondern was menschlich ist.

[27] Die narrative Exposition ist wieder knapp gehalten. Erzählt wird, dass die Wanderung Jesu und seiner Jünger nach Cäsarea Philippi, also nach Norden führt. Cäsarea Philippi ist ein Ort am südlichen Fuß des Hermon an den Jordanquellen, der nördlichste Punkt des alten Israel, außerhalb Galiläas an der syrischen Grenze gelegen. Die Wahl der Lokalität für das Messiasbekenntnis des Petrus ist vom Erzähler wohl überlegt; sie hat mit der großen politischen Bedeutung des Ortes zu tun.[224] Herodes d. Gr. hatte hier einen prächtigen Tempel errichten lassen, in dem der Kaiser als Gott verehrt wurde; sein Sohn Philippus hatte dem Ort hellenistisches Gepräge gegeben und ihn dem Kaiser zu Ehren „Cäsarea" genannt. Während des Jüdischen Krieges diente der Ort als Station für die römischen Invasionstruppen. Das alles unterstreicht die besondere politisch-religiöse Rolle dieser Region.

Indem der Erzähler das Christusbekenntnis des Petrus in der Gegend von Cäsarea Philippi ansiedelt, stellt er den politischen Herrschern der Zeit in der Person Jesu den wahren König gegenüber. „By locating Peter's declaration at Caesarea Philippi, Jesus is introduced by Mark as the lawful king of Israel in competition with the Herodian kings and as the true emperor of the whole oikumene in competition with the Roman ruler."[225] Sollte die Vermutung zutreffen, dass das Markusevangelium in Syrien entstanden ist, erhält die Ortsbestimmung noch zusätzliche Bedeutung.

Das Bekenntnis des Petrus wird literarisch eingeleitet durch Jesu Frage an die Jünger, was das Volk über ihn denkt. Diese Frage wirkt seltsam – wieso sollten die Jünger über die Ansichten im Volk besser Bescheid wissen als Jesus selbst? Die Vermutung liegt nahe: Es geht gar nicht darum, dass Jesus eine Information erhält, die ihm bis jetzt fehlt. Die Frage ist rein narratologisch begründet; sie bereitet das (die Volksmeinung überbietende) Messiasbekenntnis vor.[226]

[28–29] Die Frage nach der Identität Jesu, die auf textinterner Ebene schon wiederholt gestellt worden war (vgl. 1,27; 4,41; 6,2), läuft nun auf ihre wahre Antwort zu. Die Jünger repetieren Vermutungen, die den in 6,14–16 geäußerten Mutmaßun-

---

224 Vgl. BORING, *Mk*, 237.
225 GUTTENBERGER, *Cäsarea Philippi*, 119.
226 Vgl. COLLINS, *Mk*, 398: „The question occurs simply to elicit an answer; in other words, it is a literary device."

gen entsprechen.[227] Naturgemäß hatte Jesu vollmächtiges Auftreten vielfältige Spekulationen über seine Identität provoziert. Aber die Spekulationen waren bisher irrig bzw. unzureichend (6,14–16)[228] oder sie blieben ohne Widerhall, weil sie von Dämonen stammten (1,24; 3,11f; 5,7).

Im Anschluss an die Wiedergabe der Volksmeinungen sind die Jünger selbst gefragt; sie müssen Farbe bekennen – und dies, nachdem ihnen Jesus kurz zuvor noch vorgeworfen hatte, blind und taub zu sein (8,17f). Umso mehr überrascht jetzt das hellsichtige Bekenntnis des Simon Petrus: „Du bist der Christus." Damit erklärt Petrus, als erste Erzählfigur innerhalb des Evangeliums[229], stellvertretend für die Jüngerschar und in Abgrenzung zu allen anders lautenden Spekulationen, dass Jesus niemand anderes ist als der messianische Retter selbst[230] – eine Erklärung, die in 14,62 durch Jesus persönlich ihre eindrucksvolle Bestätigung finden wird.

Wenn Petrus Jesus den Christus nennt, so greift er damit die Messiaserwartung in ihrer national-königlichen Akzentuierung auf, die zu seiner Zeit im Volk sehr verbreitet ist.[231] Im Laufe der jüdischen Geschichte hatte sich die Heilshoffnung mehr und mehr auf einen Neuanfang des davidischen Königtums gerichtet, anknüpfend sowohl an die Davidssalbung in 1 Sam 16,13 als auch an die Nathanverheißung in 2 Sam 7,12f. In den Psalmen Salomos (17,21–46; 18,1–7) aus der zweiten Hälfte des 1. Jahrhunderts v.Chr. war die Hoffnung auf einen königlichen Messias aus Davids Geschlecht dahingehend konkretisiert worden, dass er Jerusalem gewaltsam von Heiden und Sündern reinigen, ein heiliges Volk sammeln und im Namen Gottes weise und gerecht regieren werde. Diese Hoffnung verdichtete sich

---

[227] Dass über die eigentliche Identität des „Helden" gerätselt wird, ist ein erzählerischer Zug, der – wie auf S. 31 bereits erwähnt – in antiken Biographien häufiger begegnet. Erinnert sei in diesem Zusammenhang an die Parallelen bei PLUTARCH. Die bemerkenswerteste Parallele aus späterer Zeit findet sich bei Iamb.vit.Pyth. 6,30: „Die einen hielten ihn [sc. Pythagoras] für den pythischen Gott, die anderen für Apollon aus dem Hyperboreerland, manche für Paian, wieder andere für einen der Daimonen, die den Mond bewohnen: jeder erklärte ihn für einen anderen Olympier, der den damals Lebenden in Menschengestalt erschienen sei, um dem todgeweihten Leben aufzuhelfen." Auch eine wichtige jüdische Parallele darf nicht unerwähnt bleiben. In PHILOS Vit.Mos. 1,27 heißt es: „Natürlicherweise waren seine [sc. Moses'] Genossen und alle anderen voller Staunen, und wie von einem nie gesehenen Schauspiel betroffen forschten sie, welcher Art der in seinem Körper wohnende und in ihm sich darstellende Geist sei, ob ein menschlicher oder ein göttlicher oder ein aus beiden gemischter" (πότερον ἀνθρώπειος ἢ θεῖος ἢ μικτὸς ἐξ ἀμφοῖν). BERGER, *Gattungen*, 1264 schließt daraus zu Recht: „Die für das MkEv theologisch so bedeutsamen Momente der Verborgenheit und des Jüngerunverständnisses sind auch für die pagane und hell.-jüdische Vita typisch, und zwar, wie Philos ,Vita Mosis' zeigt, nicht erst für die nachchristliche."

[228] „Elia" knüpft an die Verheißungen aus Mal 3,1.23f und Sir 48,10 an. „Johannes der Täufer" ist so zu verstehen, dass der Enthauptete in der Person Jesu ins Leben zurückgekehrt sein soll. Bei „Prophet" ist nicht an die Wiederkunft eines der alten Propheten zu denken, sondern an einen Mann Gottes, der in ihrer Tradition steht. Die Einschätzung Jesu als „Prophet" hat übrigens durchaus Wahrheitsgehalt (vgl. 6,4), reicht aber nicht aus. Alle geäußerten Volksmeinungen sprechen Jesus nämlich lediglich den Status eines endzeitlichen Gottesboten zu. Dass niemand aus dem Volk Jesus für den *Messias* halten soll, ist allerdings seltsam und historisch unglaubwürdig. Insofern drängt sich abermals der Eindruck auf, dass es sich in Mk 8,27ff um ein *konstruiertes* Gespräch handelt, in dessen Verlauf das (korrekte) Christusbekenntnis der Jünger die irrige bzw. ungenügende Volksmeinung überbietet.

[229] Die Titulatur in 1,1 stammt vom Evangelisten selbst.

[230] Vgl. MÜLLER, *Jesus*, 87.

[231] Vgl. ebd. 84–86.

zunehmend auf eine eschatologische Perspektive hin. Die syrische Baruch-Apokalypse, die zumindest in Teilen noch vor 70 n.Chr. entstanden sein dürfte[232], nährte
die Erwartung einer *ewigen* segensreichen Herrschaft des Messias nach dem Ende
aller Not und Bedrängnis. Eine paradiesische Zeit werde anbrechen: Alle Feinde
Israels würden dem Messias in die Hände gefallen und vernichtet sein, es werde
weder Krankheit noch Trübsal mehr geben; Freude werde einziehen, die Arbeit
sich von selbst erledigen und die wilden Tiere würden den Menschen dienen (vgl.
syrBar 70,9; 72–74).[233]

So betrachtet, beinhaltete die Messiaserwartung letztlich die Hoffnung auf *Gott*
selbst, auf sein schöpferisches Eingreifen und Heilshandeln zur Erlösung der
Welt.[234]

[30–32] Jesus bestätigt das Bekenntnis des Petrus nur indirekt, und zwar in der
Weise, dass er den Jüngern nachdrücklich gebietet, über seine Identität zu schweigen.[235] Das Schweigegebot hat also nicht etwa damit zu tun, dass der messianische
Titel irrig wäre, ganz im Gegenteil: Er beinhaltet das fundamentale christliche
Glaubensbekenntnis.[236] Aber „in der von apokalyptischen und damit auch von
messianisch-politischen Ideen geschwängerten und von Freiheitskämpfern verunsi-
cherten Umwelt"[237] ist er missverständlich und entsprechend gefährlich; darum
muss er bis zur Auferstehung des Menschensohnes (9,9) geheim bleiben. Auch die
Jünger machen sich falsche Vorstellungen vom „Christus", wie sie nun sogleich
erfahren.

Die Leidensansage[238] wirkt auf sie wie eine kalte Dusche. Nach den Worten
Jesu führt der Weg des Erlösers entgegen aller menschlichen Erwartung keineswegs
direkt zur Herrlichkeit, sondern zunächst einmal in bitteres Leid hinein, in die Verwerfung, ja sogar in den Tod![239] So sei es der göttliche Wille (δεῖ).[240] Auffälliger-

---

232 Vgl. ROST, *Einleitung*, 97.
233 Die Qumran-Gemeinde kannte sogar zwei Messias-Gestalten, neben der davidischen auch
     eine (ihr übergeordnete) priesterliche (vgl. 1QS 9,10f; 1QSa 2,11–21).
234 BORING, *Mk*, 250 trifft diesen Sachverhalt genau, wenn er schreibt, „Christus" sei „a
     *theo*centric term."
235 Nach BAUER/ALAND, WbNT, Sp. 614 kann ἐπιτιμάω „tadeln, anfahren" bedeuten, aber
     auch „ernstlich zureden", um einem Tun vorzubeugen oder es zu beenden. Das Wort wird
     außer in V.30 auch in V.32 (für den Einspruch des Petrus) und in V.33 (für die Zurechtwei-
     sung durch Jesus) verwendet. Dies allein dokumentiert die enorme Emotionalität des Ge-
     sprächsgangs. Zuvor war der Terminus bereits im Kontext der Sturmstillung (4,39) und – an
     dieser Stelle ist die inhaltliche Nähe zu 8,30 besonders offensichtlich – der Exorzismen
     (3,12) aufgetaucht. Bisher standen lediglich die Dämonen unter dem Verbot, Jesu messiani-
     sche Würde öffentlich zu machen; dieses Verbot wird nun auf die Jünger ausgeweitet.
236 Vgl. BORING, *Mk*, 238.
237 H. SCHÜRMANN, *Wie hat Jesus seinen Tod bestanden und verstanden? Eine methodenkritische Besin-
     nung*, in: P. HOFFMANN u.a. (Hg.), *Orientierung an Jesus*. FS J. SCHMID, Freiburg 1973; zit. bei
     PESCH, *Mk II*, 33.
238 Der Begriff „Leidensansage" bzw. „Leidenssummarium" oder „Leidensankündigung" hat
     sich dermaßen eingebürgert, dass in dieser Arbeit an ihm festgehalten wird, obwohl er ei-
     gentlich zu kurz greift. Jesu Prophezeiung beinhaltet ja nicht nur sein bevorstehendes Leiden
     und Sterben, sondern auch seine Auferstehung.
239 Jesus spricht nicht von seiner „Ermordung" (so fälschlich JOCHUM-BORTFELD, *Die Verachte-
     ten*, 271). Bei der Verwendung dieses Begriffes ist Vorsicht geboten. Jesu Hinrichtung war im

weise ist in der Ankündigung vom *Kreuz* explizit keine Rede, schon gar nicht von einer soteriologischen Bedeutung des Kreuzes.[241] Die Ansage beinhaltet lediglich, dass der Weg Jesu durch Leiden und Sterben hindurch zur Auferstehung notwendig sei und einem himmlischen Plan folge.

Jesus spricht vom Schicksal des „Menschensohnes". Intratextuelle Beobachtungen zeigen, dass die Menschensohnaussagen im Markusevangelium vielschichtig sind. Erstmals ist in Kap. 2 des Evangeliums vom Menschensohn die Rede. In 2,10.28 geht es um die Jesus vom himmlischen Vater verliehene Vollmacht. Die Betonung des Stichwortes ἐξουσία, das in Mk 2,10 explizit, in Mk 2,28 zumindest sachgemäß begegnet, lässt einen traditionsgeschichtlichen Bezug zu der Vorstellung aus Dan 7,13f LXX erkennen, wo das Stichwort gleich dreimal erscheint. Bei der Aufnahme des Stichwortes durch den Erzähler in Kap. 2 zeigt sich allerdings gegenüber Dan 7 eine bemerkenswerte zeitliche und inhaltliche Modifikation. Es geht nicht um die himmlische Herrschaft und richterliche Vollmacht des kommenden, sondern um die irdische Vollmacht zur Sündenvergebung und Toraauslegung des gegenwärtigen Menschensohnes.[242] Die apokalyptische Dimension der danielischen Menschensohnvorstellung und des von ihr beeinflussten Motivkomplexes – hier ist besonders auf die Bilderreden des äthHen und auf 4 Esr 13 zu verweisen – wird im Markusevangelium aber an anderen Stellen rezipiert (vgl. vor allem 8,38, 13,26 und 14,62).[243]

Neu jedoch und von der alttestamentlichen und frühjüdischen Menschensohntradition her nicht gedeckt ist die „Lehre" (8,31; 9,31), dass der endzeitlichen Glorie und Herrschaft des Menschensohnes sein gottgewolltes Leiden, Sterben und Auferstehen vorausgehen müsse.[244] Daher erklärt sich die Nachdrücklichkeit und mehrfache Wiederholung der Belehrung im Erzählgang des Evangeliums.[245]

---

juristischen Sinne kein „Mord" (trotz Act 7,52). Sie wurde durchaus in Entsprechung zu der damals gültigen Rechtsordnung und im Auftrag der staatlichen Gewalt vollzogen.

[240] Nach GNILKA, *Mk II*, 16 hat die Notwendigkeit des „δεῖ" mit dem „in der Schrift verfügten Gotteswillen" zu tun. Ähnlich interpretiert MÜLLER, *Aspekte*, 152: „Die Zusammenfassung durch δεῖ τὸν υἱὸν τοῦ ἀνθρώπου πολλὰ παθεῖν verweist auf den Gotteswillen und versteht das Leiden des Menschensohnes aus dem gesamten Schriftzeugnis heraus." Im Hintergrund mag gerade wegen des stark betonten Motivs der „Verwerfung" (ἀποδοκιμάζειν) v.a. Ps 118,22–23 stehen; die Verse werden später in Mk 12,10f auch noch eigens zitiert.

[241] Ebensowenig ist dies in den beiden anderen Leidensansagen (9,31; 10,33f) der Fall.

[242] Vgl. MÜLLER, *Aspekte*, 137–141.152.

[243] Der äthHen identifiziert den Menschensohn explizit mit dem Messias (48,2–10; 52,1–9) und weist ihm als einer individuellen himmlischen Gestalt die Funktion des endzeitlichen Richters zu (45,3; 61,8–62,16; 69,27–29). Die Nähe der markinischen Menschensohnaussagen zum äthHen zeigt sich vor allem im Stichwort „Sich-Schämen" in Verbindung mit der Gerichtsfunktion (vgl. äthHen 62,10 mit Mk 8,38). 4 Esr 13 weist ebenfalls auf die Menschensohntradition aus Dan 7 zurück, setzt dabei aber einen anderen Akzent als äthHen. Die sechste Vision zeigt, wie der Menschensohn (13,3: „etwas wie die Gestalt eines Menschen") aus dem Meer aufsteigt und mit den Wolken des Himmels an der Spitze eines großen Heeres gegen seine Gegner mit einem Feuerstrom ankämpft, bis sie in Rauch und Asche aufgehen.

[244] Mit den Worten von MÜLLER, *Aspekte*, 153: „Leiden und Sterben [sc. des Menschensohnes] müssen gegenüber herkömmlichen Menschensohnauffassungen ... als Kontrast und Dissonanz verstanden werden."

[245] Vgl. ebd. 146: „Durch die variierende Wiederholung wird das in 8,31 zu erkennende Anliegen, kognitive Dissonanz zu überwinden, gefördert."

Zwar war das Motiv des verfolgten *Propheten* von der alttestamentlichen Tradition her nichts Ungewöhnliches – man denke nur an Elia (1 Reg 19,1–3) und Jeremia (Jer 26,7ff; 37,11ff), nicht zuletzt an den Gottesknecht bei Deuterojesaja (Jes 50,4–9; 52,13–53,12). Auch die Vorstellung, dass ein Prophet seine Mission unter Umständen sogar mit dem Leben bezahlen muss, war durchaus nicht neu (vgl. dazu 1 Reg 18,4.13; 2 Chr 24,21; Neh 9,26; Jer 2,30; 11,19); erst jüngst hatte sie sich beim Schicksal von Johannes dem Täufer (Mk 6,27) wieder bestätigt.[246] Ebenso gängig war die Vorstellung vom „leidenden Gerechten", der *passio iusti*. Sie tauchte schon in den alttestamentlichen Klage- und Feindpsalmen (vgl z.B. Ps 22; 31; 38; 69 u.ö.) immer wieder auf und wurde in der Folgezeit weiter entfaltet, bis hin zur Weisheitsliteratur (Weish 2,12–24) und den frühjüdischen Schriften (2 Makk 6,18– 7,42; 4 Makk 5–18; MartJes 5); demnach war es „das typische Geschick des vorbildlich Frommen, dass er leiden muss"[247]

Aber trotz alledem liegt in der Ankündigung Jesu eine Provokation für seine Jünger. Jesus war eben in ihren Augen mehr als nur „einer der Propheten". Was für Propheten, Gerechte oder den jesajanischen Gottesknecht galt, das durfte ihrer Überzeugung nach doch nicht in gleicher Weise für den *Messias* gelten, den Inbegriff der Hoffnung für das Volk Israel.[248] P. MÜLLER bringt es auf den Punkt: „Wenn die Überwindung der Feinde und die Herrschaft über das Volk in Gottesfurcht, Weisheit und Gerechtigkeit die erwartete Aufgabe des Messias ist, liegt auf der Hand, dass Petrus die Lehre Jesu über das Leiden des Menschensohnes abwehrt."[249] Ob „Messias" oder „Menschensohn" – Leiden, Verwerfung durch die jüdischen Honoratioren und Tod waren für ihn und seine Rolle eigentlich nicht vorgesehen.

In ihrer Bestürzung ignorieren die Jünger offensichtlich, dass sich die Ankündigung Jesu nicht auf sein Leiden und Sterben beschränkt. Sein Hinweis auf die Auferstehung[250] stößt bei den Jüngern auf taube Ohren, was natürlich nicht zuletzt damit zu tun hat, dass die Leidenselemente ausführlicher erwähnt sind.

Im Munde Jesu jedoch hat auch der Hinweis auf die Auferstehung elementare Bedeutung. Diese gehört ebenso zum himmlischen „Fahrplan" wie die Leidenselemente[251]; sie ist die unabdingbare Voraussetzung für die Parusie des Menschensohnes „mit großer Kraft und Herrlichkeit" (13,26).

Möglicherweise speiste sich der Auferstehungsgedanke ebenfalls von der Vorstellung des „leidenden Gerechten" her. Diese Vorstellung beinhaltete nämlich

---

[246]   In der Parabel von den „bösen Weingärtnern" (Mk 12,1–12) wird auf die Prophetenschicksale ausdrücklich verwiesen und das Leiden und Sterben Jesu in dieser Linie verstanden. Ausführlich dazu WEIHS, *Deutung*, 468ff.

[247]   WEIHS, *Deutung*, 487. Die markinische Passionserzählung beschreibt (und deutet) Jesu Sterben dann auch im Licht dieses traditionellen Motivs vom leidenden Gerechten: Mehrfach wird auf Ps 22 Bezug genommen (15,24.34); auch die Gegner Jesu räumen ein (15,31) – ohne es zu wollen –, dass er „ein Gerechter und ein Helfer" (vgl. Sach 9,9) war.

[248]   Bezeichnenderweise wird der jesajanische Gottesknecht in der jüdischen Tradition niemals mit dem Messias identifiziert. Vgl. BORING, *Mk*, 252f.

[249]   MÜLLER, *Jesus*, 91.

[250]   Es fällt auf, dass das Verb im Aktiv steht (ἀναστῆναι). Drückt sich darin die Vorstellung aus, dass der Menschensohn wie der himmlische Vater über göttliche Kraft verfügt? Vgl. BORING, *Mk*, 241.

[251]   BORING, *Mk*, 240 spricht zu Recht von einer „inseparable unity". Der Gekreuzigte ist der Auferstandene und umgekehrt (vgl. 16,7).

keineswegs nur „Gewalt und Marter" (Weish 2,19) für den Gerechten; sie besagte auch, dass der von den Feinden Gequälte und Verspottete mit einer späteren eschatologischen Bestätigung durch Gott rechnen dürfe (Weish 5,1–7). Den Gedanken der Rehabilitierung durch Gott kannte auch die alttestamentliche Vorstellung vom Gottesknecht (Jes 53,11f). Es ist nicht auszuschließen, dass sich Jesu Ansage der Auferstehung nach Leiden, Verwerfung und Tod einer dieser Traditionen verdankt. Denn in der Tat wird ja der Menschensohn durch die Auferstehung gegenüber seinen Feinden von höchster Instanz rehabilitiert.[252]

Die Jünger jedoch wollen von alledem nichts hören. Jesu Ankündigung stößt bei ihnen auf völliges Unverständnis.[253] Petrus macht sich zum Sprachrohr ihrer heftigen und entschiedenen Abwehr.[254] Im Gegensatz zu Jesus wählt er nicht die offene Rede, sondern bringt seinen Protest „unter vier Augen" vor. Das Sträuben gegen den Leidensgedanken hat keineswegs nur mit Jesus selbst zu tun. Es geht den Jüngern nicht allein um das Schicksal des Meisters, sondern auch um ihr eigenes. Wurden in den Psalmen Salomos nicht gerade diejenigen selig genannt, die an den Tagen des Messias würden partizipieren dürfen?[255] Wie der Fortgang des Evangeliums deutlich machen wird, hoffen die Jünger in der Nachfolge Jesu auf Teilhabe an seiner Herrschaft, auf Ruhm und Größe in dieser Zeit und in der eschatologischen Vollendung (vgl. 9,33–37; 10,35–37). Wenn Jesus wider Erwarten vom Leiden redet, dann schrecken sie zurück – nicht nur um Jesu, sondern auch um ihrer selbst willen. „Petrus macht Jesus nicht nur deshalb Vorhaltungen, weil er nicht wahr haben möchte, dass sein Herr die Erniedrigung durchleidet, ... sondern auch deshalb, weil er die vom Jünger verlangte Nachfolge nicht vollziehen will."[256] Er hat sich die Zukunft an der Seite bzw. in den Spuren des Meisters doch ganz anders vorgestellt. Und indem er versucht, Jesus vom Weg ins Leiden abzubringen, versucht er zugleich, die daraus erwachsenden Konsequenzen für sein eigenes Leben und das der anderen Jünger abzuwehren.[257]

[33] Petrus hatte Jesus beiseite gezogen, um seinen Protest vorzubringen. Indem Jesus Blickkontakt zu den anderen Jüngern aufnimmt, „stellt er die Situation offener Rede wieder her"[258]. Weil Petrus nichts anderes geäußert hatte als das, was

---

[252] Vgl. WEIHS, *Deutung*, 376: „Im Zusammenhang des Markusevangeliums artikuliert das Auferstehen die Rehabilitation und Erhöhung des Menschensohnes: seine Auferstehung aus dem Tode, aber auch sein Auferstehen gegen die Entehrung der Passion."

[253] Ihr Unverständnis verleiht dem vorangehenden Schweigegebot Jesu die rechte Plausibilität. BREYTENBACH, *Nachfolge*, 211 schreibt zu Recht: „Jesu Messianität ist nur im Zusammenhang mit der Passion und Auferstehung des Menschensohnes aussagbar, darum dürfen die Jünger nicht ihre Auffassung des Christusbekenntnisses verbreiten, denn sie verstehen es selbst nicht."

[254] Wie Petrus seinen Protest genau vorbringt, wird nicht erzählt und muss deshalb aus dem Zusammenhang und der Reaktion Jesu erschlossen werden. Anders als Matthäus (Mt 16,22) gibt Markus keine wörtliche Rede des Jüngers wieder.

[255] Vgl. PsSal 18,6: „Wohl denen, die leben in jenen Tagen, zu sehen die Wohltaten des Herrn, die er erweisen wird dem kommenden Geschlecht!"

[256] HORSTMANN, *Studien*, 26.

[257] Vgl. MÜLLER, *Jesus*, 91.

[258] PESCH, *Mk II*, 54.

insgeheim alle denken, darum gilt die nun folgende Zurechtweisung für Petrus in gleicher Weise auch ihnen.[259]

Der Heftigkeit, mit der Petrus seinen Einwand vorgebracht hatte, entspricht emotional die Reaktion Jesu. Er nennt Petrus „Satan" und wählt damit die schärfste Form der Zurückweisung, die in den Evangelien vorkommt.[260] ὕπαγε ..., σατανᾶ – mit dieser Formulierung verscheucht er den Versucher „auf geradezu exorzistische Weise"[261].

Warum diese Schärfe? Der Grund liegt auf der Hand: Weil Jesus in den Worten des Petrus das Drängen spürt, er möge sich dem Leiden entziehen, das ihm bestimmt ist. Jesu Antwort bedeutet: Hör auf, dich mir in den Weg zu stellen, den Weg, den ich gehen muss und der mir unabdingbar vom Vater vorgegeben ist![262]

Aber die Antwort bedeutet noch mehr: Durch das ὕπαγε ὀπίσω μου ruft er den widerstrebenden Petrus ein zweites Mal (nach 1,17) in die Nachfolge.[263] Warum? Die Antwort liegt auf der Hand: weil Petrus durch seinen Protest die unbedingte Gefolgschaft aufgekündigt hat. Darum muss er jetzt auf die Position *hinter Jesus* zurückgerufen werden.[264] Petrus denkt in „menschlichen" Maßstäben; aber

---

[259] Ganz anders DU TOIT, *Herr*, 308, der 8,33 so versteht, als wende sich Jesus von Petrus ab und zu den anderen Jüngern hin, um „die Gemeinschaft mit den Jüngern zu demonstrieren und Petrus zu zeigen, dass er mit seinem Verhalten Gefahr läuft, aus der Gemeinschaft mit Jesus und den anderen Jüngern herausgetrennt zu werden." DU TOIT führt diesen Gedanken noch weiter und schreibt im Hinblick auf die Verleugnungsszene 14,66–72: „Mit seiner Verleugnung des leidenden Jesus scheidet Petrus dann folgerichtig aus der Gemeinschaft mit Jesus und den anderen Jüngern aus." Diese Interpretation scheint mir nicht haltbar zu sein. Das Markusevangelium schafft keine Front zwischen Petrus einerseits und Jesus und den übrigen Jüngern anderseits. Im Gegenteil begegnet Petrus stets als Sprecher der Jüngerschar. Sowohl im inneren Sträuben gegen die Leidensansagen Jesu (8,33; 9,32) als auch im Versagen bei Jesu Passion (14,37.40f) hebt sich Petrus von den anderen Jüngern nicht entscheidend ab, auch wenn das Versagen bei ihm durch die Verleugnung noch eine höhere Dimension erreicht. Wie außer in der Gethsemane-Szene besonders in 9,33–37 und 10,35–45 deutlich wird, sind die übrigen Jünger nicht im Geringsten verständiger oder treuer als Petrus. MARCUS, *Mk II*, 607 bringt es auf den Punkt: „Peter ... is not unique in his obtuseness." Insofern ist auch DU TOITS Behauptung abwegig, dass die gesonderte Erwähnung des Petrus in 16,7 seine „Reintegration ... in die Gemeinschaft der Jünger" (ebd. 309) anzeige.

[260] So mit Recht MATJAŽ, *Furcht*, 223.

[261] HANSSEN, *Versuchung*, 131. Vgl. die exakt gleiche Formulierung in Mt 4,10.

[262] Die Unbedingtheit, mit der sich Jesus hier dem Willen Gottes verpflichtet weiß, zeigt eine bemerkenswerte Nähe zu Sokrates. Von ihm berichtet XENOPHON: „Wenn er aber glaubte, ein Vorzeichen von den Göttern erhalten zu haben, so hätte er sich ebensowenig dahin beeinflussen lassen, gegen das Zeichen zu handeln, wie ihn jemand hätte überreden können, einen Blinden und des Weges Unkundigen zum Wegweiser zu nehmen statt eines Sehenden und Kundigen. Und den Anderen warf er ihre Torheit vor, wenn sie etwas entgegen den von den Göttern gesandten Zeichen täten ... Er selbst aber erachtete alles Menschliche gering gegenüber dem Rat der Götter" (Xen.mem. 1,3,4).
In der Passion selbst aber wird dann die Haltung Jesu eine ganz andere sein als die des Sokrates. Im Unterschied zu dem griechischen Philosophen geht Jesus zitternd und zagend (Mk 14,33) in den Tod.

[263] Es ist also sehr viel mehr gemeint als nur: „Geh weg!" Gegen STÄHLIN, Art. σκάνδαλον κτλ., in: ThWNT VII, 347, Anm. 55.

[264] Vgl. MÜLLER, *Jesus*, 91f: „Das ὕπαγε ὀπίσω μου in V.33 weist Petrus ... nicht einfach nur zurecht, sondern weist ihm einen Platz an, hinter Jesus nämlich und in seiner Nachfolge ... Die Aktualisierung des Rufes in die Nachfolge ... ist ... nach dem neuen Erkenntnisstand der Jünger erneut notwendig."

diese Maßstäbe sind nach der Aussage Jesu nicht die Maßstäbe Gottes. Er möchte sich sonnen im Glanz des herrschenden Christus – aber Gott hat etwas ganz anderes mit Christus (und seinen Jüngern) vor. Göttliches und menschliches Denken laufen einander diametral entgegen; und es ist ja nicht das erste Mal in der jüdischen Geschichte, dass Menschen diese Erfahrung mit Gott machen (vgl. Jes 55,8f).

11.3.3 Mk 8,27–33 im Kontext des Evangeliums

In drei Leidensankündigungen (8,31; 9,31; 10,32–34)[265] bereitet Jesus seine Jünger auf sein Ende vor.[266] Dabei spricht er sehr bewusst vom Leiden des *Menschensohnes*.[267] Die Jünger jedoch erweisen sich – wieder einmal – als überfordert. Petrus als ihr Sprecher protestiert schon bei der ersten Ankündigung energisch: ein leidender und sterbender Retter ist für ihn ein Widerspruch in sich. Und auch die beiden anderen Leidensansagen finden nicht die erhoffte Resonanz.[268] Auf die zweite Ankündigung folgt die Jüngerdebatte, wer von ihnen der Größte sei (9,33–37). Nach der dritten bitten die Brüder Jakobus und Johannes um die Ehrenplätze neben Jesus in der Herrlichkeit (10,35–45). Mit anderen Worten: Die Jünger streben „hoch hinaus" – stattdessen aber weist Jesus den Weg „hinab".[269] Das Christusbekenntnis des Petrus markiert somit noch keinen wirklichen Wendepunkt im Jüngerverständnis[270], auch wenn es der Sache nach zutrifft.

Erzählerisch geschickt hat Markus dem Bekenntnis und der ihm folgenden Leidensansage die Szene von der Heilung eines Blinden vorangestellt (8,22–26).[271] Auffälligerweise gelingt die Blindenheilung nicht gleich beim ersten Versuch, sondern bedarf eines nochmaligen Eingreifens Jesu.[272] Diese Art des *fortschreitenden*

---

[265] Zu den drei Leidensankündigungen im Markusevangelium gibt es eine bemerkenswerte hellenistische Parallele im Alexanderroman von Ps.-KALLISTHENES (3.Jh. n.Chr.). Auch dort geschieht eine dreimalige Todesweissagung (3,17,7–11), die allmählich immer umfangreicher und präziser wird. In der ersten Prophezeiung wird Alexander der baldige Tod durch die Hand seiner eigenen Leute angesagt. In der zweiten Weissagung wird angekündigt, dass ihn dieses Schicksal in Babylon ereilen werde. Die dritte Ankündigung schließlich sagt zusätzlich zu seinem Tod auch die Ermordung seiner Mutter und seiner Ehefrau voraus.

[266] Zu Recht meint VENETZ, *Weg*, 147f: „Die drei in regelmäßigen Abständen aufeinander folgenden Ankündigungen mit ihren fast wörtlichen Übereinstimmungen erwecken den Eindruck, als ob etwas eingehämmert werden müsste. Offensichtlich handelt es sich um etwas, das nur sehr schwer zu verstehen und zu vermitteln ist."

[267] Der Menschensohn-Name mit seiner *verborgenen* (eschatologischen) Hoheitsidee scheint für Jesus (respektive Markus) offensichtlich eher geeignet, den Leidensgedanken aufzunehmen als der Messias-Name. So mit Recht BERGER, *Theologiegeschichte*, 695.

[268] Sie treiben die Provokation für die Jünger sogar noch auf die Spitze, v.a. 10,33f mit den erschreckenden Präzisierungen wie: „den Heiden überantworten", „verspotten", „anspeien", „geißeln" und „töten".

[269] DECHOW, *Gottessohn*, 261 formuliert es so: „Seine [sc. Jesu] Übernahme des Kreuzes können die Jünger nicht mitvollziehen – gedanklich nicht und in ihrem Handeln nicht."

[270] Vgl. BREYTENBACH, *Nachfolge*, 212.

[271] Jesus heilt ebenso wie in 7,31 durch Berührung und Speichel. Möglicherweise sind diese Berührungsmotive, deren Relevanz schon DSCHULNIGG, *Sprache*, 368f hervorhob, wichtige Hinweise auf das „ärztliche" Wirken des „historischen Jesus". Vgl. VON BENDEMANN, *Significance*, 122.

[272] Zutreffend kommentiert VON BENDEMANN, *Krankheitskonzepte*, 122: „Die zweiphasige Blindenheilung in Mk 8,22–26 zielt auf der Schwelle nach Jerusalem auf die Passion voraus und

Heilungsvorgangs ist sonderbar und im Markusevangelium singulär; hinter ihr verbirgt sich ein tieferer Sinn. Sie bildet gleichsam den langen und mühsamen Erkenntnisweg ab, den die Jünger gehen müssen, bis sie „alles scharf sehen" (8,25) können. Sie sind dem Blinden in 8,22–26 vergleichbar, der erst über mehrere Stufen der Heilung zur wirklichen Sehfähigkeit gelangt.[273] Gegenwärtig ist ihre Sicht noch verschleiert.

Ganz am Ende der Jüngerbelehrung berichtet Markus von einer weiteren Blindenheilung (10,46–52). Sie ist im doppelten Sinne „erfolgreich", indem sie dem blinden Bartimäus nicht nur zum Sehen verhilft, sondern ihn auch veranlasst, in die Nachfolge einzutreten. *Beides gehört für Markus zusammen: der Glaube an Jesus (die „Sehfähigkeit") und die Bereitschaft, ihm nachzufolgen.*

Jesu Weg durch Leiden, Verwerfung und Tod zur Auferstehung hin ist ein „Muss" (8,31) – ein Gedanke mit theologischer, christologischer, soteriologischer und eschatologischer Tragweite. Theologisch: dieser Weg mit all seinen Schrecken und Abgründen unterliegt dem Willen Gottes (14,36). Christologisch: entgegen aller menschlichen Erwartung wird der Messias und Menschensohn dem Leiden und sogar dem Tod unterworfen; der Charakter seiner irdischen Mission ist somit nicht Herrschaft, sondern Dienst (10,45). Soteriologisch: allein auf dem in den heiligen Schriften Israels vorgegebenen Weg kommt die Mission Jesu an ihr Ziel (9,12). Eschatologisch: Jesu Schicksal ist Teil des endzeitlichen „Fahrplans" und als solches festgeschrieben.[274]

Dass Jesu Leiden ein unabdingbares „Muss" ist, hebt es entscheidend von der jüdischen Märtyrertradition ab. Anders als den Märtyrern in der frühjüdischen Überlieferung wird Jesus nämlich seitens der Gegner keine Möglichkeit eingeräumt, dem Leiden und Sterben zu entgehen, indem er sich auf versucherische Angebote seiner Feinde einlässt.[275] Jesus stirbt auch nicht als Märtyrer und Zeuge für seine Treue zum Gesetz. Er leidet und stirbt im Gehorsam gegen den Willen des Vaters, der ihm sein Geschick auferlegt, und in Treue zu seiner Sendung.

---

bildet literarisch-metaphorisch ab, dass man erst vom Leiden und Kreuz her ‚gänzlich scharf' sieht – ein doppelter therapeutischer Schritt, zu dem im Erzählkontext die Jünger in ihrer – metaphorischen – Blindheit nicht in der Lage sind (vgl. Mk 8,17ff)."

[273] Vgl. SCHENKE, *Mk*, 254: „Durch Jesu Vollmacht und die Kraft seines Glaubens ist der Mann *gerettet*; das zeigt sich darin, dass er *sieht*. Sein „Sehen" aber ist mehr als Überwindung natürlicher Blindheit; er *sieht* tiefer, und deshalb folgt er Jesus ‚*auf dem Weg*' nach. Bartimäus tut sehend, wozu die Jünger kaum in der Lage sind (vgl. 10,32): Er geht furchtlos und einsichtig mit Jesus auf dem Kreuzweg, ein Vorbild für Jünger und Leser. Die Geschichte seiner Rettung hat symbolischen Wert". (Kursivdruck im Original).
Anders jedoch PESCH, *Mk II*, 175, der unnötigerweise den symbolischen Bezug unter Hinweis auf die von ihm gemutmaßte Traditionsgebundenheit des Textes bestreitet: „Die Unterschätzung der mk [*sic!*] Traditionsgebundenheit führt leicht zur Überschätzung eines nicht belegbaren symbolischen Gehalts der Erzählung."

[274] Zu dem Gedanken, dass die Geschehen der Endzeit einem festen Plan folgen, vgl. neben Dan 2,28 LXX: ἃ δεῖ γενέσθαι ἐπ' ἐσχάτων τῶν ἡμερῶν auch OrSib 3,572: „Eine mächtige Notwendigkeit wird sein, dass alles erfüllt werde."

[275] Vgl. dagegen die Berichte in 2 Makk 6f; 4 Makk 5-18; MartJes 5.

In 8,34–38 erhält dann das Thema des leidenden und auferstehenden Menschensohnes Relevanz für die Jüngerschaft.[276] Die Nachfolgebedingungen ergeben
sich aus dem Schicksal, das der Menschensohn durchlaufen muss. Nicht zufällig
wird an dieser Stelle der Hörerkreis erzählerisch um das Volk erweitert.[277] Der Ruf
in die Nachfolge ergeht nämlich an jedermann, nicht nur an den engeren Jüngerzir-
kel.

Der eröffnende Konditionalsatz (8,34) greift den Nachfolgeruf an Petrus (8,33)
auf und macht ihn konkreter. Jesus hinterherfolgen (ὀπίσω μου ἀκολουθεῖν) bedeutet: bereit zu sein, für Jesus und das Evangelium notfalls auch Leib und Leben
einzusetzen und die Schande nicht zu achten.[278] Es heißt: für sich kein besseres Los
zu erwarten als das des Herrn.

Die Verse 8,35–37 haben sentenzenhaften Charakter; sie wirken wie Weisheits-
sprüche und wurden möglicherweise ursprünglich unabhängig von ihrem jetzigen
Zusammenhang als Jesus-Worte überliefert.[279] Im markinischen Kontext führen sie
die Einladung von 8,34 weiter. Der „Verlust des Lebens" (8,35), ein Synonym für
die Aufnahme des Kreuzes, wird mit einer Verheißung versehen: Wer – *so wie Jesus
selbst* – zum Tragen von Kreuz und Schande bereit ist, dem winkt himmlischer
Lohn.

Wir haben es *in diesem Sinne* mit einer Art „Urbild"-Christologie zu tun. Wenn J. L.
Martyn im Hinblick auf das Johannesevangelium von einem „two-level-drama"
gesprochen hat, um auszudrücken, dass die von Johannes erzählte Jesusgeschichte
zugleich die Geschichte und Lebensverhältnisse der Gemeinde verstehbar machen
will[280], so lässt sich dieses Interpretament mit mindestens ebenso großer Berechtigung auch auf das Markusevangelium anwenden. In diesem Sinne kann das
Markusevangelium als eine Art „Grund-Geschichte" betrachtet werden und die
Gestalt Jesu als „Urbild" für das Geschick der Leser.[281] *Der Weg Jesu gibt für die
Glaubenden den Charakter, die Bedingungen und die Verheißungen der Nachfolge vor.* Zutreffend formuliert Horstmann: „[Es] zeigt sich darin, dass die Christologie für ihn
[sc. Markus] nicht nur eine rein lehrmäßige Bedeutung hat, sondern sich im Leben
des Jüngers auswirken muss ... Markus [denkt] den Weg des Menschensohnes
durch Niedrigkeit zur Erhöhung (8,31) als wegweisend ... für die Nachfolge der
Jüngergemeinde."[282] In die gleiche Richtung geht die Feststellung von Boring:
„This pericope, and the larger context in which it is embedded, is not about Christology in the abstract; in Markan theology, Christology and discipleship imply each

---

[276]   Vgl. Ebner/Schreiber, *Einleitung*, 158: „Mit der Textsequenz Leidensankündigung –
        Schülerunverständnis – Schülerbelehrung ... wird gezeigt: Die Lehre vom Leiden (und der
        Auferstehung) hat Konsequenzen für das Verhalten der Schüler."

[277]   Die Erweiterung des Hörerkreises geschieht narrativ in mehreren Schritten: über Petrus zu
        den Jüngern (8,33) und dann zum ganzen Volk (8,34). Zur Vergrößerung des Hörerkreises
        zwecks Vermittlung einer wichtigen Lehre vgl. auch 7,14.

[278]   Adäquaten Ausdruck findet dies in der Übersetzung von 8,34 bei Berger/Nord: „Wenn
        jemand hinter mir gehen will, soll er nicht an sich selbst denken, sondern nach meinem
        Vorbild Kreuz und Schande auf sich nehmen."

[279]   Vgl. Collins, *Mk*, 408f.

[280]   Vgl. Martyn, *History*, 129–151.

[281]   Vgl. S. 43.

[282]   Horstmann, *Studien*, 28. Ähnlich Backhaus, *Heilsbedeutung*, 116: „Jüngersein bedeutet ...
        Teilhabe an Jesu Passionsgeschick, ein Nachgehen gerade auf dem Weg des Leidens."

other, such that the story of Jesus and the story of the disciples are inextricably interwoven."[283]

11.3.4 Mk 8,27–33 im Blick auf die Leser

In 8,27–33 schildert die Erzählstimme ihren Lesern eine dramatische Szene. Das an und für sich zutreffende Christusbekenntnis des Petrus erfährt im Anschluss eine Präzisierung, die den Jünger zu empörtem Widerspruch herausfordert. Die Leser werden zu Zeugen des Gesprächsverlaufs. Dabei kann der Erzähler mit ihrer gespannten Aufmerksamkeit rechnen. Nicht nur, dass sie das Aufbegehren des Petrus vermutlich gut nachvollziehen können.[284] Viel wichtiger ist noch, dass sie wegen der Predigt vom „gekreuzigten Christus" ja selber permanent in Auseinandersetzungen und Streitgespräche verwickelt sind (vgl. 1 Kor 1,22f; Gal 5,11).

Durch den anschließenden Nachfolgeruf in 8,34ff bezieht der markinische Jesus die Leser in das Geschehen ein; der Ruf Jesu an das ganze Volk ergeht indirekt auch an sie. SCHNELLE notiert zutreffend: „Der auf der textinternen Ebene von Jesus gesprochene Entscheidungsruf zielt auf textexterner Ebene auf die mk. Gemeinde."[285] Das zweimalige ὀπίσω μου (8,33.34) ist in seiner Eindringlichkeit nicht zu überhören. „Wer mir nachfolgen *will*" – d.h. eine *Entscheidung* ist verlangt. Die Gläubigen sollen bereit sein, um Jesu und um des Evangeliums willen – beides ist nicht voneinander zu trennen – wie ihr Herr das Kreuz auf sich zu nehmen. Mit „Evangelium" ist nach dem Willen des Erzählers nicht nur die Botschaft Jesu (1,15), sondern auch das Werk des Markus selbst (1,1) gemeint.[286] Dieses Evangelium fordert seine Leser heraus; es ist nicht nur als Lektüre gedacht, sondern auch und vor allem als ein eindringlicher (Weck-)Ruf zum Handeln. In der akuten Situation des Leidens und der Bedrohung, in der sich die Leser befinden[287], gewinnt die Aufforderung zur *Kreuzesnachfolge*[288] natürlich besondere Qualität und Bedeutung. Sie konkretisiert die Mahnung an die Lesenden, dem Leiden nicht auszuweichen, wo es sie wegen ihres Glaubens trifft. Die Alternative lautet, entweder sich verleugnen oder den Herrn; eine dritte Möglichkeit gibt es nicht. Der Oppositionsbe-

---

283 BORING, *Mk*, 236.
284 Vgl. VAN IERSEL, *Mk*, 181: „Sogar ein Leser, dem aufgefallen ist, dass das ‚Müssen' sich nicht nur auf den gewaltsamen Tod, sondern auch auf die Auferstehung bezieht, dürfte den Widerspruch des Petrus billigen."
285 SCHNELLE, *Theologie*, 374.
286 Vgl. MÜLLER, *Jesus*, 94f: „Der Begriff des Evangeliums bezieht sich innerhalb der erzählten Zeit zwar auf das Verkündigen des Evangeliums Gottes durch Jesus selbst zurück (1,15). Darüber hinaus bezeichnet Markus aber sein eigenes Werk in 1,1 mit eben diesem Begriff: ‚Evangelium von Jesus Christus'. Im Begriff des Evangeliums ist also eine Bewegung ausgedrückt, die über die erzählte Zeit hinausreicht und in die Zeit des Markus hineinführt. Was Jesus seinen Jüngern und der Volksmenge in 8,34ff sagt, gilt auch denen, die in der Zeit des Markus Jesus nachfolgen."
287 Vgl. u.a. die wiederholte Rede von der „Bedrängnis" in 4,17; 13,19.24.
288 Vom *Kreuz* war im Evangelium bisher noch an keiner Stelle die Rede gewesen; es findet auch bis 15,13 keine weitere Erwähnung. Die charakteristische Ausdrucksweise vom „Aufnehmen des Kreuzes" gehört in das nachösterliche Vokabular der christlichen Gemeinden, für die das Kreuz als Hinrichtungsart nicht nur aufgrund des Schicksals Jesu eine besondere Bedeutung erlangt hatte. Es stellte in der Zeit der neronischen Verfolgung, noch mehr aber in der Epoche des Jüdischen Krieges eine konkrete Realität dar. Vgl. BORING, *Mk*, 244.

griff zu „verleugnen" (ἀπαρνέομαι) ist „bekennen" (ὁμολογέω; vgl. Röm 10,9).[289]
Mit anderen Worten: Es geht um die Bereitschaft, nicht sich selbst die oberste
Priorität einzuräumen, sondern dem Herrn.[290] Der Warnung vor dem Abfall („sich
schämen")[291] und seinen Konsequenzen (8,38) steht die Verheißung des „ewigen
Lebens" (10,17) für diejenigen gegenüber, die ihre ganze Existenz für den Herrn
und das Evangelium einsetzen – wenn es sein muss, bis zum Martyrium (8,34f).[292]
Jesu Weg ist auch der der Gläubigen. Zur Nachfolge gehören Kreuz und Selbst-
verleugnung dazu; billiger ist sie nicht zu haben.[293]

11.3.5 Das Versuchungsmotiv in Mk 8,27–33

Den Einwand des Petrus gegen die Leidensansage weist Jesus auf die denkbar
schärfste Weise zurück. Er nennt ihn „Satan" (8,33) – das einzige Mal überhaupt,
dass Jesus einen Menschen so tituliert. Nicht einmal seinen ständigen Antipoden,
den Pharisäern, gegenüber wählt er diese Bezeichnung. Das allein macht schon
deutlich, dass es sich bei den Vorhaltungen des Jüngers um eine besonders bedrohliche und tiefgründige Versuchung für Jesus handeln muss.

Warum aber ist sie das? Aus zwei Gründen. Ein Grund ist sicher der, dass die
Versuchung sozusagen „aus den eigenen Reihen" kommt. Sie kommt nicht von
„außen", von Seiten derer, die Jesus gewohntermaßen feindlich gegenüberstehen.
Sondern sie kommt aus dem Kreis der Jünger; und es ist ausgerechnet Simon
Petrus, der sie an den Herrn heranträgt.[294] Ein zweiter Grund ist darin zu sehen,
dass nach „menschlichen" Maßstäben der heftige Einwand des Petrus nur allzu
verständlich ist; das ändert aber nichts daran, dass er dem Willen Gottes zuwider
läuft. Diesem Willen Gottes ist nach der Überzeugung Jesu der Wille des Menschen
unbedingt unterzuordnen. Wenn Jesus also aus dem Geist Gottes heraus den Jün-

---

[289] ἀπαρνέομαι findet sich in der LXX nur in Jes 31,7 und meint dort die Verwerfung und
Lossagung von den Götzen.

[290] Vgl. BORING, Mk, 244: „The hearers are called to deny themselves rather than deny Jesus,
that is, no longer to make oneself the top priority and the center of one's own universe."

[291] „Sich schämen" (ἐπαισχύνομαι) ist ein Synonym für „verleugnen" (ἀπαρνέομαι; vgl. Lk
12,9) und als solcher ein urchristlicher Fachbegriff aus der Konfrontation mit Nichtgläubi-
gen. Er bedeutet: Lossagung vom Herrn, Bruch des Treueverhältnisses, Verweigern des Bekenntnisses. Die Gefahr des Sich-Schämens liegt darin begründet, dass es ja um das Bekenntnis zu einem Herrn geht, der unter demütigenden Umständen am *Schandpfahl* des
Kreuzes endet – für Juden ein Ärgernis, für Griechen eine Torheit. Wer sich zu einem solchen Herrn bekennt, setzt seine eigene Reputation aufs Spiel. Paulus gebraucht den Begriff
in adäquatem Sinn (Röm 1,16: sich des Evangeliums schämen). Vgl. in diesem Sinne außerdem 2 Tim 1,8. Zum Ganzen vgl. BERGER, *Theologiegeschichte*, 353f.

[292] Vgl. SCHENKE, *Mk*, 210: „Jesus fordert unabdingbar die Bereitschaft des Nachfolgers, auch
im Lebensgeschick mit ihm gleichförmig zu werden, also die ständige Bereitwilligkeit, in der
Nachfolge – wenn gefordert – sein Leben einzusetzen, wie Jesus es tun musste."

[293] Vgl. JOCHUM-BORTFELD, *Die Verachteten*, 238: „Die Bindung an Jesus bedeutet ... Konfor-
mität mit dem Schicksal Jesu. Der Ruf in die Nachfolge verheißt nicht einfach nur Lebens-
gewinn, vielmehr müssen die Nachfolgenden bereit sein, für das Reich Gottes Leiden und
Tod auf sich zu nehmen."

[294] Nicht verifizierbar ist die Vermutung BAUMBACHS, „dass sich hier innergemeindliche theologische Auseinandersetzungen über das Verständnis von Jesu Person und Werk widerspiegeln könnten, wobei die von Petrus repräsentierte, als satanisch gescholtene Richtung durch
ihre Ablehnung der Passionstheologie gekennzeichnet wäre" (ders., *Verständnis*, 40).

gern sein eigenes Leiden und Sterben als ein „Muss" (δεῖ) ankündigt, dann ist Widerstand fehl am Platze.

Dass der göttliche Wille absolute Priorität gegenüber allem menschlichen Denken und Wollen hat, wird in besonders eindrucksvoller Weise die Gethsemane-Szene zeigen: In dem Augenblick, als Jesus selbst von der ganz natürlichen Angst vor dem Leiden überfallen wird und den Vater um Verschonung bittet, tut er dies mit der folgenden bemerkenswerten Einschränkung, die der Erzähler *sowohl in direkter als auch in indirekter Rede* wiedergibt (14,35f): „wenn es möglich wäre" „ bzw. „nicht, was ich will, sondern was du willst". Mit anderen Worten: Für Jesus ist es eine „unmögliche Möglichkeit", gegen den Willen des Vaters zu opponieren, und sei er noch so unbegreiflich oder belastend. Der Gehorsam Jesu ist bedingungslos – bis in Leiden und Tod hinein. Vor diesem Hintergrund erklärt sich die schroffe Form der Zurückweisung, die Petrus erfährt, eine Form, die in ihrer Schärfe an die heftige Antwort erinnert, mit der Hiob seine Frau in die Schranken weist, als diese ihn zur Absage an Gott verleiten will (Hi 2,9f; TestHi 25,9–26,6).

Ist σατανᾶ im Munde Jesu in metaphysischem Sinne gemeint? Anders formuliert: Tritt Petrus in der Wahrnehmung Jesu nicht nur als Sprachrohr der Jünger, sondern auch als Sprachrohr Satans auf?[295] Meines Erachtens gibt es keine wirklichen Indizien dafür, dass der polemische Ausdruck in 8,33 tatsächlich in dieser Weise zu verstehen ist. Es wird nämlich keinerlei Ableitung bzw. Erklärung gegeben, wie man sich den Anteil Satans am Geschehen konkret vorzustellen hat.[296] Der Einwand des Petrus wird von Jesus explizit als „menschlich" und nicht etwa als „satanisch" resp. „diabolisch" bezeichnet.[297] Hinzu kommt: Ein Wirken Satans wird im weiteren Erzählverlauf des Markusevangeliums an keiner Stelle mehr erwähnt. So liegt es viel näher, die Bezeichnung σατανᾶ ohne jeden metaphysischen Hintergrund im rein funktionalen Sinne zu verstehen.[298] Dafür gibt es Vorbilder im

---

295 So GARRETT, *Temptations*, 76: „In Mark's gospel, the strongest evidence for an assumed link between the disciples' incomprehension and the activity of Satan is Jesus' rebuke of Peter at Caesarea Philippi (‚Get behind me, Satan!'). This is an electrifying scene – an instant in which the disciples' routine trying of Jesus' patience is transmogrified into satanic presence."

296 So mit Recht BAUMBACH, *Verständnis*, 38. Im *„Testament Hiobs"* z.B. stellt sich der Sachverhalt anders dar (vgl. TestHiob 23,11; 26,6; 41,5). Dort ist, wie an anderer Stelle bereits erwähnt (vgl. S.102, Anm.119), ausdrücklich davon die Rede, dass der Satan als Person durch Menschen spricht und handelt bzw. sie in seinem Sinne beeinflusst, ohne dass ihnen dies bewusst ist. Darüber hinaus kann er auch menschliche Gestalt annehmen (vgl. TestHiob 6,4–7,13; 23,1). In ähnlicher Weise wie in TestHiob wird ein Wirken des Satans durch einen Menschen in Lk 22,3 und Joh 13.2.27 ausgesagt: Der Satan fährt in den Jünger Judas hinein und treibt ihn zum Verrat. Vgl. auch Act 5,3.
    In späterer Zeit begegnet das Motiv dämonischer Einflussnahme dann bei Philostr.vit.ap. 4,20: „Der Jüngling [brach] in ein breites und freches Lachen aus. Apollonios blickte ihn scharf an und sprach: ‚Nicht du selbst frevelst hier, sondern der Dämon, von dem du ohne dein Wissen besessen bist.' In der Tat war in dem Jüngling, ohne dass man es wusste, ein Dämon."

297 So mit Recht GUTTENBERGER, *Gottesvorstellung*, 277.

298 Ebenso HORSTMANN, *Studien*, 27, Anm. 104. GARRETTS Interpretation geht übrigens auch aus folgendem Grunde nicht auf: Würde Jesus vom Satan in 8,33 im personalen, nicht im funktionalen Sinne sprechen, dann wäre es ja das Bestreben des Widersachers, die Passion zu verhindern! Satanisch wäre es demnach, Jesu Tod *nicht* zu wollen. Wer für den Gedanken einer Beeinflussung des Petrus durch den Satan eintritt, schließt damit konsequenterweise

AT. So bezeichnet David in 2 Sam 19,23 diejenigen als „Satan", die ihn dazu verleiten wollen, seinen Gegner umzubringen. Erinnert sei auch an Num 22,32, wo der
Engel des Herrn dem Bileam auf seinem Weg als „Widersacher" entgegentritt: καὶ
ἰδοὺ ἐγὼ ἐξῆλθον εἰς διαβολήν σου, ὅτι οὐκ ἀστεία ἡ ὁδός σου ἐναντίον μου
(LXX). Interessant ist hier besonders die Begründung: „Denn dein Weg ist verkehrt in meinen Augen."[299] Exakt dies ist auch die Position des Simon Petrus gegenüber Jesus; sein innerer Widerstand gegen den vom Herrn prophezeiten Leidensweg lässt ihn zum "Satan" werden. BAUMBACH bringt es auf den Punkt:
„Petrus wird ausschließlich deshalb ‚Satan' genannt, weil er sich gegen die göttliche
Notwendigkeit von Jesu Leiden wendet (vgl. V.31 mit V.33). Zugleich ergibt sich
daraus, dass ‚Satan' hier rein polemisch und geradezu als Schimpfwort gemeint ist,
durch das die auf die Messianologie bezogene Aussage eines Jesusjüngers als besonders verdammenswert gekennzeichnet werden soll."[300] Mit anderen Worten:
Das Motiv des Jüngerunverständnisses, das sich durch das ganze Markusevangelium zieht, gipfelt im Widerstand gegen Jesu Passionsankündigung; dementsprechend fällt die Reaktion Jesu ungewöhnlich scharf aus. Ausgerechnet der Jünger,
der unmittelbar zuvor mit seinem Christusbekenntnis so positiv hervorgetreten
war, wird seinem Herrn gegenüber zum Kontrahenten und Versucher, indem er
ihm den Leidensweg ausreden möchte.

Die enge erzählerische Verknüpfung von Christusbekenntnis und Versuchung
weist bemerkenswerte Parallelen zu 1,9–13 auf. Auch dort war es ja so gewesen,
dass der hoheitlichen Titulierung Jesu (1,11) die Versuchung (1,13) quasi auf dem
Fuße gefolgt war. Der Satan hatte sich dem Gottessohn in den Weg gestellt; diese
Konfrontation musste überstanden werden, damit Jesus seine Mission beginnen
konnte. Entsprechendes geschieht hier: Petrus stellt sich unmittelbar nach dem
Bekenntnis Jesus entgegen; wieder steht die Treue Jesu zu Gottes Willen und Auftrag auf dem Spiel; wieder muss Jesus die Versuchung mit aller Macht und Entschiedenheit von sich abwehren. Die intratextuelle Parallelität zwischen 1,9–13 und
8,27–33 dürfte kein Zufall sein. In der Konsequenz legt sie folgenden Schluss nahe:
Die Versuchungsmotivik ist im Markusevangelium der Christologie aufs Engste zugeordnet.
Seine einzigartige Würde macht Jesus im Evangelium nicht unantastbar. Das Gegenteil ist der Fall: Gerade *weil* er der Christus und Gottessohn ist, muss er sich
ständig aller möglichen Angriffe und Versuchungen erwehren, die von den unterschiedlichsten Seiten auf ihn zukommen: vom Satan, von den jüdischen Führern,
sogar von den Jüngern, bis sich seine Mission schließlich im Kreuzestod erfüllt. *Der*
von Gott erwählte Messias ist immer auch der Versuchte – und dies bis in den Tod hinein. Für
Markus geht es offensichtlich weniger um die christologischen Titel als solche; vielmehr geht es ihm
um deren inhaltliche Füllung. Und diese Füllung ist eben gekennzeichnet durch Auseinandersetzungen, Versuchungen und Leiden – was wiederum paradigmatische
Bedeutung hat für diejenigen, die Christus nachfolgen. BORING bringt es auf den

---

zugleich seine aktive Mitwirkung bei der Passion aus. GARRETT jedoch sieht auch in der Passion wieder den Satan am Werke (vgl. dies., *Temptations*, 91.134).

[299] LXX D übersetzt: „Denn dein Weg findet kein Gefallen vor mir."

[300] BAUMBACH, *Verständnis*, 38f. Vgl. in diesem Sinne auch SCHENKE, *Mk*, 209: „Petrus hetzt
gegen Gottes Plan. Darum wird er zu Recht *Satan* genannt." Demgegenüber mutmaßt
MARCUS, *Mk II*, 615: „Peter is a man in the middle, a disciple in whose heart the forces of
God and Satan contend fiercely with each other."

Punkt: „Christology is not speculation about the nature of Jesus, but inseparably related to discipleship.“[301]

Die Jünger sind vom Verstehen noch weit entfernt. Darum ist es bei Cäsarea Philippi wie so oft: Sie sind für Jesus weniger eine Hilfe als eine Last. Nicht nur, dass sie ihre Herzen vor ihm und seiner Wahrheit verschließen. Nein, sie bauen sogar noch Hindernisse auf. Sie machen es ihrem Herrn zusätzlich schwer, seiner ohnehin schon schwierigen Mission treu zu bleiben.[302]

Zu ihrer „Ehrenrettung“ sei aber hinzugefügt: Sie sind in 8,27–33 nicht nur Versucher, sondern in gewisser Weise auch Versuchte. Jesu Leidensansage bedeutet für sie eine unerhörte Zumutung. Dass der Christus leiden und sterben werde, schien ja nicht nur im Widerspruch zu dem zu stehen, was in äthHen, in den Psalmen Salomos und in syrBar vorausgesagt war; es widersprach auch all dem, was sie selbst als seine Jünger von Gott erhofften. Der Messias sollte doch *Rettung* bringen für diejenigen, die unter fremder Herrschaft litten und starben – wie sollte er das aber tun können, wenn er ihr Schicksal teilte? Und weiter gefragt: Wie passte es zusammen, dass derselbe Gott, der in Jesus so wunderbar und heilend unter die Menschen getreten war, nun auch in Leid, Verwerfung und Sterben Jesu am Werke sein sollte?[303] Die Jünger geraten durch die Leidensansage Jesu in eine Aporie hinein. Sie sind nicht nur „Täter“ in dieser Geschichte, sondern auch „Opfer“. Und eben als „Opfer“ werden sie zu „Tätern“.[304]

Die Tatsache, dass aus Versuchten Versucher werden können, ist ja nicht neu. Einem vergleichbaren Sachverhalt waren wir schon bei der Wüstenwanderung des Volkes Israel begegnet (vgl. S. 85). Die vierzig Jahre der Wanderung waren eine Zeit der permanenten Versuchung und Demütigung durch Gott zu dem Zweck, das Herz und die Gesetzestreue des Volkes zu prüfen (Dtn 8,2). Das Volk aber zeigte sich den Versuchungen nicht gewachsen; als es hungerte und dürstete, da murrte es gegen Gott; es versuchte und prüfte ihn nun seinerseits und forderte ihn heraus (vgl. Ex 17,1–17; Num 20,1–13; Ps 78,17f; 95,8f). In ähnlicher Weise versagen nun die Jünger angesichts der Herausforderung durch die Leidensansage Jesu. Dieser Herausforderung sind sie nicht gewachsen; und aus der Not heraus werden sie ihrerseits zu Versuchern gegenüber Jesus. Aber etwas ist doch bemerkenswert: Während das Wüstenvolk dafür gestraft wurde, dass es zu Versuchern Jahwes geworden war – keiner durfte das verheißene Land sehen (vgl. Num 14,21–23) –, ist

---

301 BORING, *Mk*, 243.
302 Lukas hat die Streitszene zwischen Jesus und Petrus gänzlich getilgt. Bei ihm ist an anderer Stelle sogar davon die Rede, dass die Jünger ausgeharrt hätten bei den Versuchungen Jesu (22,28). Diese Formulierung ist bei Markus undenkbar. GARRETT, *Temptations*, 81 urteilt scharf: „At best the disciples in Mark are a dead weight that Jesus must carry along the way as it leads up to Jerusalem; at worst they are a satanic obstacle in his path.“ Damit hat sie Recht, sofern man „satanic“ nicht im Sinne metaphysischer Beeinflussung versteht.
303 VAN OYEN, *Stories*, 98 formuliert es so: „The key for understandig the gospel is the fundamental option that is presented to Peter and the disciples and through them to the readers: ‚Behind me Satan!...‘ In other words, is it possible to accept or believe that the same God is present in Jesus' deeds *and* in his death?“ (Kursivdruck im Original).
304 Interessanterweise ist in ApkPetr 16 die Versuchung Jesu zu einer Versuchung des Petrus umgestaltet und der Verklärungsszene zugeordnet worden. Auf den Vorschlag des Petrus zum Bau von drei Hütten heißt es dort: „Und er [sc. Jesus] sagte zu mir im Zorn: Satan führt gegen dich Krieg, und er hat dein Denken verschleiert, und die Güter dieser Welt besiegen dich“ (vgl. SCHNEEMELCHER, *Apokryphen II*).

von einer Strafe für die Jünger keine Rede. Statt dessen wird der Nachfolgeruf an den „Satan" Simon und mit ihm an die übrigen Jünger erneuert.

11.4   Die Passion: Jesu Gehorsam und das Versagen der Jünger

11.4.1   Vorbemerkungen

Ab 14,1 beschreibt der Erzähler stringent und „mit gesteigertem Pulsschlag"[305] den Verlauf der Passion Jesu. Mit der Darstellung vom Leiden und Sterben des Gottessohnes erreicht das Evangelium seinen dramatischen Höhepunkt, auf den hin sich die Handlung bereits seit langem (vgl. 2,20; 3,6) zugespitzt hatte. Speziell in den vorangegangenen Kapiteln waren die Jünger (und mit ihnen die Leser) immer wieder auf die bevorstehende Passion hingewiesen worden, nicht nur in den drei Leidensankündigungen (8,31; 9,31; 10,32–34), sondern auch an anderen Stellen (9,12; 10,38f.45; 12,8).

Hinsichtlich der Frage, ob der markinische Passionsbericht 14,1–16,8 im Wesentlichen eine Komponisten des Evangelisten selbst ist oder ob Markus eine in den frühen Christengemeinden zirkulierende Vorlage des Passionsgeschehens übernommen, modifiziert bzw. erweitert und so in sein Evangelium integriert hat, gehen die Meinungen in der Forschung weit auseinander. Es ist hier nicht der Ort, auf die unterschiedlichen Positionen und Argumente näher einzugehen.[306] Die zahlreichen, z.B. sogar wörtlichen Übereinstimmungen zwischen Markus (und den anderen Synoptikern) einerseits und Johannes andererseits sprechen aber dafür, dass es einen älteren Passionsbericht gab, der – kursierend in punktuell voneinander abweichenden Fassungen – in jeweils eigener Weise von den Evangelisten aufgenommen und bearbeitet worden ist.[307] Nach REINBOLD handelte es sich bei diesem älteren Passionsbericht von der Form her um einen „Geschichtsbericht", dessen zentrales Anliegen es gewesen sei, die Unschuld Jesu herauszustellen, der zu Unrecht von den jüdischen Autoritäten in Kooperation mit dem römischen Präfekten zum Kreuzestod verurteilt worden war.[308]

In ihrer jetzigen Gestalt weist die markinische Passionsgeschichte zwei zentrale Leitlinien auf, die in einem bemerkenswerten Kontrast zueinander stehen. Die eine Linie ist die Treue Jesu zu seiner Sendung; er geht, aller Angst und dem Eindruck der Verlassenheit zum Trotz, den Weg zu Ende, der ihm vom Vater bestimmt ist. Dem gegenüber steht die andere Linie: Die Jünger versagen gänzlich; sie brechen ihre Treueschwüre gegenüber dem Meister, lassen Jesus in der Stunde der Not feige im Stich und ihr Sprecher Petrus verleugnet ihn sogar. Der Gegensatz zwischen dem Verhalten Jesu und dem seiner Jünger, der in der Gethsemane-Szene und in

---

[305]   SCHENKE, *Mk*, 301.

[306]   Für die markinische Verfasserschaft treten vor allem angloamerikanische Forscher ein, z.B. KELBER (vgl. ders., *Passion*). Eine extreme Gegenposition vertritt PESCH in seinem Mk-Kommentar. Seiner Ansicht nach beruht die gesamte Darstellung von Mk 8,27–16,8 auf einer Vorlage, in die der Evangelist bis 13,37 substantieller, ab 14,1 aber nur noch geringfügig eingegriffen hat (vgl. ders., *Mk II*, 1–27). Eine detaillierte Übersicht über die verschiedenen Positionen in der Forschung gibt COLLINS, *Mk*, 620–627.

[307]   Mit REINBOLD, *Bericht*, 73–78. Dabei setzt REINBOLD die literarische Unabhängigkeit des Johannes von Markus voraus.

[308]   REINBOLD, *Bericht*, 197f.

der Doppelszene 14,53–72 besonders eindrucksvoll geschildert wird, verleiht der markinischen Erzählung eine ganz eigene innere Dramatik.[309]

Hinsichtlich der Versuchungsthematik sind zwei Szenen von besonderem Interesse: Gethsemane (14,32–42) und Jesu Kreuzigung (15,22–39). Die Episode in Gethsemane spielt insofern eine Schlüsselrolle, als hier zum einzigen Mal innerhalb des Markusevangeliums das Nomen πειρασμός begegnet. Die Kreuzigungsszene schildert gleichermaßen nüchtern wie schonungslos das Sterben des Gottessohnes unter dem Eindruck der Gottverlassenheit und des Spotts von jüdischen Honoratioren und Passanten. Darüber hinaus möchte ich aber auch auf die Episode von der Verleugnung des Petrus (14,66–72) eingehen. Zwar ist sie keine Versuchungsgeschichte im eigentlichen Sinne; wohl aber handelt sie von einem Vorgang, der eng mit der Versuchungsthematik verknüpft ist: Es geht dort um eine Bewährungsprobe für den Jünger im Sinne der in Mk 14,38 signalisierten Herausforderung durch das Leiden (vgl. S. 150, Anm. 13).

Narratologisch geschickt verbindet der Erzähler einzelne Traditionen der Passionsgeschichte durch eine „in Szene gesetzte Prophetie"[310] in 14,26–31, die bestimmte Ereignisse innerhalb des Geschehens wie Jüngerflucht, Verleugnung, Hinrichtung und Auferstehung vorausblickend benennt. Dabei geht es ihm nicht so sehr um das Erzeugen von Spannung – die Leser wissen ohnehin, wie die Geschichte ausgeht.[311] Vielmehr wird das Interesse der Rezipienten nun darauf gelenkt, *wie* die Ankündigungen erzählerisch umgesetzt werden. COLLINS drückt es richtig aus: „For those familiar with the story, the prophecy increases the pathos of its narrative fulfillment."[312] Dieser prophetischen Szene wende ich mich zunächst zu.

11.4.2 Vorprogrammiertes Versagen: Die Ankündigung von Flucht und Verleugnung (Mk 14,26–31)

11.4.2.1 Annäherungen

Im markinischen Makrotext hatte Jesus schon wiederholt das ihm bevorstehende Schicksal angekündigt. Aber der Akzent der Ankündigung in 14,26–31 liegt nun nicht mehr so sehr auf seinem eigenen Los; vielmehr geht es hier vor allem darum, wie *die Jünger* sich dazu verhalten werden.

---

[309] Dennoch wird es dem Charakter der Passionsgeschichte insgesamt kaum gerecht, wenn HERRMANN, *Strategien*, 384 urteilt: „Häufiger noch als mit seinen Gegner [*sic!*] gerät Jesus in der Passion in Konflikt mit seinen eigenen Anhängern." Überraschend auch seine Aussage: „Der Konflikt zwischen Jesus und den Gegnern baut sich allmählich auf und kulminiert in Mk 14,61–64; danach *lässt er etwas nach* [Kursivdruck von A. H.] und findet in der Auferstehung zu seiner ironischen Auflösung" (ebd. 334, Anm. 11). Von einem Nachlassen des Konflikts im Anschluss an Mk 14,64 kann gar keine Rede sein, im Gegenteil. Ab Mk 14,65 kommt es zu *körperlichen* Gewaltakten gegen Jesus in Form von Anspeien, Schlagen und Verhöhnen (Dornenkrone) bis hin zur Kreuzigung inmitten zweier Schwerverbrecher. Nur das Verhör vor Pilatus hebt sich von dem ganzen brutalen und für Jesus gleichermaßen schmerzhaften wie demütigenden Szenario ab.

[310] GNILKA, *Mk II*, 252.

[311] So mit Recht REINBOLD, *Bericht*, 137.

[312] COLLINS, *Mk*, 672.

Die Ankündigung der allgemeinen Jüngerflucht (und ihre Darstellung) findet sich nur bei Markus und Matthäus (Mt 26,31.56). Dagegen werden die Ansage der Verleugnung des Petrus (und die Verleugnung selbst) in *sämtlichen* neutestamentlichen Evangelien berichtet – ein untrüglicher Hinweis auf die Verbreitung und Bedeutung dieser Tradition im Frühchristentum. Zur Textgenese von 14,26–31 ist Folgendes festzustellen: Vermutlich hat Markus der ihm bereits vorliegenden schriftlichen Tradition, die Jüngerabfall und Verleugnung ansagte, V.27b und 28 eingefügt.[313] Denn die Reaktion des Petrus in V.29 nimmt nur auf V.27a Bezug; sie ignoriert sowohl den Schriftverweis in V.27b als auch die Verheißung in V.28. V.27b und 28 erweisen sich durch die Hirtenmetaphorik als zusammengehörig.

Durch die redaktionelle Ergänzung wird erzählstrategisch mehreres erreicht. Erstens ist der Fokus jetzt nicht mehr nahezu ausschließlich auf das Verleugnungsgeschehen gerichtet; es werden auch Gethsemane („die Schafe werden sich zerstreuen", vgl. 14,50), Golgatha („ich werde den Hirten schlagen") und Ostern („wenn ich auferweckt worden bin") in den Blick genommen. Zweitens gelingt es Markus, die Aufmerksamkeit der Leser innerhalb der Passionsgeschichte über das Christusschicksal hinaus in zunehmendem Maße auf das Jüngerschicksal und -verhalten zu richten[314], so dass man beinahe sagen könnte: Die Jünger sind in der markinischen Passionsgeschichte nicht weniger wichtig als Jesus selbst. Drittens rückt Markus durch die Hirtenmetaphorik das Jüngerverhalten dezidiert in den für ihn so zentralen Horizont der Nachfolgethematik.[315]

Alle Voraussagen Jesu (die Jüngerflucht, die Verleugnung des Petrus, der Tod des Hirten und die erneute Sammlung des Jüngerkreises nach der Auferweckung in Galiläa) finden im weiteren Verlauf der Passions- und Ostergeschichte ihre Erfüllung. Mit der kleinen Einschränkung: Der Neuanfang in Galiläa wird nicht mehr selbst geschildert, sondern nur durch ein Engelwort bekräftigt (16,7). Indem Jesus im Stil eines „göttlichen Orakels"[316] das kommende Passionsgeschehen präzise vorhersagt[317], erweist er sich nicht nur als Opfer, sondern in gewisser Weise auch als Herr der Situation. Dies gilt umso mehr, als er dieser Situation nicht ausweicht, sondern sich ihr bewusst stellt. Die durch die Vorhersagen betonte Souveränität Jesu ist für die Leserschaft des Markus von großer Bedeutung. Damit wird ausgeschlossen, „dass Jesus in Jerusalem unbeabsichtigt in eine Katastrophe geriet"[318]. Sein Schicksal trifft ihn nicht unvorbereitet oder gar zufällig; es kommt alles genauso so, wie er es erwartet hat.

11.4.2.2 Textanalyse

26 Und nachdem sie den Lobgesang gesungen hatten, gingen sie hinaus an den Ölberg. 27 Und Jesus sprach zu ihnen: Ihr werdet alle abfallen, denn es steht geschrieben: Ich werde den Hirten schlagen und die Schafe werden sich zerstreuen. 28 Aber wenn ich auferweckt worden bin, werde ich euch vorangehen nach Galiläa. 29 Aber Petrus sagte zu ihm: Wenn auch alle abfallen wer-

---

313 Vgl. GNILKA, *Mk II*, 252.
314 Mit GNILKA, *Mk II*, 255.
315 Auf die enge Korrespondenz von προάγειν (14,28) und Nachfolge weist schon 10,32 hin. Dort allerdings gilt προάγειν – anders als in 14,28 – noch im buchstäblichen Sinn.
316 Vgl. COLLINS, *Mk*, 670: „as a divine oracle in some ancient novels..."
317 Er sagt übrigens ja auch schon den Verrat voraus (vgl. 14,18.20f).
318 REINBOLD, *Bericht*, 233.

den, so doch ich nicht! 30 Und Jesus spricht zu ihm: Amen, ich sage dir: Du wirst heute, in dieser Nacht, noch ehe der Hahn zweimal kräht, mich dreimal verleugnen. 31 Er aber redete mit Nachdruck: Selbst wenn ich mit dir sterben müsste, werde ich dich nicht verleugnen. Ebenso sprachen aber auch alle.

[26–28] Nach dem Passamahl Jesu mit seinen Jüngern verlagert sich der Ort des Geschehens zum Ölberg hin. Jesus und die Seinen bleiben am Südhang des Ölbergs innerhalb des erweiterten Stadtbezirks von Jerusalem und entsprechen somit einer für die Passanacht geltenden Vorschrift.[319]

Am Ölberg prophezeit Jesus seinen Jüngern ihr unterschiedsloses Scheitern. Die Ankündigung σκανδαλισθήσεσθε drückt genau dies aus: Sie werden angesichts der Glaubensprobe, die Jesu Verhaftung und Hinrichtung für sie bedeutet, versagen.[320] Zur Begründung wird Sach 13,7 angeführt, übrigens das einzige explizit als solches gekennzeichnete alttestamentliche Zitat in der ganzen markinischen Passionsgeschichte, das allerdings weder der Hebräischen Bibel noch der LXX exakt entspricht.[321] Das Zitat sagt ein Doppeltes aus: Es benennt ausdrücklich Gott als denjenigen, der den (tödlichen) Schlag gegen Jesus, den Hirten (vgl. 6,34) führt, der ihn – mit anderen Worten – in den Tod gibt (vgl. das *passivum divinum* in 9,31: παραδίδοται). Dieser Schlag werde bei den Jüngern eine panikartige Reaktion auslösen: Sie würden fliehen und ihren Herrn im Stich lassen. Aufgrund der Trennung von ihrem Herrn werde ihre Gemeinschaft auseinanderbrechen.[322]

Der Unheilsankündigung folgt eine Heilsansage. Derselbe Gott, der den Hirten schlug (14,27), wird ihn auferwecken (ἐγερθῆναι ist ein *passivum divinum*). Und die Auferweckung, verbunden mit Jesu Gang nach Galiläa, ermöglicht einen neuen gnadenhaften Anfang von Gott her; sie eröffnet den Jüngern erneut die Möglichkeit zur Nachfolge.[323] Trotz des Versagens der Jünger wird doch das Tischtuch zwischen Jesus und ihnen nicht völlig zerschnitten sein. Der Herr signalisiert schon vorab einen Neubeginn exakt an dem Ort, wo die Bewegung einst ihren Ausgangspunkt hatte: in Galiläa (vgl. 1,14). Dort werde er die Jünger erwarten.

---

[319] Vgl. GNILKA, *Mk II*, 247.

[320] Näheres zur Wortgruppe vgl. S. 66f. Der Gegenbegriff ist ὑπομένω [εἰς τέλος], vgl. Mk 13,13. GNILKA, *Mk II*, 252 definiert zutreffend: „Anstoß nehmen ist im Sinne von Glaubensabfall ein Term der biblisch-jüdischen Tradition und in den Evangelien mit Jesus (6,3: ἐν αὐτῷ; vgl. par Mt 26,31) oder dem Wort (Mk 4,17) verbunden. Nicht wird jemand zur Sünde verführt, sondern die Jünger werden die Glaubensprobe, die ihnen mit dem Leiden Jesu aufgegeben ist, nicht bestehen."

[321] Für die von Markus zitierte Textversion der LXX gibt es jedoch einen entsprechenden Beleg in Qumran. Vgl. GIELEN, *Passionserzählung*, 98.

[322] Vgl. STÄHLIN, Art. σκάνδαλον κτλ., in: ThWNT VII, 349: „Wie die Schafherde mit dem Tod ihres Hirten den Mittelpunkt verliert, in Panik gerät und auseinanderstiebt, so wird bei den Jüngern der Tod Jesu den Abfall von ihm und zugleich als Verlust der verbindenden Mitte den Zerfall ihrer Gemeinschaft herbeiführen (vgl. Joh 16,32)."

[323] Im gleichen Sinne GNILKA, *Mk II*, 253: „'Nach meiner Auferweckung' ist zeitliche Bestimmung, aber als solche Begründung für das Zustandekommen eines neuen Verhältnisses zwischen Jesus und den Zwölfen."

[29–31] Petrus tritt der Ankündigung des Abfalls entschieden entgegen.[324] Allerdings: Für die Treue der anderen Jünger will er nicht garantieren, lediglich für seine eigene. Er grenzt sich von den anderen ab und profiliert sich auf deren Kosten.[325] Die von Jesus prophezeite Auflösung der Jüngergemeinschaft deutet sich somit hier bereits an.

Jesus reagiert auf den Protest des Petrus mit der Ankündigung eines weiteren Falls von Untreue im Kontext der Passion, dessen sich der „Fels" persönlich schuldig machen werde. Durch die Amen-Formel erweist er sich als „Mitwisser des göttlichen Plans der Ereignisse"[326]. Ja, noch mehr: So erhält seine Ansage geradezu „den Charakter des Unentrinnbaren"[327]. Ausgerechnet Petrus, der „den Mund so voll nimmt", wird in einzigartiger Weise von Jesus abfallen: Er wird ihn verleugnen. Das aber ist im Sinne von 8,38 für die Nachfolgenden geradezu die Sünde schlechthin und noch weitaus schlimmer als eine spontane Flucht im Moment der Gefahr wie in 14,50.[328] In zweifacher Hinsicht ist die Ankündigung Jesu besonders erschreckend: Sie sagt die Verleugnung noch für denselben Tag voraus, vor dem Anbruch des neuen Morgens, vor dem zweiten Hahnenschrei[329]; und sie spricht davon, dass die Verleugnung nicht nur einmal, sondern gleich dreimal erfolgen werde.

Die Ankündigung der Verleugnung führt dazu, dass Petrus seine Treue noch entschiedener (ἐκπερισσῶς) betont – selbst wenn ihn das Bekenntnis zu Jesus sein eigenes Leben kosten sollte.[330] Er hat also aus dem Streit in 8,31–33 zumindest insofern etwas gelernt, als er den Tod seines Herrn nicht mehr völlig ausschließt. Darum das Solidaritätsversprechen. Auch alle anderen Jünger versichern Jesus ihre entsprechende Bereitschaft zum Martyrium. Die von ihnen zugesicherte Treue bis in Leid und Tod hinein galt in der Antike als ein zentrales Element der Freundschaftsethik[331] und hatte ihren Ort auch innerhalb hierarchisch gegliederter Beziehungen.[332]

---

[324]   Zutreffend kommentiert FRITZEN, *Gott*, 319: „Dass Petrus sogleich das Gegenteil versichert, ist zwar Ausdruck seines ‚willigen Geistes' (vgl. 14,38), nimmt aber Jesu Voraussage nicht ernst und ist so auch Ausdruck von Überheblichkeit und mangelnder Wachsamkeit."

[325]   Vgl. GIELEN, *Passionserzählung*, 99.

[326]   BERGER, *Amen-Worte*, 50.

[327]   GNILKA, *Mk II*, 254.

[328]   Vgl. BORING, *Mk*, 394: „Both Jesus and Peter understand they are now talking about more than being scattered, more than a momentary lapse."

[329]   Aus den *zwei* Hahnenschreien haben die anderen Synoptiker, wohl zum Zwecke der narrativen Vereinfachung, *einen* gemacht. Die Geschichte wird außerdem so auch plausibler, denn es ist kaum nachvollziehbar, dass Petrus nach der Prophezeiung Jesu später im Hof des hohenpriesterlichen Palastes dem ersten Hahnenschrei keinerlei Beachtung schenkt.

[330]   Indem Petrus das drohende Martyrium als ein Mitsterben mit Jesus formuliert, nähert er sich paulinischen bzw. deuteropaulinischen Ausdrucksformen an (vgl. 2 Kor 4,11 und besonders 2 Tim 2,11). Auffälligerweise geht es in 2 Tim unmittelbar im Anschluss an 2,11 dann auch um das Thema Verleugnung.

[331]   Vgl. Sen.ep. 9,10: „In quid amicum paras? Ut habeam pro quo mori possim, ut habeam quem in exilium sequar, cuius me morti et opponam et inpendam" („Wozu verschaffst du dir einen Freund? Damit ich einen habe, für den ich sterben kann, damit ich einen habe, dem ich in die Verbannung folge, dessen Tod ich mich entgegenstelle und auf mich nehme"). Vgl. auch Luc.Tox. 20: „Was für einen stärkeren Beweis der Zuneigung kann man erbringen gegenüber dem befreundeten Mann ..., als am Tod teilzuhaben?" (κοινωνήσας τοῦ θανάτου). Zit. bei WOLTER, *Lukasevangelium*, 716f. Auch in der jüdischen Tradition hat die

Vorläufig behalten Petrus (und die übrigen Jünger) in dieser Szene mit ihren Treueschwüren das letzte Wort.[333] Jesus widerspricht nicht länger, sondern lässt den Fortgang der Geschichte für sich sprechen.

11.4.2.3 Mk 14,26–31 im Kontext des Evangeliums

Auf die zahlreichen intratextuellen Zusammenhänge der Episode ist schon hingewiesen worden. Ihren wichtigsten Bezugspunkt hat sie in der Verleugnungsszene 14,66–72; in 14,72 wird Jesu Prophezeiung von 14,30 wörtlich wiederholt und somit eindrucksvoll bestätigt. Auch das Engelwort in 16,7 knüpft wörtlich („vor euch hingehen nach Galiläa") an 14,28 an. Die angekündigte Zerstreuung der Schafe findet ihre Erfüllung in 14,50.

Darüber hinaus besonders auffällig sind die vielschichtigen Bezüge der Szene zu 8,31–38.[334] Hier wie dort geht es um die bevorstehende Passion Jesu und in ihrem Kontext um das Thema der Nachfolge. Hier wie dort hat das Gespräch seinen dramatischen Höhepunkt in einem Dialog zwischen Jesus und Petrus. Und hier wie dort stößt Jesus mit seinen Ankündigungen bei Petrus auf heftigen Widerspruch.

Allerdings ist in 14,26–31 gegenüber 8,31–33 eine bemerkenswerte Veränderung eingetreten. Petrus widerspricht nicht mehr der Leidensankündigung Jesu als solcher, sondern allein der aufgezeigten Konsequenz, die die Passion für sein eigenes Verhalten haben wird. Aus den Worten Jesu in 8,34f weiß er, was von einem Jünger verlangt wird: Nachfolge, Selbstverleugnung, Leidensbereitschaft bis in den Tod. Er ist fest entschlossen, diesen Forderungen zu entsprechen. Und er traut sich das auch zu. Und doch wird er sich genau dessen schuldig machen, wovor in 8,35.38 gewarnt wurde: Er wird nur noch versuchen, sein Leben zu retten und dazu auch vor dem Abfall nicht zurückschrecken. Die übrigen Jünger werden es ihm gleichtun.

11.4.2.4 Mk 14,26–31 im Blick auf die Leser

Die Einschätzung von SCHENKE wird der Episode kaum gerecht: „Der Leser steht fassungslos vor der Szene. Sie muss ihm wie absurdes Theater vorkommen."[335] Auch wenn der Leser schon zu diesem Zeitpunkt um das anschließende Jüngerversagen weiß, so wird ihn die Szene selbst doch nicht etwa „fassungslos", sondern vor allem betroffen und nachdenklich machen. Von „absurdem Theater" jedenfalls

---

Freundschaftsethik einen hohen Stellenwert. Sie muss sich speziell in Situationen der Lebensgefahr bewähren (vgl. 1 Sam 18–20; 2 Makk 7; 4 Makk 8–12). Gerade vor diesem Hintergrund wiegt der Treuebruch, dessen sich die Jünger Jesu schuldig machen werden, umso schwerer.

[332] Vgl. z.B. 1 Sam 31,5; Jos.Bell. 3,390: ζωῆς γὰρ ἡδίω τὸν μετὰ [τοῦ] Ἰωσήπου θάνατον ἡγοῦντο („Sie glaubten nämlich, der gemeinsame Tod mit Josephus sei noch süßer als das Leben"); Tac.hist. 2,49,4: Quidam militum iuxta rogum interficere se, ... caritate principis („Es brachten sich einige Soldaten neben dem Scheiterhaufen um, ... aus Liebe zum Prinzeps").

[333] Es handelt sich um die erste konfrontative Szene im ganzen Evangelium, in der Jesus *nicht* das letzte Wort behält. So mit Recht HERRMANN, *Strategien*, 338, Anm. 33.

[334] Darauf weist DU TOIT, *Herr*, 146 zu Recht hin.

[335] SCHENKE, *Mk*, 324.

keine Spur. Den Jüngern ist es ja wirklich Ernst mit ihren Treueschwüren. Auch
und vor allem ihr Sprecher Simon Petrus meint es ernst. Mag sein, dass die Jünger
insgeheim noch die Hoffnung hegen, dass sie den letzten Treuebeweis nicht werden
antreten müssen. Wenn Petrus jedoch seine Bereitschaft zum Martyrium mit
und für den Herrn signalisiert, so zeigt dies, dass er mittlerweile auch selbst den
Ernstfall nicht mehr vollkommen ausschließt.

Was die Leser an der Szene besonders erschrecken mag, ist der Kontrast zwischen den emphatischen Treuebekundungen der Jünger einerseits und ihrem totalen Scheitern nur wenige Stunden später andererseits. Dem Herrn im geschützten
Raum und in vertrauter Runde unbedingte Solidarität zuzusichern, ist das eine; sie
im Ernstfall und unter anderen Umständen dann auch tatsächlich durchzuhalten,
das ist etwas ganz anderes. Den nachhaltigsten Eindruck bei den Lesern dürfte
dabei Petrus mit seinen vollmundigen Äußerungen hinterlassen. Zwar schließen
sich die anderen Jünger zum Ende der Szene seinen Worten an.[336] Aber Petrus geht
wie so oft mit dem Munde vorweg – sein späteres Versagen wiegt dadurch umso
schwerer.

Keiner der Evangelisten stellt das Jüngerversagen so deutlich heraus wie Markus.[337] Die Jünger geben in ihrer Unzuverlässigkeit und in ihrer Untreue gegenüber
Jesus und ihren eigenen Versprechungen ein sehr negatives Bild ab, weil sie all das
nicht einlösen, was in den Nachfolgeworten (8,34–38) doch gefordert worden war:
Sie nehmen das Kreuz nicht auf sich, sie verleugnen sich nicht selbst, sie schämen
sich ihres Herrn. Sie scheitern auf der ganzen Linie, und Markus beschönigt oder
entschuldigt nichts daran. Die Kritik ist aber kein Selbstzweck.[338] Sie geschieht
ihrer eigentlichen Intention nach im Blick auf die Leser des Evangeliums.[339] Vermutlich haben diese selbst auch schon die Erfahrung gemacht, wie schwierig es ist,
die Treue zum Herrn unter widrigen Umständen zu bewahren. Jedenfalls liegt es
nahe, von der erzählten Welt eine Brücke zur Erfahrungswelt der Leser zu schlagen. Von manchen Prophezeiungen im Markusevangelium sehen sie sich aktuell
ganz persönlich betroffen. Das gilt für die Auslegung des Sämanngleichnisses in
4,14–20, in der der Abfall vieler Gläubiger prophezeit wird, gerade unter dem Eindruck von „Bedrängnis oder Verfolgung" (4,17). Das gilt ebenso für die große
Endzeitrede in Kapitel 13, die diese Bedrängnis noch konkretisiert. LÜHRMANN

---

[336] Die Brüder Jakobus und Johannes hatten auch schon zu einem früheren Zeitpunkt Jesus
gegenüber ihre Bereitschaft zum Martyrium an der Seite des Meisters versichert (10,38f).

[337] Die deutliche Jüngerkritik ist übrigens ein eindeutiger Hinweis darauf, dass hier „*ad intra*"
gesprochen wird, es sich beim Markusevangelium also nicht um eine missionarische Schrift
handelt, die auf Außenwirkung und die Bekehrung Nichtgläubiger zielt. Vgl. FRITZEN, Gott,
189.

[338] Sie rechtfertigt es jedenfalls m.E. nicht, auf eine prinzipiell antiapostolische Grundhaltung
des Evangelisten zu schließen. Eine solche Haltung unterstellt ihm z.B. WEEDEN, wenn er
mutmaßt, dass Markus ganz bewusst die Jünger diskreditiere, weil seine „Gegner" sich zur
Verteidigung ihrer Position auf die Autorität der Jünger beriefen: „Mark is assiduously in-
volved in a vendetta against the disciples. He is intent on totally discrediting them ... As the
coup de grace, Mark closes his Gospel without rehabilitating the disciples" (ders., *Conflict*,
50f). Markus ist zwar kritisch gegenüber den Jüngern, stellt sie aber keineswegs nur einseitig
negativ dar (vgl. S. 141f). Und auch wenn das Evangelium endet, ohne von ihrer Rehabilitierung zu erzählen, so wird diese doch garantiert (14,29) und durch das Engelwort bestätigt.

[339] Dies hat COLLINS, *Mk*, 671 richtig erkannt: „In the passion narrative the Twelve serve as
negative examples for the audience."

schreibt zu Recht: „Petrus wird ... zum warnenden Beispiel für das, was in 4,16f gesagt ist über diejenigen, die das Wort mit Freuden aufnehmen – zu diesem Wort gehört nun auch das Wort über die Kreuzesnachfolge 8,34 –, wenn aber Trübsal oder Verfolgung kommt – und das ist ja die in 13,5ff angesprochene Situation der Gemeinde – alsbald abfallen (σκανδαλίζεσθαι 4,17)."[340]

Die prophetische Szene 14,26–31 enthält jedoch auch eine wichtige hoffnungsvolle Botschaft für die Leser. Die Hoffnung gründet sich auf Jesu Ankündigung, den Jüngern im Anschluss an seine Auferstehung nach Galiläa voranzugehen und sie dort zu erwarten (14,28). Indem diese Prophezeiung in der erzählten Zeit des Evangeliums nicht eingelöst wird, bleibt sie offen für die Leser und wartet darauf, dass diese sie einlösen. So wie Jesus seiner verwirrten und verängstigten Jüngerschar auf dem Weg in die Passion vorangegangen war (vgl. 10,32), so schreitet er den Seinen auch jetzt voran – aber nun als Auferstandener. Damit verbindet sich ein weiterer tröstlicher Aspekt: Auch diejenigen, die in der Nachfolge der Gefahr des Scheiterns erliegen wie die Jünger, dürfen gnadenhalber auf einen neuen Anfang hoffen.[341]

11.4.2.5 Das Versuchungsmotiv in Mk 14,26–31

Auf die Nähe zur Versuchungsthematik weist schon der Begriff σκανδαλισθήσεσθε (14,27) hin. Er drückt aus, dass die Jünger an den Ereignissen der kommenden Nacht scheitern werden. Ihr Geist ist willig, aber ihr Fleisch ist schwach (vgl. 14,38); und der Bedrängnis, die sie erwartet, sind sie darum nicht gewachsen. Sie sind somit die ersten, an denen sich das Wort Jesu aus dem Sämanngleichnis erfüllt: Weil sie im Glauben nicht wirklich verwurzelt sind, sondern sprunghaft und unbeständig, darum fallen sie in der Stunde der Gefahr sogleich ab (4,17: εὐθὺς σκανδαλίζονται). Sie können das Geschehen nicht begreifen; und ihr Irrewerden an Gott und dem Schicksal des Messias zieht ihr Versagen in Gethsemane bzw. im Palasthof des Hohenpriesters nach sich. Das Zitat aus Sach 13,7 verstärkt die theologische Problematik des Geschehens noch, indem es explizit Gott als Verursacher benennt: Er ist es, der den Hirten schlägt (πατάξω τὸν ποιμένα), ihn mit anderen Worten dem Leiden ausliefert und unterwirft. Den darin liegenden „Skandal" bringt SCHENKE auf den Punkt: „Sie [sc. die Jünger] laufen die paradoxe Gefahr, dass ihnen Gottes Handeln zum Anlass des Glaubensabfalls wird."[342]

Matthäus hat Jesu Prophezeiung ergänzt (Mt 26,31): σκανδαλισθήσεσθε ἐν ἐμοί („Ihr werdet Ärgernis nehmen an mir"). Dies lässt sich aufgrund der verwandten Formulierung in Mt 13,57 dann auch so verstehen, dass die Jünger nicht nur am Schicksal Jesu „Ärgernis nehmen", sondern auch an seiner Person und seinem Verhalten. Bei seiner Verhaftung wird Jesus auf jede Gegenwehr verzichten und sie auch denjenigen verbieten, die bei ihm sind (Mt 26,51–53).[343] Er wird sich

---

340 LÜHRMANN, *Mk*, 243.
341 Vgl. BORING, *Mk*, 394.
342 SCHENKE, *Studien*, 557. Wieso PESCH, *Mk II*, 380 der Meinung ist, dass auf dem Subjekt „Gott" in diesem Zusammenhang kein Gewicht liege, kann ich nicht nachvollziehen. Das Gegenteil ist der Fall. Schon 9,31 spricht von der Auslieferung des Menschensohnes als einem Handeln Gottes (vgl. 4 Reg 21,14 LXX; Ps 106,41), und 14,36 versichert nochmals in aller Eindeutigkeit: Das Passionsgeschehen folgt dem Willen des Vaters.
343 Das Verbot der Gegenwehr fehlt bei Markus.

wehrlos in die Hände seiner Feinde geben und dabei mehrmals die Überzeugung
bekunden, dass sich genau so die Prophezeiungen der Schrift an ihm erfüllen (Mt
26,54.56; vgl. Mk 14,49). Eben diese Einstellung, mit der er sich ohne jeden Widerstand in sein Los ergibt, hat zur Folge, dass die Jünger allen Mut sinken lassen und
panikartig vom Ort des Geschehens fliehen (Mt 26,56).[344]

11.4.3 „Wachet und betet!" Die Krise in Gethsemane (Mk 14,32–42)

11.4.3.1 Annäherungen

Die Gethsemane-Szene gehört vermutlich nicht zur primären Passionstradition.[345]
Insgesamt ist bei ihr mit einer längeren Genese zu rechnen. In ihrer jetzigen Gestalt
wirkt sie uneinheitlich. Wichtige Elemente werden zweimal erwähnt: Jesu Aufforderung, zu warten, ergeht einmal an alle Jünger, dann an den engsten Kreis
(14,32.34). Sein Gebet wird zunächst in indirekter, dann in direkter Form wiedergegeben (14,35.36). Zum Ende der Szene weist Jesus zweimal auf seine bevorstehende Auslieferung hin (14,41f). Somit ist die Szene wohl kaum als „ein geschlos-
senes Ganzes"[346] zu betrachten. Statt dessen darf man annehmen, dass es einen
Grundbestand der Passage gab, der durch den Erzähler bearbeitet und erweitert
worden ist.[347]

Für redaktionelle Eingriffe des Markus gibt es mehrere Indizien. Die Einfü-
gung der drei Auserwählten Petrus, Jakobus und Johannes erscheint künstlich.[348]
Sie geht vermutlich auf den Erzähler zurück, der auch sonst mehrfach die besondere Rolle des engsten Kreises hervorhebt (vgl. 5,37; 9,2; 13,3). Die Dreizahl prägt
die Episode auch in ihrer räumlichen wie zeitlichen Darstellung – ein literarischer
Kunstgriff des Markus: „In dem äußeren Bereich des Grundstücks Gethsemane
sitzen die Jünger, in einem inneren Bereich befinden sich Petrus, Jakobus und Johannes, im innersten Bereich ist Jesus alleine. Dreimal betet er und dreimal kehrt er
zu den Jüngern zurück."[349]

Charakteristisch für den Erzähler ist auch, dass er in der Lage ist, den Inhalt
dessen, was ohne Zeugen zwischen Sohn und Vater besprochen wird, wörtlich
wiederzugeben (vgl. 1,11). Ebenfalls markinisch wirkt der erläuternde Begrün-
dungssatz in 14,40b aufgrund seiner großen Nähe zu 9,6. Mit seiner Hilfe verstärkt
der Erzähler den Aspekt des Jüngerversagens.[350]

Besondere Aufmerksamkeit verdient 14,38. Bei diesem Vers fällt auf, dass sich
der zweite Teil V.38b formal wie inhaltlich gut an V.37 anschließt.[351] Anders der
erste Teil. Während sich die Anrede in V.37 an Petrus allein richtete, ergeht sie in
V.38a auch an Jakobus und Johannes. Sie nimmt die Wachsamkeitsforderung aus
V.34 auf und erweitert bzw. präzisiert sie durch die Gebetsforderung. Inhaltlich

---

344   Lukas und Johannes erwähnen die Jüngerflucht – vermutlich aus Diskretion – übrigens mit
      keinem Wort.
345   Mit REINBOLD, Bericht, 90, der seine Vermutung vor allem darauf stützt, dass die Szene im
      Johannesevangelium fehlt.
346   So die zweifelhafte Einschätzung von LOHMEYER, Mk, 313.
347   Anders PESCH, Mk II, 385–387, der jeglichen redaktionellen Eingriff bestreitet.
348   So mit Recht GNILKA, Mk II, 257.
349   GUTTENBERGER, Gottesvorstellung, 185.
350   Vgl. GNILKA, Mk II, 257.
351   Mit SCHENKE, Studien, 521.

zielt sie nicht mehr auf die Unterstützung Jesu, sondern auf die Bewahrung der Jünger selbst.[352] Eine bemerkenswerte Verschiebung, die wohl auf Markus selbst zurückzuführen ist, der somit insgesamt den Akzent der Gethsemane-Szene von der Christologie verstärkt zu den Jüngern hin verlegt.[353]

V.38b dagegen, eine lehrhafte Sentenz, ist wieder der vormarkinischen Tradition zuzuschreiben, zumal sich die Antithese Geist-Fleisch sonst nirgends im Markusevangelium findet.[354] Während die Sentenz in der vormarkinischen Überlieferung eine Erklärung für den Schlaf des Petrus (und der anderen Jünger) lieferte, begründet sie in ihrem jetzigen Kontext die Notwendigkeit des Wachens und Betens für die in ihrem Glauben und ihrer Treue gefährdeten Jünger. Sie wird also in die Nachfolgeparänese eingebunden und auf diese Weise in den Dienst einer Thematik gestellt, die weit über den Rahmen der Gethsemane-Szene hinausreicht und textextern auf die Leser des Evangeliums zielt.

11.4.3.2 Textanalyse

 32 Und sie kommen in ein Gut namens Gethsemane. Und er spricht zu seinen Jüngern: Setzt euch hierher, bis ich gebetet habe. 33 Und er nimmt mit sich Petrus, Jakobus und Johannes und fängt an zu zittern und zu zagen 34 und spricht zu ihnen: Meine Seele ist zu Tode betrübt; bleibt hier und wacht! 35 Und er ging ein wenig weiter, warf sich auf die Erde und betete, dass, wenn es möglich wäre, die Stunde an ihm vorüberginge 36 und sprach: Abba, Vater, alles ist dir möglich; nimm diesen Kelch von mir. Aber nicht, was ich will, sondern was du willst. 37 Und er kommt und findet sie schlafend und spricht zu Petrus: Simon, schläfst du? Konntest du nicht eine Stunde wachen? 38 Wachet und betet, damit ihr nicht in Versuchung kommt! Der Geist ist zwar willig, aber das Fleisch ist schwach. 39 Und er ging wieder hin und betete und sprach dasselbe Wort. 40 Und als er zurückkam, fand er sie schlafend; denn ihre Augen waren schwer und sie wussten nicht, was sie ihm antworten sollten. 41 Und er kommt zum dritten Mal und spricht zu ihnen: Ihr schlaft immer noch weiter und ruht euch aus! Es ist entschieden; die Stunde ist gekommen. Siehe, der Menschensohn wird ausgeliefert in die Hände der Sünder. 42 Steht auf, lasst uns gehen! Siehe, der mich ausliefert, ist nahe.

[32–34] Vom Ölberg aus begibt sich Jesus mit seinen Jüngern in das Landgut Gethsemane. Dabei handelt es sich wahrscheinlich um einen am unteren Abhang des Ölbergs über dem Kidrontal gelegenen Ölbaumhain mit Kelter.

Die engsten Vertrauten aus der Schar der Jünger will Jesus ganz nah bei sich wissen.[355] Sie waren (zusammen mit Andreas) die Erstberufenen (1,16–20); sie

---

[352] Zutreffend bemerkt SCHENKE, *Studien*, 514: „Die Aufforderung an die Jünger in V.38 hat also Eigenbedeutung und fällt somit aus dem Rahmen der Erzählung heraus."

[353] Mit SCHENKE, *Studien*, 515.523 und SÖDING, *Gebet*, 83. Anders FELDMEIER, *Krisis*, 132: „Durch seine Höhepunkte Vv.35f und V.41 bleibt dieser [sc. ganze Bericht] ausschließlich christologisch orientiert."

[354] Mit SCHENKE, *Studien*, 521f.

[355] Auf eine bemerkenswerte Parallele in einem anderen Text der antiken Literatur verweist FRICKENSCHMIDT, *Evangelium*, 321.404. Auch in PLUTARCHS „*Brutus*" zieht sich der Protagonist vor seinem Tod mit zweien oder dreien seiner engsten Vertrauten zurück: „Hierauf bat er seine Freunde und trieb sie an, sich zu retten, und ging weiter hinweg mit zweien oder dreien" (Plut.Brut. 52). Auch hier wird also zwischen einem erweiterten und einem engeren Freundeskreis unterschieden; nur die engsten Freunde bleiben im Moment existentieller Not in unmittelbarer Nähe der Hauptperson. Auffällig sind aber auch die Unterschiede: Anders

waren Zeugen der Auferweckung der Jairus-Tochter (5,37) und der Verklärung
(9,2–10), sie waren (wiederum mit Andreas) auch seine Gesprächspartner auf dem
Ölberg (13,3). In bevorzugter Weise hatten sie seine Vollmacht erfahren, ja sogar
die Metamorphose in seine himmlische Gestalt als Gottessohn (9,1–9). Nicht zuletzt waren sie es gewesen, die Jesus besonders emphatisch ihre unbedingte Solidarität bis hin zum Martyrium zugesichert hatten (10,39a; 14,29.31). Aber so wie jetzt
haben sie Jesus noch nie gesehen. Der Meister bebt vor Angst, Panik ergreift ihn.[356]
Der Kontrast speziell zur Verklärungsszene – dort die himmlische Glorie, hier die
menschliche Schwäche – ist frappierend und durch die analoge Personenkonstella-
tion erzählerisch gewollt: „Der Leser soll beide Szenen nebeneinander projizie-
ren."[357]

Die Schilderung der Angst Jesu[358] in den Versen 33 und 34 zeigt Motive, wie
sie vor allem aus den alttestamentlichen Klagepsalmen des Einzelnen bekannt sind.
Besonders auffällig ist die Nähe zu Ps 42,6a.12a; 43,5a sowie zu Ps 6,4f und 55,5f.
In den Klagepsalmen begegnet immer wieder „die außerordentliche, Angst einflö-
ßende Bedrohung und Gefährdung des Beters ..., aus der er aus eigener Kraft keinen Ausweg mehr sieht"[359].

In seiner Angst bittet Jesus seine engsten Vertrauten eindringlich darum, zu
wachen. Wie ist diese Aufforderung zu verstehen? Sollen die Jünger etwa „eine Art
Leibwache für Jesus"[360] bilden? Eher unwahrscheinlich, dass Jesus die drei zu diesem Zweck in seinem Rücken postiert; denn – das weiß Jesus wohl auch – diese
kleine Leibwache kann im Ernstfall gegen eine schwerbewaffnete Schar nur wenig
ausrichten. So sind die drei wohl eher als eine seelische Stütze für Jesus gedacht.

---

als Jesus animiert Brutus den erweiterten Freundeskreis zur Flucht; er selbst begeht später
Selbstmord.

[356] Vgl. LOHMEYER, *Mk*, 314: „Die griechischen Wörter malen den äußersten Grad eines gren-
zenlosen Entsetzens und Leidens." Der charakteristische Ausdruck [ἐκ]θαμβεῖσθαι war bis
zu diesem Zeitpunkt nur von anderen Personen im Evangelium ausgesagt worden (vgl. 1,27;
9,15; 10,24.32), aber niemals von Jesus selbst. Darauf weist MARCUS, *Mk II*, 983 zu Recht
hin. Für seine anschließende These: „Jesus ... is engaged not just in a personal confrontation
with his own death but in eschatological warfare against cosmic forces of evil" (ebd. 984) liefert der markinische Text jedoch keine Basis. KAMMLER, *Verständnis*, 475 deutet Jesu Zittern
und Zagen als Ausdruck der Angst „vor dem stellvertretend zu tragenden Gericht, das ihn,
den ‚Heiligen Gottes' (1,24), der selbst ohne Sünde ist und allein um die Sünde in ihrer ganzen Macht und Schrecklichkeit weiß, in die ‚Hände der Sünder' ausliefert (14,41) und so der
Gottverlassenheit überantwortet (15,34)." Dem ist entgegenzuhalten, dass im Markusevangelium nirgends explizit davon die Rede ist, dass Jesus dem göttlichen Gericht unterworfen
wird.

[357] SCHENKE, *Mk*, 325. Zu beachten ist die Nähe von 14,33a zu 9,2a bis in die Formulierung
hinein.

[358] Die betrübte „Seele" (ψυχή) steht nicht für einen Teil der Person, sondern für die Person als
ganze.

[359] RENDTORFF, *Theologie I*, 305. Auf die theologische Dimension der Not des Einzelnen weist
VON RAD, *Theologie I*, 410f hin: „Im Einzelleben konnte es zu Situationen kommen, in denen
ein heilsames Zugekehrtsein Jahwes schlechterdings nicht mehr erkennbar war. Es konnten
Schicksale entstehen, ... denen gegenüber sich Jahwe in eine undurchdringliche und unerträgliche Verborgenheit zurückgezogen hatte." „So stellen sie [sc. die Beter] sich in ihren
Klagen als die paradigmatisch Leidenden dar, als die, über die nicht irgendein Leiden, sondern das Urleiden der Gottverlassenheit gekommen ist" (ebd. 413).

[360] So VOGT, *Angst*, 189.

[35–36] Jesus zieht sich immer weiter zurück: erst von den Jüngern, dann sogar von den dreien, bis er schließlich allein ist. Er betet ganz für sich (wie in 1,35; 6,46). Dass er sich dazu auf die Erde wirft, ist weniger ein Ausdruck der Demut als der Angst.[361]

Der Inhalt seines Gebetes[362] ist überraschend, weil er dem bisherigen Erzählgang im Evangelium diametral entgegenläuft. Jesus bittet darum, dass Gott seinen Plan ändern möge, dass er das „δεῖ" des Leidens und Sterbens (8,31) zurücknimmt, dass er die Ankündigungen der Schrift (9,12; 14,21.27) ins Leere laufen lässt.[363] Er bittet tatsächlich darum, dass der Vater seinen Sohn Lügen straft, der doch immer wieder selbst betont hatte, dass genau dieses Ende auf ihn warte (10,38.45). Er fleht den Vater an, dass ihm die „Stunde"[364] erspart bleiben möge, die ihm von Gott bestimmte Stunde seiner Auslieferung, seines Leidens und Sterbens.[365] Ja, noch mehr: Er erbittet in der Sache exakt das, was er einst im Gespräch mit Petrus (8,32f) als Versuchung und Zumutung zurückgewiesen hatte.

Jesus fleht *inständig* um Verschonung – das Imperfekt προσηύχετο weist auf einen länger andauernden Vorgang hin. Allerdings – und dieser Aspekt ist von ganz zentraler Bedeutung – fügt er seiner Bitte eine Einschränkung hinzu: εἰ δυνατόν ἐστιν – d.h. Jesus bekundet zugleich seine unbedingte Unterwerfung unter den Willen des Vaters, ganz gleich, was dieser über ihn beschließt.

Sein Vertrauen zum Vater ist ungebrochen. In der innigen Gebetsanrede αββα ὁ πατήρ[366] findet dieses Vertrauen seinen Ausdruck.[367] Unbedingtes Zutrauen liegt

---

361 So auch FELDMEIER, *Krisis*, 165: „[Das Niederwerfen] ist gewissermaßen die äußere Entsprechung zu dem Niedergebeugt- und Aufgelöstsein der ‚Seele' Jesu."

362 Es handelt sich um das einzige Gebet Jesu (neben 15,34), dessen Inhalt dem Leser mitgeteilt wird. Die Vermutung von PESCH, *Mk II*, 390, dass Jesu (lautes) Gebet hörbar gewesen sei und aus diesem Grunde vom Erzähler wiedergegeben werden konnte, erscheint mir abwegig; die Jünger als die einzig möglichen Zeugen bekommen davon doch nichts mit (vgl. 14,37). Dass der Erzähler das Gebet Jesu wörtlich wiedergeben kann, liegt vielmehr an der „Allwissenheit", aus der heraus er das Geschehen schildert und begleitet.

363 Vgl. SCHENKE, *Mk*, 325f. Vgl. auch GIBSON, *Temptations*, 248: „It is clear that the aim of this petition is *nothing less than the elimination of the cross from the messiahship. Jesus prays that as Messiah he will not have to suffer and die*". (Kursivdruck im Original).

364 FELDMEIER, *Krisis*, 186 interpretiert die „Stunde" als Zeit des Gerichtshandelns Gottes an der sündigen Menschheit, das sich stellvertretend in der Verwerfung Jesu vollzieht. Dafür bietet der Text aber keinen Anhaltspunkt. Es geht wohl eher um die Schicksalsstunde Jesu, die seiner Auslieferung in die Hände der Sünder (vgl. außer Mk 14,41 auch Joh 13,1).

365 FREY, *Leidenskampf*, 86 bemerkt dazu: „Für einen Moment zumindest steht alles in Frage, worauf der markinische Bericht seine Leser vorbereitet hat, die Passion, die Glaubwürdigkeit der Worte Jesu, das in seinem Tod gründende Heil."

366 KAMMLER, *Verständnis*, 477 zufolge zeigt „die im Markusevangelium singuläre Invocatio αββα ὁ πατήρ" an, dass es sich in 14,35f um ein Gebet handelt, „das einzig und allein der Sohn Gottes an seinen himmlischen Vater richten kann." In der Anrede spiegele sich „die einzigartige Verbundenheit Jesu mit Gott" wider (ebd. 479). Diese Behauptung ist jedoch fragwürdig, zumal, wie Gal 4,6; Rm 8,15 deutlich machen, die Anrede αββα ὁ πατήρ in ihrer Doppelform problemlos auf die griechisch sprechende Gemeinde übergehen konnte.

367 GUTTENBERGER, *Gottesvorstellung*, 192 verweist darauf, dass in alttestamentlichen und antiken jüdischen Texten Gott gerade in Krisen „Vater" genannt wird. Eindrucksvolle Belege dafür sind z.B. Jes 63,16 und Jer 3,4. Guttenbergers etwas vollmundige These, dass durch die Vatermetapher „die Überzeugung von der Dauerhaftigkeit der Gottesbeziehung und ihrer Un-

auch in dem Bekenntnis: „Alles ist dir möglich" (vgl. 10,27), das allerdings in einem
gewissen Kontrast steht zur Einschränkung der Bitte in 14,35: „wenn es möglich
wäre".[368] Mit diesem Vertrauen verbindet Jesus die Hoffnung, dass ihm der Kelch
erspart bleiben möge, die Hoffnung auf einen Ausweg.

Das Kelchmotiv verdient besondere Aufmerksamkeit. In der alttestamentlich-
frühjüdischen Tradition dient der Kelch häufig als Metapher für das Zorn- und
Strafgericht Gottes an den Sündern, Gottlosen und Abtrünnigen.[369] Vielfach wird
in der Forschung die Meinung vertreten, dass dieses Verständnis auch im Markusevangelium mitschwingt.[370] Handelt es sich also tatsächlich um den Gerichts- und
Zornesbecher, den Jesus stellvertretend für die Sünden der Welt leeren muss?

Gegen diese These spricht, dass die alttestamentliche Tradition niemals davon
redet, dass *der Kelch einem Gerechten zur stellvertretenden Sühne gereicht wird*. Da ein entsprechendes überlieferungsgeschichtliches Wortfeld fehlt, liegt die Vermutung
näher, dass in Mk 14,36 schlicht an den Leidensbecher gedacht ist.[371] In diesem
Sinne erscheint er auch schon in 10,38f, wo der Fokus allein auf dem Leidensgedanken liegt und der Gerichts- und Sühnegedanke fernliegt.[372] Zu beachten ist bei
der Vorstellung vom Leidensbecher der wichtige Gedanke, dass es Gott selbst ist,
der dem Gerechten den Kelch reicht; oder, um es mit MartJes 5,13 zu sagen: Er
selber mischt den Becher.[373]

---

[368] VAN UNNIK, *„Alles ist dir möglich"*, 27ff weist nach, dass die Formulierung „Alles ist dir möglich" im hellenistischen Judentum durchaus geläufig war. Sie hat den Charakter eines Glau-
bensbekenntnisses und findet sich durchweg im Zusammenhang mit der Erwartung von
„Hilfe und Rettung, die nur von Gott gewirkt werden kann als ein Wunder" (ebd. 35). Den
traditionsgeschichtlichen Hintergrund beleuchtet auch eingehend GUTTENBERGER, *Gottesvorstellung*, 193f.

[369] Vgl. z.B. Ps 75,8f; Jes 51,17.22; Ez 23,31–34; Jer 25,15–29;49,12; Thr 4,21; Ob 16; 1QpHab
11,10.14f.

[370] So zum Beispiel SÖDING, *Gebet*, 89f; Gnilka, *Mk II*, 260, BACKHAUS, *Heilsbedeutung*, 101f und
vor allem FELDMEIER, *Krisis*, 175–186. Vgl. auch BEST, *Temptation*, 153: „At 14,36 Jesus
shrinks from taking this cup; this can hardly mean only that he feared physical death but
implies something more terrible; he is himself object of the wrath of God." In gleicher
Weise interpretiert MARCUS, *Mk II*, 985: „'The cup' is the beaker of divine wrath ... The true
horror is not just to face death but to face it under the wrath of God." Ebenso COLLINS,
Mk, 680.

[371] So auch VOGT, *Angst*, 196–198 und GUTTENBERGER, *Gottesvorstellung*, 197f. Leiden und Tod
der Märtyrer können zwar durchaus als stellvertretende Sühne verstanden werden; Belege
dafür kennen sowohl die alttestamentliche als auch die frühjüdische Tradition (vgl. Jes 53,4–
12; 2 Makk 7,37f; 4 Makk 6,27–29; 17,21f). Jedoch ist diese Vorstellung nie mit der *Kelchme-
tapher* verknüpft.

[372] Die Vorstellung vom Leidensbecher für den Gerechten begegnet auch in der frühjüdischen
Tradition. So heißt es in MartJes 5,13: „Den Propheten, die bei ihm waren, sagte er [sc. Je-
saja], bevor er zersägt wurde: Geht in die Gegend von Tyrus und Sidon, denn mir allein hat
Gott den Becher gemischt." Zu bedenken ist darüber hinaus natürlich auch, dass der antike
Leser den Kelch im wörtlichen Sinne als Instrument der Hinrichtung kannte. Das
berühmteste Beispiel ist das des Sokrates, der den Giftbecher trinken musste.

[373] Konkret ausgesprochen ist dieser Gedanke auch in Joh 18,11: „Soll ich den Kelch nicht
trinken, *den mir mein Vater gegeben hat?*"

Jesus fürchtet den Leidenskelch; aber er stellt seinen Willen unter den des Vaters.[374] Allem Zittern und Zagen zum Trotz signalisiert er seine bedingungslose Bereitschaft, sich dem väterlichen Ratschluss zu unterwerfen, und ist „gehorsam bis zum Tode" (Phil 2,8).[375]

Gern würde der Leser etwas darüber erfahren, ob und wie Gott auf das Flehen seines Sohnes reagiert. Aber darüber lässt die Erzählstimme nichts verlauten.

[37]   Nachdem Jesus sein Gebet beendet hat, zieht es ihn zurück zu seinen Jüngern. Entgegen seiner dringenden Bitte (14,34) findet er sie nicht wachend, sondern schlafend vor. Dass die Jünger in dieser dramatischen Situation schlafen, ist seltsam.[376] Die spannungsgeladene Atmosphäre des letzten Abendmahls hat zweifellos doch auch sie nicht unberührt gelassen. Dazu kam anschließend noch der völlig ungewohnte Anblick Jesu, der ihnen nicht mehr zielstrebig voranschreitet (vgl. 10,32), sondern geradezu die Fassung verloren hat und „zu einem Häufchen Elend"[377] geworden ist.

Aber alle Jünger schlafen. Auch Petrus schläft – derselbe Petrus, der noch kurz zuvor seine unbedingte Solidarität mit dem Meister bekundet hatte (14,29). Sogar als Jesus ihn direkt vorwurfsvoll anspricht[378] und aufzurütteln versucht, reagiert er nicht. Das Motiv des Jüngerschlafs hat eine besondere erzählstrategische Bedeutung. Es ist, wie es VOGT treffend ausgedrückt hat, „eine Metapher für den Solidaritätsbruch mit Jesus. Es ist das Gegengeschehen gegen die Formen der Solidarität: Wachen, Bleiben, Beten. Diese drei Aktionslinien gegen die Angst werden vom Schlaf der Jünger unterlaufen."[379]

---

[374] Höchst aufschlussreich ist in diesem Zusammenhang ein Vergleich mit einer Notiz bei EPIKTET, Diss. 3,22,95. Dort heißt es über den wahren Kyniker: „Er denkt aber, was er denkt, als Freund der Götter, als (ihr) Diener, als Teilhaber an der Herrschaft des Zeus. Überall aber ist ihm dieses *leicht* an der Hand: ‚Führe du mich, Zeus, und du, Schicksal!' und dieses: ‚Wenn es so den Göttern lieb ist, soll es so geschehen!'" Zit. bei BERGER/COLPE, *Textbuch*, 83. Jesus ist jedoch kein Kyniker. Ihm fällt es alles andere als leicht, sein ihm vom Vater bestimmtes Schicksal anzunehmen. Im Gegenteil muss er darum ringen, sich in den Willen des Vaters zu fügen.
Gänzlich unhaltbar erscheint mir die These von WEIHS, *Deutung*, 557, Anm. 380, dass „Gott den Weg Jesu ins Leiden nur wollen kann, weil Jesus es so will (sonst würde Gott es nicht wollen)." Auf diese Weise wird der Sinngehalt von Mk 14,35f geradezu auf den Kopf gestellt. Außerdem wird das doch auch von WEIHS so gerne zitierte δεῖ des Leidensweges Jesu in seiner ganzen Tragweite plötzlich nicht mehr ernst genommen.

[375] In den Gebetsworten Jesu drückt sich also sehr viel mehr aus als nur die (resignative) Feststellung, dass sich Gottes Wille ohnehin letztlich durchsetzen wird. Gegen FRITZEN, *Gott*, 325.

[376] PESCH, *Mk II*, 392 findet an diesem Schlaf gar nichts Überraschendes und verweist dazu auf „die vorausgesetzte Situation nach durchwachter Paschafeier in der Paschanacht." Auch für SCHENKE, *Mk*, 326 ist das Verhalten der Jünger „das Normalste der Welt: Während Menschen sich in Todesnot quälen, haben die nicht betroffenen Nächsten gegen Müdigkeit und Schlaf anzukämpfen." Das sehe ich allerdings nicht so, denn: Sind die Jünger vom Schicksal Jesu etwa nicht betroffen?

[377] EBNER, *Mk*, 150.

[378] Auffälligerweise spricht Jesus hier seinen Jünger nicht mit „Petrus", sondern mit dessen eigentlichen Namen an: „Simon". Der Jünger erweist sich in der Situation der Bedrohung eben nicht als „Fels". So mit Recht GIELEN, *Passionserzählung*, 103 und COLLINS, *Mk*, 680.

[379] VOGT, *Angst*, 190.

[38]   Nach dem erfolglosen Appell an Petrus wechselt die Anrede von der 2. Person Singular in V.37 wieder in die 2. Person Plural. In der erzählten Welt wird damit über Petrus hinaus auch das Brüderpaar Jakobus und Johannes angesprochen.[380] Alle drei hören die Mahnung: „Wachet und betet!"

Mit dieser Mahnung wird der Wachsamkeitsruf aus V.34 aufgegriffen. Er erhält jedoch eine neue Ausrichtung. Wozu sollen die Jünger wachen? Um beten zu können. Also auf das Gebet kommt es an; Wachen ermöglicht es, Schlafen verhindert es. Aber warum ist das Gebet so dringend notwendig?

Die Antwort gibt die nachfolgende Formulierung: ἵνα μὴ ἔλθητε εἰς πειρασμόν. Das heraufziehende Unheil also macht Wachen und Beten erforderlich.[381] Wachen und Beten der Jünger sollen nicht etwa die Verschonung Jesu bei Gott erwirken (als ginge es dem Gottessohn darum, dass die Jünger den Inhalt seines eigenen Gebets in 14,35f übernehmen und auf diese Weise sein Flehen unterstützen); vielmehr sollen Wachen und Beten verhindern, dass den Jüngern Jesu Passion zu einer Glaubensanfechtung wird, der sie erliegen.[382] Mit anderen Worten: Wachen und Beten sollen die Jünger nicht (mehr) um Jesu willen, sondern um ihretwillen.[383] So sollen sie sich auf die Bedrohung vorbereiten, die nach allem, was sie noch beim letzten Abendmahl und am Ölberg von Jesus gehört haben (14,21–31), unausweichlich auf sie zukommen wird.[384] Das Gebet soll sie für diese „Stunde" der Versuchung, die ihnen den Boden unter den Füßen wegzuziehen droht, stark machen[385]; ohne das Gebet werden sie keine Chance haben, diese extreme Belastungsprobe für ihren Glauben und ihre Treue zu bestehen.[386]

---

[380]   Die Erweiterung der Anrede zielt letztlich auf die Rezipienten des Evangeliums. Zutreffend kommentiert COLLINS, *Mk*, 681: „The use of the second person plural makes it even easier for the audiences to identify with the disciples and to apply Jesus' words to their own situation."

[381]   Entsprechend ordnet auch BERGER, *Formen*, 237 die Gebetsmahnung Mk 14,38a den bedingten Unheilsansagen zu.

[382]   Die Übersetzung von Mk 14,38a bei BERGER/NORD gibt diesen Sinngehalt exakt wieder: „Bleibt wach und betet, damit euer Glaube die Belastungsprobe besteht." Insofern ist GUTTENBERGER, *Gottesvorstellung*, 238 zu widersprechen, die der Meinung ist, es bleibe „unklar, welche Geschehnisse und Verhaltensweisen mit dem Begriff der Versuchung bezeichnet werden sollen." Demgegenüber ist SCHENKE, *Studien*, 523 Recht zu geben, wenn er urteilt, „dass der πειρασμός, in den die Jünger kommen und versagen werden, die Passion Jesu ist."

[383]   Das unterscheidet die Aufforderung zum Wachen in 14,38a von der entsprechenden Mahnung in 14,34.

[384]   Die Frage drängt sich auf: Wie passt die eindringliche Mahnung in 14,38a zu der vorangegangenen und sogar mit einer Beteuerungsformel versehenen Ankündigung des totalen Jüngerversagens in 14,27.30f? Anders formuliert: Wozu ermahnt Jesus seine Jünger noch, obwohl er doch genau weiß, dass sie ihm nicht gehorchen werden? Antwort: Im erzählstrategischen Sinne weist die Mahnung schon über die aktuelle Notlage hinaus und zielt auf ihre Anwendung bei den Lesern.

[385]   Dass als „Subjekt des Versuchens" der Satan gedacht ist, wie DECHOW, *Gottessohn*, 73 mit Bezug auf Mk 1,12f vermutet, ist durch nichts zu begründen.

[386]   Mit dieser Interpretation schließe ich mich der Analyse von FELDMEIER, *Krisis*, 197f an, der ἵνα μὴ ἔλθητε εἰς πειρασμόν im *finalen* Sinne als Begründung der Ermahnung versteht. Ebenso LÜHRMANN, *Mk*, 240. Anders SCHENKE, *Studien*, 514; GNILKA, *Mk II*, 262; SÖDING, *Glaube*, 348f; GUTTENBERGER, *Gottesvorstellung*, 186 und DU TOIT, *Herr*, 241, Anm. 41, nach

Aber die Jünger schlafen. Und darum müssen sie scheitern, in ihrem Glauben wie in ihrer Nachfolge, ganz so, wie es ihnen Jesus bereits prophezeit hatte (14,27). Alle ihre vorangegangenen Treue- und Solidaritätsbekundungen (10,39a; 14,29.31) erweisen sich als wertlos.

An die Gebetsmahnung angefügt ist die Sentenz vom willigen Geist und schwachen Fleisch. Wie schon erwähnt, schloss sie vermutlich in der vormarkinischen Überlieferung unmittelbar an V.37 an und diente dort als Erklärung – nicht aber als Entschuldigung – für den Schlaf der Jünger und das sich darin ausdrückende Versagen.

Mit ihrer Antithese von Geist und Fleisch ist die Sentenz ein prägnanter „Ausdruck für den in sich gespaltenen Menschen"[387]. Die Gebrochenheit zwischen Willen und Tun, die Diskrepanz zwischen guten Vorsätzen und tatsächlichem Handeln wird als etwas typisch Menschliches herausgestellt.[388] Diese negativ gefärbte Anthropologie, die im Übrigen das gesamte Markusevangelium durchzieht[389], gibt der Sentenz ihr Gepräge. Der Tenor der Aussage liegt eindeutig in der „Feststellung der menschlichen Unfähigkeit, trotz des vorhandenen ‚willigen' Geistes das Richtige und Gute zu tun"[390]. Das eigentümliche Gefälle der Antithese schließt es meines Erachtens aus, πνεῦμα πρόθυμον als eine von Gott verliehene Kraft anzusehen. Denn sonst würde es dem Fleisch gegenüber nicht vollkommen ohnmächtig sein.[391] Bei Petrus (und den übrigen Jüngern) siegen Angst und Schwäche – das Fleisch eben[392] – über alle guten Vorsätze, über den noch so guten Willen.[393] Ihr williger Geist scheitert an der Schwachheit ihres Fleisches.

---

deren Überzeugung der ἵνα μὴ–Satz in Analogie zu Mk 13,18; 14,35 den *Inhalt* des Gebets angibt. Dies ist aber deshalb unwahrscheinlich, weil sich der Satz offenkundig auf *beide* vorangegangenen Imperative („wachet *und* betet") bezieht.

[387] GRIMM/FISCHER, *Mk*, 111.

[388] Ähnlich GARRETT, *Temptations*, 94 in der Abwehr anderer Deutungsversuche: „Rather, ‚spirit' and ‚flesh' would most likely have been understood as representing two distinct but inseparable aspects of human selves." Anders BEST, *Temptation*, 30: „The dualism of flesh and spirit here is not an inner dualism in man between his upper and his lower natures but the dualism of opposition between God and man; σάρξ is man's whole being in weakness and opposition to God; πνεῦμα is God's Spirit ready to help man."

[389] So mit Recht FRITZEN, *Gott*, 317, der in diesem Zusammenhang auf die Niedertracht der Gegner Jesu, die Verführbarkeit der Volksmenge (vgl. 15,11–15) und nicht zuletzt auf die permanente Betonung des Jüngerunverständnisses und -versagens hinweist.

[390] SCHENKE, *Studien*, 516. Ähnlich DU TOIT, *Herr*, 243: „Jesus weiß ... darum, dass dem Willen des Menschen, Gutes tun zu wollen, die Schwachheit der σάρξ gegenüber steht."

[391] Das πνεῦμα πρόθυμον unterscheidet sich also von der sonstigen Verwendung des πνεῦμα-Begriffes bei Markus (so mit Recht FELDMEIER, *Krisis*, 205f). Gemeint ist hier *nicht* der Geist als eschatologische Gabe (1,8), als Hypostase Gottes (1,10.12) oder als inspirierende heilige Kraft (13,11). Der „willige Geist" ist an dieser Stelle als rein anthropologische Größe zu verstehen. MARCUS, *Mk II*, 980 notiert entsprechend: „This spirit ... is not identical with the Holy Spirit." Gegen SCHWEIZER, Art. πνεῦμα, in: ThWNT VI, 394, der meint, dass in 14,38 „der dem Menschen verliehene Geist Gottes gemeint ist, der gegen die menschliche Schwachheit kämpft." Ähnlich wie SCHWEIZER interpretiert auch FRITZEN, *Gott*, 316: „Der ‚willige Geist' ist der Geist Gottes, der den Jüngern geschenkt ist." Auch BORING, *Mk*, 400 versteht den Geist als „God's power".

[392] Vgl. BERGER, *Theologiegeschichte*, 154: „,Fleisch' meint ... die angreifbare, verletzliche, gefährdete ... Kreatürlichkeit des Menschen."

[393] Zur Schwäche der σάρξ im Markusevangelium, die immer in der Gefahr des Abfalls steht, vgl. auch 13,20.

Über den traditionsgeschichtlichen Hintergrund der Sentenz ist viel spekuliert worden; er ist meines Erachtens auch nicht eindeutig zu klären. Der griechische Platonismus mit seiner Unterscheidung zwischen der vom Himmel stammenden Seele und dem irdischen Leib, in dem die Seele wie in einer Art Gefängnis haust, kommt nicht in Frage; zudem werden die Bezeichnungen πνεῦμα und σάρξ im Kontext der Unterscheidung nie benutzt. Auch eine Ableitung aus der hellenistisch-jüdischen Weisheitstradition, wie sie von PHILO repräsentiert wird, ist eher unwahrscheinlich. PHILO gebraucht zwar mehrfach die Antithese von πνεῦμα und σάρξ; allerdings versteht er – anders als Markus – unter σάρξ die materiell-irdische Existenz, die aufgrund ihrer alltäglichen Pflichten und Gebundenheiten daran gehindert ist, sich dem πνεῦμα, dem lauteren Geist der Weisheit und Erkenntnis, zuzuwenden.[394]

Im AT begegnet der Gegensatz von Geist und Fleisch in Jes 31,3. Jedoch ist auch dort der Sinn ein anderer als im Markusevangelium. Dort geht es nicht um einen *innermenschlichen* Gegensatz, sondern um den Unterschied zwischen menschlicher Ohnmacht und göttlicher Macht. In Psalm 51 erbittet der Beter im Bewusstsein seiner sündigen Verlorenheit (V.7) von Gott einen „willigen Geist" (V.14), er fleht um innere Reinigung, Erneuerung und Beständigkeit. Das kommt der Sentenz in Mk 14,38b zwar ein wenig näher, aber dennoch ist die Diskrepanz offenkundig: In Psalm 51,14 wird dem „willigen Geist" als einer Gabe Gottes alles zugetraut; bei Markus aber ist er dem „schwachen Fleisch" hoffnungslos unterlegen.

Vom „schwachen Fleisch" ist im AT explizit nie die Rede; dennoch gibt es Aussagen, die der markinischen Sentenz nahe stehen. So verbindet sich mit בָּשָׂר, dem wichtigsten hebräischen Äquivalent zu σάρξ, durchaus sowohl die Vorstellung von der menschlichen Hinfälligkeit und Vergänglichkeit im Gegenüber zu Gott (vgl. Gen 6,3; Hi 34,14f; Ps 78,39) als auch von der Anfälligkeit für die Sünde (vgl. Gen 6,12; Ps 65,3f). Um es mit H. W. WOLFF zu sagen: „So meint schon innerhalb des Alten Testaments *b.[asar]* nicht nur die Kraftlosigkeit des sterblichen Geschöpfs, sondern auch seine Schwäche in der Treue und im Gehorsam gegenüber dem Willen Gottes."[395]

Häufig wird in der Forschung die Nähe zur qumranischen Anthropologie herausgestellt.[396] Tatsächlich findet sich in den Qumrantexten, besonders in der Gemeinderegel (1QS) und in den Lobliedern (1QH), die Anschauung von der Spannung zwischen „Geist" und „Fleisch". Demnach ist der Fromme mit dem „Geist der Wahrheit" ausgestattet, der ihn im Streben nach dem Guten unterstützt; jede Sünde dagegen, auch die des Frommen, wird auf das menschliche Fleisch zurückgeführt (vgl. 1QH 4,29; 1QS 3,18–26; 11,9–12). Der Mensch als solcher *ist* „Fleisch"; aufgrund seiner Disposition bedarf er des Geistes Gottes, um zur Erkenntnis und zum Heil zu gelangen (vgl. 1QH 13,13f).[397] Darüber hinaus begegnet in den Texten aus Qumran, speziell in den nichtessenischen Weisheitstexten, aber auch die Vorstellung eines kosmischen Dualismus im Sinne von widerstreitenden

---

[394] Vgl. PHILO, Gig. 29ff.

[395] WOLFF, *Anthropologie*, 56.

[396] Vgl. besonders KUHN, Πειρασμός, 209ff, aber auch PESCH, *Mk II*, 393 und FRITZEN, *Gott*, 316f.

[397] Vgl. auch 1QM 12,12, wo die Rede vom sündigen Fleisch allerdings nur auf die frevelhafte Völkerwelt bezogen ist.

Mächten, die den Menschen beherrschen.[398] Die markinische Anthropologie hebt sich davon insofern deutlich ab, als sie den anthropologischen Gegensatz zwischen „Fleisch" und „Geist" autonom interpretiert.

Sehr viel mehr als die Anthropologie des Markus zeigt sich vergleichsweise diejenige des *Paulus* von der weisheitlichen Vorstellung eines kosmisch-ethischen Dualismus geprägt. Sowohl in Röm 8,1–17 als auch in Gal 5,17 spricht Paulus von σάρξ und πνεῦμα als von einander entgegenwirkenden, den Menschen bestimmenden Mächten. Der Mensch ist nach Paulus nicht sein eigener Herr; vielmehr befindet er sich in der Gewalt der σάρξ und der Mächte dieses Äons, sofern er nicht von Christus zu einem neuem Leben im Geist und Glauben befreit wird.

Bemerkenswerterweise weist aber *eine* Erfahrung des Paulus große Nähe zur Sentenz in Mk 14,38 auf. In Röm 7,14–25 spricht der Apostel über die innere Gebrochenheit des vorchristlichen, „adamitischen" Menschen. So heißt es in Röm 7,22f.25 über den „inneren Menschen" bzw. den menschlichen νοῦς: Er möchte das Gute schon vollbringen, aber die σάρξ (7,25) steht dem entgegen.[399] Dies zeigt die wohl engste Berührung mit der markinischen Redeweise von willigem Geist und schwachem Fleisch.

In der redaktionellen Endfassung der Gethsemane-Szene im Markusevangelium wird die Sentenz mit ihrer dichotomischen Anthropologie als zusätzliche Begründung für die Wachsamkeits- und Gebetsforderung gebraucht und zum Versuchungsmotiv in Beziehung gesetzt. Wachen und Beten sind deshalb dringend geboten, weil der Mensch in sich gespalten ist; eben diese Befindlichkeit macht ihn so anfällig für den πειρασμός.[400] Auf sich allein gestellt, ist der Mensch verloren und der Versuchung geradezu zwangsläufig nicht gewachsen; sein williger Geist kann gegen die Schwachheit seines Fleisches nichts ausrichten. Darum ist der Mensch angewiesen auf die Hilfe Gottes, die durch Wachen und Beten herbeigerufen werden muss.[401] Dass mit der Hilfe Gottes in der Versuchung gerechnet werden darf, ist eine Überzeugung, die sich, wie an anderem Ort festgestellt wurde (vgl. S. 94), auf die Tradition von Weisheit und Frühjudentum gründen kann (vgl. Sir 33[36],1; TestJos 2,4).

---

398 Vgl. FREY, *Antithese*, 56–63, der u.a. auf 4Q 416,1,10–12 und 4Q 417,2,1,6ff verweist.

399 Nach WOLTER, *Paulus*, 371 denkt der Apostel an eine „Aufspaltung des menschlichen Ichs in ein *intentionales* Ich, das sein Handeln am Gesetz ausrichten will (V. 16.22: der ‚innere Mensch') und ein *handelndes* Ich, das von der Sünde beherrscht wird und sich gegen das intentionale Ich immer wieder durchsetzt". (Kursivdruck im Original).

400 Das Bewusstsein für die innere Gebrochenheit des Menschen und das charakteristische Gefälle der Antithese ist leider verloren gegangen in dem Übertragungsvorschlag von 14,38b bei BERGER/NORD: „Der Heilige Geist macht mutig, aber als bloße Menschen sind wir feige." In diesem Vorschlag bekommt die Sentenz einen völlig veränderten Charakter. Sie liefert nun eine positive Motivation zum Wachen und Beten, indem sie dafür den Heiligen Geist als mutmachende Gabe verspricht. Der Übersetzungsvorschlag ist aber schon deshalb wenig plausibel, weil 14,38b ursprünglich wohl direkt an 14,37 anschloss. Im Übrigen raubt er der Sentenz ihre innere Tiefe; es geht ja in ihr, wie beschrieben, um sehr viel mehr als nur um Mut und Feigheit, nämlich um den *ganzen* Menschen.

401 Dies ist ein weiteres Indiz dafür, dass das πνεῦμα πρόθυμον nicht der Geist Gottes sein kann. Trotz des vorausgesetzten willigen Geistes muss Gottes Hilfe und Kraft zum Bestehen der Versuchung ja erst noch erbeten werden. Folglich kann das πνεῦμα πρόθυμον nicht mit Gottes Geisteskraft identisch sein. So mit Recht FELDMEIER, *Krisis*, 206.

[39–42] Das Geschehen wiederholt sich noch zweimal: auf der einen Seite Jesus, der immer wieder neu das Gespräch mit seinem Vater sucht – auf der anderen Seite seine schlafenden Jünger. Die Bewegung könnte gegenläufiger nicht sein. Die Jünger macht ihre Schlaftrunkenheit nicht nur unfähig zum Gebet, sondern auch unfähig zum Gespräch mit ihrem Herrn. Ihr Schlaf ist markanter Ausdruck für die Schwäche ihres Fleisches.[402] Diese Schwäche aber entlastet sie nicht, im Gegenteil: Sie ist „ungläubiges Versagen vor dem Anspruch der Stunde, für das die Jünger unentschuldbar sind"[403].

Schließlich weiß Jesus, was die „Stunde" geschlagen hat und dass er seinem Schicksal nicht entrinnen wird. Die Jünger sehen sich mit dem Vorwurf konfrontiert, dass Jesu Mahnung zum Wachen und Beten bei ihnen bis zuletzt ohne jede Resonanz geblieben ist.[404] Anders als er haben sie es versäumt, sich der drohenden Gefahr gegenüber zu wappnen. Und die Gefahr naht bereits.

Der schwierige Ausdruck ἀπέχει[405] (V.41), eigentlich „ein Term der Geschäftssprache"[406], ist wohl so zu übersetzen: „Es ist genug" bzw. „d. [sic!] Rechnung ist abgeschlossen."[407] So verstanden, verweist der Ausdruck auf das Gebet Jesu zurück. „Jesus deutet mit ἀπέχει seinen Jüngern gegenüber an, dass nun die Entscheidung gefallen ist."[408] Die seit 8,31 so oft angekündigte „Stunde" ist da: der Menschensohn wird den Händen der Sünder ausgeliefert.[409] Dieses Geschick ist dem Sohn vom Vater bestimmt.[410] In dieselbe Richtung weist auch das Passiv παραδίδοται, das die Leidensansagen von 9,31 und 10,33 aufnimmt; es handelt sich dabei um ein *passivum divinum* (vgl. Röm 4,25). Mit anderen Worten: Die Ausliefe-

---

[402]   Dass der Jüngerschlaf mit „eschatological tribulation and Satanic oppression" zu tun habe, wie MARCUS, *Mk II*, 988 vermutet, lässt sich durch nichts belegen.

[403]   SCHENKE, *Studien*, 556.

[404]   Nüchtern stellt GUTTENBERGER, *Gottesvorstellung*, 187, Anm. 8 fest: „Die Aufforderungen an die Jünger sind ebenso vergeblich gewesen wie die Bitte an den Vater."

[405]   Vgl. MARCUS, *Mk II*, 980: „Apechei is a famous crux."

[406]   GNILKA, *Mk II*, 263.

[407]   BAUER/ALAND, WbNT, Sp.169.

[408]   SCHENKE, *Studien*, 538. Einen meines Erachtens weniger überzeugenden Vorschlag bietet K. MÜLLER, *ΑΠΕΞΕΙ*, 83ff: Er, Gott, habe seinen Gerichtszorn ausgegossen bzw. eingeschenkt. Diese Interpretation setzt die Deutung des Kelches als Zornesbecher voraus. FELDMEIER, *Krisis*, 213f schlägt als Übersetzung vor: „Er [sc. Gott] ist fern". Allerdings ist es unwahrscheinlich, dass Jesus den Jüngern sozusagen das negative Ergebnis seiner eigenen Gebetsanstrengungen mitteilt. VOGT, *Angst*, 191 erwägt die Übersetzung: Etwas [sc. die Angst] ist fern. Demnach hätte Jesus durch sein wiederholtes Beten die Angst überwunden. Aber hat er das wirklich? Und sollte er tatsächlich dies seinen Jüngern sagen wollen: Die Angst liegt hinter mir!? Wohl kaum.

[409]   In der frühchristlichen Tradition wird die „Stunde" gewöhnlich im Sinne der Parusie verstanden (vgl. z.B. Mk 13,32; Mt 25,13; Act 1,7; 1 Joh 2,18). Ganz anders in Mk 14,41: Hier erscheint sie als Gegenbild, geradezu im Sinne einer *Anti-Parusie*. Treffend bemerkt dazu BERGER, *Theologiegeschichte*, 336: „Gerade darin entspricht die Szene aber ganz der inhaltlichen Ausrichtung der Menschensohnworte über Erdenleben und Leiden des Menschensohnes auch sonst. Denn diese Worte leben vom Kontrast zur im Begriff ‚Menschensohn' implizierten himmlischen Hoheit. Das heißt: Die Verwendung des Bildfelds an dieser Stelle ist durchaus sinnvoll und ‚traditionskonform', und zwar unter der Voraussetzung, dass in den Menschensohnworten Hoheit grundsätzlich ins Gegenteil verkehrt wird."

[410]   Vgl. dazu FELDMEIER, *Krisis*, 186: „Verdeutlicht wird durch die Metapher von der Stunde ..., dass Jesus das ihm widerfahrende Geschick als ein von Gott bestimmtes versteht."

rung des Menschensohnes geschieht dem Willen Gottes gemäß. Er lenkt das Geschehen, das von der Verhaftung bis zum Kreuz führt.[411] In diesem Umstand liegt die eigentliche theologische Problematik des gesamten Passionsgeschehens beschlossen.

Man kann darüber spekulieren, ob sich während des Gebets in Jesus dergestalt eine innere Wandlung vollzogen hat, dass er seine Angst bewältigt hat.[412] Zumindest lässt sich seinen jetzigen Worten entnehmen, dass er seinem Schicksal bewusst entgegengehen will. Allein aber möchte er den schweren Weg nicht antreten. Er fordert die Jünger auf, ihn zu begleiten – und dies, obwohl er doch schon vorher prophezeit hatte, dass sie genau dies nicht tun werden (vgl. 14,27).

Der Vater übergibt seinen Sohn den Sündern (V.41). Ab sofort nehmen die Feinde das Heft des Geschehens in die Hand. Eine Übergabe folgt der nächsten.[413] Jesus wird weitergereicht – fast „wie ein Stab im Staffellauf"[414] Besondere Brisanz gewinnt das Motiv der Auslieferung noch dadurch, dass nach jüdisch-apokalyptischer Tradition für die Endzeit ja das exakte Gegenteil erwartet wurde: Da sollten doch, wie bereits festgestellt wurde[415], die Sünder und Heiden dem Messias in die

---

411 Vgl. SCHENKE, *Studien*, 554: „Gott selbst also überliefert seinen Sohn nun den Sündern und setzt damit das Passionsgeschehen in Gang." Im AT ist häufig davon die Rede, dass Gott bestimmte Personen oder Völker ihren Feinden ausliefert (Dtn 7,2.23). Auch das Volk Israel kann dieses Schicksal treffen (Jdc 13,1). In die Hand von Menschen zu fallen, gilt als großes Unglück (vgl. 2 Sam 24,14; 1 Chr 21,13). So bittet der Psalmist inständig darum, nicht seinen Feinden ausgeliefert zu werden (Ps 27,12). Schließlich ist bei dem Motiv der Auslieferung durch Gott natürlich auch wieder an Hiob zu denken (Hi 1,12; 2,4–6).

412 Dies vermutet VOGT, *Angst*, 188: „In V.42 ... signalisiert das ἄγωμεν die Bewältigung seiner Angst."

413 Der Verräter Judas wird seinen Herrn den Soldaten des Sanhedrin ausliefern, die den Hohepriestern, die den Heiden und dem römischen Statthalter, der wiederum dem Hinrichtungskommando. Bei dieser eher passiven Rolle Jesu, wie sie sich in 10,33f schon angedeutet hatte, ist jedoch immer zu beachten, dass der Kette von Übergaben die Selbsthingabe des Menschensohnes korrespondiert, der im Übrigen das Geschehen schon im Voraus angekündigt hatte. Vgl. BACKHAUS, *Heilsbedeutung*, 101: „Unter christologischem Aspekt liegt auch hier das Gewicht darauf, dass Jesus diese ‚Dahingaben‘ personal annimmt (vgl. 14,18.21.42), so dass aus der Dahingabe durch Gott die Selbsthingabe des Menschensohns wird (10,45)."

414 GRIMM/FISCHER, *Mk*, 78. Hier fällt übrigens wiederum auf, dass Markus mit keiner Silbe von einer Übergabe Jesu an den *Satan* spricht; ebensowenig redet er während der gesamten Passionsgeschichte davon, dass der Satan in irgendeiner Form seine Hand im Spiel hat. Das ist besonders bemerkenswert im Vergleich mit anderen Evangelisten wie Lukas und Johannes (vgl. Lk 22,3.31; Joh 13,2.27). Daher ist GARRETT, *Temptations*, 91 zu widersprechen, wenn sie meint, dass die eigentliche Konfrontation mit satanischen Kräften in 14,41f beginne und bei der Kreuzigung und in Jesu Gottverlassenheit ihren Höhepunkt erreiche. GARRETT zieht als literarischen Vergleich Hi 2,6 heran, wo Gott dem Satan für eine begrenzte Zeit und in limitiertem Maße Macht über Hiob verleiht (ebd. 102). Wie GARRETT vermutet auch MARCUS, *Mk II*, 989 satanischen Einfluss bei der Übergabe des Menschensohnes: „Satanic influence may also be implied." Anders und mit Recht GUTTENBERGER, *Gottesvorstellung*, 196f: „Das kommende Leiden in all seiner Abgründigkeit wird ... nicht durch die Wirksamkeit Satans erklärt. Gott allein trägt die Verantwortung. Παραδιδόναι steht in Vers 41 im Passiv. In Aufnahme von Mk 9,31; 10,33 ist damit Gott als der letztlich Verantwortliche bezeichnet ... Von einem satanischen Einfluss und sei es nur von einem potentiellen ist nicht die Rede."

415 Vgl. S. 202f.

Hände fallen.[416] Hier aber geschieht genau das Umgekehrte: Der Messias wird den
Sündern und ihrer Willkür preisgegeben.

11.4.3.3 Mk 14,32–42 im Kontext des Evangeliums

Der Grundbestand der Gethsemane-Szene hatte sich, wie wir festgestellt haben,
primär auf die Person *Jesu* konzentriert. Ihr Anliegen dürfte es gewesen sein, zweierlei deutlich zu machen: 1) Jesu Leiden und Sterben geschahen nach dem Willen
des Vaters; und 2) Jesus hat sich diesem Willen gehorsam gebeugt.[417] Den Jüngern
war in der Tradition gegenüber dem christologischen Schwerpunkt nur eine Ne-
benrolle zugewiesen worden. Markus hat die Szene überarbeitet und den Fokus
verstärkt auf das Jüngerverhalten gerichtet. Der Kontrast zwischen ihrem Verhalten
und dem Jesu wird auf diese Weise deutlicher markiert.

Was tun die Jünger in Gethsemane? Sie schlafen. Jesu wiederholte Aufforderung an sie, doch zu wachen und zu beten – wie er es ja auch tut – verhallt unge-
hört. Es ist genau umgekehrt wie bei der Geschichte von der Sturmstillung (4,35–
41): Da wachen die verängstigten Jünger in der Stunde der Gefahr und Jesus
schläft. Aber als sie ihn wecken und um Hilfe bitten, da reagiert er sofort und
bringt den Sturm zum Schweigen. In Gethsemane jedoch, als er selbst die
Unterstützung seiner Jünger braucht, da lassen sie ihn im Stich. Auch sein
wiederholtes Drängen nützt nichts. Jesus bleibt allein in seiner Angst.

Das ist der Unterschied: Jesus hilft, die Jünger nicht. Er ist treu, auch und gerade in Zeiten der Not, die Jünger nicht. Und weiter: Die Jünger suchen die Nähe
Jesu, solange er allen Herausforderungen gewachsen ist und ihm sogar die Naturgewalten gehorchen müssen. Dem schwachen, ängstlichen Jesus aber entziehen sie
sich durch den Schlaf und die anschließende Flucht.[418]

Nun kann ihr Versagen für die Leser ja im Grunde keine wirkliche Überra-
schung sein. Durch das ganze Markusevangelium zog sich bereits bis zur Gethsemaneszene das Motiv des Jüngerunverständnisses.[419] Das Unverständnis galt vor
allem dem Leidensweg des Gottessohnes bis hin zum Tod – für die Jünger eine
geradezu entsetzliche Aussicht (10,32). Aber auch sonst zogen sie sich immer wieder den Tadel ihres Meisters zu. Sie verstanden ihn und seine Worte nicht (4,13;
6,37; 7,18); ihr Herz war verhärtet (6,52; 8,17); ihre Angst größer als ihr Glaube
(4,40). Dabei waren sie doch seine engsten Begleiter, lebten in Gemeinschaft mit
ihm und erhielten spezielle Unterweisungen (7,17; 9,28f.33–37; 10,10–12); Gleichnisse und Rätselworte wurden ihnen eigens entschlüsselt (4,14–20.34; 7,17–23).
Durch ihre Anwesenheit bei zahlreichen „Natur"- und Heilungswundern waren sie

---

[416] Vgl. syrBar 70,9; 72,2. Vgl. außerdem äthHen 91,12; 95,3.7; 98,12, wo wiederholt davon die
       Rede ist, dass die Sünder den Gerechten ausgeliefert werden, damit diese Gericht über sie
       halten.

[417] Mit Schenke, *Studien*, 542.

[418] Du Toit, *Herr*, 241, Anm. 38 ist der Meinung, dass die Flucht „aller" in 14,50 sich nur auf
       die drei Vertrauten Petrus, Jakobus und Johannes bezieht. Aber diese Interpretation ist ab-
       wegig, schon aufgrund von 14,27, wo πάντες ohne Zweifel auf sämtliche Jünger zielt. Gegen
       Du Toits These spricht auch die Tatsache, dass *alle* Jünger (außer Petrus) in der weiteren
       Passionsgeschichte keine Erwähnung mehr finden.

[419] Zutreffend bemerkt Herrmann, *Strategien*, 367: „Die Konflikte zwischen Jesus und seinen
       Jüngern sind überhaupt in ihrer Entwicklung einer der wichtigsten thematischen und narra-
       tiven Fäden, die sich durch das ganze Evangelium ziehen."

immer wieder Zeugen seiner außergewöhnlichen ἐξουσία geworden (vgl. z.B. 4,35–41; 5,30–44.45–52; 9,14–29). Die Erstberufenen hatten sogar seine Verklärung miterlebt und waren in die Geheimnisse der Endzeit eingeweiht worden (9,2–13; 13,3–37). Aber der Erfolg aller dieser Bemühungen Jesu war mehr als dürftig. Die Jünger blieben verstockt und unverständig. Ihr Versagen bei der Passion Jesu erscheint daher erwartungsgemäß.

Überraschen muss allein die *Totalität* dieses Versagens. Schließlich haben die Jünger – all ihrem Unverständnis zum Trotz – ihrem Herrn Treue bis in den Tod gelobt.[420] Doch als es ernst wird, sind alle Treueschwüre vergessen. Sie schlafen (14,37.40). Sie lassen Jesus im Stich (14,50). Petrus verleugnet ihn sogar dreimal im hohepriesterlichen Hof (14,68.70f); sein wiederholtes Leugnen entspricht im erzählstrategischen Sinne der dreimaligen Erwähnung des Schlafs in Gethsemane. Unter dem Kreuz ist keiner der Jünger mehr zu finden. Versagen auf der ganzen Linie.[421]

Der Evangelist Markus tut nichts, um das Unverständnis und Versagen der Jünger zu entschuldigen. Er gibt ihm breiten Raum und geht dabei, wie festzustellen war, sogar über die ihm vorliegende Tradition noch hinaus: durch die besondere Erwähnung des engsten Kreises der Auserwählten (14,33f), durch die verstärkte Betonung ihrer Schlaftrunkenheit (14,40), vor allem aber durch die Paränese Jesu, die ohne jedes Echo bleibt (14,38a).

Bei der Darstellung der Person und des Verhaltens Jesu dagegen sieht sich der Erzähler zu wesentlichen Eingriffen in die Tradition nicht veranlasst. Hier ist ihm wichtig, was schon die Tradition betonte: dass Jesus – anders als die Jünger – in seiner Angst betet und seinen Willen dem des Vaters unterordnet. Markus hat keine Bedenken, den Gottessohn in seiner ganzen Menschlichkeit und Schwäche zu zeigen – auch wenn diese Schwäche in krassem Gegensatz zum bisherigen Auftreten Jesu steht. In der Tat ist ja in Gethsemane nichts mehr zu spüren von seiner charismatischen Macht, mit der er Naturgewalten seinen Willen aufzwang, Kranke heilte und Tote erweckte, Dämonen austrieb, übers Wasser ging und Tausende mit wenigen Broten speiste. So souverän und unerschütterlich er sonst im Evangelium aufgetreten war, so elend und bedürftig ist er in Gethsemane. Geradezu sachlich

---

[420] Darin liegt übrigens der entscheidende Unterschied zu einer ähnlichen Szene in der paganen Literatur. Auch in PLUTARCHS „*Phokion*" fliehen die Freunde, als der Protagonist verhaftet wird: „Als jetzt den Phokion und die bei ihm Stehenden eine Wache in die Mitte nahm, verhüllten diejenigen seiner Freunde, die nicht so nahe standen, als sie das sahen, ihr Gesicht und retteten sich durch die Flucht" (Plut.Phok. 34). Aber weder haben sie zuvor ein Treueversprechen abgelegt noch sind sie zur Solidarität aufgefordert worden.

[421] Ein wenig problematisch erscheint mir die These von GUTTENBERGER, *Gottesvorstellung*, 208: „Erneut und urbildlich scheitern die Menschen an ihrer Verantwortung und spielen dabei eben die Rolle, die Gott als der Herr der Geschichte ihnen zugewiesen hatte. In ihrem Versagen vollzieht sich der Wille Gottes." GUTTENBERGER beruft sich dafür auf 14,27. Dort seien Jüngerversagen und -flucht „als Bestandteil des göttlichen Willens angekündigt worden." Meines Erachtens liefert 14,27 jedoch keine ausreichende Grundlage für die Behauptung, dass die Jünger in ihrem Scheitern den Willen Gottes vollziehen. In diesem Falle wären sie innerhalb des Geschehens nichts weiter als Marionetten und darum für ihr Versagen auch nicht mehr verantwortlich zu machen. Übrigens ist ja auch Jesus keine Marionette des Willens Gottes, obwohl sich in seinem Sterben der Ratschluss des himmlischen Vaters erfüllt. Er ist es aus dem Grunde nicht, weil er bewusst in sein Schicksal einwilligt.

und im Sinne einer *schriftgemäßen Notwendigkeit*[422] hatte er zuvor immer von seinem bevorstehenden Schicksal gesprochen (8,31; 9,12.31; 10,32f.39; 14,8.21.27)[423]; doch diese Gelassenheit ist nun gänzlich dahin. Jesus bricht zusammen, sinkt zu Boden und bittet den Vater unverhüllt um Verschonung – und das, nachdem er kurz zuvor beim letzten Mahl noch den Jüngern sein Schicksal erklärt und gedeutet hatte (14,22–25). Für die Leser des Markusevangeliums muss diese Szene ein Schock sein; und dies umso mehr, als der Erzähler auf jede nähere Erklärung des Vorgangs verzichtet.

Die Darstellung Jesu in der Gethsemane-Szene (und, wie sich noch zeigen wird, dann auch in der späteren Golgatha-Szene) ist ohne Beispiel, sowohl in der paganen als auch in der jüdischen Tradition.[424] Der Eindruck, den er vermittelt, hebt sich deutlich ab von dem antiken Bild leidensunfähiger Götter oder von dem paganen Ideal eines Weisen, der dem Tod geradezu verächtlich ins Auge sieht.[425] Das wirkungsgeschichtlich bedeutsamste Beispiel stellt der Tod des Sokrates dar, wie ihn PLATON im „*Phaidon*" eindrucksvoll beschreibt.[426] Nicht nur, dass er selbst ganz ruhig und gelassen bleibt; er tröstet auch noch die jammernden Freunde (Phaid. 115–118). Von Phokion erzählt PLUTARCH, dass er sogar für seinen eigenen Giftbecher bezahlt (Phok. 36,6)! Der Stoiker SENECA, der zum Selbstmord gezwungen wird, mahnt nach der Darstellung des TACITUS (Tac.ann. 62,2) seine weinenden Freunde zu einer Haltung, wie sie dem Weisen entspricht:

> „Ihre Tränen ruft er, bald durch Worte, bald durch strengeren Tadel, zurück zur Festigkeit, [immer wieder] fragend, wo denn die Erinnerung an die Weisheit, wo denn die über so viele Jahre gelernte Vernunft angesichts des Kommenden [geblieben sei]."[427]

---

[422] Zur Schriftgemäßheit des Geschehens vgl. auch 1 Kor 15,3f; in 1 Kor 15,3 dient der Schriftbezug allerdings zur Deutung des Todes Jesu im Sinne des Sühnegedankens, was im Markusevangelium nicht der Fall ist.

[423] Vgl. FRITZEN, *Gott*, 323: „Der Leser konnte ... im Verlauf der Erzählung den Eindruck gewinnen, Jesu [*sic!*] ginge ebenso souverän wie emotionslos auf sein eigenes Leiden und Sterben zu."

[424] Vgl. dazu ausführlich COLLINS, *Mk*, 627–639.

[425] Vgl. dazu den erzähltheoretischen Hinweis von SCHMID, *Narratologie*, 21: „Von großer, oft unterschätzter Bedeutung ist der intertextuelle Kontext ... Die Ereignishaftigkeit [kann] erst vor dem Hintergrund der Prätexte aufscheinen." Der inter- bzw. transtextuelle Kontext ist, wie an früherer Stelle schon betont (vgl. S. 71), stets relevant, unabhängig davon, ob ihn der Autor bewusst realisiert oder ob er erst durch die Lektürekenntnisse der Lesenden zum Vorschein kommt. Bezogen auf die Gethsemane- und Golgatha-Szene heißt das: Vor dem Hintergrund ganz anders gearteter Martyriumsschilderungen aus der Antike erhält die ungeschönte Darstellung von Jesu Angst und innerer Not ein spezifisches (und für manche Lesenden durchaus anstößiges) Profil.

[426] Laut PLATONS „*Phaidon*" 64a; 81a besteht geradezu *die zentrale Wesensbestimmung* der Philosophie im „Sich-Einüben auf den Tod" (vgl. STÄHLI, *ARS MORIENDI*, 18).

[427] Dem lässt sich ohne Schwierigkeiten noch Weiteres hinzufügen. Für EPIKTET speiste sich die wahre Freiheit aus der Überwindung der Todesfurcht; nur wenn der Mensch seine ganze geistige Kraft gegen die Todesangst richte, werde er tatsächlich frei (Epict.Diss. 3,26,38f). Aus der griechischen Tragödie sei eine Stelle aus dem Iphigenie-Drama des EURIPIDES zitiert. Als Iphigenie das Schicksal von Orestes und Pylades beklagt, die im Tempel geopfert werden sollen, da antwortet Orestes: „Was jammerst du darüber, trauerst um das Los, das uns bevorsteht, Frau, wer du auch immer seist? Für töricht halte ich den Todgeweihten, der durch Mitleid seines Todes Schrecken mildern will, für töricht den, der um des Todes Nähe

Jesu Verhalten steht ebenfalls in deutlichem Kontrast zu so manchen jüdischen und – in späterer Zeit – auch christlichen Martyriumsschilderungen. Für jüdische Martyriumsschilderungen ist besonders auf MartJes 5,9–14 und 4 Makk 5-18 zu verweisen, außerdem auf die bereits genannten rabbinischen Märtyrerberichte über Jose ben Joezer, Akiba, Jehuda ben Baba und Chananja[428]; für die christlichen etwa auf die Beschreibung vom Tod des Stephanus (vgl. Act 7,54–60). Das Martyrium Polykarps, das erkennbar in Anlehnung an frühjüdische Märtyrerberichte beschrieben wird, betont vor dessen Verhaftung ausdrücklich seine Unerschrockenheit, seine edle Haltung, die sogar die Feinde in Erstaunen versetzt, und seine Standhaftigkeit gegenüber dem versucherischen Angebot des Prokonsuls:

> „Der Prokonsul aber drängte und sagte: ‚Schwöre und ich lasse dich frei; beschimpfe Christus!‘ Polykarp aber sagte: ‚Sechsundachtzig Jahre diene ich ihm, und er hat mir kein Unrecht getan: Wie kann ich den König lästern, der mich erlöst hat?‘" (MartPol 9,3).

Noch heldenhafter gerät in enger Nähe dazu die Darstellung vom Martyrium des Germanicus:

> „Er [sc. Germanicus] kämpfte sagenhaft gegen die Tiere. Denn als der Prokonsul ihn überreden wollte und sagte, er habe Mitleid mit seinem Alter, zog der die Bestie mit Gewalt an sich, weil er schnell ihrem recht- und gesetzlosen Leben entkommen wollte" (MartPol 2,3).

Am nächsten kommt die markinische Erzählung von Jesu Zusammenbruch in Gethsemane vielleicht noch dem Bericht über die Angst des Gottesmannes Elia in 1 Reg 19,3f. Dort aber handelt es sich nicht um einen Märtyrerbericht; außerdem fällt auf, dass Elia – anders als Jesus – den Tod nicht fürchtet, sondern geradezu herbeisehnt und von Gott erbittet.

Bei den synoptischen Seitenreferenten findet sich ein Wort Jesu, das einem solchen frühchristlichen „Heldentum" die geistige Grundlage geliefert haben mag, zu dem jedoch Jesu eigenes Verhalten in Gethsemane so gar nicht passen will: „Fürchtet euch nicht vor denen, die den Leib töten und danach nichts mehr tun können!" (Lk 12,4; Mt 10,28). Wo sind in Gethsemane sein Mut und seine Zuversicht geblieben? Geradezu unerträglich ist die Spannung, die die Gethsemane-Szene kennzeichnet: „die Spannung zwischen Hoheit und Niedrigkeit, zwischen der

---

jammert und doch nicht hoffen darf auf Rettung; er verdoppelt das Übel, gilt mit Recht als Narr und stirbt trotzdem. Der Macht des Schicksals soll man sich nicht widersetzen" (Eur.Iph.Taur. 482–489; zit. nach: EBENER (Hg.), *Tragödien II*, 188).
Auch MARC AUREL rühmte eine Haltung, die sich aus dem Sterben nichts macht: „Wie beeindruckt doch die Seele, die zu sterben bereit ist!" (ders., *Ad se ipsum*, 11.3; zit. in: BACKHAUS, *Knoten*, 198).
Erinnert sei schließlich noch einmal an die heldenhaften Philosophen-Martyrien von Zenon, Anaxarchos und Hermeias, über die DIOGENES LAERTIUS ausführlich berichtet (siehe dazu S. 33, Anm.56).

428 Vgl. S. 104, Anm. 128.

Identität des Gottessohnes und seiner bis zum Äußersten gesteigerten menschlichen Schwachheit."[429]

Markus ficht dies alles nicht an. Für ihn ist Jesus gerade in seiner Schwäche ein Vorbild: indem er, aller Angst zum Trotz, treu und gehorsam bleibt und sein Schicksal vorbehaltlos und mit allen Konsequenzen in die Hände des Vaters legt: „Aber nicht, was ich will, sondern was du willst." Auch darin handelt er beispielhaft, dass er sein Vertrauen zum Vater nicht preisgibt. Dass bei Gott alle Dinge möglich sind, hatte er ja schon früher bekundet (10,27); und an dieser Grundüberzeugung hält er noch in Gethsemane fest. Nach wie vor traut er dem Vater alles zu: πάντα δυνατά σοι. Insofern hat das Urteil von DIBELIUS durchaus ein gewisses Recht: „Sie [sc. die Erzählung] ist nicht als Zugeständnis eines gewissenhaften Historikers anzusehen, dass selbst Jesus einmal schwach geworden ist. Nein, sie ist erzählt zu Jesu Ehre."[430]

Fakt ist allerdings auch: Zur Ehre hat sie dem Gottessohn in der Folgezeit *nicht* gereicht. Hinsichtlich der Rezeptionsgeschichte fällt auf, dass heidnische Kritiker des Christentums *gerade diese Szene* aus dem Markusevangelium nur allzu gerne aufgegriffen und sie mit beißendem Spott kommentiert haben.[431] KELSOS, der platonische Philosoph, wundert sich in seinem um 180 verfassten Werk Ἀληθὴς λόγος, wie man ernsthaft den Jesus dieser Geschichte als Gott ansehen könne[432]: bei einem Gott seien Trauer und Schmerz undenkbar.[433] Kaiser JULIAN drückt seine Verachtung gar so aus: „Jesus [betet] ... in einer Weise, wie es wohl ein elender Mensch tut, der sein Unglück leicht zu tragen nicht vermag."[434] Aber auch christliche Interpreten der Alten Kirche haben mit der Szene ihre Schwierigkeiten. ORIGENES sorgt sich, dass das Portrait eines angsterfüllten Jesus die Bereitschaft von Christen zum Martyrium untergraben könne: „Wenn er [sc. Jesus] Furcht zeigte, ... wer wird immer mutig sein?"[435] HILARIUS VON POITIERS vertritt sogar den Standpunkt, dass nur Häretiker Jesus Todesangst unterstellen könnten, da eine solche Auffassung mit der Wesenseinheit von Gott Vater und Gott Sohn unvereinbar sei.[436]

Das in diesem Sinne Anstößige der Szene wurde offensichtlich auch schon von den anderen Evangelisten empfunden. Sie sind deutlich umso etwas wie „Schadensbegrenzung" bemüht. FREY bemerkt ganz zu Recht: „Die Rezeptionsgeschichte der markinischen Gethsemane-Perikope ist ... eine einzige Geschichte ihrer Entschärfung und Umdeutung."[437] In der Matthäus-Fassung (Mt 26,36–46)

---

[429]   FREY, *Leidenskampf*, 86.
[430]   DIBELIUS, *Gethsemane*, 259.
[431]   Zum Folgenden vgl. FREY, *Leidenskampf*, 85f.
[432]   Orig.Cels. 2,9f.
[433]   Orig.Cels. 2,23. Vgl. auch 2,24: „Wenn Jesus diesen Beschluss gefasst hatte ..., so konnte das ... ihm zugefügte Leiden, da er ein Gott war und es wollte, weder schmerzlich noch qualvoll für ihn sein ... Wozu also jammert und klagt er und wünscht an der Todesangst vorbeizukommen?"
[434]   Zit. nach: NEUMANN, *Bücher*, 50. Ebenso urteilt PORPHYRIUS, adv.Chr., fr.62: „Diese Worte sind eines Gottessohnes nicht würdig, nicht einmal eines Weisen, der den Tod verachtet."
[435]   ORIGENES, *Ermahnung zum Martyrium*, 29; zit. bei MARCUS, *Mk II*, 986.
[436]   HILARIUS V. POITIERS, *Kommentar zum Matthäusevangelium* 31.3; zit. bei MARCUS, *Mk II*, 986.
[437]   FREY, *Leidenskampf*, 87. Vgl. in diesem Sinne auch FELDMEIER, *Krisis*, 2f: „[Es] stellt sich, von wenigen Ausnahmen abgesehen, die Auslegungsgeschichte unseres Textes als eine Ge-

bittet Jesus zwar anfänglich noch um Verschonung; bereits im zweiten Gebetsgang jedoch wird diese Bitte relativiert: „Wenn es nicht möglich ist, dass dieser Kelch an mir vorübergeht, ohne dass ich ihn trinke, so geschehe dein Wille!" Schrittweise nähert Jesus so seinen Willen dem des Vaters an.[438]

Lukas geht noch viel radikaler vor (vgl. Lk 22,39–46). Er kürzt die Szene, streicht alle Hinweise auf Jesu innere Erschütterung[439] und stellt allein die Gebetsmahnung an die Jünger in den Mittelpunkt. Bei ihm fehlen auch die Motive der „Stunde" und der Dahingabe Jesu, beides Motive, die Markus doch sehr wichtig waren, weil sie indirekt auf den himmlischen Vater als lenkende Kraft hinter dem Passionsgeschehen verwiesen. Emotionale Aspekte werden der lukanischen Szene erst durch eine später in den Text eingedrungene Glosse (Lk 22,43f) hinzugefügt. Diese Glosse verdankt sich einem tiefempfundenen theologischen Problem: dass nämlich auf das Gebet des Gottessohnes keine himmlische Reaktion erfolgt war. Wenn es nun in der Glosse heißt, dass ein Engel vom Himmel kam und Jesus stärkte, so kommt damit das tiefempfundene Bedürfnis vieler Leser zu seinem Recht.[440]

Der Evangelist Johannes erzählt die Gethsemane-Szene überhaupt nicht, wobei unsicher bleibt, ob er sie nicht kannte oder nicht kennen wollte. Bei ihm findet sich lediglich die zentrale Bitte Jesu um Verschonung, eine Bitte, die aber sogleich entschieden zurückgenommen wird: „Jetzt ist meine Seele betrübt. Und was soll ich sagen? Vater, hilf mir aus dieser Stunde? Doch darum bin ich in diese Stunde gekommen. Vater, verherrliche deinen Namen!" (Joh 12,27f). Der Sohn steht also angesichts der Passion in völliger Übereinstimmung mit dem Vater; es geht ihm nicht um sich selbst, sondern allein um dessen Verherrlichung. Und er erhält postwendend Antwort vom Himmel, eine Antwort, auf die er selbst gar nicht angewiesen ist, sondern die allein um der Zuhörer willen erfolgt (vgl. Joh 12,28–30).

Fazit: Markus bietet zweifellos die christologisch brisanteste Version der Gethsemane-Szene. Anders als die übrigen Evangelisten schreckt er nicht davor zurück, den Gottessohn in seiner Angst, Ohnmacht und inneren Zerrissenheit zu präsentieren. Für Markus liegt darin nichts Ehrenrühriges. Seiner Ansicht nach ist nicht so sehr Jesu Angst von Bedeutung als vielmehr die Art und Weise, wie Jesus mit dieser Angst *umgegangen* ist. Daran können und sollen sich seine Nachfolgerinnen und Nachfolger ein Beispiel nehmen. Im Ergebnis bedeutet das: Auch wenn die markinische Gethsemane-Szene dem historischen Geschehen mit hoher Wahr-

---

schichte seiner Verdrängung durch Uminterpretation oder Reduktion auf – meist paränetische – Einzelaspekte dar."

[438]   Auf diesen Vorgang nimmt möglicherweise Hebr 5,7f Bezug. Dort heißt es über Jesus, er habe – obwohl er doch Gottes Sohn war – an dem, was er litt, den Gehorsam *gelernt*.

[439]   In der lukanischen Darstellung wird Jesus nicht von Angst übermannt (abgesehen vom Nachtrag in 22,43f); ebensowenig ist er bekümmert. Bekümmert sind dort die Jünger (22,45b). Jesus wirft sich auch nicht zitternd und zagend zur Erde (Mk 14,35b), sondern beugt zum Gebet die Knie (Lk 22,41b).

[440]   Auch Hebr 5,7 spricht von einer Erhörung der Bitten des Gottessohnes. Allerdings wird diese in der Auferstehung und Erhöhung gesehen. Schon die Zielsetzung des Gebets in Hebr 5,7 ist eine andere als die in der Gethsemane-Szene der synoptischen Evangelien: Es geht hier um Errettung *aus* dem Tod (ἐκ θανάτου), nicht vor dem Tod. Vgl. dazu BERGER, *Theologiegeschichte*, 377.

scheinlichkeit näher kommen mag als die der anderen Synoptiker – es war gewiss nicht Geschichtstreue allein, die Markus bei seiner Darstellung geleitet hat.

11.4.3.4 Mk 14,32–42 im Blick auf die Leser

In der Gethsemane-Szene werden die Jünger von Jesus mehrmals ermahnt, nicht zu schlafen, sondern zu wachen (14,34.38). Derselbe Ruf zur Wachsamkeit war auffälligerweise auch schon kurz zuvor wiederholt an sie ergangen, und zwar in Jesu endzeitlicher Mahnrede, der „kleinen Apokalypse" (13,3ff). Die intrattextuellen Bezüge zwischen Mahnrede und Gethsemane-Szene sind offenkundig; das Geschehen in Gethsemane muss nach dem erzählerischen Plan des Evangelisten von der „kleinen Apokalypse" her verstanden werden.[441]

Weil es sich bei der Mahnrede innerhalb des markinischen Erzählgangs um Jesu letzte längere Rede handelt, kommt ihr geradezu der Rang eines Vermächtnisses zu. Sie ist vom Evangelisten erzählerisch so angelegt, dass sie in Form einer Belehrung exklusiv an die vier erstberufenen Jünger ergeht (13,3). Tatsächlich aber richtet sie sich auf textexterner Ebene an die Lesenden (13,14.37). Sie also sind es im eigentlichen Sinne auch, die gegen Ende der Rede dreimal eindringlich zum Wachen aufgefordert werden (13,33.35.37).

Diese Aufforderung gewinnt ihre besondere Bedeutung in der dramatischen Zeit, in der sich die Leser befinden. Wie schon erwähnt (vgl. Kapitel 8), hat die Spannung mit den Kriegsereignissen in und um Palästina zu tun, die FLAVIUS JOSEPHUS so eindrucksvoll beschrieben. Mit seiner Rede stimmt der markinische Jesus die Jünger und durch sie die Leser auf eine Notzeit ein, die in ihren furchtbaren Dimensionen alles bisher Dagewesene übertreffen werde (13,19) – dabei fällt übrigens wiederum auf, dass er über den Satan kein einziges Wort verliert. Den Christen drohe gleichwohl allenthalben Gefahr: wegen der falschen Propheten und Verführer, wegen der politisch-militärischen Ereignisse und nicht zuletzt aufgrund ihres Glaubenszeugnisses. Wie der Herr selbst würden sie „ausgeliefert" werden (13,9.11.12); wie für ihn werde auch für sie die „Stunde" (13,11) der Bewährung kommen, in der sie mit allem rechnen müssten: mit Anfeindung und Hass, mit Verfolgung und Verurteilung, sogar mit dem Tod (13,9–13). Für diese Zeit empfiehlt ihnen Jesus zweierlei: βλέπετε und γρηγορεῖτε (bzw. ἀγρυπνεῖτε). Beide Aufforderungen finden sich mehrmals in der Rede (13,5.9.23 bzw. 13,35.37), einmal gemeinsam (13,33). Und beide Aufforderungen weisen in dieselbe Richtung. Darum geht es: bei allem, was geschieht, genau hinzuschauen, die Zeichen der Zeit richtig zu deuten, sich nicht irremachen zu lassen, sich allein an die Worte Jesu zu halten, die beständig und verlässlich sind und sogar das Ende des alten Äon überdauern werden (13,31). Es geht darum, inmitten aller Not und Anfechtung die baldige Wiederkunft des Herrn voller Zuversicht zu erwarten – das Gleichnis vom Türhüter (13,34f) illustriert die Notwendigkeit einer permanenten Parusiebereitschaft. Aus dieser Haltung heraus – so die Botschaft – lassen sich alle Bedrängnisse der Endzeit bestehen.[442]

---

[441] Vgl. MARCUS, *Mk II*, 987 zur Gethsemane-Szene: „Mark has deliberately fashioned the present narrative as an echo of the eschatological prophecies in chapter 13."

[442] Zum methaphorischen Sinngehalt von Wachen und Schlafen vgl. innerhalb des NT auch Röm 13,11–14; Eph 5,8.11–14; 1 Thess 5,4–10. MARCUS, *Mk II*, 987 merkt dazu an: „Sleep

Wie groß die Gefahr des Abfalls ist, hatte zuvor schon Jesu Gleichnis vom Sämann (4,17) angedeutet. Darin war proleptisch die Verfolgungssituation in den Blick genommen worden. Unter ihrem Druck würden so manche Christinnen und Christen in ihrem Glauben wankend werden und abfallen. Zur Zeit des Evangelisten und seiner Leser ist diese Prophezeiung längst Realität geworden. Umso wichtiger ist die Mahnung zur Wachsamkeit und Treue: Nur wer bis ans Ende ausharrt, wird gerettet werden (13,13).

Mit Blick auf Mk 4 und 13 bemerkt VOGT ganz zu Recht: „Die Rückbindungen der [sc. Gethsemane-] Erzählung an vorausgegangene Kapitel ist auffällig. Sie dient vor allem dazu, für den eigenen Umgang mit ‚Getsemanesituationen' anzuleiten und zu motivieren".[443] Erzählerisch wird dies so umgesetzt, *dass der metaphorisch gemeinte Ruf zur Wachsamkeit aus Jesu apokalyptischer Rede in der Gethsamenenszene seine Veranschaulichung und Konkretion findet.* Genau das, wovor Jesus die Jünger in 13,36 warnt, geschieht ja in Gethsemane: Der Herr kommt und findet die Jünger schlafend (14,37.40f). Sie versäumen das Wachen und damit das Gebet.[444] Im Blick auf die Leser heißt das: Dies darf sich in den Bedrängnissen der Gegenwart und in der Erwartung der Parusie des Herrn auf keinen Fall wiederholen. Um den Versuchungen und Nöten gewachsen zu sein, ist es nötig, sich an das Vorbild Jesu zu halten, der durch Wachen und Beten die Kraft findet, das ihm auferlegte Schicksal anzunehmen und zu ertragen, anstatt feige davonzulaufen, wie es die Jünger tun (14,50). BORINGS Interpretation trifft den Sachverhalt genau: „The command to ‚stay alert and pray' addresses the situation – if they do what Jesus does in his hour of trial, they will be strong and endure as he does. He prays and they sleep; he endures and they run away. The instruction transcends the situation, however, and speaks over the heads of the sleepy disciples to the Markan readers, who are exhorted to stay alert and pray that they will not come into a situation of testing they cannot withstand."[445]

Auch für die Gethsemane-Szene gilt somit: Wenn der Erzähler nüchtern und ohne jede Beschönigung das Versagen der Jünger schildert, dann steht für ihn nicht die antiapostolische Polemik im Vordergrund. Es geht ihm vielmehr um einen Leseimpuls[446]: Vor der „dunklen Folie"[447] des Jüngerversagens in der erzählten Zeit und Welt gewinnt der Ruf zur Wachsamkeit und zum Gebet zusätzlich an Gewicht und Nachdruck.[448]

---

in the NT may also be a symbol for a state of mind that insensately takes its cues from the darkness of the old age rather than the light of the new."

[443] VOGT, *Angst*, 208.

[444] Anders als Jesus werden die Jünger im gesamten Markusevangelium *an keiner Stelle* als Wachende und Betende dargestellt. Darauf hat FRITZEN, *Gott*, 321 zu Recht aufmerksam gemacht.

[445] BORING, *Mk*, 400.

[446] VON BENDEMANN bezeichnet es zu Recht als ein wesentliches Ziel der markinischen Erzählführung, „in der Gestalt der Jünger ... die Leserschaft zu erreichen und diese auf ihre Verstehens- und Handlungsdispositionen anzusprechen" (ders., *Gestalt*, 425).

[447] SCHENKE, *Studien*, 548.

[448] Nach ISER, *Leser*, 8 besitzt eine negative Darstellung einen „imperativischen Charakter." TANNEHILL zufolge fordert der negative Aspekt der Jüngergeschichte im Markusevangelium „den Leser auf, nachzudenken, warum die von Jesus Berufenen so weit irregehen konnten, und was er selbst tun muss, um nicht wie sie zu scheitern" (ders., *Jünger*, 53). Zum Ganzen vgl. auch EISEN, *Markusevangelium*, 151.

11.4.3.5 Das Versuchungsmotiv in Mk 14,32–42

Die Gethsemane-Szene ist, wie schon erwähnt, die einzige im gesamten Markus-evangelium, in der der Begriff πειρασμός absolut gebraucht wird (14,38). Vieles spricht dafür, dass Markus selbst ihn in diesen Kontext eingefügt und damit einen wichtigen Akzent gesetzt hat. Tatsächlich lässt sich die Szene nun als ganze von diesem Term her betrachten.

Jesus mahnt seine Jünger zur Wachsamkeit und zum Gebet. So sollen sie der Gefahr begegnen, die in seiner Verhaftung, Verurteilung und Hinrichtung für sie liegen wird. Die Gefahr besteht weniger darin, dass sie als Gefolgsleute Jesu selbst an Leib und Leben bedroht sind – das natürlich auch. Vor allem aber ist sie darin zu sehen, dass ihnen das furchtbare Schicksal des Meisters zu einem σκάνδαλον wird, zu einer Anfechtung für ihren Glauben und ihr Gottvertrauen.[449] Dies umso mehr, als es sich gemäß der Ankündigung Jesu vom Ölberg um ein von *Gott* ge-wolltes und gewirktes Leiden handelt. Da ist die Gefahr des Abfalls in besonderem Maße gegeben, die des Abfalls von ihrem Meister und von dem unbegreiflichen Weg Gottes. Gegen dieses σκάνδαλον gibt es nach den Worten Jesu nur ein einzi-ges wirksames Mittel: das Gebet.

Jesus rät aber nicht nur zu diesem Mittel, sondern er wendet es auch selbst an.[450] Denn es ist ja keineswegs so, dass ihn die Versuchung gar nicht beträfe.[451] Auch er spürt in sich die Spannung von „Geist" und „Fleisch".[452] Er wünscht, dem Schicksal zu entgehen, das ihn erwartet (14,35f). Dabei macht es ihm vor allem zu schaffen, dass dieser Vater, der doch allmächtig ist, dem doch πάντα δυνατά („*alles* möglich") ist (14,36), ihn diesem Los ausliefern will. Dowd bringt es auf den Punkt: „The scene ist terrible, not because Jesus must suffer, but because his suffering is the will of the God who is powerful enough to prevent it."[453] Aber – und das ist wohl Jesu bedrückendste Erfahrung in Gethsemane – der himmlische Vater antwortet nicht. CRANFIELD notiert nüchtern, aber angemessen: „The only answer Jesus receives to his prayer is the hard answer of events."[454] Der Himmel schweigt – eine Erfahrung, die Jesus auf seinem ganzen Passionsweg begleiten

---

[449]   Vgl. FELDMEIER, *Krisis*, 201: „Dieses In-Versuchung-Geraten der Jünger … ist hier gleichbe-deutend mit dem σκανδαλίζεσθαι, das Jesus ihnen auf dem Gang zum Ölberg vorausgesagt hatte."

[450]   Vgl. GARRETT, *Temptations*, 93: „Jesus is here admonishing his followers to *do as he has done*". (Kursivdruck im Original).

[451]   Anders DEHN, *Gottessohn*, 280: „Die Jünger sind versucht, aber nicht er." Auch KAMMLER, *Verständnis*, 474f lehnt es ab, in Gethsemane von einer „Versuchung" Jesu zu sprechen, weil vom πειρασμός in der Szene explizit nur „im Blick auf die Jünger" (14,38) gesprochen werde und im Übrigen über das Geschick Jesu schon längst definitiv entschieden sei. Damit igno-riert er aber den inständigen Appellcharakter und die Ernsthaftigkeit des Gebetes Jesu, das durchaus noch die Hoffnung auf einen Ausweg „in letzter Minute" und auf eine Abände-rung des väterlichen Ratschlusses enthält.

[452]   So auch GARRETT, *Temptations*, 96: „Mark indicates that during his vigil in Gethsemane Jesus experienced passions of the flesh. Although *in his spirit* Jesus desired to obey God, his *fleshly desire* was to avoid treading the path that he knew God had laid out for him". (Kursivdruck im Original).

[453]   DOWD, *Prayer*, 158. GUTTENBERGER, *Gottesvorstellung*, 198 formuliert es so: „Gott tut – nach Auskunft der Gethsemaneszene – nicht, was möglich wäre, sondern was er will."

[454]   CRANFIELD, *Mk*, 434.

wird. Dies ist die Paradoxie schlechthin: Der Gottessohn wird von Gott verlassen![455]

Wie Markus in seinem Evangelium eindrucksvoll beschreibt, hat Jesus bis zur Passion in einer sehr engen Verbindung mit seinem himmlischen Vater gelebt. Von ihm wusste er sich gesandt und beauftragt; aus der Verleihung des göttlichen Geistes bezog er seine besonderen charismatischen Fähigkeiten (1,10); was er war und was er tat, das war und tat er allein durch ihn. Seine ganze vollmächtige Souveränität gründete auf diesem Vertrauen: Der Vater kann alles (10,27) und weiß alles (13,32). Und in Gethsemane? Da gilt der Vater zwar immer noch als allmächtig (14,36a), aber er ist zum ersten Mal fern gerückt. Gerade jetzt, wo Jesus ihn am dringendsten nötig hätte, verbirgt er sich. Jesu Gebet ist nicht nur Ausdruck seiner Angst vor dem Leiden. Es ist auch und vor allem der Versuch, die Gottesferne zu überwinden. Dazu wählt er die vertraute, kindliche Anrede: αββα ὁ πατήρ; dazu liegt er auf den Knien und fleht zum Himmel. Aber der Himmel schweigt, der Vater gibt keine Antwort.[456] Jesus versucht es wieder und wieder – und bleibt doch allein. Am Ende der Szene könnte es so scheinen, als habe er seine alte Entschlossenheit und Tatkraft wiedergefunden (14,42). An die Stelle der inneren Zerrissenheit zwischen dem Willen des Vaters und seinem eigenen, wie sie sich im Gebet ausgedrückt hatte, ist die Bereitschaft zum Martyrium getreten. Vor dem Hohen Rat und dem römischen Statthalter tritt er mit Festigkeit und im Bewusstsein seiner himmlischen Sendung auf (14,61f; 15,2). Aber die bittere Erfahrung der Gottverlassenheit holt ihn am Kreuz erneut ein und bricht sich Bahn in einem wiederholten lauten Schrei (15,34.37).[457]

Und als sei die Erfahrung der Gottverlassenheit, die an Psalm 42,10 erinnert[458], nicht schon schlimm genug, muss Jesus zusätzlich noch erleben, dass ihn seine Jünger ohne Ausnahme im Stich lassen.[459] Da ist keiner an seiner Seite, als er den Leidensweg antritt. Er begibt sich vollkommen einsam auf diesen Weg, ohne jeden göttlichen und menschlichen Trost. Kein Zweifel: Gerade das Schweigen des Vaters und das Schlafen der Jünger machen in ihrer Kombination die eigentliche Last und Härte der Passion aus.

---

[455] Erinnert sei an die erwähnten Parallelen aus der jüdischen Tradition 2 Chr 32,31 und TestJos 2,6, die das Motiv der Versuchung eng mit dem der Gottverlassenheit verbinden (vgl. dazu S. 92f).

[456] Noch einmal sei an dieser Stelle der Gegensatz zur Verklärungsgeschichte (9,1–9) hervorgehoben, wo – ähnlich wie in der Taufszene – eine himmlische Stimme Jesus in seiner besonderen Würde und Mission bestätigt. Um es mit den Worten von GUTTENBERGER, *Gottesvorstellung*, 195 zu sagen: „Die Verklärungsszene stellte die gelingende Begegnung von Gott und Jesus dar und zeigte deren Verbundenheit auf. In der Gethsemaneszene bleibt eine Antwort Gottes aus. Sie zeigt Gottes anhaltendes Schweigen als Reaktion auf das dreimalige Gebet Jesu. Dass Gott in dieser Szene nicht erscheint, wird auf dem Hintergrund von Mk 9,2–8 besonders schmerzhaft bewusst."

[457] Es überrascht nicht, dass Lukas in seinem Evangelium diesen Schrei getilgt hat; auch Johannes erwähnt ihn nicht.

[458] Ps 42,10: „Ich sage zu Gott, meinem Fels: Warum hast du mich vergessen?" Die Übersetzung der LXX D bringt die dem Vers eigentümliche Dialektik noch deutlicher zum Ausdruck: „Ich werde zu Gott sagen: Mein Beistand bist du; weshalb hast du mich vergessen?"

[459] FELDMEIER, *Krisis*, 1f beschreibt Jesu Bewegung zwischen dem „verschlossenen Himmel und den unbegreiflich teilnahmslos schlafenden Gefährten" sehr einfühlsam als ein „Hin und Her zwischen zwei Mauern des Schweigens."

Aus alldem ergibt sich: Die Finsternis von Gethsemane könnte nicht tiefer
sein. Jesus jedoch lässt den Kontakt nicht abreißen – weder zu den Jüngern noch
zum Vater im Himmel. Er betet gegen die Finsternis an, die ihn im wörtlichen wie
im übertragenen Sinne umgibt[460], und wird dies auch noch am Kreuz tun (15,34).
Seine eindringliche Gebetsmahnung an die Jünger (14,38) wird somit durch sein
eigenes Verhalten gedeckt und bestätigt.

Diese Mahnung und die anschließende Begründung vom willigen Geist und
schwachen Fleisch haben durchaus grundsätzlichen Charakter. So weisen sie über
die aktuelle Notsituation von Gethsemane hinaus und werden textextern zu einem
wichtigen Prinzip für die Nachfolge überhaupt. Die Versuchung, das Leiden abzu-
lehnen und sich ihm entziehen zu wollen, hört ja nach Gethsemane und Golgatha
nicht auf.[461] Dass der Kelch auch auf die Jünger selbst wartet, hatte Jesus ihnen
schon früher angekündigt (10,39). Aber er wartet nicht nur auf sie, sondern auch
auf alle anderen, die zur Nachfolge bereit sind (8,34f). Da werden so manche unter
der Last von Bedrängnis und Verfolgung (10,30) zusammenbrechen und dem
σκάνδαλον erliegen (4,17).[462] Sie werden sich mit dem Gedanken tragen, abzufallen,
um sich dem Leiden zu entziehen.[463] Und immer wieder werden sie sich fragen, wie
der himmlische Vater das alles zulassen kann. Sie werden Gott und seinen Weg mit
ihnen nicht begreifen. Sie werden verzweifelt nach ihm rufen und ohne Antwort
bleiben. Sie werden all das durchmachen müssen, was auch Jesus durchmachen
muss. Der Vater erspart dem Sohn keine Not, keine Dunkelheit; wieso sollte es den
Nachfolgenden anders ergehen?[464]

Darum müssen sie beten. Aus eigener Kraft vermögen sie nichts; nur das Gebet kann ihnen und ihrem Glauben helfen, nur so können sie sich wappnen gegen
die Macht der Versuchung, gegen die Gefahr des Abfalls und Glaubensverlustes,

---

[460] Es fällt übrigens auf, dass *immer* dann, wenn Jesus sich im Erzählgang des Markusevangeliums zum Gebet zurückzieht, tiefe Nacht herrscht (1,35; 6,46; 14,32ff). Die enge Verknüpfung von Finsternis und Gebet im Markusevangelium ist vermutlich erzählstrategisch durchaus beabsichtigt, in dem Sinne: Das Gebet ist eine Art „Waffe" gegen die Dunkelheit. Vgl.
FRITZEN, *Gott*, 78.321.

[461] Umgekehrt ist es aber auch nicht so, dass für die Jünger die Zeit der Versuchung erst mit der
Passion Jesu *beginnen* würde (so die These von DU TOIT, *Herr*, 244: „Von jetzt an gilt es, stets
wachsam zu sein, denn die Zeit der Versuchung hat begonnen.". Vgl. auch ebd. 243: „Die
Zerschlagung des Hirten beginnt (14,27), somit beginnt auch die Zeit der Versuchung.").
Das ist unmarkinisch gedacht. Im Gegenteil sind die Jünger auch schon in der Zeit vor Jesu
Leiden in ihrem Glauben und in der Beziehung zu ihrem Herrn gefährdet. Und schon in
dieser Zeit lassen sie es an der notwendigen Wachsamkeit und am Gebet fehlen (vgl. z.B.
8,18 und 9,18.29).

[462] Vgl. VOGT, *Angst*, 188, Anm. 372: „'Versuchung' steht im Mkev in einem engen Zusammenhang mit Verfolgtwerden, … mit physischer und psychischer Bedrohung des Lebens und
der Identität." Ähnlich COLLINS, *Mk*, 681: „πειρασμός … has to do with suffering
discipleship."

[463] Vgl. dazu BERGER, *Formen*, 237: „'Versuchung' ist die Gefahr, die schon nach der Konzeption des hellenistischen Judentums für jeden Neubekehrten besteht, wieder abzufallen und
zurückzukehren; er muss sich erst in den auf die Bekehrung folgenden Leiden als treu erweisen."

[464] Das Wesen der Anfechtung bringt SCHENKE, *Studien*, 560 treffend so auf den Punkt: „Nachfolge Christi ist … nicht anders möglich als durch Nachfolge des Gekreuzigten … Gerade in
Leiden und Verfolgung muss dann Gottes Handeln an der Gemeinde gesehen werden."

die unter dem Eindruck der Gottverlassenheit besonders groß ist.[465] Nur so lernen sie, sich in Gottes Willen zu fügen, so unbegreiflich er auch sein mag, und das Leiden auf sich zu nehmen.[466] Hatte Jesus nicht wiederholt von der Macht des Glaubens gesprochen und davon, dass demjenigen, der betet, *alles* möglich sei (9,23; 11,23f)?

Er selbst macht es ihnen vor. Sein Verhalten in Gethsemane hat paradigmatischen Charakter.[467] Er lässt sich von seiner Angst nicht überwältigen, sondern trägt sie im Gebet vor den Vater. Das Gebet macht ihn – aller Angst zum Trotz – bereit für seinen weiteren Weg. Dies ist ein wichtiger Hinweis für diejenigen, die ihm nachfolgen.

Angst ist nach Meinung des Erzählers durchaus keine Schande; sie ist gerechtfertigt als die natürliche Erwartungshaltung gegenüber Leid und Bedrängnis.[468] Aber sie muss ins Gebet fließen und so bewältigt werden; sie rechtfertigt nicht die Flucht vor dem Leiden und den Abfall vom Weg Gottes und vom Glauben. Jesus war „gehorsam bis zum Tode" (Phil 2,8), und an seiner Haltung können sich diejenigen, die ihm nachfolgen, ein Beispiel nehmen (vgl. Mk 8,34). In ihrer eigenen Bedrängnis können sie sich an ihm orientieren und auf ihn schauen, den „Anfänger und Vollender des Glaubens" (Hebr 12,2). Sein Wachen und Beten, seine Treue und sein Gehorsam sind beispielhaft, sowohl für die Jünger als auch für die Leser des Evangeliums. *Dies entspricht einem zentralen Grundzug, der sich durch das ganze Evangelium zieht: das von den Jüngern und allen Nachfolgenden verlangte Verhalten „aus der Entsprechung zu Jesus und seinem Weg zu begründen"*[469].

11.4.4 „Ich kenne den Menschen nicht!"
Die Verleugnung des Petrus (Mk 14,66–72)

11.4.4.1 Annäherungen

Innerhalb der Passionsgeschichte verdient die Szene von der Verleugnung des Petrus besondere Aufmerksamkeit. Zwar handelt es sich dabei, wie schon erwähnt (vgl. S. 150, Anm. 13), *nicht* um eine Versuchungsgeschichte im eigentlichen Sinne. Es fehlen in ihr sowohl typische Begrifflichkeiten für Versuchung als auch die Person eines Versuchers. Die Gesprächspartner des Petrus „versuchen" ihn nicht;

---

[465]   Zutreffend kommentiert GIELEN, *Passionserzählung*, 103: „Die Versuchung, die es im wachen Gebet abzuwenden gilt, besteht vor allem darin, in existentiell schwierigen Lebenssituation [*sic!*] das Vertrauen auf Gott zu verlieren."

[466]   Vgl. GARRETT, *Temptations*, 98: „By showing that Jesus' desire for life was very real, Mark conveys to us the magnitude of Jesus' suffering and of his sacrifice. Then, by showing us how prayer enabled Jesus to put God's desire ahead of his own, Mark shows us, too, how to dispel doublemindedness and prepare for trial."

[467]   Anders SÖDING, *Gebet*, 95f, der es ablehnt, „im betenden Jesus das Vorbild der zum Beten gemahnten Jünger zu sehen."

[468]   Vgl. die nüchterne Feststellung von TOLBERT, *Gospel*, 275f, dass Angst vor dem Martyrium nicht Ausdruck von mangelndem Glauben oder Mut sei, weil nur Verrückte oder Masochisten das Leiden anstrebten.

[469]   FELDMEIER, *Krisis*, 132. FELDMEIER verweist in diesem Zusammenhang vor allem auf die Nachfolgeworte (8,34–38; 9,36–50; 10,42–45), die jeweils auf die Leidensankündigungen (8,31; 9,31; 10,32f) und ihr Missverständnis (8,32b; 9,33–37; 10,35–40) folgen.

sie konfrontieren ihn lediglich mit einer Tatsache, der seiner Jüngerschaft. Für Petrus jedoch kommt diese Konfrontation einer Versuchung gleich. Für ihn geht es um nichts anderes als um *das* biblische Versuchungsthema schlechthin (vgl. S. 110): um eine *Probe seiner Standfestigkeit, seines Gehorsams und seiner Glaubenstreue unter dem Eindruck von Angst und Bedrängnis* – auf dem Hintergrund der Verleugnungs*ansage* in 14,30 und seines Versprechens in 14,29.31. Wird er sich bewähren oder versagen?

Die Leser ahnen schon, wie die Geschichte ausgeht. Eine andere Ankündigung Jesu, die der Jüngerflucht (14,27), hatte im Erzählgang kurz zuvor bereits ihre Erfüllung gefunden (14,50).[470] Entsprechend ist für die Leser auch das Versagen des Petrus vorprogrammiert. Um es mit LOHMEYER zu sagen: „Das Wort Jesu [14,30]... regiert auch diese Stunde."[471]

In 14,54 wird berichtet, dass Petrus seinem verhafteten Herrn *aus sicherer Entfernung*[472] in den hohenpriesterlichen Palast folgt und sich dort in der Gesellschaft von Knechten am Feuer aufwärmt. Daran knüpft die Szene ab 14,66 an. Markus hat sie also – in Verbindung mit 14,26–31 – von langer Hand vorbereitet.

Die Szene selbst dürfte im Wesentlichen schon auf die primäre Passionsüberlieferung zurückgehen.[473] Sie findet sich bei allen Evangelisten; die vier Versionen weichen nur in Nuancen voneinander ab. Auffällig ist allein, dass es sich im Markusevangelium, anders als bei Lukas, um eine reine Jüngergeschichte handelt; Jesus selbst tritt nicht auf.[474] In ihrer jetzigen Gestalt hat die Szene novellistischen Charakter; insbesondere die Dreigliedrigkeit mit drei kurzen Dialogszenen, an deren Ende jeweils eine Verleugnung steht, wirkt wie eine künstliche Stilisierung.[475] Dies schließt einen geschichtlichen Hintergrund nicht aus, ganz im Gegenteil: Mit an Sicherheit grenzender Wahrscheinlichkeit liegt der Szene eine historische Erinnerung zugrunde.[476]

11.4.4.2 Textanalyse

66 Und während Petrus unten im Hof war, kam eine von den Mägden des Hohenpriesters 67 und als sie Petrus sah, wie er sich wärmte, blickte sie ihn an und sagt: Auch du warst mit dem Nazarener, dem Jesus. 68 Er aber leugnete und sprach: Weder weiß ich noch verstehe ich, was du sagst. Und er ging hinaus in den Vorhof. [Und der Hahn krähte]. 69 Und die Magd sah ihn und fing von neuem an, denen zu sagen, die dabeistanden: Dieser ist einer von ihnen. 70 Da leugnete er abermals. Und nach kurzer Zeit sagten wiederum die Dabeistehenden zu Petrus: Wahrhaftig, du bist einer von ihnen, denn du bist ein Galiläer. 71 Er aber fing an, zu fluchen und zu schwören: Ich kenne diesen Menschen nicht, von dem ihr redet. 72 Und sogleich krähte der Hahn zum zweiten Mal. Da erinnerte sich Petrus an das Wort, wie es Jesus zu ihm gesagt

---

[470]   Nach der Flucht der Jünger ist von ihnen im Markusevangelium bis zur Auferstehung des Herrn keine Rede mehr. Sie haben sich gewissermaßen aus der Passionsgeschichte verabschiedet. Alle außer einem.

[471]   LOHMEYER, *Mk*, 333.

[472]   Dies deutet sein späteres Versagen bereits an. Von seinen emphatischen Treueschwüren ist bereits an dieser Stelle nicht mehr viel übrig geblieben.

[473]   So auch REINBOLD, *Bericht*, 92.

[474]   In Lk 22,61 ist dagegen von einem direkten Blickkontakt zwischen Jesus und seinem Jünger die Rede.

[475]   So mit Recht REINBOLD, *Bericht*, 241.

[476]   Ebenso urteilen GNILKA, *Mk II*, 295, LOHMEYER, *Mk*, 333, REINBOLD, *Bericht*, 317 und GIELEN, *Passionserzählung*, 100.

*hatte: Bevor der Hahn zweimal kräht, wirst du mich dreimal verleugnen. Und er fing an zu
weinen.*

[66–72] In einer knappen Exposition stellt der Erzähler allein durch das kleine
Wort „unten" (κάτω) den Bezug zur vorangegangenen Szene her: dem Verhör Jesu
vor dem Hohen Rat (14,55–65). Dort hatte sich Jesus erstmals öffentlich zu seiner
wahren Identität bekannt.

Bis zu diesem Moment hatte er nie von sich bezeugt, der Christus und Gottessohn zu sein. Andere hatten dies wohl über ihn geäußert: Dämonen (1,24; 3,11;
5,7), Petrus (8,29), ja sogar die Himmelsstimme selbst (1,11; 9,7). Jesus jedoch hatte
die öffentliche Preisgabe dieses Wissens stets untersagt (3,12; 8,30; 9,9). Nun aber,
vor dem Hohenpriester und dem Sanhedrin, bekennt er Farbe. Sein Bekenntnis
handelt ihm den Schuldspruch[477] und schließlich den Tod ein, aber nicht nur das:
hinzu kommen Spott, Demütigungen und Misshandlungen (14,65).

„Oben" also Jesus, der sich dem versammelten Hohen Rat gegenüber verant-
worten muss – und „unten" Petrus, für den es nun zur Begegnung mit einer Magd
kommt.

Woher diese Petrus kennt, wird nicht gesagt und ist auch unerheblich. Sie ist
sich ihrer Sache sicher: „Der war auch dabei!" (V.67). Ihre Anrede an Petrus hat
nicht den Charakter einer Frage (und schon gar nicht den einer gezielten Versuchung), sondern den einer reinen Feststellung. Und sie hat ja auch Recht (vgl. 3,14).
Petrus jedoch weist entschieden den Verdacht zurück, dass er mit der Sache auch
nur das Geringste zu tun habe.[478] Um jeder weiteren Diskussion aus dem Wege zu
gehen, zieht er sich beim ersten Hahnenschrei[479] in den Vorhof zurück. Die Magd
wiederum beharrt auf ihrem Verdacht; sie „lässt nicht locker"[480]. Beim zweiten Mal
äußert sie ihn nicht gegenüber dem Jünger selbst, sondern gegenüber den Umstehenden.[481] Das macht die Sache für Petrus gefährlicher.

Bei diesem dauert das Leugnen an.[482] Aber das hilft ihm nicht. Ein drittes Mal
wird der Verdacht laut – diesmal aus dem Munde von mehreren und obendrein
durch eine Beteuerungsformel bekräftigt.[483] Ob Petrus an seinem galiläischen Dia-

---

[477] Die theatralische Geste des Hohenpriesters, der seine Kleider zerreißt, ist ebenso verlogen
wie sein Vorwurf der Blasphemie gegenüber dem Angeklagten. Jesu Bekenntnis zu seiner
messianischen Würde war nach jüdischem Recht weder Gotteslästerung noch ein todeswür-
diges Verbrechen (mit LÜHRMANN, *Mk*, 250). Möglicherweise spiegelt die Szene den späteren Streit zwischen Juden und Christen wider: Den Juden erschien das Bekenntnis zum gekreuzigten Gottessohn als lästerlich (vgl. GNILKA, *Mk II*, 283).

[478] Eine Analogie findet sich im Rabbinismus (Schebu 8,3): „[Sagt einer]: ‚Wo ist mein Ochse?',
sagt der andere zu ihm: ‚Ich verstehe nicht, was du sprichst'"(Talmud IX, 398).

[479] Der Hinweis auf den ersten Hahnenschrei ist textkritisch unsicher; in den meisten wichtigen
Handschriften fehlt er. Vermutlich ist er mit Rücksicht auf 14,30 nachgetragen worden. Anders GIELEN, *Passionserzählung*, 126.

[480] GIELEN, *Passionserzählung*, 127.

[481] In den Darstellungen der Evangelisten variieren die Personen, die beim zweiten Mal den
Verdacht äußern. Nach Mt 26,71 ist es eine andere Magd, nach Lk 22,58 ist es ein Mann,
nach Joh 18,25 sind es mehrere Personen. Abweichungen finden sich auch beim dritten Mal.

[482] Das Imperfekt ἠρνεῖτο (V.70) hat iterativen Charakter.

[483] Zu bedenken ist dabei, dass nach jüdischem Recht eine Zeugenaussage erst durch zwei oder
drei Zeugen ihr volles Gewicht bekam (vgl. Dtn 17,6). Eine Frau galt gewöhnlich als juris-
tisch unfähig zum Ablegen eines Zeugnisses. Vgl. GNILKA, *Mk II*, 293.

lekt erkannt worden war, wie Mt 26,73 erklärt? Jedenfalls wird er als Galiläer wahrgenommen, und dies erhärtet den Verdacht. Zweifellos galt die Bewegung Jesu als
galiläisch; die ersten Jünger waren ja allesamt Galiläer. Darüber hinaus ist nicht
ausgeschlossen, dass „Galiläer" hier auch den politischen Beigeschmack einer Ver-
dächtigung als politischer Rebell hat.[484]

Die letzte Anschuldigung war konkreter ausgefallen; dem entspricht nun auch
die leidenschaftliche Reaktion des Petrus. Er fühlt sich in die Enge getrieben und
gerät in Panik. Und so sagt er sich ganz entschieden von Jesus, dessen namentliche
Erwähnung er vermeidet, los. Anders als zuvor bestreitet er nun direkt, mit Jesus
überhaupt jemals auch nur in Berührung gekommen zu sein.[485] Seiner Aussage
verleiht er durch eine bedingte Selbstverfluchung zusätzlich Nachdruck.[486]

Erst als dann der Hahn kräht, wird beim Jünger die Erinnerung an Jesu Prophezeiung wach. Die Zeit des Hahnenschreis liegt etwa in der Zeit von Mitternacht
bis drei Uhr morgens; zwischen dem ersten und zweiten Schrei vergeht in der Regel
ungefähr eine Stunde.[487] Die Scham über sein Versagen bringt Petrus zum Weinen.

Mit ihm scheidet an dieser Stelle der letzte Jünger aus der Passionsgeschichte
aus. Bei der Kreuzigung Jesu sind ausschließlich weibliche Anhänger aus der Ferne
Zeugen (15,40f).

11.4.4.3 Mk 14,66–72 im Kontext des Evangeliums

Narratologisch geschickt synchronisiert (und kontrastiert) der Erzähler den Auftritt
des Jüngers Petrus im Palasthof mit dem Verhör Jesu vor dem Sanhedrin (14,55–
65). Hier Jesus – dort Petrus; hier der Sanhedrin – dort eine Magd und zufällig
Dabeistehende; hier das aufrichtige Zeugnis mit den tödlichen Folgen für den
mutigen Bekenner – dort eine feige Verleugnung. Dass sich die Geschehnisse in
unmittelbarer räumlicher Nähe zueinander abspielen, macht den Vergleich noch
brisanter. Nicht zu vergessen ist auch der besondere Zeitpunkt dieses doppelten
Szenarios: inmitten der Nacht.

Markus stellt das Verhalten Jesu und das seines Jüngers in dieser „Doppelszene" gezielt einander gegenüber.[488] Für Jesus ist die Situation ungleich bedrohli-
cher. Er steht als Angeklagter vor dem ganzen Hohen Rat; er wird mit (falschen!)
Zeugenaussagen konfrontiert; für ihn geht es um Leben und Tod; der Sanhedrin ist
ihm unverhohlen feindlich gesinnt und sucht nur noch nach einem rechtsgültigen
Beweis, um ihn schuldig sprechen und an die römische Besatzungsmacht ausliefern

---

[484]   Vgl. PESCH, *Mk II*, 450; zu den Einzelheiten vgl. ferner HENGEL, *Zeloten*, 57–61.

[485]   Hinter den Worten: „Ich kenne diesen Menschen nicht" vermutet FRITZEN, *Gott*, 266 eine
        bittere Ironie des Erzählers: „[Petrus] kennt und versteht ‚diesen Menschen' tatsächlich noch
        nicht." Diese Interpretation erscheint mir allerdings ziemlich konstruiert.

[486]   Den Sinngehalt trifft perfekt die Übertragung der Stelle bei BERGER/NORD: „Petrus aber
        schwor heilige Eide und sagte: Ich will verflucht sein, wenn ich den Mann kenne, von dem
        ihr sprecht." Dass Petrus seinen Herrn Jesus verflucht, ist ganz unwahrscheinlich, da
        ἀναθεματίζειν καὶ ὀμνύναι zusammengehören (gegen LÜHRMANN, *Mk*, 253 und GARRETT,
        Temptations, 127).

[487]   Vgl. PESCH, *Mk II*, 449; siehe auch BILL I, 993.

[488]   So schon DIBELIUS, *Formgeschichte*, 215f.

zu können.[489] Ganz anders Petrus: Er ist der Verhaftung entgangen. Die Dunkelheit der Nacht gewährt ihm einen gewissen Schutz. Er kann sich zurückziehen, wenn es brenzlig wird. Von der Magd und den Umstehenden geht keine unmittelbare Gefahr für ihn aus.

So betrachtet, wirkt der Unterschied zwischen Jesus und seinem Jünger umso krasser. Jesus weicht nicht aus, als er nach seiner Identität gefragt wird, und bestätigt erstmals in aller Öffentlichkeit: „Ja, ich bin's!" (Mk 14,62). Petrus dagegen leugnet seine Identität vehement: „Ich bin's nicht!" (vgl. Joh 18,25). Nicht nur einmal, sondern dreimal leugnet er – immer entschiedener, immer verzweifelter. Er scheut nicht einmal davor zurück, durch die bedingte Selbstverfluchung Gott zum Zeugen seiner Lügen anzurufen.

Petrus wird allen untreu: seinem Gott, seinem Herrn, seinen eigenen hehren Worten. Die einstigen Treueschwüre – vergessen. Petrus schwört Jesus ab, nachdem er ihn schon in Gethsemane so schmählich im Stich gelassen hatte.[490]

Durch die Parallelisierung von Bekenntnis- und Verleugnungsszene (14,55–65; 66–72) wird das Versagen des Jüngers besonders offenkundig. Darüber hinaus vertieft sich auf diese Weise für den Leser der Eindruck von Jesu Verlassenheit. Wie der „leidende Gerechte" in den alttestamentlichen Psalmen ist er allein der Willkür seiner Feinde ausgeliefert und von allen Freunden im Stich gelassen.[491] Die dunkelste Wegstrecke seines Lebens muss er ganz allein gehen – bis zum bitteren Ende.[492] Nicht einmal für sein Begräbnis werden seine Jünger sorgen.[493]

11.4.4.4 Mk 14,66–72 im Blick auf die Leser

Mit der Verleugnungsgeschichte erreicht das Thema des Jüngerversagens, das als ein wichtiger Erzählfaden das ganze Evangelium durchzieht, einen weiteren Kulminationspunkt. Die Geschichte wäre jedoch missverstanden, wenn sie ausschließlich im Sinne antiapostolischer Kritik gelesen würde.[494] Würde Markus sie sonst so erzählen? Er schildert zwar das Versagen des Jüngers, weckt aber bei den Lesern auch Mitgefühl für ihn. Am Ende der Geschichte ist Petrus nicht etwa froh und erleichtert, mit heiler Haut davongekommen zu sein, sondern ganz im Gegenteil: Er bereut seine Feigheit und Schwäche und bricht in Tränen aus. Es liegt auf der Hand und ist vom Erzähler auch beabsichtigt, dass die aufrichtige Reue des Jüngers die Leser für ihn einnimmt. Mit anderen Worten: Der Jünger Petrus, wie Markus ihn schildert, wirkt unbeständig und mitunter auch uneinsichtig und schwach (8,32; 14,50), aber keineswegs wirklich unsympathisch. Das unterscheidet ihn von vielen

---

489 GARRETT, *Temptations*, 125, die in der ganzen markinischen Passionsgeschichte den Satan in Aktion sieht, nennt den Sanhedrin „Satan's human servants." Für diese Interpretation liefert der Text aber keinen Anhaltspunkt.

490 Lukas und Johannes haben sich bemüht, den negativen Eindruck auf ihre Leser abzumildern. Lk 22,32 weist darauf hin, dass Petrus zu einem späteren Zeitpunkt in die Nachfolge eingetreten ist. Joh 13,36 erwähnt seinen Märtyrertod.

491 Vgl. Ps 31,12; 88,9.19.

492 Das unmittelbar auf die Verleugnungsszene folgende 15. Kapitel des Markusevangeliums ist das einzige, in dem die Jünger mit keinem Wort erwähnt werden.

493 Das unterscheidet Jesu Jünger von denen des Täufers, die sich um die Beisetzung des Leichnams von Johannes kümmern (vgl. 6,29). Darauf weist FRITZEN, *Gott*, 178 zu Recht hin.

494 Dennoch ist unverkennbar, dass Petrus (und mit ihm die anderen Erstjünger) beim Evangelisten Markus in einem ungünstigeren Licht erscheinen als etwa bei Lukas.

anderen Erzählfiguren im Evangelium wie den Pharisäern oder Hohenpriestern. Schon von daher verbietet es sich, dem Evangelisten eine grundlegend ablehnende Haltung gegenüber Petrus (und den anderen Jüngern) zu unterstellen. Markus geht es vielmehr darum, was auf textexterner Ebene die Leser aus dem Versagen der Jünger im Allgemeinen und dem des Petrus im Besonderen für sich und ihr eigenes Leben lernen können.

Wie Petrus stehen auch die Leserinnen und Leser aktuell „vor der Entscheidung zwischen Bekenntnis und Verleugnung"[495] (4,17; 13,9–13). Auch sie kennen Situationen, in denen ihnen (zu Recht) vorgeworfen wird, was Petrus im Hof zu hören bekommt: „Du bist eine(r) von ihnen!"[496] Und wie er sind sie gefragt, ob sie in solchen Fällen zu ihrem Herrn und ihrem Glauben stehen oder nicht. Leugnen sie – aus Furcht vor den möglichen Konsequenzen? Oder sind sie treu, wie sie es in ihrem Taufbekenntnis versprochen haben – wenn es sein muss, bis in den Tod?

Die Erzählstimme verhält sich gegenüber ihren Lesern ausgesprochen geschickt. Sie lässt die Verleugnungsszene für sich selbst sprechen und verzichtet ganz bewusst auf jede Wertung bzw. auf eine direkte Paränese. Gerade so muss die Wirkung der Szene auf die Leser umso nachhaltiger sein.

Im Mittelpunkt der Szene steht Simon. Simon – das ist ja nun nicht irgendeiner der Jünger. Er ist der Erstberufene (1,16f). Ihm hat Jesus persönlich den Ehrentitel „Petrus" (Felsen) verliehen (3,16). Er ist das führende Mitglied des engsten Jüngerkreises und als solcher Zeuge der Verklärung (9,2ff) und der Auferweckung der Jairustocher (5,37). Er hat als erster das Christusbekenntnis ausgesprochen (8,29). Petrus ist *der* Jünger schlechthin.

Gerade er könnte nun im hohenpriesterlichen Hof ein Bekenntnis zu Jesus als dem Christus ablegen. Da bietet sich ihm *die* Gelegenheit, seine Solidarität mit dem Meister zu bekunden und so den mutigen Worten vom Ölberg (14,29.31) entsprechende Taten folgen zu lassen. Aber Petrus bricht ein; er verleugnet lieber den Herrn als sich selbst (vgl. 8,34).[497] Und am Ende weint er – über sich, seinen Wortbruch, seine Feigheit und Schwäche.

Vielleicht erinnern sich die Leser bei dieser Szene an das harte Wort Jesu aus der Nachfolgeparänese: „Wer sich meiner und meiner Worte schämt unter diesem abtrünnigen und sündhaften Geschlecht, dessen wird sich auch der Menschensohn schämen, wenn er kommen wird in der Herrlichkeit seines Vaters mit den heiligen Engeln" (8,38). Petrus ist in der Verleugnungsszene geradezu das Urbild dessen, der „sich schämt". Das muss die Leser nachdenklich machen: Wenn selbst der „Fels" nicht standhaft geblieben ist, dann ist offensichtlich niemand davor gefeit, abzufallen und zu versagen. Angesichts der Schwäche des menschlichen Fleisches und der Größe und Unwägbarkeit der Gefahren erhält die Gebetsmahnung Jesu aus Mk 14,38 hiermit nochmals besonderes Gewicht.

---

[495] LÜHRMANN, *Mk*, 253.

[496] Der Vorwurf gegen Petrus ist weniger christologischer als ekklesiologischer Natur. Es geht nicht um irgendeinen Irrglauben, sondern um die Zugehörigkeit zu einer verdächtigen Gruppe. Mit genau diesem Vorwurf sehen sich die Leser des Evangeliums konfrontiert: zur „Sekte der Nazarener" (Act 24,5) zu gehören. Vgl. BORING, *Mk*, 416.

[497] Vgl GARRETT, *Temptations*, 125: „Peter ... *exemplifies the weakness of will in time of trial that typifies the doubleminded or duplicitous person. His intent is to stay true to Christ (14,31), but when tested he shows that his primary loyalty is to himself*". (Kursivdruck im Original).

Die Verleugnungsszene hat jedoch nicht nur strengen und mahnenden Charakter. Das hat damit zu tun, dass sie *von vornherein* im Licht der Ankündigung Jesu in 14,28 steht, die Petrus wie auch den anderen Jüngern all ihrem Versagen zum Trotz einen Neuanfang in Galiläa zugesichert hat. Die Leser wissen also schon, bevor die eigentliche Passionsgeschichte beginnt: Alle Jünger, auch Petrus, werden von Jesus nach Golgatha die Möglichkeit zu einem neuen Anfang in der Nachfolge erhalten (16,7).

Für die Leser, die auch immer in der Gefahr des Scheiterns und des Abfalls stehen (und möglicherweise zum Teil schon gefallen sind), ist diese Botschaft von großer Bedeutung. Das gilt in zweifacher Hinsicht. Zum einen: Wenn Jesus seinen untreuen Jüngern dennoch aufs Neue die Hand reicht, dann ist das eine gute Nachricht für alle Nachfolgenden. Sie lernen daraus: Wer einmal (oder sogar, wie Petrus, mehrmals) gefallen ist, für den ist damit die Tür bei Jesus nicht endgültig zu. Endgültig zu ist sie nur für den, der im Abfall *verharrt*; von dem wird sich der Menschensohn im Gericht abwenden (vgl. Mk 8,38). Aufrichtige Scham und Reue aber ebnen den Weg zu einem Neubeginn aus reiner, unverdienter Gnade.[498]

Zum anderen: Die Art, wie Jesus mit seinen Jüngern umgeht, ist im ekklesiologischen Sinne richtungsweisend für den Umgang mit Abgefallenen innerhalb der christlichen Gemeinde. Den *lapsi* darf der Rückweg in die kirchliche Gemeinschaft, sofern er ernsthaft gewollt und von Reue begleitet wird, nicht verwehrt werden. Sonst wäre die Gemeinde unbarmherziger als ihr Herr selbst.[499]

Somit ist die Verleugnungsszene im Blick auf ihre Leser insgesamt ein zwar ernster, aber doch auch tröstlicher und ermutigender Ruf in die Nachfolge. Ernst ist er, indem er eindrucksvoll deutlich macht, dass es keine Jüngerschaft ohne Mut und Selbstverleugnung geben kann. Nachfolge Christi, das bedeutet eben*, zu sich selbst* zu sagen: „Ich kenne den Menschen nicht." Tröstlich und ermutigend ist er, indem er auch denen Grund zur Hoffnung gibt, denen in der Nachfolge des Herrn die bittere Erfahrung des eigenen Scheiterns und Versagens nicht erspart bleibt.

11.4.4.5 Das Versuchungsmotiv in Mk 14,66–72

Die Episode von der Verleugnung des Petrus ist innerhalb des Markusevangeliums keine „typische" Versuchungsgeschichte. Dem Protagonisten treten keine mächtigen und einflussreichen Feinde entgegen, kein Satan wie in 1,13 und keine Pharisäer oder Herodesanhänger wie in 8,11–13; 10,2–9 oder 12,13–17. Es sind ganz einfache Dienstboten bzw. zufällig Anwesende, denen sich Petrus gegenübersieht. Weiter ist auffällig, dass eine dezidiert böse Absicht bei den Gesprächspartnern des

---

[498] GNILKA, *Mk II*, 295 merkt dazu an: „Wenn er [sc. Petrus] nochmals angenommen worden ist, so war zwar seine Reue die Voraussetzung dafür, die Gnade des Herrn aber bewirkte es." Auch wenn das Wort χάρις im Evangelium selbst nicht auftaucht, so ist also das Gnadenmotiv bei Markus durchaus vorhanden. SCHENKE, *Markusevangelium*, 94 formuliert es treffend so: „Was sie [sc. die Jünger] waren und sind, sind sie nicht aus eigenem Vermögen und eigener Leistung, sondern allein durch den Ruf des Auferstandenen (14,28; 16,7)."

[499] Naturgemäß hat die Verleugnungsszene im Verlauf der Kirchengeschichte große Bedeutung gewonnen, besonders während der Bußstreitigkeiten im 3. Jahrhundert, als es um die Wiedereingliederung Abgefallener in die kirchliche Gemeinschaft ging. Vgl. PESCH, *Mk II*, 453: „Petrus wird zum Prototypen der in der Verfolgung Schwachen, der *lapsi*, die aufgrund ihrer Reue aber rekonziliert werden können."

Jüngers nicht erkennbar ist; sie machen nur mehrmals eine (zutreffende) Aussage über ihn. Hinterhältigkeit wie bei Jesu Auseinandersetzungen mit den Pharisäern (vgl. 12,13) ist zu keinem Zeitpunkt im Spiel. Genausowenig handelt es sich um eine Versuchung wie in 1,13, die den Protagonisten auf seine Treue und Charakterfestigkeit hin prüft und eine entsprechende Bewährung verlangt. Petrus wird ja gar nicht „geprüft", sondern – wie schon gesagt – lediglich mit einer Feststellung konfrontiert, die für die Gesprächspartner keinem Zweifel unterliegt und die auch stimmt.

Trotz alledem liegt es in der erzählerischen Absicht des Evangelisten, dass die Episode von der Verleugnung als Versuchungsgeschichte gelesen und verstanden wird. Die Verleugnungsankündigung in 14,30 trägt dazu massgeblich bei, indem sie das leidenschaftliche Treuebekenntnis des Jüngers von vornherein in Frage stellt und das Versagen prognostiziert. Eine Versuchungsgeschichte ist die Episode aber auch von der Paränese in 14,38 her. Schließlich geht es hier exakt um den Ernstfall, der in 14,38a unter dem Stichwort πειρασμός benannt wurde. Es geht um die Gefahr des Abfalls von Jesus und des Treuebruchs unter dem Eindruck möglicher bzw. tatsächlicher Bedrohung (vgl. 4,17). Es geht um die Versuchung, sich aus Angst dem Leiden zu entziehen und das klare Bekenntnis schuldig zu bleiben. *Summa summarum*: Es geht um die Gefahr, sich davon zu machen, und das ausgerechnet in dem Moment, als es eigentlich darauf ankommt, sich in seinem Glauben zu bewähren. Petrus sieht sich vor die Entscheidung zwischen Treue und Untreue gestellt. Genau dieses charakteristische Motiv der *Wahlmöglichkeit* verleiht der Szene Versuchungscharakter (vgl. S. 78.82.146.149).

Bei dem ganzen Geschehen sollte nicht übersehen werden, dass sich die Verleugnungsgeschichte „mitten in der Nacht" abspielt. Mitten in der Nacht – das ist die „Stunde" (13,11; 14,41), da die Feinde des Glaubens die Oberhand zu gewinnen scheinen, da Gottes Weg unergründlich wird und das ganze Fundament des eigenen Glaubens und Lebens in Wanken gerät. Es ist aber auch die „Stunde", die in besonderer Weise ein ehrliches und treues Bekenntnis verlangt. Dies abzulegen, gelingt dem Menschen nicht aus eigener Kraft. Insofern ist allzu große Selbstsicherheit (14,29.31) verhängnisvoll, weil sie das persönliche Scheitern geradezu zwangsläufig nach sich zieht. Diejenigen jedoch, die sich mit Wachen und Beten (14,38a) für die „Stunde" der Bewährung rüsten, dürfen darauf hoffen, dass sie mit der Hilfe des Geistes Gottes (13,11) die Probe bestehen.

11.4.5 „Warum?" Jesu einsames Sterben (Mk 15,22–39)

11.4.5.1 Annäherungen

Die Kreuzigungsszene (15,20b–41) fußt vermutlich auf dem Grundbericht aus der ältesten Passions-Tradition[500], der wesentlich durch Motive aus den Klagepsalmen, besonders aus Psalm 22, geprägt war.[501] Dieser von der „Thematik der *passio iusti*"[502] her bestimmte Bericht ist wahrscheinlich noch in einem vormarkinischen Stadium durch apokalyptische Elemente wie die Stundenzählung mit der Finsternis

---

[500]   Vgl. REINBOLD, *Bericht*, 92.
[501]   Vgl. GNILKA, *Mk II*, 311.
[502]   REINBOLD, *Bericht*, 173. Vgl. darüber hinaus ausführlich RUPPERT, *Jesus*, 48–59.

(15,25.33f) und das Tempelmotiv (15,38) erweitert worden.[503] Darüber hinaus ist mit redaktionellen Eingriffen des Erzählers selbst zu rechnen.[504] So könnte 15,39 auf Markus zurückgehen, da „Gottessohn" der von ihm bevorzugte christologische Titel ist und den Bogen zu 1,1.11 zurückschlägt. Auch das Elia-Motiv (15,35f), das im Evangelium schon wiederholt eine Rolle spielte (6,15; 9,4f.12f), stammt möglicherweise aus der Feder des Evangelisten. Wirkliche Sicherheit lässt sich bei diesen Überlegungen jedoch nicht gewinnen.

Auffällig sind die Doppelungen im vorliegenden Text: Zweimal wird die Kreuzigung erwähnt (V.24f), zweimal wird Jesus ein Trank gereicht (V.23.36), zweimal wird von einem lauten Schrei Jesu berichtet (V.34.37), dreimal sogar wird er verhöhnt (V.29f.31f.35f). Gelegentlich wurde deshalb schon vermutet, dass in unserem Text zwei ursprünglich selbstständige Kreuzigungsberichte miteinander verschmolzen sind.[505]

Der Erzählvorgang ist durch einen dreistündigen Rhythmus gegliedert. Die Kreuzigung geschieht in der dritten Stunde, von der sechsten bis zur neunten Stunde überzieht eine Finsternis das Land, Jesu Tod tritt in der neunten Stunde ein. Die Zählung des Stundentakts am Todestag verleiht dem Geschehen eine apokalyptische Dimension. Zugleich hat sie aber auch Parallelen in der paganen Literatur; so weist sie beispielsweise eine auffällige Entsprechung zu den späteren Kaiserviten SUETONS auf.[506]

Inhaltlich bietet sich folgende Einteilung an: Kreuzweg und Kreuzigung (V.20b–25), Verspottung und Verhöhnung (V.26–32), Jesu Verlassenheit und Tod (V.33–41). Für die Analyse beschränke ich mich auf die Haupthandlung (V.22–39); sie wird eingerahmt durch Hinweise auf namentlich genannte Zeugen und Gewährsleute des Geschehens (Simon von Kyrene bzw. Frauen aus Jesu Gefolge).

Dass die Kreuzigungs-Szene einen historischen Kern besitzt, bedarf eigentlich keiner Erwähnung. Dennoch gilt für diese Szene in besonderer Weise, was auch für das Evangelium als Ganzes gilt: Sie ist kein Geschichtsbericht im modernen Sinne, sondern eine theologisch durchreflektierte Erzählung. Sie bringt den Lesern nicht nur ein vergangenes Geschehen nahe, sondern liefert ihnen zugleich Verstehenshilfen, um das Geschehen richtig einzuordnen. In diesem Sinne ist der Evangelist nicht „Reporter", sondern erzählender und erklärender Botschafter.

11.4.5.2 Textanalyse

22 Und sie brachten ihn an den Ort Golgotha (das heißt übersetzt: Ort des Schädels) 23 und gaben ihm mit Myrrhe gewürzten Wein; er aber nahm ihn nicht. 24 Und sie kreuzigten ihn und verteilten seine Kleider, indem sie das Los über sie warfen, wer was bekommen sollte. 25 Es war aber die dritte Stunde, als sie ihn kreuzigten. 26 Und die Aufschrift mit der Angabe seiner Schuld lautete: Der König der Juden. 27 Und mit ihm kreuzigten sie zwei Verbrecher, einen zu seiner Rechten und einen zu seiner Linken. 29 Und die Vorbeikommenden lästerten ihn, schüttelten ihre Köpfe und sagten: Ha, der du den Tempel niederreißt und in drei Tagen aufbaust, 30

---

503   Mit GNILKA, *Mk II*, 314.
504   Zu den Einzelheiten vgl. REINBOLD, *Bericht*, 169f.
505   Diese These vertritt z.B. SCHREIBER, *Theologie*, 24–49.
506   Vgl. EBNER/SCHREIBER, *Einleitung*, 168.

rette dich selbst und steige vom Kreuz herab! 31 *Ebenso höhnten auch die Hohenpriester mitsamt den Schriftgelehrten untereinander und sagten: Andere hat er gerettet, sich selbst kann er nicht retten.* 32 *Der Christus, der König von Israel, steige jetzt vom Kreuz herab, damit wir es sehen und glauben. Auch die mit ihm Gekreuzigten schmähten ihn.* 33 *Und als die sechste Stunde eingetreten war, entstand eine Finsternis über dem ganzen Land bis zur neunten Stunde.* 34 *Und in der neunten Stunde rief Jesus mit lauter Stimme: Eloi, Eloi, lema sabachthani? (Das heißt übersetzt: Mein Gott, mein Gott, warum hast du mich verlassen?)* 35 *Und einige der Umstehenden, die es hörten, sagten: Siehe, er ruft den Elia.* 36 *Einer aber lief, füllte einen Schwamm mit Essig, steckte ihn auf ein Rohr und gab ihm zu trinken, indem er sagte: Halt, lasst uns sehen, ob Elia kommt, um ihn herunterzuholen.* 37 *Aber Jesus stieß einen lauten Schrei aus und verschied.* 38 *Und der Vorhang im Tempel zerriss in zwei Teile von oben bis unten.* 39 *Als aber der Hauptmann, der ihm gegenüber in der Nähe stand, sah, dass er so verschied, sprach er: Wahrhaftig, dieser Mensch war Gottes Sohn.*

[22–27] Vom Hof des Prätoriums wird Jesus zur Hinrichtungsstätte abgeführt. Der Name Golgatha rührt möglicherweise von der schädelähnlichen kahlen Felsbildung her. „Jedenfalls ist es ein makaber passender Name für eine Hinrichtungsstätte."[507] Die genaue Lage dieses Ortes ist ungewiss.

Dort angekommen, wird Jesus ein Betäubungstrank gereicht. Das berauschende Getränk soll die Schmerzen des Delinquenten ein wenig lindern.[508] Jesus lehnt jedoch ab, ohne dass die Weigerung erzählerisch motiviert würde. Der anschließende grausame Akt der Kreuzigung wird von Markus ganz schlicht erzählt; er verzichtet bewusst auf nähere Details.[509] Dabei kann er voraussetzen, dass seine Leser genau darüber Bescheid wissen, wie eine Kreuzigung abläuft. Nach Ausbruch des Jüdischen Krieges sind Kreuzigungen an der Tagesordnung.[510] Dennoch sagt es einiges über den Erzähler aus, dass er die Kreuzigung dermaßen knapp und nüchtern notiert. Es geht ihm nicht um Effekthascherei; er möchte auch nicht bei den Lesern „auf die Tränendrüsen drücken" oder eigens durch die Art der Darstellung Mitleid für den Gekreuzigten erheischen. Dies würde nur von dem ablenken, worauf es dem Erzähler wirklich ankommt: den Lesern zu helfen, hinter die Kulissen des Geschehens zu blicken und es in seiner eigentlichen Bedeutung zu „sehen" und entsprechend einzuordnen.

In diesem Zusammenhang erwähnt Markus ein scheinbar nebensächliches Detail: Jesus wird seiner Kleider beraubt. Von allen Freunden verlassen, verliert er damit das Letzte, was ihm noch geblieben ist. Nun hat er gar nichts mehr. Der Raub der Kleidung ist ein weiterer Akt der Demütigung. Die Art der Darstellung erinnert bis in die Wortwahl hinein eindeutig an Ps 22,19. Dies ist das erste, für Schriftkundige sogleich erkennbare Schriftzitat in der markinischen Kreuzigungs-

---

507 LÜHRMANN, *Mk*, 260.

508 Der Betäubungstrank entspricht jüdischer Sitte. Vgl. bSan 43a: „… dass man dem zur Hinrichtung Hinausgeführten einen Becher Wein mit etwas Weihrauch vermischt reiche, damit ihm das Bewusstsein verwirrt werde" (Talmud VIII, 630). Diese humane Geste findet auch bei Jesus Anwendung.

509 Dies ist in der frühjüdischen und frühchristlichen Märtyrerliteratur anders, wo die Misshandlungen und Qualen der Protagonisten ausführlich geschildert werden, um ihr Heldentum zu unterstreichen. Der Erzähler gibt sich demgegenüber ziemlich wortkarg. Sehr schön hat diesen Sachverhalt LOHMEYER, *Mk*, 344 ausgedrückt: „… nur knappe, scheue Sätze."

510 Mit SCHENKE, *Mk*, 341. Vgl. Jos.Bell. 5,449–452.

szene, dem noch weitere folgen werden. Diese intertextuellen Bezüge sind für das Verständnis der markinischen Kreuzigungsszene von elementarer Relevanz. Durch die Sequenz von Schriftzitaten beschreibt der Kreuzigungsbericht Jesu Schicksal auf der Linie des „leidenden Gerechten".[511]

Jesu Kreuzigung findet um neun Uhr vormittags statt. Dass die Stunden exakt gezählt werden, hat natürlich seinen besonderen Grund. Auf diese Weise wird das Ereignis in einen endzeitlichen Verstehenshorizont gestellt.[512] Es ist typisch für die jüdische Apokalyptik, dass sie einen chronologischen Determinismus bzw. einen von Gott her festgelegten „Stundenplan" kennt.[513] Wenn der Erzähler die Kreuzigung Jesu unter diese Perspektive rückt, dann macht er deutlich: Hinter dem ganzen Geschehen verbirgt sich ein göttlicher Plan mit endzeitlicher Dimension.

Oberhalb des Gekreuzigten ist der Grund der Anklage angebracht: ὁ βασιλεὺς τῶν Ἰουδαίων („Der König der Juden"). Der Schuldtitel greift auf den Prozess, speziell auf das Gespräch mit Pilatus (15,2), zurück.[514] Jesus wird als politischer Verbrecher hingerichtet. Und er wird lächerlich gemacht; denn „König der Juden" ist im politischen Sinne ein absurder Titel. Für den Erzähler und seine Leser allerdings drückt der *titulus crucis* nichts anderes aus als die *Wahrheit*. In ihren Augen ist Jesus ja tatsächlich der König der Juden. So wird der Schuldtitel zur indirekten Proklamation seiner Würde und kehrt sich gegen die ungläubigen Feinde Jesu, die für die Wirklichkeit „blind" sind (vgl. 4,12).

Nachdem sich schon im Prätorium der Hohn der Soldaten an dem wehrlosen Jesus ausgetobt hatte (15,16–20), treiben sie es nun noch auf die Spitze: Sie rahmen ihn auf Golgatha durch zwei weitere Delinquenten ein – und schaffen somit eine Art „Hofstaat" für den Judenkönig.[515] Bei den λῃστάς („Verbrecher") handelt es sich aller Wahrscheinlichkeit nach um zelotische Freiheitskämpfer.[516] FRITZEN kommentiert die Szene sachgerecht mit den Worten: „So in einer brutalen Parodie als König inthronisiert, ist Jesus nun dem Spott der Schaulustigen, Gegner und Mitgekreuzigten preisgegeben."[517]

---

[511] PESCH, *Mk II*, 13 spricht von „der deutlich erkennbaren atl. Substruktur [der Passionsgeschichte], die insbesondere durch Anspielungen auf die *passio-iusti*-Motive der Psalmen erstellt ist." Darin wird das Anliegen des Erzählers deutlich: Es geht ihm nicht primär um die Historizität seiner Darstellung (im heutigen Sinne); stattdessen sollen schriftkundige Leser die *Schriftgemäßheit* des Geschehens erkennen, das erzählt wird.

[512] Mit GNILKA, *Mk II*, 317.

[513] Vgl. Dan 7,12 und 4 Esr 4,36f.

[514] Die Historizität des Schuldtitels ist zweifelhaft. Außerhalb der Evangelien gibt es keinen Beleg für die Praxis, am Kreuz des Verurteilten eine Schuldtafel anzubringen. In losem Zusammenhang steht lediglich ein Hinweis bei CASSIUS DIO 54,3,7. Dort ist von der Kreuzigung eines Sklaven die Rede, der zuvor mit einer Schuldtafel quer über das Forum geführt wird. Vgl. dazu KUHN, *Kreuzesstrafe*, 734f und REINBOLD, *Bericht*, 274.

[515] SCHENKE, *Mk*, 343 führt die Idee mit dem „Hofstaat" auf Pilatus selbst zurück. Das ist aber eher unwahrscheinlich. Nach der Darstellung des Markus hat sich Pilatus gegen die Hinrichtung Jesu innerlich gesträubt und sie nur auf Druck der jüdischen Hierarchen und des Volkes angeordnet (15,9–15).

[516] Vgl. HENGEL, *Zeloten*, 30 und BORING, *Mk*, 428f.

[517] FRITZEN, *Gott*, 330. In dem Spott, den Jesus erdulden muss, erfüllt sich seine eigene Voraussage (10,34: ἐμπαίξουσιν αὐτῷ).

[29–32] Für Passanten ist der Anblick des Gekreuzigten Anlass zur Belustigung. Dazu nehmen sie die Anklage der Falschzeugen vor dem Sanhedrin (14,58) auf, jedoch in verdrehter Form. Das Kopfschütteln, mit dem sie ihre Worte begleiten, ist genauso ein Ausdruck des Hohns[518] wie der Ruf οὐά[519]. Sie haben nichts als Häme übrig für den am Kreuz hängenden Gottessohn, König und Tempelbauer.[520] Indem sie sich über ihn lustig machen, zeigen sie allerdings nach dem kommentierenden Urteil des Erzählers, wer die wirklichen Gotteslästerer sind: nicht Jesus (14,63f), sondern sie selbst.[521] Ihre Lästerung gipfelt in der Aufforderung an Jesus, vom Kreuz herabzusteigen.[522] Dieses Verlangen ist die letzte Forderung, mit der Jesus zu Lebzeiten konfrontiert wird; sie hat Versuchungscharakter, vergleichbar der pharisäischen Zeichenforderung in 8,11. Die Forderung ist jedoch im Grunde nichts weiter als Zynismus und pure Ironie. Vom Charakter her erinnert sie in besonderer Weise an Weish 2,16–22[523], aber auch an Ps 22,7–9. Zusätzlich zu seiner ohnehin schlimmen Lage muss Jesus noch den Spott der Umstehenden ertragen.[524]

Die Hohenpriester und Schriftgelehrten greifen die höhnische Bemerkung der Schaulustigen nur zu gerne auf. Die Hoheitstitel, die sie Jesus beilegen („Christus", „König Israels") sind natürlich ironisch gemeint.[525] Pure Heuchelei ist es auch, wenn sie vorgeben, an das geforderte Zeichen der Katabase ihre Bereitschaft zum Glauben zu binden. „Er kann sich selbst nicht retten" – das widerlegt ihrer Meinung nach offenkundig Jesu messianischen Anspruch.[526] Der Erzähler aber denkt

---

518 Vgl. z.B. Ps 22,8; 44,15 und Jes 37,22.

519 Vgl. Ps 35,21; 70,4 und Thr 2,16.

520 Lukas weicht auffälligerweise in seiner Darstellung von der des Markus ab. Im Lukasevangelium beteiligt sich das Volk nicht an der Verhöhnung Jesu, sondern begnügt sich mit der Zuschauerrolle (23,35).

521 Vgl. SCHWEIZER, Mk, 192: „‚Lästern' ist ein sehr starkes Wort und setzt voraus, dass in Jesus Gott selbst ‚gelästert' wird." Weil Jesus sich im Leiden als Gottessohn und Messias erweist, erfüllt die Verhöhnung Jesu „den Tatbestand der Gotteslästerung" (GIELEN, Passionserzählung, 198).

522 Zur Lästerung des von Gott Erwählten vgl. v.a. Ps 44,16f: „Allezeit ist meine Schmach vor meinen Augen, und Scham bedeckt mein Angesicht ob der Stimme des lästernden Spötters, ob dem Blick des rachgierigen Feindes"), aber auch 1QpHab 10,13 („Sie haben gelästert und geschmäht (die) Erwählte(n) Gottes"; vgl. MAIER, Texte I, 163) und 4Q 501,6 („Schrecknisse haben uns gepackt angesichts der Zunge ihrer Lästerungen"; vgl. MAIER, Texte II, 574). Vgl. außerdem die schon erwähnten Stellen 2 Makk 10,34f; 12,14 und 15,24, wo die enge Verbindung von menschlicher Überheblichkeit und Gotteslästerung besonders deutlich wird.

523 Vgl. vor allem Weish 2,16–18: „Er ... prahlt, dass Gott (sein) Vater (sei). Lasst uns sehen, ob seine Worte wahr sind, und lasst uns ausprobieren, was immer es mit seinem Lebensende auf sich hat, denn wenn der Gerechte ein Sohn Gottes ist, wird er sich seiner annehmen, und er wird ihn erlösen aus der Hand seiner Widersacher."

524 Zum Motiv der Verspottung des „leidenden Gerechten" vgl. z.B. auch Ps 31,12; 39,9; 42,11.

525 Dabei treffen sie allesamt zu. Zum wiederholten Male wird also hier die Ironie der Gegner Jesu durch die Ironie des Erzählers noch überboten. Ihr Spott und ihre Schmähungen stehen, wie BACKHAUS es pointiert ausdrückt, „unter dem Gesetz unfreiwilliger Offenbarung" (ders., Heilsbedeutung, 96). Alle Titel, die sie Jesus in höhnischer Absicht zuweisen, nicht zuletzt der Titel „König von Israel" bzw. „König der Juden" (15,9.12.16–20a.26), sind korrekt.

526 Nach BERGER, Problem, 4, Anm. 3 kann die Unfähigkeit zur Selbsthilfe als Kriterium zur Unterscheidung einer nicht von Gott autorisierten Vollmacht gelten. Die offensichtliche Ohnmacht Jesu wird besonders deutlich, wenn man sie etwa mit einer Machtdemonstration des Apollonios von Tyana vergleicht, wie sie PHILOSTRATOS eindrucksvoll beschreibt. Als

genau umgekehrt. Um es mit J. MARCUS zu formulieren: „For the evangelist, however, Jesus' refusal to ‚save himself‘ is not a contradiction but a confirmation of his royal status."[527] Dazu passt auch, dass die feindliche Spottrede in der Darstellung des Erzählers zu einer unfreiwilligen Anerkennung Jesu gerät: „Andere hat er gerettet, sich selbst kann er nicht retten."[528] Das räumen sie also ein, dass er andere Menschen gerettet und ihnen geholfen hat.[529] Und so erweisen sie sich als blinde Sehende und taube Hörende (4,12). Wiederum zeigt sich an dieser Stelle die subtil-ironische Erzählweise des Evangelisten, der „den Todfeinden Jesu eine gültige Interpretation von dessen proexistentem Gesamtwirken in den Mund [legt]"[530].

Auch die Mit-Gekreuzigten beteiligen sich als dritte Gruppe neben den Passanten und den jüdischen Honoratioren an dem allgemeinen Gespött.[531] Ringsum ist Jesus von lauter Hohn umgeben; niemand steht ihm bei oder hat auch nur Mitleid mit ihm.[532] Und was tut er selbst? Er antwortet mit keiner Silbe auf den Hohn und Spott, der ihm entgegenschlägt.

[33–37] Um die Mittagszeit, so erzählt Markus, wird das Land von einer dreistündigen Sonnenfinsternis überzogen. Eine dermaßen lange während Sonnenfinsternis ist astronomisch unmöglich. Es muss sich also um ein Zeichen des Himmels handeln. Naturerscheinungen beim Tod großer Männer als Ausdruck der Trauer sind in der Antike ein verbreitetes Motiv.[533] Dass der Erzähler den Tod Jesu be-

---

Apollonios im Gefängnis sitzt, gibt er seinem Gefährten Damis einen Beweis seines wahren Wesens und seiner Macht: „‚Niemand wird uns töten.‘ ‚Und wer ist‘, wollte Damis wissen, ‚so unverwundbar, und wann wirst du überhaupt befreit werden?‘ ‚Im Sinne des Richters heute‘, erwiderte Apollonios, ‚im meinigen sogleich.‘ Mit diesen Worten zog er seinen Fuß aus den Fesseln und sagte zu Damis: ‚Hier gebe ich dir den Beweis meiner Freiheit. Fasse nun Mut!‘ Erst damals, so sagte Damis, habe er die Natur des Mannes wirklich begriffen und erkannt, dass sie göttlich und der menschlichen Art überlegen sei; denn ohne zu opfern – wie hätte auch dies im Gefängnis geschehen können –, ohne zu beten und ohne etwas zu sagen, habe er seine Fesseln verhöhnt. Er habe dann übrigens seinen Fuß wieder hineingeschoben und so getan, als ob er stets gefesselt gewesen sei" (Philostr. vit.ap. 7,38).

[527] MARCUS, *Mk II*, 1052.

[528] SCHNELLE, *Theologie*, 390 nennt die Bemerkung der Gegner „mitleidig". Mitleid ist jedoch an dieser Stelle in keiner Weise im Spiel.

[529] Im Markusevangelium wird σώζειν bevorzugt im Zusammenhang mit Heilungswundern verwendet (vgl. 3,4; 5,23; 6,56 u.ö.).

[530] BACKHAUS, *Heilsbedeutung*, 111.

[531] Ganz anders die Darstellung bei Lukas: Dort tadelt einer der Mit-Gekreuzigten den anderen wegen seiner Schmähungen, steht zu seiner eigenen Schuld und wendet sich bittend an Jesus (vgl. Lk 23,40–42).

[532] FRITZEN, *Gott*, 331 kommentiert dies mit Recht so: „Die abgrundtiefe Verlassenheit Jesu ist damit auf die Spitze getrieben ... Dieser ohnmächtige und zum Kreuzestod verurteilte Mensch soll der ‚König der Juden‘ sein? ... Hier ist das in aller Deutlichkeit in Szene gesetzt, was Paulus von der Vorstellung des gekreuzigten Messias sagt: Sie ist ‚den Juden ein Ärgernis (σκάνδαλον) und den Heiden eine Torheit (μωρία)‘ (1 Kor 1,23)."

[533] FRICKENSCHMIDT, *Evangelium*, 341.413 verweist unter anderem auf Plut.Caes. 69, wo vom siebentägigen Leuchten eines Kometen und einer Verdunkelung des Sonnenlichts nach Cäsars Ermordung berichtet wird. Auch Verg.georg. 1,466–468 und Plin.nat. 2,98 erwähnen diese Naturerscheinungen beim Tod des Imperators. JOSEPHUS geht in Ant. 14,309 ebenfalls darauf ein und erklärt die Sonnenfinsternis so, dass der Himmelskörper sich verhüllt, um den Mord an Cäsar nicht mit ansehen zu müssen. PLUTARCH erzählt darüber hinaus vom Erlöschen des Sonnenlichts beim Tod des Romulus (Plut.Rom. 27) und einer mittäglichen

wusst in diesen Verstehenszusammenhang stellen will, ist zumindest denkbar.[534] Ebenso könnte Ps 44,20 im Hintergrund der Notiz stehen. Die Leser des Evangeliums sollen bei der Sonnenfinsternis aber möglicherweise auch an die Prophezeiung aus Jesu apokalyptischer Rede (13,24) denken und sich bewusst machen: Der am Kreuz sterbende Menschensohn ist derselbe, der am Ende unter kosmischen Zeichen (zu denen auch eine Sonnenfinsternis gehört) mit Kraft und Herrlichkeit wiederkommen wird.

Seltsamerweise lässt der Erzähler von einer unmittelbaren Reaktion der Beteiligten auf die Naturerscheinung nichts verlauten. Nur einer reagiert, und zwar der gekreuzigte Jesus selbst. Mit lauter Stimme kommentiert er die stundenlang anhaltende Finsternis, in der für sein Empfinden die Ferne Gottes ihren optischen Ausdruck findet.[535] Er selbst spürt diese Ferne, die „das ganze Land"[536] betrifft, als seine eigenste Not.[537] Dass Jesus im Stil des „leidenden Gerechten" mit den Worten von Ps 22,2a betet, nimmt dem Ruf nichts von seiner ganz persönlichen, individuellen Tragik. Schon gar nicht ist erwiesen, dass Jesus innerlich den ganzen Psalm gebetet hätte und so von der Erfahrung der Verlassenheit zur Glaubensgewissheit gelangt wäre.[538] Der Erzähler berichtet nur dies: dass Jesus sich von Gott

---

Finsternis als bösem Omen für den Tod des Pelopidas in der Schlacht (Plut.Pel. 31f; vgl. auch Diod. 15,80). Nach Diog.Laert. 4,64 trat beim Tod des Philosophen Karneades eine Mondfinsternis ein. Auch jüdische Quellen erwähnen einen Wechsel der Lichtverhältnisse beim Tod bedeutender Menschen. Die Entrückung Henochs ist nach slHen 67,1 von einer Dunkelheit über der Erde begleitet; nach VitAd 46 verbarg sich die Sonne bei Adams Tod sieben Tage lang. Verwiesen sei schließlich auch auf den Alexanderroman, der von wundersamen Himmelserscheinungen beim Tod des Makedonenkönigs zu berichten weiß: Ein großer Stern und ein Adler senken sich aus dem Himmel herab und steigen wieder auf; das Kultbild in Babylon namens Zeus gerät ins Wanken (Vit.Alex. 3,33,5).

[534] Gerne wird in der Forschung (vgl. z.B. LOHMEYER, *Mk*, 345; KAMMLER, *Verständnis*, 482f; MARCUS, *Mk II*, 1062f) auf die prophetische Tradition und in diesem Kontext besonders auf Am 8,9f verwiesen. Allerdings ist dort das Motiv der mittäglichen Sonnenfinsternis mit einer ganz anderen Vorstellung verknüpft: Die Sünder werden von Gott *gestraft* – bei der Finsternis in Mk 15,33 ist dagegen eine strafende Implikation nicht erkennbar – und geraten selbst in Trauer.

[535] Sprachlich ist nicht eindeutig zu entscheiden, ob die Finsternis beim Schrei Jesu schon beendet ist oder nicht. Die Formulierung ἕως mit Genitiv (15,33) lässt sich inkludierend und exkludierend verstehen (vgl. GUTTENBERGER, *Gottesvorstellung*, 200). Für eine bereits beendete Finsternis plädieren z.B. SCHENKE, *Mk*, 345; KLUMBIES, *Mythos*, 221f.269 und BECKER, *Markus-Evangelium*, 325–327. Das aber würde bedeuten, dass Jesus bei hellem Tageslicht seinen Klageschrei ausgestoßen hat und dann auch gestorben ist. Dass der Evangelist das wirklich ausdrücken möchte, erscheint mir allerdings zweifelhaft. Im Gegenteil wird der Schrei der Verlassenheit unter dem Eindruck noch herrschender Finsternis erst recht begreiflich. Für ein inkludierendes Verständnis spricht sich neben GUTTENBERGER, *Gottesvorstellung*, 200 auch MARCUS, *Mk II*, 1054 aus.

[536] Gemeint ist nicht nur das Land Palästina, sondern der ganze Erdkreis (vgl. z.B. GNILKA, *Mk II*, 321; KERTELGE, *Mk*, 158; GUNDRY, *Mk*, 964).

[537] STAUFFER, Art. βοάω, in: ThWNT I, 626 merkt dazu mit Recht an: „Dieses ἐβόησεν ist nicht ... ein Schreien ... um Hilfe, um Rache, – es ist der Schrei nach Gott selbst."

[538] So aber GRIMM/FISCHER, *Mk*, 120: „Nach jüdischer Sprachgepflogenheit steht der Psalmanfang für den ganzen Psalm. Jesus verzweifelt also nicht in Gottverlassenheit, sondern geht den ganzen inneren Weg von Ps 22 durch, von der Verzweiflung bis zur Gewissheit der Königsherrschaft Gottes über Lebende und Tote (V.28.32)!" Ebenso GIELEN, *Passionserzählung*, 215: „Wenn ... Jesus als Sterbender nach Mk 15,34 den Beginn von Ps 22 betet, ist ...

verlassen fühlte und dass er diesem Gefühl der Verlassenheit durch einen Schrei Luft gemacht hat.[539] Erzählerisch wird der Schrei dadurch besonders gewichtet, dass er sowohl in aramäischer als auch in griechischer Sprache wiedergegeben wird; dazu kommt die Bemerkung, dass es sich um einen *lauten* Schrei handelt.

Durch den Schrei müssen sich die Hohenpriester, die Schriftgelehrten und Spötter noch zusätzlich bestätigt fühlen: Jetzt hat es der Gekreuzigte selbst zugegeben, dass er von Gott verlassen ist! Zu Recht schreibt SCHENKE: „Der Erzähler hat eine unerträgliche Spannung erzeugt. Kein Lichtstrahl von oben, keine tröstende Hand, keine Stimme vom Himmel löst diese Spannung. Der Gottessohn stirbt in Gottverlassenheit!"[540]

---

der Spannungsbogen des gesamten Psalms zu berücksichtigen." Ähnlich GESE, *Psalm*, 180.193–196, der in der Zitierung von Ps 22 eine Hoffnungsaussage sieht; das Gotteslob am Schluss des Psalms verweise bereits auf die noch ausstehende Auferweckung Jesu. Auch HERRMANN, *Strategien*, 348, Anm. 127 meint: „Jesu Ruf am Kreuz (15,34) ist im Licht des ganzen Psalms ... kein reiner Verzweiflungsruf, sondern hat eine hoffnungsvolle Komponente." Eine solche „hoffnungsvolle Komponente" kann ich jedoch im Text nicht ausmachen. Auch GARRETT, *Temptations*, 131 merkt kritisch an: „I consider this to be a solution forged out of desperation. Surely Mark did not intend for his readers simply to substitute the psalmist's happier verses for the cry of derelication. What could possibly have motivated the evangelist to quote this shocking verse, if in fact he meant to convey Jesus' sense of peaceful gratitude?" Im Übrigen knüpft das Missverständnis der Umstehenden in V.35 *direkt* an das Psalmzitat 22,2a an – ein deutlicher Hinweis darauf, dass innerhalb des Erzählgangs *nicht* an eine Rezitation des ganzen Psalms durch den Gekreuzigten gedacht ist.

539 Statt „warum" wird gelegentlich die Übersetzung „wozu" vorgeschlagen. Dafür plädiert aufgrund sorgfältiger Sprachanalyse von Ps 22,2a z.B. MICHEL, *Eigentümlichkeit*, 14–21. Auch BRAUMANN, *Wozu?*, 159–161 empfiehlt die Übersetzung „wozu". In der Tat weicht Markus bei der griechischen Übersetzung des Rufes – anders als Matthäus – von der LXX-Version ab und wählt statt ἱνατί („warum") die Formulierung εἰς τί („wozu"; vgl. 14,4). Hat die Frage in der markinischen Fassung also weniger einen kausalen als einen finalen Sinn? Eine Antwort ist nicht leicht zu geben. Die Übersetzung mit „wozu" könnte einen verborgenen Sinn im Geschehen voraussetzen; sie birgt zugleich die Gefahr einer soteriologischen Engführung. Der soteriologische Gesichtspunkt ist vermutlich nicht intendiert, da er innerhalb des markinischen Passionsgeschehens sonst nicht die zentrale Rolle spielt. Denselben Vorbehalt macht auch SÖDING, *Lernen*, 99, Anm. 55 geltend: „[Die ‚Wozu'-Übersetzung] verschiebt den Sinn zu schnell auf die soteriologische Finalität des Kreuzestodes Jesu." Die „Warum"-Frage ist dagegen offener angelegt; sie ist als Ausdruck der inneren Not des Beters zu verstehen, einer Not, die er in ihrer Tiefe und Abgründigkeit (Gottesferne!) nicht begreift, weil sie mit seinen bisherigen Gotteserfahrungen schlechterdings nicht in Einklang bringen kann. Angesichts dessen, dass Markus innerhalb seines Evangeliums sonst immer wieder die Innigkeit des Verhältnisses von Vater und Sohn hervorhebt (vgl. v.a. 1,10f; 1,35; 6,46; 9,2–7), gebe ich trotz der erwähnten sprachlichen Beobachtung (εἰς τί statt ἱνατί) der Übersetzung mit „warum" den Vorzug. Sie betont Jesu Unverständnis angesichts seiner Gottverlassenheit, weniger den Wunsch, den Zweck dieser Verlassenheit zu erfahren. Ähnlich interpretiert GUTTENBERGER, *Gottesvorstellung*, 199, Anm. 60: „Mk 15,34 beklagt die Ferne Gottes und ist nicht vorwurfsvoll gemeint. Mit der Ferne Gottes korrespondiert das Nichtverstehen Jesu." FRITZEN, *Gott*, 347 schlägt – m.E. überzeugend – folgende Paraphrase vor: „‚Du bist doch mein Gott! Wie kann es da sein, dass du mich verlassen hast?'" Im Übrigen ist zur Entzerrung der gesamten Debatte darauf hinzuweisen, dass die Aspekte von „warum" und „wozu" nicht sehr weit auseinanderliegen.

540 SCHENKE, *Mk*, 345. Auf die Frage, ob er wirklich (im objektiven Sinne) von Gott verlassen war oder es „nur" (im subjektiven Sinne) so empfand, gibt die markinische Kreuzigungsszene keine eindeutige Antwort. Die wundersamen Vorkommnisse bei der Kreuzigung (Sonnenfinsternis, Tempelvorhang) sprechen dafür, dass Gott zumindest aus der Verbor-

Jesu Schrei wird, vermutlich von jüdischer Seite, als ein Ruf nach dem Propheten Elia missverstanden. Dass es sich um ein gewolltes, böswilliges Missverständnis handelt[541], ist möglich, aber nicht erweisbar.[542] Es entspricht jüdischem Volksglauben, dass Elia, als Nothelfer aus dem Jenseits kommend, zur Rettung seines Volkes und speziell der Gerechten eingreift.[543] Einer der Umstehenden nimmt den Schrei zum Anlass, Jesus einen Schwamm mit Essig zu reichen. Im Hintergrund dieser erzählerischen Notiz dürfte Ps 69,22 stehen. Schon von daher verbietet es sich, das Tränken des Gekreuzigten mit saurem Wein als eine Geste des Mitleids zu interpretieren. Im Gegenteil: Es ist darauf gerichtet, das Leiden des Gemarterten in die Länge zu ziehen und ihn so die Aussichtslosigkeit seiner Lage noch quälender erfahren zu lassen. Eine Verlängerung des grausigen Spektakels käme außerdem der Sensationsgier der Schaulustigen entgegen. Die Elia-Erwartung

---

genheit heraus das Geschehen begleitet. Allerdings sieht der Gekreuzigte selbst in der Finsternis kein Zeichen der Gegenwart, sondern im Gegenteil der Ferne des Vaters. Sein – vom Erzähler ausdrücklich betontes – subjektives Empfinden der Verlassenheit muss unbedingt ernst genommen werden.

Im AT findet sich ein Hinweis darauf, dass Gott durchaus vorübergehend die Seinen verlassen kann, um sich ihrer anschließend wieder liebend anzunehmen. In Jes 54,7f spricht Jahwe zum Volk: „Für eine kurze Zeit (nur) habe ich dich verlassen, aber mit großem Erbarmen werde ich mich deiner erbarmen. In geringem (kurzem) Zorn wandte ich mein Antlitz von dir ab, aber in ewigem Erbarmen habe ich mich deiner erbarmt" [Übersetzung nach LXX D]. Zwar wird hier der Rückzug Gottes mit seinem Zorn und seine erneute, diesmal ewige Zuwendung mit seiner Gnade begründet, wofür die markinische Kreuzigungsszene keinen Anhaltspunkt bietet. Dennoch ist der alttestamentliche Text ein Beleg dafür, dass die Vorstellung von einem vorübergehenden Rückzug Gottes als solche nicht völlig unbekannt war. Erinnert sei in diesem Zusammenhang auch noch einmal an 2 Chr 32,31 und TestJos 2,6, die beide davon handeln, dass Gott (dort zum Zwecke der Prüfung) die Gerechten für kurze Zeit verlässt. Angesichts dieses alttestamentlichen und frühjüdischen Befundes ist es zumindest denkbar, dass Jesu Verlassenheit am Kreuz mehr war als ein rein subjektives Empfinden. Darum kann ich FRITZEN nicht folgen, der meint, „dass eine objektive Rede von Gottverlassenheit gotteslästerlich wäre" und der Leser „hier ... mehr als Jesus ‚weiß'" (ders., Gott, 347; ebenso SCHENKE, Mk, 345.).

GUTTENBERGER, Gottesvorstellung, 208 wählt mit Bedacht in sich widersprüchliche Formulierungen, um zugleich Gottes Abwesenheit als auch seine Anwesenheit ausdrücken zu können: „Die in Mk 15,34 wahrgenommene Ferne Gottes ist die Form, in der sein Wille geschieht, und ist die Gestalt seines Handelns. Jesus irrt nicht, wenn er Gottes Abwesenheit beklagt, und doch ist Gott präsent, und doch vollzieht sich darin sein Wille. Gott ist als Abwesender präsent und als Verborgener epiphan." „Gott ist der Herr der Geschichte, indem er auf ein Eingreifen verzichtet; er ist Retter, indem er sich in der Situation der Not zurückhält; er schafft Heil, indem er das Unheil zulässt" (ebd. 194).

[541] So LOHMEYER, Mk, 346, PESCH, Mk II, 496 und GNILKA, Mk II, 322.

[542] Das Missverständnis lässt sich auch im Sinne von 4,12 interpretieren: dass die Umstehenden „hören und doch nicht verstehen" (vgl. dazu Jes 6,9f).

[543] Vgl. BILL I, 1042 und IV, 769–779. Der Ursprung der Tradition, die literarisch in der markinischen Kreuzigungsszene ihren ersten Beleg hat, ist vermutlich in Elias Hilfe für die Witwe in Zarpat (1 Reg 17,13ff) zu sehen.
Darüber hinaus besteht die Möglichkeit, dass in Mk 15,35 an Elia als eschatologischen Vorläufer und Wegbereiter des Messias gedacht ist (so LOHMEYER, Mk, 346; PELLEGRINI, Elija, 360–365 und FRITZEN, Gott, 345). In diesem Falle läge die erzählerische Pointe darin, dass Elia nach der Auskunft Jesu ja schon gekommen ist, nämlich in der Gestalt des Täufers (Mk 9,13).

im Munde dessen, der Jesus tränken will, ist blanker Hohn; sie erinnert wiederum an die Verhöhnung des Gerechten durch seine Feinde in Weish 2,17f.[544]

Die Sensationslüsternheit der Gaffer wird jedoch enttäuscht. Recht früh, bereits nach sechs Stunden, tritt bei Jesus der Tod ein. Seine letzte Äußerung ist ein einziger, weithin hörbarer, wortloser Schrei.[545] Für einen am Kreuz Sterbenden und entsprechend Entkräfteten ist eine so laute Form der Artikulation zumindest ungewöhnlich.[546]

[38–39] Im Moment des Todes Jesu berichtet der Erzähler von einem zweiten himmlischen Zeichen nach der Sonnenfinsternis: Der Tempelvorhang zerreißt. Welcher Vorhang gemeint ist, nämlich der äußere, der vor den goldenen Flügeltüren am Tempeleingang hängt[547], oder aber der im Tempelinneren, der das Allerheiligste vom Heiligen scheidet und ursprünglich die Lade verhüllte[548], ist nicht mit Sicherheit zu entscheiden.[549] Da das Ereignis (ebenso wie die Finsternis) als öffentliches Zeichen zu verstehen ist, das der Hauptmann in 15,39 *sehen* kann, könnte es sich um den äußeren Vorhang handeln. Dagegen lässt sich natürlich wiederum einwenden, dass es unmöglich ist, vom vermutlich westlich des Tempels gelegenen Hügel Golgatha das Zerreißen des Tempelvorhangs am östlichen Tempeleingang zu beobachten. Grundsätzlich muss man sich vor Augen halten, dass das Zerreißen des Vorhangs ein *erzählerisches* Motiv darstellt: „Der Zenturio sieht, was die Lesenden sehen."[550] Hinzu kommt die Unsicherheit, ob bei allen Lesern überhaupt ein

---

544   Dass mit einem helfenden Eingreifen vom Himmel her nicht wirklich ernsthaft gerechnet wird, unterscheidet die Szene von der Begebenheit, die HERODOT erzählt: Der persische Herrscher Kyros schickt den Lyderkönig Kroisos auf den Scheiterhaufen, um zu erfahren, ob einer der Himmlischen ihn vor dem Feuertod bewahren werde (vgl. S. 77).

545   Zu Recht merkt HAENCHEN, *Mk*, 538 dazu an: „Das für uns Erstaunliche an der marcinischen Darstellung ist die harte, gar nicht sentimentale Schilderung der Verlassenheit, die sich immer mehr steigert bis hin zu dem nicht mehr Worte findenden Todesschrei Jesu."

546   FRITZEN, *Gott*, 349 deutet dies als möglichen Hinweis auf die „übermenschliche Kraft, die in Jesus wirkt". PESCH, *Mk II*, 497 meint, dass sich Jesus durch seinen lauten Schrei als „Geistträger" erweise (ebenso GUNDRY, *Mk*, 947f). Genau entgegengesetzt interpretiert MARCUS, *Mk II*, 1063. Seiner Ansicht nach ist Jesu Schrei ein Ausdruck dafür, dass der Gekreuzigte einen tödlichen Angriff des Satans erleide; deshalb schreie er wie ein Besessener. Nach VAN IERSEL, *Mk*, 233 führt der Schrei zum Zerreißen des Tempelvorhangs: „Jesus stößt bei seinem Tod am Kreuz den Geist mit einem so kräftigen Atem aus, dass der Tempelvorhang dadurch zerreißt." SCHREIBER sieht in dem Schrei den „Gerichtsruf des Menschensohnes" (ders., *Kreuzigungsbericht*, 131). Für KAMMLER, *Verständnis*, 485 ist der laute Schrei ein Ausdruck dafür, „dass Jesus in seiner Passion bis zum allerletzten Augenblick der Handelnde ist, dass er mithin vom Tod nicht überwältigt wird, sondern sein Leben freiwillig in den Tod dahingibt." Und KAMMLER fügt noch hinzu: „Zugleich dürfte der Schrei des Gekreuzigten sowohl ein Hinweis auf den am Kreuz errungenen Sieg Jesu wie auch ein Zeichen seiner göttlichen Macht und Hoheit sein." Alle diese Interpretationen sind aber höchst spekulativ und m.E. unhaltbar. Schlicht und zugleich zutreffend ist dagegen BORINGS Interpretation: „It is not a triumphal death ... – a nadir, not an acme" (ders., *Mk*, 431).

547   Vgl. Jos.Bell. 5,212.

548   Vgl. ebd. 5,219.

549   Für den äußeren Vorhang plädieren u.a. LOHMEYER, *Mk*, 347; SCHMITHALS, *Mk II*, 695 und ERNST, *Mk*, 473. Den inneren Vorhang favorisieren wegen seiner kultischen Bedeutung u.a. GNILKA, *Mk II*, 324; KLUMBIES, *Mythos*, 277, GIELEN, *Passionserzählung*, 218, SCHENKE, *Mk*, 346 und MARCUS, *Mk II*, 1057.

550   GUTTENBERGER, *Gottesvorstellung*, 199, Anm. 61.

Wissen um zwei verschiedene Tempelvorhänge vorhanden ist.[551] Als angemessen empfinde ich die Interpretation von FRITZEN: „In der erzählten Welt scheint ein Vorhang vorausgesetzt, der zugleich von außen sichtbar ist sowie die zentrale kultische Bedeutung hat, den Ort der Anwesenheit Gottes zu schützen."[552]

Das auffällig betonte „totale" Zerreißen des Vorhangs „von oben bis unten", der nach Angaben des JOSEPHUS immerhin 55 Ellen (ca. 25 Meter) maß[553], ist auf dem Hintergrund von 13,2.14 wahrscheinlich als ein Vorzeichen für die von Jesus angesagte *völlige* Zerstörung des Tempels und das damit verbundene Ende des Tempelkultes zu deuten.[554] Darüber hinaus besitzt das Motiv aber möglicherweise auch eine heilskonstitutive Implikation: Der Gottessohn löst den Tempel als Ort der Gottesbegegnung ab (vgl. 14,58; 15,29); *er selbst* als der Gekreuzigte und Auferstandene ist der Grundstein des neuen Tempels (vgl. 12,10f). Als solcher eröffnet er die Gottesbegegnung *allen* Menschen, also auch den Heiden[555]; der Vorhang, der bisher den Zugang zu Gott nur ausgewählten Personen erlaubte, ist damit obsolet.[556] Diese Interpretation berührt sich mit der Aussage in Hebr 10,19f. Der erste Heide, der den neu eröffneten Zugang nützen wird, ist der Zenturio (V.39), der in dem sterbenden Mann am Kreuz den Gottessohn erkennt.[557]

Anders als die jüdischen Hierarchen, die Schaulustigen und Henkersknechte „sieht" er richtig[558] und bekennt sich in feierlich-akklamatorischem Stil (ἀληθῶς) zu dem soeben Verstorbenen als Sohn Gottes. Ob seine Einsicht etwas mit den wunderbaren Begleiterscheinungen des Sterbens Jesu (Sonnenfinsternis, Tempelvorhang) zu tun hat, ist möglich, aber keineswegs sicher, zumal die „Sehfähigkeit"

---

[551] Vgl. GUNDRY, *Mk*, 971.

[552] FRITZEN, *Gott*, 351.

[553] Vgl. Jos.Bell. 5,5.

[554] Mit RHOADS/DEWEY/MICHIE, *Story*, 114 und LÜHRMANN, *Mk*, 264. So auch GUTTENBERGER, *Gottesvorstellung*, 203f, die zudem mit Recht anmerkt: „Dass der Gedanke für das Markusevangelium ausgesprochen wichtig ist und ein Hinweis darauf an so prominenter Stelle wie in Mk 15,38 durchaus plausibel ist, erhellt sich aus der Rolle des Vorwurfs der Ankündigung der Tempelzerstörung beim Prozess (Mk 14,58) und bei der Kreuzigung (Mk 15,29) sowie im Zusammenhang der Entstehungssituation der Schrift" (ebd. 204, Anm. 90).

[555] Vgl. in diesem Sinne auch den christlichen Zusatz zu TestBenj 9,4: „Und der Vorhang des Tempels wird zerreißen. Und der Geist Gottes wird zu den Heiden übergehen wie ausgegossenes Feuer."

[556] Vgl. BACKHAUS, *Heilsbedeutung*, 112f und GNILKA, *Mk II*, 323f.

[557] GARRETT, *Temptations*, 132f sieht im Zerreißen des Tempelvorhangs einen Hinweis darauf, dass Gott wieder die Regie übernimmt, die er vorübergehend den satanischen Mächten überlassen hatte. Ein zweiter Hinweis sei dann das Bekenntnis des Hauptmanns: Gott öffne ihm als erstem die Augen; vorher seien seine Augen wie auch die der anderen Personen vom Satan verblendet gewesen: „Both of these signs indicate *that God has taken back the authority temporarily granted to satanic powers*". (Kursivdruck im Original). Allerdings kann ich in der markinischen Passionsgeschichte nicht erkennen, dass Gott zeitweise seine Macht über Jesus und andere Personen an den Satan abgetreten hätte. So erscheint es mir auch abwegig zu behaupten, dass er sie nun im Zerreißen des Tempelvorhangs und im Wecken der „Sehkraft" des Hauptmanns wieder übernimmt.

[558] Die Gegner Jesu verlangen das Zeichen der Katabase, um „sehen und glauben" zu können; sie stehen damit in denkbar größtem erzählerischen Kontrast zum „Sehen" des Hauptmanns. BACKHAUS, *Heilsbedeutung*, 115 bringt es auf den Punkt: „,Sehen' bedeutet also für Markus primär die Gewinnung der himmlischen Perspektive, der Sichtweise des Glaubens für das Kreuzesgeschick des Gottessohns: das ist zu sinnen, was Gottes ist und nicht der Menschen (8,33)."

eines Menschen nach der Überzeugung des Erzählers allein ein Akt der Gnade und ein Geschenk ist (vgl. 4,12; 10,46–52). Nur ein Begnadeter kann – anders als die übrigen Zeugen des Geschehens – in dem so elend Gestorbenen tatsächlich Gottes Sohn erkennen.

Das Bekenntnis des heidnischen Zenturio gewinnt noch besondere Bedeutung angesichts der Tatsache, dass der Kreuzestod in der Antike als die schimpflichste Todesart schlechthin gilt. An Personen, die im Besitz des römischen Bürgerrechts sind, darf sie nicht vollzogen werden. CICEROS Äußerung zur Kreuzigungsstrafe spricht für sich: „Nomen ipsum crucis absit non modo a corpore civium Romanorum, sed etiam a cogitatione, oculis, auribus."[559]

Erst vor diesem Hintergrund lässt sich die besondere Brisanz ermessen, die im Zeugnis des römischen Hauptmanns liegt. Die Brisanz ist übrigens für Juden kaum geringer, eher im Gegenteil. Nach Ausweis der Tora gilt ein Gekreuzigter als von Gott verflucht (vgl. Dtn 21,22f).

Jedenfalls ist der Zenturio der einzige, der tiefer „sieht" und ein Bekenntnis ablegt. Wenn ein römischer Offizier den Gekreuzigten artikellos als υἱὸς θεοῦ bezeichnet, bleibt naturgemäß eine gewisse Unsicherheit bei der Deutung dieser Titulierung. Spricht er von *einem* Sohn oder *dem* Sohn? Und wie ist sein Bekenntnis gemeint?[560] Aber diese (historische) Fragestellung führt in die Irre. Das Bekenntnis erhält seinen Sinn allein von der narratologischen Konzeption des ganzen Evangeliums her.[561] Erstmals wird Jesus hier in aller Öffentlichkeit von einem *Menschen* als der bezeugt, der er während der gesamten erzählten Zeit war: Gottes Sohn. Im Sinne der markinischen Erzählung schließt sich damit ein Kreis (vgl. 1,1; 9,7).

Das Bekenntnis des Hauptmanns hat, wie es nicht anders sein kann, vorläufigen Charakter: es weiß noch nichts von der späteren Auferstehung des Gekreuzigten und kann daher nur formulieren, wer Jesus *war*, nicht, wer er *ist*.[562] Es ist von seiner Form her ein ehrender „Nachruf"[563], der an die Doxologien einiger Wundergeschichten (vgl. 2,12; 7,37), aber noch mehr an den „Topos des Schlußlobs in antiken Biographien"[564] erinnert.

11.4.5.3 Mk 15,22–39 im Kontext des Evangeliums

Mit der Kreuzigungsszene ist innerhalb der Erzählung ein vorläufiges Ziel erreicht. Jesus hat seinen irdischen „Weg" (1,2f) vollendet; die Kreuzigung auf Golgatha ist

---

559 CICERO, *Pro Rabirio*, 5,16.
560 Im hellenistischen Bereich ist zur damaligen Zeit die Bezeichnung υἱὸς θεοῦ primär im Herrscherkult eine gebräuchliche Prädikation (vgl. dazu die zahlreichen Belege in: SCHNELLE, *Wettstein*, 738–748). Die jüdische Weisheitstradition kennt darüber hinaus die Titulierung „Gottessohn" als Anerkennung für einen Gerechten (vgl. Weish 2,18; 5,5). Zum Gottessohntitel vgl. auch S. 156, Anm. 27.
561 So mit Recht BORING, *Mk*, 434.
562 GNILKA, *Mk II*, 325 geht aus diesem Grunde etwas zu weit, wenn er schreibt: „Seine [sc. des Hauptmanns] Äußerung hat als vollgültiger Ausdruck des christlichen Glaubens zu gelten." Den unzureichenden Charakter des Zeugnisses heben demgegenüber richtigerweise MÜLLER, *Jesus*, 135 und BREYTENBACH, *Nachfolge*, 256 hervor.
563 Vgl. BERGER, *Formen*, 292.
564 FRICKENSCHMIDT, *Evangelium*, 414. FRICKENSCHMIDT nennt als Beleg u.a. Diog.Laert. 6,77 (zu Diogenes): „Du warst wahrhaft Diogenes, Zeus entsprossen, warst Hund des Himmels" (vgl. ders., *Evangelium*, 347).

gleichermaßen Höhepunkt wie Tiefpunkt dieses Weges. Und der vom Erzähler schon in 1,1 genannte, von ihm bevorzugte und auch in der nichtjüdischen Welt rezipierbare Gottessohntitel erfährt seine Bestätigung und Anerkennung im feierlichen Bekenntnis des römischen Zenturio. In dessen Person kündigt sich der in Jesu apokalyptischer Rede prognostizierte Siegeszug des Evangeliums durch die Welt (13,10) bereits an.

Der tiefste Eindruck, den der markinische Kreuzigungsbericht beim Leser hinterlässt, ist aber zweifellos der von Jesu abgrundtiefer Verlassenheit. In der äußersten physischen und psychischen Not weiß er sich vollkommen allein. Niemand hat ein gutes Wort für ihn, niemand tröstet ihn, niemand hilft ihm. Seine Jünger haben ihn im Stich gelassen. Frauen aus seinem Gefolge schauen zu, allerdings ἀπὸ μακρόθεν („von ferne"; 15,40). Die sich in seiner Nähe befinden, sind bis auf den Hauptmann allesamt Feinde. Sie übergießen ihn mit Spott, sie weiden sich an seinen Qualen und seiner Hilflosigkeit. Sogar seine Leidensgenossen zur Rechten und zur Linken stimmen ein in den Chor der Spötter und tragen so zu seiner Verlassenheit bei.[565]

---

[565]   Für CAMPBELL, *Christology*, 99 ist Jesu *Verlassenheit* ein Motiv, das sich durch den gesamten Text des Markusevangeliums hindurchzieht; der Kreuzesschrei (15,34) sei nichts weiter als die äußerste Steigerung dieses Motivs. Ja, noch mehr: Jesu Verlassenheit bilde geradezu ein Herzstück der ganzen markinischen Christologie: „Jesus' cry from the cross is not an isolated narrative event, but the culmination of one of the governing story lines in Mark's drama. It completes Mark's pattern of abandonment, a pattern that belongs to the fabric of the narrative and to the core of the Gospel's Christology." Wie CAMPBELL im Folgenden weiter ausführt, sei Jesus von allen verlassen worden, die jemals auf seiner Seite standen bzw. stehen sollten: Nachbarn, Familie, Jünger, Volksmenge ... Tiefe Einsamkeit und Isolation kennzeichneten darüber hinaus Anfang und Ende seines Weges: Bei der Taufe (1,10f) sei er der einzige Augen- und Ohrenzeuge der himmlischen Erscheinung, auch anschließend in der Wüste sei er allein (1,13). Und nach seiner Auferweckung werde er verlassen von den Frauen, die vom Grab fliehen und dem Auftrag des Engels trotzen, indem sie die österliche Nachricht für sich behalten: „Jesus begins and ends alone" (ebd. 101).
Ich halte CAMPBELLS These für wenig überzeugend. Markus präsentiert Jesus nicht durchgängig als jemanden, der allein ist und die Erfahrung der Verlassenheit macht. Bei der Darstellung der Taufe schildert der Erzähler nicht Jesu Verlassenheit, sondern im Gegenteil die innige Vertrautheit des himmlischen Vaters mit dem Sohn. Auch in der Wüste ist Jesus nicht allein; er wird von den Engeln begleitet und umsorgt. Die markinische Ostergeschichte bietet erst recht keinen Anhaltspunkt für CAMPBELLS These. Dass die Frauen am Ostermorgen zum Grab kommen, ist ja gerade Ausdruck ihrer Liebe und inneren Nähe zu Jesus, einer Nähe, die über den Tod hinausgeht. Gewiss veranlasst die Erscheinung des himmlischen Jünglings die Frauen zu panischer Flucht, aber diese Flucht liegt in ihrem nur allzu verständlichen Erschrecken begründet; es kann keine Rede davon sein, dass sie durch ihre Flucht und ihr Schweigen Jesus allein lassen. Die Erfahrung der Verlassenheit macht Jesus *nur im Zusammenhang mit seiner Passion*. Da wird er von seinen Jüngern im Stich gelassen, da spürt er auch die Nähe des Vaters nicht mehr. Zuvor ist das anders: Das Verhältnis zum Vater ist stets eng und voller Vertrauen; und auch das Verhältnis zu den Jüngern ist, wenn auch nicht spannungsfrei, so doch von enger Verbundenheit geprägt. Es gibt vor Kapitel 15 im Markusevangelium kein einziges Kapitel, in dem die Jünger nicht ganz nahe bei Jesus wären. Markus schildert sie als Leute, die um Jesu willen alles aufgegeben haben, die ihn auf seinen Wegen begleiten und in seinem Auftrag predigen und wirken (6,7–12.30). Es ist also nicht so, wie CAMPBELL meint. Eher wird umgekehrt „ein Schuh draus". Die Erfahrung der Verlassenheit trifft Jesus nach der Darstellung des Erzählers bei seiner Passion deshalb so schwer, weil er sie vorher in dieser Form eben *nicht* kannte.

Aber das alles ist noch nicht das Schlimmste. Das Schlimmste sind auch nicht die Schmerzen, die Erschöpfung und die Erstickungsangst, die eine Kreuzigung mit sich bringt. Das Schlimmste für Jesus ist das Gefühl, von Gott verlassen zu sein.

Ελωι ελωι λεμα σαβαχθανι; – diese Klage ist zweifellos der erschütterndste Ruf im ganzen Markusevangelium, ja im gesamten Neuen Testament.[566] Derselbe Jesus, der aus der denkbar innigsten Verbindung mit Gott gelebt hatte, der stirbt gottverlassen.[567] Markus hatte zuvor mehrfach die exklusive Nähe des Vaters zum Sohn herausgestrichen (1,10f; 9,2–7). Und auch davon hatte er berichtet, dass sich der Sohn im Gebet dieser Nähe zum Vater stets aufs Neue versichert hatte (1,35; 6,46). Gewiss: Auch jetzt noch betet er „*mein* Gott, *mein* Gott", aber dieses Gebet ist nichtsdestoweniger ein Ausdruck seiner tiefsten Not und seines Verlorenheitsgefühls.[568] Gerade der Umstand, dass er Gott früher so oft als *seinen* Gott erfahren hatte[569], lässt ihn die jetzige Verlassenheit nur umso tiefer spüren und macht die Not nur noch größer. Schon in Gethsemane hatte diese Not begonnen; am Kreuz und unter dem dunklen Himmel kulminiert sie.[570]

Markus erzählt dies ganz schlicht und unpathetisch, aber gerade deshalb umso eindrucksvoller. Er beschreibt das Sterben Jesu so, wie es wohl tatsächlich war: grausam, einsam und trostlos. Er malt nicht das Bild eines tapferen Helden, der gelassen und unerschütterlich in den Tod geht.[571] Sondern er zeigt uns den Gottessohn in seinem ganzen Elend, in seiner Hilflosigkeit und Aporie.[572]

---

566   Er erhält aus dem Grunde bei Markus noch besonderes Gewicht, weil es sich um *die einzigen Worte Jesu am Kreuz überhaupt* handelt und darüber hinaus um *seine letzten Worte im gesamten Evangelium*. In allen übrigen kanonischen Evangelien ist es anders; dort ergreift Jesus nach seiner Auferstehung aufs Neue das Wort.

567   GARRETT, *Temptations*, 134 sieht in dem Schrei Jesu nicht nur einen Ausdruck des Grabens zwischen Gott und seinem Sohn, sondern auch ein Vorzeichen des kommenden Sieges: „Jesus' cry of dereliction – ‚My God, my God, why have you forsaken me?' – points to the wide chasm that separated Jesus from God. But this word from the cross presaged victory, for it was still a word of prayer." Dass sich in Jesu Verlassenheitsruf schon der kommende Sieg andeute, kann ich jedoch nicht erkennen.

568   Verharmlosend mutet die Interpretation von PESCH, *Mk II*, 495 an: „Jesu Gebet ist kein Verzweiflungsschrei, sondern Vertrauensäußerung, seiner äußersten Not angemessener Ausdruck seines unerschütterlichen Glaubens!" In dieselbe Richtung wie PESCH weist DIBELIUS, *Formgeschichte*, 194f, wenn er kategorisch feststellt: „Ein Bibelwort auf den Lippen eines Sterbenden bedeutet ... unter allen Umständen Einklang mit Gott ... Immer ist biblisches Wort Zeugnis des Glaubens." KLUMBIES, *Mythos*, 271 wagt eine paradoxe Formulierung: „Die sich im Munde des sterbenden Jesus artikulierende Gottesferne ist ... zugleich ein Glaubensausdruck der Nähe Gottes. Noch der Schrei der Verlassenheit bezeugt die Nähe Gottes." Geradezu verwegen formuliert es PELLEGRINI, *Elija*, 373. Ihrer Ansicht nach drückt Jesu Ruf seinen „Einklang mit Gott" aus und sei der „hellste Moment des Verhältnisses Vater/Sohn". Damit wird der Charakter des Schreis aber grob verkannt.

569   Vgl. in diesem Zusammenhang die innige Abba-Anrede in 14,36.

570   VAN IERSEL, *Mk*, 474 spricht angemessen von „spiritual darkness".

571   Vgl. unter diesem Gesichtspunkt den markinischen Bericht vom Sterben Jesu mit den völlig entgegengesetzten Darstellungen vom Tod der jüdischen Märtyrer unter König Antiochus IV. Epiphanes in 2 Makk 6,18–7,42 und 4 Makk 5–18. Ausgehend von 2 Makk 7 hat KELLERMANN, *Auferstanden*, 35ff die wichtigsten Elemente für einen jüdischen Märtyrerbericht wie folgt prägnant zusammengefasst: „Vor Königen und höchsten Vertretern des Staates leiden und sterben die Frommen in Treue zum Gebot ihres Gottes ... Alle Versuche, sie durch die Zwangsmaßnahme der Folter, die oft im Auspeitschen und in Feuerqualen besteht, zum Abfall zu bringen, scheitern an ihrer Entschlossen-

Matthäus ist der Darstellung des Markus in diesem Punkt weitgehend gefolgt. Ganz anders Lukas und Johannes. In deren Evangelien fehlt Jesu Verlassenheitsschrei.[573] Stattdessen findet sich bei Lukas Jesu Vergebungsbitte für seine Henker (23,34), das Paradiesversprechen für einen reuigen Schächer (23,43) und als letzte Artikulation ein Vertrauensgebet in Anlehnung an Ps 31,6. Der Evangelist Johannes lässt Jesus am Kreuz nicht allein sein: Einige Frauen stehen in unmittelbarer Nähe, darunter seine Mutter, ebenso sein Lieblingsjünger. In seiner Sterbestunde vertraut Jesus seine Mutter der Obhut des Jüngers an (19,25–27). Und sein letztes Wort ist wie ein Siegesruf (19,30).[574]

Diese markanten Abweichungen gegenüber der markinischen Version haben natürlich ihren Grund. Sie hängen mit einem Problem zusammen, das offensichtlich vielen in der Frühchristenheit zu schaffen machte und auf das ich bereits bei der Untersuchung der Gethsemane-Szene hingewiesen habe: dem Problem der Schwäche, Hilf- und Ratlosigkeit des Gottessohnes. Dieses Problem wird auch heute noch empfunden; ich verweise in diesem Zusammenhang nur auf eine Bemerkung von BEST zu Jesu Verlassenheitsschrei am Kreuz: „This cry is not the ending we expect. Jesus ought to be courageous and trusting right to the last moment. The cry demands understanding."[575]

Darin, dass er nach der Darstellung des Erzählers eben nicht „courageous" gestorben ist, besteht das Dilemma. Und dieses Dilemma ist in der Tat nicht leicht zu lösen. Die Überlegung von GARRETT hilft nicht viel weiter: „At the moment of the cry, God may have forsaken Jesus, but Jesus has not forsaken God."[576] Hier wird also darauf hingewiesen, dass Jesus in seiner Not das Gespräch mit dem Vater sucht und betet. Aber so wichtig dies – nicht zuletzt mit Blick auf die Leser und auf das von ihnen erwartete Verhalten in vergleichbaren Notsituationen – ohne Zweifel ist: Mindestens ebenso wichtig ist doch *der Charakter* dieses Gebets. Es drückt

---

heit, eher den Tod auf sich zu nehmen, als ihrem Gott die Gemeinschaft aufzusagen. Sie können in der von Gott verliehenen Kraft die Schmerzen verachten, ja empfinden sie nicht einmal ... Ihr Lachen unter der Tortur als Ausdruck der Freude gewinnt sogar den Gegnern Achtung und Bewunderung ab, so dass man sie zu bereden versucht, nicht nur durch Abfall oder ‚faule Kompromisse' das Leben zu retten, sondern auch Karriere am Hof zu machen. Die Frommen lassen sich jedoch nicht durch Versuchung verführen ... Ihre Größe erweist sich darin, dass die Gegner von ihnen zum Foltern aufgefordert werden müssen. Im Erleiden der Qualen zeigen sich die Frommen den Mächtigen überlegen."

[572] SCHWEIZER, *Leistung*, 182 spricht angemessen von dem „in seiner Nacktheit und Nüchternheit erschütternde[n] Bericht des Markus von der Kreuzigung Jesu."

[573] Im apokryphen Petrusevangelium 5,19 erscheint Jesu Ruf in abgewandelter Form: „Meine Kraft, o Kraft, du hast mich verlassen!" (vgl. SCHNEEMELCHER, *Apokryphen I*). Mit dieser Abwandlung ist jedoch keine inhaltliche Veränderung in dem Sinne verbunden, als wolle Jesus nicht seiner Gottverlassenheit, sondern seiner Erschöpfung Ausdruck geben. „Kraft" steht für Gott (vgl. 1 Kor 1,24).

[574] Bei der Darstellung im Johannesevangelium darf man – anders als bei Markus – tatsächlich mit Fug und Recht von einem Siegesruf Jesu sprechen. Insofern geht HENGEL, *Evangelien*, 264, Anm. 777 nicht weit genug, wenn er den Unterschied zwischen dem markinischen Bericht einerseits und denen des Johannes und Lukas andererseits so beschreibt: „Es ist auffallend, dass für Lukas und Johannes die Schilderung des Markus so anstößig war, dass sie diesen letzten Schrei Jesu interpretierten und abschwächten." Es geht Lukas und Johannes durchaus um mehr als nur um eine Abschwächung.

[575] BEST, *Temptation*, lxii.

[576] GARRETT, *Temptations*, 132.

tiefste Verlassenheit aus – und genau in dieser Erfahrung Jesu liegt ja das eigentliche Problem. Dieses Problem hat eine christologische und eine theologische Seite. Da ist der Gottessohn, der am Vater irre wird. Und da ist der Vater, der sich vor dem Sohn verbirgt, als dieser ihn am nötigsten braucht.

Der Erzähler hält dieses Problem bewusst offen und verzichtet auf jede vordergründige Sinngebung. Er löst es auch nicht etwa mit Hilfe des Prüfungsgedankens und – in Verbindung damit – der Gerichts- und Sühnopfervorstellung, obwohl dies in der Forschung häufig so gesehen wird.[577] Markus deutet mit keiner Silbe an, dass Jesus am Kreuz von Gott „geprüft" wird oder dass er durch seinen Tod eine Sühne leistet. BORING urteilt mit Blick auf die Golgatha-Szene: „Even though Mark's concern is primarily theological, he does not depict the suffering of Jesus in terms of a theory of the atonement ... There is nothing in Mark to suggest that God had to ‚turn away' from Jesus at the cross because he was laden with the sins of all humanity, or that on the cross Jesus is enduring God's wrath for the sake of the others."[578] Die Vorstellung vom Tod Jesu als Sühnopfer taucht im Markusevangelium in der Tat so gut wie nicht auf. Die drei Leidensankündigungen (8,31; 9,31; 10,33f) vermeiden nicht nur die Erwähnung des Kreuzes; sie verzichten auffälligerweise darüber hinaus auch auf jede nähere Erklärung für das Leiden und Sterben Jesu und rücken es lediglich in 8,31 unter das göttliche δεῖ. Der Sühnegedanke scheint, vordergründig betrachtet, an zwei Stellen innerhalb des Evangeliums, nämlich in 10,45 und 14,24, anzuklingen.[579] Dies erweist sich bei genauerer Analyse jedoch auch als keineswegs sicher.

10,45 als abschließende Zusammenfassung der Jüngerbelehrung spricht von der diakonischen Lebenshingabe des Menschensohnes als λύτρον ἀντὶ πολλῶν.[580] Das „Lösegeld" spielt in antiken Texten im Zusammenhang mit Sklaverei, Kriegs- und Schuldgefangenschaft eine Rolle.[581] 10,45 handelt von der Befreiung der Menschen von allen Kräften und Mächten, die ihn binden können, mögen sie nun Krankheit, Besessenheit, Sünde, Angst, Verblendung oder Tod heißen. Für diese Befreiung setzt Jesus sich und sein ganzes Leben ein; die Metapher vom „Lösegeld" darf also nicht auf sein Leiden und Sterben hin verengt werden.[582] 10,45

---

[577] Vgl. z.B. GARRETT, *Temptations*, 132: „God has ‚stepped aside' to ‚test the disposition of Jesus' soul' (cf. TestJos 2,4–7) ... By standing fast, by refusing to be led astray in this most severe test of affliction, Jesus shows himself to be truly the Son of God, one who is ‚tried and true' and worthy to offer himself as a sacrificial burnt offering to God. God accepts Jesus' self-offering as sufficient to atone for sin." Die Sühnopfervorstellung vertreten z.B. auch BEST, *Temptation*, 191; WEIHS, *Deutung*, 499ff und KAMMLER, *Verständnis*, 469ff. Meiner Meinung nach wird hier Markus jedoch allzu sehr durch die „Brille" des Paulus (vgl. 2 Kor 5,21; Gal 3,13) gelesen.

[578] BORING, *Mk*, 426.430.

[579] Dass es sich im Wesentlichen nur um diese zwei Stellen handelt, auf die sich die ganze These von der Sühnopfervorstellung im Markusevangelium stützt, sollte eigentlich schon stutzig machen.

[580] ἀντί c. gen. kann analog zu ὑπέρ im Sinne von „zugunsten von" übersetzt werden.

[581] Zum bildspendenden Hintergrund vgl. KERTELGE, Art. λύτρον, in: EWNT II, 901–905, vor allem aber RÖHSER, *Erlösung*, 166ff; es geht dabei stets um die „Beendigung eines ansonsten als drückend und aussichtslos erfahrenen Schuld-, Abhängigkeits- oder Herrschaftsverhältnisses" (RÖHSER, *Erlösung*, 189).

[582] So mit Recht FRITZEN, *Gott*, 309. Genau dies aber tut KAMMLER, *Verständnis*, 470, Anm. 36, wenn er 10,45c so deutet: „Die Worte erläutern das διακονεῖν Jesu, indem sie erklären, dass

liefert also keine spezielle Deutung des (Kreuzes-)Todes Jesu, zumal auch eine
Verbindung zur stellvertretenden Schuldtilgung durch den deuterojesajanischen
Gottesknecht Jes 53,10–12 nicht eindeutig festzustellen ist.[583] Der Akzent liegt
vielmehr unverkennbar auf dem *diakonischen Charakter* des *gesamten Lebens und Wirkens Jesu* (einschließlich des Kreuzes), das sich dem Auftrag des Vaters verpflichtet
weiß[584], und dessen *modellhafter Bedeutung für die Jüngernachfolge* (10,42–45).[585]

Mk 14,24 knüpft an Ex 24,8 an; dort geht es aber nicht um den Sühnopferge-
danken[586], sondern darum, dass das Blut zur *Besiegelung* des Bundes dient.[587] Dazu
passt auch, dass der ganze Themenkreis von ἁμαρτία und ihrer Vergebung bei
Markus nur eine ganz untergeordnete Rolle spielt. Von Sündenvergebung ist außer
in 1,5 (im Kontext der Johannestaufe) nur in 2,5–9 und 3,28f die Rede. In 2,5–9
steht die Sündenvergebung im Kontext einer Krankenheilung und unterstreicht so
die befreiende Wirkung des Auftretens Jesu, die den ganzen Menschen umfasst. In
3,28f wird *bedingungslose* Vergebung aller Sünden zugesagt – mit einer Ausnahme:
Nicht vergeben wird die Lästerung des Heiligen Geistes, also die Diffamierung des
geistgewirkten, heiligen und heilschaffenden Wirkens Jesu als ein Werk des Satans.

Jesu Tod besiegelt den neuen Bund. Den *Inhalt* des Bundes aber, seine Verein-
barung und „Satzung" sozusagen, liefert vermutlich 9,7: das Hören auf den Sohn
Gottes, den irdischen und den erhöhten.[588] Um es mit EBNER zu sagen: „Auf ihn
[sc. Jesus] soll man hören (9,7), d.h. seine Lehre umsetzen und damit zur subversi-
ven Ausbreitung der Gottesherrschaft beitragen."[589]

---

sein Dienst in der am Kreuz geschehenden Selbsthingabe besteht." RÖHSER, *Erlösung*, 191
formuliert es dagegen prägnant so: „Unsere Metaphorik [sc. vom Lösegeld] bringt unver-
wechselbar und unersetzbar zum Ausdruck, dass Jesus Christus es sich hat etwas ‚kosten'
lassen, nämlich seine gesamte Existenz bis hin zu seinem Tod am Kreuz, um die Menschen
aus ihren tödlichen Verstrickungen ‚herauszulösen' und damit zu ‚erlösen', zu ‚erretten'."
Vgl. auch BACKHAUS, *Heilsbedeutung*, 107, der urteilt: „Das ‚hypèr pollôn' [*sic!*] ist also – bevor
es sich in der Passion verdichtet (14,24) – gelebte Wirklichkeit des Gottessohns ... So ist Jesu
gesamtes Wirken fortgesetzte Rettungstat an den Vielen."

583   Mit RÖHSER, *Erlösung*, 179f, der zu Recht darauf verweist, dass sich „kaum sprachliche
       Brücken zwischen dem griechischen Text von Jes 53,10–12 LXX und Mk 10,45 par" ausma-
       chen lassen. Anders BACKHAUS, *Heilsbedeutung*, 108: „Mit 10,45 präsentiert der Evangelist ein
       Traditionsstück, das – im Wirkungsbereich der Herrenmahl-Soteriologie und unter dem Ein-
       fluss des Motivs vom leidenden Gottesknecht (vgl. Jes 53,10ff) – Jesu Sterben als stellver-
       tretenden Sühnetod deutet."
584   Zur Verwendung des Lexems διακονέω in Mk 10,42–45 im Sinne der „pflichtgetreue[n]
       Ausübung eines vor menschlichen Maßstäben ehrlosen Auftrages" vgl. die sorgfältige Studie
       von HENTSCHEL, *Diakonia*, 276–281.
585   Vgl. BERGER, *Theologiegeschichte*, 331: „In Mk 10,(44–)45 bedeutet das ‚Geben des Lebens' im
       Effekt ‚Dienen'."
586   Gegen BACKHAUS, *Heilsbedeutung*, 110.
587   So richtig BERGER, *Theologiegeschichte*, 216. Vgl. auch DOWD/MALBON, *Significance*, 1: „The
       ‚cup saying' in 14,24 alludes to Exod 24,8, where the blood is that of a covenant-sealing
       sacrifice, not that of a sin or guilt offering." In der markinischen Fassung der Abendmahls-
       worte ist von Sündenvergebung explizit noch keine Rede; dies ist erst in der Version des
       Matthäus der Fall (Mt 26,28). Könnte es sein, dass Matthäus die Ergänzung aus dem Grunde
       eingefügt hat, weil er das Thema „Sünde" bei Markus generell nur unzureichend ausgeprägt
       fand (vgl. auch Mt 1,21) und das Interpretament der Sündenvergebung speziell im Kontext
       der Passion Jesu gerade vermisste?
588   Vgl. in diesem Sinne auch BERGER, *Theologiegeschichte*, 694.
589   EBNER/SCHREIBER, *Einleitung*, 180.

Insgesamt ist somit festzuhalten, dass die Deutung des Todes Jesu als Sühnopfer, das stell-
vertretend für die Sünden vieler erbracht und von Gott angenommen wird, im Markusevangelium
keine ausreichende Grundlage hat.[590] So lässt sich das Problem der Verlassenheitserfahrung Jesu am Kreuz also nicht erklären und lösen. Meines Erachtens ist es gerade
charakteristisch für Markus, dass er für Jesu Verlassenheit *keine* explizite Lösung
anbietet.[591] Wohl aber gibt der Erzähler mehrere Hinweise, die vermuten lassen,
dass das Geschehen von Golgatha zumindest nicht völlig unabhängig von Gott
abläuft: Die Chronologie folgt einem höheren Plan. Auch die himmlischen Zeichen
(Finsternis, Tempelvorhang) sind ohne Gott nicht zu denken. Und was das Leiden
Jesu betrifft, so bleibt es mit allen seinen Abgründen doch *innerhalb des Rahmens, den*
die Schrift vorgab. Der Kleiderschacher, die Verspottung, die Tränkung mit Essig sind
allesamt Motive aus den Psalmen. Und das gilt ebenso für Jesu Verlassenheitsschrei
am Kreuz.

Auf diese Weise möchte Markus folgendes ausdrücken: Es kommt darauf an,
das Geschehen von Golgatha richtig zu „sehen" und zu deuten. Die jüdischen
Hierarchen und die Schaulustigen sehen in Golgatha die Geschichte eines total
Gescheiterten. Sie sind sehend und doch blind (4,12; vgl. Jes 6,9f). Ihre – vom
Erzähler ironisierten – Spottreden sind Erweis ihrer Torheit und Verblendung; ihre
heuchlerische Zeichenforderung ist Ausdruck ihrer Bosheit und ihres Unglaubens.[592]

Ganz anders der römische Zenturio: Er sieht richtig.[593] Er erkennt in dem so
elend am Kreuz Gestorbenen Gottes Sohn. Er kommt zum Glauben[594] und legt ein
öffentliches Zeugnis ab. Auf textinterner Ebene ist er der erste Mensch, der die
Gottessohnschaft Jesu bekennt.[595] Sein Erkennen und Bekennen haben nach der
Überzeugung des Markus unzweifelhaft beispielhaften Charakter für die Leser, die
sich wie der Soldat von den vordergründigen Eindrücken nicht täuschen lassen
dürfen, sondern gehalten sind, das Geschehen in seiner wahren Bedeutung zu erkennen: *Der Gekreuzigte ist wirklich der Sohn Gottes; er erweist und bewährt seine Würde*
auch und gerade in seinem schriftgemäßen Leiden und Sterben.[596]

---

590 DOWD/MALBON, *Significance*, 1 formulieren kurz und bündig: „The Gospel of Mark makes
     no explicit connection between the death of Jesus and the forgiveness of sins." HOOKER,
     Gospel, 67 denkt den Gedanken weiter: „His death is not a substitute, but an exemplar. The
     true disciples of Jesus will still be found, trudging along the road that leads to a cross,
     following their crucified and risen Lord." Und VAN OYEN, *Meaning*, 63f verstärkt diese Posi-
     tion, indem er verlangt, bei der Deutung des Todes Jesu nicht nur dessen „theological level",
     sondern auch und vor allem dessen „practical level" zu bedenken: „In Mark discipleship and
     Christology are linked together. What i am arguing is that for a real reader who reads the
     story of Mark this theme comes in the *first* place." (Kursivdruck im Original).

591 Auch in der Welt der Leser gibt es die Verlassenheitserfahrung; und auch dort löst sich das
     Problem nicht auf.

592 Vgl. BORING, *Mk*, 429: „The perceptive reader knows that ... ,come down from the cross' is
     the polar opposite of Jesus' call to take up the cross (8,34), just as ,save yourself' is a perver-
     sion of the word of Jesus that to try to save one's own life is to lose it (8,34–35)."

593 Vgl. GNILKA, *Mk II*, 314: „Die Konfrontation von falschem und rechtem Sehen ist sicher
     beabsichtigt. Sie kreist um die Glaubensfrage."

594 Anders ROSE, *Theologie*, 240: „Vom Glauben des Centurio ist ... im MkEv nicht die Rede."

595 Vgl. SCHNELLE, *Einleitung*, 245.

596 Auffällig ist, wie Matthäus (Mt 27,52–54) die markinische Darstellung ausschmückt und in
     ihrer Bedeutung verstärkt: Bei Matthäus ist das Bekenntnis des Hauptmanns die erschro-

Damit ist aber die Bedeutung, die Markus der Gestalt des Hauptmanns zu-
misst, noch nicht ausgeschöpft. Als Heide präfiguriert er die kommende Heidenmission und deren Erfolg.[597] Die Tendenz zur Heidenmission war schon zuvor im
Markusevangelium angelegt gewesen (5,1–20; 7,24–30.31–37). Jesu Wirksamkeit
hatte sich eben nicht auf das jüdische Land beschränkt, sondern auch heidnische
Gebiete mit einbezogen. Dementsprechend sollte sich das Evangelium in alle Welt
(14,9) und zu allen Völkern hin (13,10) ausbreiten. In der Person des Hauptmanns
deutet sich an, dass die Botschaft vom Gottessohn Jesus nun tatsächlich unterwegs
zu den Heiden ist.

11.4.5.4 Mk 15,22–39 im Blick auf die Leser

Der markinische Kreuzigungsbericht mutet seinen Lesern einiges zu. Gerade deshalb, weil er ihre innere Anteilnahme für den gekreuzigten Jesus voraussetzen kann,
muss er sie in der Nüchternheit und Schonungslosigkeit der Darstellung betroffen
machen. Ihm fehlt der versöhnliche (Lk 23,34) und hoffnungsvolle (Lk 23,43.46)
Charakter der lukanischen Version, ebenso der barmherzige (Joh 19,26f) und sie-
gesgewisse (Joh 19,30) Ton der johanneischen Szene. Bei Markus ist es finster – im
wörtlichen (15,33) und im übertragenen Sinne. Der Weg Jesu, der so verheißungs-
voll begonnen hatte (vgl. 1,2–11), scheint in einer Katastrophe zu enden. Am
Kreuz hängend, bietet der Gottessohn ein Bild des Jammers und wird nicht zufällig
zur Zielscheibe des Spotts seiner triumphierenden Feinde. Nicht einmal sein
himmlischer Vater steht ihm mehr bei. Jesus scheint wirklich im wörtlichen Sinne
„von allen guten Geistern verlassen". Er kann nur noch schreien – und schreit
seine Not und Verlassenheit hinauf in einen schwarzen, schweigenden Himmel.

Wie an keiner anderen Stelle im Evangelium sehen sich die Leser in der Kreuzigungsszene selbst auf die Probe gestellt: Können sie an Jesus als den Sohn Gottes
glauben, obwohl die vordergründigen Umstände und fast alle in der Kreuzigungsszene handelnden Personen dem doch Hohn sprechen?[598] Können sie in dem
nackten, verspotteten, gequälten und laut schreienden Mann am Schandpfahl des
Kreuzes noch den Messias erkennen?[599]

Damit sie es trotz allem können, liefert der Erzähler ihnen zahlreiche Deutungshilfen. Eine besondere Rolle spielen dabei neben den beiden Wundern (Sonnenfinsternis, Tempelvorhang), die ja eine Vielzahl von Interpretationen zulassen,
vor allem die zahlreichen Schriftzitate, so dass man mit einem gewissen Recht sagen kann: Die Handlung bewegt sich mit Unterbrechungen sozusagen von einem
Schriftzitat zum nächsten. Interessant ist dabei, dass die Schriftzitate an keiner
Stelle – nicht einmal in 15,34 – ausdrücklich als solche ausgewiesen, sondern viel-

---

ckene Reaktion auf ein großes Erdbeben und seine wunderbaren Begleiterscheinungen. Außerdem steht der Hauptmann mit seinem Bekenntnis zum Gottessohn nicht allein, sondern
in einem Chor mit anderen Beobachtern der Szene.

[597]   Nicht auszuschließen ist in diesem Zusammenhang ein Bezug zu Ps 22,28f, wo die Erwartung einer globalen Bekehrung zum Gott Israels zum Ausdruck gebracht wird.

[598]   Diesen geradezu abenteuerlichen Widerspruch zwischen (Augen-)Schein und Sein formuliert
MARCUS, Mk II, 1052 so: „... a world where a cross may truly become a throne."

[599]   ROSSÉ, Verzweiflung, 66 merkt dazu an: „Vielleicht gab es einzelne Strömungen im Judentum,
die für den Gedanken eines leidenden Messias offen waren, die Vorstellung eines gekreuzigten
Messias aber hatte es offenbar nie gegeben."

mehr adaptiert werden. Ein der Schrift Unkundiger würde also gar nicht bemerken, dass sich hinter vielen Einzelzügen der Kreuzigungsszene jeweils eine Schriftstelle verbirgt. Schriftkundige jedoch sind in der Lage, zu „sehen". Sie erkennen im Motiv des Kleiderschachers Ps 22,19 und in dem des Essigtranks Ps 69,22. Selbstverständlich erkennen sie außerdem in Jesu Schrei Ps 22,2a. Wer aber weiterforscht, der wird auch noch an weiteren Stellen fündig. So lässt der „Hofstaat Jesu" (15,27) an Jes 53,12 denken.[600] Der Spott der Umstehenden hat sein „Vorbild" in einer Vielzahl von Psalmen (Ps 22,7; 31,12.19; 44,14–17 u.ö.), die Versuchung der Katabase das ihre insbesondere in Weish 2,17f.20, wo es von den Feinden heißt: „Ihre Bosheit hatte sie blind gemacht. Und sie erkannten die Geheimnisse Gottes nicht" (Weish 2,21f).

Insofern hat die markinische Kreuzigungsszene zwei Seiten: Auf der Ebene des *brutum factum*[601] wirkt sie erschütternd und trostlos. Wer „sehen" kann, der erkennt jedoch, dass die in ihr geschilderte Abfolge der Ereignisse exakt dem göttlichen Plan folgt, der von der Schrift her vorgegeben war. Der erkennt wie der heidnische Hauptmann in dem so elend Sterbenden Gottes Sohn. Mit anderen Worten: Auf die richtige Sichtweise kommt es an![602]

Der Zenturio kann „sehen" – und die Leser sollen es auch können. Als ein „Sehender" hebt sich der Soldat von den jüdischen Schriftgelehrten ab, die doch aufgrund ihrer Kenntnis der heiligen Schriften eigentlich die wahre Bedeutung des Geschehens viel eher erfassen müssten als er, die aber in ihrer Verstocktheit keinen Zugang zur Wahrheit finden (4,12). Anders als der Hauptmann sind sie blind.[603] Der heidnische Hauptmann jedoch ist ein Vorbild für alle diejenigen, die auch noch zum „Durchblick" und zum Glauben an den gekreuzigten Christus gelangen sollen.

An dieser Stelle sind die markinische Gemeinde und mit ihr auch alle anderen christlichen Gemeinden in besonderer Weise herausgefordert, „das Ärgernis des Kreuzes" (Gal 5,11) zu verkünden und damit den Menschen Folgendes zu vermitteln: Auch wenn es dem sogenannten „gesunden Menschenverstand" nicht einleuchten will (vgl. 8,33) – dieser Gekreuzigte ist tatsächlich der Messias und Sohn Gottes.[604] Ja, genau betrachtet, ist Jesus nicht *trotz*, sondern gerade *aufgrund* seines schmachvollen und erniedrigenden Todes am Kreuz Gottes Sohn; die Kreuzigung ist der Gipfel und die letzte Erfüllung des ihm vom Vater bestimmten und von der Schrift her vorgezeichneten „Weges". Auf diese Weise wird die im Judentum vor-

---

[600] Jes 53,12 ist von Lk 22,37 her entsprechend als Erfüllungszitat zu späterer Zeit in den markinischen Text (15,28) eingetragen worden.

[601] Vgl. BACKHAUS, *Heilsbedeutung*, 93.

[602] Vgl. auch FRITZEN, *Gott*, 333: „Das Geschehen um die Kreuzigung lässt sich ... als Bewährungsprobe des richtigen Sehens und Verstehens auffassen."

[603] In der Blindheit der jüdischen Schriftgelehrten und der Sehfähigkeit des heidnischen Hauptmanns mag sich eine immer wiederkehrende Erfahrung innerhalb der Missionsanstrengungen des Frühchristentums widerspiegeln: dass sich in vielen Fällen Heiden dem Evangelium bereitwilliger öffnen und zuwenden als Angehörige der Mutterreligion..

[604] COLLINS, *Mk*, 750 formuliert es richtig: „One of the major aims of the Markan narrative as a whole seems to be the reinterpretation of messiahship to include the degrading suffering and death experienced by Jesus."

herrschende Erwartung hinsichtlich der Bestimmung des gottgesandten Retters auf den Kopf gestellt.[605]

Eine Herausforderung ist das Zeugnis des Hauptmanns aber noch in einem anderen Sinne: Es bedarf seitens der christlichen Gemeinden der *Ergänzung*. Von Ostern her wissen sie, dass Jesus der Gottessohn nicht *war*, sondern *ist*. Anders als der Zenturio blicken sie darum nicht nur würdigend auf das irdische Leben Jesu zurück, sondern glauben zugleich an seine Auferstehung und gegenwärtige himmlische Präsenz und erwarten seine zukünftige Parusie. Und sie sind aufgerufen, eben diesen Glauben an den *lebendigen* und somit erfahrbaren Herrn (16,7) in aller Welt zu verkündigen (13,10).[606]

Die *österliche* Perspektive korrigiert bzw. erweitert jedoch nicht nur das Bekenntnis des Zenturio. Sie will auch bei der Kreuzigungsszene insgesamt mitbedacht werden. Denn ungeachtet aller Deutungshilfen und Schriftzitate wirft die markinische Darstellung beim Leser naturgemäß Fragen auf. Zum Beispiel diese: Wieso musste der Gottessohn in eine Finsternis hinab, die sogar ihm selbst unbegreiflich war? Musste das denn wirklich sein – dieser entsetzliche Tod mit allen seinen schrecklichen Umständen? Und wo war Gott in diesen Stunden, als sein Sohn am Kreuz starb? Fragen, die für die Leser nicht nur noetische, sondern ganz existentielle Bedeutung haben. Wie schon mehrfach erwähnt, sehen sie sich ja auch selbst dem Spott, den Verdächtigungen und Verfolgungen ihrer Mitwelt ausgesetzt. Angesichts dieser Bedrängnisse mögen auch sie sich öfter fragen: Wo ist Gott? Warum greift er nicht ein? Warum lässt er es zu, dass unsere Feinde ihre Willkür mit uns treiben? Hat Gott uns verlassen?[607]

Aus der markinischen Kreuzigungsszene lernen die Leser: Ja, es kann durchaus Situationen geben, in denen sich dieser Eindruck aufdrängt, Situationen von solcher Dunkelheit, dass von Gottes Licht und Gegenwart nichts mehr zu spüren ist. Jesus selbst – der Gottessohn – hat auf Golgatha den Eindruck gehabt, von Gott verlassen zu sein. Darum ist es nicht verwunderlich, wenn sich auch bei seinen Nachfolgerinnen und Nachfolgern „mitten unter Verfolgungen" (10,30) gelegentlich dieser Eindruck aufdrängt. Eben deshalb ist die österliche Perspektive so wichtig. Im Hinblick auf Jesus beweist sie, dass Gott seinen Sohn *nicht preisgegeben hat*. Um es mit CAMPBELL zu sagen: „The crucified Christ becomes the resurrected Christ and, in that event, Jesus' deep and abiding bond with God is confirmed. In other words, inevitable as God's abandonment of Jesus is in Mark's Gospel, separation from God does not mean loss of God."[608] Trennung ist nicht Verlust – für die Leser heißt das, dass Gott die Seinen nicht im Stich lässt, auch wenn diese zeit-

---

[605] TUCKETT, *Christology*, 116 drückt es so aus: „Jesus is the Christ, the Son of God. But the nature of kingship, sonship and of divinity, are all given a stark new meaning by Mark's story, especially by his account of Jesus' death on the cross."

[606] Vgl. MÜLLER, *Jesus*, 179: „Das Evangelium bleibt nach Markus allein auf der literarischen Ebene ... notwendig unabgeschlossen; es schreitet in die Gegenwart fort."

[607] Ganz anders KAMMLER, *Verständnis*, 490: „Markus zielt mit seiner Darstellung des Leidens und Sterbens Jesu keineswegs darauf ab, dass der *Leser* des Evangeliums die Geschichte Jesu als eine exemplarische ansehen, sie als solche auf sich selbst applizieren ... soll". (Kursivdruck im Original). Doch, genau darauf kommt es dem Erzähler des Evangeliums an (vgl. 8,34; 10,39)!

[608] CAMPBELL, *Christology*, 117.

weise den Eindruck haben, er sei „ganz weit weg".[609] In der Auferweckung Jesu wird es deutlich: Die Finsternis (15,33) muss dem Licht weichen und der Tod (15,37) dem Leben.[610] Darum gilt es für die Leser, die Dunkelheiten der Verborgenheit Gottes auszuhalten und durchzuhalten, wie Jesus es getan hat.[611]

Natürlich fällt es auf, dass Markus die österliche Perspektive trotz ihrer großen Bedeutung nur in wenigen Versen aufzeigt (16,1–8). Die Passionsgeschichte nimmt breiten Raum ein; der Osterbericht ist demgegenüber extrem knapp geraten. Eigenartig ist auch, dass – anders als in den übrigen neutestamentlichen Evangelien – der Auferstandene im Markusevangelium nicht selbst in Erscheinung tritt. Schließlich ist merkwürdig, dass der letzte Vers 16,8 nicht von österlicher Freude erfüllt ist, sondern von Zittern und Entsetzen, Flucht und Schweigen der Frauen erzählt. Während die anderen Evangelien „mit harmonischen und feierlichen Schlussakkorden"[612] enden, ist bei Markus das genaue Gegenteil der Fall. Das dissonante Ende seines Buches wurde schon in der Zeit der Alten Kirche als unbefriedigend empfunden; die sekundäre Fortsetzung in 16,9–20 aus dem 2. Jahrhundert ist ein Versuch der Glättung.

Warum aber wählt Markus diesen Schluss? Wohl aus mehreren Gründen. Einerseits geht es ihm vermutlich darum, die Leser zu aktivieren. Die Frauen in der erzählten Welt haben über das Osterereignis (zunächst) geschwiegen, die Leser aber sollen reden und verkündigen.[613] Der offene Schluss des Buches setzt somit einen wichtigen Leseimpuls; er stellt eine besondere Form der Motivation dar.[614]

Aber Markus dürfte noch einen weiteren Grund haben für dieses überraschende Ende. Es ist Ausdruck für seinen nüchternen Realitätssinn. Sowohl in der erzählten Welt als auch in der Welt der Leser hat die Auferstehungsbotschaft es schwer, geglaubt zu werden und sich durchzusetzen. Sie muss sich durchsetzen in einer Welt, die überwiegend von Hass, Gewalt und Tod dominiert wird – das Markusevangelium hat diese Realität in allen seinen Kapiteln und besonders in der Passionsgeschichte unmissverständlich zur Sprache gebracht. Sie muss sich Gehör verschaffen in einer Welt, in der der Auferstandene *selbst nicht sichtbar ist* und in der sich seine Nähe und Gegenwart allein demjenigen erschließen kann, der sich auf den Weg der Nachfolge begibt (10,52; 16,7).

---

[609] Zu beachten ist in diesem Zusammenhang die tröstliche Intention der zweiten Bootsgeschichte (6,45–52). Als sich die Jünger im Sturm verlassen und verloren fühlen, da naht Jesus und spricht zu ihnen: „Seid getrost, ich bin's; fürchtet euch nicht!" Vgl. auch die Frage Jesu in der ersten Bootsgeschichte (4,35–41): „Warum seid ihr so furchtsam? Habt ihr noch keinen Glauben?"

[610] Bemerkenswert ist, dass in der markinischen Ostergeschichte die Sonne aufgeht (16,2) und der Grabstein weggewälzt ist (16,4).

[611] WENDTE, *Entzogenheit*, 472 drückt es prägnant so aus: „In der Auferweckung vollzieht sich ein- für allemal die Überwindung der absoluten Verborgenheit Gottes durch die transformierende Teilhabe Gottes selbst hin zu einer Situation, in der die absolute Gottverborgenheit letztgültig überwunden ist – auch wenn die vielen Gottverborgenheiten der Gegenwart dem widersprechen."

[612] FRITZEN, *Gott*, 14.

[613] FRITZEN, *Gott*, 126 drückt es richtig so aus: „Ohne unsere Antwort bleibt das Evangelium in der Tat unvollständig; man kann das Buch daher auch kaum einfach schließen und weglegen, so als sei die Geschichte nun einfach beendet."

[614] EBNER formuliert es treffend so: „Das ist ... das Dilemma, das der Plot des MkEv aufbaut: Wer trägt die Botschaft weiter?" (ders./SCHREIBER, *Einleitung*, 163).

Im Übrigen ist der Osterbericht im Markusevangelium auch insofern ehrlich, als er dem Geschehen am Grab seinen geheimnisvollen, ja geradezu *unheimlichen* Charakter belässt. Unheimlich ist es, weil es die normalen menschlichen Denkvorstellungen und Maßstäbe sprengt. In den anderen Evangelien tritt dieses Unheimliche und darum auch Beängstigende dann mehr und mehr in den Hintergrund – zugunsten der österlichen Freude.[615]

---

[615] Du Toit hat in seinem Buch *„Der abwesende Herr"* eine These entwickelt, die eine eigene Erklärung für den eigentümlichen Osterbericht des Markus bieten will. Demnach versteht das Markusevangelium die Epoche nach Jesu Tod und Auferstehung als eine „Trauerzeit" (133), eine „Zeit des fehlenden Heils" (117), eine „Zeit ohne Jesus" (128), eine Zeit der „Einsamkeit" (246), „des Schweigens, des Unbeteiligtseins des Erhöhten am Schicksal der Seinen" (263). Du Toit beruft sich für diese These insbesondere auf Mk 2,20 und 4,26–29. Markus versuche nun mit seinem Evangelium eine Strategie zu entwickeln, mit deren Hilfe die bedrängende „Zwischenzeit" (437) bis zur Parusie bewältigt werden könne. Teil dieser Strategie sei es, auf Berichte über Erscheinungen des Auferstandenen zu verzichten und sie damit zu entwerten (442). Mit dessen Eingreifen sei in der Zwischenzeit ohnehin nicht zu rechnen (129). Darum seien die Adressaten des Evangeliums gehalten, „nicht nach dem Auferstandenen Ausschau zu halten, sondern sich an Jesu Evangelium zu erinnern und sich daran zu orientieren" (397). Markus wende sich bewusst gegen eine „wuchernde Osterüberlieferung" (402); aufgrund seiner Konzeption einer „Abwesenheitschristologie" (418) könne er „sachlich kein Interesse an einer mit der Auferstehung verbundenen Präsenz Jesu haben" (392). Statt dessen verweise er die Leser auf die durch das Evangelium vermittelte Lehrautorität Jesu – das Evangelium diene als „Ersatz Jesu" (444) – und auf die „paradigmatische Funktion" seiner Passion und die sich daraus ableitende „imitatio Christi als Verhaltensmodell in der Verfolgungssituation" (319). Mit seiner Sicht der absoluten Transzendenz des erhöhten Jesus unterscheide sich das Markusevangelium grundlegend „von breiten Schichten des frühesten Christentums, die mit der Gegenwart bzw. immanenten Transzendenz des Erhöhten rechnete [*sic!*]" (441, Anm. 37).
Die auf den ersten Blick faszinierende These von Du Toit geht in ihrer Summe aber nicht auf. Die Zeit nach Ostern ist für Markus nämlich keineswegs eine Zeit der Abwesenheit des Auferstandenen. Sie ist auch nicht heilsentleert (so mit Recht Schenke, *Markusevangelium*, 43, der betont: „An eine geheimnisvolle Anwesenheit des Auferstandenen ist durchaus gedacht … Die Basileia Gottes ist grundgelegt und verborgen anwesend"). Jesus verspricht seinen Jüngern am Abend vor der Kreuzigung, dass er nach der Auferstehung ihnen nach Galiläa vorangehen werde (14,27). Diese Zusage wird im Osterbericht durch den Himmelsboten bestätigt; zugleich wird den Jüngern zugesagt, dass es zu einem Wiedersehen mit ihrem Herrn kommen werde (16,7). Wenn Markus in seinem Evangelium zweimal mit fast identischen Worten dasselbe Ereignis ankündigt, dann hat dies natürlich besonderes Gewicht. Gemeint ist: Nach der Auferstehung wird erneut die Möglichkeit der Nachfolge eröffnet; Jesus schreitet voran und die Seinen dürfen „hinter ihm hergehen" und ihn „sehen". Mit anderen Worten: Wer sich auf den Weg der Nachfolge Jesu macht, darf damit rechnen, ihm zu begegnen und seine Wirklichkeit zu erfahren. So auch Jochum-Bortfeld, *Die Verachteten*, 236: „Für den Weg in die Nachfolge gilt ihnen [sc. den Jüngerinnen und Jüngern] die Begleitung des Auferstandenen als Beistand." Gerade indem die Zusage Jesu an seine Jünger in der erzählten Zeit nicht mehr eingelöst wird, bleibt sie offen für die Leser. *Diese dürfen also in der Zeit bis zur Parusie durchaus mit ihm rechnen, ja noch mehr: als seine Nachfolger sollen sie es sogar.* Die Nachfolge, die Du Toit durchaus angemessen „als eine existentielle Bindung an Jesus im Sinne einer Lebensgemeinschaft mit ihm" (440) charakterisiert, ist also auch nach Ostern möglich. (Erinnert sei in diesem Zusammenhang an die antike Vorstellung vom Zusammenleben (*convictus*) sogar mit verstorbenen Vorbildern in paganen Biographien; vgl. S. 42). Darüber hinaus sollen die Nachfolgenden wissen, dass sie nicht allein sind in ihrer Not und Bedrängnis. Bei Verhören vor jüdischen oder heidnischen Gerichten dürfen sie auf die Unterstützung des heiligen Geistes vertrauen (13,11). Natürlich ist die Zwischenzeit voller Ge-

11.4.5.5 Das Versuchungsmotiv in Mk 15,22–39

Am Kreuz macht Jesus die bedrückende Erfahrung der Gottesferne (15,34). Ausgerechnet im Augenblick der größten körperlichen und seelischen Not verbirgt sich der Vater vor ihm. Dass Gott seinen Sohn zu dem Zweck verlässt, um ihn auf diese Weise einer „Prüfung" zu unterziehen (vgl. 2 Chr 32,31; TestJos 2), ist ganz unwahrscheinlich; der Erzähler gibt dazu jedenfalls keinerlei Hinweis. Er macht nur deutlich, dass Jesus im Rahmen der Passion an seine eigenen Grenzen geführt wird, an die Grenzen des Glaubens und Vertrauens und auch des Gehorsams.

Zusätzlich wird Jesus am Kreuz noch mit einer speziellen Versuchung konfrontiert: der Forderung, vom Kreuz herabzusteigen (15,29–32). Im 8. Kapitel seines Evangeliums hatte Markus davon berichtet, dass Jesus eine Zeichenforderung der Pharisäer als Versuchung und Ausdruck des Unglaubens zurückgewiesen hatte (8,11–13). Die Versuchung, sich durch ein Zeichen zu legitimieren, begegnet ihm nun auf Golgatha erneut. Von mehreren Seiten wird sie an Jesus herangetragen: von Passanten, aber auch von Hohepriestern und Schriftgelehrten: Der angebliche Christus und König Israels soll vom Kreuz herabsteigen und so den Beweis erbringen, dass sein Anspruch zu Recht besteht; dann wären seine Gegner zum Glauben an ihn bereit.[616] Natürlich ist die Forderung im Munde der Feinde nichts anderes als beißende Ironie; für sie ist Jesus bereits „erledigt" und es geht ihnen nur noch darum, dem Gekreuzigten die Lächerlichkeit seines hoheitlichen Anspruchs vor Augen zu führen.[617]

Der Erzähler nennt die Zeichenforderung explizit eine „Lästerung", eine Blasphemie (15,29); sie ist also für ihn Ausdruck menschlicher Vermessenheit gegenüber dem Sohn Gottes und liegt damit auf einer Linie mit Lästerungen gegen Gott aus der Wüstenzeit des Volkes Israel (vgl. Ps 78,41ff; Jdt 8,21).

Jesus geht auf die Zeichenforderung der Feinde überhaupt nicht ein; er ignoriert sie einfach. Er legitimiert sich und seinen messianischen Anspruch nicht durch ein großartiges Schauwunder, wie es die Feinde von ihm verlangen, sondern ganz im Gegenteil durch seinen Dienst (10,45), seine Hingabe, sein Leiden und seine Erniedrigung, in denen sich die Schrift erfüllt (9,12).[618] So wird die heuchlerische

---

fahren für die Christen und geprägt von Ablehnung und Anfeindung; aber Widerstände gab es auch schon zu Lebzeiten Jesu (vgl. 6,11). Insofern ist es nicht sachgemäß, die vorösterliche Zeit im Sinne einer Heilszeit von der Zwischenzeit als Unheilszeit abzugrenzen, wie es DU TOIT tut (438). Hinzu kommt, dass die Phase bis zur Parusie auch die Zeit ist, in der das Evangelium in alle Welt gelangt (13,10), der Samen bis zu hundertfache Frucht bringt (4,8), das Senfkorn große Zweige treibt (4,32) und die Saat im Stillen aufgeht und wächst (4,27–29). Kann man unter diesen Umständen von einer heilsleeren Zeit sprechen? Heilsleer wäre sie nur dann, wenn Gott nicht die Fäden in der Hand behielte und auf diese Weise das Geschehen bis zur Parusie lenkte. Dies aber ist nicht die Überzeugung des Markus. Aus diesen Gründen kann ich mich der These von DU TOIT nicht anschließen.

616 Erneut zeigt sich hier, dass im Markusevangelium christologische Hoheitstitel und Versuchungsmotivik eng miteinander verzahnt sind (vgl. 1,11–13; 8,29.31ff).

617 Vgl. BERGER, *Theologiegeschichte*, 351: „Dass der Gekreuzigte kein Zeichen wirken kann, ist ... das besondere Thema des markinischen Kreuzigungsberichtes nach Mk 15,29–32. Jesus wird geschmäht, weil er sich nicht selbst retten kann. Diese Unfähigkeit wird den dabeistehenden Juden de facto zum Ärgernis. Ausdrücklich ist vom Nicht-Können die Rede (V.31 gr.: *ou dynatai*)."

618 Vgl. dazu BACKHAUS, *Heilsbedeutung*, 114: „Nicht die Katabase vom Kreuz ist das messianische Signum Jesu, sondern dessen gehorsam angenommener, bewusst vollzogener Tod als

Forderung der Gegner, durch Sehen zum Glauben zu kommen (15,32), abgewiesen. Jesus übergeht die feindliche Zeichenforderung auch in der Weise, dass er auf jede Form von verbaler Aggression gegen seine Opponenten verzichtet: er droht ihnen nicht, er ruft nicht das Gericht Gottes über sie herab. Jesu Antwort ist Schweigen, so wie er auch schon vor Pilatus den heftigen Anklagen der Hohenpriester mit Schweigen begegnet war (15,4f).[619]

An diesem Verhalten können sich seine Nachfolger ein Beispiel nehmen.[620] Für die Leser des Markusevangeliums bedeutet das konkret: in den akuten Bedrängnissen ihrer Existenz still zu halten und gegnerische Attacken, seien sie verbaler oder körperlicher Art, geduldig zu ertragen.[621] Feindliche Aggression selbst mit Aggression zu beantworten, das würde dagegen bedeuten, die Spirale der Gewalt weiter voranzutreiben. Jesu Beispiel lehrt etwas anderes. Er spricht nicht mit seinen Feinden; er spricht nur mit Gott, *seinem* Gott. Ihm klagt er rückhaltlos seine Verlassenheit. Jesus sucht unter dem Eindruck der Gottverlassenheit am Kreuz auch weiterhin im Gebet den Kontakt mit seinem himmlischen Vater.[622] Wie in Gethsemane, so wacht und betet er auch auf Golgatha – und bestätigt so durch sein eigenes Beispiel noch einmal, dass Wachsamkeit und Gebet die einzig verlässlich wirksamen Kräfte und Mittel gegen Not und Bedrängnis sind (14,38). In seinem Wachen und Beten, seinem Gehorsam gegenüber dem väterlichen Willen und seinem Schweigen gegenüber der Heuchelei, den Gewaltakten und dem Hohn seiner Feinde liefert Jesus den Seinen die Richtlinien für ihr eigenes Verhalten in Phasen der Passion. Sein Ethos gibt den Maßstab vor.[623]

Voll-Endung [*sic!*] seines Rettungswirkens." In diesem Sinne auch GIELEN, *Passionserzählung*, 183, die feststellt, dass sich gerade in der Schmach des Kreuzes mit allen demütigenden Begleiterscheinungen die „messianische Herrscherwürde [sc. Jesu] und seine göttliche Hoheit" bestätigen.

[619] Vgl. FRITZEN, *Gott*, 327: „Jesus erleidet ... die Passion in fast durchgängigem Schweigen." Auch darin hebt sich die markinische Passionsgeschichte von frühjüdisch-rabbinischen und frühchristlichen Märtyrerberichten deutlich ab, denen vielfach gerade an den „wortmächtige[n] Reden des Märtyrers" gelegen ist (HERRMANN, *Strategien*, 366). Vgl. auch COLLINS, *Mk*, 636: „This silence contrasts strongly with the didactic speeches of the protagonists in many accounts of noble death."

[620] Die Vorbildlichkeit des Verhaltens Jesu im Leiden unterstreicht 1 Petr 2,19–23, wo insbesondere seine Geduld und sein Schweigen rühmend hervorgehoben werden.

[621] THEISSEN, *Lokalkolorit*, 295 deutet die Passionsgeschichte zu Recht als „Konfliktparänese".

[622] Vgl. STEINS, *Klagen*, 11: Die Klage vor Gott „hält die widrige Wirklichkeit und Gott zusammen."

[623] Insofern ist für mich das Urteil von HERRMANN, *Strategien*, 363 nicht nachvollziehbar: „Das für antike biographische Literatur konstitutive Interesse an der Charakterisierung des Protagonisten, an seinem ἦθος, fehlt in der Markuspassion. Die Entwicklungslinien des Evangeliums, die in der Passion zusammenlaufen, betreffen Jesus nicht als Figur oder Charakter, sondern enthüllen sein Wesen als der Christus und Gottessohn (Mk 14,61f.) ... Will man also von einer Biographie sprechen, so nur in christologischer Engführung." Ein solch einseitiges Urteil, das die paradigmatische Dimension in der Darstellung des Leidens Jesu ausblendet oder gar bestreitet, wird der Aussageabsicht des Evangelisten nicht gerecht, weder was den Sinngehalt der Passionsgeschichte noch was den Charakter des Evangeliums als Ganzes betrifft.

12 Ergebnis und Ertrag

12.1 Das Profil des markinischen Versuchungsverständnisses

Das Versuchungsmotiv im Markusevangelium ist alles andere als ein simples, sondern vielmehr ein komplexes Phänomen.[1] Die Versuchung kann aus ganz verschiedenen Richtungen kommen und sehr unterschiedlichen Charakter annehmen. Entsprechend unterschiedlich sind auch die angewandten bzw. empfohlenen Strategien, mit denen den Versuchungen begegnet werden kann.

12.1.1 Der Ursprung der Versuchung

Markus erzählt in seinem Evangelium den irdischen Weg des Gottessohnes. Dieser Weg ist gesäumt von Auseinandersetzungen, Gefahren, Widerständen und Hindernissen. Dazu gehören auch die Versuchungen, mit denen Jesus es zu tun bekommt. Versuchungen dringen von allen Seiten auf ihn ein; es gibt deshalb im Grunde keine Zeit und keinen Ort, wo Jesus vor ihnen wirklich sicher ist.

Er hat seinen Weg noch gar nicht richtig begonnen, da wird er schon das erste Mal versucht (1,12f). Der Erzähler gibt sich recht wortkarg, was diese Versuchung betrifft. Er berichtet nur, dass sie in der Wüste stattfindet, vierzig Tage andauert und vom Satan ausgeht. Zugleich aber lässt der Erzähler durchklingen, dass auch Gott an dieser Versuchung seines Sohnes nicht ganz unbeteiligt ist. Es ist nämlich Gottes Geist, der Jesus an den Ort des Geschehens treibt und dort der Versuchung aussetzt. Die Art und Weise, wie Gott und der Satan beim Versuchungsgeschehen zusammenwirken, erinnert an die alttestamentliche Hiob-Novelle, wo der Satan eine Art Amtsträger inmitten des himmlischen Hofstaates ist und in dieser Funktion als „Schatten Gottes" und quasi als sein *alter ego* auftritt.[2]

Dass Gott nach der Überzeugung des Erzählers in der Tat seine Hand im Spiel haben muss, wird durch folgende Beobachtung erhärtet: Er ist die lenkende Instanz in der *gesamten* erzählten Zeit und Welt des Evangeliums, bis hin zu Tod und Auferstehung seines Sohnes. Gerade dieser Tod mit seinen bedrückenden Begleitumständen der Verspottung, Anspeiung und Geißelung (vgl. 10,34) folgt einem höheren Plan, dem göttlichen „Muss" (8,31). Und dieser Plan kommt zur Durchführung, sogar gegen das ausdrückliche und inständige Flehen des Sohnes (14,35f).

So wie Gott das Geschehen an seinem Ende lenkt, tut er das auch an seinem Anfang. Insofern ist es tatsächlich angemessen zu sagen, dass Jesus in der Wüste zumindest mittelbar von seinem Vater versucht wird.

Die aktive Rolle im Sinne der direkten Konfrontation aber übernimmt in der Wüstenszene der Satan. Allerdings ist dies das einzige Mal, dass er explizit vom Erzähler als Versucher Jesu genannt wird. Bei der Auseinandersetzung Jesu mit Simon Petrus taucht sein Name nicht im personalen, sondern lediglich im funktio-

---

1   So auch KLAUCK, *Vorspiel*, 93: „Der Reigen der verschiedenen ,Versuchungen' ist nicht so leicht auf einen Nenner zu bringen."

2   Vgl. dazu die Hinweise auf S. 98.

nalen Sinne des „Widersachers" auf (8,32f).[3] Schon gar nicht wird er mit dem Leiden und Sterben Jesu in Verbindung gebracht.

Ganz anders als der Satan treten die *menschlichen* Feinde Jesu im Markusevangelium *des öfteren* als Versucher auf. Insbesondere die Pharisäer betätigen sich in dieser
Weise (8,11; 10,2); einmal erfahren sie Unterstützung durch Anhänger des Herodes
Antipas (12,13; vgl. 3,6). Unter dem Kreuz sind es die Hohenpriester und Schriftgelehrten, gemeinsam mit namentlich nicht näher genannten Passanten, die durch
die Forderung, Jesus möge vom Kreuz herabsteigen und sie so zum Glauben führen, als Versucher agieren (15,29–32). Auch bei allen diesen aus notorischem Unglauben erwachsenen Versuchungen ist von einer Beeinflussung durch den Satan
im Erzählgang des Markusevangeliums keine Rede.[4] Die Gegner sind ganz allein
für ihr Tun verantwortlich.[5]

Entsprechendes gilt von den *Jüngern* Jesu. Keine Rede davon, dass sie bei Cäsarea Philippi vom Satan für seine Zwecke instrumentalisiert und fremdgesteuert
würden. Ihr Protest gegen Jesu Leidensankündigung wird als „menschlich", nicht
etwa als satanisch oder dämonisch gedeutet (8,33). Weil sie durch ihren Widerstand
aus der Nachfolge ausbrechen, erfahren sie anschließend in der Person des Simon
Petrus die Erneuerung des Rufs in die Nachfolge.

In den Versuchungen durch die Jünger und die Pharisäer zeigt es sich, dass Jesus *von Freund und Feind her* mit Versuchungen rechnen muss und auch damit konfrontiert wird. Die schwerste Versuchung im Sinne der Anfechtung aber kommt
ihm am Ende wieder vom himmlischen Vater her zu, diesmal allerdings – anders
als in 1,12f – ohne satanische Mitwirkung. In Gethsemane und auf Golgatha gerät
Jesus im wörtlichen und im übertragenen Sinne in die tiefste Dunkelheit hinein; sie
manifestiert sich im Schweigen des Vaters und in der Erfahrung der Gottverlassenheit.

Den Jüngern ergeht es im Markusevangelium nicht viel besser als ihrem Herrn.
Die größte Versuchung begegnet ihnen in Gestalt der Passion Jesu (14,27.38). Besonders schwer wiegt dabei der Umstand, dass für diese Passion im Evangelium
nicht nur die Feinde verantwortlich gemacht werden, sondern letztlich auch Gott
selbst (14,27). Indem Jesus den Jüngern sein Leiden und Sterben als göttlichen Plan

---

3   Vgl. dazu S. 213f.
4   Dies hat PESCH, *Anfang*, 142 richtig erkannt: „Dass Jesu Leben ein Leben voller Versuchun-
     gen ist, wird dem Leser des Markusevangeliums bald deutlich. Die Wundersucht (8,11), die
     Gesetzesauslegung (10,2) und die politische Einstellung (12,15) sollen Jesus zu Fallen wer-
     den. Doch stellt Markus die Versuchung Jesu nach 1,13 nicht mehr als Versuchungen durch
     den Satan dar, selbst nicht jenes ‚satanische' Ansinnen, das nicht die Gedanken Gottes, son-
     dern der Menschen sinnend, Jesus von seinem gottgewollten Leidensweg abzubringen ver-
     sucht (8,33)."
5   Ebenso urteilt GUTTENBERGER, *Gottesvorstellung*, 286: „Hinter der Ablehnung Jesu durch die
     Menschen ... steht kein Satan, steht nichts. Für das Böse, die Ablehnung Jesu und Gottes,
     für die ἀπιστία sind die Menschen selbst verantwortlich." Auch BAUMBACH, *Verständnis*, 50f,
     bestätigt: „Die Satanologie ... berührt weder die Kosmologie noch die Anthropologie noch
     die Ethik ... Es verdient Beachtung, dass das Böse als Sünde bei Markus nie mit dem Satan
     oder den Dämonen in Verbindung gebracht wird. Dadurch wird hervorgehoben, dass das
     Böse in dieser Form immer als Schuld des Menschen zu begreifen ist."

ankündigt (8,31), stürzt er sie in eine tiefe Aporie hinein. Ihre Hilf- und Ratlosigkeit zeigt sich sowohl in dem „menschlichen" Denken der Jünger, das den Tod Jesu nicht will (8,32f) als auch in ihrer Angst vor dem eigenen Leiden, die in Flucht (14,50) und Verleugnung (14,66–72) zum Ausdruck kommt.

Von einer Versuchung der Jünger durch den *Satan* ist innerhalb der erzählten Welt des Markusevangeliums keine Rede. Die Bewährungsprobe des Petrus im Hof des hohenpriesterlichen Palastes wird gar vom Jünger durch seinen vorangegangenen emphatischen Treueschwur (14,29) sozusagen selbst provoziert. Das bedeutet aber keineswegs, dass in der Gegenwart und Zukunft der *Leser* mit dem zerstörerischen Wirken Satans nicht zu rechnen wäre. Der markinische Jesus warnt ausdrücklich vor seinem Treiben (4,15), ebenso wie vor Lügenpropheten und falschen Messiassen, die den innergemeindlichen Frieden gefährden und zum Abfall verführen (9,42–48; 13,5f.21f). Und er mahnt die Gläubigen, auf sich selbst Acht zu haben und nicht den Gefahren von Unbeständigkeit, Leidensflucht oder übertriebenen Sorgen und Begierden zu erliegen (4,16–19).

12.1.2 Das Wesen der Versuchung

So vielfältige Ursprünge die Versuchung im Markusevangelium haben kann, so vielfältig sind auch ihr Wesen und ihre Ausprägungen.

Jesu Versuchung durch den Satan in der Wüste (1,12f) hat Prüfungscharakter. Zwar schweigt sich Markus über deren genauen Inhalt aus; die Affinität zur Hiob-Tradition und zur frühjüdisch-rabbinischen Abraham-Überlieferung legt jedoch die Vermutung nahe, dass Jesus unmittelbar nach seiner himmlischen Würdigung bzw. Berufung (1,11) auf seine Treue und seinen Gehorsam hin geprüft wird.[6] Prüfungen durch einen dämonischen Widersacher am Beginn des Weges sind ein religionsgeschichtlich verbreitetes Erzählmotiv, wie u.a. die Beispiele von Buddha und Zarathustra belegen. Sie zielen nicht zuletzt darauf, den Probanden von der Ausübung seiner Mission abzuhalten. Im Erzählduktus des Markusevangeliums spielt zusätzlich noch der endzeitliche Horizont (1,2f) eine Rolle, der nach allgemeiner frühjüdischer Überzeugung erhöhte Anstrengungen des Satans mit sich bringt.[7] Insofern überrascht es nicht, dass ihn das Erscheinen des Gottessohnes sogleich aktiv werden lässt. In der Auseinandersetzung mit dem Satan erprobt (und erweist) Jesus seine göttliche Macht, die ihm aus der Geistbegabung (1,10) zugekommen ist.

Im Übrigen bilden die vom Erzähler lediglich angedeuteten Versuchungen Jesu durch den Satan die späteren Konflikte und Auseinandersetzungen, die auf ihn zukommen werden, schon proleptisch ab. Sie signalisieren bereits, dass Jesu öffentlicher Weg voller Anfeindung, Mühsal und Last sein wird.[8] Dies ist für ein Leben im Dienste Gottes auch alles andere als untypisch, wie insbesondere die weisheitliche Überlieferung (Sir 2,1–3; Weish 3,4–6; Tob 12,13), aber auch die frühjüdisch-rabbinische Tradition (vgl. Jub 12–19; TestJos; GenR 55; NumR 15) nicht müde werden zu betonen.

---

6   Vgl. S. 161f.

7   Vgl. besonders die Texte der Qumran-Gruppe, z.B. 1QS 1,16–18; 3,20–23. Für das NT und speziell die dritte frühchristliche Generation vgl. Eph 6,11f; 1 Petr 5,8; Apk 12,12.

8   Vgl. in diesem Sinne auch STEGEMANN, *Nachfolge*, 219f.

Konflikte säumen den Weg Jesu in der erzählten Zeit von Anfang bis Ende. Zumeist sind es die Schriftgelehrten (als die Hauptopponenten) und die Pharisäer, die ihm mit ihren Anfeindungen zusetzen. Mal kämpfen sie mit offenem Visier (2,24; 7,5), mal aber auch rein provokativ, hinterhältig und heimtückisch. In den letztgenannten Fällen spricht der Erzähler des Markusevangeliums von „Versuchung".[9] Dies zeigt sich besonders deutlich bei der Steuerfrage (12,13–17), die nichts anderes ist als eine Falle.[10] Sie wird mit einer heuchlerischen *captatio benevolentiae* eingeleitet und ist darauf gerichtet, Jesus als politischen Unruhestifter und Aufrührer anklagen zu können. Dies zeigt sich aber auch bei der Frage nach der Ehescheidung (10,1–9), die scheinbar rein sachlich gestellt wird, in Wirklichkeit aber nur bezweckt, einen Widerspruch zwischen Jesu Ethos und der Tora – zumindest so, wie die Pharisäer sie verstehen – aufzuzeigen, um ihn als Lehrer zu disqualifizieren und unmöglich zu machen. Von diesen beiden Versuchungen hebt sich die dritte pharisäische Versuchung, die Zeichenforderung (8,11–13), ein wenig ab. Sie ist eine Versuchungsgeschichte in dem Sinne, dass Jesus eine Probe seines Könnens ablegen soll, um seine messianische Identität und Autorität zu erweisen. Auch bei dieser Versuchung geht es den Pharisäern nur darum, Jesus zu schaden. Mit einer Erfüllung der Forderung wird gar nicht gerechnet. Sie ist bloße Provokation und hat allein das Ziel, Jesus zu demütigen, seine Unfähigkeit und die Illegitimität seines Offenbareranspruchs aufzudecken. In noch stärkerem Maße gilt dies für die Zeichenforderung unter dem Kreuz, das Verlangen, Jesus möge vom Kreuz herabsteigen, um den Beobachtern den Glauben zu ermöglichen (15,29–32). Der Erzähler nennt dieses Verlangen (15,29) eine βλασφημία („Lästerung"). Aber auch ohne diesen Kommentar wüssten die Leser: Die Forderung ist der reine Hohn für den „König Israels" und nur dazu gedacht, den Delinquenten seine totale Hilflosigkeit und Ohnmacht fühlen zu lassen.

Die Versuchungen der menschlichen Feinde sind also allesamt *verlogen*. Ganz anders die Versuchung, die Jesus in der Person des Petrus von Seiten der Jünger widerfährt (8,32). Sie ist ehrlich und auf dem Hintergrund der Hoffnungen, die sich im Frühjudentum mit dem Kommen des Messias verbanden, auch verständlich (8,32).[11] Provozierend gefragt: Hätten die Jünger zur Ankündigung seines Leidens, seiner Verwerfung durch die Jerusalemer Honoratioren und seines Todes (8,31f) etwa beifällig nicken sollen? Ihr Protest ist ganz und gar „menschlich" (8,33). Der markinische Jesus aber reagiert in einer Unerbittlichkeit, wie er sie innerhalb der erzählten Welt nicht einmal gegenüber den Pharisäern und Schriftgelehrten an den Tag legt: ὕπαγε ὀπίσω μου, σατανᾶ („Hinweg, hinter mich, Satan!"). Diese ungewöhnlich scharfe Form der Reaktion muss die Leser hellhörig machen. Für sie drängt sich der Schluss auf: Die Versuchung, die Jesus in den Vorhaltungen des Petrus spürt, ist für ihn gefährlicher als die seiner unbelehrbaren menschlichen Gegner. Sie ist es erstens deshalb, weil sie aus den eigenen Reihen kommt. Und sie ist es zweitens aus dem Grunde, weil sie Jesus an der Erfüllung seiner Mission und seines väterlichen Auftrags hindern will: „Du denkst nicht, was göttlich, sondern was menschlich ist." Wenn es um den Willen Gottes geht, darf es nach der Über-

---

[9]   Vgl. dazu vor allem den Abschnitt 11.2.5.
[10]   Auf den parallelen Gebrauch von ὑπόκρισις und πειρασμός in 12,15 wurde auf S. 192, Anm. 204 hingewiesen.
[11]   Vgl. dazu S. 202f.

zeugung Jesu keinerlei Kompromisse geben. Diesem Willen gegenüber ist nur eine Haltung erlaubt: unbedingter *Gehorsam* (vgl. 14,36).

Nichtsdestoweniger muss Jesus nach der Darstellung des Erzählers in Gethsemane selbst darum ringen, sich in den Willen des Vaters zu fügen. Die Angst vor dem Leiden und Sterben drückt ihn zu Boden; sein kindliches Vertrauen und sein *Glaube* an den Vater, dem doch „alles möglich" (14,36) ist, erfährt ihre härteste Belastungsprobe. Diese Probe wird noch dadurch verschärft, dass sie in der Nacht und unter dem Eindruck totaler Verlassenheit geschieht. Jesu Jünger sind allen ihren anderslautenden Versprechungen zum Trotz in Schlaf gesunken. Aber auch der himmlische Vater verbirgt sich – er, dessen Nähe und Zuspruch Jesus in der Vergangenheit doch mehrfach als stärkend und ermutigend erfahren hatte (1,10f; 9,2–7). Jesus ist völlig allein; weder seine Rufe zum Vater noch seine Appelle an die Jünger (14,34.37f) finden Gehör. Ihn umgibt eine Mauer des Schweigens.

Allein ist Jesus dann auch dem Lügentribunal des Sanhedrin und der Willkür der römischen Soldaten ausgesetzt, die ihm eine Dornenkrone aufsetzen (15,17) und ihn zusätzlich mit zwei Leidensgenossen als einer Art „Hofstaat" umgeben (15,27). Allein wird er am Kreuz zur Zielscheibe des Spottes der Umstehenden (15,29–36). Die Erfahrung des Alleinseins kulminiert in der dreistündigen Sonnenfinsternis, in der sich für Jesus die Verlassenheit vom himmlischen Vater sichtbar manifestiert (15,33f). Unter diesem Eindruck der *totalen Verlassenheit,* die der Erzähler so eindrucksvoll schildert, lässt sich die gesamte Passion als eine einzige Herausforderung für den Glauben und Gehorsam des Gottessohnes begreifen.

Eine Herausforderung ist Jesu Passion auch für seine Jünger. Sie ist es deshalb, weil sie ihre messianischen Erwartungen konterkariert. Auch den Jüngern bleibt also die bittere Erfahrung nicht erspart, die schon Abraham (Gen 22,1–19) und das Volk Israel im Laufe seiner Geschichte immer wieder hatten machen müssen: als wolle Gott schon angebahntes Heil wieder zurücknehmen. Die Erwartungen der Jünger betreffen dabei nicht nur Jesus als den Christus, sondern in diesem Zusammenhang auch ihre eigene Jüngerrolle. Die Jünger wollen teilhaben am Glanz eines messianischen Herrschers. Ihrem Ehrgeiz (9,33f; 10,35–45) versetzt Jesu Leidensankündigung einen herben Dämpfer. Die Jünger wehren sich gegen Jesu Leiden zunächst erkenntnismäßig und im weiteren Verlauf des erzählten Geschehens dann auch ganz praktisch. Wie von Jesus prophezeit, wird ihnen sein Schicksal zum σκάνδαλον (14,27), dem sie sich durch Schlaf (14,37.40f) und Flucht (14,50) entziehen. Simon Petrus wird noch einer individuellen Bewährungsprobe unterzogen (14,66–72), indem ihm im Hof des hohenpriesterlichen Palastes seine Jüngerschaft auf den Kopf zugesagt wird. Er hätte die Möglichkeit, sich zu Jesus zu bekennen; aber aus Angst vor den möglichen Folgen entscheidet er sich anders, und das sogar mehrmals – bis hin zur Selbstverfluchung (14,71).

12.1.3 Strategien gegen die Versuchung

Der Erzähler begnügt sich nicht damit, Ursprung und Wesen der Versuchungen zu beschreiben. Er zeigt darüber hinaus Strategien zu ihrer Bewältigung auf. Jesu Verhalten erscheint in dieser Hinsicht als vorbildlich. Die Versuchungen durch den Satan in der Wüste (1,12f) erträgt er (offenkundig klaglos) vierzig Tage lang. Den Versuchungen der Pharisäer begegnet er mit Souveränität (8,12) und Schlagfertigkeit (12,17). In Fragen der Toraobservanz bleibt er unter Ausweis hoher Schriftkompetenz strikt am Willen Gottes orientiert (10,5–9). Bei allen diesen Versuchungen erweist er sich als Träger des göttlichen Geistes, aus dessen Vollmacht heraus er redet und handelt (vgl. 1,10f; 2,10; 11,28).

Unbedingte Gebundenheit an den göttlichen Willen beweist er auch bei der Konfrontation mit Simon Petrus (8,31–33); seine Reaktion auf die Vorhaltungen des Jüngers ist von singulärer Entschiedenheit und Vehemenz. Noch in Gethsemane zeigt er sich dem Vater gehorsam. Seine Angst lässt er ins Gebet münden. Darin bittet er Gott zwar um Verschonung, sichert aber gleichzeitig zu, dass er sich dem Willen des Vaters beugen wird (14,35f.39). Am Kreuz verzichtet er auf jede Polemik gegen seine Feinde und Widersacher. Er spricht nur noch mit dem himmlischen Vater; seine letzten Worte sind ein Psalmgebet (15,34).

Das Verhalten der Jünger ist innerhalb der erzählten Welt dagegen oft alles andere als vorbildlich. Ihr Unverständnis und unbeständiger Glaube, der das ganze Evangelium durchzieht, kulminiert angesichts des Passionsgeschehens. Dabei hat ihnen der markinische Jesus deutlich zu verstehen gegeben, wie sie der Versuchung Herr werden können: „Wachet und betet, damit ihr nicht in Versuchung kommt!" (14,38). Diese Aufforderung knüpft erzählerisch an die wiederholte Mahnung zum Wachen in der „kleinen Apokalypse" (Mk 13,33.35.37) an. Wachen und Beten sind also die probaten Mittel gegen Versuchungen, die Gottvertrauen und Treue ins Wanken bringen können. Umso schlimmer, dass die Jünger in der erzählten Zeit des Evangeliums *nicht ein einziges Mal* wachen und beten. Sie versäumen es auch in Gethsemane; anstatt zu wachen, schlafen sie. Der Kontrast zwischen der Paränese in Mk 13 und dem tatsächlichen Jüngerverhalten in Mk 14 könnte deutlicher nicht sein. Das Scheitern der Jünger in der Stunde der Gefahr (14,50) ist die zwangsläufige Folge.

12.1.4 Das Ziel der Versuchung

In Jesu öffentlichem Auftreten bricht sich das Reich Gottes auf Erden Bahn. Der Ruf, mit dem er die Bühne betritt (1,15), hat programmatischen Charakter: „Die Zeit ist erfüllt und das Reich Gottes ist genaht; tut Buße und glaubt an das Evangelium!" Die markinische Erzählung beschreibt anschaulich, dass Gottes Basileia schon zeichenhaft in Jesu charismatischem Lehren und Handeln gegenwärtig ist, wobei Reden und Tun eng aufeinander bezogen sind (1,27). Besondere Heilsqualität besitzen die Heilungs-, Rettungs- und Speisungswunder (vgl. 1,40–45; 2,1–12; 3,1–6.9; 4,35–41; 5,1–20.21–43; 6,30–56; 7,24–37; 8,1–9.22–26; 9,14–27; 10,46–52). Sie vor allem machen deutlich, worauf alles Tun Jesu gerichtet ist: die Menschen aus ihren alten Bindungen zu befreien – vom Satan, von den Dämonen, von ihren Zwängen, Leiden und Nöten (vgl. z.B. 1,23–26; 3,22–27; 5,1–20). Um der Erlösung der Menschen willen nimmt Jesus auch die Widerstände und Versuchungen auf sich, die seinen irdischen Weg säumen – bis hin zu seinem Leiden und Sterben, der äußersten Herausforderung für sein Gottvertrauen und seinen Gehorsam (14,32–42; 15,22–39). *Die Versuchungen und Leiden haben ihren Ort innerhalb des großen Bogens, den die markinische Erzählung schlägt – von der Taufe im Jordan bis zum Kreuz auf Golgatha. Sie stehen im Zeichen der Treue Jesu gegenüber dem gottgewollten, schriftgemäßen Weg (8,31–33; 9,12.31f; 10,33f; 14,49) und seines Dienstes an den Menschen und für sie (10,45).*

Aber mit ihnen ist die Geschichte des Gottessohnes auf Erden nicht zu Ende. Der Weg Jesu führt *„per aspera ad astra"*. Dieser Weg, der die Leser nicht nur an den

Weg Abrahams (vgl. Jdt 8,22f Vulg.) und Hiobs (vgl. TestHiob 4,4–11; 52,2–10) erinnnern dürfte, sondern – sofern sie in der antiken Sagenwelt bewandert sind – auch an den Weg des Herakles, dessen Leben ja auch von gottgewollten Prüfungen gesäumt war[12], mündet in die Auferstehung und Erhöhung. Darin finden Gehorsam und Treue Jesu nicht nur ihren himmlischen Lohn (vgl. Phil 2,5–11); es ist außerdem so, dass der Vater sich in einzigartiger Weise zu seinem Sohn bekennt und ihn – gegen allen menschlichen Unglauben und Spott (6,1–6; 14,63–65; 15,29–32) – in seiner Identität und Sendung bestätigt und rechtfertigt (14,62). Erwartet wird, dass in der Parusie des Gottes- und Menschensohnes dessen Erhöhung dann vor aller Augen offenbar werden wird; dann erst wird auch die Herrschaft Gottes auf Erden universale und unabweisbare Realität sein (8,38; 13,24–27). Die Basileia ist nicht nur eine gegenwärtige, sondern auch eine zukünftige Größe, deren endgültige Aufrichtung noch aussteht (4,29.32; 9,47; 10,23; 14,25; 15,43), aber in naher Zukunft erwartet wird (9,1; 13,30).

Was für Jesus gilt, das gilt in adäquater Weise für die Seinen: Wie sie seine Mission fortführen, indem sie in seinem Namen die Umkehr predigen, heilen und von Dämonen befreien (3,14f; 6,7–13; 13,10), so müssen sie wie er auch durch Entbehrungen, Versuchungen und Leiden hindurch (10,28.39; 13,9.11–13; 14,38). Aber sie dürfen dabei auf den Beistand des heiligen Geistes hoffen (13,11) und darauf, dass nach allen überstandenen Leiden und Mühen der himmlische Lohn in Gestalt des ewigen Lebens auf sie wartet (8,35; 9,41; 10,29–31.40; 13,13). Dazu wird sie der Menschensohn bei seiner Parusie sammeln (13,27), während die Ungläubigen des Heils verlustig gehen (4,11f.25).

12.1.5 Die markinischen Versuchungsgeschichten als Botschaft an die Leser

Die Leser des Markusevangeliums können aus den Versuchungsgeschichten vieles für ihr eigenes Leben und ihre persönliche Situation lernen. Auch sie sehen sich mit Versuchungen und Herausforderungen unterschiedlichster Art konfrontiert.[13] Was der markinische Jesus im Evangelium vorausgesagt hat, das ist für sie längst Wirklichkeit geworden. Sie merken, dass das Evangelium vom gekreuzigten Gottessohn es schwer hat, sich durchzusetzen, und ahnen dahinter die gegenläufige Aktivität des Satans (4,15). Sie spüren Bedrängnis und Verfolgung am eigenen Leibe; einigen in den Gemeinden mögen die Repressalien bereits so zugesetzt haben, dass sie abgefallen sind (4,16f). Sie merken, wie schwierig es ist, die Zukunft wirklich vertrauensvoll in Gottes Hand zu legen und wie die Sorgen des Alltags sowie materielle Wünsche und Interessen die Freude am Evangelium zu ersticken drohen (4,19). Sie spüren die Verunsicherung, die Irrlehrer, falsche Propheten und selbsternannte Christusse mit ihren Weltuntergangsszenarien in die Gemeinden hineintragen (9,42–48; 13,5f.22). Sie leiden an der rauen Wirklichkeit, die geprägt ist von Krieg, Zerstörung und Gewalt, und haben Mühe mit dem Ausbleiben des Reiches Gottes (13,4). In diesen für die dritte frühchristliche Generation typischen Erfahrungen und Nöten sind sie auf Trost, Orientierungs- und Glaubenshilfe angewiesen.

---

12 Vgl. dazu S. 74.
13 Vgl. dazu die Hinweise in Abschnitt 8.3.

Die Versuchungsgeschichten des Markusevangeliums vermitteln genau diese Hilfe. Sie erzählen, dass Jesus und seine Jünger auch schon mit Versuchungen zu kämpfen hatten. Sie berichten davon, dass der Satan und die Pharisäer dem Gottessohn genauso zugesetzt haben wie jetzt den Leserinnen und Lesern. Sie verschweigen auch nicht, dass die gefährlichste Versuchung für Jesus aus den eigenen Reihen kam. Sie schildern ganz offen und unverhohlen, dass die Jünger und auch Jesus selbst Angst hatten. Sie berichten vom inneren Ringen Jesu mit dem himmlischen Vater und dessen Willen. Sie teilen sogar mit, dass sich Jesus, der Sohn Gottes, in den Stunden der äußersten Pein von seinem Vater verlassen fühlte. Und sie erwähnen nicht zuletzt, dass der messianische Anspruch des Gekreuzigten schon auf Golgatha bei der überwältigenden Mehrheit der Beobachter Hohn und Spott hervorgerufen hat.

Bei der Lektüre bzw. dem Hören dieser Geschichten erfahren die Leser/Hörer: In aller Not, die sie trifft, widerfährt ihnen nichts Seltsames (vgl. 1 Petr 4,12). *Es setzt sich vielmehr in ihrem eigenen Leben fort, was auch Jesus und seine Jünger schon erlebt haben.* Anders ausgedrückt: *In den Versuchungen Jesu und der Jünger erkennen die Leser ihre eigenen Erfahrungen, ihre äußeren und inneren Kämpfe wieder.*[14]

Ein Weiteres kommt hinzu. Nach Darstellung des Markusevangeliums hat Jesus alle Bedrängnisse schon im Voraus angekündigt (4,15–19; 9,42–48; 13,5–23) und unmissverständlich darauf hingewiesen, dass es Nachfolge ohne Kreuz und Leiden nicht geben könne (8,34f). So helfen das Evangelium als Ganzes und die Versuchungsgeschichten im Besonderen den Lesern dabei, ihre eigene Situation zu deuten und zu verstehen. Und sie geben Hinweise, wie sich mit den Versuchungen und Bedrängnissen fertig werden lässt: indem man sie geduldig erträgt, auch wenn sie längere Zeit andauern (1,12f). Indem man sich im Streit mit jüdischen Vertretern und Gemeinden nicht wegduckt, sondern der Auseinandersetzung stellt und dabei kompromisslos am Willen Gottes orientiert bleibt (10,5–9; 12,17). Indem man Anfeindungen und Verdächtigungen aus dem engeren familiären Umfeld von vornherein einkalkuliert (3,20f; 13,12). Indem man Einschüchterungsversuche und Provokationen von gegnerischer Seite souverän zurückweist (8,12). Indem man über den innergemeindlichen Frieden wacht und Störfaktoren und Ärgernisgeber wie z.B. Falschpropheten radikal ausgrenzt (9,42–48). Indem man sich von den Sorgen des Alltags und Begierden aller Art nicht beherrschen lässt (4,18f). Indem man vor dem Leiden nicht flieht, sondern es um der Gemeinschaft mit Jesus willen und in seiner Nachfolge gehorsam auf sich nimmt (8,34). Indem man sich in den Willen Gottes fügt, so rätselhaft und unbegreiflich er mitunter auch sein mag (14,35f). Indem man dabei seine Angst und Not nicht für sich behält, sondern sie im Gebet vor Gott offen ausspricht (14,35f.39; 15,34). Und indem man in aller Not und Bedrängnis auf den Beistand des heiligen Geistes hofft (13,11).

Jesu letzte Mahnung an die Seinen, der eindringliche Ruf zum Wachen und Beten (14,38), ist in der erzählten Zeit und Welt von den Jüngern nicht eingelöst worden. *Sie wartet darauf, dass die Leser sie einlösen.* So werden sie allen Versuchungen standhalten – bis der Menschensohn wiederkommt (13,24–27). Und sie werden das Ziel erreichen, das ihnen zugesagt ist: die eschatologische Rettung (13,13).

---

[14]   Aus dieser Wahrnehmung resultiert D. BONHOEFFERS bekannte Feststellung: „Keinen Weg lässt er [sc. Gott] uns gehen, den er nicht selbst gegangen wäre und auf dem er uns nicht voranginge" (ders., *Predigten*, 407f).

12.1.6 Die markinischen Versuchungsgeschichten im Verhältnis zur alttestamentlich-jüdischen und paganen Tradition

Die markinischen Versuchungsgeschichten sind nach meiner Überzeugung sowohl durch die alttestamentlich-frühjüdische Tradition als auch durch die pagane Tradition – als einem wesentlichen Bestandteil der damaligen literarischen Welt – beeinflusst worden.

Ausgerechnet für die so knapp gehaltene Versuchungsszene in der Wüste (1,12f) können besonders viele Einflüsse unterschiedlicher Provenienz angenommen werden. Neben der frühjüdisch-rabbinischen Abraham-Überlieferung und der Hiob-Tradition, die das Versuchungsmotiv eng mit der Berufung bzw. der besonderen Würdigung des Probanden verbinden, ist vor allem das religionsgeschichtlich verbreitete Erzählmotiv von den Versuchungen großer Männer in ihrer Jugend bzw. vor ihrem öffentlichen Auftreten bedeutsam (siehe die Überlieferungen von Buddha und Zarathustra, insbesondere aber die von Herakles, der wie Jesus vor Antritt seines Weges in einer einsamen Gegend mit der Versuchung konfrontiert wird).[15] Jeweils stehen die Probanden dabei vor einer *Wahl* (im Sinne einer Grundsatz-Entscheidung) und stellen so die Weichen für ihren weiteren (Lebens-)Weg. Die Zahl 40 und der Topos „Wüste" lassen an die alttestamentliche Mose- und Eliatradition (Ex 24,18; 34,28; 1 Reg 19,8) denken, vor allem aber an die vierzigjährige Wüstenwanderung des Volkes Israel, wie sie besonders im dtrG als eine Epoche fortwährender Versuchung beschrieben wird (Dtn 8,2). Auch andere Züge der Versuchungsszene wie der Engeldienst erinnern an die Wüstentradition des Volkes (Ps 78,25; Weish 16,20) und an die Elia-Geschichte (1 Reg 19,5–8). Die Erwähnung der Tiere in der markinischen Versuchungsszene dürfte am ehesten auf TestNaph 8,4.6 zurückgehen; dort werden diese wie im Markusevangelium mit dem Satan und dienstbaren Engeln in einem Atemzug genannt. Die Wüste gilt innerhalb der jüdischen Überlieferung traditionell als Heimat wilder Tiere (Dtn 8,15). Das Auftreten Satans fügt sich gut in den von Markus skizzierten apokalyptischen Zusammenhang (1,2f). Eher unwahrscheinlich ist dagegen die häufig in der Forschung vertretene Adam-Christus-Typologie, als sei das in 1,12f erzählte Geschehen in Entsprechung zu frühjüdisch-rabbinischen Vorstellungen im Sinne der Wiederherstellung des paradiesischen Zustands zu verstehen.[16]

Leider macht es die Kürze der markinischen Versuchungsszene so gut wie unmöglich, ihr Verhältnis zu den genannten Traditionen noch genauer zu bestimmen. Das Auffälligste an ihr ist eigentlich eben diese Kürze selbst, gerade im Vergleich mit den ausführlichen Darstellungen, die Matthäus und Lukas bieten. Die Knappheit hat nicht nur damit zu tun, dass Markus Q nicht zur Verfügung hatte. Sie hängt auch damit zusammen, dass der Satan als Person im Erzählgang des Markusevangeliums nicht die zentrale Rolle spielt, die ihm in der Forschung gelegentlich zugeschrieben wird. Nach der Versuchungsszene verschwindet er als aktiv handelnde Erzählfigur vollständig aus dem Evangelium. Nur sein Name wird noch gelegentlich genannt, mal von Jesus (vgl. 3,23.26; 4,15; 8,33), mal von den Schriftgelehrten (3,22). Die Exorzismen Jesu, die im Markusevangelium teils summarisch, teils szenisch geschildert werden, sind keine echten Dämonenkämpfe mehr; die

---

15 Vgl. S. 74.159f.
16 Vgl. dazu S. 165.

bösen Geister beugen sich nahezu widerstandslos dem Charisma des Gottessohnes. Am auffälligsten aber bleibt die Beobachtung, dass der Satan mit der Passion Jesu nicht das Geringste zu tun hat.[17]

Die Art, wie im Markusevangelium an den wenigen Stellen vom Wirken Satans die Rede ist, steht zwar nicht im Widerspruch zur späten alttestamentlichen und zur frühjüdischen Tradition. *Allerdings bekommt sein Wirken beim Evangelisten Markus längst nicht das Gewicht, das ihm gerade innerhalb der frühjüdischen Apokalyptik (und auch im übrigen NT) häufig zugemessen wird.* Sein Tun wird eher vage beschrieben (1,13; 4,15); er wird weder als Ankläger der Gläubigen vorgestellt noch als derjenige, der ihnen den Tod bringt. Auch von einer ausgeführten Angelogie resp. Dämonologie kann im Markusevangelium nicht die Rede sein. Anders als in äthHen 6; 69 oder in TestSal[18] wird weder der Engelfall thematisiert noch werden die schädigenden Wirkungen der Dämonen eigens aufgeschlüsselt. Zu allen diesen Beobachtungen passt, dass „Versuchung" – für das frühjüdische Denken *das* Haupttätigkeitsfeld Satans schlechthin – nach der Darstellung des Erzählers weniger ein satanologisches bzw. dämonologisches als vielmehr ein *anthropologisches* Phänomen ist (vgl. 7,20–23; 8,33).

Was nun die vielen zwischenmenschlichen Auseinandersetzungen anbetrifft, in die Jesus verwickelt ist, so wecken sie gerade in Verbindung mit seinem Todesschicksal Erinnerungen an die prophetische und weisheitliche Überlieferung des Judentums, aber auch an die pagane biographische Tradition, speziell an die Philosophenviten (Sokrates, Demonax, Diogenes von Sinope).[19] Die im Markusevangelium dargestellten Debatten und Belehrungen folgen in ihrem Grundmuster häufig dem jüdischen Schulgespräch: Frage an den Lehrer; Gegenfrage; Antwort der Fragesteller; abschließende Antwort des Lehrers (vgl. 10,1–9; 12,13–17; 11,27–33). Sie lassen sich von ihrem pointierten Charakter her aber nicht selten auch als erweiterte Apophthegmata und Chrien bestimmen (vgl. neben 12,13–17 z.B. auch 2,18–22.23–27; 7,17–23; 12,35–37.41–44). Für die mit dem signifikanten Lexem πειράζω dezidiert als *Versuchungen* Jesu charakterisierten Gespräche im Markusevangelium finden sich vergleichbare Erzählvorgänge wiederum sowohl in der jüdischen als auch in der paganen Tradition. *Testfragen* wie in 10,2 und 12,14 kennt auch die antike Mythologie; sprachlich evident ist dabei die Verbindung der griechischen Begriffe ἐρωτάω (inkl. Komposita) und πειράω (vgl. Hom.Od. 24,238; Hdt. 1,46,3). Die Versuchung im funktionalen Sinne der heimtückischen *Fangfrage* ist aus der homerischen „*Odyssee*" bekannt (Hom.Od. 9,281). *Zeichenforderungen* zum Zwecke der Identitätsprüfung werden ebenfalls – und sogar mehrfach – in der „*Odyssee*" erzählt (Hom.Od. 23,173ff; 24,327ff); HOMER gebraucht in diesem Kontext den Begriff σῆμα, Markus in 8,11f ohne sachlichen Unterschied dazu den Begriff σημεῖον. Anders als im Evangelium geht es in der „*Odyssee*" allerdings nie um die *himmlische* Legitimation des Probanden. Eine Zeichenforderung zum Erweis der göttlichen Beauftragung wird jedoch aus dem Leben des Mose berichtet (Ex 4,1–9.30f; 7,9). Die rabbinische Tradition lässt mehrfach den engen Zusammenhang von Zeichenforderung und *Messiaserwartung* erkennen (bSan 93b; 98a). Speziell für

---

[17]   Das ist im Lukas- und Johannes-Evangelium ganz anders (vgl. Lk 22,3.52f; Joh 13,2.27). BAUMBACH, *Verständnis*, 41 notiert zu Recht: „Markus führt ... das ganze Leidensgeschehen auf Gott zurück, ohne irgendwelche Zugeständnisse an einen Dualismus zu machen."

[18]   Vgl dazu die Hinweise auf S. 100–102.

[19]   Siehe dazu S. 32f.

die Zeichenforderung in Mk 15,29–32 mag Weish 2,17–20 Pate gestanden haben. Diese Zeichenforderung gegenüber dem gerechten Gottessohn wird vom Erzähler als „Lästerung" (βλασφημία) bezeichnet und damit als Ausdruck menschlicher Vermessenheit und Hybris und als eine Verletzung der Ehre Gottes selbst; eine solche Bewertung lässt wiederum an die alttestamentliche und frühjüdische Tradition denken (vgl. Num 14,11; 1QpHab 10,13; 4Q501,6). Auch in der antiken Mythologie kann das Ansinnen, göttliche Wesen auf ihre Fähigkeiten hin zu testen, den Makel der Hybris und des Frevels tragen (vgl. vor allem die Tantalossage).

Dagegen haben diejenigen Versuchungen von Seiten der Feinde, die aus der frühjüdischen *Märtyrertradition* bekannt sind (vgl. neben den rabbinischen Zeugnissen v.a. 2 Makk 6,18–7,42; 4 Makk 5–18 und MartJes 5), keine wirkliche Entsprechung im Markusevangelium. Bei ihnen handelt es sich um Versuchungen von der Art, dass sie den/die Protagonisten zum Abfall vom Gesetz (und damit zum Abfall von Gott) verleiten wollen. Zum Lohn versprechen sie Verschonung vom Martyrium. Jesus jedoch wird nicht gezielt zum Gesetzesbruch animiert. Ebensowenig wird ihm auf diesem Wege die Chance eingeräumt, seinem Schicksal zu entkommen; und er stirbt nicht aufgrund seiner Gesetzestreue.

Für Jesu Versuchung durch Petrus in Mk 8,32f lassen sich am ehesten wieder die Hiob-Novelle sowie die an sie anknüpfende Schrift TestHiob als Vorbilder anführen. Die Gemeinsamkeit besteht darin, dass die engsten Vertrauten und Freunde für den Protagonisten zum Problem werden, indem sie sich Gott und seinem Willen in den Weg stellen (Hi 2,9; TestHiob 25,9f; 41,5). Die Reaktion, die von Hiob erzählt wird (Hi 2,10; TestHiob 26,1–6), erinnert in ihrer Schroffheit und teilweise auch im Vokabular (σατανᾶ) an die Antwort Jesu gegenüber Simon Petrus. Anders als in der Hiob-Tradition ist jedoch im Markusevangelium nicht daran gedacht, dass der Satan als Person sich einzelner Menschen bemächtigt und sich durch sie artikuliert bzw. durch sie handelt; schon gar nicht kennt das Markusevangelium die Vorstellung, dass der Satan sich als Mensch verkleidet und so in das Geschehen eingreift (vgl. dagegen TestHiob 6,4–7,13; 23,1).

Ohne wirkliches Vorbild oder Äquivalent in der jüdischen und paganen Tradition ist die markinische Passionsgeschichte mit den wichtigsten Eckpunkten Gethsemane und Golgatha.[20] Dies ist umso bemerkenswerter, als die Passionsgeschichte narratologisch zahlreiche alttestamentliche Motive *implizit* aufgreift und Jesu Sterben auf diese Weise in Anlehnung an die Tradition vom „leidenden Gerechten" beschreibt und für „Insider" als schriftgemäß erweist.[21] Trotz dieser intertextuellen Bezüge hat der markinische Passionsbericht sein ganz eigenes Gepräge. Die Gethsemane-Szene lässt ein wenig an die Erzählung von Elia in der Wüste denken, den nach langem, unermüdlichem Eintreten für den Willen und die Ehre Gottes plötzlich die Angst überfällt (1 Reg 19,3). Aber während Elia Gott im Gebet um den Tod bittet (1 Reg 19,4), ist es gerade die Furcht vor dem Tod, die Jesus zu Boden zwingt. Dieses Furchtmotiv ist ein Spezifikum im Passionsbericht des Markus; es widerspricht der antiken *ars moriendi*, wie sie z.B. von Sokrates in PLATONS „*Phaidon*" existenztypisch und paradigmatisch verkörpert wird. Pagane und frühjüdische (und auch frühchristliche)

---

20 Ebenso THEIßEN, *Lokalkolorit*, 132: „Die Passionsgeschichte ist in der ganzen antiken Literatur ohne Analogie."

21 Vgl. VON BENDEMANN, *Gestalt*, 426: „Die Schrift als Legitimationsgröße wird auf das Christusereignis, insbesondere das Leiden und Sterben Jesu, hin transzendiert."

Märtyrerberichte überbieten sich, wie aufgezeigt wurde[22], gegenseitig, wenn es darum geht, den Mut und die Furchtlosigkeit ihrer Protagonisten zu schildern; dazu werden auch die ihnen zugefügten Foltern und Misshandlungen in großer Breite dargestellt. Die „Helden" verachten die Qualen und den Tod; die Peinigungen machen ihnen nicht das Geringste aus; gelegentlich beschimpfen sie ihre Widersacher oder drohen ihnen das Gericht an. Gerade auf ihren wortmächtigen Reden liegt zumeist ein besonderes Gewicht in der Darstellung. Beim markinischen Jesus findet sich nichts von alledem. Er hat Angst vor dem Sterben – eine für Stoiker wie für Kyniker gleichermaßen befremdliche wie beschämende Einstellung – und gegenüber seinen Feinden verstummt er immer mehr. Der Akt der Kreuzigung selbst wird von Markus so knapp erzählt wie nur möglich. Der Erzähler schildert Jesus also nicht als Helden im üblichen Sinne, weder in Gethsemane noch auf Golgatha. Außerdem stirbt Jesus unter dem Eindruck der Gottverlassenheit. Dass Gerechte vor der Erfahrung der Gottverlassenheit grundsätzlich nicht gefeit sind, weiß zwar auch die alttestamentliche und frühjüdische Tradition (vgl. 2 Chr 32,31; TestJos 2); innerhalb der frühjüdisch-rabbinischen Märtyrertradition aber taucht dieses Erzählmotiv der Gottverlassenheit nicht auf, ja es ist dort geradezu *undenkbar*!

Auch die Untreue der Jünger, die der für sie mit Jesu Passion einhergehenden Glaubens- und Treueprobe nicht gewachsen sind, hat nirgends eine Entsprechung in der paganen oder alttestamentlich-frühjüdischen Tradition. Sie widerspricht zutiefst der antiken Freundschaftsethik (vgl. Sen.ep. 9,10). Hinsichtlich der paganen Überlieferung besteht, wie wir sahen[23], noch die größte Nähe zu PLUTARCHS „*Phokion*" und „*Brutus*". Umso bemerkenswerter sind aber die Abweichungen. In PLUTARCHS „*Phokion*" fliehen Freunde des Protagonisten zwar auch bei dessen Gefangennahme; allerdings haben sie weder zuvor Treue geschworen noch ist sie ihnen abverlangt worden (Plut.Phok. 34). Im „*Brutus*" artikuliert der Protagonist nach der letzten verlorenen Schlacht seine Freude darüber, dass keiner seiner Freunde von ihm abgefallen sei. Bevor er sich dann – ähnlich wie Jesus – mit seinen engsten Vertrauten zurückzieht, treibt er die übrigen an, sich selbst zu retten; dann begeht er Selbstmord (Plut.Brut. 52). Die jüdische Tradition wiederum kennt bewegende Beispiele von (Freundschafts-)Treue und Solidarität in Situationen der Gefahr (vgl. 1 Sam 18–20; 2 Makk 7; 4 Makk 8–12); das Gegenteil jedoch kennt sie nicht: dass der Protagonist im Moment der schwersten Krise von seinen engsten Vertrauten und Freunden im Stich gelassen und verleugnet wird. Auch unter diesem Gesichtspunkt betrachtet, steht der markinische Passionsbericht somit ohne Vorbild da.

12.1.7 Die markinischen Versuchungsgeschichten in kanonischer Perspektive

12.1.7.1 Die Rolle des Satans

Jesu Versuchung durch den Satan in der Wüste wird von Johannes gar nicht, von Matthäus und Lukas dagegen weitaus detaillierter als bei Markus erzählt. Konkret werden dort jeweils drei Gesprächsgänge geschildert, die zeigen, wie Jesus sich gegenüber den Verlockungen des Satans behauptet. Die Rolle Satans respektive des

---

[22]   Vgl. S. 238–240.
[23]   Vgl. S. 225f, Anm. 355; S. 237, Anm. 420.

Teufels hat vor allem Lukas in seinem Evangelium überhaupt viel stärker gewichtet als Markus. Bei Lukas kann keine Rede davon sein, dass der Teufel nach der Wüstenszene aus dem Evangelium verschwindet. Er zieht sich nur vorübergehend (ἄχρι καιροῦ) von Jesus zurück (Lk 4,13), um die direkte Auseinandersetzung bei sich bietender Gelegenheit in verstärktem Maße wieder aufzunehmen. Er plagt die Menschen durch Leiden und Gebrechen (Lk 13,16; vgl. auch Act 10,38); außerdem ist er Inhalt einer gewaltigen eschatologischen Vision Jesu (Lk 10,18). Die erneute Chance zum aktiven Eingreifen nutzt er dann im Rahmen der Passion. Der Verrat Jesu erfolgt auf seine Initiative hin; Judas, der Verräter, ist sein persönliches Werkzeug (Lk 22,3).[24] Auch nach Jesu Auferstehung und Himmelfahrt ist er in der Gemeinde weiter am Werke (Act 5,3).

Die Lehre von einer aktiven Rolle des Satans im Zusammenhang mit dem irdischen Leben und der Passion *Jesu* ist im NT ansonsten nur gering ausgeprägt.[25] Speziell die Passion wird eher unter soteriologisch-sühnendem Aspekt betrachtet (vgl. z.B. Röm 3,25; 1 Kor 15,3; Eph 1,7; Kol 1,20; Hebr 9,26–28) und weniger im Sinne eines Konflikts zwischen Jesus und dem Satan. Eine Ausnahme stellt allenfalls Hebr 2,14 dar, wo jedoch nicht der Satan, sondern statt dessen Jesus in der aktiven Rolle gesehen wird. Die Stelle gibt der Überzeugung Ausdruck, dass Jesus durch sein Sterben dem Teufel die Macht über den Tod (vgl. Weish 2,24; BB 16a) genommen habe. In 1 Joh 3,8 wird der Zweck des *gesamten* irdischen Lebens und der Mission des Gottessohnes so beschrieben, „dass er die Werke des Teufels zerstöre".[26]

Von der Aktivität des Satans ist ansonsten im NT primär im Hinblick auf das Leben der *Gläubigen* die Rede. Diese werden immer wieder ermahnt, in der Endzeit (vgl. 1 Kor 10,11; 1 Petr 4,7; 1 Joh 2,18) vor seinen Angriffen und raffinierten Blendungs- und Verführungskünsten auf der Hut zu sein (vgl. dazu z.B. 1 Kor 7,5; 2 Kor 2,11; 4,4; 11,14; Eph 6,10–17; 1 Petr 5,8f). Auch Verfolgung und Bedrängnis der Gläubigen werden innerhalb des apokalyptischen Horizonts auf den Feind und Widersacher zurückgeführt (Apk 2,10). Mit dieser Gewichtung und Ausrichtung der Satanologie liegt das NT in der Mehrzahl seiner Schriften auf der Linie des Frühjudentums. Umso bemerkenswerter ist es, dass das Markusevangelium sich auch, was die Gefährdung der Gläubigen betrifft, zu entsprechenden Bestrebungen des Satans nur karg und unbestimmt äußert (4,15). In der „kleinen Apokalypse" Mk 13, die doch in großer Eindringlichkeit die nahenden Bedrängnisse und Nöte vor Augen malt, fällt sein Name nicht ein einziges Mal. Ebensowenig ist im Evangelium davon die Rede, dass der Satan Menschen negativ beeinflusst und für seine widergöttlichen Zwecke instrumentalisiert. Wenn Menschen sündigen und von Gott abfallen, dann aufgrund der Schwäche ihres Fleisches (vgl. Mk 14,38) und des

---

[24] Eine ganz ähnliche Sicht begegnet in Joh 6,70; 13,2.27. Im Vergleich mit Markus 8,33 lässt die bei Lukas und Johannes geschilderte Form der Beeinflussung also sehr viel größere Nähe zum Satansmotiv im „Testament Hiobs" erkennen. Auch dort erscheinen ja dessen Frau Sitidos und sein Freund Elihu – ebenfalls unwissentlich – als vom Satan beeinflusst (vgl. TestHiob 26; 41,5).

[25] Zu beachten ist jedoch, dass im stärker dualistisch gefärbten Corpus Johanneum nicht nur der Verräter Judas als vom Teufel beeinflusst beschrieben wird (Joh 13,2.27), sondern generell die Feinde Jesu, die sich dem Licht und dem Offenbarer gegenüber verschließen, Kinder des Teufels (vgl. Joh 8,44) genannt werden. Vgl. in diesem Sinne auch 1 Joh 3,8.

[26] Vgl. in diesem Kontext auch Joh 12,31; 16,11.

bösen Triebes in ihrem eigenen Inneren (7,20–23), aber nicht aufgrund satanischer Infiltration.[27] Dem entspricht, dass auch von den notorischen Widersachern Jesu wie den Schriftgelehrten, Pharisäern und Hohenpriestern an keiner Stelle im Markusevangelium ausgesagt wird, dass sie vom Satan gesteuert sind. Die Person des Satans ist dem Erzähler des Markusevangeliums nach der Versuchungsgeschichte (Mk 1,12f) kaum noch eine Erwähnung wert.

12.1.7.2 Die Auseinandersetzungen Jesu

Die zahlreichen Auseinandersetzungen Jesu mit den Pharisäern und anderen Gegnern, die bei Markus breiten Raum einnehmen, spielen außerhalb der Evangelien so gut wie keine Rolle. Die einzige nennenswerte Ausnahme stellt wiederum der Hebräerbrief dar, der sie zumindest anzudeuten scheint (vgl. Hebr 12,3: „Achtet nur auf den, der eine solche Anfeindung [ἀντιλογία] von den Sündern gegen sich erduldet hat"). Das weitgehende Stillschweigen im NT fällt vor allem insofern auf, als z.B. die markinischen Streitthemen „Ehescheidung" und „Verhältnis zur staatlichen Gewalt" durchaus intensiv erörtert werden (vgl. 1 Kor 7,10–16; Röm 13,1–7; Tit 3,1; 1 Petr 2,13–17). Teilweise geschieht dies sogar unter explizitem Verweis auf diesbezügliche Aussagen Jesu (1 Kor 7,10).

12.1.7.3 Das Versagen der Jünger

Jüngerunverständnis und -versagen spielen allenfalls noch im Matthäusevangelium eine ähnliche Rolle wie bei Markus. Was die Konfrontation Jesu mit seinem Jünger Simon Petrus bei Cäsarea Philippi angeht, so wird sie bereits im Lukasevangelium diskret verschwiegen; nur Matthäus folgt an dieser Stelle noch weitgehend der markinischen Darstellung (Mt 16,22f). In den übrigen neutestamentlichen Schriften findet sie keine Erwähnung.

Die einzige Episode, die in allen vier Evangelien im Großen und Ganzen übereinstimmend erzählt wird, ist die von der Verleugnung des Petrus. Schon Lukas und Johannes sind aber unverkennbar bemüht, das Versagen des Jüngers durch Hinweise auf seine spätere Treue in der Nachfolge zu relativieren (vgl. Lk 22,32; Joh 13,36). Auch bei der Überarbeitung der Gethsemaneszene zeigt sich das Bemühen des Lukas, die Jünger in einem freundlicheren Licht erscheinen zu lassen. Der Schlaf der Jünger wird mit ihrer Traurigkeit begründet (Lk 22,45) und auf diese Weise quasi entschuldigt. Eine Jüngerflucht erwähnt Lukas überhaupt nicht[28], ebensowenig wie Johannes. Die neutestamentliche Briefliteratur thematisiert Jüngerunverständnis und -versagen *kein einziges Mal*.

Wohl aber wird die Mahnung zum Wachen und Beten, die Jesus nach Aussage des Markusevangeliums seinen Jüngern unmittelbar vor seiner Verhaftung erteilt hat (Mk 14,38), in der neutestamentlichen Briefparänese an recht vielen Stellen laut (1 Kor 16,13), teils verbunden mit einem perspektivischen Ausblick auf die Parusie (1 Thess 5,1–10.17), teils motiviert durch die Warnung vor satanischen Aktivitäten

---

[27]   Vgl. dagegen BB 16a (Talmud VIII, 61); NumR 20.
[28]   Dazu passt auch die positive Würdigung des Jüngerverhaltens durch den lukanischen Jesus in Lk 22,28.

(Eph 6,16–18; 1 Petr 5,8).[29] Im Hintergrund steht dabei die Überzeugung, die auch das Markusevangelium durchzieht: dass nämlich die Gläubigen permanent mit Versuchungen unterschiedlichster Art konfrontiert sind, denen gegenüber sie auf der Hut sein bzw. sich bewähren müssen. Die Versuchungen werden in der Briefliteratur häufig mit dem Leiden in Verbindung gebracht, das aus Verdächtigungen, Anfeindungen und Verfolgungen erwächst, angesichts derer sich der Glaube in seiner Kraft, Echtheit und Tragfähigkeit erweisen muss (vgl. z.B. Jak 1,2f.12; 1 Petr 1,6f; 4,12f). Sie können aber auch in Person von innergemeindlichen Lügenpropheten und Verführern auf die Gläubigen zukommen (vgl. Röm 16,18; Eph 5,6; Tit 3,10). Nicht zuletzt gilt es, sich selbst gegenüber wachsam zu sein, da die Versuchung gerne mit enttäuschten Erwartungen, unkontrollierten Begierden oder trügerischer Selbstsicherheit einhergeht (vgl. Gal 4,14; 1 Kor 7,5; 10,1ff; 1 Tim 6,9). Wer allen Leiden und Versuchungen standhält, dem wird, wie im Markusevangelium, reicher Lohn in Aussicht gestellt (vgl. Röm 8,17; 1 Petr 4,13; Jak 1,12; Apk 7,13–17; 21,3–7).

12.1.7.4 Die innere Not Jesu

Eine Schlüsselrolle spielen im Markusevangelium die Szenen von Gethsemane und Golgatha. Die innere Not Jesu, die sich mit diesen Orten verbindet, wird allerdings im ganzen NT nirgends so deutlich und schonungslos geschildert wie bei Markus. Gewisse Abschwächungen nimmt schon Matthäus vor, indem er beschreibt, wie sich Jesus bei seinen Gebetsgängen in Gethsemane schrittweise auf den väterlichen Willen zubewegt (vgl. Mt 26,39.42). Lukas lässt alle Hinweise beiseite, die auf Jesu innere Zerrissenheit hindeuten könnten. Dem entspricht dann auch seine Darstellung der Kreuzigung: Jesu Verlassenheitsruf ist getilgt; an seine Stelle tritt die Vergebungsbitte für die Feinde (Lk 23,34), das Paradiesversprechen für den reuigen Schächer (Lk 23,43) und zum Ende ein Psalmgebet des Vertrauens (Lk 23,46). Johannes lässt die Kreuzigungsszene gar mit einem Ruf des Triumphes ausklingen (Joh 19,30); von Unsicherheiten des Gottessohnes angesichts seines Leidens ist bei ihm schon gar keine Rede mehr (vgl. Joh 12,27). Dies kommt dem Geschmack eines hellenistisch geprägten Lesepublikums zweifellos entgegen.

In der neutestamentlichen Briefliteratur lässt erneut allein der Hebräerbrief durchblicken, dass Jesus in seinen Auseinandersetzungen und Leiden echte Versuchungen durchgestanden hat und sich im Gehorsam üben musste (Hebr 5,8); „Leiden" und „Versuchung" werden dort geradezu synonym gebraucht (2,18; 4,15). Der Hebräerbrief spricht auch von „flehentlichen Bitten", „starkem Geschrei", „Tränen" und „Angst" Christi (5,7), womit aller Wahrscheinlichkeit nach auf Gethsemane und Golgatha angespielt ist. Zugleich wird aber – anders als im Markusevangelium – ausgesagt, dass Christi Gebet aufgrund seines Gehorsams *erhört* worden sei; die Gebetserhörung wird in der Auferweckung gesehen. *Ansonsten erwähnt das NT die inneren Kämpfe Jesu mit keiner Silbe,* was umso bemerkenswerter ist, als ja Sinn und Bedeutung seines Leidens und Sterbens an sich immer wieder unter theologischen, christologischen und soteriologischen Aspekten reflektiert werden.

---

29   Allerdings fehlt diese Paränese, wie BERGER, *Theologiegeschichte,* 339 zu Recht anmerkt, in Jak, Jud, Hebr und im gesamten Corpus Johanneum. Handelt es sich, wie BERGER vermutet, um eine in Antiochien verbreitete Tradition?

12.1.7.5 Markus und Paulus – ein Vergleich

Besonderes Gewicht erhält Jesu Leiden und Sterben in den Briefen des Apostels Paulus und speziell in seiner Kreuzestheologie, die den Kern seines theologischen Denkens berührt.[30] In ihr zeigen sich durchaus Parallelen zu Markus.[31] Beide werten das Leben und Sterben Jesu als heilsgeschichtliches Ereignis, in dem sich die Schriften erfüllt haben (vgl. Mk 1,2f; 9,12; Gal 4,4; 1 Kor 15,3). Für Paulus ebenso wie für Markus bleibt der Gottessohn Jesus auch nach seiner Auferstehung der Gekreuzigte (vgl. 1 Kor 1,23; Mk 16,6). Anders ausgedrückt: Das Kreuz gehört für beide zur Identität des auferstandenen und gegenwärtigen Kyrios unaufhebbar dazu. Dass der Christus Gottes, der „Herr der Herrlichkeit" (1 Kor 2,8) zugleich der Gekreuzigte und zutiefst Entehrte ist, widerstrebt nach beider Auffassung allen menschlichen Erwartungen. Markus verdeutlicht dies am Widerstand der Jünger gegen die Leidensankündigungen und am Spott der Zeugen auf Golgatha. Paulus nennt das „Wort vom Kreuz" ein „Ärgernis" für die Juden[32] und eine „Torheit" für die griechisch-römische Welt (1 Kor 1,18.23). Nur die Berufenen (bzw. im Sinne des Markus: die „Sehenden"; vgl. 4,12; 15,39) können in der Erniedrigung und im scheinbaren Scheitern des Gekreuzigten Gottes Macht und Weisheit erkennen (1 Kor 1,24); der Glaube an ihn ist nicht menschliche Leistung oder Verdienst, sondern reines Geschenk (Mk 4,10–12; 1 Kor 2,6–16; Röm 11,7–10).

Es geht also beim Apostel Paulus ebenso wie beim Evangelisten Markus um das rechte Wahrnehmen und Verstehen des Kreuzes resp. des Leidens und Sterbens Jesu und um die damit verbundene Korrektur menschlicher Erwartungen, Überzeugungen und Vorstellungen.[33]

Aber es geht noch um mehr. Für den Apostel wie für den Evangelisten ist das Kreuz nicht nur geschichtliches Faktum, sondern auch Symbol. Als solches gewinnt es bestimmende Bedeutung für die Existenz der Gläubigen in der Welt. Dieser Gesichtspunkt wird von Paulus bzw. Markus in jeweils eigener Weise entfaltet.

---

[30]   Vgl. SCHNELLE, *Paulus*, 491f: „Das Wort vom Kreuz benennt die grundlegenden Transformationsprozesse im Christusgeschehen und im Leben der Glaubenden und Getauften, so dass es direkt in das Zentrum des paulinischen Denkens führt. Die Kreuzestheologie erscheint als fundamentale Gottes-, Welt- und Existenzdeutung; sie ist die Mitte der paulinischen Sinnwelt. Sie lehrt, die Wirklichkeit von dem im Gekreuzigten offenbar werdenden Gott her zu verstehen und daran sein Denken und Handeln auszurichten." WOLTER, *Paulus*, 127 bestimmt die Eigenart der paulinischen Kreuzestheologie in der Weise, „dass es christlichen Glauben ohne die Gewissheit, dass Gott gerade im abgründigen Geschehen des Kreuzes zum Heil der Welt gehandelt hat, nicht geben kann."

[31]   Zum Folgenden vgl. besonders MARCUS, *Mk I*, 73–75 und KUHN, *Kreuz II*, in: TRE 19, 719–721 sowie ders., *Kreuzesstrafe*, 772–775.

[32]   Hatte Paulus nicht selbst früher die Anhänger Jesu deshalb verfolgt, weil sie behaupteten, dass ein Gekreuzigter der Messias sei, obwohl ein solcher doch nach Dtn 21,22f als von Gott verflucht gelten musste (vgl. Gal 3,13)?

[33]   Nach Meinung von KUHN, *Kreuzesstrafe*, 774 hat die Argumentation des Paulus in Korinth eine ganz spezielle Stoßrichtung: „Sein [sc. des Paulus] theologischer Ansatz für die Rede vom Kreuz ist ... nicht eine Apologie gegen ein antikes Empfinden, dass der Christus der Christen so ungöttlich oder schmachvoll geendet habe." Paulus gehe es vielmehr um die Betonung der geschichtlichen Wirklichkeit Christi in Abgrenzung gegen ein zum Doketismus neigendes Denken in christlichen Kreisen von Korinth, das dazu tendierte, die Wirklichkeit der realen Welt zu überspringen. „Paulus verteidigt nicht das Kreuz Christi gegen Wertungen der Umwelt, sondern greift mit ihm an!" (773).

Markus ordnet das Kreuz in die Thematik der Nachfolge ein; das „Aufnehmen des Kreuzes" (Mk 8,34) bedeutet für ihn nichts anderes als die Teilhabe an dem Leidens-Schicksal Jesu im Kontext einer Verfolgungssituation. Für Paulus drückt sich die Teilhabe am Kreuz Jesu in einer grundlegenden Existenzwende des Glaubenden aus; der „alte Mensch" ist mit Christus gestorben und der „neue Mensch" lebt nun durch die Taufe in der Kraft des Geistes (Gal 2,19; 5,24; 6,14; Rm 6,6). Darüber hinaus bestreitet Paulus vom Kreuz Christi her in polemischer Ausrichtung die Relevanz von Toragehorsam (Gal 3,13; 4,5; Röm 3,20) und Beschneidung (Gal 5,6.11) für das menschliche Heil. Dieser für den Apostel so zentrale Gedanke findet sich bei Markus nicht, ebensowenig wie derjenige von der Rechtfertigung *sola gratia* (vgl. aber S. 253!). Für den Evangelisten spielt das Thema Beschneidung gar keine Rolle, Fragen der Toraobservanz (Sabbat, Fasten, Reinheit[34]) zwar schon, aber nicht in dem staurologischen Kontext, dass Christus durch seinen Kreuzestod die Menschen vom Fluch des Gesetzes erlöst und aus der Knechtschaft befreit habe (vgl. Gal 3,13; 5,1). Auch die paulinische Interpretation des Sterbens Christi als Sühnopfer (vgl. Röm 3,25; 5,8f; 1 Kor 15,3) sucht man ihm Markusevangelium vergebens.[35]

Insgesamt zeigt sich Markus von einer Reihe paulinischer Gedanken beeinflusst.[36] Das ist auch nicht weiter überraschend, da sein Evangelium vermutlich in einer Region (Syrien; vgl. S. 133f) verfasst wurde, die ihre theologische Prägung nicht unwesentlich von den Aktivitäten des Paulus her empfangen hat.[37] Unverkennbar ist aber zugleich, dass Markus keiner paulinischen „Schule" angehört wie etwa die Verfasser der Pastoralbriefe. Er hat ein ganz eigenes Profil, wie schon seine Konzentration auf das Leben des irdischen Jesu deutlich macht, für das Paulus nur vergleichsweise geringes Interesse aufbringt. Manche für Paulus wichtige Themen kommen im Markusevangelium kaum oder allenfalls am Rande vor. So fehlt z.B. bei Markus der Begriff der ἐκκλησία, der bei Paulus vor allem in den Korintherbriefen eine zentrale Rolle spielt (vgl. 1 Kor 12; 14; 2 Kor 8). Das Markusevangelium enthält zwar ekklesiologisch relevante Motive, aber keine begrifflich akzentuierte und ausgeführte Ekklesiologie; damit korrespondiert, dass auch von einer ausgeführten Pneumatologie, anders als bei Paulus (vgl. v.a. Röm 8; 1 Kor 12; 14; 2 Kor 3; Gal 5) nicht gesprochen werden kann.[38] Die Frage innergemeindlicher Führungsstrukturen und kirchlicher Ämter wird nur indirekt thematisiert (Mk 10,35–45), indem das christliche (Gemeinde-)Leben vom Modell Jesu her als Dienst definiert und allem ehrgeizigem Rangstreben eine Absage erteilt wird. Auch von einer Taufe im Sinne eines Initiationsritus für die Christusgläubigen ist im Markusevangelium, anders als bei Paulus (vgl. 1 Kor 1; Röm 6), an keiner Stelle

---

34 Wie Paulus ist Markus der Meinung, dass alle Speisen rein seien (vgl. Röm 14,20 und Mk 7,15.19).

35 Vgl. S. 269-271. Gegen MARCUS, *Mk I*, 74.

36 Zu diesen Gedanken zählt z.B. auch die Vorrangstellung der Juden gegenüber den Heiden im Heilsplan Gottes, die von Markus ebenso anerkannt wird wie von Paulus (vgl. Mk 7,27–29; Röm 1,16; 3,1f; 9,4f).

37 In diesem Punkt stimme ich mit MARCUS, *Mk I*, 75 überein.

38 Im Blick auf die Jünger bzw. die nachösterliche Gemeinde ist nur in 13,11 vom heiligen Geist die Rede, wo der Gemeinde verheißen wird, dass der Geist für sie eintreten werde. Zu beachten sind darüber hinaus aber auch 3,15; 6,7, wo die Teilhabe der Jünger am Geistwirken Jesu ausgesagt wird. Vgl. SCHNELLE, *Theologie*, 389.

die Rede.[39] Die gesamte markinische *narratio* ist auf die Nachfolgethematik ausgerichtet, die ihre Impulse und Normen von der Darstellung des Lebens und Schicksals Jesu sowie dem ambivalenten Verhalten der Jünger her empfängt.

12.2 Die Bedeutung des Versuchungsmotivs für das Verständnis des Markusevangeliums

12.2.1 Die vielfache Bedrängnis

Für das Gesamtverständnis des Markusevangeliums ist es von grundlegender Bedeutung, dass sich das Werk nicht an Adressaten wendet, die in Ruhe und Frieden leben, sondern an solche, die sich aufgrund ihres christlichen Glaubens und ihrer Gemeindezugehörigkeit Bedrängnissen unterschiedlichster Art ausgesetzt sehen.

Die Bedrängnisse betreffen zum einen sie selbst. Diese stehen in engem Zusammenhang mit der brisanten politischen Großwetterlage zur Zeit des Jüdischen Krieges, mit Anfeindungen, Verfolgungen und Verdächtigungen durch jüdische wie heidnische Kreise.[40] Sie hängen weiterhin mit Konflikten innerhalb der Gemeinden selbst zusammen, die in sich noch längst nicht gefestigt sind und aus diesem Grunde anfällig für Falschpropheten und insbesondere für apokalyptische Schwärmer und Verführer. Alle diese Faktoren führen viele junge Gemeinden in eine Zerreißprobe hinein.

Aber die Bedrängnisse betreffen zum anderen auch den Inhalt des christlichen Glaubens. Die Christen bekennen sich zu einem, der als Gotteslästerer und politischer Aufrührer hingerichtet worden war. Zu einem, der schon zu Lebzeiten den Widerspruch gerade der Angesehenen und Etablierten im jüdischen Volk auf sich gezogen und dessen schmachvolles Ende am Kreuzesgalgen allen hoheitlichen Ansprüchen geradezu Hohn gesprochen hatte. Zu einem, der im Sterben allem Anschein (und sogar seiner eigenen Aussage; vgl. Mk 15,34) nach nicht nur von allen Menschen, sondern auch von Gott verlassen worden war. Dieser so offensichtlich Gescheiterte sollte der Messias und der Sohn Gottes sein!? Für Juden ist diese Botschaft vom gekreuzigten Gottessohn ein σκάνδαλον, für Heiden geradezu eine Verrücktheit und lächerlich (1 Kor 1,23).[41] Die christliche Verkündigung stößt aus diesen Gründen nicht nur auf Ablehnung, sondern – was noch viel schlimmer ist – auf beißenden Spott.

Selbst in schwerer Bedrängnis, verfolgt und bedroht, und dazu noch in ihrem Glauben angefeindet und eine Zielscheibe des Hohns – so stellt sich die Situation

---

[39]   Zu beachten ist jedoch der metaphorische Gebrauch von τὸ βάπτισμα bei Markus im Sinne der Todestaufe, also des Martyriums in Entsprechung zum Schicksal Jesu (10,38f; vgl. in diesem Sinne auch Lk 12,50).

[40]   So auch MARCUS, *Mk I*, 28f: „There are several indications in the text that the addressees were indeed living in a situation of persecution." MARCUS verweist zu Recht u.a. auf Mk 4,16f; 10,30; 13,9–13 und auf die charakteristische Verknüpfung der Leidensansagen Jesu (8,31; 10,33f) mit Nachfolgeworten, die Verfolgung prophezeien (8,34–38; 10,38f).

[41]   Vgl. auch LUZ, *Matthäus I/4*, 324: „Ein messianischer König am Kreuz, der sich nicht siegreich durchgesetzt hat, ein Wunderheiler, der sich selbst nicht retten kann, ein Vertrauter Gottes, den Gott im Stich lässt, ein göttlicher Mensch, der nicht Stärke und Leben verkörpert, ist eine lächerliche Figur."

vieler Christen kurz vor dem Jahre 70 dar. Für sie schreibt Markus sein Evangelium. Und es ist wohl nicht zuviel behauptet, wenn man sagt, dass es eben dieses Evangelium – und in seiner Folge dann auch die anderen Evangelien – sind, *die das Überleben der Gemeinden sichern helfen.*[42]

Die innovative Idee des Markus ist es, seinen Lesern die Geschichte Jesu zusammenhängend zu erzählen, und zwar sozusagen von einer „höheren Warte" aus. Er will ihnen auf diese Weise die Möglichkeit geben, hinter die Kulissen des Geschehens zu blicken und so ein tieferes Verständnis für die Vorgänge im Leben Jesu einschließlich seines Todes zu gewinnen. So soll deutlich werden: *Jesu Schicksal steht nicht im Widerspruch zu seinem messianischen Anspruch und seiner einzigartigen Identität, sondern bestätigt diese gerade.* Man muss sein Leben nur im rechten Licht „sehen" und auf dem Hintergrund der heiligen Schriften Israels lesen und verstehen (vgl. 1,2f; 9,12; 14,27.49).

Eine besondere Rolle spielt dabei die Kreuzigung – für die Kritiker ja das eigentliche Ärgernis. Eben am Kreuz aber erfüllt und bewährt sich nach der Darstellung des Erzählers die einzigartige Würde des Gottessohnes. In dem Zeugnis des römischen Hauptmanns, der genau diese Würde *feierlich* (ἀληθῶς) bekundet (15,39), erfährt die Darstellung aus heidnischem Munde ihre eindrucksvolle Anerkennung.

Es geht Markus in seinem Evangelium also darum, seinen Lesern zu einem *tieferen Verständnis der messianischen Würde Jesu und ihres eigentümlichen Charakters zu verhelfen.* Für die Leserschaft soll eben nicht gelten, was der markinische Jesus seinen Jüngern wieder und wieder vorwirft (8,17.21): „Versteht ihr denn noch nicht?" Dabei leitet Markus die feste Überzeugung, dass das rechte Verständnis von Jesu Person und Geschichte den Lesern helfen werde, auch mit ihrer eigenen Situation besser zurechtzukommen. So sollen sie innerlich gestärkt und vor dem Abfall bewahrt werden.

12.2.2   Das Leitthema des Markusevangeliums

Die Christinnen und Christen, für die Markus schreibt, glauben zwar an Jesus als ihren auferstandenen Herrn und Erlöser, sind aber in ihrem Glauben gefährdet und bdroht. Bei seiner Erzählung geht es dem Evangelisten weniger darum, schrittweise die wahre Identität Jesu zu „enthüllen" (als würde er den Lesern damit ein „Geheimnis" verraten), sondern vielmehr darum, ihnen die besondere Eigenart des Weges Jesu in seinem eigentümlichen Spannungsbogen zwischen Hoheit und Niedrigkeit nahezubringen. Dazu erzählt er sehr anschaulich von den *Machtdemonstrationen* Jesu, wie sie in den Heilungs- und „Natur"-Wundern zum Ausdruck kommen, außerdem von seiner *Lehrvollmacht*, wie sie besonders in den Streitgesprächen und Gleichnissen erkennbar wird, und darüber hinaus von den beeindruckenden *Proklamationen seiner Würde* durch überirdische Wesen (Gott und – mit Abstrichen – die Dämonen). Den überirdischen Zeugnissen (1,10f; 9,2–7) misst der Evangelist dabei eine spezielle Bedeutung zu, wohl noch mehr als Jesu Wundern und Lehren, die – wie Markus nicht müde wird zu betonen – in der erzählten Welt immer wieder

---

[42]   Vgl. van Iersel, *Gospel*, 35: „The significance of the book is most pregnant in an actual situation of persecution."

Anlass zu Spekulationen über Jesu wahre Identität gegeben hatten, zu Verdächtigungen von feindlicher Seite und zu nicht endenden Auseinandersetzungen.[43] Dazu erzählt er der Leserschaft schließlich in aller Ausführlichkeit die Passion Jesu, die ihre Plausibilität vom *Schriftzeugnis* her empfängt, in das die gesamte Darstellung des Lebens Jesu von der Taufe bis zur Auferstehung eingebettet ist, mal explizit (vgl. 1,2f; 9,9–13; 12,10; 14,27.49), noch öfter aber implizit (vgl. 15,20–41). Nicht zufällig „wimmelt" es in der Kreuzigungsszene geradezu von verborgenen Schriftzitaten.

Das eigentliche Anliegen des Markus ist es also *nicht*, die Frage zu beantworten, wer Jesus *ist*. Das ist zwar des öfteren die Frage der Erzählfiguren im Evangelium, die sich im Verstehen noch ganz am Anfang befinden bzw. notorisch ungläubig sind (4,41; 6,14–16; 8,27f; 14,61; vgl. auch 1,27), aber es ist nicht die Frage, die seine (gläubigen) Leser bewegt. Darum darf Markus es sich auch erlauben, sein Werk gleichsam mit einer christologischen „Steilvorlage" zu beginnen: Ἀρχὴ τοῦ εὐαγγελίου Ἰησοῦ Χριστοῦ υἱοῦ θεοῦ (1,1).[44] Er kann nämlich das Bekenntnis zu Jesus als dem Christus und Gottessohn bei den Lesern schon *voraussetzen*. Nein, die Leser beschäftigt nicht so sehr das Problem, wer Jesus ist und schon gar nicht beunruhigt sie die Frage, welcher der vielen Hoheitstitel („Christus", „Davidssohn", „Menschensohn", „Gottessohn", „Prophet", „Herr", „König der Juden") wohl der angemessenste sei.[45] Ihr Problem ist weitaus angemessener so zu beschreiben: Wie lässt sich die (von ihnen ja durchaus geglaubte) himmlische Hoheit Jesu mit seiner irdischen Niedrigkeit, insbesondere dem Kreuz, vereinbaren und zusammendenken? Wie verträgt sich der Glaube an Jesus als den Sohn Gottes und den jüdischen Messias mit der Tatsache, dass er zeitlebens – gerade unter den im jüdischen Volk Etablierten und den in den heiligen Schriften Bewanderten – permanent auf Widerspruch gestoßen ist und ein so schreckliches Ende genommen hat? Und schließlich:

---

[43] Dass daraus jedoch keine prinzipiell wunderkritische Sicht beim Evangelisten abzuleiten ist, dürfte deutlich geworden sein (vgl. S. 181-183). Markus würde den Wundern wohl kaum so breiten Raum in seinem Evangelium geben, wenn er ihnen kritisch oder gar negativ gegenüberstünde.

[44] Sehr treffend formuliert es FRITZEN, *Gott,* 189: „Das Bekenntnis zu Jesus wird also nicht langsam vorbereitet und eingeführt, sondern im Gegenteil von dieser Höhe herab in die Krise geführt."

[45] Weil Markus die gesamte Palette der Hoheitstitel bietet, die sich gegenseitig ergänzen, spricht MÜLLER, *Jesus,* 140.145 von einer „Titelchristologie" und beschreibt das markinische Gesamtkonzept als ein „integratives christologisches Konzept". Allerdings wird zumindest einer der Titel, nämlich der des „Davidssohnes", in einer Szene des Markusevangeliums kritisch hinterfragt (12,41–44) – vermutlich zu dem Zweck, jeden Verdacht eines kriegerischen Machtanspruchs des irdischen Christus abzuwehren (nur im Rahmen der Wunderthematik in 10,47f wird der Titel widerspruchslos hingenommen). In der Problematisierung der Davidssohnschaft Jesu hebt sich Markus nicht nur von den anderen Synoptikern, sondern auch von Paulus ab (vgl. Röm 1,3).
Im Übrigen dürfte hinreichend deutlich geworden sein, dass Markus nicht so sehr die Titel an sich wichtig sind, sondern vielmehr ihre spezifische und dem normalen menschlichen Denken widersprechende *inhaltliche Füllung*, d.h. die Art und Weise, wie Jesus seine hoheitliche Identität auf Erden *bewährt*, nämlich nicht nur durch sein vollmächtiges Handeln, sondern auch durch sein Dienen und Leiden im Gehorsam gegen den väterlichen Willen. Die Hoheitstitel, die Markus aus der Tradition übernimmt – er kreiert keine neuen Titel – erhalten in seiner Evangeliumserzählung eine spezielle Verschränkung und Bedeutung. Mit den Worten von BORING, *Mk,* 249: „Mark's Christology functions as narrative Christology."

Wie passt das zusammen – seine einzigartige und gottgebene, in Worten und Taten dokumentierte Vollmacht einerseits mit seiner Hilflosigkeit und Ohnmacht im Leiden und Sterben andererseits?[46]

Die Antwort auf diese Fragen ist nicht nur für die Leser selbst von Bedeutung, sodann auch für ihre argumentative Auseinandersetzung mit der nichtchristlichen Welt. Das Markusevangelium liefert darum mit seiner Erzählung zugleich die Interpretation und Erklärung, warum Jesu Vollmacht auf der einen Seite und seine Schwachheit auf der anderen Seite einander nicht ausschließen, sondern untrennbar zusammengehören. Es erklärt, warum sich die Messianität Jesu *gleichermaßen* in der Hoheit und Niedrigkeit ausdrückt und durch sie legitimiert.

Die Erklärung des Evangelisten aber lautet so: Es ist der unbedingte *Gehorsam* gegenüber dem in den heiligen Schriften Israels verfügten göttlichen Willen (9,12; 14,49), der Jesus genau diesen Weg gehen lässt, den er geht.[47] Dieser Weg ist von vornherein nicht als ein Weg der Herrschaft angelegt, sondern als Dienstweg. Um des Dienstes willen nimmt Jesus all das auf sich, was sein Leben ausmacht. Er unterwirft sich den Beschwerden einer unsteten Lehr- und Wanderexistenz. Er stellt sich den zahlreichen Anfeindungen, die ihm begegnen. Er erträgt die vielen Versuchungen, die offen oder versteckt seinen Weg säumen. Er kümmert sich – in Worten und Wundern helfend und heilend – um die körperlichen und seelischen Leiden der Menschen. Im Zeichen des Dienstes steht auch sein unentwegtes Bemühen um seine Jünger. Der Dienstweg vollendet sich schließlich in seinem Leiden und Sterben. Der Sohn Gottes, von dem Markus erzählt, ist kein allen irdischen Bindungen und Nöten entrücktes himmlisches Wesen, sondern er ist jemand, der um seiner Sendung willen und im Gehorsam gegen den väterlichen Auftrag alle diese Lasten und Mühen auf sich nimmt.[48] *Nirgends bringt der Erzähler diese Grundüberzeugung so eindeutig auf den Punkt wie in 10,45, dem vielleicht wichtigsten Vers des ganzen Evangeliums: „Der Menschensohn ist nicht gekommen, damit ihm gedient werde, sondern damit er diene und sein Leben gebe als Lösegeld für viele."*[49] Dieser Vers schließt eine staurologische Engführung aus; stattdessen deutet er das *ganze* Leben Jesu als einen Dienst für andere und zu ihren Gunsten, ὑπὲρ πολλῶν (14,24). Insofern darf mit Fug und Recht Jesu „Proexistenz" als die „soteriologische Leitkategorie"[50] im Markusevangelium bezeichnet werden. Das Kreuz gehört in diesen Kontext hinein. In ihm vollendet sich nach der Darstellung des Erzählers der Gehorsam des Sohnes (14,35f), die Beugung unter den väterlichen Willen, das göttliche δεῖ (8,31; vgl.

---

46 Vgl. BORING, *Mk*, 17: „What did it mean that the miracle-working Jesus had not overcome the Romans but had been crucified by them?"

47 Vgl. SCHNELLE, *Theologie*, 385: „Die Erzählform des Evangeliums ermöglicht es Markus aufzuzeigen, wie Jesu Wirken und Leiden von innen heraus zusammengehören; nicht als Zufall oder tragisches Schicksal, sondern als Resultat der Treue Jesu zu seiner Sendung."

48 Vgl. BERGER, *Gattungen*, 1186: „Gottessohnschaft – das ist die Vokabel der Evangelien für das Gottgleichsein – bedeutet ... nicht Entrücktsein ... [Es geht gerade nicht darum], dass der Berufene vor allem bewahrt wird, sondern, dass er zum Gehorsam verpflichtet hineingestellt wird in den Gegensatz zwischen Gott und den ungehorsamen Menschen und damit in das Leiden."

49 Vgl. BORING, *Mk*, 253: „In the key text 10,45, Mark uses the cognate verb διακονέω as central to Jesus' ministry and identity."

50 Vgl. SCHNELLE, *Theologie*, 391: „Sowohl im Leben als auch im Sterben tritt er [sc. Jesus] ‚für die Vielen' ein, so dass Jesu *Proexistenz als soteriologische Leitkategorie* des ältesten Evangeliums gelten kann." (Kursivdruck im Original).

in diesem Sinne auch 9,12; 14,49). *Jesus wählt den Weg des Gehorsams und des Dienstes bis zum Ende, er leert den Leidenskelch bis auf den Grund.* Und durch sein Blut setzt er das Siegel auf den neuen Bund (14,24) zwischen Gott und den Menschen.

Es ist eben dieser permanente *Spannungsbogen* zwischen Erwählung einerseits und Leiden bzw. Todesgeschick andererseits, dem das Markusevangelium seine erzählerische Dramatik und gedankliche Tiefe verdankt. Vollmacht und Ohnmacht, Hoheit und Niedrigkeit, Würde und Schande werden in spezifischer Weise zusammengebunden.[51] Der charismatische, von Gott begabte und erwählte Lehrer und Wundertäter ist zugleich derjenige, der am Kreuz von Golgatha unter dem Gespött der Umstehenden und unter dem finstersten Eindruck der Gottverlassenheit sein Leben lässt. Wunder und Leiden bilden eine signifikante Einheit. *Diese Spannung zwischen himmlischer Erwählung bzw. Vollmacht auf der einen Seite und der Passion auf der anderen Seite bildet auch den eigentlichen inneren Kern des „Messiasgeheimnisses" innerhalb der erzählten Welt.* Das Messiasgeheimnis ist letztlich ein Leidensgeheimnis (vgl. S. 183). Seine Essenz lässt sich so beschreiben: *Der Gottessohn erfüllt seine Bestimmung auf Erden nicht in der Weise, dass er sich dienen lässt, sondern dass er dient. Er bewährt seine Identität und Würde, indem er gehorsam ist und leidet, bis zum Äußersten, bis in einen schmachvollen Tod und in die Erfahrung der Gottesferne hinein.*[52] *Gerade in seinem gehorsamen Leiden und Sterben erweist er die Legitimität seines messianischen Anspruchs.*[53] Dass dies nur auf diese Weise möglich ist und auch insofern dem göttlichen δεῖ unterliegt, verändert alle normalen „menschlichen" Vorstellungen und Maßstäbe, ja, stellt sie völlig auf den Kopf (8,33); es entsetzt geradezu (10,32). Die vom Menschensohn zu Recht beanspruchte und in zahlreichen Wundertaten demonstrierte ἐξουσία (vgl. 2,10) findet ihren vollkommensten Ausdruck in der – für Juden und Heiden gleichermaßen – denkbar tiefsten Erniedrigung des Kreuzestodes. Das Bekenntnis des Hauptmanns unter dem Kreuz (15,39) gibt dem Anspruch Jesu in aller Öffentlichkeit Recht, während die jüdischen Schriftgelehrten, die es doch eigentlich am besten wissen müssten, in ihrer Verstocktheit für die Wahrheit unempfänglich sind und bleiben (4,12; 15,31f).

So also lässt sich die christologische Essenz des Markusevangeliums bestimmen. Markus berichtet, anders als etwa Paulus, „nicht nur abstrakt vom Gekreuzigten als Gottessohn und Messias, sondern setzt diese Erkenntnis in eine plausible Erzählung um"[54].

Der Evangelist möchte seiner Leserschaft die Christologie durch die Evangeliumserzählung aber nicht nur im noetischen Sinne nahe bringen. Sie soll zugleich ganz lebenspraktische Relevanz für die Leser gewinnen. *Die Themen*

Vgl. in diesem Sinne auch FELDMEIER, *Markusevangelium*, 107f.

[52] Vgl. BERGER, *Gattungen*, 1186: „Jesus hat sein Gottgleichsein nicht als Entrückt- und Enthobensein aufgefasst, sondern im Gegenteil als Sendung zu den Menschen mit der Konsequenz des Gehorsams in einer gottfeindlichen Welt, der bis zum Tode führte."

[53] BACKHAUS, *Heilsbedeutung*, 94 betont zu Recht, „dass das Leidensgeschick Jesu vollmächtige Sendung nicht *ad absurdum* führt, sondern, da gehorsam angenommen, eindrucksvoll bestätigt (vgl. 8,35f; 9,35; 10,42–45)."

[54] SCHNELLE, *Formierung*, 193. Vgl. in diesem Sinne auch HERRMANN, *Strategien*, 384: „‚Erzählen' ist bei Markus der grundlegende Modus christologischen Redens. Er ist differenzierter und konkreter als die begriffliche Christologie."

Christologie und Jüngerschaft sind im Markusevangelium niemals zu trennen.[55] In der Wahrnehmung des Evangelisten ist ja auch das Leben der Lesenden exakt von der Spannung geprägt, die das Leben Jesu kennzeichnete: der Spannung zwischen Erwähltsein und Leiden. Die Leserinnen und Leser wissen sich im Glauben als Erwählte und für die ewige Seligkeit Bestimmte (13,13). Aber die tägliche Realität spricht dem Hohn. Wie sollen die Gläubigen damit umgehen?

Markus beantwortet diese Frage durch die Art und Weise, wie er von Jesus erzählt. Es dürfte deutlich geworden sein[56], dass er sich bei seiner Darstellung des Lebens Jesu an der jüdischen Prophetentradition orientiert, darüber hinaus gattungsmäßig aber auch bewusst an die antike Biographie anknüpft, speziell an die Philosophenvita[57], und sich ihre didaktische Ausrichtung zu eigen macht. Jesus erscheint im Markusevangelium immer wieder als „Lehrer", der seine Botschaft nicht nur durch die mündliche Rede vermittelt, sondern ihr auch durch die Art seiner Lebensführung Gewicht und Gestalt verleiht. Gerade in der Einheit von Lehre und Verhalten gewinnt Jesu Leben konkrete Vorbildfunktion für diejenigen, die ihn begleiten und ihm nachfolgen wollen.[58] Es hat *Modellcharakter*, und zwar in zweifacher Hinsicht. Die Nachfolgenden können ihr eigenes Denken und Tun im Sinne der *imitatio* am Vorbild Jesu als dem „*ethical role model*" ausrichten[59]; und sie können lernen, sich und ihr eigenes Ergehen von diesem Modell her zu deuten und zu verstehen. Insofern bietet das Evangelium so etwas wie einen pragmatischen Basistext für das Leben der christlichen Gemeinden im 1. Jahrhundert.[60]

Markus bindet Christologie und Nachfolge zusammen. Auf diese Weise verleiht er dem Weg Jesu appellative Bedeutung. Mit anderen Worten: Jesu Weg gewinnt in der Darstellung des Evangelisten proleptische Signalwirkung für den Weg der Nachfolgenden. *Die Christologie setzt die Maßstäbe, indem sie sowohl die Bedingungen und Belastungen als auch die Verheißungen der Nachfolge aufzeigt.*[61]

An dieser Stelle bekommen nun die *Versuchungsgeschichten* im Markusevangelium ihre eigentliche Relevanz. Wie ausführlich dargelegt, ist Jesu ganzes öffentliches

---

[55]   So auch mit Recht BORING, *Mk*, 248: „Discipleship is not to be separated from Christology or played off against Christology as though it were a separate theme."

[56]   Vgl. die Abschnitte 3.3–3.5.

[57]   Vgl. BERGER, *Formen*, 414: „Markus, so könnte man sagen, hat *eine prophetische Philosophenbiographie als Offenbarungserzählung* verfasst" (Kursivdruck im Original).

[58]   Erinnert sei an das an früherer Stelle erwähnte (vgl. S. 42) „Zusammenleben" (*convictus*) mit Vor-Bildern im Sinne SENECAS, ebenso an PLUTARCHS Empfehlung der innigen „Lebens-Gemeinschaft" mit den von ihm dargestellten Protagonisten und ihrer Aufnahme und Integration in die eigene Existenz hinein.

[59]   Vgl. SCHENKE, *Weisheitslehrer*, 136: „Das erzählte Leben Jesu hat ... Vorbildcharakter: Jünger und Leser sollen hinter Jesus hergehen und sein Leben nachleben."

[60]   Erinnert sei hier nochmals (vgl. S. 40) an THEIßENS treffende Bemerkung: „Der Evangelist [entwirft] ein Bild von Jesus ..., das als lebenspraktische Grundlage des christlichen Gemeindelebens dienen kann" (ders., *Evangelienschreibung*, 413).

[61]   Das erlaubt, wie gezeigt wurde (vgl. S. 43f) die Anwendung des „Mythos"-Begriff von J. ASSMANN, wonach eine Erzählung für die Leser eine „die Zukunft fundierende Verbindlichkeit" (ders., *Gedächtnis*, 77) gewinnen kann, auf das Markusevangelium. Entsprechend nennt FRANKEMÖLLE, *Frühjudentum*, 296 das Markusevangelium die „fundierende Geschichte" der Jesusbewegung: „Geschrieben wurde sie [sc. die Geschichte] in handlungsorientierter Perspektive nicht primär zur Erinnerung an Vergangenes (etwa an den historischen Jesus), sondern zur Stärkung der Identität der Adressaten für ihren Weg in der Nachfolge Jesu."

Leben nach der Darstellung des Erzählers von Versuchungen begleitet. Er muss sich mit überirdischen (Satan) und irdischen (Pharisäer) Versuchern auseinandersetzen. Ja, nicht einmal im vertrauten Kreis seiner Jünger ist er vor Versuchung sicher. In Gethsemane ringt er unter einem schweigenden Himmel um die Fügung in den Willen des Vaters. Von allen Freunden im Stich gelassen, erleidet er am Kreuz die Finsternis der Gottesferne; zusätzlich trifft ihn der Spott der Feinde bis hin zur höhnischen Aufforderung, vom Kreuz herabzusteigen. Aufgrund der Erfahrung der totalen Verlassenheit lässt sich seine Passion in ihrer Ganzheit als eine einzige Bewährungsprobe für seinen Glauben und Gehorsam verstehen.

In diesem Zusammenhang fällt etwas Weiteres auf: Erzählerisch erscheint das explizite Bekenntnis zu Jesus als dem Gottessohn und Christus im Markusevangelium mehrmals in unmittelbarer Nähe zum Versuchungsmotiv.[62] *Die Versuchungen sind somit ein konstitutiver Bestandteil der markinischen Christologie; sie sind markanter Ausdruck für den überraschenden und alle menschlichen Erwartungen sprengenden Charakter des Weges des Gottessohnes auf Erden.* Eben so gewinnt die Versuchungsmotivik im Evangelium Schlüsselbedeutung für die Leserwirkung.

Was für das Leben Jesu gilt, das gilt nämlich auch für das Leben der Gläubigen. Versuchungen lauern allerorten. Die feindlichen Kräfte scheinen übermächtig an Zahl und Einfluss. Und Gott verbirgt sich.

Die Versuchungsgeschichten im Markusevangelium bilden exakt die Gefahren und Herausforderungen ab, in denen die jungen Gemeinden stehen. Indem der Evangelist dem Leben und Leiden Jesu paradigmatische Bedeutung für die Nachfolgenden verleiht, gibt er den Gläubigen nicht nur eine überzeugende Erklärung für ihre Versuchungen, sondern fordert sie auch heraus, sich den Herausforderungen in derselben Weise zu stellen, wie Jesus es tat.[63]

Es ist genau diese spezifische Verknüpfung von Christologie und Nachfolge/Jüngerschaft, die den besonderen Gehalt und das Charakteristikum des Markusevangeliums ausmacht. Sie bestimmt die Szenen, die das Herzstück des Evangeliums (8,27–10,45) rahmen, und macht Dienst und persönliche Hingabe – gerade im Gegenüber zum römischen Staat und seiner Herrschaftspraxis – zu einem „Grundprinzip christlicher Existenz"[64] (vgl. 9,35; 10,42–45).

Damit lässt sich nun auch die Frage beantworten, die in der Markusforschung immer wieder diskutiert wird: die nach dem thematischen Schwerpunkt des Evangeliums. Ich stelle fest: Schwerpunkt ist nicht einfach die Soteriologie, trotz der zahlreichen Wundertaten Jesu, der ausführlichen Darstellung seiner Passion und trotz der Tatsache, dass für den Evangelisten Jesu Leben, Sterben und Auferstehen zweifellos heilsgeschichtliche Qualität haben (vgl. 1,2f; 9,12; 14,27.49). Es ist auch nicht einfach die Christologie, obwohl das Markusevangelium maßgeblich von der christologischen Thematik (im Sinne der *Interpretation* der besonderen Würde Jesu und der *inhaltlichen Füllung* der Hoheitstitel) her bestimmt wird. *Soteriologie wie Christologie stehen jedoch im Dienste der gleichermaßen poimenischen wie paränetischen Ausrichtung*

---

62   Vgl. 1,11.13; 8,29.32f; 15,29–32.39.
63   Vgl. BACKHAUS, *Heilsbedeutung*, 117: „Die Identifikation mit Jesus führt zur Gewinnung
      eigener Identität auf dem je eigenen Leidensweg."
64   Vgl. SCHNELLE, *Theologie*, 394 mit Verweis auf Mk 10,42f: „Das Dienen als Grundprinzip
      christlicher Existenz wird gegenüber der Wirklichkeit des Imperium Romanum kritisch pro-
      filiert."

des Evangeliums. E. BEST nennt das Anliegen des Evangelisten „pastoral" und trifft damit den Nagel auf den Kopf.[65] *Denn darauf kommt es Markus vor allem an: seinen Lesern in schwerer Zeit Glaubens- und Lebenshilfe zu geben.*[66] Dazu erzählt er ihnen die Geschichte Jesu, die Geschichte des Sohnes Gottes, der im Gehorsam gegen den himmlischen Vater seinen Weg gegangen ist, den Weg des Dienstes und der Hingabe zum Heil der Menschen (10,45). Er erzählt die Geschichte dessen, den in der Erfüllung seiner Mission auch Anfeindungen und Versuchungen unterschiedlichster Art nicht von seinem Weg abbringen konnten und der durch alle Dunkelheiten und die Schande des Kreuzes hindurch dem väterlichen Willen treu geblieben ist bis ans Ende. In seinem Tod erkennt und schildert Markus die Krönung und Vollendung seines schriftgemäßen Weges. Die Gläubigen sind aufgerufen und berufen, ihrem Herrn auf diesem Weg zu folgen.[67] Er ist derjenige, der vorangeht – und die Seinen sollen ihm nachgehen, jetzt und in Zukunft (16,7). Sie sollen in ihrem Leben das realisieren, was im Erzählgang des Evangeliums für den Blinden nach seiner Heilung gilt (10,52): „Er konnte (wieder) sehen und folgte ihm auf dem Wege nach." Wie Jesus werden die Seinen dahingegeben (13,9.11f), wie er trinken sie den Leidensbecher (10,38f), wie er müssen sie um seinet- und um des Evangeliums willen zum Dienst bereit sein bis in den Tod (8,35).[68] *Gerade Golgatha gewinnt seine spezifische Bedeutung im Markusevangelium unter dem Aspekt des Nachfolgemodells und nicht unter dem Gesichtspunkt der Sühne* – so wie überhaupt der Themenkreis von Sünde und Sühne im Markusevangelium eher am Rande steht. Golgatha mit der Implikation der Gottesferne zeigt die dunkelste Dimension auf, in die Jesus in seinem Gehorsam geführt wurde und in die auch seine Nachfolgerinnen und Nachfolger geführt werden können. Gerade in der äußersten Bedrängnis gilt es, dem himmlischen Vater und seinem Auftrag treu zu bleiben, so wie Jesus es vorbildlich tat.[69]

Über die Schwierigkeiten und Härten der Nachfolge macht Markus seinen Lesern also keine Illusionen. Wie beschwerlich und steinig der Weg ist, demonstriert er darüber hinaus exemplarisch an den Jüngern. Sie müssen einen langen Lernweg durchlaufen und machen dabei immer wieder die schmerzliche Erfahrung des eigenen Versagens. Sie sträuben sich gegen die Passion ihres Herrn und gegen ihr eigenes Kreuz. Das wenig attraktive Bild, das Jesu Jünger in der erzählten Welt des Evangeliums abgeben, kann den Lesern einerseits Mahnung sein, andererseits aber auch Motivation und Ansporn.[70]

---

[65]   BEST, *Gospel,* 51: „Mark's purpose was pastoral. He wrote primarily to build up his readers in faith."

[66]   So auch das Urteil von BORING, *Mk,* 22: „As narrative Christology, Mark's teaching document is aimed at helping the church clarify its understanding of the meaning of the Christ event and discipleship to Jesus in a threatening, confused and conflicted situation."

[67]   Vgl. BACKHAUS, *Heilsbedeutung,* 116: „Ekklesiologie gewinnt im Markusevangelium ... die Gestalt angewandter Christologie ... Der Evangelist knüpft ... an die Verfolgungserfahrung seiner Gemeinde an und gibt ihr – gegen allen ‚Augenschein' – einen Ort im Heilswirken Gottes."

[68]   Vgl. MARCUS, *Mk I,* 29: „Jesus ... is presented as a paradigm of the way in which his disciples, including the Markan audience, should endure suffering."

[69]   Mit Recht schreibt THEIßEN, *Lokalkolorit,* 295: „Seine [sc. Jesu] Passion ist Verhaltensmodell für die mk [*sic!*] Gemeinde."

[70]   Vgl. den narratologischen Hinweis von ISER, *Leser,* 67: „Verlockt ihn [sc. den Leser] der Text dazu, sich die Motivation des richtigen Verhaltens im Blick auf die erzählte Situation selbst

Zugegeben: In seiner Nüchternheit wirkt das Markusevangelium nicht uneinge-schränkt attraktiv.[71] Aber es ist ehrlich, praxisnah und konkret und verlangt vom Leser, dass er Position bezieht. Am Schluss der Lektüre des Evangeliums – nach-dem er die ganze Geschichte Jesu mit den Augen des Erzählers gelesen hat – ist nämlich jeder Einzelne gefragt, ob er den Weg der Nachfolge allen Mühen und Gefahren zum Trotz (weiter-)gehen will bis zum Ende oder nicht. Er hat die Wahl: Wird er lieber schlafen (14,37), schweigen (16,8), weglaufen (14,50) und den Herrn verleugnen (14,68.70f)? Oder wird er wachen (13,33.35.37), beten (14,38), gegen alle Widerstände Zeugnis ablegen (13,10f) und dem Herrn, wenn nötig, treu sein bis in den Tod (8,35; 10,38)?

Der Evangelist ist Realist genug, um zu wissen: Der Same des Wortes Gottes wird nicht bei allen dauerhaft aufgehen (vgl. 4,3–8.14–20). Angesichts der zahlrei-chen Widerstände und Gefahren ist das nicht weiter überraschend. Misserfolge sind daher schon einkalkuliert. Dennoch durchzieht das Evangelium des Markus kein pessimistischer Grundton. Im Gegenteil versichert der markinische Jesus den Sei-nen: Wo der Same aufgeht, da bringt er ungewöhnlich reiche Frucht (4,8.20). Das Reich Gottes, so vergleichsweise bescheiden seine Anfänge auch sein mögen[72], wird doch wunderbar wachsen, bis alle Völker sich der Basileia unterstellen (4,32).[73] Und das Wachsen geschieht gleichsam „automatisch" (4,26–29); der Anfang (ἀρχή; vgl. 1,1) ist gemacht und strebt *unaufhaltsam* seiner Vollendung entgegen. Insofern gilt es für die Evangeliumsleserinnen und -leser, um eine geglückte Formulierung von H. WEDER aufzugreifen, „im winzigen Fragment der Gegenwart das Geheim-nis der großen Zukunft wahrzunehmen"[74]. Sie sollen wissen: Diese Zukunft hat bereits begonnen, und den Menschensohn erwartet bei seiner Parusie (13,24–27) eine reiche Ernte (4,29).

12.2.3 Die bleibende Herausforderung

Das Markusevangelium bedeutete für die Lesenden seiner Zeit eine Herausforde-rung. Nach meiner Überzeugung hat sich daran bis heute nichts geändert. Darum möchte ich am Ende der Untersuchung zumindest skizzenhaft einen Bogen in unsere Gegenwart schlagen und in wenigen Strichen die bleibende Relevanz des Evangeliums für unsere Zeit aufzeigen, wie sie sich aus meiner Sicht darstellt.

Widerstände und Belastungen für die Gläubigen sind ein Phänomen, das die zweitausendjährige Kirchengeschichte bis in die Gegenwart hinein durchzieht. Nicht immer muss es sich dabei wie in der Zeit des Evangelisten um unmittelbare

---

vorzustellen, so macht sich der Leser die notwendige Korrektur bewusst, die als solche nicht ohne Rückwirkungen auf seine eigene Bewusstheit bleiben kann."

[71] Vgl. das Resümee von GUTTENBERGER, *Gottesvorstellung*, 344: „Ein missionarisches, ein einladendes Evangelium ist es [sc. das Markusevangelium] meines Erachtens nicht. Es drückt die Spannungen eher aus, als dass es sie löst ... Es ist ein Evangelium, das erwachsen macht und dem infantilen Wunsch nach Lösung der Widersprüche und der Rückkehr ins Paradies, wo Gott gut, nah und mächtig und wo das Böse fern und fremd war, nicht ent-spricht."

[72] Dies ist eine durchaus angemessene Sicht in Anbetracht der vergleichsweise geringen Zahl der Christen zur Zeit des Evangelisten.

[73] Vgl. zur globalen Verbreitung des Evangeliums Mk 13,10 und als motivgebenden Hinter-grund die Heilsverheißung Ez 17,23.

[74] WEDER, *Gegenwart*, 56.

Bedrohungen für Leib und Leben handeln, obwohl in manchen Regionen der Welt auch im 21. Jahrhundert damit durchaus zu rechnen ist. Das Bombenattentat von Alexandria auf eine koptische Kirche in der Neujahrsnacht 2011 hat dies wieder einmal deutlich gezeigt.[75] Aber auch in Deutschland haben christliche Gemeinden aus den unterschiedlichsten Gründen keinen leichten Stand. Zwar gibt es keine gezielten Repressalien gegen Christinnen und Christen, wie sie die Gemeinden noch im vergangenen Jahrhundert in der Zeit des Nationalsozialismus oder auch in der ehemaligen DDR erleben mussten. Gleichwohl wächst unverkennbar der Graben zwischen Kirche und Gesellschaft; die kontinuierliche Abwanderungsbewegung aus den großen verfassten Kirchen in Form von Austritten ist ein deutliches Symptom dafür. In unserer Zeit gehört, vor allem unter jungen Menschen, auch schon wieder ein gewisser Mut dazu, sich offen zu seinem christlichen Glauben und zu seiner Gemeindezugehörigkeit zu bekennen.

Schwer tut sich ebenfalls die christliche Verkündigung. So schwierig es zur Zeit des Markus war, der Welt einen Gekreuzigten als ihren Herrn und Retter zu vermitteln, so schwierig ist es heute. Die Person Jesu erfreut sich zwar – anders als in der Zeit des Markus – weithin einer gewissen positiven Wertschätzung; dies ändert aber nichts daran, dass der Nazarener von vielen als ein Philanthrop und Idealist betrachtet wird, der an den Realitäten dieser Welt gescheitert ist. Die Botschaft vom gekreuzigten Gottessohn gilt noch immer (oder vielleicht sogar mehr denn je) als μωρία (1 Kor 1,23).

Verunsicherung gibt es aber damals wie heute auch bei den Christen selbst. Oft hat diese Verunsicherung – wie in der erzählten Welt des Evangeliums und in der Zeit des Markus – mit persönlichen Leidens- oder Verlusterfahrungen zu tun, die den Glauben und das Gottvertrauen auf eine harte Probe stellen – bis hin zur subjektiven Wahrnehmung der Abwesenheit und Ferne Gottes.[76] Sie drängen sich manchen aber auch im Blick auf das Weltgeschehen auf, das von einer lenkenden und liebenden Hand Gottes bisweilen nur wenig verrät.[77] So lässt sich, bei genauer Betrachtung, also durchaus eine Reihe von Parallelen zwischen den Verhältnissen zur Zeit des Markus und den Rezeptionsbedingungen heutiger Leserinnen und Leser ausmachen.

Was das im Markusevangelium präsentierte Lebensmodell Jesu anbetrifft, gilt Entsprechendes. Wer wie er sein Leben wirklich konsequent am Willen Gottes ausrichtet, der muss damals wie heute mit Widerständen rechnen und darauf gefasst sein, entweder verlacht oder gar angefeindet zu werden. Dies umso mehr, als für viele Zeitgenossen der christliche Glaube längst erledigt scheint und stattdessen

---

[75]   Ägypten ist kein Einzelfall. Auch in anderen Ländern des Nahen Ostens und in weiteren Teilen der Erde nimmt die Gewalt gegen Christen zu. Das christliche Hilfswerk „Open doors" spricht gar von etwa einhundert Millionen verfolgten Christen in aller Welt (vgl. www.opendoors-de.org (01.08.2011).).

[76]   In meiner Tätigkeit als Seelsorger an einer großen Universitätsklinik begegnen mir solche Zweifel beinahe täglich.

[77]   Ich erinnere in diesem Kontext an die verheerende Naturkatastrophe in Japan im März 2011. Dass Ereignisse dieser Art in verstärktem Maße die Theodizee-Frage aufwerfen, lehrt die Geschichte immer wieder. Als ein geistesgeschichtlich besonders prägendes Geschehen sei nur auf das Erdbeben von Lissabon im Jahre 1755 verwiesen, das den Aufklärungsoptimismus der damaligen Zeit ins Wanken brachte und einen intensiven Diskurs unter Philosophen, Theologen und Literaten auslöste.

ein verbreiteter Trend in die Richtung geht, die Durchsetzung der eigenen Interessen und Bedürfnisse als oberste Maxime des Denkens und Handelns zu betrachten. Welche fatalen gesellschaftlichen, ökonomischen und ökologischen Folgen dieser Trend und die mit ihm verbundenen Versuchungen nach sich ziehen, tritt mittlerweile immer deutlicher zutage.[78] Auch die modernen wissenschaftlichen und technischen Möglichkeiten bergen in diesem Zusammenhang ihre Gefahren, z. B. in der Medizin und in der Gentechnik.

Demgegenüber präsentiert das Markusevangelium einen vollkommen anderen Lebensentwurf, den des Jesus von Nazareth, der sein Leben entschieden am Willen Gottes orientierte und konsequent in den *Dienst* der Menschen stellte: „Der Menschensohn ist nicht gekommen, damit ihm gedient werde, sondern damit er diene" (Mk 10,45). Dieses *ethical role model* mag heute anachronistisch wirken; überholt ist es aber damit meines Erachtens keineswegs.

Um es abschließend auf den Punkt zu bringen: Ein Leben in der Nachfolge Christi und im Dienst an den Menschen war niemals bequem und „populär" – und ist es auch heute nicht. Dies hat Jesus nach dem Zeugnis des Markusevangeliums auch nicht versprochen. Er hat genau das Gegenteil verkündet: „Wenn jemand mir folgen will, verleugne er sich selbst und nehme sein Kreuz auf sich und folge mir nach" (8,34). Zugleich aber hat er denjenigen, die auf seinen Ruf hören, ein Leben in Fülle zugesagt (8,35). Und er hat verheißen, dass alle, die ihm nachfolgen, Jünger wie Gemeinde, ihm selbst als dem auferstandenen Herrn in ihrem Tun und Erleben begegnen werden (Mk 16,7). Damals wie heute liegt es an jeder/m Einzelnen, ob sie/er sich auf Jesu Ruf einlassen möchte oder nicht. Vor genau diese Entscheidung mit allen ihren Konsequenzen stellt das Evangelium des Markus seine Leserinnen und Leser bis in die Gegenwart hinein immer wieder aufs Neue. Christsein ist immer Geschenk und Aufgabe zugleich. Der Reformator M. LUTHER hat dies in der ihm eigenen prägnanten Weise so ausgedrückt:

> „Das Hauptstück und der Grund des Evangeliums ist, dass du Christus zuvor, ehe du ihn dir zum Vorbild fassest, aufnehmest und erkennest als eine Gabe und Geschenk, das dir von Gott gegeben und dein eigen sei ... Wenn du nun Christus so zum Grund und Hauptgut deiner Seligkeit hast, dann folget das andere Stück, dass du ihn auch dir zum Vorbild fassest und dich auch so deinem Nächsten zu dienen ergebest, wie du siehest, dass er sich dir ergeben hat. Siehe, da gehet dann Glaube und Liebe im Schwang, ist Gottes Gebot erfüllet, der Mensch fröhlich und unerschrocken, alle Dinge zu tun und zu leiden.[79]

---

[78]   Als Beispiel sei nur die Wirtschafts- und Finanzkrise genannt, die in jüngerer Zeit die Welt erschüttert hat. Bei der Suche nach der Ursachen der Krise wurde immer wieder darauf verwiesen, dass viele Bankiers der Versuchung in Form von stetiger Gewinnmaximierung und hohen Renditen erlegen gewesen seien. Indem Versuchung mit dem rücksichts- und bedenkenlosen Streben nach Macht und Profit identifiziert wird, gewinnt die markinische Warnung vor der menschlichen ἐπιθυμία (Mk 4,19) eine ganz neue überraschende Aktualität.

[79]   LUTHER, *Unterricht*, 198f.

Literaturverzeichnis

In den Anmerkungen wird die Literatur in der Regel mit Verfassernamen und Titelstichwort angegeben. Das Titelstichwort ist im Literaturverzeichnis kursiv gesetzt.

Kommentare zum Markusevangelium werden mit Verfassernamen und dem Kürzel „Mk" aufgeführt.

Die Abkürzungen der biblischen Bücher, des rabbinischen Schrifttums sowie der außerkanonischen und außerrabbinischen Schriften richten sich nach dem Abkürzungsverzeichnis in der „Theologischen Realenzyklopädie" (TRE), zusammengestellt von S. SCHWERTNER, Berlin/New York, [2]1994. Daran orientieren sich auch die Abkürzungen von Zeitschriften, monographischen Reihen und Standardwerken.

Die Abkürzungen der antiken griechischen und lateinischen Quellen folgen dem Verzeichnis im „Lexikon für Theologie und Kirche" (LThK), hg. v. W. KASPER, Freiburg [3]1993, 58–67, in Ergänzung dazu auch gelegentlich dem Verzeichnis im „Lexikon der Alten Welt", Zürich 1965, 3439–3464 sowie dem Verzeichnis in „Religion in Geschichte und Gegenwart" (RGG), Bd. 8, hg. v. H.D. BETZ u.a., Tübingen [4]1998, XVIII–XXIX.

An allgemeinen Abkürzungen seien genannt:

par(r).   mit Parallelstelle(n)

sc.   scilicet (nämlich, d.h.)

[*sic!*]   wirklich so

v.l.   varia lectio (Textvariante)

S.   Seite der vorliegenden Arbeit

Die Zählung der Psalmen in der vorliegenden Arbeit richtet sich nach der BHS.

Ältere Zitate sind den neuen amtlichen Rechtschreibregeln angepasst.

Bibelausgaben

[BHS] Biblia Hebraica Stuttgartensia, hg. v. K. ELLIGER u. W. RUDOLPH, Stuttgart [5]1997.
Biblia Sacra iuxta Vulgatam Versionem. 2 Bde., hg. v. R. WEBER, Stuttgart [3]1988.
Das Neue Testament und frühchristliche Schriften, hg. u. übers. v. K. BERGER u. C. NORD, Frankfurt/Main [6]2003.
[LXX] Septuaginta. Editio altera, hg. von A. RAHLFS/R. HANHART, Stuttgart 2006.

[LXX D] Septuaginta Deutsch. Das griechische Alte Testament in deutscher Übersetzung, hg. v. W. KRAUS u. M. KARRER, Stuttgart 2009.
Novum Testamentum Graece, hg. v. K. ALAND u. B. ALAND, Stuttgart, 8. korri-
gierter und um die Papyri 99–116 erweiterter Druck, Stuttgart ^{27}2001.

Hilfsmittel

BAUER, WALTER, Griechisch-deutsches Wörterbuch zu den Schriften des Neuen
Testaments und der frühchristlichen Literatur [WbNT], hg. von K. u. B.
ALAND, Berlin/New York ^{6}1988.
GESENIUS, WILHELM, Hebräisches und aramäisches Handwörterbuch über das
Alte Testament. Leipzig ^{17}1915, Nachdruck Berlin/Göttingen/Heidelberg
1962.
Greek-English Lexicon of the Septuagint, Revised edition, Stuttgart 2003.
KÖHLER, LUDWIG/BAUMGARTNER, WALTER, Hebräisches und aramäisches Lexi-
kon zum Alten Testament, 2 Bde., Leiden u.a., 1995.
Lexikon der Alten Welt, Zürich 1965, 3439–3464.
SCHMOLLER, ALFRED, Handkonkordanz zum griechischen Neuen Testament,
Stuttgart ^{8}1997.
Synopsis Quattuor Evangeliorum. Locis Parallelis Evangeliorum Apocryphorum Et
Patrum Adhibitis, ed. v. K. ALAND, Stuttgart 2005.

Textausgaben antiker Autoren

AISCHYLOS, Tragödien und Fragmente, hg. u. übers. v. O. Werner, München 1959.
[ApkAbr] Die Apokalypse Abrahams, hg. u. übers. v. B. PHILONENKO-SAYAR u.
M. PHILONENKO (JSHRZ V/5), Gütersloh 1982, 413–460.
[ApkMos] Das Leben Adams und Evas hg. u. übers. v. O. MERK u. M. MEISER
(JSHRZ II/5), Gütersloh 1998, 737–870.
[Apoll.Rhod.] Apollonii Rhodii Argonautica, hg. v. H. FRÄNKEL, Oxford 1961.
[Aristeas] Fragmente jüdisch-hellenistischer Exegten: Aristobulos, Demetrios,
Aristeas, hg. u. übers. v. N. WALTER (JSHRZ III/2), 257–300.
ARRIAN, Anabasis. Der Alexanderzug. Indische Geschichte, gr. u. dt., hg. u. übers.
von G. WIRTH u. O. V. HINÜBER, München/Zürich 1985.
[AssMos] Himmelfahrt Moses hg. u. übers. v. E. BRANDENBURGER (JSHRZ V/2),
Gütersloh 1976, 57–84.
[äthHen] Das äthiopische Henochbuch hg. u. übers. v. S. UHLIG (JSHRZ V/6),
Gütersloh 1984, 461–780.
BAILLET, MAURICE (Hg.), Qumran, Grotte 4, III (4Q482–4Q520), Discoveries in
the Judaean Desert VII, Oxford, 1982, Reprinted 2003.
BERGER, KLAUS/COLPE, CARSTEN, Religionsgeschichtliches Textbuch zum
Neuen Testament, Göttingen/Zürich 1987.

[Bill] BILLERBECK, PAUL/STRACK, HERMANN L. Kommentar zum Neuen Testament aus Talmud und Midrasch, Bd. I–VI, München 6–81986–1994.

[Diod.] DIODOROS, Griechische Weltgeschichte, Buch 1–40, übers. v. G. WIRTH u. O. VEH, Stuttgart 1992–2009.

[Diog.Laert.] DIOGENES LAERTIUS, Leben und Meinungen berühmter Philosophen, übersetzt v. O. APELT, 2 Bde., Berlin 21967.

EPIKTET, Handbüchlein der Moral und Unterredungen, hg. von H. SCHMIDT, Stuttgart 1973.

[4Esr] Das 4. Buch Esra, hg. u. übers. v. J. SCHREINER (JSHRZ V/4), Gütersloh 1981, 289–412.

EURIPIDES, Tragödien, gr. u. dt., hg. v. D. EBENER, 6 Bde., in: Schriften und Quellen der Alten Welt, Bd. 30,1–6, Berlin 1972–1980.

[Hdt.] HERODOT, Historien, gr.-dt., 2 Bde., hg. u. übers. v. J. FEIX, München 1963.

[Hom.Il.] HOMER, Ilias. Mit Urtext, Anhang und Register, übertragen v. H. RUPE, Düsseldorf/Zürich 122004.

[Hom.Od.] HOMER, Odyssee, gr. u. dt., übertragen v. A. WEIHER. Einführung v. A. HEUBECK, Düsseldorf/Zürich, 132007.

[Iamb.vit.Pyth.] IAMBLICH, Pythagoras: Legende – Lehre – Lebensgestaltung. Eingeleitet, übersetzt u. mit interpretierenden Essays versehen v. M. VON ALBRECHT u.a., Darmstadt 2002.

[Jdt] Das Buch Judith, hg. u. übers. v. E. ZENGER (JSHRZ I/6), Gütersloh 1981, 427–534.

[Jos.Ant.] JOSEPHUS FLAVIUS, Jüdische Altertümer, übers. v. H. CLEMENTZ, Wiesbaden 2004.

[Jos.Ap.] JOSEPHUS FLAVIUS, Des Flavius Josephus kleinere Schriften. Selbstbiographie; Gegen Apion. Übers. v. H. CLEMENTZ, Halle 1901.

[Jos.Bell.] JOSEPHUS FLAVIUS, De bello Judaico – Der jüdische Krieg. Zweisprachige Ausgabe der sieben Bücher, hg. u. übers. v. O. MICHEL u. O. BAUERNFEIND, Darmstadt 1959–1969.

JOSEPHUS FLAVIUS, Opera, hg. v. B. NIESE, Berlin 1888–1895.

[Jub] Das Buch der Jubiläen, hg. u. übers. v. K. BERGER (JSHRZ II/3), Gütersloh 1981, 273–576.

KAUTZSCH, EMIL (Hg.), Die Apokryphen und Pseudepigraphen des Alten Testaments, 2 Bde., Darmstadt 41975.

LOHSE, EDUARD (Hg.), Die Texte aus Qumran, Hebräisch und deutsch, München 1964.

LUCK, GEORG, Die Weisheit der Hunde, Texte der antiken Kyniker in deutscher Übersetzung mit Erläuterungen, Lizenzausgabe für die WBG, Darmstadt 2002.

[Luc.Dem.] LUKIAN, Das Leben des Demonax, in: G. LUCK, Die Weisheit der Hunde, Texte der antiken Kyniker in deutscher Übersetzung mit Erläuterungen, Lizenzausgabe für die WBG, Darmstadt 2002, 381–394.

MAIER, JOHANN (Hg.), Die Qumran-Essener: Die Texte vom Toten Meer, 3 Bde. (UTB 1862/1863/1916), München/Basel 1995/1996.

[2 Makk] 2. Makkabäerbuch, hg. u. übers. v. C. HABICHT (JSHRZ I/3), Gütersloh 1976, 165–286.

[4 Makk] 4. Makkabäerbuch, hg. u. übers. v. H.-J. KLAUCK (JSHRZ III/6), Gütersloh 1989, 645–764.

[MartJes] Das Martyrium Jesajas, hg. u. übers. v. E. HAMMERSHAIMB (JSHRZ II/1), Gütersloh 1973, 15–34.

[MartPol] Das Martyrium des Polykarp, übers. u. komm. v. G. BUSCHMANN, Göttingen 1998.

[Mischna] Die Mischna. Ins Deutsche übertragen, mit einer Einleitung und Anmerkungen v. D. CORRENS, Wiesbaden 2005.

MÜCKE, RUDOLF, Epiktet. Was von ihm erhalten ist. Nach den Aufzeichnungen Arrians. Neubearbeitung der Übersetzung von J. G. SCHULTHESS, Heidelberg 1926.

NEPOS, CORNELIUS, Berühmte Männer. De viris illustribus. Lat.-dt., hg. u. übers. v. M. PFEIFFER unter Mitarbeit v. R. NICKEL, Düsseldorf 2006.

NEUMANN, KARL J. (Hg.), Kaiser Julians Bücher gegen die Christen. Nach ihrer Wiederherstellung übersetzt, Leipzig 1880.

ORIGENES, Werke I–II, hg. u. übers. v. P. KOETSCHAU, GCS 2–3, Leipzig 1899.

[OrSib] Sibyllinische Weissagungen, gr.-dt., hg. u. übers. v. J.-D. GAUGER, Düsseldorf/Zürich ²2002.

PHILO V. ALEXANDRIA, Die Werke in deutscher Übersetzung, 7 Bde., hg.u. übers. v. L. COHN u.a., Berlin ²1962–1964; darin: De Abrahamo [Abr.], Bd. 1, S.93–152; De Josepho [Jos.], Bd. 1, S.155–213; Leben Mosis [Vit.Mos. 1-2], Bd. 1, S.217–365.

PHILO, 10 Bde., hg. v. F.H. COLSON und G.J. WHITAKER (LCL), Cambridge 1929–1962.

[Philostr.vit.ap.] PHILOSTRATOS, Das Leben des Apollonios von Tyana, hg., übers. u. erläutert v. V. MUMPRECHT, München/Zürich 1983.

PLATON, Werke in acht Bänden, gr.-dt., hg. v. G. EIGLER, Darmstadt 1970–1983.

PLUTARCH, Große Griechen und Römer [vit.par.]. 6 Bde. (dtv 2068–2073), hg. v. K. ZIEGLER u. W. WUHRMANN, München 1979–1980.

PLUTARCH, Vitae parallelae/ Plutarch's lives. 11 Bde., hg. v. B. PERRIN (LCL), London 1975–1982

PORPHYRIUS, Adversus Christianos [adv.Chr.] (Gegen die Christen), ed. A. V. HARNACK. 15 Bücher: Zeugnisse, Fragmente und Referate (AKPAW.PH), Berlin 1916.

[PsSal] Die Psalmen Salomos, hg. u. übers. v. S. HOLM-NIELSEN (JSHRZ IV/2), Gütersloh 1977, 49–112.

PSEUDO-PHILO, Antiquitates biblicae [Lib.Ant.], hg. u. übers. v. C. DIETZFELBINGER (JSHRZ II/2), Gütersloh 1975, 89–272.

ROTTZOLL, DIRK U., Rabbinischer Kommentar zum Buch Genesis, Berlin/New York 1994.

[Sen.ep.] SENECA, Lucius Annaeus, Philosophische Schriften Bd.3 (Dialoge. Briefe an Lucilius), übers., mit Einl. und Anm. versehen von O. APELT, Hamburg 1998.

[Sen.Herc.] SENECA, Hercules furens. Einleitung, Text, Übersetzung und Kommentar von M. BILLERBECK, Leiden 1999.

[Sir] Jesus Sirach, hg. u. übers. v. G. SAUER (JSHRZ III/5), Gütersloh 1981, 481–644.

SCHNEEMELCHER, WILHELM (Hg.), Neutestamentliche Apokryphen. In deutscher Übersetzung. Bd. 1–2, Tübingen ⁶1999.

SOPHOKLES, Dramen, hg. u. übers. v. K.BAYER/W. WILLIGE, Düsseldorf/Zürich ⁴2003.

STEMBERGER, GÜNTER, Midrasch. Vom Umgang der Rabbinen mit der Bibel, München 1989.

[syrBar] Die syrische Baruch-Apokalypse, hg. u. übers. v. A. F. J. KLIJN (JSHRZ V/2), Gütersloh 1976, 103–192.

[Tac.ann.] TACITUS, CORNELIUS, Annales, , lat.-dt., hg. v. C. HOFFMANN, München 1954.

[Tac.hist.] TACITUS, CORNELIUS, Historien, lat.-dt., hg. v. J. BORST, Düsseldorf/Zürich ⁶2002.

[Talmud] Der babylonische Talmud, hg. v. L. GOLDSCHMIDT, 12 Bde., Berlin 1929–1936, Nachdruck Frankfurt/Main 2002.

[TestAbr] Testament Abrahams, hg. u. übers. v. E. JANSEN (JSHRZ III/2), Gütersloh 1975, 193–256.

[TestHiob] Das Testament Hiobs, hg. u. übers. v. B. SCHALLER (JSHRZ III/3), Gütersloh 1979, 301–388.

[TestSal] Das Testament Salomos. Die älteste christliche Dämonologie, kommentiert und in deutscher Erstübersetzung, hg. v. P. BUSCH (TU 153), Berlin 2006.

[TestXII] Die Testamente der zwölf Patriarchen, hg. u. übers. v. J. BECKER (JSHRZ III/1), Gütersloh 1980, 15–163.

[Tob] Das Buch Tobit, hg. u. übers. v. B. EGO (JSHRZ II/6), Gütersloh 1999, 871–1007.

Vendidad: The Zoroastrian Book of the Law, hg. v. C. F. HORNE, Kessinger Pub Co, 2005.

[VitAd] Das Leben Adams und Evas, hg. u. übers. v. O. MERK u. M. MEISER (JSHRZ II/5), Gütersloh 1998, 737–870.

[Vit.Alex.] Leben und Taten Alexanders von Makedonien. Der griechische Alexanderroman nach der Handschrift L, hg. u. übers. v. H. VAN THIEL, Texte zur Forschung 13, Darmstadt 1974

[VP] Vitae Prophetarum, hg. u. übers. v. A. M. SCHWEMER (JSHRZ I/7), Gütersloh 1997, 536–658.

[Weish] Weisheit Salomos, hg. u. übers. v. D. GEORGI (JSHRZ III/4), Gütersloh 1980, 389–480.

[Wettstein] Neuer Wettstein. Texte zum Neuen Testament aus Griechentum und Hellenismus. Bd. 1/1: Texte zum Markusevangelium, hg. v. U. SCHNELLE, Berlin/New York 2008.

[Xen.anab.] XENOPHON, Anabasis - Der Zug der Zehntausend. gr.-dt., hg. und übers. v. W. MÜRI und B. ZIMMERMANN, München ³1994.

[Xen.oik.] XENOPHON, Opera omnia, Bd. II: Commentarii, Oeconomicus, Convivium, Apologia Socratis, hg. v. E.C. MARCHANT, Oxford 1901, Nachdruck 1971.

[Xen.mem.] XENOPHON, Memorabilia Socratis - Erinnerungen an Sokrates, gr.-dt., hg. v. P. JAERISCH, München/Zürich ⁴1987.

Kommentare zum Markusevangelium [Mk]

BORING, M. EUGENE, Mark. A Commentary, Louisville/London 2006.

COLLINS, ADELA YARBRO, Mark: a commentary, Minneapolis 2007.

CRANFIELD, CHARLES E.B., The Gospel According to St Mark. The Cambridge Greek Testament Commentary, Cambridge 1959.

DEHN, GÜNTHER, Der Gottessohn. Eine Einführung in das Evangelium des Markus, Hamburg 1953.

DSCHULNIGG, PETER, Das Markusevangelium, Stuttgart 2007.

EBNER, MARTIN, Das Markusevangelium. Neu übersetzt und kommentiert, Stuttgart 2008.

ECKEY, WILFRIED, Das Markusevangelium. Orientierung am Weg Jesu. Ein Kommentar, Neukirchen-Vluyn 1998.

ERNST, JOSEF, Das Evangelium nach Markus (RNT), Regensburg 1981.

FOCANT, CAMILLE, L' évangile selon Marc. Commentaire biblique: Nouveau Testament 2, Paris 2004.

GNILKA, JOACHIM, Das Evangelium nach Markus, 2 Bde. (EKK II/1–2), Zürich u.a. 62008.

GRIMM, WERNER/FISCHER, ULRICH, Markus. Ein Arbeitsbuch zum ältesten Evangelium. Philologische, historische und theologische Klärungen, Stuttgart 1995.

GUNDRY, ROBERT H., Mark. A Commentary on his Apology for the Cross, Grand Rapids 1993.

HAENCHEN, ERNST, Der Weg Jesu: Eine Erklärung des Markus Evangeliums und der kanonischen Parallelen. Sammlung Töpelmann, 2. Reihe, Bd. 6, Berlin 1966.

KERTELGE, KARL, Markusevangelium (NEB.NT 2), Würzburg 1994.

LOHMEYER, ERNST, Das Evangelium des Markus, Göttingen 171967.

LÜHRMANN, DIETER, Das Markusevangelium (HNT 3), Tübingen 1987.

MARCUS, JOEL, Mark 1–8. A New Translation with Introduction and Commentary (AncB 27), New York u.a. 2000; Mark 8–16 (AncB 27A), New Haven/London 2009.

PESCH, RUDOLF, Das Markusevangelium, 2 Bde. (HThK II/1–2), Freiburg 51989 bzw. 41991.

SCHENKE, LUDGER, Das Markusevangelium. Literarische Eigenart - Text und Kommentierung, Stuttgart 2005.

SCHMITHALS, WALTER, Das Evangelium nach Markus (ÖTK 2/1–2), Würzburg 21986.

SCHWEIZER, EDUARD, Das Evangelium nach Markus (NTD 1), Göttingen 181998.

VAN IERSEL, BAS M. F., Markus: Kommentar, Düsseldorf 1993.

VAN IERSEL, BAS M. F., Mark. A Reader-Response Commentary (JSNT.S 164), Sheffield 1998.

Weitere Literatur

ASSMANN, JAN, Das kulturelle *Gedächtnis*. Schrift, Erinnerung und politische Identität in frühen Hochkulturen, München ³2000.

AURELIUS, ERIK, Art. *Versuchung I* (Altes Testament), in: TRE 35, Berlin/New York 2003, 44–47.

BACHMANN, MICHAEL, Art. δόκιμος, in: L. COENEN/K. HAACKER (Hgg.), TBLNT, 2 Bde. u. Registerbd., Wuppertal 2000, 1785–1789.

BACHMANN, MICHAEL, Art. σκάνδαλον, in: L. COENEN/K. HAACKER (Hgg.), TBLNT, 2 Bde. u. Registerbd., Wuppertal 2000, 1800–1806.

BACKHAUS, KNUT, Zwei harte *Knoten*: Todes- und Gerichtsangst im Hebräerbrief, in: NTS 55 (2009), 198–217.

BACKHAUS, KNUT, „Lösepreis für viele" (Mk 10,45). Zur *Heilsbedeutung* des Todes Jesu bei Markus, in: T. SÖDING (Hg.), Der Evangelist als Theologe. Studien zum Markusevangelium (SBS 163), Stuttgart 1995, 91–118

BALTZER, KLAUS, Die *Biographie* der Propheten, Neukirchen-Vluyn 1975.

BAUMBACH, GÜNTHER, Das *Verständnis* des Bösen in den synoptischen Evangelien (ThA 19), Berlin 1963.

BECKER, EVE-MARIE, Das *Markus-Evangelium* im Rahmen antiker Historiographie (WUNT 194), Tübingen 2006.

BECKER, EVE-MARIE, Der jüdisch-römische *Krieg* (66–70 n.Chr.) und das Markus-Evangelium. Zu den ‚Anfängen' frühchristlicher Historiographie, in: dies. (Hg.), Die antike Historiographie und die Anfänge der christlichen Geschichtsschreibung, Berlin/New York 2005, 213–236.

BECKER, JÜRGEN, Der Brief an die *Galater*, Göttingen 1982.

BECKER, JÜRGEN, *Untersuchungen* zur Entstehungsgeschichte der Testamente der zwölf Patriarchen, Leiden 1970.

BECKER, MICHAEL, *Wunder* und Wundertäter im rabbinischen Judentum (WUNT 144), Tübingen 2002.

VON BENDEMANN, REINHARD, 'Many-Coloured Illnesses' (Mk 1.34) – On the *Significance* of Illnesses in New Testament Therapy Narratives, in: M. LABAHN/B.J.L. PEERBOLTE (Hgg.), Wonders never cease. The Purpose of Narrating Miracle Stories in the New Testament and its Religious Environment (LNTS 288), London/New York 2006, 100–124.

VON BENDEMANN, REINHARD, Christus der Arzt – *Krankheitskonzepte* in den Therapieerzählungen des Markusevangeliums, in: J. PICHLER/C. HEIL (Hgg.), Heilungen und Wunder. Theologische, historische und medizinische Zugänge, Darmstadt 2007.

VON BENDEMANN, REINHARD, „Was wollt ihr, dass ich euch tue?" (Mk 10,36). Zur *Gestalt* und Funktion von Fragen im Markusevangelium, in: K. SCHIFFNER u.a. (Hgg.), Fragen wider die Antworten. FS JÜRGEN EBACH, Gütersloh 2010, 418–432.

BERGER, KLAUS, *Exegese* des Neuen Testaments. Neue Wege vom Text zur Auslegung, Heidelberg ²1984.

BERGER, KLAUS, Die *Amen-Worte* Jesu. Eine Untersuchung zum Problem der Legitimation in apokalyptischer Rede, Berlin 1970.

BERGER, KLAUS, Die *Gesetzesauslegung* Jesu. Ihr historischer Hintergrund im Judentum und im Alten Testament, Teil 1: Markus und Parallelen (WMANT 40), Neukirchen-Vluyn 1972.

BERGER, KLAUS, Die königlichen *Messiastraditionen* des NT, in: NTS 20 (1973/1974), 1–44.

BERGER, KLAUS, *Formen* und Gattungen im Neuen Testament, Tübingen 2005.

BERGER, KLAUS, Hellenistische *Gattungen* im Neuen Testament, ANRW II, 25/2, hg. von W. HAASE, Berlin/New York 1984, 1031–1432.1831–1885.

BERGER, KLAUS, *Theologiegeschichte* des Urchristentums, Tübingen/Basel ²1995.

BERGER, KLAUS, Zum *Problem* der Messianität Jesu, in: ZThK 71 (1974), 1–30.

BERGES, ULRICH, *Synchronie* und Diachronie, in: BiKi 62, 4/2007, 249–252.

BEST, ERNEST, Following Jesus. *Discipleship* in the Gospel of Mark (JSNT.S 4), Sheffield 1981.

BEST, ERNEST, Mark. The *Gospel* as Story, Edinburgh 1983.

BEST, ERNEST, The *Temptation* and the Passion. The Markan Soteriology (MSSNTS 2), Cambridge ²1990.

BEYER, HERMANN WOLFGANG, Art. βλασφημέω, in: G. KITTEL (Hg.), ThWNT I, 620–624.

BLEEK, FRIEDRICH, Synoptische *Erklärung* der drei ersten Evangelien I, hg. v. H. HOLTZMANN, Leipzig 1862.

BÖCHER, OTTO, Art. πλανάω/πλάνη, in: H. BALZ/G. SCHNEIDER (Hgg.), EWNT III, Stuttgart u.a. 1983, 233–238.

BÖCHER, OTTO, *Dämonenfurcht* und Dämonenabwehr. Ein Beitrag zur Vorgeschichte der christlichen Taufe (BWANT 90), Stuttgart 1970.

BONHOEFFER, DIETRICH, *Predigten*, Auslegungen, Meditationen 2 (1935–1945), München 1985.

BOUSSET, WILHELM, *Jesus*. Religionsgeschichtliche Volksbücher I 2/3, Tübingen ³1907.

BOYD, JAMES W., *Satan* and Mara. Christian and Buddhist Symbols of Evil, Leiden 1975.

BRANDENBURGER, EGON, *Markus 13* und die Apokalyptik (FRLANT 134), Göttingen 1984.

BRAUMANN, GEORG, *Wozu?* (Mark 15,34), in: Theok. II (1970–1972). Festgabe für KARL HEINRICH RENGSTORF zum 70. Geburtstag, Leiden u.a. 1973, 155–165.

BRAUN, HERBERT, Art. πλανάω, in: G. Friedrich (Hg.), ThWNT VI, Stuttgart 1959, 230–254.

BREYTENBACH, CILLIERS, Das *Markusevangelium* als episodische Erzählung. Mit Überlegungen zum „Aufbau" des zweiten Evangeliums, in: F. HAHN (Hg.), Der Erzähler des Evangeliums. Methodische Neuansätze in der Markusforschung (SBS 118/119), Stuttgart 1985, 137–169.

BREYTENBACH, CILLIERS, *Nachfolge* und Zukunftserwartung nach Markus. Eine methodenkritische Studie (AThANT 71), Zürich 1984.

BREYTENBACH, CILLIERS, Die *Vorschriften* des Mose im Markusevangelium, in: ZNW 97,1–2 (2006), 23–43.

BROER, INGO, *Einleitung* in das Neue Testament, Band I: Die synoptischen Evangelien, die Apostelgeschichte und die johanneische Literatur, Würzburg 2006.

BULTMANN, RUDOLF, Die *Geschichte* der synoptischen Tradition (FRLANT 29), Göttingen [10]1995.

BULTMANN, RUDOLF, *Theologie* des Neuen Testaments, Tübingen [10]1995.

BURRIDGE, RICHARD A., What are the *Gospels*? A Comparison with Graeco-Roman Biography (MSSNTS 70), Cambridge u.a. [2]2004.

CAMPBELL, WILLIAM S., „Why did you abandon me?" Abandonment *Christology* in Mark's Gospel, in: G. VAN OYEN/T. SHEPHERD (Hg.), The Trial and Death of Jesus. Essays on the Passion Narrative in Mark, Leuven u.a. 2006, 99–117.

CANCIK, HUBERT, *Bios* und Logos. Formengeschichtliche Untersuchungen zu Lukians „Demonax", in: ders. (Hg.), Markus-Philologie. Historische, literargeschichtliche und stilistische Untersuchungen zum zweiten Evangelium (WUNT 33), Tübingen 1984, 115–130.

CANCIK, HUBERT, Die *Gattung* Evangelium. Das Evangelium des Markus im Rahmen der antiken Historiographie, in: ders. (Hg.), Markus-Philologie. Historische, literargeschichtliche und stilistische Untersuchungen zum zweiten Evangelium (WUNT 33), Tübingen 1984, 85–115.

CARSTENSEN, ROGER, The *Persistence* of the „Elihu"-Tradition in Later Jewish Writings, in: LexTQ 2, 1967, 37–46.

CHATMAN, SEYMOUR, *Story* and Discourse. Narrative Structure in Fiction and Film, Ithaka/London 1978.

CONZELMANN, HANS, *Literaturbericht* zu den synoptischen Evangelien, ThR NF 37, 1972, 220–272.

DAHLHEIM, WERNER, *Geschichte* der römischen Kaiserzeit, München [3]2003.

DANKER, FREDERICK W., The Demonic *Secret* in Mark, a Reexamination of the Cry of Dereliction (15.34), in: ZNW 61 (1970), 48–69.

DECHOW, JENS, *Gottessohn* und Herrschaft Gottes. Der Theozentrismus des Markusevangeliums (WMANT 86), Neukirchen-Vluyn 2000.

DIBELIUS, MARTIN, Die *Formgeschichte* des Evangeliums, Tübingen [3]1959.

DIBELIUS, MARTIN, *Gethsemane*, in: G.BORNKAMM (Hg.), Botschaft und Geschichte I, Tübingen 1953, 258–271.

DIHLE, ALBRECHT, Die *Evangelien* und die griechische Biographie, in: P. STUHLMACHER (Hg.), Das Evangelium und die Evangelien, Tübingen 1983, 383–413.

DIHLE, ALBRECHT, Griechische *Literaturgeschichte*. Von Homer bis zum Hellenismus, München [2]1991.

DINKLER, ERICH, *Petrusbekenntnis* und Satanswort. Das Problem der Messianität Jesu, in: ders./H. THYEN (Hgg.), Zeit und Geschichte. FS RUDOLF BULTMANN, Tübingen 1964, 127–153.

DORMEYER, DETLEV, *Evangelium* als literarische und theologische Gattung (EdF 263), Darmstadt 1989.

DORMEYER, DETLEV, Das Markusevangelium als *Idealbiographie* von Jesus Christus, dem Nazarener (SBB 43), Stuttgart [3]2002.

DORMEYER, DETLEV, Das *Markusevangelium*, Darmstadt 2005.

DOWD, SHARYN E., *Prayer*, Power and the Problem of Suffering. Mark 11:22–25 in the Context of Markan Theology (SBLDS 105), Atlanta 1988.

DOWD, SHARYN E., MALBON, ELIZABETH S., The *Significance* of Jesus' Death in Mark: Narrative Context and authorial Audience, in: G. VAN OYEN/T.

SHEPHERD (Hgg.), The Trial and Death of Jesus. Essays on the Passion Narrative in Mark, Leuven u.a., 2006, 1–31.

DSCHULNIGG, PETER, *Sprache*, Redaktion und Intention des Markus-Evangeliums. Eigentümlichkeiten der Sprache des Markus-Evangeliums und ihre Bedeutung für die Redaktionskritik (SBB 11), Stuttgart 1984.

DU TOIT, DAVID S., „Gesalbter Gottessohn" - *Jesus* als letzter Bote Gottes. Zur Christologie des Markusevangeliums, in: C. GERBER/T. KNÖPPLER/ P. MÜLLER (Hgg.), „... was ihr auf dem Weg verhandelt habt". Beiträge zur Exegese und Theologie des Neuen Testaments. FS FERDINAND HAHN zum 75. Geburtstag, Neukirchen-Vluyn 2001, 37–50.

DU TOIT, DAVID S., Der abwesende *Herr.* Strategien im Markusevangelium zur Bewältigung der Abwesenheit des Auferstandenen (WMANT 111), Neukirchen-Vluyn 2006.

EBNER, MARTIN/SCHREIBER, STEFAN (Hgg.), *Einleitung* in das Neue Testament, Stuttgart 2008.

ECO, UMBERTO, *Lector* in fabula. Die Mitarbeit der Interpretation in erzählenden Texten, übers. v. H.-G. HELD, München [3]1998.

EISEN, UTE E., Das *Markusevangelium* erzählt. Literary Criticism und Evangelienauslegung, in: S. ALKIER/R. BRUCKER (Hgg.), Exegese und Methodendiskussion (TANZ 23), Tübingen/Basel 1998, 135–154.

ESSER, DIETMAR, Formgeschichtliche *Studien* zur hellenistischen und frühchristlichen Literatur unter besonderer Berücksichtigung der vita Apollonii des Philostrat und der Evangelien, Diss. Bonn 1969.

FELDMEIER, REINHARD, Das *Markusevangelium*, in: K.-W. NIEBUHR, (Hg.), Grundinformation Neues Testament. Eine bibelkundlich-theologische Einführung, Stuttgart [3]2008, 99–109.

FELDMEIER, REINHARD, Die *Krisis* des Gottessohnes. Die Gethsemaneerzählung als Schlüssel der Markuspassion (WUNT II 21), Tübingen 1987.

FELDMEIER, REINHARD, *Versuchung* III. Neues Testament, in: RGG IV, Sp. 1071f, Tübingen 1998–2007.

FENDLER, FOLKERT, *Studien* zum Markusevangelium. Zur Gattung, Chronologie, Messiasgeheimnistheorie und Überlieferung des zweiten Evangeliums, Göttingen 1991.

FLUSSER, DAVID, Die *Versuchung* Jesu und ihr jüdischer Hintergrund, in: Judaica 45 (1989), 110–128.

FOERSTER, WERNER, Art. διάβολος (D. Die nt.liche Satansauffassung), in: G. KITTEL (Hg.), ThWNT II, Stuttgart 1954, 78–80.

FOERSTER, WERNER, Art. σατανᾶς, in: G. FRIEDRICH (Hg.), ThWNT VII, Stuttgart 1964, 151–164.

FORSTER, EDWARD M., *Aspects* of the Novel, Cambridge 1927, Neuauflage Orlando/Florida 1955.

FOWLER, ROBERT M., Let the *Reader* Understand. Reader-Response Criticism and the Gospel of Mark, Minneapolis [2]2001.

FOWLER, ROBERT M., Reader-Response *Criticism*. Figuring Mark's Reader, in: J. C. ANDERSON/S. D. MOORE (Hgg.), Mark and Method. New Approaches in Biblical Studies, Minneapolis [2]2008, 50–83.

FRANKEMÖLLE, HUBERT, *Evangelium* - Begriff und Gattung. Ein Forschungsbericht (SBB 15), Stuttgart, ²1994.

FRANKEMÖLLE, HUBERT, *Frühjudentum* und Urchristentum, Stuttgart 2006.

FRENSCHKOWSKI, MARCO, *Offenbarung* und Epiphanie II. Die verborgene Epiphanie in Spätantike und frühem Christentum (WUNT 80), Tübingen 1997.

FRENSCHKOWSKI, MARCO, *Versuchung* I. Religionsgeschichtlich, in: RGG IV, Sp. 1070f, Tübingen 1998–2007.

FREY, JÖRG, Die paulinische *Antithese* von Fleisch und Geist und die palästinisch-jüdische Weisheitstradition, in: ZNW 90 (1999), 45–77.

FREY, JÖRG, Das *Judentum* des Paulus, in: O. WISCHMEYER (Hg.), Paulus. Leben-Umwelt-Werk-Briefe (UTB 2767), Tübingen 2006, 5–43.

FREY, JÖRG, *Leidenskampf* und Himmelsreise. Das Berliner Evangelien-Fragment (Papyrus Berolinensis 22220) und die Gethsemane-Tradition, in: BZ 46 (2002), 71–96.

FRICKENSCHMIDT, DIRK, *Evangelium* als Biographie. Die vier Evangelien im Rahmen antiker Erzählkunst (TANZ 22), Tübingen 1997.

FRIEDEMANN, KÄTE, Die *Rolle* des Erzählers in der Epik, Berlin 1910, Nachdruck Darmstadt 1965.

FRITZEN, WOLFGANG, Von *Gott* verlassen? Das Markusevangelium als Kommunikationsangebot für bedrängte Christen, Stuttgart 2008.

FUCHS, ALBERT, *Versuchung* Jesu, in: ders. (Hg.), SNTU 9 (1984), 95–159.

GARRETT, SUSAN R., The *Temptations* of Jesus in Mark's Gospel, William B. Eerdmans, Grand Rapids/ Michigan 1998.

GENETTE, GÉRARD, Die *Erzählung*, übers. v. A. KNOP, hg. v. J. VOGT (UTB 8083), München 1998, 5–192.

GERLEMAN, GILLIS, Art. נסה nsh pi. „versuchen", in: E. JENNI (Hg.), THAT, 2 Bde., Band 2, Gütersloh ⁶2004, 69–71.

GESE, HARTMUT, *Psalm 22* und das Neue Testament. Der älteste Bericht vom Tode Jesu und die Entstehung des Herrenmahles, in: ders., Vom Sinai zum Zion. Alttestamentliche Beiträge zur biblischen Theologie (BEvTh 64), München ²1984, 180–201.

GIBSON, JEFFREY B., The *Temptations* of Jesus in Early Christianity (JSNT.S 112), Sheffield 1995.

GIELEN, MARLIS, Die *Passionserzählung* in den vier Evangelien. Literarische Gestaltung – theologische Schwerpunkte, Stuttgart 2008.

GIELEN, MARLIS, „Und führe uns nicht in *Versuchung*". Die 6. Vater-Unser-Bitte – eine Anfechtung für das biblische Gottesbild?, in: ZNW 89 (1998), 201–216.

GIESEN, HEINZ, Art. σκανδαλίζω/σκάνδαλον, in: H. BALZ/G. SCHNEIDER (Hgg.), EWNT III, Stuttgart u.a. 1983, 592–596.

GRÄßER, ERICH, KAI HN META TΩN ΘHPION (Mk 1,13b), in: W. SCHRAGE (Hg.), Studien zum Text und zur Ethik des Neuen Testaments. FS HEINRICH GREEVEN (BZNW 47), Berlin 1986, 144–157.

GRUNDMANN, WALTER, Art. δόκιμος, in: G. KITTEL (Hg.), ThWNT II, Stuttgart 1954, 258–264.

GÜNTHER, WALTER, Art. ἀπατάω, in: L. COENEN/K. HAACKER (Hgg.), TBLNT, 2 Bde. u. Registerbd., Wuppertal 2000, 1784.

GÜNTHER, WALTER, Art. πλανάω, in: L. COENEN/K. HAACKER (Hgg.), TBLNT, 2 Bde. u. Registerbd., Wuppertal 2000, 1793–1795.

GUNNEWEG, ANTONIUS H. J., *Geschichte* Israels bis Bar Kochba, Stuttgart u.a. ⁴1982.

GUTTENBERGER, GUDRUN, Why *Cäsarea Philippi* of all Sites?, in: M. LABAHN/J. ZANGENBERG (Hgg.), Zwischen den Reichen: Neues Testament und Römische Herrschaft (TANZ 36), Tübingen/Basel 2002, 119–131.

GUTTENBERGER, GUDRUN, Die *Gottesvorstellung* im Markusevangelium (BZNW 123), Berlin 2004.

HAHN, FERDINAND (Hg.), Der *Erzähler* des Evangeliums. Methodische Neuansätze in der Markusforschung (SBS 118/119), Stuttgart 1985.

HAHN, FERDINAND, Christologische *Hoheitstitel*. Ihre Geschichte im frühen Christentum (UTB 1873), Göttingen ⁵1995.

HAHN, FERDINAND, Die *Rede* von der Parusie des Menschensohnes. Markus 13, in: R. PESCH/R. SCHNACKENBURG (Hgg.), Jesus und der Menschensohn, FS ANTON VÖGTLE, Freiburg 1975, 240–266.

HAHN, FERDINAND, *Theologie* des Neuen Testaments, Bd.1: Die Vielfalt des Neuen Testaments; Bd 2: Die Einheit des Neuen Testaments, Tübingen ²2005.

HANSSEN, OLAV, *Versuchung* Jesu - Überwindung Satans. Aspekte einer religionsgeschichtlichen Interpretation von Mt 4,1–11 par, in: K. ERLEMANN/R. HEILIGENTHAL/A.v.DOBBELER (Hgg.), Religionsgeschichte des Neuen Testaments. FS KLAUS BERGER zum 60. Geburtstag, Tübingen 2001, 119–135.

HASITSCHKA, MARTIN, Der *Sohn Gottes* - geliebt und geprüft. Zusammenhang von Taufe und Versuchung bei den Synoptikern, in: C. NIEMAND (Hg.), Forschungen zum Neuen Testament und seiner Umwelt, Frankfurt/Main 2002, 71–79.

HAUSER, MICHAEL, Die *Herrschaft* Gottes im Markusevangelium (EHS 23/647), Frankfurt 1998.

HEIL, CHRISTOPH, *Evangelium* als Gattung. Erzähl- und Spruchevangelium, in: T. SCHMELLER (Hg.), Historiographie und Biographie im Neuen Testament und seiner Umwelt (NTOA/StUNT 69), Göttingen 2009, 63–94.

HENDERSON, SUZANNE W., *Christology* and Discipleship in the Gospel of Mark (MSSNTS 135), Cambridge 2006.

HENGEL, MARTIN, *Entstehungszeit* und Situation des Markusevangeliums, in: H. CANCIK (Hg.), Markus-Philologie. Historische, literargeschichtliche und stilistische Untersuchungen zum zweiten Evangelium (WUNT 33), Tübingen 1984, 1–45.

HENGEL, MARTIN, Die vier *Evangelien* und das eine Evangelium von Jesus Christus. Studien zu ihrer Sammlung und Entstehung, Tübingen 2008.

HENGEL, MARTIN, Die *Evangelienüberschriften* (SHAW.PH 1984/3), Heidelberg 1984.

HENGEL, MARTIN, Jesus der Messias Israels. Der messianische *Anspruch* Jesu und die Anfänge der Christologie. Vier Studien, hg. v. M. HENGEL u. A. M. SCHWEMER (WUNT 138), Tübingen 2001.

HENGEL, MARTIN, *Probleme* des Markusevangeliums, in: P. STUHLMACHER (Hg.), Das Evangelium und die Evangelien. Vorträge vom Tübinger Symposium 1982 (WUNT 28), Tübingen 1983, 221–265.

HENGEL, MARTIN, Die *Zeloten*. Untersuchungen zur jüdischen Freiheitsbewegung in der Zeit von Herodes I. bis 70 n.Chr., Leiden/ Köln [2]1976.

HENGEL, MARTIN/SCHWEMER, ANNA MARIA, *Jesus* und das Judentum, Tübingen 2007.

VAN HENTEN, JAN WILLEM, The first *Testing* of Jesus: A Rereading of Mark 1,12–13, in: NTS 45 (1999), 349–366

HENTSCHEL, ANNI, *Diakonia* im Neuen Testament. Studien zur Semantik unter besonderer Berücksichtigung der Rolle von Frauen (WUNT II 226), Tübingen 2007.

HERDER, JOHANN GOTTFRIED, Vom *Erlöser* des Menschen, Riga 1796, in: B. SUPHAN (Hg.), Herders Sämliche Werke, Bd. XIX, Berlin 1880.

HERRMANN, FLORIAN, *Strategien* der Todesdarstellung in der Markuspassion. Ein literaturgeschichtlicher Vergleich (NTOA/StUNT 86), Göttingen 2010.

HERTZBERG, HANS WILHELM, Das Buch der *Richter*, in: ders., Die Bücher Josua, Richter, Ruth (ATD 9), Göttingen 1969.

HOOKER, MORNA D., Not Ashamed of the *Gospel*. New Testament Interpretations of the Death of Christ, Grand Rapids 1994.

HORSTMANN, MARIA, *Studien* zur markinischen Christologie, Aschendorff 1969.

HUBER, KONRAD, Jesus in *Auseinandersetzung*. Exegetische Untersuchungen zu den sogenannten Jerusalemer Streitgesprächen des Markusevangeliums im Blick auf ihre christologischen Implikationen, Würzburg 1995.

VAN IERSEL, BAS M. F.: The *Gospel* according to St. Mark – written for a persecuted community?, in: NedThT 34 (1980), 15–36.

ISER, WOLFGANG, Der *Akt* des Lesens (UTB 636), München [4]1994.

ISER, WOLFGANG, Der implizite *Leser*. Kommunikationsformen des Romans von Bunyan bis Beckett, München [3]1994.

ISER, WOLFGANG, Die *Appellstruktur* der Texte, in: R. WARNING (Hg.), Rezeptionsästhetik. Theorie und Praxis, München, 1975, [4]1994, 228–252.

JAROŠ, KARL, Das Neue *Testament* und seine Autoren. Eine Einführung (UTB 3087), Köln/Weimar/Wien 2008.

JAUß, HANS ROBERT, *Literaturgeschichte* als Provokation der Literaturwissenschaft, in: R. WARNING (Hg.), Rezeptionsästhetik. Theorie und Praxis, München [4]1994, 126–162.

JOCHUM-BORTFELD, CARSTEN, Die *Verachteten* stehen auf. Widersprüche und Gegenentwürfe des Markusevangeliums zu den Menschenbildern seiner Zeit, Stuttgart 2008.

KÄHLER, MARTIN, Der sogenannte historische *Jesus* und der geschichtliche, biblische Christus, 1892; Neudruck München 1953.

KALLAS, JAMES G., The *Significance* of the Synoptic Miracles, London 1961.

KAMMLER, HANS-CHRISTIAN, Das *Verständnis* der Passion Jesu im Markusevangelium, in: ZThK 103 (2006), 461–491.

KAMPLING, RAINER, *Israel* unter dem Anspruch des Messias. Studien zur Israelthematik im Markusevangelium (SBB 25), Stuttgart 1992.

KECK, LEANDER E., The *Introduction* to Mark's Gospel, in: NTS 12 (1966), 352–370.

KEIM, THEODOR, *Geschichte* Jesu von Nazara in ihrer Verkettung mit dem Gesamtleben seines Volkes I. Der Rüsttag, Zürich 1867.

KELBER, WERNER H., The *Passion* in Mark. Studies on Mark 14–16, Philadelphia 1976.

KELBER, WERNER H., Mark's *Story* of Jesus, Philadelphia 1979.

KELLERMANN, ULRICH, *Auferstanden* in den Himmel. 2 Makkabäer 7 und die Auferstehung der Märtyrer (SBS 91), Stuttgart 1979.

KERÉNYI, KARL, Die *Mythologie* der Griechen, 2 Bde. (dtv 1345/1346), München [8]1985/1986.

KERTELGE, KARL, Die *Wunder* Jesu im Markusevangelium. Eine redaktionsgeschichtliche Untersuchung (StANT 23), München 1970.

KERTELGE, KARL, Art. λύτρον, in: H. BALZ/G. SCHNEIDER (Hgg.), EWNT II, Stuttgart [2]1992, 901–905.

KITTEL, GERHARD, Art. ἔρημος, in: ders. (Hg.), ThWNT II, Stuttgart 1954, 654–657.

KLAWITTER,ARNE/OSTHEIMER, MICHAEL, *Literaturtheorie* – Ansätze und Anwendungen (UTB 3055), Göttingen 2008.

KLAUCK, HANS-JOSEF, Die erzählerische *Rolle* der Jünger im Markusevangelium. Eine narrative Analyse, in: NT 24 (1982), 1–26.

KLAUCK, HANS-JOSEF, „Ein Wort, das in die ganze Welt erschallt". *Traditions- und Identitätsbildung* durch Evangelien, in: F. W. GRAF/K. WIEGANDT (Hgg.), Die Anfänge des Christentums, Frankfurt/Main 2009, 57–89.

KLAUCK, HANS-JOSEF, *Vorspiel* im Himmel? Erzähltechnik und Theologie im Markusprolog, Neukirchen-Vluyn 1997.

KLEIN, HANS, Das *Lukasevangelium* (KEK I/3), Göttingen [10]2006.

KLEIN, MARTIN, Art. *Versuchung II* (Neues Testament), in: TRE 35, Berlin/New York 2003, 47–52.

KLUMBIES, PAUL-GERHARD, Der *Mythos* bei Markus (BZNW 108), Berlin/New York 2001.

KOCH, DIETRICH-ALEX, Die Bedeutung der *Wundererzählungen* für die Christologie des Markusevangeliums (BZNW 42), Berlin/New York 1975.

KORN, JOACHIM H., *ΠΕΙΡΑΣΜΟΣ*. Die Versuchung des Gläubigen in der griechischen Bibel (BWANT 72), Stuttgart 1937.

KÖSTER, HELMUT, Ein Jesus und vier ursprüngliche *Evangeliengattungen*, in: ders./J.M. ROBINSON, Entwicklungslinien durch die Welt des frühen Christentums, Tübingen 1971, 147–190.

KÖSTER, HELMUT, Überlieferung und Geschichte der frühchristlichen *Evangelienliteratur*, ANRW II, 25/2, hg. von W. HAASE, Berlin/New York 1984, 1463–1542.

KRISTEN, PETER, *Familie*, Kreuz und Leben. Nachfolge Jesu nach Q und dem Markusevangelium, Marburg 1995.

KÜGLER, HERMANN, *Versuchungen* widerstehen? Ignatianische Impulse Bd. 32, Würzburg 2008.

KUHN, HEINZ-WOLFGANG, Art. *Kreuz II*, in: TRE 19, Berlin/New York 1989, 713–725.

KUHN, HEINZ-WOLFGANG, Die *Kreuzesstrafe* während der frühen Kaiserzeit, in: ANRW II, 25/1, hg. v. W. HAASE, Berlin/New York 1982, 648–793.

KUHN, HEINZ-WOLFGANG, Ältere *Sammlungen* im Markusevangelium, StUNT 8, Göttingen 1971.

KUHN, KARL-GEORG, Πειρασμός – ἁμαρτία – σάρξ im Neuen Testament und die damit zusammenhängenden Vorstellungen, in: ZThK 49 (1952), 200–222.

KUNDERT, LUKAS, Die *Opferung*/Bindung Isaaks. I. Gen 22,1–19 im AT, im Frühjudentum u. im NT. II. Gen 22,1–19 in frühen rabbinischen Texten (WMANT 78/79), Neukirchen-Vluyn 1998.

LABAHN, MICHAEL/PEERBOLTE, BERT JAN LIETAERT (Hgg.), Wonders never cease. The *Purpose* of Narrating Miracle Stories in the New Testament and its Religious Environment (LNTS 288), London/New York 2006.

LARSEN, KEVIN W., The *Structure* of Mark's Gospel: Current Proposals, in: CBR 3.1 (2004), 140–160.

LEINHÄUPL-WILKE, ANDREAS, *Erzähltextanalyse* der neutestamentlichen Evangelien, in: BiKi 62, 3/2007, 180–184.

LIGHTFOOT, ROBERT H., *Locality* and Doctrine in the Gospels, London 1938.

LINDEMANN, ANDREAS, Literatur zu den Synoptischen Evangelien 1984–1991, Das Markusevangelium, in: ThR 59 (1994), 113–147.

LINDEMANN, ANDREAS, Literatur zu den Synoptischen Evangelien 1992–2000. Das Markusevangelium, in: ThR 69 (2004), 369–423.

LOHMEYER, ERNST, *Galiläa* und Jerusalem (FRLANT 52), Göttingen 1936.

LOHSE, EDUARD, Die *Entstehung* des Neuen Testaments (ThW 4), Stuttgart ⁶2001.

LÜHRMANN, DIETER, *Biographie* des Gerechten als Evangelium. Vorstellungen zu einem Markus-Kommentar (WuD 14), 1977, 25–50.

LÜHRMANN, DIETER, Das Markusevangelium als *Erzählung*, in: EvErz 41 (1989), 212–222.

LUTHER, MARTIN, *Werke*. Weimarer Ausgabe [WA], Weimar 1883–2009.

LUTHER, MARTIN, Der Große *Katechismus*, in: Luther deutsch. Die Werke Martin Luthers in neuer Auswahl für die Gegenwart, hg. v. K. ALAND, Bd. 3, Göttingen ⁴1983, 11–150.

LUTHER, MARTIN, Ein kleiner *Unterricht*, was man in den Evangelien suchen und erwarten solle (1522), in: Luther deutsch. Die Werke Martin Luthers in neuer Auswahl für die Gegenwart, hg. v. K. ALAND, Bd. 5, Göttingen ⁴1990, 196–203.

LUZ, ULRICH, Das Evangelium nach *Matthäus*, 4 Bde. (EKK I/1–4), Düsseldorf u.a. 1985–2002.

LUZ, ULRICH, *Markusforschung* in der Sackgasse?, in: ThLZ 105 (1980), 641–655.

MACDONALD, DENNIS R., The Homeric *Epics* and the Gospel of Mark, New Haven/London 2000.

MACK, BURTON L., A *Myth* of Innocence. Mark and Christian Origins, Philadelphia 1988.

MACK, BURTON L., Wer schrieb das Neue Testament? Die *Erfindung* des christlichen Mythos, München 2000.

MAHNKE, HERMANN, Die *Versuchungsgeschichte* im Rahmen der synoptischen Evangelien. Ein Beitrag zur frühen Christologie (BET 9), Frankfurt/Main u.a. 1978.

MAIER, JOHANN/SCHUBERT, KURT, Die Qumran-Essener. *Texte* der Schriftrollen und Lebensbild der Gemeinde (UTB 224), München/Basel ²1991

MAJOROS-DANOWSKI, JOHANNES, *Elija* im Markusevangelium: Ein Buch im Kontext des Judentums, Stuttgart 2008.

MALBON, ELIZABETH S., In the *Company* of Jesus. Characters in Mark's Gospel, Louisville, Kentucky 2000.

MARCUS, JOEL, The *Jewish War* and the Sitz im Leben of Mark, in: JBL 111 (1992), 441–462.

MARCUS, JOEL, The *Way* of the Lord. Christological Exegesis of the Old Testament in the Gospel of Mark, Louisville 1992.

MARKSCHIES, CHRISTOPH, *Odysseus* und Orpheus – christlich gelesen, in: R. V. HAEHLING (Hg.), Griechische Mythologie und frühes Christentum, Darmstadt 2005, 227–253.

MARTYN, J. LOUIS, *History* and Theology in the Fourth Gospel, Westminster ³2003.

MARXSEN, WILLI, Der *Evangelist* Markus. Studien zur Redaktionsgeschichte des Evangeliums (FRLANT 67), Göttingen ²1959.

MATJAŽ, MAKSIMILIJAN, *Furcht* und Gotteserfahrung. Die Bedeutung des Furchtmotivs für die Christologie des Markus (fzb 91), Würzburg 1999.

MAUSER, ULRICH, *Christ* in the Wilderness: The Wilderness Theme in the Second Gospel and its Basis in the Biblical Tradition, Naperville (Illinois) 1963.

MAYORDOMO-MARÍN, Moisés, Den *Anfang* hören. Leserorientierte Evangelienexegese am Beispiel von Matthäus 1–2 (FRLANT 180), Göttingen 1998.

MEISTER, KLAUS, Die griechische *Geschichtsschreibung*. Von den Anfängen bis zum Ende des Hellenismus, Stuttgart u.a. 1990.

MELL, ULRICH, Die „anderen" *Winzer*. Eine exegetische Studie zur Vollmacht Jesu Christi nach Markus 11,27–12,34 (WUNT 77), Tübingen 1994.

MICHEL, DIETHELM, „Warum" und „Wozu"? Eine bisher übersehene *Eigentümlichkeit* des Hebräischen und ihre Konsequenzen für das alttestamentliche Geschichtsverständnis, in: ders., Studien zur Überlieferungsgeschichte alttestamentlicher Texte (TB 93), Gütersloh 1997, 13–34.

MÜLLER, GÜNTHER, *Erzählzeit* und erzählte Zeit, in: FS P. KLUCKHOHN u. H. SCHNEIDER, Tübingen 1948, 195–212.

MÜLLER, KLAUS W., *ΑΠΕΞΕΙ* (Mk 14,41) – absurda lectio?, in: ZNW 77 (1986), 83–100.

MÜLLER, PETER, „Verstehst du auch, was du liest?". *Lesen* und Verstehen im Neuen Testament, Darmstadt 1994.

MÜLLER, PETER, „Wer ist dieser?" *Jesus* im Markusevangelium. Markus als Erzähler, Verkünder und Lehrer (BThSt 27), Neukirchen-Vluyn 1995.

NÜTZEL, JOHANNES M., *Hoffnung* und Treue. Zur Eschatologie des Markusevangeliums, in: P. FIEDLER/D. ZELLER (Hgg.), Gegenwart und kommendes Reich. Schülergabe ANTON VÖGTLE zum 65. Geburtstag, Stuttgart 1975, 79–90.

OEPKE, ALBRECHT, Art. ἀπατάω, in: G. KITTEL (Hg.), ThWNT I, Stuttgart 1953, 383f.

OVERBECK, FRANZ, Über die *Anfänge* der patristischen Literatur, in: HZ 48 (1882), 417–472; Nachdruck Darmstadt 1954.

VAN OYEN, GEERT, The *Meaning* of the Death of Jesus in the Gospel of Mark. A Real Reader Perspective, in: ders./T. SHEPHERD (Hgg.), The Trial and Death of Jesus. Essays on the Passion Narrative in Mark, Leuven u.a., 2006, 49–68.

VAN OYEN, GEERT, Markan Miracle *Stories*, in: M. LABAHN/B. J. L. PEERBOLTE, Wonders Never Cease. The Purpose of Narrating Miracle Stories in the New Testament and its Religious Environment, London/New York 2006, 87–99

PELLEGRINI, SILVIA, *Elija* - Wegbereiter des Gottessohnes (HBS 26), Freiburg 2000.

PERRIN, NORMAN, Die *Christologie* des Markus-Evangeliums. Eine methodologische Studie, übers. v. I. PESCH, in: R. PESCH (Hg.), Das Markus-Evangelium (WdF 411), Darmstadt 1979, 356–376.

PERRIN, NORMAN, The *Evangelist* as Author. Reflections on Method in the Study and Interpretation of the Synoptic Gospels and Acts, in: BR 17 (1972), 5–18.

PERRIN, NORMAN, The New *Testament*, an Introduction: Proclamation and Parenesis, Myth and History, New York 1974.

PESCH, RUDOLF, *Anfang* des Evangeliums Jesu Christi. Eine Studie zum Prolog des Markusevangeliums (Mk 1,1–15), in: ders. (Hg.), Das Markus-Evangelium (WdF 411), Darmstadt 1979, 311–355.

POKORNY, PETER/HECKEL, ULRICH, *Einleitung* in das Neue Testament. Seine Literatur und Theologie im Überblick, Tübingen 2007.

POLA, THOMAS, Die *Versuchungsgeschichte* bei Markus (Mk 1,12f) und die alttestamentliche „Fundtradition", in: ThBeitr 37 (2006), 313–325.

POPKES, WIARD, Art. πειράζω, in: H.BALZ/G.SCHNEIDER (Hgg.), EWNT III, Stuttgart u.a. ²1992, 151–158.

VON RAD, GERHARD, Art. διάβολος (B. Die at.liche Satansvorstellung), in: G. KITTEL (Hg.), ThWNT II, Stuttgart 1954, 71–74.

VON RAD, GERHARD, Das erste Buch Mose. *Genesis* (ATD 2/4), Göttingen ⁹1972.

VON RAD, GERHARD, *Theologie* des Alten Testaments, 2 Bde., München 1978/1980.

RÄISÄNEN, HEIKKI, Das *„Messiasgeheimnis"* im Markusevangelium. Ein redaktionskritischer Versuch (SFEG 28), Helsinki 1976.

REINBOLD, Wolfgang, Der älteste *Bericht* über den Tod Jesu (BZNW 69), Berlin/New York 1994.

REISER, MARIUS, Der *Alexanderroman* und das Markusevangelium, in: H. CANCIK (Hg.), Markus-Philologie. Historische, literargeschichtliche und stilistische Untersuchungen zum zweiten Evangelium (WUNT 33), Tübingen 1984, 131–163.

REISER, MARIUS, *Sprache* und literarische Formen des Neuen Testaments. Eine Einführung, Paderborn 2001.

REISER, MARIUS, Die *Stellung* der Evangelien in der antiken Literaturgeschichte, in: ZNW 90 (1999), 1–27.

REISER, MARIUS, Art. *Versuchung* Jesu, in: LThK, Bd. X, Freiburg ³2001, 740f.

RENDTORFF, ROLF, *Theologie* des Alten Testaments. Ein kanonischer Entwurf. 2 Bde., Neukirchen-Vluyn 1999/2001.

RENGSTORF, KARL HEINRICH, Art. σημεῖον, in: G. FRIEDRICH (Hg.), ThWNT VII, Stuttgart 1964, 199–261.

RHOADS, DAVID/DEWEY, JOANNA/MICHIE, DONALD, Mark as *Story*. An Introduction to the Narrative of a Gospel, Minneapolis ²1999, University Press, Cambridge 2002.

RHOADS, DAVID, *Narrative Criticism* and the Gospel of Mark (JAAR 50), 1982, 411–434.

ROBBINS, VERNON K., Jesus the *Teacher*. A Socio-Rhetorical Interpretation of Mark, Philadelphia 1984.

ROBINSON, JAMES M., Das *Geschichtsverständnis* des Markus-Evangeliums (AThANT 30), Zürich 1956.

ROBINSON, JAMES M., *Messiasgeheimnis* und Geschichtsverständnis: Zur Gattungsgeschichte des Markus-Evangeliums, München 1989.

RÖHSER, GÜNTER, *Erlösung* als Kauf. Zur neutestamentlichen Lösegeld-Metaphorik, in: JBTh 21 (2006), 161–191.

RÖHSER, GÜNTER, *Lebenshingabe* und Stellvertretung. Zu einem neuen Sammelband über „Deutungen des Todes Jesu im Neuen Testament", in: BZ 51 (2007), Heft 1, 98–108.

RÖHSER, GÜNTER, *Stellvertretung* im Neuen Testament, Stuttgart 2002.

RÖHSER, GÜNTER, Von der Welt hinter dem Text zur Welt vor dem Text. *Tendenzen* der neueren Exegese, in: ThZ 64 (2008), 271–293.

ROSE, CHRISTIAN, *Theologie* als Erzählung im Markusevangelium. Eine narratologisch-rezeptionsästhetische Studie zu Mk 1,1–15, Tübingen 2007.

ROSKAM, HENDRIKA N., The *Purpose* of the Gospel of Mark in Its Historical and Social Context (NT.S 114), Leiden 2004.

ROSSÉ, GÉRARD, *Verzweiflung*, Vertrauen, Verlassenheit? Jesu Schrei am Kreuz, München u.a. 2007.

ROST, LEONHARD, *Einleitung* in die alttestamentlichen Apokryphen und Pseudepigraphen einschließlich der großen Qumran-Handschriften, Heidelberg/Wiesbaden 1971.

RUDOLPH, KURT, *Zarathustra* - Priester und Prophet, in: B. SCHLERATH (Hg.), Zarathustra, Darmstadt 1970, 270–313

RÜTERSWÖRDEN, UDO, Das Buch *Deuteronomium*. NSK - AT 4, Stuttgart 2006.

RUPPERT, Lothar, *Jesus* als der leidende Gerechte? Der Weg Jesu im Lichte eines alt- und zwischentestamentlichen Motivs (SBS 59), Stuttgart 1972.

RUPPERT, LOTHAR, Das *Motiv* der Versuchung durch Gott in vordeuteronomischer Tradition, (VT 22/1), 1972, 55–63.

SCHENKE, LUDGER, Gibt es im Markusevangelium eine *Präexistenzchristologie*?, in: ZNW 91 (2000), 45–71.

SCHENKE, LUDGER, Jesus als *Weisheitslehrer* im Markusevangelium, in: M. FASSNACHT/A. LEINHÄUPL-WILKE/S. LÜCKING (Hgg.), Die Weisheit – Ursprünge und Rezeption. FS KARL LÖNING, Münster 2003, 125–138.

SCHENKE, LUDGER, Das *Markusevangelium*, Stuttgart 1988.

SCHENKE, LUDGER, *Studien* zur Passionsgeschichte des Markus. Tradition und Redaktion in Mk 14,1–42, Würzburg 1971.

SCHMELLER, THOMAS (Hg.), *Historiographie* und Biographie im Neuen Testament und seiner Umwelt (NTOA/StUNT 69), Göttingen 2009.

SCHMID, WOLF, Elemente der *Narratologie*, Berlin 2008.

SCHMIDT, KARL LUDWIG, Der *Rahmen* der Geschichte Jesu: Literarkritische Untersuchungen zur ältesten Jesusüberlieferung, Darmstadt [2]1964.

SCHMITZ, THOMAS A., Moderne *Literaturtheorie* und antike Texte. Eine Einführung, Darmstadt [2]2006.

SCHNEIDER, WALTER, Art. πειρασμός, in: L. COENEN/K. HAACKER (Hgg.), TBLNT, 2 Bde. u. Registerbd., Wuppertal 2000, 1790–1793.

SCHNELLE, UDO, Die theologische und literarische *Formierung* des Urchristentums, in: F.W. GRAF/K. WIEGANDT (Hgg.), Die Anfänge des Christentums, Frankfurt/Main 2009, 168–200.

SCHNELLE, UDO, *Einleitung* in das Neue Testament, Göttingen ⁶2007.

SCHNELLE, UDO, *Paulus.* Leben und Denken, Berlin/New York 2003.

SCHNELLE, UDO, *Theologie* des Neuen Testaments, Göttingen 2007.

SCHOLTISSEK, KLAUS, *„Grunderzählung"* des Heils. Zum aktuellen Stand der Markusforschung, in: ThLZ 130 (2005), 858–880.

SCHOLTISSEK, KLAUS, Die *Vollmacht* Jesu. Traditions- und redaktionsgeschichtliche Analysen zu einem Leitmotiv markinischer Christologie (NTA 25), Münster 1992.

SCHREIBER, JOHANNES, Der *Kreuzigungsbericht* des Markusevangeliums Mk 15,20b–41. Eine traditionsgeschichtliche und methodenkritische Untersuchung nach William Wrede (1859–1906) (BZNW 48), Berlin 1986.

SCHREIBER, JOHANNES, *Theologie* des Vertrauens. Eine redaktionsgeschichtliche Untersuchung des Markusevangeliums, Hamburg 1967.

SCHUNACK, GERD, Neue literaturkritische *Interpretationsverfahren* in der anglo-amerikanischen Exegese, in: VuF 41 (1996), 28–55.

SCHWEIZER, EDUARD, Art. πνεῦμα, πνευματικός, in: G. FRIEDRICH (Hg.), ThWNT VI, Stuttgart 1959, 387–450.

SCHWEIZER, EDUARD, Die theologische *Leistung* des Markus, in: R. PESCH (Hg.), Das Markus-Evangelium (WdF 411), Darmstadt 1979, 163–189.

SCHWEMER, ANNA MARIA, *Studien* zu den frühjüdischen Prophetenlegenden, Vitae Prophetarum, 2 Bde., Tübingen 1995/1996.

SEESEMANN, HEINRICH, Art. πεῖρα κτλ., in: G. FRIEDRICH (Hg.), ThWNT VI, Stuttgart 1959, 23–37.

SEYBOLD, Klaus, *Dalmanutha* (Mk 8,10), in: ZDPV 116 (2000), 42–48.

SHINER, WHITNEY T., Proclaiming the *Gospel.* First-Century Performance of Mark, New York 2003.

SHULER, PHILIP L., *A Genre* for the Gospels. The Biographical Character of Matthew, Philadelphia 1982.

SHULER, PHILIP L., *The Genre* of the Gospels and the Two Gospel Hypothesis; in: E. P. SANDERS (Hg.), Jesus, the Gospels and the Church. FS WILLIAM R. FARMER, Macon 1987, 69–88.

SMITH, STEPHEN H., A *Lion* with Wings. A Narrative-Critical Approach to Mark's Gospel (The Biblical Seminar 38), Sheffield 1996.

SÖDING, THOMAS, Der *Evangelist* in seiner Zeit. Voraussetzungen, Hintergründe und Schwerpunkte markinischer Theologie, in: ders. (Hg.), Der Evangelist als Theologe. Studien zum Markusevangelium (SBS 163), Stuttgart 1995, 11–62.

SÖDING, THOMAS, *Gebet* und Gebetsmahnung Jesu in Getsemani. Eine redaktionskritische Auslegung von Mk 14,32–42, in: BZ 31 (1987), 76–100.

SÖDING, THOMAS, *Glaube* bei Markus. Glaube an das Evangelium, Gebetsglaube und Wunderglaube im Kontext der markinischen Basileiatheologie und Christologie (SBB 12), Stuttgart ²1987.

SÖDING, THOMAS, *Leben* nach dem Evangelium. Konturen markinischer Ethik, in: ders. (Hg.), Der Evangelist als Theologe. Studien zum Markusevangelium (SBS 163), Stuttgart 1995, 165–197.

SÖDING, THOMAS, *Lernen* unter dem Kreuz - Neutestamentliche Lektionen. Zum
markinischen Kreuzigungsbericht (Mk 15,20–41), in: H. MAIER (Hg.), Das
Kreuz im Widerspruch. Der Kruzifix-Beschluss des Bundesverfassungsge-
richts in der Kontroverse (QD 166), Freiburg 1996, 77–108

SPIECKERMANN, HERMANN, Die *Satanisierung* Gottes. Zur inneren Konkordanz
von Novelle, Dialog und Gottesreden im Hiobbuch, in: I. KOTTSIEPER/J.
VAN OORSCHOT/D. RÖMHELD/H.-M. WAHL (Hgg.), „Wer ist wie du, Herr,
unter den Göttern?". FS OTTO KAISER zum 70. Geburtstag, Göttingen 1994,
431–444.

SPITTA, FRIEDRICH, Die *Versuchung* Jesu. Lücken im Markusevangelium, in: ders.,
Zur Geschichte und Literatur des Urchristentums III/2, Göttingen 1907, 1–
108.

STÄHLI, ANDREAS, Antike philosophische *ARS MORIENDI* und ihre Gegenwart
in der Hospizpraxis, Münsteraner Philosophische Schriften 12, Berlin 2010.

STÄHLIN, GUSTAV/GRUNDMANN, WALTER, Art. ἁμαρτάνω, ἁμάρτημα, ἁμαρτία,
in: G. KITTEL (Hg.), ThWNT I, 267–320.

STÄHLIN, GUSTAV, Art. σκάνδαλον κτλ., in: G. FRIEDRICH (Hg.), ThWNT VII,
Stuttgart 1964, 338–358.

STANZEL, FRANZ K., *Theorie* des Erzählens (UTB 904), Göttingen [8]2008.

STAUFFER, ETHELBERT, Art. βοάω, in: G. KITTEL (Hg.), ThWNT I, Stuttgart 1953,
624–627.

STEGEMANN, EKKEHARD, Das Markusevangelium als Ruf in die *Nachfolge*, Diss.
Heidelberg 1974.

STEINS, GEORG, *Klagen* ist Gold!, in: ders. (Hg.), Schweigen wäre gotteslästerlich.
Die heilende Kraft der Klage, Würzburg 2000, 9–15.

STEMBERGER, GÜNTER, *Qumran*, die Pharisäer und das Rabbinat, in: B.
KOLLMANN u.a. (Hgg.), Antikes Judentum und frühes Christentum. FS
HARTMUT STEGEMANN zum 65. Geburtstag, Berlin/New York 1999, 210–
224.

TALBERT, CHARLES H., What is a *Gospel*? The Genre of the Canonical Gospels,
Philadelphia 1977/London 1978.

TANNEHILL, ROBERT C., Die *Jünger* im Markusevangelium - die Funktion einer
Erzählfigur, in: F. HAHN (Hg.), Der Erzähler des Evangeliums. Methodische
Neuansätze in der Markusforschung (SBS 118/119), Stuttgart 1985, 37–66.

TANNEHILL, ROBERT C., The *Gospel* of Mark as Narrative Christology, in: Semeia
16 (1980), 57–95.

THEIßEN, GERD, *Evangelienschreibung* und Gemeindebildung. Pragmatische Motive
bei der Abfassung des Markusevangeliums, in: B. KOLLMANN u.a. (Hgg.), Antikes Judentum und Frühes Christentum. FS HARTMUT STEGEMANN zum 65.
Geburtstag, Berlin/New York 1999.

THEIßEN, GERD/MERZ, ANNETTE, Der historische *Jesus*: ein Lehrbuch, Göttingen
[3]2001.

THEIßEN, GERD, *Lokalkolorit* und Zeitgeschichte in den Evangelien (NTOA 8),
Freiburg (Schweiz) [2]1992.

TOLBERT, MARY A., Sowing the *Gospel*. Mark's World in Literary-Historical Perspective, Minneapolis 1989.

TUCKETT, CHRISTOPHER M., *Christology* and the New Testament: Jesus and His Earliest Followers, Louisville 2001

VAN UNNIK, WILLEM C., „*Alles ist dir möglich*" (Mk 14,36), in: Verborum veritas, hg. v. O. BÖCHER u. K. HAACKER. FS GUSTAV STÄHLIN, Wuppertal 1970, 27–36.

VENETZ, HERMANN-JOSEF, Auf dem *Weg* nach Galiläa. Der Erzählentwurf des ältesten Evangeliums, in: BiKi 62, 3/2007, 145–151.

VICTOR, ULRICH, *Einleitung*, Antike Kultur und Neues Testament. Die wichtigsten Hintergründe und Hilfsmittel zum Verständnis der neutestamentlichen Schriften, Basel/Gießen 2003.

VINES, MICHAEL E., The *Problem* of Markan Genre. The Gospel of Mark and the Jewish Novel (SBL Academica biblica series 3), Atlanta 2002.

VOGT, THEA, *Angst* und Identität im Markusevangelium. Ein textpsychologischer und sozialgeschichtlicher Beitrag (NTOA 26), Göttingen 1993.

VORSTER, WILLEM S., *Markus* - Sammler, Redaktor, Autor oder Erzähler?, in: F. HAHN (Hg.), Der Erzähler des Evangeliums. Methodische Neuansätze in der Markusforschung (SBS 118/119), Stuttgart 1985, 11–36.

VOUGA, FRANCOIS, „Habt Glauben an Gott". Der *Theozentrismus* der Verkündigung des Evangeliums und des christlichen Glaubens im Markusevangelium, in: T. FORNBERG/D. HELLHOLM (Hgg.), Texts and Contexts. Biblical Texts in their Textual and Situational Contexts. FS LARS HARTMAN, Oslo 1995, 93–109.

WEDER, HANS, *Gegenwart* und Gottesherrschaft. Überlegungen zum Zeitverständnis bei Jesus und im frühen Christentum (BThSt 20), Neukirchen-Vluyn 1993.

WEEDEN, THEODORE J., Die *Häresie*, die Markus zur Abfassung seines Evangeliums veranlasst hat, übers. v. H. J. DIRKSEN, in: R. PESCH (Hg.), Das Markus-Evangelium (WdF 411), Darmstadt 1979, 238–258.

WEEDEN, THEODORE J., Mark – Traditions in *Conflict*, Philadelphia 1971.

WEIHS, ALEXANDER, Die *Deutung* des Todes Jesu im Markusevangelium. Eine exegetische Studie zu den Leidens- und Auferstehungsansagen, Würzburg 2003.

WEIß, BERNHARD, Das *Marcusevangelium* und seine synoptischen Parallelen, Berlin 1872.

WENDLAND, HEINZ-DIETRICH, Art. *Versuchen, Versuchung*, in: E. OSTERLOH/H. ENGELLAND (Hgg.), in: BThH, Göttingen [3]1964, 658–659.

WENDTE, MARTIN, *Entzogenheit* als Evangelium. Theo-logische, schöpfungstheologische, christologische und anthropologische Bemerkungen zur Verborgenheit Gottes , in: NZSTh 49 (2007), 464–483.

WENGST, KLAUS, *Ostern*. Ein wirkliches Gleichnis, eine wahre Geschichte. Zum neutestamentlichen Zeugnis von der Auferweckung Jesu, München 1991.

WINK, WALTER, *Bibelauslegung* als Interaktion. Über die Grenzen historisch-kritischer Methode, Stuttgart 1976

WOLFF, HANS-WALTER, *Anthropologie* des Alten Testaments, München 1973.

WOLTER, MICHAEL, Das *Lukasevangelium* (HNT 5), Tübingen 2006.

WOLTER, MICHAEL, *Paulus*. Ein Grundriss seiner Theologie, Neukirchen-Vluyn 2011.

WÖRDEMANN, DIRK, Das *Charakterbild* im bíos nach Plutarch und das Christusbild im Evangelium nach Markus. Eine Untersuchung zur literarischen Analogie des Charakterbildes des Helden und des Christusbildes im Evangelium Jesu Christi (SGKA, NF 1,19), Paderborn 2002.

WREDE, WILLIAM, Das *Messiasgeheimnis* in den Evangelien. Zugleich ein Beitrag zum Verständnis des Markusevangeliums, Göttingen 1901.

WREDE, WILLIAM, *Rückblick* auf Markus, in: R. PESCH (Hg.), Das Markus-Evangelium (WdF 411), Darmstadt 1979, 13–47.

ZIEGLER, KONRAT, *Plutarchos* von Chaironeia, Stuttgart ²1964.

ZUNTZ, GÜNTHER, Wann wurde das *Evangelium* Marci geschrieben?, in: H. CANCIK (Hg.), Markus-Philologie. Historische, literargeschichtliche und stilistische Untersuchungen zum zweiten Evangelium (WUNT 33), Tübingen 1984, 47–71.

ZUNTZ, GÜNTHER, Ein *Heide* las das Evangelium, in: H. CANCIK (Hg.), Markus-Philologie. Historische, literargeschichtliche und stilistische Untersuchungen zum zweiten Evangelium (WUNT 33), Tübingen 1984, 205–222.

Stellenregister (in Auswahl)

I. Biblische Bücher

1. Altes Testament

Gen
1,27	187
2,24	187f
3,1ff	97
3,13	67
6,1–4	100
6,2	156
6,2.4	68
6,3.12	232
15,6	90
22,1–19	87–91.94f.99f.
	283

Ex
4,1–9.30f	178.288
7,9	178.288
15,25f.	60.84.110
16,4	69.82f
16,19f	83
17,1–7	60.85f.118.215
17,7	61.69.82.85.146
20,20	84
24,8	270
24,18	158.287
34,28	158.287

Num
11,3.34	85f.
14,11	289
14,21–23	180.215
14,22	60.86.110.
14,33f	158
20,1–13	215
21,4–9	63.85.118
22,32	214

Dtn
6,16	85–87.118f
8,2	69.82.110. 158.
	215.287
8,3	119
8,3ff.	83
8,15	163.287

9,9	158
9,22	61.85f
13,1–4	83f
13,4f	60
21,22f	265.294
24,1–4	185–187
33,8	61.85.95

Jos
23,13	66.84

Jdc
2,20	84
2,21f	60.66.84
2,22	69.82
3,1.4	60.84
6,36–40	178

1 Sam
16,13	202
18-20	221.290
29,4	98
31,5	221

2 Sam
7,12f	202
19,23	214
24,1	96.99.192

1 Reg
10,1	60.69
11,14.23	98
18,12	157
19,3f	239.289
19,5–8	165.287
19,8	158.287
22,19	100
22,22f	84

2 Reg
20,8–11	178

Jes
6,1ff	100
6,9f	262.271

7,10–12	87.178
7,12	61
8,14	66
11,5–8	162
13,21	164
31,3	232
34,14	164
50,4–9	205
52,13ff	205
53,4–12	228
53,10–12	270
53,11f	206
54,7f	262
55,8f	208
65,25	162

Jer
2,1f	157
2,6	157
6,29	62
9,6	62
17,10	62

Ez
3,14	157
4,6	158
17,23	304
20,5–29	86

Hos
2,16–25	157

Am
8,9f	260

Sach
3,1	98
13,7	219.223
13,9	62.107.161

Mal
3,3	107.161
3,10	62
3,15	62

II. Außerkanonische Schriften (ohne Rabbinica)

1. Schriften neben dem AT